故宫学研究

第一辑

故宫博物院◎编
章宏伟◎主编

故宫出版社

序一

单霁翔

故宫学研究所编辑的《故宫学研究》（第一辑），将研究所成立五年来的学术活动情况做了一个简要的汇总，保存学术档案的同时，也可用于对外学术交流。为了写这篇序言，我大致翻阅了一下，全书内容主要是故宫学研究所研究人员学术文章选刊。研究所的每位成员，或两篇，或三篇，所选基本都是故宫学与他们专长领域中的代表作，能比较全面地反映研究所的学术水平。另外，此书还收录了三位故宫学访问学者的论文。故宫学与高校的合作情况集中在“故宫学在高校”栏目，由相关合作单位负责人撰文，这些内容虽不能反映五年来故宫学研究所的全部工作，但勾勒研究所学术活动情况，还是充裕的。总结过往，寻找有益的经验与教训，用于启示将来，是一件很好的事情，希望此书能起到这样的作用。借此机会，从故宫博物院的角度出发，我对故宫学研究所的工作提几点建议，供其参考。

第一，持续推进学科理论建设，将故宫学建设成为故宫博物院学术工作的指导性学科。一门新学科发展到一定程度之后，必须进行学科理论建设，完善学科体系，创新学科方法，借鉴有益经验，才能更好地前进。故宫学经过十多年的发展，在取得了一系列具体的研究成果之余，也不断进行着学科理论的完善与创新。研究成果的推出，研究经验的积累，研究范围的扩大，研究角度的改变，研究手段与方法的进步，都不断完善着故宫学学科。故宫学不仅仅是一门具体的学科，更是故宫博物院学术工作的指导性学科。我们的目标，是要用不断完善的故宫学理论，为故宫的学术研究提供一种方法，一种立足文物本身、统观全局的思维方式，把文物放到具体的历史环境与历史时间内，进行深入的研究。这种大处着眼、小处着手、挖深挖透的故宫学思维方式，将使故宫博物院的科研水平在整体上得到提升。

第二，利用好故宫研究院的平台，创新机制，助力故宫博物院可持续发展。故宫学提出10年之后的2013年10月，我们成立了故宫研究院。故宫研究院统合故宫全院的学术活动，制定具有全局性的顶层发展规划，并按规划组织实施。研究院是非建制的，以“科研项目制”为基本运作模式，不受既有条条框框的束缚。它的特点是机制灵活，善于运用各类人才和资源。研究院能充分发挥人才的学术专长，不但能整合故宫博物院的各类人才，也能广泛吸纳全国乃至全球的优秀人才。研究院非建制学术机构的性质，更便于与关心故宫的社会各界建立联系，争取资金和资料、设备等的捐助，争取社会各界对故宫学术的支持。故宫学研究所隶属于故宫研究院，是研究院中唯一有建制的研究所。虽然有建制，但完全可按照研究院的开放管理模式，开门办所，以科研项目为依托，吸纳社会资源和人才为我所用，壮大故宫学研究的力量，推出更多、更有价值的研究成果。

第三，故宫学研究应该与博物馆学结合起来，在做好基础研究的基础上，多关注博物馆发展中新出现的实际问题。故宫博物院是建立在明清皇宫基础上的遗址博物馆，博物馆学是故宫学的重要组成部分。故宫学研究中，基础研究固然重要，但也不能忽视应用性研究。与大学不同，博物馆的学术研究不全是为研究而研究，有着比较强的实用要求，很多研究是为解决工作中遇到的难题而开展的。故宫学的应用性研究，有很大一块是与博物馆学结合在一起的。故宫博物院每年要接待1500多万全世界的游客，是世界上客流量最大的博物馆。在新形势下，如何在保护好文化遗产的前提下，尽量增加开放面积，增加在陈展品，做好多样化服务，满足游客的个性化需求；如何利用文化创意产品、现代化传播手段，弥补博物馆展陈时间与场地的限制，扩大受众群体，增强传播效果，更好地为观众服务；如何借中国崛起、中华文化复兴与“一带一路”建设的顺风车，使故宫文物走出去，故宫的博物馆文化走出去，故宫博物院在国际上的影响力不断增强……所有这些，是故宫博物院要面对的问题，也可以是故宫学研究的对象。故宫博物院的持续发展，能为故宫学研究提供源源不断的鲜活素材。等条件成熟时，将这些素材积累起来，不断整理归纳，结合故宫学与博物馆学理论，形成文字的东西，就可为故宫博物院今后的工作提供一种思路上的参照，甚至可将这种思路向其他兄弟博物馆推广，供其借鉴。

一门学科，从提出到为社会广泛认同，从构建学科理论到学科形成成熟的体系，不是短时期内所能完成的。故宫学的发展，经历了十多年。故宫学研究所的创立，仅仅五年。希望研究所的同人们以高度的责任感与荣誉感，全身心投入到研究中去，为故宫学的发展，为故宫博物院的工作贡献自己的力量。

序二

郑欣淼

故宫学，作为一个学术概念，是在深刻认识故宫价值和系统阐释故宫博物院内涵的基础上提出的，是在全面梳理故宫博物院 80 年学术发展路径的基础上形成的。故宫学的提出，是故宫博物院学术研究由自发阶段走向自觉阶段的一种必然选择，是故宫遗产和故宫价值完整性保护的一种科学理念。故宫学提倡跨学科研究，要求从对单体文物研究的思路进入哲学化的思维方式，即强调联系与发展；进入美学化的思维方式，即导向审美与评赏；进入历史化的思维方式，即注重社会与背景，并且扩展到对其他学科的认识，防止孤立地看待文物，防止“碎片化”。

故宫学研究所的设立，是故宫学理论探索与学科建设发展到一定程度的产物。五年来，故宫学研究所的工作已逐步形成了自己的特色：以探索故宫学理论方法为核心的学术研究已初现成果，以搭建故宫学学术平台为要务的交流网络已凸显成效，以建构故宫学学科体系为目标的联合办学已渐成规模。在此背景之下，《故宫学研究》的诞生，是应运而生、水到渠成的。在此，我谨从故宫学的理论探索、课题研究及学科建设方面，提出三点希望，与各位同人共勉。

第一，坚持学术性和实践性，创办好《故宫学研究》。

六百年紫禁城，人文底蕴深厚；九十年故宫博物院，发展历程曲折。如何保护传承这独一无二的历史文脉？自建院以来，故宫博物院对于古物之点查、档案之整理、古籍之影印、展览之公开，是不遗余力的。九十年来，故宫博物院在古建保护、文物保管、艺术展览、文化研究等领域所取得的研究成果及其所产生的学术影响，也是不言而喻的。

故宫学研究所既要坚持纯粹的学术立场，又要尽可能地兼顾学术的实践维度，并且明确自身在故宫博物院学术研究中的独特使命：系统梳理故宫博物院的学术路径，全面总结故宫博物院的发展经验，夯实故宫学发展的历史基础；组织实施故宫学理论课题的研究，整体考虑故宫学学科体系的建构，满足故宫学发展的现实要求。独立的学术阵地是必不可少的一个条件，《故宫学研究》理应责无旁贷地担负起“充分挖掘故宫深厚的文化内涵，更好地传承中华文化和弘扬民族精神”的职责。

第二，坚持开放性和创新性，搭建好学术平台。

一时代之学术，有一时代之气象。坚持“学术为天下公器”，是故宫博物院长期秉承的治院理念。1924 年组建“办理清室善后委员会”时，李煜瀛先生即主张“多延揽学者专家，为学术公开张本”。1928 年故宫博物院正式改组后，他又提出故宫博物院“学术之发展，当与北平各文化机关协力进行”。90 年来，故宫博物院始终以古建保护和文物研究为中心，吸纳全国乃至全球的专家学者，参与实际业务和学术研究，造就了“兼收并蓄、博采众长”的多元化学术格局。

故宫学研究所要解放思想，创新思路，形成应对故宫博物院学术现代转型的自主意识与行动：积极地将本院的学术优势和高等院校的教育资源相结合，推动故宫学学科建设与人才培养。有效地将本院的学术资源与研究机构的人才储备相结合，提升故宫学的研究水平和影响范围。通畅的交流平台是日益明显的一种趋势，《故宫学研究》理应与时俱进地利用资源共享、人才互动、科研联动等多种模式，为故宫学的发展提供更为广阔的学术平台。

第三，突出时代性和前瞻性，服务好发展大局。

故宫学的视野、故宫学的探索，看似是关于学术理论的思考，实则是对实践经验的提炼。首先，故宫文化整体性是认识故宫价值的一个重要基点，故宫学强调把故宫古建筑、文物藏品和宫廷历史文化联系起来进行研究、保护和展示。其次，从故宫文化完整性出发，完整故宫保护是故宫博物院实践工作的一个核心理念，故宫学强调完整故宫保护即故宫遗产和故宫价值的完整性保护。再次，文化整体性是故宫学方法论的哲学基础。故宫学强调多重论据法，要求综合运用古建筑、文物藏品、图书典籍和档案文献等资料，实现以物证史、以物论史、以物鉴物、以史论物的研究目标。

故宫学研究所要牢牢把握时代要求，充分发挥学术研究的前瞻性，为故宫博物院迈向世界一流博物馆建设提供智力支持：始终以古建保护与文物研究为中心，为两岸故宫开展交流合作寻找联系纽带，更为流散于海外的清宫旧藏提供学术归宿；始终以提升学术水平与学术影响为目标，为故宫博物院自身发展明确方向和内容，也为故宫博物院外部事业开拓视野和领域。完善的理论方法是解决实践问题的一把钥匙，《故宫学研究》理应不遗余力地将故宫学理论方法运用于故宫博物院的管理实践，并不断地从中汲取经验，完善故宫学的理论基础和学科体系。

“故宫在中国，故宫学在世界。”我希望，《故宫学研究》的创办，能够拓展故宫学的研究视野，提升故宫学的学术影响。我希望，经过几代故宫人的努力，故宫学能够成为海内外瞩目的一门显学，故宫的价值得到更为深刻的阐释，中华文化艺术得到更为广泛的传播。

故宫学研究所五年

章宏伟

2010 年 9 月 26 日，故宫学研究所揭牌成立。2011 年 1 月，故宫学研究所正式组建。作为故宫博物院唯一的纯学术研究机构，院领导给予了高度重视，对于组成人员，尽可能给予高学历配置，现有成员 8 位，其中 7 位是博士，一位博士在读。研究所是我院机构中人员学历最高的一个部门。院领导同时也给了研究所最宽松的学术环境，使我们得以心情舒畅地开展各项工作。同人说，在研究所工作很幸福。这是研究所五年发展的真实写照。

一　制订《故宫学研究所章程》

《章程》的制订过程也是办所思路的形成过程。建所伊始，在主管院长李文儒先生的指导下，我们通过不断地修订《章程》，慢慢形成了办所的思路，最后报院批准的《章程》明确了研究所的工作职责和工作任务。

故宫学研究所章程

第一条　故宫博物院故宫学研究所（英文名 Institute of Gugong Studies of the Palace Museum）是隶属于故宫博物院专门从事故宫学研究的实体性学术研究机构。

第二条　故宫学研究所的工作职责：

（1）规划故宫学学科建设，构建故宫学学科体系；

（2）筹划、组织实施故宫学研究项目，不断推出故宫学研究成果；

(3) 组织各种形式的学术活动，每年以专题研讨会的形式，探讨故宫学的重要问题；

(4) 联络院内外、国内外学术团体、研究机构从事故宫学研究的专家学者，开展学术交流与合作；

(5) 设立故宫学研究人员流动站、博士后工作站，培养故宫学人才；

(6) 编辑《故宫学刊》《明清论丛》。《故宫学刊》为本所所刊，逐步由年刊改为半年刊、季刊，争取申办为正规学术期刊；

(7) 编辑出版“故宫学研究丛书”“故宫学资料丛书”；

(8) 收集、积累中外故宫学方面的图书、资料信息和电子音像出版物，建成较为完备的故宫学资料信息中心；

(9) 争取故宫基金会和其他国内外基金对故宫学研究项目的资助。

第三条　故宫学研究所在所务委员会指导下开展工作。所务委员会为全院的学术规划、学术研究提供咨询，协调研究所与院内其他研究机构的关系，审议研究所的发展规划、对外合作交流及重大研究项目，评估研究成果。

所务委员会主任、委员由故宫博物院聘任。

第四条　本所设名誉所长、所长、副所长，由故宫博物院聘任。

第五条　本所由编制内固定人员和编制外流动人员组成。

在编成员须具备独立承担并完成重要研究课题的能力。

流动研究人员分两部分：院内在职人员，根据双向选择原则，采取带研究项目进所、完成项目回原业务部门的管理办法；院外（含国外）人员，主要采用访问学者和特聘项目研究的方式。

经所务委员会批准，本所可聘请海内外学有专长的学者为客座研究员。客座研究员承担研究课题，实行聘期制。

第六条　本所实行全员研究项目管理制。

第七条　本所成员发表属于本所研究课题范围内的学术成果，须署第一作者单位为“故宫博物院故宫学研究所”。

第八条　本所内设机构，随事业的发展，报故宫博物院逐步设立。

第九条　本章程及其附则经故宫博物院批准后施行。

《章程》确定以后，我对办所的工作思路更加清晰，同时确立了将故宫学列入教育部学科目录的大目标，并要求自己尽可能走出历史学的框框。之后的工作基本上都是围绕这个总目标去想去做的。

二　制订《故宫学研究所五年科研规划》

故宫学研究所作为故宫博物院唯一一个实体性的学术研究机构，理应以高瞻远瞩的学术视野，致力于故宫学学科建设与体系构建，为促进故宫学学术成果的产生，扩大故宫学在社会上的影响力不遗余力。故宫学研究所有别于我院其他业务部门，如何走出一条自己的路子，在故宫学研究中抢占制高点，在尽可能短的时间里奠定地位，是我们必须认真对待的问题。为此，2012 年 4 月 18 日，研究所召开了五年科研规划动员会，我作会议动员，要求全所同人在自己的学术背景、学术兴趣和在研课题的基础上，围绕研究所的学术目标、发展方向献计献策，集思广益，群策群力。

故宫学研究所五年规划动员会上的讲话

1. 为什么要制订研究所五年科研规划

虽然我一直说，到研究所后是闲云野鹤一个，轻松悠闲，但心里很着急，有一种无形的压力。压力主要来自三个方面：

（1）研究所成立一年多了，虽然说搞科研急不得，但总要让东西来说话。要用我们的行动、我们的成果来证明故宫学研究所不是可有可无的，有这个研究所和没有这个研究所就是不一样。作为所长，我要考虑研究所的发展、研究所的位置，要考虑大家，特别是年轻人的前途。我们不只是考虑研究所的存在，既然成立了，就不会被撤销。但在全院 30 多个部处中，我们处于一个什么样的位置；在全国故宫学研究中，我们处于什么样的位置。这是我经常考虑并让我着急的问题。

（2）在故宫博物院，所有的业务部门都在研究。他们在具体的学科面上，既有丰富的资源，又有故宫的传统师承，因而说在故宫文物研究领域，无疑谁都越不过他们。故宫学研究所如何走出一条自己的路子，在故宫学研究中抢占制高点，在尽可能短的时间里奠定地位，是我们必须认真对待的问题。在院里，我们目前还不可能走到故宫博物院学术研究的中心去。大家都知道故宫博物院学术的排他性的。在其他业务部门，如古器物部、古书画部、宫廷部、古建部、图书馆等，大家做的都是学问。但因为资料的独占性，他们有着一种天然的优势，这是其他单位的学者难以企及的。我们做的，在北大、人大、艺研院，都能做出来。那么，院里还要成立我们研究所干什么？我们要靠我们的努力，奠定我们研究所的学术位置。

(3) 来自我们培养的竞争队伍。在我们的动员和组织下，全国高校已经有一批教师开始关注、参与，甚至投身故宫学研究。高校和研究机构的学者的参与，为故宫学研究增加了生力军，这支队伍还会不断壮大。故宫学在高校的发展超过我们的预期，响应者越来越多，三所高校已招收故宫学方向研究生。为了使故宫学能在高校生根开花，我们准备办一期"故宫学高校教师讲习班"，为高校开设故宫学课程培养教师队伍。请这些教师到故宫博物院来，尽可能地向他们开放故宫，让他们更多地了解故宫。还有故宫学访问学者。相信不久就会有较多的成果出来。这是我们努力的结果，也是我们希望看到的，但我们必须清醒地认识到，这支队伍是我们的有力竞争者。如果我们做的成绩不突出，他们就会淹没我们，有可能出现"故宫学在故宫博物院外"的情况。我们研究所不能只是做组织工作的，我们应该在故宫学研究中占有中心的位置。这不能因为我们是故宫博物院的，就具有故宫学研究中心的位置，这需要我们拿东西来说话。

因此，说心里话，我有些着急。别看我们研究所里大家都在忙自己的，很少开会。做科研要的是静心，我是想尽可能给大家自己的空间，而且科研也急不得，急是急不出来的。对于所里的工作，我的态度是一以贯之的，只要大家想做，无论做什么，我都支持。事是做不完的，课题也是做不完的，何况故宫的资源，不是我们几个人，我们这代人能做完的。就是做同一个题目，也会因人不同而各有所长。因此，我还是重申那句话，尽可能做你们想做的事，需要我帮助，需要我协调的，尽管来找我。如果我们要把工作分出主次的话，那么，研究所归根结底是要靠研究成果，要课题，要论文，要著作。组织会议，不过是个手段，编本刊物也是，那都是锦上添花的东西，而不是雪中送炭的东西。我这样说，不知道大家是不是理解？这不是贬低大家的工作，而是在当前刚起步的时候，千万不能把我们的工作重心放到编刊上，那样很危险，会掩盖了我们努力的方向。去年年终总结时，我特意没有说两刊，其用心就在这里。这不是说两刊不重要，而是在当前，我们更需要别的东西，以证明研究所成立的必要。不然，两刊在研究所成立前早就存在了，如果还是停留在编刊上，还有必要成立研究所吗？

当然，搞科研也不是说我们一想就能怎么样的，我们就这么九个人，一个人就是每天码字，又能写出多少字，更何况术业有专攻，需要我们日积月累。事在人为。大家都很努力，这是必须的。从研究所创办开始，我和志和所长就说，要采取“养士”的精神来治所，尊重、支持潜心学术研究的同人，让大家心情舒畅地干工作，取得了很好的业绩。但怎么汇聚大家的努力，形成一份合力，这份合力应该大于各力之和。这就需要我们有一个科学的学术组织活动，可能会对我们无论是个人还是研究所，都具有重要的作用。因此，我们决定制订研究所科研五年规划。

2. 制订科研规划的原则

故宫学研究所从成立时就确立，应在促进故宫学学术成果的产生、扩大故宫学在社会上的影响力、展示故宫学研究的进展、提升故宫学研究的水平等方面不遗余力。这是历史的责任和学术的使命。

（1）制订规划是贯彻研究所的方针任务。《故宫学研究所章程》明确了研究所的工作职责和任务，我头脑中还一直有一个用五六年时间将故宫学列入教育部学科目录的大目标。我是学历史的，但我希望研究所尽可能走出历史学的框框，致力于沟通文史、艺术、科技与博物馆等不同学科的交流与融合，努力推动世界视野中的故宫学研究。研究所的工作基本上就是围绕这个总目标去想去做的。规划是一种长期的设想，是一种体现方向的具体设想，是经过一个时期认真的努力而有可能实现的、较为有系统的项目系列。

（2）规划不仅是我们个人研究的方向，也是研究所工作的重点。比如，会议是推进学术发展的重要平台。规划确定后，研究所举办的学术会议就会跟着我们的规划走，希望每次会议都有我们的学者唱主角，引领学术研究的方向，扩大我院的学术影响，提升故宫学研究的水平。研究所应成为对社会有影响的文化学术单位，推动故宫学学术研究，把院内的学术力量组织起来，与社会力量结合，建设以我所为核心的研究队伍，提高科研水平，办出我们的特色。规划要体现出我们研究所在故宫学研究中的龙头地位。

（3）规划要体现出我们所有别于故宫其他业务部门、专家，要做出我们的特色来。但我更希望我们能与故宫其他业务部门结合，共同做故宫特色明显的课题。研究所成立时，我们曾考虑研究所的队伍，可以吸纳院内的科研人员到所来完成课题。现在我们是否可以换个思路，我们到业务部门去，参加他们的工作。

(4) 规划要有战略眼光，要有时代气息，要有创新精神，要开拓新的道路。课题在内容、方法上要有前瞻性，希冀能够引领一时之风，至少在一个方面独树一帜。像现在史学界有走向田野和社会的倾向，我们能否让学界的目光转回到宫廷来。

(5) 规划不要忘记自己的特点，要发扬自己的优势。要结合个人的兴趣、爱好、基础，也要考虑研究所整体的发展；要着眼当下，更要面向未来。规划要注意可行性，以及将来的延续性。规划必须体现出这个时期以及更长时期内我们的重任，要有目标。科研课题很多，我们最好在一个时期里集中精力，重点攻关，在一个或几个方面有较大的突破，取得比较明显的成绩，确立在这个学术领域的学术地位，这也是今后继续发展、申请课题的基础。研究所的科研规划不同于院里的规划：院规划是粗线条的，研究所的规划必须是能落实到人的。一旦我们规划做好了，应该纳入院规划。

3. 研究所五年科研规划可能涉及的课题

(1) 故宫学理论研究。该研究旨在对故宫学进行学理的探讨和学科阐述。学科建设是研究所的首要任务，也是基础工作。该研究致力于故宫学学科建设与体系构建，努力将故宫学纳入高校课程体系。

(2) 故宫学数据库及网络平台建设项目。这是我们全所的合作项目，由我们做项目培养人，在故宫网站开辟一个故宫学的专栏，对既往的故宫学研究成果作全面介绍，对最新的故宫学研究作及时报道，希望通过一个时期的积累，网站能成为故宫学的信息中心、资料基地。前天我们和科研处开会讨论《科研简报》改版之事，我想我们的工作重点应放在故宫学方面。毕竟我们的时间和精力是有限的。我们应围绕故宫学数据库来开展这项工作。

(3)“明代宫廷史研究丛书”。这项工作已经有了很好的开端，初见成效，2012年至2016年是明代宫廷史研究项目的关键五年，20个项目中尚有16个项目需要落实，中男下阶段工作重点要放在这上面，尽量早日把这套丛书完成。

(4) 明代诏令文书的整理与研究。这是我想与中国社科院历史所明史室万明先生联手做的一个课题。20世纪明清“大内档案”的发现、整理、开掘、利用，极大地推动了明清史研究的发展。档案一般是指官方文书，诏令是“王言”，是王朝最高统治者皇帝发布的诏书文告，是官方文书中最重要的一种。明代诏令文书是明王朝276年间，各代帝王处理政治、经济、文化、法律、军事、外交等有关国家大政的原始政务文书，内容涉及有明一代重大史事和典章制度，具有资料的原始性、内容的多样性等特征，是研究明史弥足珍贵的第一手资料。现留存于世的明清档案中，明代档案遗失严重，“大内档案”现在保存下来的只有3000多件。保存在内地档案馆中的明代档案，近年已出版了《中国明朝档案总汇》，只有101册，其中的门类很不齐全，明代诏令文书的阙失相当严重。明人所编辑的《明实录》，虽然保存了不少诏令文书，但是经过史官的编纂，并非都是诏令原貌，《实录》不实，为第二手资料，业已日益为学界所认识。明人所辑《皇明诏令》《皇明诏制》一类史籍，仅为诏令类文书选编，远非全面系统的汇编。此外，近些年来地方民间文书的整理与研究如火如荼般展开，现已颇具规模，整理出版了大量文书汇编，可谓硕果累累。相对各地的地方性档案文书和民间文书的大规模发掘整理，明代中央官方档案文书的整理与研究显得严重不足。时至今日，关于皇帝诏令文书，已有《唐大诏令集》《宋大诏令集》《大金诏令译注》，却没有一部《明大诏令集》，说明迄今为止国内外尚未有对明代诏令文书进行全面而系统的整理与研究，明代诏令文书的收集、整理和研究亟待展开。故宫是明代的皇宫，是权力的中心所在，是诏令的发源地。故宫现藏文物中，有明代皇帝的御笔诏令。收集、整理和研究明代诏令文书，理应成为故宫学的一个重要内容，形成故宫学的重要组成部分，预示着故宫学新的增长点，也将成为对明代现存档案的重要补充，推动故宫学和明史研究的进一步发展。

（5）故宫博物院院史。这应该是我所近几年的一个重点研究方向。婉玲博士论文就做的这个，陈瑞博士论文实际上也可说是这个方向，我也在这里花时间，打算做《沦陷时期的故宫》《故宫博物院图史》《民国故宫人物传》。我已请婉玲编《故宫博物院院史论文选》《两岸故宫学人回忆录选辑》，陈瑞编《民国故宫学人文选》。婉玲还在编《故宫文物南迁史料长编》。以档案文献为基础，以专题研究为形式，有步骤地推进故宫博物院院史资料的收集与整理工作，力争每一项史料皆有其内在逻辑，自成体系，可以独立成册出版。婉玲的博士论文《博物馆与认同之建构——以民国时期故宫博物院为中心》还可继续修改。陈瑞的博士论文从古建筑遗产保护的专业化功能与博物馆的社会化职能两者关系着眼，以皇家宫殿古建筑群为依托的博物馆类型研究，从档案、文献中梳理故宫博物院的古建筑保护历程，构建一部建筑遗产保护史。这些都是院史研究的一个重要方面。晓姗的功底在学术史，从院学术史个案研究入手，逐步进入院史研究领域。对既有学术理论基础加以利用，可以较快寻摸到研究路径。可以从梳理本院某一专家学者的学术历程入手，分析其不同时段的学术研究内容、归纳出其研究的特点，并对其所取得的成就作出适当的评价，可以作为学术史个案研究方法之一。学术史个案研究可以反映故宫博物院学术史发展的概况，是其丰富内涵的基本构成。这也可以做成院史研究的一部分。

(6)《故宫学术史》。

(7)《故宫百科全书》。

(8) 以故宫为中心的明清皇家园林楹联、匾额及装饰书法作品搜集整理研究。这是郑院长牵头、志和所长负责的一个大项目，是故宫博物院重大科研课题。志和所长拟题“宫苑文华”，预计从2012年下半年开始，收集以紫禁城为中心的明清两朝紫禁城、皇家园林中使用和现存的装饰性文字，即楹联、匾额、碑刻、室内贴落，以及石刻文字等。最终成果形式将以专著出版。

(9) 清宫老照片研究。这是远波的多年积累。远波关注历史照片有年，搜集了许多宫廷老照片及其相关的研究资料。宫廷老照片研究是一项比较复杂的系统性工作，需要尽量细致地考证老照片的拍摄背景，并将这些形象的资料串联起来，最大限度地还原特定的历史往事。如“溥仪照片档案”。

(10)《郑珉中传》。祝勇为郑珉中先生撰写传记《一个人的故宫》，通过郑先生自1946年进入我院工作至今长达66年的工作历程，将他的个人史与故宫博物院的院史紧密联系起来，从而展现一代学人为故宫博物院的发展所作贡献以及故宫学的深厚内涵。这也是院史的一个内容。祝勇还将致力于东西方历史的对照研究，《1840：宫廷里的西方》与《1895：宫廷里的东洋》，都是在努力探索一条适合于自身的故宫学研究的路子。包括想写一部从身体政治的角度对紫禁城进行研究的文化学专著《紫禁城与身体政治》，对紫禁城进行文化学层面的解读和分析，试图透过现象看本质，透过它的庄严、华丽、宏大，用现代视角对这座权力建筑背后所奉行的身体原则进行反思和批判。这些都是很好的题目，值得花功夫去完成。

(10) 两岸故宫青铜器铭文研究与海外流散中国青铜器集成。心滢专长在于先秦史、甲骨文与金文、青铜器研究方面。她准备做的“殷长篇金文通释”研究，拟以两岸故宫所藏商代青铜器长篇铭文为基础，全面收集考古发掘出土或其他传世已著录的商代青铜器长篇铭文，对每篇铭文作深入分析、解读，充分吸收并反映当前学术界新的研究成果，在此基础上重点分析与考证器铭中的难点与争议较多的问题，以期对铭文的内涵有更深入的阐释。借由释读商金文，深化对商代历史的研究，同时亦对商代青铜器研究有所推进。该研究对两岸故宫所藏殷长篇金文作通释的研究过程中，所收集到的全部相关资料、图像暨研究成果，也可作为本院故宫学研究的一个发展方向。

制订《故宫学研究所五年科研规划》，主要想形成研究所的科研合力。科研规划体现研究所的发展方向和研究重点，同时用来统领每个人的科研课题。最后研究所根据突出重点、兼顾一般的整体发展目标，初步拟定了《故宫学研究所五年科研规划》，确定故宫学理论、故宫博物院院史是研究所要集中力量的主攻方向。对于民国时期故宫博物院院史，将以档案文献为基础，以专题研究为形式，有步骤地推进故宫博物院院史资料的收集与整理，如从皇宫到博物院、故宫博物院与北京大学、故宫文物南迁、沦陷时期的北平故宫，李煜瀛、易培基、陈垣、马衡等民国故宫人物，以及故宫学术史、故宫博物院建筑遗产保护史等，展开充分的研究，每年召开一次院史学术研讨会，同时编选《故宫博物院院史论文选》《民国时期故宫学人文选》《两岸故宫学人回忆录选辑》等，希望能有一批集中性的成果，适时推出《故宫博物院院史》。我希望通过《规划》的制订来加强大家的思想和认识，让研究所同人的研究以这份《规划》为轴心，以形成研究所的科研特色和领域。

之后几年，研究所的基础研究工作基本上都是围绕着《规划》来开展的，各位同人在自己的学术背景、学术兴趣的基础上，将研究重心放到故宫学理论、故宫博物院院史这两个研究所主攻方向上来。2013 年，徐婉玲《博物馆与认同之建构——以民国时期的故宫博物院为例》获批国家社科基金艺术学青年项目，章宏伟“民国时期故宫博物院史”获北京市社科规划立项。我们还组织实施故宫学研究项目，积极推进“中国书法艺术史”“明代宫廷史研究”“故宫博物院藏《嘉兴藏》研究”等研究课题，且有较好的科研成果发表；2012 年新开了“以故宫为中心的明清皇家园林楹联、匾额及装饰书法作品搜集整理研究”“故宫博物院图史”“溥仪照片档案”“郑珉中传”等课题。2013 年，增加了“流散海外中国青铜器调查——东亚地区”“面向博物馆陈列文物隔震技术研究”“故宫太和殿斗拱力学性能试验与数值模拟研究”等课题。2014年，有“古建筑与文物抗震的力学研究”“养心殿书画研究”“朱家溍年谱”等课题项目获得批准。如韦心滢博士作为“故宫博物院藏殷墟甲骨文整理与研究”项目释文组子课题负责人，负责甲骨解字、释文、说义，查找比对原有著录情况，摸清甲骨流转入藏渊源。目前已完成约600片甲骨文字的释读。

另外，以90年院庆为契机，研究所筹划起草了“故宫博物院国际竞争力现状分析报告”的课题研究，报告从“测评标准、语意辨析、宣传手段、科学管理、语言差异”等方面分析了故宫博物院国际竞争力现状不能令人完全满意的原因，从“语意提升、语言共识、展览发布、信息推广、加强管理”等方面提出了改进建议。这一报告得到院长办公会的肯定，并随即以简报的形式印发全院各部处。以此为契机，故宫学研究所将在今后全力推进博物馆学研究，将对“故宫博物院国际竞争力”的研究深入下去，逐渐向着把故宫学研究所办成院里智库的方向努力。

三　搭建故宫学研究平台

研究所确立了故宫学学科建设和与高校共建的发展思路。故宫学的学术概念为我院首倡，我们自己投身故宫学研究责无旁贷，但要使学科发展，仅靠故宫博物院一己之力远远不够。故宫学学科的发展，必须有高校的参与，才能扩大故宫学在学界的影响力，提升故宫学研究的水平，实现将故宫学列入教育部学科目录的总目标。我们在开展故宫学研究的同时，把目光投向高校，吸引、动员高校老师关注、参与故宫学研究，组织故宫学研究队伍。高校老师的参与，为故宫学研究增加了生力军。他们也是研究所成立以来故宫学研究的第一批共同开拓者。我们相信，只要继续努力，我们的队伍会不断壮大。我们从四个方面来开展工作。

（一）在高校成立故宫学研究机构

在高校里有教学科研专家参与故宫学研究，写作故宫学论文，开设故宫学课程，培养故宫学研究生，并在有条件的学校成立故宫学研究机构，这是搭建故宫学研究平台的重要一步。为此，我所积极联络具有深厚研究基础的高校，开展工作，发展故宫学研究的同盟军。2011 年浙江大学成立了故宫学研究中心，2012 年南开大学成立了故宫学与明清宫廷研究中心。2013 年与北京外国语大学签订了“共建中国文化走出去协同创新中心的合作协议”，还与香港大学饶宗颐学术馆签订了合作协议。浙江大学罗卫东副校长说，浙江大学是将故宫学这样一个非常具有包容性的、庞大的学科交叉的领域与高等学校学科重组相关联，置于中国人文学科发展和中国文化发展的大背景之下来考虑故宫学学科建设问题的。高校故宫学研究中心的成立，将有力地推动故宫学的学科发展。

2012 年开始，浙江大学、东北师范大学和中国社会科学院研究生院招收故宫学方向研究生。2013 年，南开大学开始招收故宫学与明清宫廷研究方向的博士研究生。为故宫学发展培养和储备专门人才。

2012 年初，单霁翔院长在我所调研时，对故宫学的学科建设和与高校共建的发展思路给予了充分的肯定，强调故宫作为世界文化遗产和博物馆的双重身份决定了故宫研究领域的广阔性与包容性，提出研究所应成为拓展故宫学术影响力的一个重要平台，应加强与社会的联系，组织社会力量，吸引学者关注故宫的学术，进一步推动故宫的文化传播。

（二）举办故宫学高校教师讲习班

为进一步扩大故宫文化的号召力和影响力，拓展与高校强强联合的学科发展思路，使故宫的文化价值和故宫学学术理念在高校落地生根，从 2012 年开始，研究所先后举办了四届故宫学高校教师讲习班。我们对讲习班学员的基本要求是已取得博士学位，为学校的骨干老师，对故宫学某一方面有兴趣。讲习班学者来自北京大学、清华大学、中国人民大学、浙江大学、复旦大学、吉林大学、中国社会科学院研究生院、南开大学、山东大学、武汉大学、厦门大学、香港大学、北京师范大学、东北师范大学、陕西师范大学、西安电子科技大学、华中科技大学、苏州大学、华中师范大学、郑州大学、北京语言大学、北京理工大学、北京联合大学、中国地质大学、黑龙江大学等高校，基本覆盖了国内大部分知名高校，他们的研究领域涉及考古学、历史学、博物馆与文化遗产、文学、艺术学、美术学、美术史学、音乐学、建筑学、满学、传播学、历史地理学、宗教学、工学、档案学等。在故宫文化的感召与故宫学的吸引之下，走进故宫、了解故宫、研究故宫学，从而面向高校推广故宫文化。讲习班以专题授课、参观考察和交流讨论的形式展开，内容覆盖故宫学及相关学科（古书画、陶瓷、宫廷史、博物馆学等）。

讲座也吸引了大批故宫博物院同人到场聆听。讲习班学者们表示，虽然授课教师的讲课方式各不相同，但各有专业和特色，都以强大的学术视角使他们看到了很多之前没有关注到的“故宫”。通过参加讲习班，他们从旁观者的身份转变到真正走进故宫、接受故宫学专业培训的学者身份，从而产生了强烈的研究动力。

讲习班致力于办成故宫学的“黄埔”，为故宫学在高校的发展培养师资力量，逐步建立起以我院为研究核心、以高校为研究基地的布局结构。我院作为故宫学的龙头，在文化传播、学科建设和专业发展方面担当重任。借此讲习班的机会，让有志于故宫学研究与教学的高校教师来紫禁城感受故宫文化的博大精深，比较系统地接受故宫学学科内容，并彼此交流切磋，共同推进故宫文化传播和学术发展的步伐。正如学员们在毕业典礼时总结的那样：故宫学高校教师讲习班是宣言书，是播种机，向高校、向社会广泛地宣传了故宫学。相信在不久的将来，这些在讲习班结业的高校教师会为故宫学研究打开更为广阔的天地。

（三）招收故宫学访问学者

经过长期的建设和发展，故宫博物院已凭借自身的资源优势和平台建设造就了一批业界顶级的专家学者和颇具潜力的中青年学者。同时，也以越来越开放的姿态、包容的胸襟和完善的制度期盼并鼓励更多的研究人员投入对故宫的学术关注，为故宫博物院学术发展出谋划策、添砖加瓦。目前国内外已经有一批专家学者开始关注故宫学，并积极参与到故宫研究当中。这批研究者正逐渐成为推动故宫学术研究前进发展的一股不可忽视的力量。招收访问学者是吸引国内外优秀研究人才研究故宫的有效方式。访问学者不是一般性的进修，而是在其专长领域与我院展开高水平的合作研究。故宫博物院拥有百科全书式的丰富资源和配套的实验室、研究中心等优势，为愿意并有能力到故宫从事学术研究的国内外专家学者提供良好的研究机会和学术环境，搭建学者之间深层交流的平台，正是展现故宫博物院国际化视野和前瞻气魄的明智之举。借助访问学者的学术造诣，将进一步加快故宫资源优势转化为研究成果优势的步伐。此外，鉴于其在专业领域的成就，访问学者通常具有较强的学术宣传力度和扩散性的带动影响。我们有理由相信，建立于文化自信基础上所开展的故宫学访问学者项目，可以作为传播故宫文化的种子，让其遍布全球，进而巩固故宫在国际博物馆领域的突出地位。

从2012年到2015年，研究所先后招收了四名故宫学访问学者，他们分别从事明代宫廷祭祀礼仪空间布局、中韩美术史交流、东西方宫廷比较，以及清代紫禁城平面布局、政务运作路线研究。

（四）举办学术研讨会

通过学术会议凝聚一批相关学科的一流学者，扩大故宫学的影响，宣传故宫学，一直是故宫学研究所的重要工作之一。会议是推进学术发展的重要平台。虽然故宫学研究所2011年才组建，人手不多，经验不足，时间也紧，但我们还是积极筹备，确定会议主题，邀请专家撰写论文。围绕故宫学的重大学术议题举办研讨会，已成为研究所召集学界力量、扩大研究队伍、推广故宫学、凝聚他山智慧、增进学术交流的有效方式之一。以自身的努力吸引一批具有一定研究实力、年富力强的骨干教师，充实故宫学的研究队伍，引入前沿的学术理念与创见。这些学者都是在我所广泛联络、动员下踏进故宫学研究这方天地的。他们的参与为故宫学研究队伍增加了生力军，为故宫学研究潜力的更大发挥创造了无限的可能。我们相信，我们的队伍会不断壮大。五年来，研究所举办的会议有：

辛亥革命与故宫博物院建院学术研讨会；

故宫学的范畴、体系与方法学术研讨会；

第二届明代宫廷史国际学术研讨会；

明代宫廷生活史学术研讨会；

民国时期故宫博物院史学术研讨会；

宫廷与江南学术研讨会（与苏州大学联合主办）；

明清宫廷史对比学术研讨会；

清代宫廷戏曲学术研讨会；

宫廷典籍及东亚文化交流国际研讨会；

故宫学与明清政治文化学术研讨会（与东北师范大学亚洲文明研究院共同举办）；

皇宫与王宫：东西方皇权与王权象征符号的比较国际学术研讨会（与法国滨海大学、法国国家研究中心在法国联合举办）；

故宫学十年学术研讨会；

两岸故宫第四届学术研讨会；

第二届饶学与华学国际学术研讨会（与香港大学饶宗颐学术馆、华侨大学文学院、西泠印社、天一阁博物馆联合主办）；

故宫博物院学术史研讨会；

燕行使进紫禁城学术研讨会；

2014 年第二届 E 考据文史研习营（与台湾清华大学社会科学中心、浙江大学考古与艺术博物馆联合举办）；

文化名人与故宫博物院学术研讨会；

清代戏曲与宫廷文化学术研讨会（与中国人民大学文学院、美国哥伦比亚大学东亚系联合举办）；

故宫学与西学学术研讨会；

第二届宫廷典籍与东亚文化交流学术研讨会；

古物陈列所百年纪念学术研讨会；

2015 古琴国际学术研讨会（与北京大学文化资源中心、云南大学人文学院、台湾南华大学民族音乐系、台湾朝阳科技大学通识中心联合主办）；

故宫博物院 90 年暨万寿盛典学术研讨会；

Court Theater and Court Culture in the Qing Dynasty（清代宫廷戏曲与宫廷文化学术研讨会）（与哥伦比亚大学东亚系、中国人民大学文学院联合在美国举办）。

四 组织编纂故宫学著作

（一）“故宫学视野丛书”

“故宫学视野丛书”缘起

故宫厚重的历史积淀、丰富的文化资源，自郑欣淼先生提出故宫学概念以来，引起了学界广泛关注，开始吸引众多的学者专家投身这片沃土。几年的时间里，故宫学发展很快，研究机构不断设立，研究队伍不断壮大，领域不断拓展，研究不断深入。研究所成立以后，我们就意识到要自觉担负起作为故宫学发源地和发展重镇的故宫博物院学者、故宫学研究所的历史使命，奉献我们探索故宫学的学术成果。研究所成败的关键在科研成果的数量和质量，为扩大故宫学在学界的影响力，展示故宫学研究进展，拓展故宫学学术视野，提升故宫学研究水平，出版研究成果是必须的任务。这是“故宫学视野丛书”的动因。

1. 内容上，故宫话语。与现在学界的“中国话语”不同，故宫话语是从学科内容上为丛书划定一个明晰的范围。立足郑院长提出“故宫学”概念以后的学术成果；特别鼓励故宫学学理研究；郑院长倡导开展的故宫学有明确的范畴，研究领域主要包括紫禁城宫殿建筑群、文物典藏、宫廷历史文化遗存、明清档案、清宫典籍、故宫博物院的历史等六个主要方面。如果是一个时代的，如“明代书画概况”这样的，不要；研究院外藏品的，不要。

2. 性质上，学术原创。本丛书强调原创性意在推动故宫学的发展，倡导基础扎实而又适合国情的学术创新精神。各自研究特色不拘一格，既有以理论分析见长的探讨，又有严谨实证的研究，主题可涉及故宫学的方方面面，从不同视角切入故宫学的脉络，为故宫学研究集中展示优秀的学术成果，使学术探讨更上层楼。我们要有问题意识；要超越重复堆垛而毫无创意的泡沫学术；要有意识纠葛，也鼓励标新立异。

3. 专题专著，也可以是论文合集。质量优先，严格把关。

故宫学包容广博，蕴涵深厚。故宫学起步不久，本丛书的选题不可能面面俱到，能对故宫学的重要问题作出创造性研究的，能突破前人结论得出新的科学结论从而推动故宫学学科发展的，开拓了新的研究领域，对学科建设作出较大贡献的，皆可收入。或许在各自领域所取得的成果有大有小，但这些成果都是故宫学学术大厦的必要组成部分。我们的学术定位是，通过作者们的共同努力，逐渐勾勒故宫学的脉络，呈现出故宫学研究丰富多彩的繁荣景象。假以时日，本丛书一定会出现若干部对故宫学有重大贡献的不朽之作。

本丛书要求眼界开阔且论证严密的学术著作。能够代表故宫学研究水准的著作，应是在开阔视野下关注社会与人文，或运用新的方法和理论并在实证中取得成果的著作。希望作品能够保持长久的生命力。希望：选题新颖，功力踏实，结构严谨，文字通畅，学风踏实严肃。

这套“故宫学视野丛书”强调原创性，期望在故宫学的范畴、研究方法和研究领域内进行学理的探讨和学科阐述，倡导基础扎实的学术创新，总结学术历程与经典、关注研究薄弱与空白，推动故宫学的学术探讨更上一层楼。第一批“故宫学视野丛书”包括郑欣淼《故宫学概论》、李文儒《故宫学释义》、王素《故宫学学科建设初探》、章宏伟《故宫学的视野》、武斌《故宫学与沈阳故宫》、魏奕雄《故宫国宝南迁纪事》、春花主编《清代满蒙文匾额研究》、周乾《紫禁城古建筑：构造与力学》等。这是一套开放性的丛书，组织选题不可能是一次到位的，以后一定会不断有新的选题加入进来。

这套丛书强调原创性，期望对故宫学进行学理的探讨和学科阐述，倡导基础扎实的学术创新，推动故宫学的学术探讨更上一层楼。现首批八种书稿交稿，已进入出版程序，将由故宫出版社出版。

另外，作为故宫学研究基础的“故宫学资料丛书”之《故宫文物南迁史料长编》（徐婉玲编）已完成整理与编纂工作，将由故宫出版社出版。它的完成，将为民国时期的院史研究与文物南迁专题提供大量的第一手材料。

（二）《故宫学研究报告》

自2003年故宫学提出后，至今走过的十年历程是非常值得回顾与总结的。我设计了《故宫学研究报告》一书的框架结构和编纂体例，并约请各方专家参与撰稿。

《故宫学研究报告》是十年故宫学各专题研究述评，对从2003年到2012年底故宫学研究成果分门别类进行归纳总结，予以综合报道，门类、专题不求面面俱到，也不要求各专题在逻辑上处于一个层面，尽量全面，做到基本反映故宫学的研究状况，对论著的学术见解有所评论。实事求是，力求准确，不讲空话、套话。各专题字数长短不拘，万字为宜，题目自拟。报告应突出其学术性、理论性及在故宫学提出后相关工作的创新性，应以突出故宫学的特点与重点为主要任务。希望《故宫学研究报告》为故宫学的研究和教学提供线索，为今后故宫学的研究积累资料，并借此来反映故宫学学科发展的最新情况，规划故宫学学科未来的发展方向。

学科理论的建设与完善是一个长期的过程，需要不断探索，不断吸收，不断消化，不断创新。在今后，故宫学研究所还会一如既往地去建设它，完善它，力争让更多的人接受故宫学，传播故宫学，研究故宫学。学科理论建设是故宫学一切工作的基础，搭建开放式的故宫学学术平台，吸收先进的学术成果与学术思路，逐步构建并完善故宫学学科理论体系，一直是故宫学研究所工作的重心之一。

五　形成研究所优势研究领域

学术研究是故宫学研究所的立所之本。研究所紧紧抓住学术研究这个中心，充分调动每一位职工的积极性，鼓励研究人员“苦练内功，积极进取”，尊重、支持学术研究，取得了积极的效果。5 年里，故宫学研究所累计出版书籍 34 种，公开发表学术论文、文章 166 篇。承担各级各类课题 16 个，获个人发明专利 6 项，有 100 多人次参加国内外学术会议并宣讲论文，在全国各地做学术讲座 100 多次，3 人为各高校开设 5 门与故宫学相关的课程，很好地传播了故宫学。通过举办个人书画展览、进行学术讲座等形式，在大众中普及故宫文化、推广故宫学。原来归属研究所的《故宫学刊》《明清论丛》的编辑出版工作，都做到按时保质完成编辑出版任务，共编辑出版《故宫学刊》6 辑，《明清论丛》4 期。自 2015 年度起，《故宫学刊》《明清论丛》的编辑出版改由研究室管理。

故宫学研究所经过五年的发展，同人们的研究方向逐步稳定，已经开始形成相对优势的研究领域。最近我们对研究所几个相对集中的研究方向作了梳理，近期将会主要集中在以下几个方面（中国书法艺术因为新成立了中国书法研究所就不再列入）：

（一）故宫学理论

故宫学理论是本所研究工作的重点，故宫学理论化和学科化是当前的两个工作方向。通过举办各类专题学术研讨会及高校教师讲习班，稳步推进故宫学理论探索，组织撰写的“故宫学视野丛书”第一辑 9 种即将由故宫出版社出版，已出版《清风雅韵：清宫戏曲学术研讨会论文集》《宫廷与江南学术研讨会论文集》等多个专题；通过与高校合作，完善故宫学学科体系建设，在浙江大学成立故宫学研究中心，在南开大学成立故宫学与明清宫廷研究中心，在浙江大学、东北师范大学、中国社会科学院研究生院和南开大学分别招收故宫学方向硕士、博士研究生，并在一些高校开设了故宫学通识课。

（二）宫廷典籍与中国出版史

关于宫廷典籍与中国出版史的研究，研究所有较好的学术基础，侧重于个案研究，如对玄奘印普贤像、《清文翻译全藏经》、《嘉兴藏》、明代杭州府私人出版机构数量、晚明科举与出版业关系、清前期满文出版、扬州诗局刊刻《全唐诗》、海关造册处、长崎贸易中的清宫刻书、编辑史研究的学术源头等都有具体的研究，出版有《出版文化史论》《故宫问学》《十六—十九世纪中国出版研究》等著作，近期致力于《嘉兴藏》《康雍乾三朝清宫图书出版成就》《中日书籍交流》的研究。

（三）故宫博物院史

故宫博物院是中国近现代博物馆发展史上的一个里程碑，在中国近现代历史，特别是文化史上有着特殊而重要的地位。研究所一直致力于故宫博物院院史的研究，承担了国家社科基金艺术学项目“博物馆与认同之建构——以民国时期故宫博物院为中心”、北京市哲学社会科学规划项目“民国时期故宫博物院史”等课题研究，先后举办过辛亥革命与故宫博物院建院、民国时期故宫博物院史、故宫博物院学术史、文化名人与故宫博物院、古物陈列所百年纪念等学术研讨会，已完成《民国故宫掌门人》《故宫文物南迁史料长编》，正在进行《李煜瀛年谱长编》《马衡年谱长编》《朱家溍年谱》的编纂，准备启动《故宫博物院百年史》的课题研究。

（四）博物馆学理论与实务

故宫博物院在文化遗产保护、文化产业开发、数字媒体技术、国际文化交流等领域，发挥着引领作用和典型的示范功能。研究所一直重视博物馆学理论，在本领域出版有《天下皇宫》《对话紫禁城：博物馆的种种可能》《文化遗产的青春问题》等著作。故宫学研究所正在推进博物馆实务研究，已完成《故宫博物院国际竞争力分析报告》《两岸故宫文化创意路径》《“石渠宝笈”特展现象研究》等报告。正在进行的课题有“双引擎四驱动推动故宫博物院可持续发展”“故宫博物院国际影响力研究”“故宫在‘一带一路’建设中的地位研究”等，今后几年，研究所会将这一领域作为研究的重点。

（五）文物科学评价与分析

对故宫博物院文物开展科学保护和研究亦为故宫学的重要研究方向之一。故宫博物院拥有以古建筑为代表的不可移动文物8000余件（间），以馆藏浮放文物为代表的可移动文物近200万件。研究所长期致力于故宫博物院文物的科学评价与分析，即采取文献查询、现场调查、理论分析、数值模拟、静动力试验等多手段相结合的方法，基于结构动力学、地震工程学、计算机仿真学等科学理论，以故宫不可移动文物及可移动文物为研究对象，探讨文物在自然（地震、风、雪等）或人为因素作用下产生的破坏机制，对传统的修复（加固）方法进行分析和评价，基于文物的受力机制，提出文物的有效保护方法，为故宫博物院文物保护提供科学指导。在本领域研究所出版有著作《故宫博物院文物防震保护科技研究》，已完成文化部科技创新项目“面向博物馆陈列文物隔震技术研究”、北京市博士后基金项目“CFRP 布加固底部糟朽木柱轴压受力性能研究”；在研项目包括北京市自然科学基金重点项目“古建筑木结构的基本力学性能与剩余寿命研究”（合作）、城市与建筑遗产保护教育部重点实验室开放项目“明清溜金斗拱水平抗震性能研究”等。

（六）宫廷文化研究

宫廷文化研究是故宫学研究最具特色的部分之一。故宫博物院雄伟的皇家建筑群与丰富的宫廷文化文物藏品，是宫廷文化研究的最好支撑。近年来，故宫学研究所在宫廷文化再解读、宫廷礼仪、皇帝的名号、宫廷匾额与楹联等方面进行了研究。主要成果有《故宫的风花雪月》《故宫的隐秘角落》《皇帝的名字》《紫禁城八百楹联匾额通解》《西苑三海楹联匾额通解》等。未来几年，随着故宫学学科理论的完善，研究所对宫廷文化的研究，在空间上，将从紫禁城扩展到相关的离宫苑囿、坛庙陵寝，甚至域外宫廷；从时间上，将从明清两代上溯到整个中国古代；从解读风格上，将以宫殿建筑与宫廷文物为切入点，通过更形象化的语言与叙述方式，通过上下纵横的比对与阐释，开阔视野，加深认识，取得原创性成果，传播故宫与故宫学。

（七）甲骨、青铜器文物研究与历史学

故宫博物院收藏约 2 万多片甲骨，是新中国成立以来文物入藏的代表，数量位居世界第三位，仅次于中国国家图书馆与台北“中研院”史语所。故宫博物院收藏大量青铜器，有先秦青铜器约 1 万件，有铭青铜器约 1600 余件，其中大部为清宫旧藏历代流传有绪之品。故宫博物院所藏大量甲骨、青铜器，构成研究中国上古史的最佳物质证据。近年来，故宫学研究所参与国家社会科学基金重大项目“故宫博物院藏殷墟甲骨文整理与研究”课题，并对清宫旧藏青铜器展开调查研究。借由深刻而彻底的清理调查，希望能将深藏故宫、秘不示人的上古神迹透过科学研究手段展现出来，活化文物，以物证史，进而弥补文献记载之不足。现已有之研究成果有《殷代商王国政治地理结构研究》《关

于故宫博物院所藏逦簋的定名及相关问题》《清宫藏青铜器谱录——“乾隆四鉴”相关问题探析》《揭开历史帷幕的一角——探寻〈西清续鉴〉绘图者的身影》等。

故宫学研究所走过了五年，作为所长我感到压力很大，学科建设任重而道远，这是研究所的首要任务，也是基础工作。故宫学在高校的发展表现出了较好的态势，响应者越来越多。“故宫学高校教师讲习班”的持续举办，使故宫学在高校开始生根开花。故宫学研究所从成立时就确立，应在促进故宫学学术成果的产生、扩大故宫学在社会上的影响力、展示故宫学研究的进展、提升故宫学研究的水平方面不遗余力。这是理应承担的历史责任和学术使命。研究所采取“养士”的精神来治所，尊重、支持学术研究，让大家心情舒畅地干工作，取得了不错的业绩。通过组织故宫学研究队伍、在高校成立故宫学研究机构、举办学术研讨会与筹划、组织“故宫学视野丛书”，我们搭建故宫学研究平台，扩大故宫学在学界的影响力，提升故宫学研究的水平。故宫学研究所最主要的任务，是构建故宫学学科体系，推动故宫学有序、健康发展，使故宫学能够早日立于学术之林。展望未来，研究所除了继续做好故宫学学科基础理论研究，还需要紧跟故宫博物院的发展步伐，开展博物馆实务研究，做好博物院的智库。还要根据故宫学自身交叉、互补的学科特点，鉴于各分支学科间信息沟通及共同合作的迫切需要，利用计算机技术，建立一个综合全面并具有权威性的故宫学资料及研究成果的数据库，对既往的故宫学研究成果作全面介绍，对最新的故宫学研究作及时报道，并不断推出故宫学研究资料。希望通过一个时期的积累，能打造故宫学的信息中心、资料基地，随时更新递增信息以供学界及大众查询使用。我们希望研究所能够保持目前良好的发展势头，更希望得到故宫博物院领导、同人和社会各界的支持，迈好每一步，取得更大的成绩。

目录

宫廷研究

艺术史研究

故宫博物院史研究

故宫学在高校

理论研究

谈谈故宫学的学术要素

郑欣淼

内容提要： 故宫学的提出，是故宫博物院学术研究由自发阶段走向自觉阶段的必然选择。本文从学术现代转型角度论证了提出故宫学的必要性，从知识体系内容阐述了故宫学的范畴体系，从学理属性层面探讨故宫学的方法论特点，并以此基础说明故宫学与相关学科的联系。

关键词： 故宫学　学术要素　方法论特点

社会人文科学史上形形色色的科学知识总是被嵌入到当时特定的社会与文化境况中，即便是现在，对它们的评价与选择同样也受制于当下的文化境况。故宫学的出现，极大地改变了一门知识为一门学科的常规学科，标示出故宫相关认识里程上的新阶段，也为与之相关的学科思想观念的变革，提供了重要契机。

一　故宫学提出的前提条件与背景

故宫学是故宫人与故宫研究者的自我意识觉醒的重要标志。至此，故宫学的学术途径已转向对相关知识发展模式的构建。

从反映皇家文化的特点来划分故宫学有狭、广两义。狭义的故宫学是人文科学的一门独立学科；广义的故宫学则是一门知识和学问的集合。它们承载着中华文明进入宫殿的历史进程，蕴藏着中华民族历史文化艺术及丰富的史料。

故宫学在如下方面具备学理创新的可能。

（一）观念的变革

故宫实体是故宫学的认识对象。故宫的实体是现实背后基础性、本原性的东西，是独立不变的实在，而其他的数量、性质、关系等范畴都是对于实体的表述，都是实体这一主词的谓项。正如亚里士多德所认为的，实体是作为“第一哲学”的对象。一种新的实在观渐次发展起来，这就是洛克等人主张的性质观或“第一性质观”。故宫学包括认识故宫的实体和性质，这种性质观认为这些“第一性质”规定着实体的本质，它们是独立不变的实在。在对故宫的认识上，从文物到文化遗产、从红墙内的故宫到大故宫，是观念变革最集中的体现。故宫的最重要价值是宫廷历史文化内涵。故宫不只是“国宝”“精品”的荟萃之所，其一砖一瓦、一物一件都有其价值与生命。

（二）思维方式的转换

人们是如何理解故宫和故宫的自身行为，就是所谓的针对故宫的思维方式问题。传统的思维模式只是以还原外在特征为主导。一度片面地将故宫博物院解读为艺术类博物馆，这样的思维方式就倾向于把对象还原为最简单、最基础的艺术形式，把各种复杂的社会历史质还原为最基本的外在性质，对于故宫学的各种创新性活动而言，正是皇权与宫廷的这种独特性，为故宫学提供了理论上的依据和出发点。对故宫认识的思维方式的转换，最重要的是把故宫本身看作一个文化整体，看到宫殿、文物藏品与其中人和事的联系；同时，正确认识和处理“宫”（故宫）与“院”（博物院）的关系。

（三）学理性的拓展

科学陈述是对于事实的认识，追求按事物的本来面目去认识客体，其最高目标是真理，因而与涉及人的主观情感表达的价值无关。切实地坚持唯物史观、坚持辩证法，是人们进行科学研究、正确认识故宫的利器。故宫学体现了对于学理发展的人性化要求，体现了科学与人文、纯粹理性与实践理性相统一的趋势。它甚至把故宫所固有的特征都全部体现在现代意识的叙事中。

（四）故宫学将促进故宫社会角色的演进，提升故宫认识的总体水平

故宫学的提出是故宫研究不断深入的结果，是按其自身逻辑发展的产物。如果说研

究对象、思维方式和科学理性等方面的观念变革不限于科学共同体内部，不限于理论层面的话，那么这一学科的社会形象在人们的社会生活实践中所起的作用无疑有着更为巨大的影响。可以说，故宫学无论就学科自身的进展，还是其带来的学科观念的变革而言，故宫学将提升故宫在创新能力日益成为关键的社会中的学术地位。

二　故宫学的知识体系

故宫学的知识体系具体包括：紫禁城宫殿建筑群体系、故宫文物典藏与典籍的收藏体系、宫廷历史文化与遗存、明清档案的结构与利用、故宫博物院建院史等。

故宫学与敦煌学一样，都具有深不见底和横无际涯的特点。从已发布的研究成果看，许多都是中国文化史、中国艺术史、明清宫廷史的重大课题。我认为，故宫学又可包括紫禁城学、明清宫廷史学、明清档案学，以及体现皇家收藏理念的古代书画、工艺、金石等藏品研究。初步梳理故宫学至少包括如下若干方面：故宫学与紫禁城皇宫建筑群研究的关系，故宫学与明清皇家建筑物研究的关系，故宫学与中国古代建筑技术与艺术研究的关系，故宫学与皇家庋藏的中国古代艺术（古书画、古青铜器、古陶瓷及各类工艺品）研究的关系，故宫学与明清民族问题研究的关系，故宫学与明清时期中外文化交流研究的关系，故宫学与明清皇家艺术品收藏与制造研究的关系，故宫学与明清时期皇宫修书藏书研究的关系，故宫学与明清典章制度研究的关系，故宫学与明清宗教政策及宫廷宗教活动研究的关系，故宫学与明清重大政治、军事事件研究的关系，故宫学与明清皇帝、后妃子嗣、太监生活研究的关系，故宫学与明清朝臣疆吏研究的关系，故宫学与明清档案管理、利用研究的关系，故宫学与中国近现代革命史研究的关系，故宫学与近90年中国文物保护的关系，故宫学与中国博物馆事业发展的关系，故宫学与故宫专家、学者及中国现代学术研究史的关系，故宫学与无形文化遗产保护传承的关系，故宫学与文物科技保护的关系，等等①。

（一）明清宫廷历史文化与宫廷建筑遗存

故宫宫城南北分为前朝后寝，中轴线贯穿南北，左右对称，三路纵列，东西六宫环

① 余三定、郑欣淼：《故宫学：故宫研究的新阶段——郑欣淼先生访谈录》，《学术界》2009年第1期。

列，呈众星拱月之势。它是世界上现存规模最大、保存最完整的古代宫殿建筑群，是中国历代宫殿建筑的集大成者，集中体现了中国古代建筑技术和艺术的最高水平和优秀传统，蕴藏着丰富的中国传统文化的内涵。不只是紫禁城本身，以紫禁城为主体的明清皇家建筑是一个整体，宫室、园囿、坛庙、寺观、行宫、陵寝、藏书楼及王府等，是一个有统一规划、统一规制、统一管理的庞大的体系。紫禁城是故宫学最核心的层次。

（二）故宫收藏

要认识故宫藏品的意义，需要了解清代文化艺术的有关特点。清代文化艺术发展的一个重要特征是总结性，即集传统之大成的潮流。所谓“集大成”，从本质是讲是对于传统的全面整理和总结。如在学术文化方面，《康熙字典》《佩文韵府》《古今图书集成》《四库全书》等的编修；在美术方面，如《营造法式》集历代建筑之大成，苑囿离宫集公私、南北园林之大成，景德镇官窑集历代制瓷之大成，造办处诸作集历代特种工艺之大成等；内府庋藏，至乾隆朝而盛大备极①，如：

《西清古鉴》与故宫礼器收藏。乾隆十四年（1749）始命廷臣梁诗正等仿照《宣和博古图》的体例，将殿廷陈列的与内府储藏的青铜器著录成书。乾隆五十八年（1793）又有《西清续鉴》甲乙编的编撰。此前，又将宁寿宫所藏之铜器编成《宁寿鉴古》。此即“乾隆四鉴”，为清乾隆皇帝将宫中所藏青铜器整理著录、绘制图像的一系列图谱。这些青铜器多系元明两代与清初出土的。至光绪十四年（1888）又收青铜容器、乐器、武器及其他杂品、青铜镜共 1529 器。尽管据容庚考证，其中有铭伪器约占全数十分之二，无名伪器更多，但由于《西清古鉴》是乾隆帝亲自敕撰编修青铜器书籍，故对青铜器研究之复兴起到较大的推动作用。在这一方面，玉器也包括其中。

《石渠宝笈》与故宫书画收藏。《石渠宝笈》是清代乾隆、嘉庆两朝编纂的宫廷收藏的大型著录文献。《石渠宝笈》主要收录为自西晋、六朝、隋唐直至清朝当代的书法、绘画、碑帖、版本、缂丝等。两书各有初编、续编和三编，总数为 255 册，所收书画家（合作作品不计）名头共 863 人，其中《石渠宝笈》收录作品计 7757 件。书中详细记载了作品的名称、质地、尺寸、款识、前代鉴藏印记、题跋以及清内府印记、乾隆皇帝过目的题跋诗文等。此外，还有专门著录皇室收藏佛道题材绘画的《秘殿珠林》。

---

① 王朝闻总主编：《中国美术史·清代卷（上）》，第 10—11 页，齐鲁书社、明天出版社，2000 年。

官窑与宫廷瓷器收藏。传世的官窑瓷器，以北京故宫博物院与台北故宫博物院收藏最丰。南北地域划分，次以官、民窑顺序排列。北方陶瓷，如汝、钧、定、耀州、磁州等窑系的制品，并及金、辽及西夏瓷器等；南方的哥、官、越窑、龙泉窑及景德镇、建窑等窑系的制品。

文渊阁与皇家典籍。明清两朝皇室藏书除前代皇室遗存外，还大力搜索购求天下遗书，使皇宫荟萃了许多罕见的宋元明各代的珍本。明清两朝宫廷藏书包括《四库全书》《四库全书荟要》《天禄琳琅》《古今图书集成》《武英殿聚珍版书》《宛委别藏》，以及一批明清方志、文集杂著、观海堂书、佛经等稀世珍本。现在故宫博物院已建账善本及清宫藏书约40万册，还藏有20多万块武英殿殿本的书版及铜版等。现存台北故宫博物院善本也有15.7万余册。

（三）与典章制度与宫廷文化生活有关的藏品

典章制度是我国古代历朝用以设官分职、敷政治民及协调统治集团内部关系、规范统治方法的准则和法规，其与一代王朝的治乱兴衰关系极大。[①] 清代统治者特别重视典章制度的制订和执行，清代会典、会典事例、各种则例、通典、通志、通考等典制专书（包括《皇朝礼器图式》）的官修（并一再续修或重修），清宫遗存的大量藏品，都是典章制度的反映，涉及宗教、民族、印信、文书档案、采捕朝贡、礼制、乐制、服饰、车舆、仪卫、燕宴、科举、书籍与作品、天文历法、医疗、八旗制度、军需、宫殿、坛庙、陵寝、工程、建筑、作坊、帝后与行宫园囿等具体制度。

清宫还有大量反映清宫文化生活的遗存，例如戏本、戏衣道具、明清家具、地毯、餐饮炊具、烟酒茶及其器具、沐浴盥洗化妆器具、取暖纳凉器具、照明器具等。这些遗物，也往往与典章制度有关。例如，唱戏不仅是文化娱乐，而且被列为朝廷仪典。

制度文化是文化的定型表现形态，它使文化具有外观的凝聚性、结构的稳定性和时间的连续性。[②] 正如马林诺夫斯基所说："文化的真正单位是制度。"对制度文化的深入研究，往往能够抓住文化中最为本质的内容。故宫丰富的文物藏品，有助于清代典章制度的深入研究。

---

① 朱金甫、张书柱编：《清代典章制度辞典》，第1页，中国人民大学出版社，2011年。

② 彭安玉：《典章制度》，第1页，南京大学出版社，2009年。

三　故宫学的学理属性

（一）唯一性

科学的任务就是提出理论，理论的任务就是正确地描述世界。说话总是离不开一定的境况，同样境况也不可能独立于特定的说话方式。排除了实在论的前提条件，所谓科学的“价值中立”原则也就丧失了存在的根据。故宫学是以故宫及其丰富的收藏为研究对象的一门学科，把问题置于一个包含传统在内的特定情境中来讨论，但是同时又要求超越这种境况。故宫博物院现有文物藏品180万件左右，其中85%以上为清宫旧藏，大部分是清宫的各类艺术品及生活用品。故宫文化是以皇帝、皇权、皇宫为核心的皇家文化。皇权的至高无上、皇家文化的“大传统”性质、无与伦比的宫廷收藏品及其政治意义，都使故宫及其藏品具有唯一性或经典性的特征。

（二）包容性

故宫学主要特征是对以往常规学科的覆盖，而非越俎代庖。这些常规学科包括宫殿考古学、宫廷历史学、古器物学、宫廷建筑史、图书馆学、档案学、博物馆学等。以故宫（紫禁城）为核心的综合研究中，这些不同的研究对象成为故宫学课题的有机组成部分而获得新的研究视角、途径、方法和结论，也就形成了新的学科体系。这也决定了故宫是一门新兴的综合性学科，具有多学科交叉或者说跨学科的特点。

库恩的范式理论中的一个重要原则是“不可通约性”，它意味着构成一种理论的要素不能被穷尽地还原到另一种理论中去，同时，又不意味着这些理论之间没有任何的垂叠，要不然作为科学“主体”的范式或共同体将会封闭自己，堵绝了一切可供出入和交往的可能途径。故宫学课题的根本要素不在于故宫的样式与样式之间的关系，也不在于泛指的故宫与社会文化之间的关系。故宫学之所以在较短的时间里为学界所认同，在于其本质的认知关系是对已有的多门类学科关系的整合。由于旧的常规学科在指导故宫博物院的业务工作实践时存在某些偏差，因此，故宫学的理论要素将不再被还原到另一种理论中去。在新理论覆盖下的以往的常规学科之间所存在着的垂叠的东西，将形成一种新的理论要素，其优势将得以彰显。

（三）实用性

故宫学注重有关故宫知识的内在性质，即把这一专业领域理解为一种实践性的参与和投入，而不是仅仅把故宫作为考察和研究的对象。故宫学的观念价值必将转化为制度价值，它揭示一种有价值的思维方式，以及连带出来的新的学理阐释方式。这种新的方式是故宫的现实需求。故宫是个博物馆，故宫学的学术研究方式与研究成果的表现就带有强烈的博物馆特点，例如始终从“物”（包括清宫的典籍、档案等）入手，以物证史、以物论史；研究成果不只是论文、专著，还反映在陈列展览、文物保护、遗产传承等方面；故宫学不只是学理概念，还要成为指导故宫博物院实际工作的重要理念。

（四）整体性

在故宫学的内涵中，故宫被视为一个宫殿、文物藏品、宫廷历史文化相互联系的文化群系。要理解这些群系，就必须详细审查故宫的表达所凭借的文化资源、故宫作为博物院对这些文化资源作出反应的境况，以及故宫本体转化这些境况的文化方式和对其他境况有影响的文化方式。

故宫学并不包括故宫博物院众多专家所从事的各方面的学术研究。故宫学的要点在于其与宫廷历史文化的关系。这种关系的基础是故宫文化的整体性。例如一幅古书画，当把它与宫廷收藏、帝王鉴藏题跋等联系起来，就有了特殊的意义。书目文献出版社出过一本《乾隆御制文物鉴赏诗》，从乾隆帝御制诗中选取咏颂文物的诗篇 3400 余首，分为绘画、玉器、陶瓷、漆器、砚 5 类，仅绘画诗就有 2000 余首。编者讲，所收种类不全；有些咏诵其他工艺品的诗未能选入。我们知道，除诗歌之外，乾隆皇帝在书画上题跋则更多，仅《快雪时晴帖》就在 49 年中题跋达 73 处，在他认为是真迹的黄公望的《富春山居图》上题跋 55 处。这些文物藏品与帝王的题跋联系起来，与其审美趣味、艺术理念等联系起来，就别有意义，就是故宫学研究。

（五）历史性

故宫博物院的历史具有深刻的社会历史学意义。总结起来，近代对故宫的认识经历了以下四个阶段。第一，1911 年以前，作为皇宫的故宫。故宫是明清两代的皇宫，中间虽经多次重修和扩建，但保持了初建时的格局。从 1420 年建成到 1911 年清朝统治结束，

491 年间先后有 24 位皇帝在此居住并执政。作为皇宫的故宫，是皇权的象征，是封建王朝的中枢所在地，成为鲜明的政治符号，有着至高无上的地位。第二，1925 年，作为博物院的故宫。故宫博物院的创立，具有两方面的意义：一是民主革命的又一胜利，是对复辟势力的一次致命打击；二是展示了我国文化艺术史上的一个伟大业绩。第三，1987 年以后，作为世界文化遗产的故宫。“文化遗产”观念的引入，突破了传统的“文物”观念的局限性，强化了遗产的环境意识、共享意识，以及全社会都必须承担管理和保护的理念，促使人们从“大故宫”的观念来看待故宫保护。第四，故宫学视野下的故宫。从故宫学的视野来看故宫，是人们对于故宫价值的认识进入更高的新阶段的表现。古建筑、文物藏品、历史遗存，以及在此发生过的事，是一个不可分割的文化整体。从故宫学角度审视，故宫不仅是举世闻名的物质文化遗产，同时也有着重要的非物质文化遗产内容，其中最突出的是中国古代宫殿建筑的工艺技术。它们一方面以物质的形态存在于建筑物中，另一方面以手艺的形态，通过工匠口传心授世代相传。①

四　故宫学的学术意义

故宫学的知识本质特征究竟是什么？它是有效的吗？是一系列已经证实的命题的集合吗？故宫学提出的最初，就强调学科的开放性。它倡导的“故宫在中国，故宫学在世界”理念，体现出故宫博物院对传承弘扬中华文明的强烈责任感、使命感和自觉性。因此故宫学的观念价值必将转化为学理价值，再转化为逻辑价值，进而构成高校中的高层次的教学课程。我们将获得时代的智慧，以日趋完善的“社会文化技术”和更加发达的科学技术来减小和防止种种弊端，最终将故宫学的观念价值转化为制度价值，实现故宫博物院社会效益的最大化。

对“故宫”与“故宫博物院”的定位很重要，它决定着故宫博物院的发展方向及学术研究的重点。“故宫”与“故宫博物院”密切相关，对故宫价值认识的程度，影响着对故宫博物院内涵的理解与功能定位。通过对文物认识的深化、对古建筑的重视、对宫廷历史文化的挖掘、对非物质文化遗产传承等四个方面的探讨，认识到故宫不只是“中国最大的文化艺术博物馆”，而且是世界上极少数同时具备艺术博物馆、建筑博物

① 郑欣淼：《清宫旧藏的国宝意义（故宫的价值与地位）——故宫的国宝地位（之一）》，《人民日报（海外版）》2009 年 2 月 6 日。

馆、历史博物馆、宫廷博物馆等特色，且符合国际公认的“原址保护”“原状陈列”基本原则的博物馆和文化遗产，是一座博大精深的中国历史文化宝库。

故宫学最重要的学术意义，在于可使故宫丰富的文化内涵得以探讨和挖掘。这应得益于故宫学的广阔视野。近代以来，因多种原因，清宫旧藏散佚很多。欧美、日本的一些博物馆、图书馆与收藏家，都藏有故宫的各类文物，有些十分珍贵；国内一些博物馆，也藏有不少清宫瑰宝；海峡两岸两个故宫博物院的同时存在，更为国际社会所瞩目。故宫学倡导“故宫在中国、在北京，故宫学在世界”的理念，认为流散世界各地的清宫旧藏有着内在的联系，故宫学是其学术上的归宿。只有以故宫学的视野看待这些“孤魂野鬼”，它们才有了生命，有了灵气。特别是近几年来两岸故宫打破60年的隔绝状况，有了良好的交流合作局面，其深层动力就是两岸故宫文物的不可分割的内在联系，就是故宫学。国内外同人广泛参与，把故宫的文物（包括流散于世界各地的文物）作为一个整体来研究，与故宫古建筑联系起来研究，将会促进我们进一步挖掘故宫的丰富内涵，认识故宫的完整价值。

为什么要不断研究、发掘故宫的价值？这是故宫的特殊身份所决定的，也是时代的要求。故宫过去是皇宫，皇宫变为博物院具有特殊意义，起着塑造民族国家群体身份的作用。皇室珍藏曾具有政治意义，与王朝统治的合法性、继承性有关。这些珍藏在抗战期间避寇南迁，与中华民族同命运，成为民族文化命脉的象征。故宫又是世界文化遗产，成为海内外了解中华历史文化的一个窗口。2002年故宫游客700余万人，2011年已达1400余万。今年1月至7月15日，游客已达7765140人，比去年同期增加100余万人，增幅15.7%。此外，随着中国30年的改革开放，经济建设高速发展，人们更重视文化的自尊与自信，倡导文化的复兴，谋求本民族发展的精神支柱。故宫作为传统文化的重要载体，自然成为被关注的对象，被寄予新的期望，因此对故宫的意义与价值也需要充分的、新的阐释。

故宫学把人文与科技结合起来。由于故宫文化的特殊性，文物藏品一般都有相当丰厚的内涵，需要不断地探求。例如武备、宫廷生活用具类藏品，既涉及工艺美术，更与宫廷史、文化史、典章制度等有关，而且随着资料的挖掘与研究视野的扩大，这种研究会不断深入。从多方面去探寻文物的价值，这是综合性研究的一个重要方面。同时，故宫学把学术研究与业务工作结合起来。例如，陈列展览、科技修复等，既是实际工作，又需要通过研究成果来体现和提高。现实中的故宫学需要把研究与传承结合起来。古建筑的维修技术、文物修复技术、书画器物的鉴定方法等，都需要在研究的基础上更好地传承、弘扬。

故宫学的学科概念自从2003年10月提出以来，逐渐得到学界和教育界的认可和重视，故宫博物院也十分重视与各有关研究机构，尤其是高等院校的交流与合作。

实际上故宫很早就与高等院校在学术研究等方面有广泛的交流与合作，如在明清史研究方面与北京大学合作出版《明清论丛》年刊，在藏传佛教方面2006年与首都师范大学合作举办西藏考古与艺术国际学术研讨会，2007年开始与浙江大学合作编辑《宋画全集》，2008年与北京工业大学合作开展文物防震技术的探讨，等等。这些多是临时性或单个项目的合作。近年来，故宫博物院有意识地加强与高等院校在故宫学学科建设上的交流与合作，取得了显著的成效：先后与首师大合作成立汉藏佛教美术研究所，与中国艺术研究院联合培养研究生，协助浙江大学成立故宫学研究中心，支持社科院研究生院、东北师大等院校招收故宫学方向的研究生，与南开大学合作成立故宫学与明清宫廷研究中心，与北工大在文物保护科技等方面进行合作，等等。故宫学进入研究生教育体系在故宫学建设中具有重要意义。同时，在陶瓷、藏传佛教及文物科技保护研究中，积极与美国、法国、日本及香港等国家、地区的一些大学进行合作，也获得了良好的成果。

目前与故宫博物院合作的高等院校大都有着先进的教育理念、雄厚的教育资源、严谨的科学态度和优良的学术氛围，而且在学科设置和发展上各具特色，优势突出，并形成各自优良的学术传统。这样的合作将极大地发挥故宫博物院和高等院校双方的优势，故宫博物院的发展将得到强大的理论支持和学术后盾，高等院校也将完善自身的学科建设。

故宫学的提出，反映故宫研究由自发阶段进入自觉阶段。这几年里，在构建故宫学学科体系，整合研究力量，规划研究方向和重点，加强薄弱环节，不断提高研究水平方面做了大量工作，取得了明显的进展。但是故宫学仍属于起步阶段，故宫学的发展任重而道远，我们坚信，只要坚持学科建设的规律，争取更多力量的支持和参与，扎扎实实，稳步推进，故宫学必将得到更大的发展。

故宫学十年（2003—2013）

李文儒

内容提要：十年磨一剑。自故宫博物院院长郑欣淼先生首倡故宫学以来，故宫学的建设发展整满十年。几乎包罗万象的故宫文化、故宫学术，发展到一定阶段，必然需要“故宫学”这样一个宏大的学术概念作整体性、历史性的学术整合。故宫学术资源的丰富性与复杂性，全社会学界参与的可能性与积极性，及其相互之间的关系，统统因为有了故宫学而纲举目张。故宫学的建设和发展是一个系统工程。总的方向与目标是搭建起以故宫学为核心的学术网络结构，做到以故宫学为中心的学理、观念、氛围全覆盖，科研工作体制、机制、制度保障全覆盖，学术成果发布、国内外学术交流合作、分门别类的学术团队培养全覆盖。全面回顾和总结故宫学十年的历程，故宫学的现实价值与历史意义历历在目。故宫博物院同人的奋发与社会学界的积极参与，特别是一些标志性的大学与国家研究机构纷纷与故宫博物院联合开展故宫学教学与研究，培养故宫学方向的学生，培养故宫学研究的后备力量，是故宫学足以成为学科，甚至是已经成为学科的确证。可以确信，在以故宫为历史参照标志的帝制政体、帝制文化、帝制学术的现代转型的大历史趋势下，故宫学研究一定会由学术自发经学术自觉而达学术自信、自强之境。

关键词：故宫学　十年历程　学术观念　科研体制　学科建设　学术自强

一　从故宫学之提出看故宫学之要义

2002 年 9 月，郑欣淼先生以中华人民共和国文化部副部长的身份出任故宫博物院院长。一年之后的 2003 年 10 月，郑欣淼院长第一次向社会正式、明确地提出“故宫学”

这一学术概念。

其时我正协助院长分管全院的学术研究工作，对院长提出的故宫学，我当时的直感是豁然开朗，意兴无穷，并意识到此举在故宫博物院学术史上，无疑是一件划时代的大事；但同时又不免心存好奇：郑院长上任一年就有此重大创举，这想法到底是怎样萌生的？故宫学为什么不是在故宫博物院的学术会议或工作会议上提出，而是在南京博物院庆祝建院70周年的博物馆论坛上提出？

在私下的交谈中，我肯定向院长问过这样的问题。不管院长谈到过没有，我断定这两个问题一定与三件事相关。

一与南京有关。

在南京博物院的学术会议上首次提出故宫学，首次作关于故宫学的讲演，当然不会是郑欣淼先生对提出故宫学地点的刻意选择，但正是这一偶然巧合，却给故宫学的提出平添了许多象征、寓意。

南京是什么地方？就在距郑欣淼先生提出故宫学不远的地方，是明初南京故宫的遗址。朱元璋建立的南京紫禁城，是朱棣建立的北京紫禁城的原版，是已有近600年历史的北京紫禁城的直接源头。作故宫学讲演时的故宫博物院院长可能并没有意识到，他正是在明清故宫的源头，为故宫学术研究找到并确立了故宫学这样一个大的、总的学术源头。

南京博物院是什么地方？南京博物院的前身是中央博物院。1933年4月，蔡元培倡议国民政府教育部设立中央博物院筹备处。1936年4月，成立了中央博物院第一届理事会，由教育部会同中央研究院聘请蔡元培、王世杰、胡适、朱家骅、张道藩、翁文灏、傅斯年等13人为中央研究院理事，蔡元培为理事长，傅斯年为秘书。蔡元培是1925年故宫博物院建院时的第一任董事，1928年，蔡元培被国民政府任命为故宫博物院理事，1934年被任命为理事长。王世杰、朱家骅、傅斯年则均为抗日战争胜利后的故宫博物院理事，温文灏还出任过故宫博物院的理事长。中央博物院的主体收藏为清代热河、奉天两行宫的20多万件文物，与故宫博物院藏品一样，大都是清宫遗留。1948年5、6月间，中央博物院筹备处与故宫博物院在新落成的中央博物院陈列室举办了联合展览，这也是该院举办的第一个展览。从组织管理到藏品再到展览，两院关系异常密切。

同样距故宫学提出地不远的南京朝天宫东侧，曾是因抗日战争故宫文物南迁而建立的故宫博物院南京分院、故宫南迁文物保存库，坚固的钢筋混凝土结构外形，仿清宫承德避暑山庄外八庙中的须弥福寿之庙的大红台而建。1937 年 1 月至 8 月，1946 年至 1949 年，先后两次存放故宫南迁文物 13427 箱又 64 包，总数多达百万件，至今仍有 2211 箱存放其中。就是在这个地方，故宫南迁文物分为两部分，其中的一部分辗转到了台湾，因此有了后来的台北故宫博物院，形成一个北京故宫，北京、台北两个故宫博物院的格局。在这样一个地方第一次提出故宫学，牵动了太多的历史故事和历史际遇。

二与故宫博物院的一次展览有关。

在我的印象中，郑欣淼先生不止一次说过，他的故宫学想法的产生，最早和参观故宫博物院的一次展览有关。他说的那个展览是故宫博物院于 1999 年举办的“清代宫廷包装艺术展”。那时，他在国家文物局，我在他领导下的中国文物报社。由于工作的关系，他到各地各博物馆看过的展览当然太多了，但故宫的包装展却引起他的特别关注。看过这个展览，他居然写出 3000 多字的《我看“清代宫廷包装艺术展”》的文章，发表在《中国文物报》上。文章后半部分从文博工作的角度谈了从这个展览中得到的三点启发。首要的一点就是举一反三，全面科学地理解文物的内涵，深化对文物的认识，扩展文物的概念①。这一启发针对的是以往由于认识上的原因，往往把文物与包装分割开来，不把包装算作文物而另行处置的现象。许多用名贵材料做的套匣、托座都另行处理了。记得到故宫博物院后，有一次随郑院长一起查看库房，就看见过不少紫檀、黄花梨、楠木做的造型、工艺极精的器物底座堆放在角落里，早已无法与原器物对上号了。院长当时就说起那次包装展，说到器物与包装、套匣、托座不可分割的文物的整体性，随后又在正式的会议上强调这一问题，并由此谈到故宫文化的整体性问题。

三与首次访问台北故宫博物院有关。

2002 年、2003 年之交，郑欣淼先生出任故宫博物院院长不到 4 个月，就实现了访问台北故宫博物院的愿望。此次访台系台湾中国时报邀请，其时我还在中国文物报社任职，故亦应邀随行。2002 年的最后一天，郑院长赴台北故宫博物院，与时任院长的杜正胜先生会谈，会谈后参观了展览，还到地下库房看了所藏书画和清宫档案。给我留下很深印象的是居然看到了排列得整整齐齐的北京故宫南迁文物的包装箱。第二天，2003 年的第一天，《中国时报》在《当故宫遇见故宫 两岸故宫历史性一刻》的通栏标题下，对两岸故宫博物院两院长的会见作了详细的图文报道。报道中说：“由于故宫在中国近

① 郑欣淼：《紫禁内外》，第 196 页，紫禁城出版社，2008 年。

代史上具有重要历史地位，北京与台北故宫博物院院长的相见，象征着两岸文化交流史上历史性的一刻。”“郑欣淼是迄今大陆来台访问文化官员中层级最高的一位。两位故宫博物院院长见面，学历史出身的杜正胜与学文学出身的郑欣淼，对于两岸学术交流合作都表示同意与赞许。”也是在这一天，已经82岁的台北故宫博物院前院长秦孝仪先生设宴招待郑欣淼院长，并由此开始了同是诗词大家的秦、郑两位之间的唱和往来，此是后话。秦孝仪先生是台北故宫博物院成立后的第二任院长，从1983年至2000年，任院长长达18年之久。郑欣淼先生同一天内与台北故宫博物院新、老两位院长的见面，是有史以来两岸故宫博物院院长的第一次正式会见①。

一说起郑欣淼先生首倡故宫学，我就会想到以上三事。我觉得这些事情都是故宫学被提出的诱因，正是这类的事情使他萌生了故宫学的想法并逐渐成熟。当然成为诱因的事情很多，只不过这三件事与我有些直接的关系，给我的印象深一些，而且，我觉得这三件事分别从不同的侧面隐含了或者说象征着故宫学的诸多要义。比如，在南京提出故宫学这件事，就让我们想到仅南京一地就和故宫有那么多重大的关联，故宫的涉及面真的是太大了，太广了，所以故宫学绝不是故宫博物院内部的事，绝不是一个部门一个专业的事。比如，由看故宫博物院的一个包装展览，引发了对故宫文物内涵与重新定位的思考，当然也包括对拓宽所有文物的内涵与概念的深入思考，进一步引发了对文化遗产价值、文物价值、故宫文化价值的深化认识，重新认识，以及由此而来的对故宫学术及对故宫这门学问的深化认识，重新认识。比如，从北京、台北两个故宫博物院的关系，联系到台湾海峡两岸关系，再联系到以更大的中华文化与世界文化的视野，思考故宫文化和学术的意义与价值，就会发现一个更大更新的广阔天地。

当然并不是有这样一些诱因，产生这样一些想法就可以提出故宫学。如果是这样的话，那就太容易了，谁都有可能提出故宫学这样的重大问题了。关键在于不仅要善于发现问题，抓住这些问题不放，还要举一反三，探访调查，深追细究，善于发现更多的问题，思考更多的问题，使这些问题不断地发酵，并寻找相互间的关联，寻找有可能有效研究和解决这些问题的最佳途径。也就是善于把零散的想法碎片，连缀成不可分割的整体系统，把一般的实际工作提升为理论思考、理论研究，把许许多多的问题和想法研究为学问，上升为学问②。

---

① 郑欣淼：《我所经历过的两岸故宫交流》，《紫禁城》2013年第2期、第3期。

② 郑欣淼：《故宫与故宫学》，第326页，紫禁城出版社，2009年。

如前述三事所略略显示的那样，面对如此悠久、如此厚重、如此庞大、如此丰富的故宫，郑欣淼院长在《探索故宫学的体会》中说，一来到故宫，就感到要对学术研究提高重视，这是关系到故宫博物院长远发展的大事。从作研究作学问的角度着眼，从宏观的角度着眼，实在需要为故宫的文化，为故宫的学术研究，找到并妥当安放一个既提纲挈领的又有很大覆盖面的学术支点，承担起统领的作用、组织的作用、号召的作用、动员的作用，使有关故宫研究的方方面面，有一个指向，有一个依归，有一个统辖。于是，在郑欣淼先生那里，故宫学这样一个学术概念、学术口号、学术旗帜就应运而生了。事实上，不管是提出者的愿望，还是学术界的迅速响应，一致认同故宫学最核心的最鲜明的特征是它的整体性与开放性。故宫学把包罗万象的故宫文化、故宫学问作为一个不可分割的文化整体、研究对象来看待。故宫学的提出，是全面理解故宫文化、整体把握故宫内涵的一次历史性学术整合。故宫的历史，故宫的建筑，故宫的门类齐全、存量巨大的藏品，与故宫有关的种种人、事、物，故宫的物质与非物质文化遗产，各自的系统性与整体性——故宫学术资源的无比丰富性与复杂性，全社会学界参与的可能性与积极性，及其相互之间的关系，统统因为有了故宫学而纲举目张。

由此看来，郑欣淼院长虽然上任不到一年就有此震聋发聩之声，但绝不是突发奇想，心血来潮，而是深思熟虑，胸有成竹，水到渠成。可是，上任一年就提出如此重大的问题，毕竟让人觉得太快太神了，一定还有其他的原因。这个原因，郑欣淼先生在《探索故宫学的体会》的讲演中透漏了：

我在 20 年前是从事政策学研究工作的。我曾在一个省的政策研究室工作过 15 年，主要搞调查研究，为省委决策服务。在第 10 年的时候，我想搞了这么多年的政策研究工作，体会很多，也读了不少书，主要还是马克思主义基本理论，便决心写一本政策学，那是在 80 年代中期，以后写出了《政策学》，80 年代后期出版。在当时来说，是中国为数不多的、最早的一批政策学著作之一。《人民日报》《中国图书评论》等报刊都曾有评论文章，给予了肯定。政策学以后有了较快发展，这方面的专著也不断涌现。但我感到架构一个学科的框架是很不容易的。虽费了很大的劲，但还是受到当时个人学识等方面的限制，有很多不足之处，有明显的时代烙印。现在我进行故宫学的研究，就很容易联想起以前这件事。故宫学是博大精深的，对我来说，进行故宫学研究比当年的政策学研究要复杂得多，困难得多，我对故宫了解又不是很深，加之自己的精力也不如以前，往往心有余而力不足。但我知道，故宫学研究我们只是开了一个头，光靠我们是不行的，它的深化要靠大家，靠社会①。

从政策学到故宫学，郑欣淼先生让我们从个人学术史的角度，找到了他上任一年就能提出故宫学的学术研究的线性逻辑关系。做政策研究工作，写出《政策学》；领导故宫博物院，研究故宫，提出故宫学。可见，故宫学的提出，是他长期学术准备、学术积累、学术历练的结果，是他这位长期从事实际工作及学术研究工作的学者型领导、领导型学者所特有的理论与实践紧密结合的学术智慧、学术力量的一次精彩呈现。

二　从《故宫学述略》到《故宫学概论》

提出故宫学这样一个学术概念，举起故宫学这样一面学术旗帜，固然已经是很重要的学术贡献了，但更重要的是建设故宫学。郑欣淼先生既是故宫学的提出者、首倡者，同时又是故宫学身体力行、身先士卒的建设者。

郑欣淼院长对建设故宫学的贡献主要体现在两个方面。

一方面是为故宫博物院这样一座全世界著名的超大型博物馆建立起管理工作与学术研究的新型关系。博物馆越大，资源越丰富，越需要相应的学术支撑，越需要构建厚实的学术平台。所谓的学术立馆就是这个意思。从事专业研究的人员明白这个道理，但从事管理工作和其他业务工作的就不大容易明白这个道理。如果不是一院之长提出故宫学，而是一位专业研究者提出故宫学，即便是一位极有造诣的学者提出，其影响很有可能局限在专业研究的圈子里；但现在却是全面领导故宫博物院的“一把手”提出来的，情况就大不一样了。

在博物馆科学管理体制体系比较成熟的情况下，馆长的选择与作用主要决定于执行力。而在博物馆科学管理体系建立之前或正在探索建立之时，一馆之长的作用被极度放大，馆长对博物馆的影响几乎是决定性的，馆长的创意及其价值与执行力相比同样重要，甚至更为重要，亦即馆长的领导思路与工作思路对博物馆的整体工作起着决定性作用。

放在这样的背景下来看，情形就非常清楚了。提不提故宫学，并不是对院长的必需的工作要求，甚至并不在院长的工作范畴之内。郑欣淼院长能够提出故宫学，是因为他

① 郑欣淼：《故宫与故宫学》，第347页，紫禁城出版社，2009年。

把他的工作作为研究的对象，是以研究的心态、研究的思路、研究的方法才提出来的。一旦提出，又立刻受到各方面的认同，对实际工作产生了积极影响，反过来，更坚定和强化了以故宫学为指导，以研究的心态、研究的思路、研究的方法来开展具体的工作。作为院长，他自然而然地会要求各级领导、全体员工，以故宫学为统领，把各自的工作作为研究的对象，以研究的心态、研究的思路、研究的方法开展工作。当然不可能一呼百应，也不可能方方面面迅速跟进，但至少在很快的时间里，在全院范围内，传递了、灌输了一种新鲜的学术观念，造成了浓烈的学术氛围，开创了研究和工作的新型关系。也就是说，因为他是院长，他可以坚持他自己长期以来养成的工作作风和学术研究风格——工作对象即研究对象，以研究态度从事具体工作，以研究成果指导具体工作，从而提高工作效率，提升工作质量，同时也提升学术研究的质量，凸显学术研究的特色，并推及全院。这对于一个文化资源、学术资源无比丰富的文化机构来说，对于一个以文化学术研究与传播为己任、以文化学术传播为公众与社会发展服务为己任的文化机构来说，真是太重要、太必要了。完全可以想见，有没有这样的倡导、要求和推广，实际状况肯定是大不一样的。

还是和具体工作结合起来说说吧。

故宫学的鲜明特征是它的整体性。故宫博物院依托的建筑空间是明清遗留的皇宫，故宫博物院的藏品以清宫遗留为主，故宫博物院的首要任务是保护文化遗产。2004 年编制上报的《故宫保护总体规划大纲》的核心理念与重要内容就是“完整保护、整体维修”。把故宫学渗透到保护研究和保护工作中，一个重大的变化就是这些年来鲜明地提出和反复地强调整体保护、完整保护的保护理念，并成为故宫内外的共识。用整体保护、完整保护的理念检讨故宫博物院建院以来建筑管理、藏品整理的得失教训，从研究的层面深入认识完整保护、整体保护的意义和可能，不论不可移动和可移动的故宫遗存现在所属何处，均从故宫学整体性的学理层面找到应当的归属，同时也为有可能不断实现的完整性保护创造理论依据。

故宫学的完整性、整体性要义极大地改变了人们对馆藏文物的理解与认识。大规模的彻底的院藏文物清查的结果，是将多年来 90 多万件的藏品数字改写为现在的 180 多万件。这么巨大的变化绝不是数字游戏，其中包含着如何看待故宫文物的反复研究、反复讨论。故宫博物院的收藏以清宫皇室收藏为主，皇家所有变为博物馆全民所有，这是激烈的社会革命带来的化私为公的所有权的巨变。放眼世界博物馆的收藏历史，由皇室收藏、家族收藏、个人收藏转化为博物馆收藏是普遍的规律。在这个转化过程中，家族、个人捐赠是最常见的方式。故宫博物院藏品除皇家遗存外，另有相当数量、相当重要的藏品为个人捐赠，为敬仰铭记弘扬这种由私而公的奉献精神，特选择故宫内的景仁宫设立捐赠馆，设立捐赠榜，凡捐赠者均榜上有名，并轮流陈列捐赠文物。以收藏古代文物为主的故宫博物院要不要收藏现代艺术品？要不要有选择地接收当代艺术家的捐赠？一直争议不断，最终还是在故宫学的完整性、整体性、延续性的学理层面获得解决：一是应当建立从古到今的连续不断的藏品系列，收藏从古到今的传承创新的历史进程；二是继承和弘扬捐赠精神和奉献精神。有这两条理由，就足以统一各方面的意见了。

以上只是从故宫学的完整性、整体性要义出发，举两个方面的例子，说明故宫学在实际工作中所起到的明显作用。又如举世瞩目的故宫大修中，以故宫学的视野，提出在大修实践中完善和创造东方古代木构建筑修缮保护规范标准，遇到问题和争议，通过举行国内国际学术会议讨论解决。为弥补以往宫殿建造与修缮缺失详细记录的不足，更为以后的保护修缮留存充足的研究参考资料，规定每一处修缮规划方案，必须安排撰写大修报告的任务。再有规范和建立展览与学术研究的互动关系，充实展览图录的文化学术含量，提高内外展览水平，等等，均是故宫学提出后出现的新气象。

郑欣淼院长建设故宫学另一方面的贡献，是带头研究，不断推出研究成果，为故宫学的建立与发展奠定了扎实的基础。从学术角度看，这是最主要的贡献。

故宫学提出不到一年时间，郑欣淼先生就撰写出近 4 万字的《故宫学述略》，2004 年 10 月发表在由他提议创办的《故宫学刊》创刊号上。就以在这么短的时间里就写出这么长的全面论述故宫学的大文章这件事，也足以看出他提出故宫学是一个深思熟虑的过程。

《故宫学述略》共分 4 部分：1. 故宫学的研究领域；2. 故宫学的研究历程；3. 故宫学的提出及其发展机遇；4. 故宫博物院在故宫学研究中的责任和举措。在第 1 部分里，将故宫学的研究领域归纳为 6 大板块：（1）紫禁城宫殿建筑群；（2）文物典藏；（3）宫廷历史文化遗存；（4）明清档案；（5）清宫典籍；（6）故宫博物院院史。这部分从横的方面把涉及很广的故宫学研究内容划分为 6 大块，虽然每一块的内容仍然十分丰富，但从总体上看，这样的划分，把本因涉及面太大而不易把握的故宫学的研究领域表述得既全面精要，又清晰明了。其余 3 部分则主要是从纵的方向，从故宫学研究的过去、现在、未来的学术史的角度，为故宫学找到了历史的依据与基础、现在的机遇与使命、未来的走向与前景。《故宫学述略》以横向的学术研究范畴与纵向的学理逻辑关系，建立起令人信服的既覆盖广阔又脉络清楚的故宫学框架网络结构，从而成为故宫学的奠基之作。

以此为出发点，郑欣淼的故宫学研究，以继续撰写研究文章和学术讲演，以及媒体访谈、学术对话等不同方式，向不同的方位深入开掘。从此以后，不只故宫人，整个文化界、学术界，都能经常看到郑欣淼先生关于故宫学研究的种种成果了。在仅仅5年之后的2008年、2009年之交，竟然集成4部专著出版：《天府永藏——两岸故宫博物院文物藏品概述》《故宫与故宫学》《紫禁内外》《守望经典》。成果之频繁，之丰富，与其上任一年就提出故宫学一样令人惊叹。

这4部专著中的《天府永藏》，是对他划定的故宫学研究领域6大板块中的第2板块——文物典藏的研究专著。

这部专著与他任院长职后立即主持制订的2004年到2010年长达7年的彻底清理清点院藏文物的规划与执行直接相关，甚至就是彻底清理清点工作的一部分，所以也是如何处理具体工作与故宫学术研究关系的一个代表性范例。

对这部专著的写作与价值，我作过如下的评价——

清理清点工作在顺利进行着。郑院长说，他发现其中有不少问题80年来没弄清楚，也没说清楚，有些问题不只是清理清点的问题，更是关乎故宫文化整理、学术研究的重大问题。他说他要写点东西，引起大家重视、探讨。没过多久，院长说，写了三万多字了，是篇大文章。又没过多久，院长说，七八万字了，还是挡不住，很兴奋的样子。再后来，见他忙着找资料，找人谈，找老先生、找专家一次又一次地审读他的文稿。眼见着院长是下大功夫了。院长说，集中了大家的智慧和力量，成就了25万字的《天府永藏》。

在这部著作中可以看到，故宫博物院的院长（包括历任院长在内），80年来第一次全面盘点故宫文物，第一次详尽比较北京、台北两个故宫博物院的藏品。由于故宫经历了从明清两代皇宫到博物院的历史巨变，经历了从一个博物院到两处博物院的变迁，因此《天府永藏》虽是一部盘点整理故宫文物的专著，却具有巨大的历史容量。从第一、二章关于皇宫文物数百年来的聚散流迁中，足以真切地感知其间历史的面影。第三、四、五章是全书的重点，分述两岸两院藏品的动态，把两院藏品分为12个类别，清点、比较各自的来龙去脉，各自的特点特色，多少有无，将同源分流、庞大繁杂的故宫文物梳理得清清楚楚。关于两个故宫博物院文物的所有疑问，几乎都可以从中找到答案。

更有价值的是，本书不是一般的资料梳理，不是公布文物的清点账目，而是研究型的文化整理，是清理文物的研究，其意义远超出文物藏品清点的范围。明显的特点有三：一是客观、准确。以大量第一手材料为依据，实事求是地建立起一个故宫、两个故宫博物院根根脉脉、根脉相连的文物文化谱系。二是大历史大文化的文物视野。除传统的书画、陶瓷、玉器、青铜器等外，重视发掘具有宫廷特色的宫廷类、宗教类、建筑类文物的历史文化价值。如宫廷类文物，就梳理出帝后玺印、卤簿仪仗、宫廷服饰、科学仪器、戏曲、医药、地毯等16类。三是体现着作者本人首倡的故宫学研究的整体性。虽然主体是可移动文物，但始终置于与不可移动之紫禁城的关系、与宫廷历史文化艺术的关系的框架之中，即置于以故宫学为标志的故宫文化整理与研究的整体中。因此，《天府永藏》不仅为读者清晰地解析了故宫藏宝，更能从历史文化艺术的视角引导人们看待最引人注目的故宫珍藏，从而真正理解“国宝”对于国家、民族、人民乃至世界的意义①。

正是基于以上理由，我把《天府永藏》看作郑欣淼院长故宫学专项研究的代表作，当然也是故宫学研究的一个学术范本。

郑欣淼先生仍在孜孜不倦于故宫学研究。最新的也是最重要的成果是《故宫学概论》。只需把这部专著的目录列出来就足以看到它的分量了——

---

① 见《紫禁城》2008年第9期。

第八章 故宫古代艺术珍品及其研究

第九章 故宫图书及其研究

第十章 故宫明清档案及其研究

第十一章 故宫与明清宫廷史研究

第十二章 故宫建筑研究与完整故宫保护

第十三章 故宫博物院研究

如果说《故宫学述略》是故宫学的奠基之作，《天府永藏》是故宫学研究的典范之作，那么，《故宫学概论》就是故宫学的成就之作。《故宫学概论》是一个标志，是一个阶段的总结，又一个新的阶段的开始。从十年前故宫学的提出，到十年后的《故宫学概论》，真的是十年磨一剑。十年前提出故宫学，引领故宫学从一个新的概念出发；十年后完成《故宫学概论》，则引领故宫学从一个学科的基地再出发了。

一位领导着、负责管理着故宫博物院这么大一座全世界瞩目的博物馆的院长，在短短的十年里有如此重大的学术创新和学术贡献，不仅是对自我价值实现的证明，其更持久的作用与力量，是对故宫博物院学术研究的激励、鼓舞与引领，是对所有对故宫学研究感兴趣者、参与者的激励、鼓舞与引领。

三 从《故宫博物院院刊》《紫禁城》改版扩版到《故宫学刊》

郑欣淼先生是2002年9月出任故宫博物院院长的。我是应院长之约于2003年7月到故宫博物院工作的。除了协助院长分管科研等工作外，我还兼任紫禁城出版社社长、《故宫博物院院刊》主编、《紫禁城》杂志主编。至今印象最深的一件事，是我到任之初，正式办公室还没安顿好，院长到我的临时办公室来了。记得好像是第一次到我办公室。院长手里拿着两本刊物，也没说几句话，把两本刊物往我办公桌上一撂，笑眯眯地留下一句“你看着办吧”就走了。我一看，这两本刊物都是台北故宫博物院办的，一本是《故宫学术季刊》，一本是《故宫文物月刊》。学术季刊很素雅，纸张印制均好；文物月刊全彩印，我比较熟悉，来故宫博物院前，我主持中国文物报社，把《文物天地》改扩成一本全彩印的文物文化、文物艺术月刊时，就拿台北故宫博物院的文物月刊说过事儿。看着院长留下的两本刊物，琢磨着院长留下的那句话，我突然回过味儿来，怪不得院长执意要我兼任院里主办的两种期刊的主编呢，几次推辞都不应允。

我明白院长的意思，他是希望我把我们院里的两本刊物办得至少不比台北故宫博物院的两本刊物差；还有，隶属于院里的紫禁城出版社的北京故宫博物院的出版物，在人们的眼里，也有个与台北故宫博物院的出版物的比较。我后来想，虽然那时郑欣淼先生还没正式提出故宫学，但肯定正在最后的酝酿中了。因为在这之后的两个月，他就提出了故宫学。而故宫学的宣传推广、建设发展，与故宫博物院刊物的编辑，与图书的出版发行的关系之密切、之重要，自是不言自明的事。

我接管的《故宫博物院院刊》和《紫禁城》这两种期刊，在中国约上万种刊物中，算是资历较长的，在行业内也是很有影响的。当然，和故宫的文化学术资源相比，发展的空间还是很大的。《故宫博物院院刊》已是双月刊，又是纯学术刊物，一下子不可能改动过大，主要从三个方面作了努力：一是实行严格的编委、专家学者匿名审稿制，确保质量；二是适当扩大开本，增加页码，增加容量；三是提升设计印制质量，邀请清华大学美术学院作平面设计研究教学的赵健先生作总体设计（包括《紫禁城》），并根据故宫学术研究文章图像比较多的特点，选用适合的优质纸张，改黑白印制为全彩色印制。至少在形式上，这样的变化在学术期刊中是独树一帜的。有趣的是，改扩版后的《故宫博物院院刊》出现在三联书店的售卖架上，有朋友说每期他都买，但我知道他并不是研究文物的，问其故，他说主要是因为看着有品位，很养眼。《紫禁城》当时是季刊，且每期只有52页，部分彩印，可改动的空间大，改扩版的动作就更大些。做期刊的都知道，刊物的任何变动均需在前半年办理好所有报批手续，而我们的改版扩版决定已是8、9月份，按常规肯定来不及了，不过我有过报纸刊物改扩版特事特办的经验，需要的手续很快就补办齐了。

编辑定稿、正式出刊的时候，郑欣淼院长的故宫学已经提了出来，改扩版的方向更加明确了。我在改扩版后的《故宫博物院院刊》2004年第1期的卷首作了如下说明：

> 《故宫博物院院刊》是故宫博物院主办的学术双月刊。
>
> 本刊自1958年创办以来，即以深入发掘故宫博物院丰富的文化内涵，努力推进中国宫廷学术研究、明清历史研究、中国古代建筑研究及博物馆研究为己任。以鲜明的学术特色和长期的学术坚持，以国内外、院内外专家学者发表的数千篇论文，受到学术文化界欢迎和重视。

故宫博物院已经启动有史以来最大的紫禁城全面维修工程，至2020年紫禁城落成600周年时完成。2005年是故宫博物院建院80年。中华人民共和国文化部副部长、故宫博物院院长郑欣淼旗帜鲜明地提出故宫学的构想，呼吁和倡导举全院之力、社会之力推进故宫文化学术的整理和研究。为此，本刊从2004年起改版扩版，在增强古建维修研究、文保科技研究、宫廷遗存、史料典籍档案抢救整理研究内容的同时，考虑到本刊图像资料较多的特点，在纸张开本上加以调整，并由黑白印制改为彩色印制，由96页扩为160页。

改扩版后的第二年，适逢故宫博物院建院80年大庆，也是紫禁城建成585年，《故宫博物院院刊》2005年第5期破例做了一期特大专辑。我在卷首也作了说明：

拥有世界上现存规模最大、保存最完整、最精致的古代宫殿建筑群是故宫博物院最为鲜明的特色。今年是故宫博物院建院80周年，紫禁城建成585周年，紫禁城学会成立10周年，因此故宫博物院、紫禁城学会邀请中外学者召开“中国明清宫廷建筑国际学术研讨会”，为配合此次研讨会，集中展示故宫特色研究成果，本刊首次推出古建筑研究专辑。

此次研讨会规模空前，论文数量多，本专辑特由往常的160页增扩为379页，以此作为本刊对故宫博物院80周年的纪念。

与《故宫博物院院刊》的变动相比，《紫禁城》由季刊改为月刊，则是一个连续不断的努力过程。与《故宫博物院院刊》发表规范的学术论文不同，《紫禁城》定位于面向社会、面向公众，传播故宫的学术、文化、艺术，与台北故宫博物院的《故宫文物月刊》类似，从服务对象的角度看，更能体现博物馆文化的要求；而在研究、传播故宫学方面，则与院刊完全一致。我在改版后的2004年第1期卷首的《〈紫禁城〉改扩版》中，重复了在院刊卷首对院刊与故宫学之关系那样的表述，说明了《紫禁城》与故宫学的关系，并特别强调了《紫禁城》的社会性、公众性，亦即强调了故宫学的社会性、公众性：

从本期始，本刊改扩版。季刊改双月刊，每期52页扩至132页，部分彩印改扩为全彩印。

首都北京是座古老的都城。古城正中有皇城，皇城正中有宫城。皇城原状基本上消失了，宫城完整地保留着，这就是举世瞩目的紫禁城。紫禁城近600年的历史，明、清24帝的历史，世界上现存规模最大、保持最完整的古代宫殿建筑群，100多万件套宫廷遗留文物，以及故宫博物院成立近80年的历史，积淀为深厚博大的故宫文化、故宫学。

2005年，故宫博物院成立80年。文化部副部长、故宫博物院院长郑欣淼在迎接建院80年之际，旗帜鲜明地提出创建故宫学的构想，呼吁和倡导举全院之力、社会之力推进故宫文化学术的整理研究。故宫博物院遂决定《紫禁城》改扩版，并决定2005年建院80年时继续改扩，由2004年的双月刊改为月刊。

植根于故宫文化的深厚土壤之中，本刊无论怎样改扩，解读故宫、发现故宫的宗旨是不会变的，开发和传达故宫文化、故宫艺术的宗旨是不会变的，只不过是想开掘得更深入些，更丰富些，在传达的方式方法上与读者贴得更近一些。

如紫禁城这座传统文化的最大的最后的城池早已四门洞开、吐纳八面来风一样，《紫禁城》杂志努力用研究成果社会化、学术问题趣味化、专业活动大众化、传统文化时尚化的方式，在更广泛的层面，通过更多的渠道，与读者建立更密切的联系。与读者一起，从不同的路径自由地进出故宫，从各自的角度仔细地打量故宫。

2004年是甲申年。故宫博物院正在举办“清代宫廷珍藏如意展”。本期特别推出“故宫如意大观”专题，也借此期望读者如意，编者如意。

《紫禁城》继续扩展。我在2005年第6期卷首的《〈紫禁城〉再改扩版》中写道：

本刊2004年第1期改扩版号，我写过这样的话：“从本期始，本刊改扩版。季刊改双月刊，每期52页扩至132页，部分彩印改扩为全彩印。”这话当然当下就兑现了。

还说过这样的话：“2005年故宫博物院建院80周年时继续改扩，由2004年的双月刊改为月刊。”这话肯定说过头了，2005年本刊还是双月；但也不完全是空话大话，虽没改成月刊，但每期页码差不多翻了一番，而且，上一期做了特大号的

“80 年”纪念专号，算算总账，和改为月刊的总量差不了多少。

不过，从明年开始，即从下期开始，“80 年”院庆年一过，本刊就真正改为月刊了。编排内容与形式也会有一些变化，封二的“预告”可略见一二。但大方向是不会变的。所以仍然可以重复说过的话：

“植根于故宫文化的深厚土壤之中，本刊无论怎样改扩，解读故宫、发现故宫的宗旨是不会变的，开发和传达故宫文化、故宫艺术的宗旨是不会变的，只不过是想开掘得更深入些，更丰富些，在传达的方式方法上与读者贴得更近一些。

如紫禁城这座传统文化的最大的最后的城池早已四门洞开、吐纳八面来风一样，《紫禁城》杂志努力用研究成果社会化、学术问题趣味化、专业活动大众化、传统文化时尚化的方式，在更广泛的层面，通过更多的渠道，与读者建立更密切的联系。与读者一起，从不同的路径自由地进出故宫，从各自的角度仔细地打量故宫。”

看得出来，《紫禁城》是在努力从故宫文物文化、故宫文物艺术的层面，从努力走向社会、走进公众的方向上推进故宫学建设的。

2006 年，《紫禁城》终于改成月刊了，如院长两年前放在我办公桌上的台北故宫博物院的文物月刊那样。

2007 年，《紫禁城》再扩版，由每月每期的 112 页扩为每月每期的 224 页。刊期虽未变，内容量又翻了一番，成为当时琳琅满目的期刊中容量最大，设计、材质、印制最考究最精致的月刊之一。

如果说《故宫博物院院刊》《紫禁城》是在故宫学的倡导引领下一步步地走向丰富、走向厚实的话，那么《故宫学刊》则是故宫学直接催生的。《故宫学刊》直接为故宫学研究服务、为故宫学学科建设服务。

《故宫学刊》是郑欣淼院长倡议创办的。他在提出故宫学、督促我改革《故宫博物院院刊》《紫禁城》的同时，就提出了创办《故宫学刊》的倡议和要求，并主动担任编辑委员会主任，让我担任主编。我一听就来劲了。对于故宫学来说，创办这样一个名号直接而响亮的故宫学学术刊物太必要、太重要了。我立即组织力量开展编辑工作。郑欣淼院长亲自撰写了发刊词：

在2004年岁末,《故宫学刊》第1辑和读者见面了。

故宫博物院即将迎来建院80华诞,故宫学研究也从滥觞,发展到今天蔚为大观,走过了近80年的历程。明确提出故宫学的概念并加强故宫学的建设已水到渠成。这是故宫学发展的必然要求,也标志着故宫学研究进入一个新的阶段,即由自发到自觉的阶段。

故宫博物院办有学术性刊物《故宫博物院院刊》及以发掘展示中国宫廷历史文化为核心内容的文化艺术性杂志《紫禁城》,现在又创办《故宫学刊》,它的任务和宗旨是什么?一句话,是为故宫学研究与故宫学的建设服务。

《故宫学刊》是个大型的学术性刊物,暂拟每年出一期,主要刊登两方面的文章:一是故宫学研究的成果。它鼓励创新,支持探索,重视为中青年学者创造条件,也为一些有见地的篇幅较长的论文提供园地。二是关于故宫学学科建设的研究,包括学科性质、研究领域、研究方法等各个方面,欢迎争鸣和探讨。学术发展及学科建设有其自身规律,不能急于求成,需要一个过程,绝非朝夕之功,而要长期的积累。《故宫学刊》反映的就是这个过程中跋涉的足迹,积累中的一砖一石。

故宫在北京,故宫学人在故宫学研究中具有特殊作用,应当作出更大的贡献。1929年10月,经过多年的纷乱,刚走上正轨的故宫博物院即创办了《故宫周刊》,该刊介绍院藏各类文物及古建筑,并刊登专著、考据、史料、校勘、目录等,易培基院长在"发刊词"中说:"是此一周刊之微,他日者或将谓吾国文艺复兴之权舆,亦奚不可,斯又岂独本院本刊之幸哉?"这反映了故宫博物院在传承、弘扬中华传统文化中的强烈的责任感和使命感。《故宫周刊》后因战争原因,出到510期被迫停刊,但刊物所体现的故宫学人的精神和抱负,则成了宝贵的遗产被继承下来。《故宫学刊》流淌着《故宫周刊》的精神血脉。

期盼着故宫研究的气象更为宏大,期盼着故宫学研究成果的不断涌现,期盼着新的研究人才脱颖而出,这就是《故宫学刊》的愿望!

发刊词说明创办《故宫学刊》的目的和宗旨,还特别说明故宫学的提出与研究、《故宫学刊》的创办,与故宫博物院创办之初的故宫学人、学术传统、学术精神、学术使命的承续关系。这一点很重要,这是故宫学的根底所在,这也充分表明故宫学的提出是对历史的高度负责。

郑欣淼先生故宫学的奠基之作——长近4万字的《故宫学述略》，领衔刊登在《故宫学刊》的创刊号上，这不仅是故宫学的良好开局，也是《故宫学刊》的美好预兆。《故宫学刊》有一个好处是可以不受篇幅的限制。不知从什么时候开始，学术期刊形成了一个“潜规则”，要求学术论文控制在5千字左右，长了就不易刊登。大概是因为期刊页码有限，一篇论文长了会影响其他论文的发表。人为的控制字数实在是不符合学术研究实际的，论文质量的高低并不在于字数的多少。《故宫学刊》完全放开了对论文字数的限制，只要有创新，有探索，不拘长短，尤其欢迎有分量的长文，3万5万字的长文，甚至8万9万字的宏论，都出现在《故宫学刊》上。从2004年的第1辑，到2013年的第10辑，共刊发故宫学研究论文236篇，总计约800多万字，应该说这是一个相当可观的数量。《故宫学刊》的十年，可谓收获丰盛。郑欣淼先生在10辑《故宫学刊》共发表论文6篇之多。丰盛的收获，全赖他开辟的这块阵地，也和他带头辛勤耕耘分不开。

郑欣淼院长虽然是当过和当着省长、部长级的官员，但在我眼里，是一位十足的爱书人、读书人、著书立说的人。记得就在我忙不迭地折腾那几种杂志的时候，院长时不时地同我讨论故宫出版的许多事务，因为我还兼着紫禁城出版社的社长。他不止一次地说过这样的意思：故宫的资源太丰富了，过不了多久，我们出的书就会摆这么满满的一架子又一架子——他指着他屋子里排满了书的书架这么说着。这是一种让我深受感动、深受鞭策的文化情怀、文化理想。

我心甘情愿地把院长布置的任务奉为使命。因为故宫博物院是全世界文化遗产资源最全面、最丰富的博物馆，也是全国几千家博物馆中唯一拥有出版社的博物馆。早在20世纪二三十年代，故宫博物院编辑出版的期刊图书就是文化机构里出得最多最好的，深受社会各界喜爱。我来院的时候，适逢筹划建院80年大庆，实在是一个太好的时机。我以此为契机，便扎扎实实、风风火火地大干快上起来。《徐邦达集》《唐兰集》《罗福颐集》《单士元集》等故宫学术大家的文集，《捐献铭记》及捐献大家马衡、张伯驹、郑振铎、孙瀛洲、周绍良等人的专集，集中出版故宫博物院专家学者代表性著作的《故宫博物院学术文库》，专为中青年学者筹划的以专题专论为特色的《紫禁书系》，作为明清两代皇宫、宫廷生活及故宫博物院史料掌故钩沉的《故宫文丛》，古陶瓷研究及资料整理系列，明清宫廷史研究丛书，故宫大修实录系列，明清宫廷建筑史料长编，故宫学研究史料与研究丛书，各类展览的论文、图录、专集，等等，陆陆续续地出版了。正如院长督促和期望的那样，真的是一架子又一架子了。

四 从研究室到科研处

长期以来，故宫博物院这样一个文化学术重地，没有一个专门负责管理协调全院学术研究的职责部门。2004 年 8 月，故宫学提出不到一年，为了提高故宫博物院科研学术水平，加强科研工作的科学化、规范化管理，正式成立了科研处。

科研处是在研究室的基础上建立起来的。研究室虽然也负有为全院科研工作出谋划策的咨询之责，但主要还是为院里的年纪较大的专家学者提供较好的继续开展学术研究的环境，并为他们做好服务工作。新成立的科研处在继续做好这项工作的同时，主要职责明确规定为：协助院领导对院科研工作进行总体规划，根据规划制定实施计划并组织实施和管理，协调各业务部门的科学研究工作，为全院重大科研课题及业务决策提供咨询，组织和协调院科研课题项目的申报、评审、经费使用和日常管理，组织鉴定或评审院内科研成果，向院领导和上级主管部门提出奖励推荐意见，组织开办各类业务研讨、培训、学术讲座、学术报告，接待科研单位、学者来访咨询，开展国内外学术、技术交流，组织和协调大型文物图书、学术成果的编辑出版工作。科研处的成立和赋予科研处的职责，使得全院的科研工作有了一个总的抓手，并落实到一个具体的专职的职能部门，从而使科研工作落到实处有了组织机构和体制制度的保障。

我在与科研处讨论院里的科研工作时，手拟过一个科研工作推进纲要。一是要像郑欣淼院长那样，做学术的担当，尽学术的职责，继承、弘扬和创新故宫博物院学术传统，创造良好浓厚的学术氛围。二是深入认识科研工作在全院工作中的基础性、前沿性、导向性、形象性的作用和地位，理顺并协调解决科研工作与全院工作、日常业务工作的关系。三是建立健全科研工作组织机构，制订、健全科研工作规章制度，加强管理，对内激励，对外开放，促进院内外、海内外学术交流。四是实施“四个一”学术工程：1. 高举起一面学术旗帜，即故宫学学术旗帜，号召、凝聚、整合、引领科研工作，沿着故宫学学科建设、体系建设的学术轨道行进；2. 构建起一个学术平台，即以故宫三刊(《故宫博物院院刊》《紫禁城》《故宫学刊》)、《明清论丛》和紫禁城出版社为载体的囊括不同层面的发布、传播、交流故宫学学术成果的平台；3. 实施一个项目课题制度，即通过科研课题项目，规划、组织、实施、督查全院、部门、个人的不同时段的科研项目的落实与完成；4. 实现一个科研学术人才培养目标，在10年之内，在更长的时间内，形成不同专业领域的配置合理、承传有序的科研人才梯队，出现并保持30名到50名不同专业领域的学术带头人，其中一部分达到国内外同专业领先水平。总的方向与目标是搭建起以故宫学为核心的学术网络结构，做到以故宫学为中心的学理、观念、氛围全覆盖，科研工作体制、机制、制度全覆盖，学术成果发布、交流和学术推进路线全覆盖。

科研处成立之后，故宫博物院的科研管理工作有了明显的改观，亮点至少有三。

一是从2005年院庆80周年开始，在故宫博物院内定期举办故宫学术讲座。我在故宫出版社2011年12月出版的《故宫学术讲坛》第一辑的《前言》中，对举办学术讲座作了介绍性的评述——

> 2005年，故宫博物院纪念建院80周年的那一年，“故宫学术讲座”正式开讲。“讲座”自然很受大家的欢迎，但又觉间隔时间过长，不够解渴，于是，第二年又办起了“故宫学术沙龙”。“讲座”每季度一次，以延请院外学者为主，讲题相对宏大一些，在可容纳数百人的报告厅举行；“沙龙”每月一次，以组织院内学者为主，讲题相对更专更细一些，在可容纳数十人的会议室举行，便于讲者与听者的讨论交流。2010年9月，故宫博物院建院85周年前夕，出版了《故宫学术讲谈录》第一辑，是2006年至2008年“故宫学术沙龙”的讲谈结集；现在出版的这本《故宫学术讲坛》，则是2005年至2010年“故宫学术讲座”的演讲结集。
>
> 演讲者学有专攻，听讲者自是各觉启迪甚多，此中良苦，难以备述；好在有此两种讲谈结集在，常可重温。我想说的是，比起开讲座、办沙龙这件事本身，每一次讲座的谁来讲、讲什么也许并不是最重要的；最重要的是持续不断的学术讲座对于故宫博物院学术振兴的意义和作用。
>
> 像故宫博物院这样的包罗万象的中国传统文化的汇聚之地，举世瞩目的世界文化遗产地，百科全书式的公益性文化机构，如果没有厚重的学术积累，没有广泛开放的学术交流，没有学术研究理念与方法的不断探索；如果组织不起盛大的学术团队，培养不出方方面面的专家学者；如果缺乏由多方面构成的稳固的学术支撑，所谓为历史守护、为现世承传、为未来延续、为公众服务、为文化交流作出无可替代的应有贡献，都是不可想象的，就是连与无比丰富的传统文化资源相适应的必须的

> 基础研究的开展也是不可想象的。对举办学术讲座的高度重视，正是基于这样的学术自觉；而学术讲座的开展，理所当然地成为故宫博物院学术建设、学术振兴、学术繁荣的重要组成部分。
>
> 这些年来，社会上似乎出现了讲座热，大众传媒、高等院校、研究机构、文化团体……举办者多，演讲者多，听讲者更多，看起来好像有点凑热闹的意思；但绝对不可以把文化学术讲座说成是凑热闹，要说是的话，这样的热闹应该凑，值得凑，应该大凑特凑。当然，仅靠学术讲座远不能抵达学术的目标，完成学术建设的任务，但对于推进学术研究的作用还是不可低估的。故宫博物院的学术讲座自开设以来，颇受欢迎并得以逐步推广。先是全院范围的组织举办，接着，以部门、以研究机构为单位也组织举办起来；先是以外来的学者讲为多，逐渐自家人相互讲的也多了起来。时间长了，就变成一种常态，成为日常工作的一部分了。习惯成自然，就会逐渐走进一种很美妙的文化的学术的境界。已经有了六七年历史的学术讲座的实践证明，坚持开展多样化的开放式的学术讲座，如期望的那样，确实有助于营造浓厚的学术氛围，树立坚韧的学术精神，磨炼严谨的治学态度，形成良好的学术风气，建设过硬的学术队伍，催生较高水平的学术成果，提升文化服务、文化传播的质量。这样的讲座继续办下去，与时俱进，持之以恒，其作用，其意义，定然是无可估量的。

郑欣淼院长认为这样的学术讲座，是为故宫博物院的研究人员打造的一个开阔学术视野、营造自由探究的学术气氛、鼓励学术争鸣、活跃学术思想。促进交流与创新的高品质的学术交流平台。在这个学术平台上，优良的学术传统与创新的学术思维在相互启发中激荡着，迸发出智慧的火花，给故宫博物院学术研究增添了盎然生机。他还希望“故宫学术沙龙所带来的清新学术气息不应只散发在故宫的高墙大院之内，而应该走出去，给更多关注故宫博物院发展、关注故宫学术进步的人以亲身体验的机会，让更多的同人参与到认识故宫价值、挖掘故宫内涵和推进故宫学术研究的行列中，共同谱写故宫学术研究的美好未来”①。故宫学术讲座、学术沙龙还在继续，如郑院长希望的那样，故宫学术讲座也已经以多种多样的形式走出了故宫的高墙大院，走向社会，进入学校，进

---

① 见《故宫学术讲谈录》第一辑《序》，紫禁城出版社，2010年。

入社区，引起众多听讲者的浓厚兴趣。故宫学术讲座不止一次地走进北京大学、清华大学、中国人民大学、北京师范大学等高等院校。据记载于《故宫博物院科研工作简报》的学术讲座统计，2008 年至 2012 年，故宫博物院内各部门举办的学术讲座总计 113 次，故宫博物院的专家学者在社会上开讲 84 次。以院内讲座算，加上科研处组织的每月一次全院性的学术沙龙，每季度一次的学术讲座，平均每月就有 3 个以上的学术讲座在紫禁城里举办。由部门到全院，由院内到院外，故宫学术因此而蔚然成风。

提到了《故宫博物院科研工作简报》，顺便再说说简报的事。为了进一步促进故宫博物院科研工作的开展，及时反映最新的科研信息，交流最新的科研动态和学术成果，更好地为科研业务人员服务，从 2008 年开始，科研处创办了每季度一期的《故宫博物院科研工作简报》，也算是一种定期刊物了。不过简报只是一种院内交流的内部刊物，不对外公开发行。刚开始还是薄薄的一本，很快就越来越厚了。科研工作简报信息量激增，内容一期比一期丰富，这直接说明着科研工作的进度。像学术讲座、学术沙龙一样，同事同行间学术科研动态的及时交流，既使学术氛围更加浓厚，又是对全院从业人员投身科研工作、参与学术研究的无声动员、激励与竞争。2009 年初，召开了故宫博物院首届科研信息工作会议。谈到简报时，大家一致肯定简报的创办是科研信息交流与沟通的创新，是科研管理工作的创新。我同大家一起讨论如何进一步把简报办得“简报不简”，如何有深度地报道科研管理和学术研究两方面的消息。我提出要注意把握每条信息的关键词与亮点。要关注研究的过程。对于研究人员来说，过程往往比结果更有用，需要简报的信息员和编辑介入研究过程和研究环节中，善于抓住思路与方法层面的创新，发掘科研过程与细节的价值。并提出有可能的话，简报内容的范围可扩展到院外、国外的同行和相关领域。2012 年，科研工作简报编发到 17 期后，做了较大的改版扩版，在故宫博物院科研信息的基础上，新增了故宫博物院以外的国内外文博科研要情，邀请院内外外语、专业专长的同人分语种（日、韩、俄、法、英语）、国家、地区搜集和编译包括文物、考古、历史、博物馆等相关领域的学术信息，内容量因此而翻了一番，并改名为《文博科研要情》。这为故宫博物院的专业人员打开了眺望世界学术动态的窗口，将故宫学人的学术视野，进一步扩展到全世界的视域之中。对于故宫博物院这样一座举世瞩目的博物馆来说，这自然是非常必要的。

二是经过几年的持续努力，基本上完成了为保障和推进科学研究的建章立制的工作，使全院的科研工作、学术研究管理进入了有序、规范、顺畅的轨道。2007 年，召开了故宫博物院建院以来首次科研管理工作会议，郑欣淼院长作了故宫博物院科研工作报告。这个报告是故宫博物院的院长建院以来第一次对故宫博物院学术研究的历史、现状、成果、独特性及科研管理工作进行的一次系统的总结梳理，同时明确提出科研管理工作的方向。到2008年，完成了《故宫博物院科研课题管理办法》《科研成果奖励办法》《学术著作出版项目管理办法》《学术档案管理办法》《故宫博物院与科研院所联合招收硕、博士生的报名条件及管理办法》等8个科研管理规章制度的制订，编制了《故宫博物院近期科研规划（2008—2010年）》《故宫博物院中长期科研规划纲要（2011—2020年）》。科研规章制度的全面建立和近期、中长期科研规划的编制，对于建立科学的学术秩序、树立学术规范、理顺学术方向起到了重要作用。科研学术发展的实际状况也一再证明，建立稳定的科研制度，以制度规范学术、以制度管理学术、以制度引导学术的思路和做法，是振兴学术、推动科研工作持续发展的重要制度保障。

三是建立和逐步完善了科研课题项目管理办法。科研课题由个人或个人牵头的小组、集体申报，经院学术委员会讨论评审，无记名投票确定可否立项。立项后则与科研经费挂钩。从科研管理的角度看，研究课题的选定、申报、评审和立项本身就是一个推动研究的过程。逐步形成了从学术研究理念到科研管理体制机制，再到学术出版保障的整体科研格局，科研课题项目管理是其中的核心环节。从某种意义上说，课题就是研究，课题就是成果。课题管理的核心是通过管理提高课题质量。为了有效提高选题质量，从2007年开始，科研处发布年度科研课题指南。就以2007年为例。这一年，科研处广泛征求了各方意见，制订、发布了《故宫博物院2007年度科研课题指南》和《故宫博物院2007年度拟申报集体攻关科研项目的说明》。《指南》明确提出2007年度科研课题项目的指导思想、总体布局、重点安排，为申报者的申报，也为全体业务人员、研究人员了解院近期科研重点提供了参考依据。《说明》指明2007年院科研工作继续加强基础建设，重视故宫基础资料、史料的搜集整理；重视基础研究的同时，加强宏观研究，加强文理工的交叉与渗透。在申报和评审过程中，大家普遍反映，在《指南》和《说明》的引导下，2007年科研项目选题与批准立项的22个科研项目的整体水平比以往有了明显的提升。以故宫学为核心的课题项目管理，对统筹、组织、拉动全院学术研究方面，达到了预期的效果。

科研课题项目的科学管理、经费配套，以及以故宫三刊为主的成果发布平台的搭建和出版资助，对故宫业务人员、研究人员起着很大的激励作用。为了加大激励力度、健全激励机制，2009年，故宫博物院开展了规模盛大的1991—2008年科研成果评奖工作，通过褒奖近20年来在科研工作中作出突出贡献的学者、专家，进一步激发全院科研人员的积极性与创造性，营造更加浓烈的科研氛围，从而有力推动以故宫学为核心的学术研究工作。历经半年的时间，从近20年的科研成果中评出60个获奖项目，年底，举行了隆重的颁奖大会。郑欣淼院长在颁奖大会报告中说了这么一段话：

> 这是故宫博物院建院以来第一次召开科研成果颁奖大会，这表明了这一届院领导班子对提高我院整体学术水平的决心，也反映了我院专家学者们和广大业务人员的良好愿望，意义重大。这次评奖是对我院自1991年以来科研、学术成果的检阅和总结，获奖的科研成果代表了我院18年的学术、展览和出版的水平。其中涌现出一批中青年学者的优秀成果，表现出宽阔的学术视野和交叉学科的研究方法，使人印象深刻，且展现了我院学术的“后劲”。此外，评奖工作也使我院科研管理水平得到了进一步的提高和完善。2004年成立科研处以来，我院制定并不断完善了一系列科研管理方面的规章制度，采取了人才培养的学位制度，编制了近期和中长期的科研规划，开展了多种多样的学术交流活动。这些都为我院各项学术研究和发展提供了多方面的保障。科研成果评奖工作就是为营造出人才的成长环境、激励人才的发展、确立人才的典范的很重要的激励措施之一。

在颁奖大会上，院外评委代表——来自中国社会科学院历史所的赫治清研究员和清华大学美术学院的尚刚教授，对获奖成果作了综述、评点，从明清宫廷史和书画、古器物研究的层面详细评述了我院研究成果中所体现出的故宫特色与整体水平，并结合学科的发展为我院研究人员提出宝贵的方法论建议。获奖代表、最佳学术著作奖获者罗文华在获奖感言中现身说法，与大家分享了他的学术“三项基本原则”：“我的研究始终不脱离开故宫”；“我的研究不能局限于故宫”；“故宫学不只是故宫人的学术，它是属于中国的，也是属于世界的”。他说：“只有每位研究人员的学术进步，才能有故宫学术的进步；故宫学术能走得多远，要看我们的思想能走多远，看我们的心胸有多宽广。”获奖代表、最佳学术著作奖获得者苗建民谈了他在学术研究中的切身感受：“在故宫学这面旗帜的指引下，促进科研工作不断发展的运行机制正在形成，我院的各项事业呈现出了蓬勃发展的大好局面。究其原因，我觉得故宫学的理论指导发挥了重要作用，产生了明显的影响。一项事业有了科学的理论作为基础，各项工作就有了合理的归属，就有了前进的动力和持续发展的保障。对此我有着切身的体会。借此机会，我感谢院领导班子为全院良好学术氛围的形成所作的创新性理论探索和理论与实践相结合的不断实践。我愿意和全院同人一起，在故宫学的理论实践中，为故宫博物院各项事业的进步与发展做出新的贡献。”①

按照故宫博物院2008年颁布的《科研成果奖励办法》的规定，三年一次的科研成果评奖于2012年如期进行。科研处制订并发布了《故宫博物院2009—2011年科研与出版成果评奖细则》。按照规定程序，从2009年至2011年的科研成果中评选出53个获奖项目。2009年和2012年连续两次大张旗鼓的科研成果评奖活动，是故宫博物院学术成就的阶段性总结，更是故宫博物院通过建立和完善学术科研激励机制，营造创新学术风气、催生创新学术研究成果大见成效的见证和公示，也是故宫博物院科研制度与激励机制从此进入常规常态、科研保障体制基本形成的鲜明标志。

如获奖代表的感言所表达的那样，亦如我在不同范围召开的不同主题的学术座谈会上听到的那样，许多专业研究人员有一个共同的感觉，觉得在故宫博物院逐渐形成的这样的学术氛围、学术环境里，从事学术研究的幸福指数比较高。从管理者的角度来说，这的确是我们尽力追求的目标。我觉得故宫博物院的研究人员如果没有这样的感受的话，肯定就是我们科研管理工作的失误。我曾经同研究人员讨论过这个问题。我们认为在故宫博物院确实具有做学术研究的优势：博物馆的公益性决定从事学术研究有高尚感，因为我们的研究是在深入研究的层面继承和传播我们的民族文化，而且受关注度高，受众面广，研究的价值会被放大，同样的研究会产生更大的影响；故宫博物院无比丰富的学术资源注定我们的研究有优越感；比较容易出成果注定我们的研究有成就感。

当然也有相应的紧迫感，因为故宫博物院不会亏待、抹杀任何一位研究者的成果，不怕科研成果发表不了，出版不了，就怕拿不出成果。在这样良好的学术环境里，故宫学人自当以继承传统、超越功利、激发兴趣、投入情感、贵在创新的学术品格，不断创造出出色的研究成果，做到不辜负、不浪费可贵的研究资源与难得的研究条件。

① 以上三位的引文见《故宫博物院科研工作简报》2009年第4期。

五　从5个研究中心到故宫学研究所到故宫研究院

2005年10月，故宫学提出满两年之际，适逢故宫博物院建院80周年。80年大庆的主题与故宫学呼应，定位于学术性、国际性、开放性。核心内容由中、英、德、日、美世界五大博物馆馆长对话紫禁城和4个国际学术研讨会组成。

五大博物馆馆长分别来自英国大英博物馆、德国德累斯顿国家艺术收藏馆、日本东京国立博物馆、美国史密森研究院和中国故宫博物院。4个国际学术研讨会：一是与国家清史编纂委员会联合召开"故宫博物院80华诞暨国际清史学术研讨会"，二是与中国紫禁城学会共同邀请中外学者召开"中国明清宫廷建筑国际学术研讨会"，三是故宫博物院古书画研究中心成立暨《清明上河图》与宋代风俗画国际研讨会，四是故宫博物院古陶瓷研究中心成立暨古陶瓷国际学术研讨会。

同期，前有以"文明对话"为主题的紫禁城国际摄影大展为80年大庆预热，后有与中央电视台合作拍摄的大型历史文献纪录片《故宫》12集精华版在央视一台热播。

故宫博物院在庆祝建院80年的时候，可以说在世界范围内，至少在文化艺术层面和学术层面，突然爆发出前所未有的故宫热、故宫学热，此种现象，实为筹划院庆活动之时始料未及。

对故宫学建设产生长久影响的是院庆期间成立的两个研究中心和一个实验室——故宫博物院古书画研究中心、古陶瓷研究中心及古陶瓷检测研究实验室。

以古陶瓷研究中心的成立为例。古陶瓷研究中心是故宫博物院老中青几代古陶瓷研究者同心协力精心筹划、充分准备建立起来的。2005年10月10日上午，中心揭幕挂牌。采集自百余处古陶瓷窑址的瓷片，等待粘对的陶瓷实物资料，成系列的清代御窑瓷器，产自美国、法国、德国、荷兰、日本及中国的仪器分析设备，琳琅满目地出现在标本陈列室、观摩室、实验室，让所有中外见证者眼前一亮，惊叹不已。

仍由我兼任主编的《紫禁城》特别编辑推出一期"古陶瓷研究中心成立特刊"①。我在"特刊"前一期的《紫禁城》封底预告中很是兴奋地写了如下的广告词：

---

① 见《紫禁城》2005年第5期。

144个窑址，3万余古陶瓷片，18件古陶瓷孤品，20位客座研究员；最大范围的中国古窑址实地调查，最丰富的中国古陶瓷瓷片标本，最能填补空白的古陶瓷实物资料，最成系列的清代御窑瓷器，最高端的科技钻研最古老的瓷器，最权威的陶瓷专家评估，最具价值的陶瓷文化资源。

虽为广告，实无半点夸饰。

《紫禁城》“古陶瓷研究中心成立特刊”打头的是郑欣淼院长撰写的《古陶瓷研究中心记》：

故宫博物院，中国最大的古代艺术品宝库，百万珍藏，瓷器35万之重，多出自宋代“五大名窑”，明清两代景德镇御窑厂，是故宫博物院藏瓷的基础和精华。

自20世纪50年代始，故宫博物院陶瓷组工作人员就对分布全国的140多个窑口进行调查，采集了3万余瓷片标本。加上原宫廷生活中淘汰的各类瓷器碎片标本上万片，这无疑为陶瓷研究提供了更加丰富的材料。

故宫博物院收藏的古陶瓷，全面地反映了中国陶瓷生产8000年连绵不断的历史，为世界其他博物馆或美术馆的陶瓷器收藏所无法比肩。

故宫博物院凭借其得天独厚的条件，曾造就出一大批享誉海内外的文物研究专家。在古陶瓷研究领域，陈万里、孙瀛洲、冯先铭、耿宝昌先生等闻名遐迩，使故宫博物院在这一领域长期独领风骚。

丰厚的藏品基础和研究优势，使故宫博物院古陶瓷研究中心的成立成为必然。

古陶瓷研究中心，是故宫博物院国际性学术研究机构之一，它将利用故宫博物院在人才和收藏古陶瓷文物、资料、标本以及引进各种先进检测仪器设备等方面的优势，为国内外专家、学者搭建一个开展综合性合作研究的学术平台，旨在使故宫博物院陶瓷藏品的诸多内涵为世人所知，以弘扬博大精深的中国陶瓷文化。

接着是郑欣淼院长在《古陶瓷研究中心记》中提到的耿宝昌老先生为古陶瓷研究中心成立撰写的《心愿》：

中国的陶瓷历史源远流长，流传至今的文物浩如烟海。北京故宫博物院，35万件古陶瓷已进入科学化的管理范畴，研究硕果累累；近8万件陶瓷实物资料，却因长期无暇顾及，谈不上对它们的科学保管与研究。

半个世纪以来，这批资料一直散存于院内八九处库房，绝大多数器物从未发表。虽然对它们有所熟悉，但由于其长期被尘土遮盖，疏于管理，一旦想找记忆中之某件，若大海捞针一般。

为庆祝故宫博物院建院80周年，院领导决定建立故宫博物院古陶瓷研究中心，下设故宫博物院古陶瓷资料观摩室，将故宫博物院现有的丰富资料公之于众，为国内外博物馆界及陶瓷学者开展学术研究，提供一良好平台。

久未翻动的这批陶瓷实物资料，由此被从各个库房全部集中存放一处，经点核、清洗、分类、修复等工作，从中挑选出543件典型器在观摩室展出，并结集出版。

这批资料的征集工作肇始于20世纪50年代，源于多方。故宫博物院已作古的陈万里先生、孙瀛洲先生、冯先铭先生生前对陶瓷资料的搜集工作曾倾注心血，且陈万老捐出亲身考察的越窑青瓷标本，孙老也捐出陶瓷资料完整器500多件，可谓功不可没。

这批资料经过整理，并被充分利用，实现了故宫几代陶瓷工作者的共同心愿。

院长、专家之论，足见古陶瓷研究中心成立之价值与意义。除学术研究之意义，还有一层同样重要的意义——研究中心的机制对于故宫学研究的创新意义。

研究中心研究人员的组成分两部分，一部分聘自院内，聘为研究员；另一部分聘自院以外的世界各地，聘为客座研究员。这样，就尽可能地将院内外、国内外这个领域里顶级的专家学者集中到研究中心了。如古陶瓷研究中心聘请的20位客座研究员中，7位分别来自法国、德国、美国、日本、土耳其、新加坡、韩国，3位来自台湾地区，2位来自香港特区，其余来自北京大学、清华大学、首都师范大学、上海博物馆、上海硅酸盐研究所。正是由于具备了丰富珍贵的古陶瓷、顶级的专家学者、先进的检测仪器设备等综合优势，古陶瓷保护研究国家文物局重点科研基地落户故宫博物院。

古书画研究中心、古陶瓷研究中心成立之后，于2007年、2009年，故宫以同样的模式，相继成立了古建筑保护研究中心、藏传佛教文物研究中心、明清宫廷史研究中心。5个研究中心充分利用资源整合优势，不断探索开放的研究路径，扩大研究领域，开创合作方式，学术研究呈现出一派生机勃勃的景象。

以藏传佛教文物研究中心为例。该中心成立之前，研究人员就向着成立研究中心的目标努力。在成立仪式上，就分别与法国高等实验研究学院、日本国立民族学博物馆、美国加州大学伯克利分校、陕西省考古研究院、四川省文物考古研究院、中国人民大学国学院等7家国内外学术研究机构签署了学术合作框架协议。从这一年开始，藏传佛教文物研究中心与首都师范大学美术学院汉藏佛教美术研究所联合承办由故宫博物院、首都师范大学等单位联合主办的西藏考古与艺术国际学术讨论会。该讨论会每三年举行一届，每届会议都得到国内外学者的大力响应、积极参与，已经成为藏学界和艺术史界的国际例会。故宫博物院专为藏传佛教文物研究中心在明清两代藏传佛教活动场所设立了院藏藏传佛教文物陈列厅。经典的展品、丰富的藏传文物藏品、众多的宫廷藏传佛教活动场所，与新成立的研究中心一起，整合形成无可替代的真正的藏传佛教文物研究中心，在国内外学术界产生着越来越大的影响力。

到目前为止，在故宫博物院的机构设置中，5个研究中心还是非建制单位。除个别专职人员外，大部分研究人员为院内外兼职，但各自的专业与各个中心研究方向高度一致，在研究中心有明确规划和操作程序的协调下，近几年的运行证明，这样灵活的组合反倒更有利于在不脱离专业工作的同时发挥各自的研究专长。强强联合下综合优势的发挥，尤其表现在各个研究中心研究项目的筹划和组织召开的学术研讨会学术质量的大幅度提升上。

2010年，在故宫博物院建院85周年之际，故宫博物院专为故宫学研究而建立的一个实体性建制单位诞生了，这就是故宫学研究所。如果说5个研究中心做到了虚而不虚的话，那么，故宫学研究所的建立和短短两年多的运行，则是实而又实的了。

就如最先成立的两个研究中心是在故宫博物院80年大庆时揭牌的一样，故宫学研究所是在故宫博物院为纪念建院85周年暨紫禁城建成590周年而隆重召开的故宫学研讨大会上宣布成立的。

故宫博物院建院85周年故宫学研讨会由一个大会和三个分会组成。

三个分会，一是由古陶瓷研究中心和古陶瓷保护研究国家文物局重点科研基地组织召开的宋代官窑及官窑制度国际学术研讨会。此次学术研讨取得的重要而丰硕的收获，是对5年前古陶瓷研究中心成立时所设定目标的成果回应。也就是说，成立研究中心，充分发挥故宫博物院藏品和人才优势，开辟自然科学研究新领域，借助外界专家学者的力量，通过开展课题项目研究，把传统研究方法与科学技术手段相结合，有效解决中国古陶瓷研究领域的重大学术问题——以这样的理念与方法取得的突破性成果，使古陶瓷研究界备受鼓舞。

二是由明清宫廷史研究中心组织召开的明代宫廷史研究丛书新书发布会暨明宫史研讨会。这是一次以成果展示与评价推动明代宫廷史研究，填补和改变故宫学研究领域薄弱环节的很有实效的学术研讨会。

三是古建筑研究中心和中国紫禁城学会组织召开的故宫博物院85周年院庆暨中国紫禁城学会第7次学术探讨会。研讨会的主题是皇家建筑文物价值的完整保护，比较集中地讨论了故宫学、皇家建筑、明清宫廷建筑三个概念及其关联。

在三个分会集中在一起召开的故宫学研讨大会上，郑欣淼院长作了“故宫学7年：构建、发展和展望”的主旨演讲，翔实地论证了故宫学的价值与意义、故宫学研究对象和范围、故宫学学科特点等。特别指出海峡两岸两个故宫博物院同根同源，故宫学则是连接“一个故宫”和“两个博物院”的纽带。

就是在这样的大会上，故宫学研究所正式成立。文化部副部长王文章和国家文物局副局长宋新潮致辞并为故宫学研究所揭牌。王文章在致辞中说，故宫学的倡导、故宫学研究所的建立，是当代中国保护优秀文化遗产的必然要求，标志着故宫博物院的发展走向了新阶段。故宫学研究的科学成果将促进人们对优秀文化遗产的尊重，激发创新精神，同时也将引领和提升故宫博物院自身价值的发挥。宋新潮在致辞中说，故宫学的提出是故宫博物院学术研究的新起点，也是对我国文化遗产保护及其相关工作的理论探索。①

在故宫学提出7年之后，在5个研究中心建立并显示出旺盛的学术生命力的时候，在故宫博物院85周年纪念的大背景下，故宫学研究所的建立，在故宫学建设的历史上，尤其是在故宫学建设的组织体制保障上，具有历史性意义。

我受郑欣淼院长委托，代表故宫博物院向大会作了“我们为什么要建立故宫学研究所”的说明：

在故宫博物院建院85周年之际，我院决定正式成立故宫学研究所，并在今天

① 以上内容详见《故宫博物院科研工作简报》2009年第4期、2010年第3期。

的故宫学研讨会上举行揭牌仪式。我受院领导的委托，向各位简要报告我们为什么要成立故宫学研究所。

正如郑欣淼院长所阐述，故宫博大丰富的内涵需要故宫学，中国传统文化研究需要故宫学；也如郑欣淼院长所阐述，故宫学的构建、发展需要建立故宫学研究所。

一个具有深厚历史底蕴的、一个现实实践要求的、一个未来发展必需的故宫学学说学科的建设，既需要旗帜鲜明的理论理念的提出，也需要浓厚的认同认知的学术氛围的形成，还需要必要的体制机制的保障。故宫学的提出是理论的创新，从研究室到科研处的设置，再到5个研究中心的建立，再到故宫学研究所的成立，是故宫博物院科研体制机制的不断创新。

故宫学研究所以故宫学学科建设、故宫学学科体系构建为己任；故宫学研究所以吸引、培养、聚集故宫博物院的以及全社会的故宫学人才为己任；故宫学研究所以策划、实施、完成重大故宫学建设工程、故宫学研究项目为己任；故宫学研究所以整合故宫学术资源、开展国内外学术合作交流为己任；故宫学研究所以不断推出故宫学研究成果为己任；故宫学研究所以形成自己鲜明的不可替代的学科特色和作出独特的学术贡献为己任。

故宫博物院成立前后，北京大学国学门研究所、清华大学国学研究院、中国营造学社、中央研究院历史语言研究所等先后成立，当时的高等学府和高端学术机构的不少学者直接参与了故宫博物院的创建，由此奠定了故宫博物院扎实的学术基础并形成了故宫博物院优良的学术传统。接续学术脉络、广大学术传统、创新学术精神，是故宫学研究所注定要承担的学术使命。

故宫学研究所在故宫人的努力下，在学界的大力支持下，在热心于故宫学的学者的积极参与下，一定会不断地成长壮大。

故宫学研究所在故宫博物院的建设发展中，在中国传统文化的研究和传播中，一定会发挥不可替代的重要作用。

我们有充足的理由对故宫学研究所充满信心，充满期待。

故宫学—《故宫学刊》—故宫学研究所，三位一体、科学合理的优化组合，构建起故宫学建设发展的稳固格局。从理念到研究成果发布平台，再到专职机构，故宫学不紧不慢地、一步一步地、扎扎实实地落地生根了。

从故宫学研究所调配人员正式运作算起，到2013年，满打满算，也就两年的时间。在这两年的时间里，故宫学研究所筹划组织召开了11个学术研讨会：

辛亥革命与故宫博物院建院学术研讨会（2011年9月）；

故宫学的范畴、体系与方法学术研讨会（2011年11月）；

第二届明代宫廷史国际学术研讨会（2011年12月）；

明代宫廷生活史学术研讨会（2012年8月）；

民国时期故宫博物院史学术研讨会（2012年11月）；

宫廷与江南学术研讨会（2012年11月，与苏州大学合办）；

明清宫廷史对比学术研讨会（2013年4月）；

清代宫廷戏曲学术研讨会（2013年5月）；

宫廷典籍与东亚文化交流国际学术研讨会（2013年7月）；

故宫学与明清政治文化（2013年7月，与东北师范大学合办）；

故宫学十年纪念学术研讨会（2013年10月）。

这些研讨会，我大部分参加了。研讨会大多规模不大，但参会者须以提交论文为必要条件。据我所见，论文质量较高，目标是会后修改完善达到出版论文集水准。另一特点是参会学者一般院外多于院内，院外学者又以高等院校教师为多。除了组织多达11个的学术研讨会，2012年、2013年，故宫学研究所连续两年组织举办了两届故宫学高校教师暑期讲习班。另外，还筹划组织了“故宫学研究”和“故宫学研究资料”两套丛书，进展亦很顺利。

两年来，故宫学研究所已经有了一个良好的开局，而且，其将故宫学向高校推进的学术路径，已经取得了明显的效果。此举无疑大大推进了将故宫学建设成学科的进度，对于故宫学的建设具有十分重大的意义。

2013年，故宫博物院考古研究所、古文献研究所、明清档案研究所、博士后科研工作站建成，与已有的研究室、故宫学研究所和古书画研究中心、古陶瓷研究中心、古建筑研究中心、明清宫廷史研究中心、藏传佛教文物研究中心一起，共同组成了与故宫资源优势相匹配的故宫研究集团军。2013年9月，在故宫学提出整10年之际，期盼多年、呼之欲出的故宫研究院正式成立。故宫研究院的成立，是故宫学研究团队成长、壮大、成熟的历史性标志。

六　从清史编纂委员会到明史学会到马普研究所到台北故宫博物院

坚持故宫学的开放性、世界性，主要表现在以远大的学术眼光，以开阔的学术胸怀，以多种多样的方式，努力推进故宫学研究与国内外的专家学者、研究机构的密切合作。

故宫博物院拥有的故宫学优质学术资源，与明史、清史研究关系最为密切。20 世纪、21 世纪之交，故宫博物院就开始与北京大学合办年刊《明清论丛》，已出版到第 12 辑。国家清史编纂委员会成立于 2003 年，负责备受社会和学界关注的清史编纂工程的实施。众所周知，故宫博物院与清史编纂密不可分。这些年来与国家清史编纂委员会的合作既是实质性的，又具象征意义。2005 年故宫博物院 80 年大庆，影响最大的庆祝活动就是与清史编纂委员会共同举办故宫博物院 80 华诞暨国际清史学术研讨会。大会开幕式在人民大会堂举行。文化部部长、国家清史纂修领导组组长孙家正致辞，郑欣淼院长、清史编纂委员会主任戴逸教授等发表学术讲演。来自中国内地及港澳台地区历史学界、考古学界、文博学界的专家学者，与来自美国、日本、英国、德国、法国、俄罗斯、加拿大、哈萨克斯坦、澳大利亚等国的清史学者，共计 160 余位，就清朝历史所包容的政治、经济、军事、文化、社会以及文献等方面进行了深入的研讨。故宫学与清史编纂、故宫在清史编纂中的地位成为本次研讨会的一大热点。在此后的 2007 年、2009 年、2011 年，故宫博物院与清史编纂委员会连续共同举办了第 12 届、第 13 届、第 14 届国际清史学术研讨会。

在第 13 届国际清史研讨会的开幕式上，郑欣淼院长回顾了故宫博物院与清史学界合作深度和广度不断加强的历程。他说故宫博物院同人感触最深的是拥有了更加开放的学术研究视野。故宫人走出高墙，将研究视野拓展到与工作相关联的历史、文博、考古、艺术、古建等多个学术领域，积极与相关学会、各省市考古文博机构、科研院所、高等院校等开展多方面的学术合作。国家清史编纂工作启动以来，故宫人更积极参与其中，陆续整理公布相关学术资料，进一步发掘有故宫特色的清史内涵，对清史编纂起到了重要的推动作用。故宫博物院将一如既往地支持清史编纂事业，与清史学界更加紧密地团结在一起，担负起传承民族文化的共同使命。①

纪念中国辛亥革命百年，以辛亥革命史研究和清史专题研究为主题的第 14 届研讨会，

---

① 见《故宫博物院科研工作简报》2009 年第 3 期。

在故宫博物院与清史编纂委员会合办的基础上，又增加了中国社会科学院历史研究所、北京大学历史系、中国人民大学清史研究所为协办单位。每次国际清史研讨会，均有近百篇论文提交。参与学者之广，涉及问题之多，讨论之深入，成果之丰富，均为前所未有。

与明史研究界的合作，则以明代宫廷史研究这一重大研究项目为纽带。明清两代皇宫紫禁城虽然是明代肇建，但与清史、清宫廷史研究相比，可能是时间远近与资源多少的原因，明史，特别是明宫廷史研究一直是故宫博物院的薄弱环节，史学界亦如此。对于故宫学来说，明史，特别是明代宫廷史的研究或许更为重要，至少不应比清史薄弱。故在故宫学研究的规划部署中，在配备研究力量和安排研究课题、研究项目时，格外重视弥补明史的不足。为此，我虽非明史专业，还是策划并出面主持了明代宫廷史研究的重大项目。特别在项目的前期论证立项过程中，不知与中国明史学会的领导、学者讨论过多少次，最终确定了组织编纂出版一套大型明代宫廷史研究丛书的项目。明史学会倾力支持帮助，明史研究界的专家学者积极参与。这个项目的执行负责人赵中男博士，更是为这个项目的一步步落实，不知找了多少人，跑了多少路，开了多少会。2010 年，在故宫博物院建院 85 周年及紫禁城建成 590 年之际，召开了这个项目首批成果的 4 种新书发布会暨首届明宫史研讨会。在 2011 年中国明史学会召开的第 14 届明史国际学术研讨会上，中国明史学会高度评价了故宫博物院在明代宫廷史研究方面作出的积极贡献，充分肯定了在故宫学旗帜下率先发动和组织海内外的学者，撰写规模庞大的包含近 20 种专题专著的明代宫廷史研究丛书，是对明代宫廷史研究开拓性的工作，意义深远。台湾明史学会理事长邱澎生先生认为，明宫史研究项目的开展和明宫史研究丛书的出版，标志着故宫博物院的学术事业进入了一个崭新的阶段，已从较单纯的器物研究进入到宫廷史综合研究的新领域了，对台湾的明史研究也有一定的意义。美国明史学会前会长姜永琳先生指出，从国际宫廷史学的发展情况看中国的宫廷史研究无疑是较为落后的，但故宫博物院能够在较短的时间内完成几种明宫史研究丛书，并且有几种还是专业性较强的，如宫廷建筑史、宫廷戏剧史、宫廷陶瓷史等，说明中国的明宫史研究起步虽晚但起点很高，这一点不仅反映出故宫博物院领导人在学术事业上的远见卓识，同时也反映出丛书策划和组织者的非凡能力，尤其是确定体例和遴选作者的能力，以及与国际宫廷史学界接轨的可贵决心。①

---

① 见《故宫博物院科研工作简报》2011 年第 3 期。

与国外科研机构的学术合作，当以与马普研究学会所属的马普科学史研究所合作为代表。

马普研究学会（the Max Planck Society）于1948年2月26日在德国哥廷根成立，以德国近代伟大的物理学家马克斯·普朗克（Max Planck，1858—1947）的名字命名。马克斯·普朗克发现的能量量子对物理学的发展作出了重要贡献，1918年荣获诺贝尔物理学奖，被学界尊为“量子力学之父”。马普研究学会成立之初即拥有25个研究所，主要致力于国际先进水准的科学研究。1966年，其下属研究所数量增至52个。目前，在全球拥有近80个研究所，覆盖了自然科学、生物与医学科学，以及人文与社会科学等学科。早在1974年，马普研究学会就与中国科学院建立了合作关系，迄今已有30多年长期、稳定的合作，合作完成了大量科研项目，每年均有学者互访。马普研究学会在国际上享有盛誉，拥有雄厚的科研资金，聚集了全世界优秀的科学家参与其科研工作，而且也着力为有培养潜力的中青年科研人员搭建学术平台。

2007年11月，故宫博物院与马普科学史研究所合作开展“中国古代宫廷与地方技术交流史”研究项目，采取跨学科合作的形式，从科技史的角度来研究中国文化遗产。该课题的关注点在于，科技知识是如何被感知、传播与评论，最终形成不容忽视的“知识文化”，并如何随着时代流转而发生变化。试图寻找到一种新的角度与方法，研究中国古代科技知识的进展，尤其是宫廷与民间知识技术的交流、不同阶层之间的交流、技术传播的路线及技术创新的动力等问题。这一课题将中国历史上的创新文化置于大的历史背景下，用全新的目光来审视影响文化、技术创新的各种因素及其作用，对于我们理解古代中国在体制、文化、社会、经济和技术等要素的相互影响下技术知识文化的传播意义重大，对今日的创新环境的研究亦有重大意义。双方议定，最终的研究成果，以中、英文两种版本分别在中国和德国出版。

2008年4月，双方据合作协议，共同举办了“中国古代宫廷与地方技术交流史”研究工作会议。参与该课题研究的故宫博物院的6位学者，向来自故宫博物院、上海博物馆、北京大学、北京科技大学、中国社会科学院、香港中文大学、台北“中央”研究院以及德国、美国和日本的专家学者分别作了主题报告：“皇宫与地方建筑内檐装修技术的交流——以宁寿宫花园建筑为例”（张淑娴）、“西藏与宫廷——乾隆时期藏传佛教铜法物加工技术之选择与引进”（罗文华）、“12—18世纪官民瓷业技术的互动”（王光尧）、“宫廷与民间的交融——以清代乾隆时期清宫和苏州的玉石雕刻为考察对象”（郭福祥）、“北京、广州与景德镇——康熙、雍正时期的画珐琅”（许晓东）、“艺术、技术与制度——顺、康时期的上用服饰”（张琼）。各位专家在提前审阅并仔细听取了上述报告之后，从不同的角度、相关的研究方法及细节性的问题等方面提出了许多实质性且卓有见地的建议，为课题下一步的深入与拓展打下了良好的基础。

2008年6月至8月，故宫博物院的课题组成员赴德国马普科学史研究所与德方研究人员进行了为期3个月的合作研究。在德国期间，每周安排一到两次的讨论。除研究内容外，讨论主要集中在研究方法层面。2009年7月至9月，课题组成员再次赴德进行第二轮为期3个月的学术交流。双方研究者每周安排两个半天的时间，就故宫博物院6位成员的6篇论文稿逐一讨论，充分交换意见后，由作者补充修改。到交流活动结束前基本定稿。此次中西合作开展课题研究，尝试以技术文化史视角进行清代宫廷技术的研究，扩展了故宫博物院的研究领域；合作研究的方式、程序、方法，开阔了学术视野、学术路径；合作研究建立起与西方学者交流的平台，打开了与西方学术界联系的通道，同时也积累了合作研究的经验。为了让更多的故宫学人分享此次合作的多方面的收获，2009年10月，故宫博物院举行了全院研究人员参加的该课题成果报告交流会，课题组成员分别介绍了合作研究的诸多感受与收获。自始至终组织协调课题研究的科研处负责人宋玲平博士总结出此次合作4个方面的意义：一是体现了故宫博物院学术的开放性与国际性，是故宫学走向世界的具体体现之一，为故宫博物院的学术研究走到世界前沿作出新的探索与成就；二是此项目是关于技术文化史的研究，这对故宫来说是一个全新的领域，具有开创与填补空白的意义；三是此次合作使参与者得到了很好的锻炼，能够直接感知、实践新的研究理念、视角与方法，为故宫学人走向国际学术研究大舞台提供了诸多启示；四是合作过程的工作方式为故宫博物院的科研管理提供了很好的借鉴，特别是研究过程注重讨论与交流等，对我们都是很好的启发。①

2010年10月，研究成果的中文版以《宫廷与地方——十七至十八世纪的技术交流》为书名由紫禁城出版社结集出版。我写了如下文字作为序言——

> 与享有国际盛誉的德国马普研究学会所属的马普科学史研究所合作，无疑是一次令人兴奋和充满期待的学术合作与交流活动。

---

① 见《故宫博物院科研工作简报》2009年第4期。

作为同样享有国际盛誉并足以全面见证中国历史文化的故宫博物院，虽然每年均有多个文物展览在世界各地流动展出，多项学术交流在世界各地进行，但与马普所合作，从科学技术史的角度研究中国古代宫廷文化遗产，还是别开新面的。

至少有如下理由努力促成并扶持这个项目取得预计的成果：

——国际性的深层的卓有成效的学术合作与交流急需加强。一座世界著名的博物馆，藏品的交流展示当然至关重要，配合文物展览的学术交流，富有创意的、能够充分显示文物资源特色的专题学术合作交流，在交流中形成与文物资源相称的学术对话、学术话语权，是更有渗透力、影响力的文化传播。

——跨学科的研究课题的合作交流极为重要。博物馆以藏品取胜，对藏品的深入研究更胜一筹，尤其是对于不但藏品丰富，且与历史遗址形成一个整体的综合博物馆来说，学术研究不只停留在对藏品的研究上，也不只停留在对物与史的打通上，纵与横的打通上，还需扩展到学科之间的打通上。

——学术视野要放大，学术理念要提升，研究方法要多样。人文学科有人文学科形成的研究视野、理念与方法，理工科技有理工科技形成的研究视野、理念与方法，中国有中国形成的、西方有西方形成的学术研究视野、理念与方法，在合作交流中实现它们之间的特别是落实到研究项目、研究方法上的互动互补，是开创与进入学术研究新境界的通达之路。

——已经实施的科研管理中的科研项目管理办法，已经积累了一定的经验、取得了明显的效果的科研项目管理办法，还需要不断吸纳新的因素，需要不断完善创新。马普研究学会拥有的积累了60年之久且效果卓著的科研管理经验，值得认真借鉴。一个合作项目的实施，是一次项目管理的全程全新的实验。

——在高起点、高水平的合作中，勇于将自己置于面对挑战与检验的学术环境里，才会真正获有超越自我的机会与可能，才会真正获有向世界展示自我与我们的团队水平的机会与可能。

决定与马普所合作之时，在充满期待中也不无担心。毕竟是一次需要实力的高水准的国际学术对话。不过，心里还是有数有底的——自郑欣淼院长首倡故宫学以来，故宫博物院出现了全新的学术面貌，随着新的学术理念的确立，学术氛围的形成，研究机制的建立，研究方法的演进，研究的深入，研究梯队的结构性变化，一批中青年学者迅速成长起来，加以参与者诸位良好的学术背景、科研管理与学术研究自身经验的积累，和我所感知到的我们这个团队的学术敏感与研究能力、研究活力，相信可以克服合作中遇到的任何难题。

这本书——他们的研究成果的结集就是明证。据我所知，以这样的合作方式、这样的合作过程取得这样的研究成果，在故宫博物院，在我国博物馆界，都是很有创新意义的，值得给予特别的关注。

在本文的第一部分，我提到郑欣淼院长2003年10月提出故宫学，与他于2002年、2003年之交访问台北故宫博物院有关。那次访问，是北京故宫博物院院长首次访问台北故宫博物院。故宫学提出5年之后，进一步实现了两岸两院院长的互访和两院的全面合作。2009年2月，台北故宫博物院院长周功鑫率团访问北京故宫博物院，这是台北故宫博物院院长首次率团访问北京故宫博物院；3月，北京故宫博物院院长郑欣淼率团回访台北故宫博物院。经会谈协商，达成两岸故宫博物院合作交流8方面的共识：建立合作机制；实行文物影像使用互惠；建立展览交流机制；两院专业人员研究互访；互赠出版品；信息与教育推广交流；学术研讨交流；文化创意产品交流。①

这一年的10月份，北京故宫博物院37件文物赴台北故宫博物院，与台北故宫博物院的文物一起，共同举办“雍正——清世宗文物大展”。11月，第一届两岸故宫博物院学术研讨会“为君难——雍正其人、其事及其时代”在台北故宫博物院举行，北京故宫博物院派专家组赴台北故宫博物院参加学术研讨。从此，两岸故宫博物院轮流交替主办两岸故宫博物院学术研讨会成为定制。2010年，第二届两岸故宫博物院学术研讨会“永宣时代及其影响”在北京故宫博物院举办，台北故宫博物院派专家组参加研讨。这年的6月份，为纪念故宫博物院建院85周年，两院共同组团，举行了隆重的“温故知新——重走故宫文物南迁路”的考察活动。2011年，第三届两岸故宫博物院学术研讨会“17、18世纪中西文化交流”在台北故宫博物院举行。2013年，第四届两岸故宫博物院学术研讨会“乾隆的文化品位”在北京故宫博物院举行。

故宫学的纽带，将两岸故宫博物院从藏品、展览、学术研讨、业务交流等方面全方位、深层次地凝结为一个不可分割的整体。

自故宫学提出以后，在开放性、国际性的学术视野指引下，故宫博物院与国内外的

① 见《故宫博物院年鉴2009》。

学术交流与合作，出现了前所未有的蓬勃发展的新局面。

据不完全统计，到2013年，故宫博物院与国外有关方面开展的学术交流与合作有：

故宫博物院与英国大英博物馆、日本东京国立博物馆、德国德累斯顿艺术博物馆、美国史密森研究院五大博物馆馆长以“当代博物馆的机遇与挑战”为题举行“紫禁城对话”；

先后与法国卢浮宫博物馆、美国大都会博物馆、英国大英博物馆、俄罗斯艾尔米塔什博物馆、德国德累斯顿艺术博物馆、日本东京国立博物馆签订了长期战略合作意向书；

与日本凸版印刷公司合作建立“故宫文化资产数字化应用研究所”，完成了多部关于紫禁城的虚拟数字作品；

与美国世界建筑文物保护基金会合作倦勤斋保护项目、宁寿宫花园的修缮和保护项目及合作建立“家具与内檐装修保护培训中心”；

与意大利文化遗产部合作太和殿科技保护项目；

与美国IBM公司合作“超越时空的紫禁城”项目；

与荷兰国家自动音乐博物馆合作钟表等文物修复保护项目；

与德国马普科学史研究所合作“中国古代宫廷与地方技术交流史”研究项目；

与希腊文化部雅典卫城遗迹保护委员会、清华大学建筑学院联合举办“雅典卫城和北京紫禁城修复与保护工程研讨会”；

与日本冲绳县教育委员会合作“故宫博物院藏琉球文物调查研究”项目；

与英国伦敦大学考古科学实验室进行学术交流；

与美国大都会艺术博物馆、华盛顿佛利尔美术博物馆、旧金山亚洲艺术博物馆进行学术交流；

与美国钟表收藏协会近40位钟表专家关于钟表修复的交流；

与美国特拉华大学历史建筑与设计中心的交流合作；

与日本民族学博物馆关于汉译《究竟瑜伽鬘》的合作；

与法国远东学院的学术交流；

与英国牛津大学考古实验室的学术交流；

与美国亚利桑那大学材料科学与工程系的学术交流。

以上共计23项。

与国内有关方面开展的学术交流合作有：

与北京大学合办《明清论丛》；

与香港中国文物保护基金会合作建福宫花园复建项目、中正殿复建项目；

与中央电视台合作，拍摄大型文化专题纪录片《故宫》《故宫100》；

与中国博物馆协会长期合作；

与中国紫禁城学会长期合作；

与中国古陶瓷学会长期合作；

与中国文物保护技术学会长期合作；

与中国玉文化研究会长期合作；

与中国艺术研究院联合办学，培养硕博士研究生；

与国家清史编纂委员会合办国际清史学术研讨会；

与明史学界合作开展“明代宫廷史研究”项目；

与社会科学院研究生院、浙江大学、北京工业大学、南开大学签订合作协议；

与江西省文物考古研究所和景德镇陶瓷考古研究所联合发掘丽阳镇元明青花瓷窑遗址；

与浙江省文物考古研究所、德清县博物馆合作发掘浙江省德清县火烧山原始瓷窑址；

与四川省文物考古研究院联合考察甘孜、阿坝地区藏传佛教遗迹和康巴地区藏传佛教艺术及大小金川战役遗址；

与首都师范大学、中国西藏文化博物馆、中国西藏文化保护与发展协会、甘肃永登鲁土司衙门博物馆联合考察鲁土司属寺汉藏佛教艺术；

与首都师范大学合作研究汉藏佛教艺术；

与中国科学院上海硅酸盐研究所联合主办“古陶瓷科学技术国际讨论会”；

与浙江省文物考古研究所、中国古陶瓷学会合办“瓷之源——原始瓷与德清窑学术研讨会”；

与湖北省考古研究所联合发掘青塘山琉璃窑址；

与湖北省武当山特区管委会合办“故宫·武当山（明代）紫禁城文化研讨会”；

与湖南省文化厅合作召开“传承创新——醴陵釉下五彩瓷学术研讨会”；

与苏州大学、东北师范大学联合召开学术会议；

与台北故宫博物院的包括学者互访、学术成果交流、合作举办展览、定期合作举办学术研讨会等在内的全面的常规化的合作；

与澳门民政总署、澳门艺术博物馆的长期合作；

与澳门大学、澳门博物馆开展学术交流；

与香港大学饶宗颐学术馆交流合作；

与香港特别行政区康乐及文化事务署合作；

与北京海淀区政府合作创建故宫博物院北院区；

与北京东城区政府签署战略合作协议，合作举办故宫讲坛、创建故宫学院；

与天津大学合作建设中国文化遗产保护与传承协同创新中心；

与中国文化遗产院签署合作框架协议书；

与安徽省人民政府签署合作框架协议书。

以上与国内有关机构的合作交流，共计 37 项。

与国外国内博物馆同行、大学、研究院所的学术交流与合作，不到10 年总计60 项，平均每年有 6 个国内外的学术合作交流项目在进行之中。①

从所有合作交流项目来看，无论是合作交流对象，还是合作内容，均有很广大的覆盖面。加上平均每月 3 个的学术讲座，故宫博物院的所有研究人员，所有的业务工作者，以至所有故宫人，虽然天天处于四面高墙围合的紫禁城中，却可以随时感受到学术文化的八面来风。这样的学术氛围、学术环境、学术条件，会使每一个人自觉不自觉地突破和超越一隅一城、自说自话、自以为天下第一的局限，自由地徜徉于色彩纷呈的学术世界之中，从而在更加开阔的学术视域下，在更丰富的学术参照体系里，更加准确、更加自信地选择、定位、确立自我的学术地位与方向，更加有力地发挥自我的学术资源与研究优势。由此可见，故宫学的开放性、国际性及其意义，绝不是一句空话，而是实实在在地落到了实处，发挥着实实在在的作用。不管是激烈碰撞，还是潜移默化，交流和合作双赢，提供和获取共存，吸收和传播互生，其当下与长远效益皆无可限量。

七　从台湾清华大学故宫学课程到故宫学研究生到故宫学高校教师暑期讲习班

故宫学提出以后，在大学教学中产生影响的现象，首先出现在台湾清华大学。从

① 以上统计主要依据《故宫博物院年鉴》《故宫博物院科研工作简报》。

2009年秋季开始，台湾清华大学历史研究所谢敏聪教授正式开了一门“故宫学概论”的选修课，并授予修课学生正式学分。听到这一消息，我的直感是稍稍有些惊讶。但一细想，也在情理之中。这一年距郑欣淼先生提出故宫学已有6年。北京故宫博物院与台北故宫博物院的正式来往正是从这一年开始并走入常规，并成为两岸新闻和两岸公众关注的热点。有学术敏感的学者教授自然会产生一些想法和做法。果然不出所料，“故宫学概论”选修课一经公布，竟有2000名学生以电脑选课来争取此课程的80位修课名额，而未能以电脑选上该课程的学生，又有数百人争取15个加签名额，这在台湾清华大学相关类别课程的学习上可谓盛况空前。2010年春季，来自北京清华大学材料系和北京大学经济系的两位交换学生，也在台湾清华大学选修到了“故宫学概论”课程。谢敏聪教授的这门选修课，主要讲述故宫学内容的历史之真、文物之美、意涵之善，以此呈现中国历史的源远流长与中华文化的博大精深。课程内容涉及故宫学的定义、范畴与研究方法及理论体系的构建，中国历代故宫与宫廷建筑，故宫博物院院史，图书文献、档案，故宫各类文物，以及故宫学的研究成果与对当今学术的卓越贡献等。开列的参考书目以郑欣淼先生的故宫学论著为主。

2010年，中国社会科学院研究生院与故宫博物院签订战略合作意向书，议定双方发挥各自优势，在相关研究领域开展广泛、深入的合作。合作方式包括互邀参与有关故宫学研究领域的教学活动、学科建设、科研项目、人员培训等工作；互相提供包括故宫学研究领域在内的相关学术、技术支撑，为双方相关领域内学术、技术的发展服务。据战略合作意向，中国社会科学院研究生院决定自2010年11月在其文物与博物馆专业硕士教学中心设故宫学方向课程，学制2年，授予文物与博物馆专业硕士学位和学历。研究生院作为故宫学方向课程的教学单位，以故宫博物院首创故宫学的郑欣淼先生为首席专家。从2012年开始，中国社会科学院研究生院每年招收博物馆学、文物鉴藏、故宫学专业硕士研究生40名。故宫博物院相关领域的专家学者参与教学工作，并担任部分学生的指导老师。

2010年，浙江大学开始筹建故宫学研究中心。研究中心定位于围绕故宫博物院古器物、古书画、古建筑、典籍与档案、历史与学术史、文物修复与博物馆陈列等研究方向进行学科建设，并以此为切入点，全面推进故宫学学术研究和人才建设，同时以“故宫在中国，故宫学在世界”的治学理念创设世界一流的研究中心。研究中心聘请郑欣淼先生担任中心名誉主任。浙江大学将中心作为一个科研教学实体，为此成立专项基金会，定期发布和实施全球性招标课题，每年择优资助故宫学研究领域3—5项前沿研究项目。中心的教学和科研计划涵盖本科和研究生教育，分别制订了本科生和硕士生故宫学课程方案，授课教师中拟聘故宫博物院专家学者10余名。通过2—3年的初步建设，启动故宫学博士学位课程计划，成立博士导师组，由两岸故宫博物院和浙江大学的专家组联合组成。①

在得知浙江大学积极筹建故宫学研究中心的消息时，我同样感到惊讶：故宫学研究中心理所当然在故宫博物院，浙江大学怎么也要成立故宫学研究中心呢？经对上述筹建情况的全面了解，经和浙江大学相关领导沟通，我明白了浙江大学是把参与故宫学研究，作为其在中国文化建设领域中凝练重大突破方向的一个战略选择来认真筹划的。对成立故宫学研究中心，浙江大学既是积极的，又是十分慎重严谨的。校方对中心的成立高度重视，并要求各级学历教育严格按照学校规定程序进行。

2011年5月，浙江大学故宫学研究中心在浙江大学举行了成立仪式。郑欣淼先生在成立仪式上的讲话中讲了这么几层意思：

> 故宫学提出8年了，引起了海内外学者的关注。从2009年开始，台湾清华大学设立了故宫学概论的课程，去年12月，我到台湾清华大学，也应邀讲了一次，他们反映很好。台北故宫博物院周功鑫院长和冯明珠副院长对故宫学都给予肯定和支持，我们两家也表示要合作研究的。我院也作了很多努力，创办了《故宫学刊》，我们与中国艺术研究院联合办学，培养与故宫研究有关的人才，我们建立了5个研究中心，我们也成立了故宫学研究所。我们开展了故宫知识进高校活动，到首都的高校，包括北大、清华，除了讲故宫学知识以外，也讲故宫文物知识，受到师生的普遍欢迎。我们一直在考虑，虽然故宫学引起了一定反响，但是要深入发展，不是故宫一家之事，学术是天下之公器，得到高校的参与、认可，我们一起努力，特别重要。昨天上午我在中国艺术研究院招收的第一个故宫学的博士生，顺利通过了论文答辩。今天又来浙江大学出席故宫学研究中心的成立仪式，我真的是很高兴，从心底里感谢浙大领导的远见卓识，感谢浙大对故宫学的厚爱。
>
> 虽然浙江大学与故宫博物院是两家不同性质的单位，一家是大学，一家是博物

① 见《故宫博物院科研工作简报》2010年第4期。

馆，一个在杭州，一个在北京，但我们的精神是相通的。故宫能够与有着光荣历史、深厚底蕴、求实精神的浙大合作，我很高兴。浙大邀请我担任故宫学研究中心名誉主任，我欣然接受。故宫博物院也有着与高校合作的优良传统，当年的故宫博物院的成立，就是在北京大学一批学者的积极参与下完成的，故宫博物院最初的一批学术骨干也主要来自北京大学；今天与浙江大学的合作，将为故宫与高校的合作开启一个新的篇章。

浙江大学有着优良整齐的学术素养、鲜明的教育理念、丰厚的教育资源和严谨科学的学科设置，浙大以敏锐的学术眼光，选择了故宫学作为其在中国文化建设领域中的重要研究方向，利用浙大的学术研究、专业教学等领域的巨大优势和经验，积极参与故宫学的建设与发展，这也将对故宫学的学科建设、学术规范、人才培养等多方面起到显著的推动作用。

今天浙大故宫学研究中心的成立，是个很好的开端。故宫与浙大的结合，是两种不同学术背景的交汇，将会开辟新的学术视野，走出新的学术路径，取得新的学术成果，培养出新一代故宫学研究的中坚力量。我们愿意以故宫学研究中心的成立为开端和契机，做踏实的工作，共同努力，实现双方多样化的学术交流与合作。今天我们给中心提供了第一批图书资料，今后将会不断地提供，帮助故宫学研究中心建立一个故宫学书库。我们还会为中心的学者、学生，提供到故宫参观学习、利用资料的一切可能的便利。我相信，在我们的共同努力下，挖掘故宫的内涵，揭示故宫的价值，故宫学研究一定会结出丰硕的成果。我期待经过我们几年的努力，故宫学能被列入教育部的学科目录。到时候，我们再来为故宫学研究中心喝彩、庆功。

普林斯顿大学名誉教授、浙江大学兼职教授方闻在成立仪式的致辞中提出了怎么写文化史和思想史的问题，提出了艺术基地史的概念，认为浙江大学成立故宫学研究中心是非常大的突破，故宫学研究前途无量。①

2011 年 11 月，《北京工业大学—故宫博物院合作协议》签约仪式暨北京工业大学“故宫学文化节”开幕式在北京工业大学举行。签约之前，双方对合作内容与前景进行了广泛的调研、沟通和交流。北京工业大学是一所以工为主，理、工、经、管、文、

① 见《故宫博物院科研工作简报》2011 年第 2 期。

法、艺术相结合的国家重点建设的百所大学之一。作为一所以工科为主的重点院校，北京工业大学与故宫博物院具有明显的也是特殊的互补优势。故宫博物院规模和数量巨大的文化遗产，需要借助北京工业大学这样的以工科为主的大学的力量，全面地快速地提升文物科技保护的水平；北京工业大学需要借助故宫博物院的专家学者和丰富的文化遗产资源，繁荣校园文化，提高师生的人文素养，提高学校的办学质量。合作协议就双方共同培养高层次专门技术人才、建立产学研研究生培养基地、开办故宫学名家讲座等方面做出具体安排。①

2012 年 1 月，南开大学作出决定，成立南开大学故宫学与明清宫廷研究中心。南开大学历史学科在全国具有重要地位，其中明清史尤其是明清皇帝、宫廷研究领域人才济济，实力雄厚，与故宫学的宫廷史研究关系最为密切。中心成立后，进一步加强故宫学与明清宫廷史研究，招收故宫学与明清宫廷研究方向博士生，探索与故宫博物院在人才培养、合作研究、学科发展、开放展览等方面的全方位合作，力争用三五年时间，把中心建设成科研教学成果丰硕、在国内外有相当知名度的研究机构。2012 年 12 月，南开大学故宫学与明清宫廷研究中心正式揭牌。南开大学整合明清史、博物馆学、世界史等领域的研究力量，吸纳故宫博物院相关学者，组成研究中心实力强大的研究团队。中心主任由双方学者共同担任。②

到 2013 年，中国艺术研究院、中国社会科学院研究生院、浙江大学、东北师范大学，总计已经招收故宫学专业研究生 30 名。

以更广阔的学术视野观照故宫学与高校之关系，高校教学、研究中凡历史、政治史、思想史、社会文化史、艺术史、美学、宗教学、博物馆学、考古学、文化遗产学等，故宫博物院均是绕不开的参照与研究对象。

无论是从博物馆为社会需求服务的博物馆文化理念出发，还是从扩大故宫学的影响力、渗透力和加快故宫学学科建设的思路出发，与更多的大学在更广泛的学术层面建立密切、有效的学术互动，都是非常必要的故宫学建设、故宫学学术发展路径的明智选择。为此，故宫博物院从 2012 年开始举办故宫学高校教师讲习班。2012 年暑假期间，由故宫博物院故宫学研究所负责承办了首届故宫学高校讲习班。首批讲习班成员来自北京大学、清华大学、中国人民大学、浙江大学等 16 所高校，基本覆盖了国内大部分知

① 见《故宫博物院科研工作简报》2011 年第 4 期。

② 见故宫博物院《文博科研要情》2012 年第 2 期。

名大学，一半以上具有教授职称，并担任博士生导师、院长、系主任、研究所所长等职务，研究领域涉及考古学、历史学、文学、艺术学、美术学、建筑学、传播学、历史地理学、宗教学、工学等。

故宫博物院单霁翔院长在开班致辞中说，故宫学发展近年来取得了令人振奋的成果，不仅架构了学术框架，而且成立了实体性研究机构，更可喜的是故宫学已被纳入了大学的相关课程设置和专业学位设置之中，这也必将反哺故宫博物院人才库的建设。

历时两周的讲习班以专题授课讨论、参观考察的形式进行，讨论气氛热烈，学者们表示，讲习班使他们以全新的学术视角看到了很多之前没有关注到的“故宫”，从而产生了强烈而新鲜的关于故宫学研究和教学的动力。① 2013 年暑假期间，第 2 届故宫学高校教师讲习班如期举办。

大学是学科建设的基地。任何一门学问，只要列入大学教育的课程之中，就成为被学界和公众认可的学科。故宫学提出之后进入大学研究和教学课程的速度，对于一门新兴的学问来说，的确是比较快的，甚至是超乎想象的快。特别是一些标志性的大学与国家最高研究机构纷纷与故宫博物院联合开展故宫学教学与研究，培养故宫学方向的学生，培养故宫学研究的后备力量，是故宫学足以成为学科甚至是已经成为学科的确证。

八　故宫学：从学术自发到学术自觉

2005 年 2 月 25 日，《人民日报》发表了该报记者卫庶对郑欣淼院长的采访记，题为《故宫学：从自发到自觉》。记者的第一个问题是：今年是故宫博物院建院 80 周年，我们注意到，近年来您一直在力倡故宫学，请问提出并确立故宫学的主要想法是什么？

郑欣淼院长回答说：故宫学，是客观存在并已有很好基础的一门学科。80 年来，故宫学的研究领域不断扩大，成果不断涌现，但从故宫本身的地位、作用及研究状况看，故宫研究还需要提升、创新、突破。因此，有必要提出并加强故宫学的建设，即明确故宫学是一门学科。80 年来的故宫学术研究无疑多属故宫学研究，但尚处于学科发展的自发阶段。一门学科的建立，不仅要有深广的研究领域，还必须以一定的研究成果为基础，这是学科形成、发展的必要过程。故宫博物院成立 80 年之际明确提出故宫学学科

① 见故宫博物院《文博科研要情》2012 年第 2 期。

建设问题，符合学科发展的规律。故宫研究的材料十分丰富，但以前的研究是在不同领域中进行的，故宫学则要求把这些基础研究整合起来、统一起来。这是故宫研究不断深入的必然要求。显然，没有长达80年的故宫研究的实践和成果，就不可能明确提出故宫学概念，而提出并确立故宫学，将使故宫学研究进入自觉阶段，从整体上提高研究水平。①

三个月后，2005年5月27日，郑欣淼院长在故宫博物院第1期学术讲座的讲演中进一步阐述了故宫学从自发到自觉的思考：

以前有没有故宫学？我认为是有的，但属于自发阶段。我们现在明确提出故宫学，说明故宫学的研究进入新的阶段，即自觉的阶段。鲁迅先生1927年提出，曹丕的时代即魏晋时代是中国文学从自发到自觉的时代。魏晋时期出现了中国文学理论史上几部有名的典籍，有了基础、有了实践才有理论的概括，有了新的理论就能对以前文学的成败得失进行评判，为以后的发展指出路向。同样，故宫博物院没有80年的历史，没有80年的学术研究，没有这些成果和基础，突然提出一个故宫学是不可能的。正因为有了80年的研究，故宫学研究已到一个关键时期，故宫的研究能不能迈开大步有新的发展，需要明确它的学科地位，重视它的建设。有了80年，水到渠成，你才可能提出故宫学；你如果不提出，坐失良机，对以后的发展就可能带来影响。这是一个必然性和偶然性的关系问题。故宫学提出是必然的，至于谁提出，则具有偶然性。这里有一个很好的机遇，就是80年的建院纪念，80年确实值得我们回顾、总结。当然对中国古代文学史上“文学的自觉时代”始于何时，现在也有不同的观点，这是学术问题，但我却受鲁迅先生这一提法的启发，认为故宫学正处于从自发到自觉的重要时期。②

故宫学是一棵大树，其根底、其力量在80年的累积，在数千年民族文化的累积。这是郑欣淼先生反复强调的，也是他倡导故宫学的原动力所在，以及建设故宫学的信心所在。

正是基于这样的根底，他才能以舍我其谁的胆识、敏锐与担当，底气十足地、充满理性地、不失时机地提出和致力于创建故宫学。理性地致力于理论体系的构建是学术研究进入自觉时代的标志。以身为院长的郑欣淼先生提出和倡导故宫学为标志，以故宫博物院建院80年为契机，故宫学术便进入“故宫研究的自觉时代”，故宫研究便进入一个

① 郑欣淼：《守望经典——郑欣淼谈故宫》，第58页，紫禁城出版社，2008年。

② 郑欣淼：《故宫与故宫学》，第332页，紫禁城出版社，2009年。

从个人自发到集体自觉的学术研究的新时期。故宫学学理被社会、被学界迅速而广泛的认可，即被外部世界的认可，是故宫学术研究进入自觉时代的更为重要的标志。

《人民日报》发表《故宫学：从自发到自觉》后，随即被《新华文摘》（2005 年第 17 期）、《中国社会科学院院报》（2005 年 6 月 14 日）转载。在此前后，《新华文摘》陆续转载了郑欣淼先生有关故宫学的论文 4 篇：《厥功其伟，其德永馨——纪念马衡先生逝世50 周年》，发表于《故宫博物院院刊》2005 年第 2 期，《新华文摘》2005 年第 14 期转载；《故宫博物院 80 年》，发表于《故宫博物院院刊》2005 年第 6 期，《新华文摘》2006 年第 5 期转载；《关于故宫"盗宝案"》，发表于《鲁迅研究月刊》2007 年第 9 期，《新华文摘》2007 年第 24 期转载；《故宫藏传佛教研究的回顾与展望》，发表于《故宫博物院院刊》2007 年第 5 期，《新华文摘》2008 年第 1 期转载。另有《沈从文与故宫博物院》一篇，发表于《故宫学刊》2005 年总第 2 期，《新文学史料》2006 年第 1 期转载。以如此重要的刊物，在如此集中的时段里，如此集中地转载同一位作者关于同一个学术问题的学术论著，这在学术界是极为罕见的现象，堪称"郑欣淼现象"，当然也是"故宫学现象""故宫学效应"。

2009 年，北京故宫博物院与台北故宫博物院两岸院长实现首次互访期间，台北故宫博物院周功鑫院长对故宫学理论予以积极认同。2010 年，在故宫学研究现状与未来发展座谈会上，南京博物院龚良院长表达了希望在南京推广故宫学理念、加强故宫学研究作为故宫学延展的愿望。龚良院长认为南京有研究故宫学的基础和资源，他从在南京进行故宫学研究的意义、范畴、内容、队伍、方法、成果展望六个方面畅谈了南京故宫学研究的构想。沈阳故宫博物院武斌院长畅谈了沈阳故宫研究实践故宫学的成果，认为故宫学对博物馆的学术和理论建设的启发价值在于从技术性研究转向理论性研究，从实证性研究转向文化性研究，从文物本题研究转向博物馆社会角色研究。①

自称对历史、文物、考古、古建筑是完全的门外汉的孙皓先生，读了郑欣淼院长的《故宫与故宫学》一书后，撰文论述故宫学学科、学科体系，并提出故宫学学科建设的具体意见：组织编写一批故宫学的基本著作，建立和发展故宫学研究的社会机构，在全社会范围内建立和扩大故宫学的研究队伍，在海内外广泛开展与故宫学有关的学术交流活动。文章还特别提出历史上沈从文先生与故宫博物院的合作模式值得借鉴，可由此开

---

① 见《故宫博物院科研工作简报》2010 年第 2 期。

创一种故宫学研究的独特方式。①

《云梦学刊》主编余三定先生在题为《故宫学：故宫研究的新阶段》的对郑欣淼的访谈中表达了这样的意思：近十年来，他的主要精力用于对中国当代学术史的研究，他担任主编的《云梦学刊》开辟有当代学术史研究专栏，他们建有湖南省“中国当代学术史研究基地”，关注和研究当代重要的学术现象、学术思潮、学术流变、学术成果和重要学人。他说他从2004年以来，从《人民日报》（主要是学术动态版）、《光明日报》、《中国社会科学院院报》、《文汇报》、《新民晚报》、《故宫博物院院刊》、《故宫学刊》等重要学术媒体读到郑欣淼先生有关故宫学的论文和报道，并且知道郑欣淼先生先后应邀到北京大学、清华大学、中国人民大学等高等院校就故宫学作演讲，他认为故宫学的提出是当代学术界的重要现象和收获，而且故宫学的研究已经取得了重要成果。郑欣淼是当代重要学人，所以他把郑欣淼和郑欣淼提出的故宫学作为他的研究对象，作为当代学术史研究的对象。②

由对对象的研究到成为被研究的对象，虽然只是初步的，但仍然可以看作故宫学发展进入新阶段的标志。

我在故宫博物院建院80年时，从大历史的视角总结和展望故宫学术研究时说过，从故宫博物院作为一个具有多方面文化因素的综合性非常突出的博物馆来讲，从大学术研究概念来讲，对明清两代的宫廷文化、宫廷艺术的研究，乃至对2000多年、3000多年历史的帝制、王朝、宫廷文化、宫廷艺术的研究，需要具有学术上的整体性、体系性、系列性，即要从个人的自发自觉向整体的自发自觉发展。这是个努力的目标。要向这个目标进发，要提出一个响亮的学术口号，要举起一面鲜明的在学术界高高飘扬的学术旗帜，要有一个明确的学术概念，要有一个切实的学术发展规划，要有一个行之有效的科研项目课题制度，要有一个及时发布和传播研究成果的学术平台，要有一个开放而富有创见的人才培养方向，当然还要有一个严谨活跃的学术氛围，如此，才可能真正实现从个人发展到整体齐头并进的转变过程。郑欣淼院长故宫学的及时提出，是对历史发展给故宫博物院提出的要求的一个明确、响亮、集中的回应。故宫学作为整合故宫学术研究的指导性理论，从整体的宏大的视野上明确了21世纪故宫博物院的学术担当或者叫学术使命、学术责任是什么，学术成果是什么，学术人才是什么……这样一些关乎全

---

① 见《故宫学门外谈——〈故宫与故宫学〉读后》，《故宫学刊》（第六辑），2010年。

② 见《学术界》2009年第1期。

局与未来的重大问题，给了故宫研究一个非常明确的历史坐标。因这坐标，故宫学术研究的指导理论就建立在中国大文化、大历史背景之下，乃至人类文化、世界文化之大背景下了。

我特别强调：我们必须承认任何历史研究都具有鲜明的时代性。昔日的皇宫变成今日的博物院，不止包容了重大的历史内容，更具有由传统文化转向现代文化的意义。对文化历史而言，应具有清醒自觉的反省意识与批判精神。应有科学的审美观。当代人的研究应有鲜明的现代理性和自主意识。一个明白的事实是，从整体说，长达数千年的帝制是被后来的社会制度否定的，那么如何对待漫长的帝制皇权所制约和影响下的历史、经济、文化、艺术，不能没有当代人应有的文化理性。何况我们的研究对象主要是帝制时代政治、经济、文化中枢。

我对故宫研究的学术路线作了这样的描述：我们所作的研究是处在中国重大历史转型期的回望。处理好科学的传承观是最值得我们注意和深思的地方。这种思考应渗透在故宫学术研究的所有领域里。我们是否可以作这样的描述：15 世纪到 19 世纪的紫禁城—20 世纪的故宫博物院—21 世纪的“故宫学”。这是一个历史发展的线性过程。阶段性的时间与空间表述包含了所有的内容——用时代的眼光回顾以往的时代。①

回顾故宫学走过的十年路程，我想，我那时的感觉和展望是对的；并相信一定会继续被故宫学今后的发展所证明；并相信在以故宫为参照标志的帝制政体、帝制文化、帝制学术的现代转型的大历史趋势下，故宫学研究一定会由学术自发经学术自觉而达到学术自信、自强之境。

① 见《故宫学术研究——站在中国重大历史文化转型期的回望》，《紫禁城》2005 年第 5 期。

以紫禁城为核心的三种文化形态

李文儒

内容提要：从文化层面看，皇宫、故宫、故宫博物院同它们的政治、社会功能一样，分别代表着三种有本质区别的文化形态。三种性质与使命完全不同甚至根本对立的文化形态超越时空地并存于同一空间。作为故宫博物院的博物馆文化，一定要完成三大任务：一是保存好作为标本的君主文化形态；二是让现在的人们和今后的人们通过这个标本看清楚什么是曾经统治了中国数千年的君主文化、皇权文化，认清楚这种文化的本质是什么；三是启发和引导今天的人们正确看待、评价君主文化、皇权文化，做好文化的转化工作，让曾经的君主文化、皇权文化为今天的民主文化建设发挥积极的作用。

关键词：皇宫　君主文化　故宫　半君主半民主　故宫博物院　文化民主　民主文化

我们面对的紫禁城，有三个名称：一个是皇宫，一个是故宫，一个是故宫博物院。这三个名称指的是同一个对象，但各自的内涵却大不一样，具有各自的文化身份认证。从空间看，都属于同一个空间；从时间看，有各自的时段，又相互衔接。也就是说，这三个名称，是同一空间里不同历史时段的三种身份、三种形象、三种象征。顾名思义，皇宫是帝制的代表、标志；故宫是文化遗产的代表、标志；故宫博物院是现代公共文化机构的代表、标志。

从政治、社会层面看，皇宫、故宫、故宫博物院，此三种身份的功能界定是很清晰的：皇宫阶段是帝制时代皇帝执掌国家政权的所在地，是国家的政治中心、权力核心；故宫阶段是失去了现实政治作用的、被冷落了的帝制遗产；故宫博物院则是向社会、公众开放的、为公众服务的公共文化空间。

从文化层面看，皇宫、故宫、故宫博物院同它们的政治、社会功能一样，分别代表着三种有本质区别的文化形态。第一种文化形态，即作为皇宫的文化形态，是一切由皇帝做主的君主文化。把君和民、君主和民主这两个词对照一下，很有意思。一个是君，一个是民。民主再和另外一个词做对照，即民主和专制，又是相互对立的。所以，帝制时代的皇宫所代表的文化形态，肯定是君主文化。第二种文化形态，即到了帝制结束，民国建立。没有皇帝了，皇宫不再是皇宫，而成为故宫了。故宫时代的文化形态如何定义？我给的定义是半君主半民主的文化形态。既然国家已经是崭新的中华民国了，为什么故宫还是半君主半民主的形态？因为已经退位的皇帝还待在故宫里，甚至在故宫里还上演了有人称帝、有人复辟的闹剧。只有到了故宫完全成为故宫博物院的时代，才开始进入并逐步实现由君主文化向文化民主转型，再向民主文化迈进的时代。大家都知道现在的故宫是故宫博物院，由过去禁戒森严、皇帝独占的宫殿，变成了公众自由出入的公共文化空间。博物院，是一个什么样的概念？是近代文化的概念、现代文化的概念、现代文化民主的概念、追求民主文化的概念。所以，故宫的第三种文化形态，是作为公共文化体系中的文化民主形态，是和公众共同建设民主文化的文化形态。你们看看，在同样的一座紫禁城里，在将近六百年不变的一座紫禁城里，是不是历经了皇宫文化、故宫文化、博物馆文化三种文化形态的演变？现在大家在习惯上不分阶段地统统称作故宫，往往容易遮盖三种形象、三种标志的区别，容易混淆三种身份的演变，容易忽视对三种文化形态不同的价值分析和价值评判。事实上，由于文化形态的特性，与政治功能的清晰状态不同，这三种文化形态之间确实存在着相互纠结的复杂关系，所以，非常有必要把皇宫、故宫、故宫博物院这三种文化形态及其相互之间的关系分别给大家做一番梳理。

先说皇宫文化形态，即君主文化形态。这段时间最长，从 1420 年明朝第三个皇帝朱棣从南京迁都北京，皇宫紫禁城正式启用，到 1911 年清朝最后一个年仅 6 岁的小皇帝在紫禁城退位，总共 491 年。从君主文化形态看，其实远不止这么长。人们常说中华文明历史悠久，且没有中断，而漫长的传统文化中起决定作用的就是连绵不断的君主文化。就算从自称始皇帝的秦始皇开始，也有两千多年的历史了。北京的紫禁城是最后的皇宫，作为皇宫的时间本来就长，差不多占了中国皇宫历史的四分之一。作为最后一座皇宫，作为继承和发展以前所有皇宫文化形态的集大成者，作为治理国家的核心，无论从政治体制上、经济运行上、社会管理上，紫禁城的功能应该是在以前基础上越来越完备，越来越完善，足以代表两千多年的君主文化、宫廷文化。紫禁城以前的皇宫，不是消失了，就是只剩下一些残破的遗址，统统成了文献中的记载和考古的对象。唯有这最后的集大成的皇宫、帝制功能最完备的皇宫，被完整地保存下来了。作为皇宫文化形态的标本意义，就更是独一无二，不可替代了。

皇宫文化形态最外在的，最直观的，最具视觉冲击力的，最能震撼人心的，首先就是皇宫建筑形态。我们说紫禁城是中国数千年帝制历史上集大成的皇宫建筑，并不是说它在占地面积、建筑规模上的集大成，而主要说它在建筑理念、建筑格局、建筑形态、建筑功能上凸现和强化皇权文化上的集大成。可以说，在它以前所有的皇宫建筑，都没有像它这样仅仅在建筑形态上，就举重若轻、自然而然地把皇帝的宫殿推向天下独尊、至高无上的地位。以故宫中轴线为例。这条中轴线不仅是皇宫里的中轴线，同时也是都城北京的中轴线，还是整个国家的、普天之下的中轴线。站在太和殿前面南而望，或者站在神武门北面向北而望，就会立刻感觉到紫禁城中轴线的确就是北京城的中轴线；同时也会感觉到这条京都的中轴线，向南向北无限延伸，也是天下的中轴线；还会感受到这条中轴线和“中国”这个名称的关系。一直到现在，虽然四面八方的形态发生了很大的变化，而这条中轴线依然清晰地呈现在我们的眼前。想想紫禁城落成的时候，想想紫禁城作为皇宫的将近500年的时间里，北京城里所有的房屋都是低矮的，唯有皇宫是高大的，高高在上的；北京城里所有的房屋都是灰色的，唯有皇家的建筑是黄色的、红色的、金碧辉煌的。皇宫里所有高大的建筑、最重要的建筑都建在中轴线上。皇帝登基的太和殿是皇宫里最大的房子，是皇宫的中心，是中轴线的核心。这座最大最高的房子里只有一座高高的台子，高高的台子上只有一个高高的座位，那就是皇帝的宝座，谁坐在这个位置上谁就是皇帝。想想这些，什么天命神授呀，天子的宫殿呀，君临天下呀，朕即国家呀，这些帝制文化中无处不在的语汇是不是就都跳出来了？这是什么样的效果？什么样的魔法？这就是建筑的力量，这就是建筑创造出来的皇权文化的力量。用不着作特别深入的研究，只要用心看看想想，你就会明白皇宫建筑的所有建筑语言，都在非常鲜明地指向一个目标，那就是想尽一切办法，用尽一切手段，由远及近，从外到里，从空间到布局，从高矮到大小，从基础到屋顶，从材质到造型，从图案到色彩……无一不在突出和强化皇帝位置的至高无上。

再从皇宫里唯一的主人，即皇帝的角度看看吧。像建筑用一切的建筑语言强化皇帝的位置至高无上一样，皇宫里不管有多少人，不管做什么，不管什么时候，都在体现和维护皇帝的绝对权力。只有皇帝一人享有最高的权力，只有皇帝拥有最终的决策权、发布命令权、裁判权，还包括修正权。在家国一体的国家治理结构中，任何一位皇帝都会把维护、巩固自己和家族的权力当作治理国家必须履行的天职。皇宫里所有的制度设计、规章制订，所有做事的程式、程序，包括皇宫里所有人的言语声调、姿态动作、面部表情，等等，都必须维护皇帝的绝对权力。

皇帝对帝制的维护，即帝制对帝制的维护，一般离不开暴力杀戮、利益诱导、道德训诫这三大法宝。在宫廷内部，围绕皇权帝位展开争夺，父子相残，兄弟互杀，皇亲国戚明争暗斗，宫廷杀戮此伏彼起，从未间断。对臣僚的残酷诛杀，更是维护皇权惯用的手段。飞鸟尽，良弓藏；狡兔死，走狗烹。朱元璋极其残忍地杀戮数万人，几乎杀尽了跟他打天下、帮他打天下的元老功臣。不是这些人不忠不好，是他不放心。他生怕这些人有碍于朱家皇位的传宗接代。他不允许朱家皇位的传承路上有半点坑洼不平，不允许路两旁有半点视线遮挡，他要负责地把这条路打扫得干干净净。朱棣比他的老子更甚，决不允许任何人以任何理由不听皇帝的话。朱棣以血腥的屠杀维护他的权力，创造了亘古未见的诛灭十族的历史记录。清兵由北向南一路杀下去，对明朝势力，对汉人，完全是暴力杀戮的征服。汉文化中不是很看重头发吗？好吧，那就来个留头不留发，留发不留头，从肉体到精神予以彻底的摧毁。这分明是杀服，哪里是同化？有人说清朝皇帝很重视汉文化，很重视文化建设，甚至说被汉文化同化了，但是我们一定要看清楚，重视汉文化的出发点是为了维护皇权，整理文化的前提是文字狱。有此前提，摧毁与整理便并行不悖了。清代君主的聪明之处，主要是看清楚了完全可以利用汉文化中的皇权文化来证明和巩固皇权。

利益诱导也是皇帝维护帝制的重要手段。所以，皇帝一定要把利益分配权和剥夺权牢牢掌控在自己手里。一是对皇族内部，一是对各级官吏。对皇族，主要是保障皇族集团的利益。皇族既是掌权的主要服务对象，也是稳固皇权的主要基础。明朝对直系子弟封王外放，诸王各霸一方。清朝则封王留京，致使王府满城。对外，皇帝直接掌握各级官吏的升迁权，让每一位官员直接感受到自己的地位利益完全来自皇帝的恩赐。当然，皇帝随时罢免官员的权力对维护皇权更为有效。虽然弊端层出，但皇帝终不肯放弃。对维护皇权与帝制来说，利毕竟大于弊。这是历朝历代王侯官员大多俯首听命的根本原因，也是阿谀奉承之辈屡屡得逞的根本原因。

皇权文化中维护帝制的道德训诫，高度集中在一个“忠”字上。中国的道德训诫中，皇权被解释为天命神授。皇帝以下的所有获得，都是皇帝的赐予，并类推为所得所有均为上对下的赐予，那么，下对上就应该感恩，就应该尽忠。忠的核心，即是下对上的归属、依附、追随、信赖。先是分开了上下、高低、尊卑、贵贱、贫富，再用忠的道德训诫将等级制度固化。怎一个忠字了得！于是，忠君、效忠、尽忠，被看得无比重要，被规定推广为帝制君主时代的核心价值观，终于演化成君、臣、民社会各层的共识与共同的思维行为规范。对于维护皇帝的绝对权威，从心中，即从核心价值观上加以解决是最高明、有效的法子。上下同心，社会共识，社会公认，只是在如何效忠尽忠的具体路数上，因层面而异，因人而异罢了。意识形态之忠，与暴力杀戮、利益诱导相里表，共同打造出维护帝制皇权的最高境界——无限愚忠。

维护皇权帝制的暴力杀戮、利益诱导、道德训诫三大法宝之所以千百年来通畅无阻，归根到底在于帝王拥有绝对权力。生杀、处罚、升迁之权高度集中。这样的权力行使在说法上有这样那样的依据，但在做法上往往取决于皇帝的主观意志，而且又无任何力量可以制约。创造帝制，保护帝制，发展帝制，推行帝制，普及帝制思维，并将之形式化、固定化。千言万语汇成天子脚下的一句话：皇帝万岁万万岁。这既是皇权千年不变、帝制千年不倒的原因，当然也是其必定灭亡的根子。

一言以蔽之，皇宫文化形态的核心是君主文化。不论在皇帝心目中，还是在实际的操作层面，除此之外的其他文化都是从属性的、服务型的。

再说第二种文化形态，即故宫时代的文化形态。从时间上划分，从 1912 年清朝最后一个皇帝宣布退位，到 1925 年故宫博物院正式成立并对公众开放。这段时间比较短暂，前后只有 14 年。清朝最后一个皇帝溥仪 3 岁登基，6 岁退位。溥仪从 6 岁开始虽然不是皇帝了，但仍住在紫禁城中，直到 19 岁才离开。因为辛亥革命以后有一个优待皇室的决定，允许逊帝继续住在宫里，不过只允许占居，乾清门以北的后宫部分。在这个时间段里，紫禁城任何皇宫的功能都没有了，故宫成为名副其实的故宫。从文化形态看，我把故宫时代称为半君主半民主文化形态阶段。

首先，是故宫内部空间上的半君主半民主。这一时期的故宫被分割为两部分，呈现着两种形态。以乾清门为界，以北是原来的后宫部分，以逊帝溥仪为中心，依然维持着小“皇宫”的状态。中国末代小皇帝虽然失去了皇帝身份与权力，可是，皇帝的架子依然被维持着。虽然只是在不为外部知道的小范围里，但臣仆们依然日日磕头、请安，溥仪依然被很少的人前呼后拥。这样的小朝廷在特定的时空里，仍是可以寄托保皇念想与复辟愿望的精神领地，仍有不可忽视的皇宫的象征意义，并随时有可能起到实际上的感召作用。在遗老遗少眼里，只要皇帝还在宫里，似乎就预示着某种希望。1916 年袁世凯的称帝丑剧与 1917 年张勋的复辟闹剧，虽然只落下个与小朝廷与小逊帝同病相怜的笑柄，但他们之间的呼应还是引人注目的，显然是君主文化在政体形态上回光返照。1924 年力主驱逐溥仪出宫者正是从保卫民主共和、杜绝帝制死灰复燃、斩断复辟孽根的政治高度，看待和解决溥仪的去留问题的。驱逐溥仪出宫的冯玉祥就说过这样的话：在中华民国的首都所在地，居然还存在着一个废清的小朝廷，这不仅是中华民国的耻辱，也是中外政治阴谋家随时企图利用的孽根。现在稍明事理的人，无不以留辫子为耻，留溥仪在宫里，就等于给中华民国还留着一条辫子，这是多么令人羞耻的事啊！

故宫的前身，即乾清门以南是原来的前朝部分，归中华民国政府所用，由政府内务部管辖。1913 年开始筹备，1914 年在这一区域正式成立古物陈列所，并为陈列所改造了武英殿，在武英殿旁边新建起储存古物的库房宝蕴楼。古物陈列所成立后向社会开放，接待观众。1917 年，设置于国子监的历史博物馆筹备处（1912 年设立）移至端门、午门一带。如古物陈列所成立时向社会公告的那样，该所“以为博物院之先导”，并非完整意义上的博物馆，只是较为简单地保存与摆设部分古物而已，从组织管理到实际运行，均谈不上充分展现和发挥博物馆职能，并未引起社会的广泛关注，有观看古物陈列者亦多不满意。历史博物馆则长时间处于筹备阶段。若从博物馆的视角看，观念、机构、管理上的先天性缺失，导致很难有所作为，难以有效显示博物馆与社会公众关系的文化价值，再加上与后半部分小朝廷的关系在公众视野下的不明不白，又有称帝复辟的闹剧在前半部分即古物陈列所所在的宫殿区上演，本来是两副面孔、两个身段的故宫更加不伦不类。

更为实质的问题是紫禁城资产归谁所有并未明确解决。普天之下，莫非王土，还是莫非民土？皇家拥有的不可移动与可移动资产姓“公”还是姓“私”？故宫的后半部分是归皇室所有还是所用？前半部分是归民国政府所有还是所用？辛亥革命后民国政府发布的清室优待条件中明确规定清室“私产归清室”，一切公产归民国政府。但何为公产？何为私产？逊帝“暂居宫禁，日后移居颐和园”，宫禁是公产还是私产？颐和园是公产还是私产？民国政府拨给逊帝“岁用四百万两”，仅是生活零用费，还是包含了居住费？对此，各层人等各有心态，各持不同意见。就说设于紫禁城前半部分归民国政府内务部管辖的半遮半掩半开半放的古物陈列所吧，从皇家禁地承德等地运至此处的古物，民国政府是作价给逊帝打了“白条”的，古物陈列所展出的古物是清室借给陈列所作摆设的，张勋复辟时，古物所的所长还被列入溥仪集团的名单中。

其次，是国家政体、社会存在意义上的半君主半民主状态。这个时段与故宫仅仅一墙之隔的地方，则完全是另外一个轰轰烈烈的崭新世界。位于故宫东北角外的北京大学，在辛亥革命之后很快成为中国新文化运动的发源地。新文化新思想风起云涌，新人物层出不穷，各类社会团体活动频繁，作为公众信息传媒和宣传各自主张和言论的报纸杂志花样翻新。新气象与旧宫殿，新青年与遗老遗少，新文化、新道德、新思想与旧文化、旧道德、旧思想，民主科学与君主愚昧，新世界与旧世界，也就一条护城河的距离。

被宽宽的护城河和高高的城墙维护着的故宫，俨然一块民国首都中心的君主“飞地”。故宫内里的光怪驳杂，宫墙内外的强烈反差，同国家政体的君主立宪、虚君共和、民主共和的碰撞、选择、较量及实际运行，同社会各派系势力的你争我夺，同新旧文化思想道德的论战，形成奇特的关系。外面的世界乱象纷陈，里面的世界绝望无奈。旧人物眼中的故宫，已是失守的城池；新人物眼中的故宫，已是失去灵魂的“木乃伊”。与辛亥革命的指向一致，对立的双方都是从皇宫的政治生命上判定它的实际作用和象征价值，就连文化思想领域的论战也很少把故宫视作某种文化形态而作为论证的对象。帝制一旦终结，故宫便不再引人关注，除了袁世凯称帝和张勋复辟的短暂时刻。

再次，是意识形态、文化形态上的半君主半民主。末代皇帝溥仪是最好的例子。溥仪一方面继续其盲目的也是无忧无虑的甚至无人搅扰的皇宫生活，另一方面也在时时刻刻经受着新思想、新文化的冲击。1919 年，爆发五四运动那一年，溥仪 14 岁的时候，请来了一位叫作庄士敦的英国人当他的英语老师。这个现象很有意思。英国是老牌的资本主义国家。17 世纪西方资本主义已经形成，英国就是代表。18 世纪西方的工业革命龙头也是英国。火烧圆明园的有英国，八国联军侵入紫禁城时有英国。中国和西方的关系，竟以这种奇异的方式投影于少年逊帝。庄士敦在教溥仪英语的同时，自然也在有意无意地用西方的文化思想影响他的逊帝学生。曾被叫作“奇技淫巧”的新奇玩意儿纷纷进了故宫。身居故宫深处的溥仪绝对是那时的时尚少年：念英语，看电影，听留声机，养洋狗百余条，玩玩具，吃西餐，戴墨镜，骑自行车，跨照相机，打网球，弹钢琴，读新报新刊，打电话。英国“三枪牌”的自行车就买了好几辆。故宫北半部有好多门槛被锯掉了，就是为了给溥仪骑自行车在宫里转悠开辟无障碍通道。庄士敦想西化溥仪，也想西化中国，但他没有那么大的野心，也没有那么大的能力，最后的结果却是他自己反被中化了。他对溥仪完全是臣子对皇帝的态度，磕头、请安、俯首称臣，一律遵循宫里的一切规矩。庄士敦离开故宫回到英国以后，已经无法回到西方文化中了。他一辈子没结婚成家，一心一意地惦记着溥仪，溥仪是他的“皇帝”。他回到英国后无法摆脱孤独，就去一个小岛上买了一块地，盖了一座房子，在房子门口挂了一面旗子，旗子上写着“满洲国”三个字。因为那时的溥仪正做着伪满洲国的伪皇帝。

在英国人庄士敦被异化为一个黑色幽默符号的同时，溥仪同样被黑色幽默着。庄士敦对溥仪的影响虽然比不上溥仪对庄士敦的影响大，但这位被关在故宫里的“小孩子”基本上过着洋气十足的生活。不过，作为黑色幽默符号的溥仪具有鲜明的二重性——他的“洋化”了的“新作派”大多属于猎奇的“小孩子”型，而起主导作用的还是骨子里的“皇帝”型。他并没有被西方文化同化掉。溥仪虽然不是皇帝了，但是他仍然一直被周围那帮人当作皇帝伺候着，“拥戴”着。隆裕太后代表他颁布“退位诏书”时，他才6岁，根本没什么印象。他觉得自己还是皇帝，还以为紫禁城是他的家，他还有权支配那些东西。虽然自我感觉十足，但到底心虚，随意赠送宫里的宝物总不是十分的理直气壮了，往宫外转移宝物也多半有些偷偷摸摸的样子。就这样溥仪还是把宫里好多宝物赠送给中华民国的各级政府官员，具体多少无可计数；通过弟弟溥杰转移出多少宝物也无可计数，光是历代书画就有千余件。上行下效，他身边的那些人也在变着法子往外拿。有人提醒说，得管一管。溥仪说，那好吧，明天就查。当天晚上集中存放古物的建福宫就被大火烧毁了，光从灰烬里就拣出数十斤融化了的黄金。奇珍异宝，历代书画，到底烧毁多少，谁也无从知道了。也许溥仪并不怎么心痛，他可能也知道这么多东西迟早不是他的，保不住，烧了也罢，所以，他把废墟草草整理了一下，就做了他的网球场、自行车车技训练场了。

只有在过渡时期具有双重性的两面故宫里才有可能不断上演此类历史黑色幽默剧。1922年，故宫装了电话，溥仪试着玩儿，不知怎么就打到胡适那里了。胡适虽已是新文化运动的大名人了，还是有些异样的兴奋，毕竟是“皇帝”亲自打过来的。胡适接着被请进宫里，溥仪当面“垂询”。胡适惊讶于深宫里的溥仪居然也看新报新刊，也读他们的新诗，溥仪居然还很具体地问到康白情、俞平伯的新诗，并说他赞成白话，也试着写新诗。这肯定使这位极力倡导白话文的、出版了中国第一本新诗集《尝试集》不久的胡适大为感动。他们还谈到皇产的问题、出洋留学的事。胡适给溥仪出了些皇产清理、独立生活的主意。在清室财产为“公”为“私”的问题上，胡适持清室私有论，主张作价有偿收归国有。也许是胡适的主张深得溥仪欢心，1924年溥仪再度召见胡适。溥仪被逐出故宫后不久，胡适还到溥仪住处拜访，说了些鼓励溥仪实行出国访问计划的话。胡适很想以他的方式影响这位处境“寂寞”“可怜”的“年轻人”，但无济于事。也是1924年，溥仪还在御花园设宴招待访问中国的印度大诗人泰戈尔及陪同泰戈尔的徐志摩、林徽因。白胡子诗人、摩登文化男女与摩登皇帝坐在御花园里喝咖啡、喝英式下午茶——到底是英国式的作派，和胡适的美国式的实用主义大不一样，溥仪与泰戈尔、徐志摩、林徽因的相互观光式的符号化的黑色幽默更加单纯。正如溥仪不可能被庄士敦西化一样，也不可能因阅读新文化运动中的新报新刊，因与胡适、徐志摩这样的新派人物来往而被“新化”，但这种即便是“旧”“新”之间的符号式的“相互观照”，也还是会产生一些深层的心理影响。

不管有何种文化在何种程度上渗透与影响，说到底，紫禁城符号的核心指代的是帝制、君主；成为故宫之后则是半君主半民主、君主与民主纠结的符号；只有到了故宫博物院时代，才成为完整意义上的民主符号。接下来说第三种文化形态。按时间段划分，从1925年故宫成为故宫博物院以来一直到现在的文化形态，即文化民主和建设民主文化的文化形态。

1924年冯玉祥出面把溥仪“请”出故宫前后，政界、文化界、社会各界都在追问：故宫到底是什么？故宫到底是谁的？故宫到底怎么办？如果说紫禁城是皇帝的，辛亥革命后的故宫就不是皇帝的，而是全民所有的了。怎样才能落到实处呢？唯一的办法是把过去的皇帝“请”出去，并把它立即改变为全民共有共享的公共文化机构——博物馆。

从辛亥革命到故宫博物院成立的十几年间，社会形态与文化形态已经发生了翻天覆地的变化。虽然民主共和的国家体制半生半熟，社会结构与运行远非真正的民主，起决定作用的是军阀的“武化”而非民主的“文化”，但辛亥革命使民主共和的观念深入人心。即便新的政体不成熟，即便总统、总理、部门长官走马灯似地上来下去，即便管理水平低下、社会混乱，中国社会再也不会回帝制时代去了。袁世凯称帝不行，张勋辫子军复辟更不行。在文化领域，从清末开始的规模不小的派遣留学生以及派官员出国考察，使得世界文化、现代文化迅速地、大量地传入中国，辛亥革命以后民主文化形态更见张扬。发展到新文化运动，高高举起了民主、科学两大旗帜。由于那时作为“新媒体”的报刊的强势传播，文化人拥有权威话语权，文化运动、文化民主的社会影响远远超过了政治民主、社会民主。在这样的政体与文化背景下，才有驱逐溥仪出宫、建立故宫博物院的顺利进行。

故宫博物院的建立与建设，与在此之前已经成立10多年的古物陈列所完全不同。以社会各界名流组建清室善后委员会，构建故宫博物院董事会、理事会与具体职能部门的管理模式，依靠以北京大学学者为主的学术名流参与博物院初期的建设，及时清点文物并向社会公布，不断推出各种专题文物展览，陆续创办数种刊物公开发行，吸纳社会赞助修缮危损建筑——足以表明那时的人们，的确是在以全新的理念与体制机制，去创建和管理故宫博物院的；也是在以与新的国家体制机制相应的理念与方法，实施着对公共文化机构之管理、对文化民主之管理的。1925年10月10日，“故宫博物院”五个大字高悬神武门。神武门大门洞开，数万市民争相涌入昔日可望不可即的皇宫禁地。虽然未能与君主帝制转型为民主共和的国家革命同步，禁戒森严的皇家禁地毕竟终于变成民众可以自由出入的公共文化空间了，参观故宫博物院立刻成为北京百姓的盛大节日。故宫博物院的建立与开放，是以文化民主的形式实现了对君主的紫禁城，对半君主半民主的故宫的彻底转换。只有在这个意义上，才可以认为故宫博物院的建立，是辛亥革命在文化领域里收获的民主果实。

为什么选择中华民国的建国日作为故宫博物院的建院日？从故宫博物院成立暨对外开放的仪式上的讲话中可以看出，不论是民国总理还是民众代表，均把故宫博物院的建立与民国的建立，把故宫博物院的建立与民权的收回，把反对故宫博物院与反对民国、放弃民权视为一体。此种高度一致的政治层面的认同，说明表现为文化民主的故宫博物院建院之所以如此盛况空前，实乃全社会政治聚焦的结果而非文化聚焦的结果，是民主政治之盛况而非真正的民主文化之盛况。皇宫转型为博物馆最重要的任务，是帝制结束之后，社会与民众普遍关心的以皇宫为核心的皇家资产到底应该属于谁的问题得到了一个公开而明确的解答。由此可见，大多数人看待故宫博物院的视角，继续保持了与看待辛亥革命前的皇宫紫禁城、看待辛亥革命至故宫博物院成立期间的故宫的一致性——故宫博物院依然是国家与权力的象征符号。后来围绕故宫博物院发生的重大事件亦反映出，此种视角仍在延续。如建院数年之后，因抵抗日本侵略而开始的故宫博物院文物大迁移。当时的政界、军界、社会各界，特别是故宫博物院同人，不约而同地把故宫文物南迁，把南迁中的文物展览，特别是远涉重洋参加国际展览，与国家形象，与民族历史，紧紧地联系在一起；把保护文物与保家卫国紧紧地联系在一起。保护文物即保卫国家，在国际上展示中国文物即是向全世界展现中国抗日的意志与抗日的形象，即是在全世界反法西斯阵营中争取自己的地位。在一般情况下，博物馆的藏品与国家、民族相互指代的关系已很深远。在国难当头、民族矛盾聚为焦点时，全民齐心协力保护国家文物安全转移，就成为文化抗战、全民抗战的重要组成部分。后来部分文物迁往台湾，再后来在台北建成台北故宫博物院，从当局给与台北故宫博物院的地位及导向看，更能看到政治主导层面期待故宫博物院发挥民族文化象征的重要作用。

作为国家形象与权力归属的象征性符号，不论是紫禁城，是故宫，还是故宫博物院，尤其在社会大变革时期，在民族危亡之际，在国际交往中，其象征符号的意义与作用是处于首要地位的，并且，其符号形象可以起到的作用是无可替代的。此种政治层面的象征符号意义仍将继续。但作为公共文化机构、承担民主文化使命的博物馆，博物馆民主文化价值的实现在较长时期内未能引起足够的重视。政治层面的符号作用固然可以继续发挥，而被遮蔽已久的文化层面的形象与内涵的转型则不可以被继续忽视下去。从永恒的博物馆文化使命着眼，从故宫文化的价值构成和博物馆文化价值构成着眼，故宫文化在完成了“谁的紫禁城”之文化民主转型之后，故宫博物院面临的重大文化任务是如何实现故宫文化向民主文化的本质性转型，如何推进故宫文化为真正的民主文化建设作出历史贡献。建设民主文化形态的博物馆文化，是故宫博物院义不容辞的文化使命。

以上是对皇宫文化形态、故宫文化形态、故宫博物院文化形态的粗略梳理。最后谈谈三种文化形态的复杂关系。主要的问题在这里，困境在这里，难点也在这里。

正如辛亥革命共和取代帝制并不等于民主革命的彻底胜利一样，皇宫变成博物馆并不意味着民主文化的真正实现，并不意味着故宫成为故宫博物院就解决了君主文化向民主文化的转型。对于皇宫来说，对于长达数千年的帝制遗产来说，所有权的改变、政治形态的改变，与文化形态的改变并不同步，政治转型与文化转型并不同步。众所周知，由于长达数千年的皇权文化、帝制文化的积淀渗透，表面形态的巨大张力与深层的汹涌潜流，不会因政体、功能之变而立刻消失与改变。

对于故宫博物院来说，我们面对的是上述三种性质与使命完全不同甚至根本对立的文化形态超越时空地并存于同一空间，我们怎么办？明摆着的事实是，现代文化形态、文化民主形态、民主文化形态的博物馆中的主要文化资源是君主文化，如此对立的文化形态如何统一？是由君主文化来统一，还是有民主文化来统一？当然是后者。所以，作为故宫博物院的博物馆文化，一定要完成三大任务：一是保存好作为标本的君主文化形态；二是让现在的人们和今后的人们通过这个标本看清楚什么是曾经统治了中国数千年的君主文化，看清楚这种文化的本质是什么；三是启发和引导今天的人们科学看待、评价君主文化。做好文化的转化工作，让过去时代的君主文化、皇权文化为今天的民主文化建设发挥积极的作用。故宫文化民主化转型的核心问题是对故宫文化的价值判断。价值判断包含两个层面：一是如何从整体上定位故宫文化的价值体系；二是对故宫文化体系的随时代发展而发展的“当下性”价值评判。

历史上已经有过几次大的论争触及问题的实质。一次是1928年国民政府委员经亨颐提出“废除故宫博物院，分别拍卖或移置故宫一切物品”案，主要理由为皇宫是“天字第一号逆产”，只有哪个将来要做皇帝的才有用处，所以必须彻底废除。再一次是20世纪60年代有人曾提出改造紫禁城的方案，说紫禁城地广人稀，宽河高墙不方便广大人民群众自由往来，所以要把紫禁城改建成一座北京中央大厦，在太和门前的位置修一条贯通北京的东西马路，把太和门左右两边的文华殿、武英殿改造为大众娱乐场所。还有一次是“文化大革命”期间提出的紫禁城整改方案，要在太和殿前面树立两个大标语牌，高度超过太和殿的屋脊；太和殿宝座用封条封上，翻倒在地，宝座前树立农民塑像，手持铁锹对准倒翻的皇帝宝座；中和殿改成人民休息室。这类对待人类文化遗产的非理性的极端化主张，甚至荒唐滑稽至极的主张，当然是不可能被认可的，但必须引起我们的理性思考。之所以说这类荒唐的主张触及问题的实质，是因为其中贯穿着一条再鲜明不过的价值评判基准线，即极其简单化地认定皇宫及其相关的一切统统是腐朽罪恶、必须铲除干净的君主文化。虽然表现方式不同，其价值判断不仅没有摆脱政治符号价值观，仍然是所有者决定论、阶级地位决定论，即谁所有即谁之文化，而且钻进了以政治判决代替文化评价的怪圈——既不区分政治与文化的不同属性，也不分辨君主文化与民主文化、传统文化中精华与糟粕、文化载体与文化形态、实体文化与观念文化之复杂关系。1928年据理力争，反对经亨颐最有力者是当时的大学院古物保存委员会主席张继。张继所据之理，集中于故宫的学术价值、历史价值，虽然很有力量，但也没有从文化形态、文化观念、文化价值层面分辨是非，论争各方均未吸收现代文化观念，更未触及君主文化与民主文化关系之核心。不能超越狭隘的政治价值评价层面，不能进入包容的文化价值评判层面，对待故宫文化的同义反弹就难以避免。

帝制终结已经100多年了，故宫博物院成立已经整整90年了。以故宫博物院成立为标志，将君主独占的文化改变为人民共享的文化，将皇家的私藏改变为公共的所有，只是改变了作为“物”的所有权问题，解决的仅仅是容易解决的表层问题；在更深的层次上，如故宫成为故宫博物院在文化的民主化革命方面到底意味着什么？到底应该承担什么样的建设民主文化的历史使命？故宫博物院作为现代公共文化机构的价值实现到底应该引发怎样的讨论？到底应该沿着什么的方向路径前行？怎样以现代理性与观念，即以民主文化的价值观对待保存至今的故宫文化？传统文化如何在现代文化转型、文化创新中发挥应有的作用？如何在人民创造自己的新生活中发挥应有的作用？类似的问题过去存在，现在依然存在，还会在相当长的时期内存在，需要引起重视，需要认真研究，需要继续探讨应对之策。

清末民初中国博物馆规划及其实践

——以紫禁城为视域的考察

徐婉玲

内容提要：本文以清末民初围绕着紫禁城等皇家建筑及其文物收藏的各项博物馆、图书馆、公园规划文本为基础，梳理了紫禁城从帝制皇宫走向公共博物馆的规划演变历程，并探讨紫禁城的空间变迁与清末民初社会变革的政治环境，以及国人筹设博物馆的文化理想之间的契合关系。

关键词：清末民初　中国博物馆　规划　实践　紫禁城

引　言

作为明清两代的皇家宫殿，紫禁城一直被视为帝制皇权的象征，进而成为最为鲜明的政治和文化的符号。封存于宫殿、坛庙及苑囿等处的历代珍贵收藏品，更宣示了皇室的富有。然而，随着清末民初中国社会变革的发展进程，这种帝制皇权和皇家财富的标识物经历了复杂的转变历程：或被列强盗掠，由皇权的象征物转变为霸权的战利品；或被盗卖，由皇家收藏转向私家财产；抑或被公开，由帝王的私有财产转变为国家的公共遗产。紫禁城从帝王宫殿走向公共博物馆，皇家收藏由秘藏转为公开，无疑是这一系列转变历程中的最重要者。

近年来，多篇文章从不同视角对这一历程展开了研究和探讨。《故宫图像：从紫禁城到公共遗产》指出，政治革命导致故宫博物院的成立，这一政治语境中的文化立场抉择使得故宫博物院一开始就带有符号性的色彩①。《从皇家禁地到公共空间——由故宫博物院的建立看民国政府政权威信的树立》认为，故宫博物院的建立不仅具有传播文化的作用，而且在当局的权力运用下还具有传播意识形态的作用②。《博物馆与国家认同之建构——以故宫博物院开院为中心》指出，紫禁城转变为故宫进而转化为故宫博物院的历史轨迹呈现了中华民国如何摧毁旧的帝制符号和建构新的民族国家符号的演进过程，紫禁城开放及故宫博物院建院与国家认同的建构存在着密切联系③。本文拟从博物馆规划的角度对这一历程展开梳理和分析，探讨清末民初中国社会政治变革运动及国人筹设博物馆理想如何在紫禁城这一空间内得以投射和反映。

一 20世纪初博物馆规划及其幻灭

中国的博物馆，是晚清时期西学东渐和维新自强的产物。国人对博物馆的认知，亦是在救亡图存和变革维新的理想中逐步形成的。关于西方博物馆的最早译介，大概是林则徐的《四洲志》，其载有“兰顿建大书馆一所，博物馆一所”（兰顿即今伦敦）。洋务运动兴起之时，清政府开始有计划派遣人员出洋考察，国人对于西方博物馆的记载和描述日渐增多，《乘槎笔记》《出使西泰记》《漫游随录》《伦敦与巴黎日记》《漫游随录》《扶桑游记》《日本杂事诗》等均有介绍欧美及东亚等国博物馆和图书馆的情况④。至戊戌变法时期，西方博物馆制度及其社会功能为维新改良人士所认同，博物馆作为公共领域的一种重要制度在其社会变革方略中得到深刻阐述，康有为《大同书》和《实理公法全书》对博物馆的公共性进行了阐释，《上海强学会章程》则将“开博物院”列入其变革要略。及至立宪新政时期，清政府派载泽、戴鸿慈等五大臣出洋考察政治，博物馆在宣扬民族文化和形塑国家认同等方面的突出作用受到关注。1906年10月，考察大臣向清政府连上三道奏折，一奏军政，二奏教育，第三奏即“各国导民善法，拟请次第举

---

① 郭长虹：《故宫图像：从紫禁城到公共遗产》，《国际博物馆》2008年第1-2期。

② 陈春晓：《从皇家禁地到公共空间——由故宫博物院的建立看民国政府政权威信的树立》，《郑州大学学报》2010年第2期。

③ 徐婉玲：《博物馆与国家认同之建构——以故宫博物院开院为中心》，《故宫学刊》（第10辑），2013年。

④ 晚清时期国人对西方博物馆的认知以及博物馆理念在中国的传播情况，可参阅陈锐：《晚清西方博物馆观念在中国的传播》，湖南大学硕士学位论文，2007年；谢先良：《晚清域外游记中的博物馆》，中国美术学院硕士学位论文，2009年。

办，曰图书馆，曰博物馆，曰万牲园，曰公园”[①]。在清学部奉命筹办图书馆和博物馆的浪潮下，国人亦开始通过报刊书籍或是朝廷章疏表达开放中国最为美富的皇家收藏、创设一完满的皇室博物馆（图书馆）的设想。

1905 年，张謇向清学部及张之洞分别递呈《上学部请设博览馆议》和《上南皮相国请京师建设帝国博览馆议》，建议清政府在京师及各行省兴办合图书馆和博物馆于一体的博览馆，并提议仿效日本先在京师建立一座帝室博览馆，公开清皇室内府收藏，任人观览[②]。其中《上南皮相国请京师建设帝国博览馆议》在呈文前半部分对创设帝室博览馆的重要性、必要性和可行性进行了严谨论证。何以必曰帝室？张氏直言“宣上德而扬国光也”。何以必于京师？张氏以为“帝王之居，辇毂之下，万国骏奔，四方繁会，将以润色鸿业，利导齐萌，其所以为天下先者，必于京师也”。关于这一点，张氏还在呈文中详细陈述了三个主要理由。首先，京师拥有全国最为宏富的皇家收藏，可为博览馆之基础，即所谓“四库之典籍，什库之器物，其所甄录，迈宋轶唐”。其次，极有必要在京师特辟帝室博览馆，以供中外人士参观。因为此举不仅可使魁儒硕彦得以“讨论而研求之”，还可使来游我国者得以“赋上都之壮丽，纪帝京之景物”。第三，京师创设帝室博览馆，可为“行省之模范”。京师一旦建设帝室博览馆，则行省、府、州、县则必相继起，“庶使莘莘学子得有所观摩研究以辅益于学校”。此外，呈文后半部分对博物馆的建筑之制、陈列次序、组织之法、模型之部、采辑之例及表彰之宜等方面作出详细规划。

1906 年，熊希龄向奉天将军赵尔巽呈文，建议效仿西方创建帝室图书馆，将奉天行宫“宝库所藏各品，及崇谟阁所藏各书，概行移入。更广购买中国古今所有之书籍，旁及东西新著有关政治学术者，附列其中，定名为大清帝室图书馆”[③]。熊氏认为东西方各国帝室图书馆“秘库尊藏无不罗列，钟鼎尊彝无不具陈”的做法值得借鉴，而且此种制度对国家和社会大有裨益，一则“以示臣民之观瞻”，二则“以备友邦之观摩”。因此熊氏在呈文特别强调了大清帝室图书馆在中外文化交流中的突出作用：“使我士民咸得赞仰，目睹天球河图之富，益油然而生爱国之心。外人之至我邦者，欲瞻美富，亦得循

① 《清实录·德宗景皇帝实录》，第 563 卷，第 62388—62390 页，中华书局，2008 年。

② 《上学部请设博览馆议》《上南皮相国请京师建设帝国博览馆议》，载《张季子九录·教育录》卷二，第 17—18 页。

③ 《请建大清帝室图书馆上盛京将军赵尔巽书》，载周秋光编《熊希龄集》第一册，第 261—262 页，湖南人民出版社，2008 年。

例入观，无关体制，典守有人，亦不至于渎亵。”熊氏认为如此两全之举定然是“内则有益于臣庶，外则有益于邦交”。

1910年8月，东三省总督锡良向宣统帝溥仪呈递《盛京大内文溯阁前建博览馆折》，提议在文溯阁前空地处修建一座博览馆。[①] 奏折仅寥寥300余字，但却用大量笔墨论证了大内博览馆的文化价值、政治意义和社会功能。奏折开篇直抒创设大内博览馆的文化价值政治意义，“圣朝方欲慰海内观光之望，示王者无外之义，灵台灵沼与民同乐，正足以广皇仁而昭盛概”。中间述及博览馆的参考范例：“伏查上年学部筹设京师图书馆，奏请赏给热河行宫文津阁藏书及各殿座陈设书籍，又本年浙江抚臣奏请于西湖行宫内文澜阁旁空地建设图书馆，先后奉旨俞允在案。”末尾则强调了大内博览馆在沟通皇室与国民方面的特殊功能，“以示皇室之尊严，而发国民之忠爱”。此外，奏折对大内博览馆的选址、藏品及典守等方面提出了具体建设方案，并予以简要说明。

纵观上述开放皇室文物之主张，我们可以总结出清末中国博物馆规划的三个突出特点。第一，皇家宫殿苑囿及其收藏被视为创设博物馆的最佳载体，博物馆的政治意义得到特别强调。从张謇提议张之洞奏请“皇太后、皇上颁赐内府所藏”，到熊希龄建议赵尔巽将奉天行宫“宝库所藏各品及崇谟阁所藏各书概行移入”，再到锡良建议溥仪“于盛京大内文溯阁前隙地建设博览馆”，这一时期博物馆倡导者的政治见解和文化主张如出一辙，即创设皇室博览馆和图书馆，并公开展览皇家收藏，进而达到“宣上德而扬国光”及“广皇仁而昭盛概”的目的。第二，创设博物馆被视为推进社会变革的有效途径，博物馆的社会功能得到充分阐释。与洋务运动及维新变革时期国人对博物馆的认知相比，这一时期的博物馆倡导者更为具体而详细地阐述了博物馆作为国家公共机构的性质和功能，尤其是博物馆在沟通政府与民众、促进学术研究及增进国际交流等方面的特殊作用。因此，他们希望通过效仿西方皇室博物馆和图书馆制度，以改善中国的社会制度，缓和中国的危机和矛盾。第三，自上而下推行博物馆建设被奉为施政教条，博物馆的规划设想均以幻灭告终。这一时期的博物馆倡导者不仅在政治意图和变革理想表现出一致性，而且在施政理念也十分接近，均寄希望于清政府自上而下地推行其改革主张。但遗憾的是，这些博物馆规划设想均未受到清政府的采纳，张謇帝室博览馆议遭搁置，熊希龄大清帝室图书馆呈未见批复，锡良盛京大内建博览馆折的朱批是：“所有尊藏器

---

① 《盛京大内文溯阁前建设博览馆折》，参阅《锡良遗稿·奏稿》，第1210页，中华书局，1959年。

物准其陈列整齐，敬谨瞻仰，毋庸另设博物馆名目，钦此。”

二 20世纪10年代博物馆规划及其施行

辛亥革命后，帝制被推翻，共和政体得以建立。在此社会政治背景下，一批民国政府官员和知识分子再次提出利用清室宫殿及其古物创设博物馆图书馆等主张，并积极抓住社会变革的契机使得其主张得以付诸实践。

在民初社会变革之际，曾将开博物馆列入维新变革方略的康有为意识到“天命推迁，前朝已矣”，那些帝王时代所遗留的建筑、宫殿、坛庙、园囿及其古物亦不过是前朝遗物而已。但康氏认为这些前朝遗物仍具有重要的经济、文化和社会价值，应给予保护和利用，并于1913年发表《保存中国名迹古器说》，从世界文化遗产角度对清室遗留的宫殿、坛庙、园囿及其古物的价值作出了客观评述①：

> 燕京之官殿、坛庙、园囿，皆金元明清之遗物，皆经五六百年之风霜矣。宫殿之雕镂虽不精，其广大宏巨，以吾遍游大地，实万国之所无。其坛庙实为吾国数千年之大典。其苑囿窈窕亦冠绝东亚，而为大地之特色焉。其他彝鼎图书，钢罗三代之珍，收拾汉唐之美，中国之精华，多在内府焉。

康氏进而指出这些帝制时代所遗留文物古迹实则是“吾国之瑰宝，数千年之精华”，且具有突出的社会功能，“可以兴起后人之志，可以观感后人之美，可以著耀中国之文明”。同时，康氏还指出这些文物古迹也是难得的文化资源，“可以招外人之游屐”。因此，康氏认为清室宫殿坛庙及园囿极应加以修缮，并择其一二处设置博物院，供中外人士游览观赏：

> 今吾遗宫殿坛庙，正宜修饰而保护之，以著吾国之文明，以供国人之游赏，择一二处以为博物院，虽未能广罗大地之奇珍，而先收吾国之图书宝器，山巅水涯之所出，岩穴邱陇之所藏，故家旧族之所珍，皆可合成此院以光大之。

① 康有为：《保存中国名迹古器说》，《不忍》1913年第3册。

几乎于同一时期，曾倡设帝室博览馆的张謇指出，“国体变更”之际，清室宫殿苑囿“势须开放”，不然“用之无法”，则“存之无名”。张氏还指出，任由清室宫殿苑囿废置，则有“禾黍谴周道之悲，花草致吴宫之恨”，实在是“非文明国家所宜有也”。因此，张氏于1913年上呈《国家博物院图书馆规画条议》，提出将清皇室的三海、三殿及三所等处改建为一座集动物园、博物馆和图书馆功能于一体的国家博物院及图书馆①：

> 今欲择一相宜之地，建为博物苑及图书馆。……北海以观楼庄严之胜，兼水木明瑟之观，言其宜则琼台之阳及其左右，林阴水际，可以位天产。琼台之阴及其上方，可以位历史。海之北行宫、万佛楼、浴兰堂、治心斋，可以位美术。北与东又有隙地，可以备增设之建筑。东北有庙，可以为居中之典守。故以为博物院宜北海。至图书馆，则昔之内阁国史馆、文华殿、太和殿、武英殿、方略馆，甍宇相望，地位横通足设，以兹清切之区，为图书馆之府。

再者，该条议认为奉天行宫及热河避暑山庄，以及紫禁城宁寿、慈宁两宫及各库之珍藏可为博物院之基础，各阁四库图籍等可充图书馆之收藏，另可收购陶斋端方之收藏以补博物院石刻之缺，万生园动植物可为博物院天产之一部分。此外，该条议还对两馆“规划之大概”及“经理之人才”加以陈述和说明。

在康有为和张謇对清室宫殿之保护及博物院之筹设建言之时，曾提议创建“大清帝室图书馆”的熊希龄于1913年春调任热河都统，并注意到避暑山庄殿宇屋舍和陈设物品的保管问题。1913年5月，熊氏向袁世凯呈文，要求修葺整顿避暑山庄部分房屋以作为热河都统公署办公及驻军用房，并建议民国政府将山庄内所藏瓷器和玉器等物品运送北京保管，其他书籍和工艺品等留存热河保管，以“作图书馆及工艺陈列所之用”。②1913年8月，熊氏再次向袁世凯呈文，建议利用避暑山庄的建筑空间及陈设物品，筹建一处集图书馆、陈列所、植物园、学校功能为一体的文明奥区③：

---

① 张謇：《国家博物院图书馆规画条议》，载《张季子九录·教育录》卷三，第16—19页。

② 《为修葺整顿避暑山庄事呈袁世凯文》，载《熊希龄集》第三册，第440页，湖南人民出版社。

③ 《关于修整避暑山庄房屋暨清理陈设物品呈袁世凯文》，载《熊希龄集》第四册，第201—202页，湖南人民出版社。

拟将前宫为陈列所，坦坦荡荡为西宾馆，文津阁为图书馆，永佑寺为佛供陈列所，狮子园为植物园，西峪及含青斋项下为森林实验场，其余园内各处，审度形式，酌量备用。其南北两路行官，均并为各所中小学之基址。将来铁路交通，外人前来游历者，必将络绎不绝。长城以外有此文明之奥区，壮观瞻而耸视听，于民国前途，裨益实非浅鲜。

上述博物馆、图书馆及文化游览区的设想均仅见于文本之流传，而未闻有施行之结果。事实上，朱启钤执掌民国政府内务部时期切实推进了清室宫殿坛庙及苑囿的改造工程，并取得了显著成果。首先，武英殿开设古物陈列所，为博物院之先导。1913 年冬至 1914 年春，民国政府内务部偕同清室内务府人员，先后赴热河及奉天行宫将各处约 20 余万件陈设物品运京。1913 年 12 月，内务部以“默察国民崇古之心理，搜集累世尊秘之宝藏，于都市之中辟古物陈列所一区，以为博物院之先导”① 为宗旨下令筹设古物陈列所，并颁布《古物陈列所章程》。1914 年 10 月 10 日，古物陈列所在武英殿正式开幕。1915 年，紫禁城太和、保和与中和三大殿于正式对外开放。古物陈列所的肇建，开民初博物馆之先河，时人评价“创我国数千年来开一公共览古之新纪元”②。其次，清室坛庙苑囿改建公园，为市民宴乐之场所。1914 年 5 月，朱启钤向袁世凯呈递《开放京畿名胜酌订章程呈》，要求将清室遗留的天坛、文庙、国子监、黄寺、雍和宫、北海、景山、颐和园、玉泉山、汤山以及历代山陵等处，先择选一二处辟为公共游览空间，以供中外人士游观。③ 1914 年 10 月，社稷坛改名“中央公园”，成为“都市士女游息之所”。④ 1914 年，颐和园及静明园对外开放，售票游览。1915 年，北海辟为公园。1918 年，天坛对外开放。时人感慨：“凡曰帝后游兴场所，今咸为市民宴乐之地。”⑤

纵观上述筹设国家博物馆图书馆之提议，民初时期博物馆规划较之清末时期呈现出两个明显的变化：第一，博物馆倡导者不再拘泥于博物馆之于社会变革的政治功能，而是更专注于对博物馆之于文物保护及社会发展的文化意义和经济价值。由于国体变更，

① 《内政部设立古物陈列所有关文件》，载《中华民国史档案资料汇编》第三辑，第 268—269 页，江苏古籍出版社，1991 年。

② 《古物陈列所廿周年纪念专刊》，第 4 页，1934 年。

③ 《呈大总统为开放京畿名胜场所并酌订章程缮单请鉴核示遵文》，《内务公报》1914 年 6 月 15 日第 9 期。

④ 《中央公园记》，载朱启钤《蠖园文存》卷上，第 48 页，1936 年。

⑤ 汤用彬：《旧都文物略》，第 56 页，书目文献出版社，1986 年。

帝制宫殿及其皇家收藏的意义和价值也发生了根本性的变化，宫殿建筑及其皇家收藏的政治意义逐渐被削弱，其历史文化价值则逐渐受到关注。以张謇的博物馆规划为例，“帝国博览馆议”与“国家博物院图书馆规画”提出的时间前后相差不过八年，但因时代变迁，政体迥异，二者在本质上已有天壤之别。“帝国博览馆议”不过是张謇推行立宪新政的文化载具而已，其最终目的是维护清政府的统治。“国家博物馆图书馆规画”则蕴含着更多的民族意识和国家理念，创建博物馆以保全宫殿建筑及文物收藏，对国家文物古迹的爱护超越了对清帝国皇权的忠诚。此外，康有为《保存中国名迹古器说》从世界文化遗产保护利用角度阐释了文物古迹对于国家文化遗产旅游发展的积极作用，并征引法国和日本的国际旅游收入（“法国于外人游巴黎者，岁十万万”，“日本岁计外人游资亦二三千万”）为佐证。第二，博物馆倡导者不再满足于最初皇室文物开放之提议，而是更倾向于集博物馆、图书馆、动物园以及公园功能于一体的综合型博物院之筹设，且在一定程度上奠定了北京城市公共游憩空间的基本格局。从博物馆规划的对象及内容来看，清末时期的博物馆规划基本上聚焦于紫禁城部分空间的规划利用以及其皇家收藏的整理开放，民初时期的博物馆规划则将视野扩展至明清时代遗留的宫殿、园囿及坛庙等整体空间的规划利用以及皇家和私家文物收藏的征集开放。从博物馆的空间布局来看，清末时期博物馆大多被视为文物收藏保管之处所，而民初时期的博物馆则较多被视为城市公共游憩空间之构成。例如熊希龄关于修缮避暑山庄的呈文，名为宫殿建筑之修缮及陈设物品之整理，实则是游览区域之规划；再如朱启钤关于开放京畿名胜的呈文，实则是近代北京城市公共游憩空间规划的历史文本，以开放之名将北京城内外保留的历代文物古迹纳入城市公共游憩空间体系之中来考虑。从规划执行的角度来看，清末时期的博物馆大多以幻灭告终，而民初时期的博物馆、文化游览区及名胜区规划或设想得到了部分落实，尤其是朱启钤主持创办的古物陈列所和中央公园开启了北京城市博物馆和公园建设的序幕，并奠定了北京城市公共游憩空间的基本格局。及至二十世纪二三十年代，明清时期遗留的宫殿、园囿及坛庙构成了北京城市公共游憩空间的基本格局，且逐渐形成了故宫一带以博物馆为主（古物陈列所、故宫博物院和历史博物馆）的观光游览区以及三海一带以公园为主（中央公园、北海公园和中南海公园）的休闲游憩区①。

① 民国时期有关北平市各名胜处所游览人数及门票收入统计数据，参阅徐婉玲：《博物馆与旅游——以民国北京故宫为例》，载《故宫学十年学术研讨会文集》，2013年，未刊资料。

三 20世纪20年代博物馆规划及其抉择

民初时期政府官员及知识分子对西方博物馆和公园理论的借鉴和实践，推动了北京城市空间的变革。帝王时代的私人封闭空间逐步收缩，新兴社会的博物馆、图书馆、公园等公共开放领域逐渐扩展，北京城市的公共空间亦随之不断形成。在这场空间变革运动中，清室宫殿、坛庙及苑囿的开放无疑是最要者。但还须指出的是，及至20世纪20年代，紫禁城内的空间变革尚未彻底完成。根据《清室优待条件》，溥仪小朝廷仍占据着紫禁城北部一隅。在这一空间里，清王朝的奉安典礼和万寿祝嘏等政治仪式以及清室遗民们的衣着、发辫、语言等行为得以继续保留，袁世凯洪宪帝制梦和张勋复辟梦亦以此空间为舞台相继粉墨登场，清宫内几代累积的大量珍宝古物亦逐渐被溥仪小朝廷以赏赐、偷盗、抵押或拍卖等形式流出宫禁。紫禁城内的诸多乱象引起民国政府及社会各界的反思与争论，新旧政治文化力量继续围绕着清宫及其古物问题展开碰撞与较量。

1922年，清室内务府拟价120万元向各使馆兜售奉天行宫所藏《四库全书》。北京大学研究所国学门发布《为清室盗卖四库全书敬告国人速起交涉启》，向民国政府和社会各界发出呼吁："禁城宫殿及所藏之图书古物，皆系历代相传国家公共之产，亟宜一律由我民国政府收回，筹设古物院一所，任人观览。"① 1923年6月27日，清宫建福宫花园发生火灾，敬胜斋、静怡轩、延春阁一带建筑及其大量珍宝古物焚毁殆尽。《京报》主编邵飘萍公开发表《亡清故宫失火之责任问题》，对清室提出严厉指责："自清帝退位之日起，一切主权，已移于民国，则今番千万以上之损失，实民国国家所有之财产也，非但物质上横遭暴殄，而与历史有关之古物尽付一炬，则尤为堪痛也。"②

针对社会各界的议论和质疑，清室遗老们向溥仪进呈多个皇室博物馆计划，为谋求清室对清宫及其古物的所有权和保管权找寻出路。1923年建福宫大火之后，罗振玉感到"宝物聚于宫禁，在在堪虞"，因此他向溥仪进献"移宝藏"之策，建议清室"于东交民巷使馆界内购地建筑皇室博物馆图书馆"③。1924年初，金梁多次奏请溥仪创设"皇

---

① 《为清室盗卖四库全书敬告国人速起交涉启》，《北京大学日刊》1922年4月20日第1005号。

② 飘萍：《亡清故宫失火之责任问题》，《京报》1923年6月28日第2版。

③ 罗振玉：《集蓼编》，载《罗振玉学术论著集（第十一集）》，第68—69页，上海古籍出版社，2010年；及参阅甘孺辑述：《永丰乡人行年录：罗振玉年谱》，第85页，江苏人民出版社，1980年。

室博览馆”，以“古物公有”的形式杜绝社会各界的质疑，并“设博物馆于三殿”，以“合保存古物古迹为一事”的名义向民国政府收回紫禁城前廷空间①：

> 一曰重保护。保护办法当分旧殿、古物二类。一保存古物。拟将宝物清理后，即请设皇室博览馆，移置尊藏，任人观览，并约东西各国博物馆，借赠古物，联络办理，中外一家，古物公有，自可绝人干涉。一保旧殿。拟即设博览馆于三殿，收回自办，三殿今成古迹，合保存古物古迹为一事，名正言顺，谁得觊觎。

此外，王国维于1924年5月18日拟就《筹建皇室博物馆奏折》，力劝溥仪长居紫禁城，并建议开放紫禁城一部分宫殿，筹设皇室博物馆，公开皇家收藏，以“保安皇室之利”②：

> 今有一策，有保安皇室之利而无其害者，臣愚以为莫若开放禁城离宫之一部为皇室博物馆，而以内府所藏之古器书画陈列其中，使中外人民皆得观览，如此则紫禁城之内，民国所辖地面，既有文渊阁之四库全书，文华、武英诸殿之古器书画，皆我皇室之重器，而皇室所辖地面，复有皇室博物馆陈列内府之重器，是禁城一隅实为全国古今文化之所萃，即与世界文化有至大关系，一旦京师有事，万国皆有保卫之责。

然而，正当溥仪小朝廷的皇室博物馆计划准备推进时，北京政变（亦称“首都革命”）却在瞬息间爆发。1924年10月23日，冯玉祥的讨逆军包围总统府，曹锟被迫辞去大总统职务，北京政局急转直下。11月4日，以黄郛为首的摄政内阁，召开国务会议，决议修改清室的优待条件。11月5日，北京警卫总司令鹿钟麟、警卫总监张璧偕同代表李石曾等人进入故宫，执行《修正清室优待条件》，并要求溥仪立即移出宫禁。驱逐溥仪出宫后，如何处理清宫及其古物？摄政内阁于11月7日晚发布正式命令，对外声

---

① 《甲子清室密谋复辟文证》，载《近代中国史料丛刊续编第八十二辑》，第153—161页，文海出版社，1985年。

② 《筹建皇室博物馆奏折》，载袁英光，刘寅生编著《王国维年谱长编（1877—1927）》，第400—402页，天津人民出版社，2005年。

明组织一善后委员会清理公产私产，所有应归公产者由委员会暂为保管，备充筹设国立图书馆博物馆之用①：

> 修正清室优待条件，业经公布施行，着国务院组织善后委员会，会同清室近支人员，协同清理公产私产，昭示大公，所有接收各公产暂责成该委员会妥慎保管，俟全部结束，即将宫禁一律开放，备充国立图书馆博物馆等项之用，藉彰文化而垂久远。

至此，紫禁城后廷空间改建为国家图书馆博物馆规划设想提上国民政府的议事日程。此外，在摄政内阁发布正式命令拟建国立图书馆博物馆之后，教育部随即以其所属京师图书馆和历史博物馆“向以经费支绌，又无适当地点”为由向国务院提议，将清室古物及宫殿拨归教育部管理，改设为保管文化之区域②：

> 现在清室移出宫禁，所有应归民国保管之物品，均与历史文化有关，且亦本部职务所系，如文渊阁四库全书及其他书籍应请移归图书馆保管，国玺及所有古器物应请移归历史博物馆保管。又闻公府内紫光阁存有历代帝后名臣画像，怀仁堂内有古铜器物四十余件，亦系由清室移归者，拟请一并拨归博物馆，以符名实而垂久远。至于清室宫殿与历史遗迹关系尤切，亟应改作保管文化之区域，拟请将传心殿、文渊阁、内阁及三所地方拨归本部，为设立图书馆之用；文华殿及主敬殿拨归本部，为设立历史博物馆之用；其皇极殿则拟请拨归本部，为筹设教育博物馆之用。

从教育部的提议来看，清宫所藏书籍一项可充实京师图书馆的收藏，古器物一项作为历史博物馆的基础，宫殿建筑一项可解决图书馆和博物馆的馆舍场地，可谓考虑周详，规划得当，归属明晰。但因当时摄政内阁已组织清室善后委员会，国务院会议决议

---

① 《故宫博物院前后五年经过记（卷一）》，第10页，故宫博物院档案室藏院史档案《故宫博物院·计划总结类》第10卷。

② 《国务院准教育部提议清室物品及宫殿请归部保管经国务会议议决应交委员会并案办理函》，第4—5页，故宫博物院档案室藏院史档案《故宫博物院·文物保管类》第1卷。

将教育部提议转交委员会办理。

1924 年 11 月 14 日，摄政内阁国务院拟定《办理清室善后委员会组织条例》。根据该条例，清室善后委员会除了点查清宫物品之外，开放紫禁城及筹设博物馆图书馆亦是其两大要务。1925 年春，清室善后委员会修订《参观故宫暂行规则》，并于 4 月 12 日开放紫禁城后廷部分殿宇，正式对外售票，供民众游览参观。紫禁城后廷对外开放以后，清室善后委员会加紧筹设故宫博物院。1925 年 7 月，清室善后委员会委员俞同奎发表《对清室善后委员会的希望》指出，“审查与保管，这是委员会不可逃避的责任”，但委员会如果仅做到“点查完毕，贴上封条锁封”，清宫及其古物的保管“依然是个未了的局面”。俞氏进而指出，委员会“不将拟议的图书馆、博物馆筹建起来”，那么“为中国文化美术工艺所系的清室古物，依旧不能为民众所认识”。为此，俞氏在该文中特别阐述了其对于清室宫殿及古物的保管意见以及筹设博物馆和图书馆的规划设想①：

> 我主张目下应当在宫内东部挑选一处，立一个博物院的雏形。在隆宗门外西部挑选一处，立一个图书馆的雏形。这两处的宫殿，形如破庙，照原样开放，既无可观览，改成新式装修，就是失去本形，亦不觉可惜。两处附近群宫既多，先以一二处应用，然后慢慢的扩充，尽可敷用。乾清宫等中路的宫殿，以及西路帝后所居之处，则仍留旧样，以存历史上的价值。

俞同奎关于筹设博物院及图书馆的规划设想发表不久，清室善后委员会即于 1925 年 9 月 29 日召开大会，由委员长李煜瀛报告故宫博物院筹备经过，并经各委员决议于 10 月 10 日举行故宫博物院开幕典礼。1925 年 10 月 10 日，故宫博物院开院，下设古物和图书二馆，紫禁城分三路向民众开放。

然而，自 1926 年 3 月至 1928 年 5 月间，受政局影响，故宫博物院经历多次改组，各项事业发展受阻。及至 1928 年 6 月国民党北伐成功，南京国民政府任命易培基接管故宫博物院，并修订故宫博物院组织法及理事会组织条例，改组隶属国民政府行政院，故宫博物院迎来新一轮的发展规划。1929 年春，故宫博物院重新制定计划，对紫禁城建筑

---

① 俞同奎：《对清室善后委员会的希望》，《现代评论》1925 年第 2 卷第 32 期。

群、城墙、护城河及景山的空间进行整体布局①：

第一，博物院分设古物、图书和文献三馆：

奉献殿、斋宫、毓庆宫及东六宫，拟划于古物馆，以奉献殿为总陈列室，斋宫及毓庆宫为美术品陈列室，东六宫为古物分部陈列室。外西路之寿安宫、英华殿各处，拟划属于图书馆，作为收藏室及阅览室。宁寿宫各宫殿，拟划属于文献馆，作各史料陈列室。

第二，改建特别陈列室：

本院各宫殿房屋，大多数均有历史上价值。即辟为陈列室亦不能不保持原状。而光线及各种设备，均未能合式。故有添造新式陈列之必要。而宫中空地无多，颇少隙地，以容此种建筑物。现拟东西以茶膳房、上驷院，西面以造办处，改建此种陈列室。景山寿皇殿东西空地，亦作此用焉。

第三，辟设紫禁城公园：

由神武门登城，东西马道甚宽，直达角楼。游眺其上，全城及西山风景，一望无际。春秋佳日，诚登临之胜地也。城外破屋，亦已拆卸。培植花树，沿河临眺，十里芰荷香，为夏日最好消夏窝，此两处再加修缮，统名为紫禁城公园。

第四，改建景山公园：

景山在神武门北，绕以红垣，周二里。山凡五峰，峰各有亭。山后为寿皇殿，东为观德殿等处，均为目前文献馆之陈列室。今拟在寿皇殿东西，添造特别新式陈列室。并于山上下添植各种植物，辟为公共植物园。

① 《故宫博物院概况及将来之计划》，载《北平故宫博物院报告（民国十八年十二月刊行）》，第37—41页，故宫博物院档案室藏院史档案《故宫博物院·计划总结类》第4卷。

上述多项规划设想在1929年及1930年间基本得以落实：第一，参观路线得到改善。1929年2月，内东路钟粹宫书画专门陈列室及景阳宫宋元明瓷专门陈列室同时布置就绪，对外开放。不久，御书房亦改设为宋元明瓷之扩充陈列室。11月，承乾宫清代瓷器专门陈列室布置完竣，并同时开放延禧宫、永和宫、毓庆宫等处，内东路完全开放。及至1930年5月中旬，故宫博物院举办游园会时，后廷五路同时开放。1930年10月，古物馆、图书馆和文献馆增设陈列室18处，开放空间不断增加。第二，紫禁城公园得以开辟。1929年，紫禁城北面城墙马道修缮完竣，往游者甚多。1930年5月中旬，东西两面城墙马道修缮竣事。1930年10月间，紫禁城东南西北角楼及城墙马道修缮竣工，中外人士可购券登城环游一周。此外，景山辟为公园，太庙改设图书馆，任民众参观阅览。经此布局实施，紫禁城空间内历史建筑的空间利用以及博物馆、图书馆和公园综合一体的公共功能得到全方位的提升，游览空间不断增加，游憩功能不断丰富。

综观上述各项博物馆规划，民国初年至北伐胜利初期的中国博物馆规划呈现出明显的时段性，以溥仪出宫为界限，二者呈现出泾渭分明的区别：第一，创设博物馆之议由政治策略的较量演变为文化事业的选择。溥仪出宫之前，有关紫禁城及其文物的博物馆之议较多出于政治上的考量。清室遗老们的皇室博物馆之议多为获取社会认同和政治权力的一种策略，以开放宫殿及公开古物的形式维护清室对于对清宫及其古物的私有权。北京大学国学门关于紫禁城及其文物的看法则代表另一种政治理念，以筹设博物院推动清宫及其古物的公有化和公开化。及至摄政内阁驱逐溥仪出宫并组织清室善后委员会，创设博物馆逐渐从政治变革策略演进为一项社会文化事业。其次，博物馆规划从概念性陈述向实操性说明转变，并逐渐形成几条基本规划思想。溥仪出宫前后的博物馆规划多数为概念性的陈述，极少涉及博物馆建设及文物陈列的具体规划。至清室善后委员会时期，创设博物馆之议不再拘泥于重要性、必要性及可行性等方面的概念性陈述，而是逐渐转向于对紫禁城的空间布局及历史建筑的改造利用等方面的实操性说明。例如《参观故宫暂行规则》已初步建构起中路参观路线，即对紫禁城中轴线上的御花园、坤宁宫、交泰殿、乾清宫、弘德殿、昭仁殿、南书房、上书房等建筑进行修缮并布置陈列。再如，在俞同奎的博物馆设想中，博物馆与图书馆的分区设置、中轴线主体建筑原貌保存及东西部次要殿宇改造利用的规划思想进一步得到清晰阐释。及至故宫博物院建院后，紫禁城建筑原貌保存、皇家收藏专题陈列以及文物、建筑与史迹相印证等规划思想渐趋成熟，尤其是在1930年故宫博物院向西方人士介绍其博物馆发展计划时，特别强调了紫禁城宫殿建筑在中国建筑史及艺术史上的价值，并制定了相应的“故宫旧殿廷修理计划”及“恢复故宫旧建筑方案”①。还值得一提的是，紫禁城建筑及文物的整体保护利用的规划思想也在这一时期形成，1930 年 10 月，故宫博物院理事会向行政院呈递一份“完整故宫保管”提案，呈请国民政府将故宫外廷保管之权（属于古物陈列所）转移故宫博物院，以博物院的形式整体保管紫禁城宫殿及其文物②。

余 论

综合上述史料的梳理和分析，我们可以明确地看到，清末民初围绕着紫禁城及其皇家收藏的各项博物馆规划及其实践，基本上勾勒出了这一时期中国博物馆规划的发展演变历史及其特点。但我们还须引起注意的是，上述围绕着紫禁城及其皇家收藏的各项博物馆规划及其实践是近代中国社会各类政治和文化事件的一个缩影。它们与中国从封建帝国传统文化向民族国家现代文化的转型过程相契合，与各时期不同社会思潮或运动发生错综复杂的纠葛关系，有时甚至是某种政治力量或文化力量推动的直接表现。1905 年张謇倡设“帝室博览馆”，这一起步就与清末立宪运动紧密联系，1914 年古物陈列所的肇建及 1925 年故宫博物院的开院，则是在辛亥革命国体变更后曲折演变而成。

首先，国人筹设博物馆的理想为紫禁城空间变迁配备了变革力量。清末张謇等人对开放皇室文物、创设皇室博物馆的思考与阐述，为古物陈列所的肇建埋下伏笔，民初朱启钤等人对西方博物馆、图书馆、公园等理论的借鉴和实践，为故宫博物院的开院奠定基础。可以说，两代知识分子的共谋和合力推动了紫禁城从帝王私人封闭空间向国家公共空间的转变。

其次，近代中国变革环境为紫禁城空间变迁提供了社会条件。紫禁城的空间变迁经由两次社会政治变革曲折演变而成，辛亥革命为古物陈列所的肇建提供了政治环境，北京政变则为故宫博物院开院创造了变革条件。1911 年，辛亥革命爆发，1912 年清帝溥仪宣布退位，朱启钤等人在清室与民国的交接中不失时机地筹建古物陈列所，推动了紫

① 《计画与方案》，载《北平故宫博物院报告（民国十九年十二月刊行）》，第 38—43 页，故宫博物院档案室藏院史档案《故宫博物院·计划总结类》第 11 卷。

② 《据呈为完整故宫保管计拟请转呈国府令行内政部将故宫外廷保管权转移于故宫博物院并附具办法两条请鉴核等情经院决议故宫博物院门额不必悬挂中华门余照通过由行政院备案除已由院备案并照案转呈国府候令饬遵外合亟令仰知照》，第 3—7 页，故宫博物院档案室藏院史档案《故宫博物院·文物保管类》第 33 卷。

禁城空间的第一步转变。1924 年，北京政变发生，溥仪被迫出宫，李石曾等人在点查清宫文物的过程中艰难曲折地推进故宫博物院的开院，完成了紫禁城空间的第二次转变。

总而言之，一时代之博物馆规划有一时代之内容，紫禁城及其皇家收藏的历史价值和文化意义决定其成为近代中国博物馆规划的主要对象。一时代之博物馆规划有一时代之背景，清末民初中国社会政治变革及文化力量的角逐和博弈推动了紫禁城由皇家宫殿走向博物院的演变历程。

故宫博物院国际竞争力分析报告

章宏伟　周　乾　徐婉玲

内容摘要：故宫博物院理应成为世界上最受公众欢迎的、最具有竞争力的国际性博物馆。但在国际部分测评机构发布的各种排行榜中，故宫博物院的国际受欢迎程度及竞争力并未得到充分认可。为探讨这种情况产生的主要原因及解决对策，本文从多角度入手，采取调查与研究相结合手段开展分析，并从学术角度与具体措施提出了改进方法。结果表明：故宫博物院在藏品数量、质量及参观人数上均具有强大的优势，然而由于测评标准、公众语意、东西方语言文化差异、宣传手段、管理方式等种种原因，其综合竞争力尚需提升。为改变这种被动局面，故宫博物院应着重从宣传和管理两个方面着手，扩大故宫博物院的公众语意、国内外展览、公众服务、年度竞争力发布等方面的宣传，加强故宫博物院与国际知名博物馆、公众测评机构的交流合作，发布受国际公众认可的年度受公众欢迎程度及综合竞争力排行榜，采纳公众提出的各项积极建议，提升展览水平，主动接受社会监督，以实现其名副其实的国际竞争优势及知名度。故宫博物院的学术、行政和业务部门应根据部门具体情况，做好提升本院国际综合竞争力和国际公众认可度的相关工作。

关键词：故宫博物院　国际竞争力　现状　测评　提升

传统的博物馆，本质上被定义为收藏、展示、教育和研究四大功能。随着社会发展，博物馆面向公众、满足公众不同层次文化需求已成为博物馆功能发展的重要面向。近年来，受到科普教育、国际旅游、世界文化遗产保护浪潮等因素影响，全球博物馆的发展日益趋于外向和多元。

成立于1925年的故宫博物院，拥有世界上规模最大的砖木结构古建筑群，以及180万余件藏品，亦是中国首批一级博物馆。作为一座国际性综合博物馆，故宫博物院的藏品数量和质量稳居世界博物馆前列。故宫博物院的藏品数量众多，有藏品1807558件，其中珍贵文物1684490件、一般文物115491件、标本7577件，珍贵文物占院藏文物总量的93.2%，呈现出罕见的“倒金字塔”结构，且大多属于“传世文物”，传承有序、品相完好。故宫博物院藏品类别丰富。据不同质地和形式，故宫博物院藏品可分为绘画、法书、碑帖、铭刻、雕塑、铜器、陶瓷、织绣、玉石器、金银器、珍宝、漆器、珐琅、雕刻工艺、其他工艺、文具、生活用具、钟表仪器、帝后玺册、宗教文物、武备仪仗、善本文献、外国文物、其他文物和古建文物，共25大类69小项。

作为一处国际知名的文化遗产，故宫博物院的游客参观量和公众关注度一直居高不下。自2009年以来，故宫博物院每年游客参观量超过1000万人次。其中，2012年故宫游客参观量超过1500万人次，五一小长假3天游客参观量达30余万人次，最多一天游客参观量为11.2万人次；十一长假8天游客参观量80余万人次，最多一天游客参观量18.2万人次。2013至2015年，故宫博物院通过周一闭馆、实名制售票以及每日限流8万人等措施，将每年的参观量控制在1400万人左右。此外，根据国际博物馆的“博物馆（展览）社会影响力（关注度）排行”项目（该项目主要针对中国博物馆，并由中国学者主持）统计，2014年第3季度，故宫博物院（含故宫）以61411条数据雄踞榜首，并超过第2至第50名数据的总和；2014年第4季度，故宫博物院（含故宫）以173694条再次雄踞榜首，相当于上季度总数的2.8倍。据专家分析，故宫博物院（含故宫）位居关注度榜首，且各项数据均大幅领先，有两个重要因素：第一，故宫博物院积累多年的品牌影响力，致使院中大小事件都具有可观的媒体关注度；第二，故宫博物院非常重视与媒体的关系，以致院领导及院内各项业务活动均可获得媒体大量报道。此外，居高不下的观众接待量、不断更新的文创产品，以及各类致力于改善公众关系的活动或举措，亦为提升故宫博物院的公众关注度作出不少贡献。

然而，与之形成鲜明对比的是，在最近两年国际重要公众测评机构发布的各类博物馆排行榜中，故宫博物院均未能入列。2013年5月，美国《时代》周刊聘请一批痴迷于游览博物馆的游客组成评审团投票，评选出“世界50佳博物馆”。位居榜首的是美国史密森博物院，其次是英国大英博物馆，希腊雅典卫城博物馆居第3位。中国国家博物馆和陕西秦始皇帝陵博物院分居第10位和第14位。2013年7月，全球最大的旅游网站

Tripadvisor 根据世界各国旅行者对各大博物馆的评论和评分，发表了“2013 全球最受欢迎的博物馆”名单，共有 25 个博物馆上榜。俄罗斯的圣彼得堡冬宫博物馆位列榜首，其次是墨西哥人类学博物馆位居其次。中国西安的秦始皇兵马俑博物馆列第 11 位，成为东亚唯一上榜机构。故宫博物院均无缘上述榜单，原因何在？耐人寻味。

2014 年 7 月，国际主题公园协会（Themed Entertainment Association）发布了《2013 世界主题公园、博物馆年度报告》，按年度参观量列出了“全球最受欢迎博物馆 20 强”。法国卢浮宫以 933 万余观众量位列世界第一，成为全球人气最旺、最受欢迎的博物馆。中国共有 4 家博物馆入围：中国国家博物馆以 745 万人次的参观量，仅次于卢浮宫和美国国家自然历史博物馆（参观量 800 万人次），名列第 3，台北故宫博物院以 441 万余人次参观量位列第 13，上海科技馆以 358 万人次参观量位列第 16，台中自然科学博物馆以 340 万人次参观量位列第 18。这份年度报告还按地域列出了“亚太地区最受欢迎博物馆 20 强”。其中，中国占据了 12 席，大陆入围 8 家：中国国家博物馆（第 1）、上海科技馆（第 3）、中国科学技术馆（第 6）、浙江省博物馆（第 11）、重庆中国三峡博物馆（第 12）、河南博物院（第 13）、上海博物馆（第 14）、苏州博物馆（第 20）；台湾地区入围 3 家：台北故宫博物院（第 2）、台湾自然科学博物馆（第 4）和高雄科学工艺博物馆（第 10）；香港地区有香港科学馆，排名第 17。此外，韩国 3 家博物馆，日本 2 家博物馆，印度、泰国、澳大利亚各 1 家博物馆入选。在全球和亚太地区的两大榜单中，故宫博物院再度未能入列，乍闻简直匪夷所思。

2014 年 4 月，英国艺术刊物 Art Newspaper 的“艺术市场”特刊登载《2013 年全球博物馆和展览观众人数调查》特别报道，以观众人数为全球 100 座知名艺术博物馆和 650 项展览“排定座次”。台北故宫博物院位列“全球最受欢迎博物馆”第 7，上海博物馆排名第 23。此外，台北故宫博物院主办的“赫赫宗周——西周文化特展”与“溯源与拓展——岭南画派特展”最受公众欢迎，包揽了第 1、第 2 位置。上海博物馆 4 项展览进入“全球最受欢迎展览”之列：“宝光璀璨——法贝热珠宝艺术展”位居第 8，“翰墨荟萃——美国藏中国古代书画珍品展”位居第 13，“幽蓝神采——元代青花瓷器大展”位居第 17，“镜映乾坤——中国古代铜镜展”位居第 20。2015 年 4 月，Art Newspaper 公布了 2014 年全球博物馆和展览观众人数调查数据，最受欢迎的博物馆是巴黎卢浮宫，最受欢迎的展览前 3 名为台北故宫博物院举办的“明四大家特展：唐寅”“乾隆潮新媒体艺术展”，以及两岸故宫博物院携手举办的“十全乾隆：清高宗的艺术品位特展”。

关于故宫博物院未能入列的原因，该报道特别予以指出。报道称，北京故宫博物院一直是这个调查项目的特例，尽管2013年和2014年故宫博物院的访问量均超过1400万人次，但因主办方认为，“这里（故宫博物院）虽然有大量参观者。但大部分是为了参观紫禁城的建筑而来，并非为了其中的展览”，故未将其列入统计名单。这似乎合理地解释了故宫博物院无缘国际各大公众测评机构的理由，由此引发一系列疑问：作为一个国家级综合博物馆、藏品数达180万余件套、年游客参观量超过一千万人次的博物馆，故宫博物院为何无缘“国际最受公众欢迎博物馆”“全球访问人数最多的博物馆”“最受欢迎展览的博物馆”的排行榜？作为世界文化遗产、全国重点文物保护单位、国家级5A级旅游景区的故宫，真的削弱了作为国家一级博物馆的公众认知吗？为何同类型的巴黎卢浮宫博物馆多年来稳居各大榜单榜首，俄罗斯圣彼得堡冬宫也能在各榜中位居前列，而唯独中国故宫博物院成为特例？

基于这些问题，我们以文物、展览、观众为中心展开原因分析，可归纳得故宫博物院未入选最受公众欢迎的国际博物馆名单的主要原因至少包括以下4个方面：

1. 测评标准

在博物馆的综合竞争力或受国际公众欢迎程度的测评标准方面，国内和国际的测评标准是有区别的。在国内，对于不同博物馆的运行评估，已成为政府主管部门和行业协会推动博物馆行业发展、推动建立行业评价体系的重要手段。2008年，国家文物局关于印发《全国博物馆评估办法（试行）》《博物馆评估暂行标准》等文件，对国内博物馆测评的标准、规范、等级、划分细则等相关内容进行了详细规定。而按照上述标准，故宫博物院一直被测评为国内一级博物馆。

与中国行业协会较为复杂的评价体系不同，西方媒体发布的博物馆或展览的排行榜，从现有分析来看，以观众人数多少为主要依据，并多通过组织观众参观、开展专门调查、网络投票等方式进行。例如，2013年5月，美国《时代》周刊的“世界50佳博物馆”排行榜是由一批痴迷于游览博物馆的游客评审团投票选出的，Art Newspaper则以参观人数为博物馆和展览排定名次，Tripadvisor则根据世界各国旅行者对各大博物馆的评论和评分为依据。Art Newspaper未将故宫博物院入列统计范围的理由是其将故宫博物院视为名胜古迹而非艺术博物馆。由此可知，尽管故宫博物院的参观量位居世界各大博物馆的首位，但因东西方公众测评机构的评价标准不同，因而无缘世界最受欢迎博物馆名单。

如进一步深究其原因，与巴黎卢浮宫、纽约大都会以及伦敦大英博物馆相比，故宫博物院并非国际通行标准下的“综合性博物馆”，它的收藏门类不具备国际视域，其藏品的形成与机构的建立皆发生于迥然相异的历史语境，对世界艺术史与文化史的贡献亦截然不同，不应忽视故宫博物院本身在机构形成与发展中经历的特殊路径与秉持的独特质素，而追求单一评估体系下的位列名次，忽视了各类“国际排名”在反映机构行业水平上，其有效性的参差不齐和固有限度。

2. 语义原因

“紫禁城”“故宫”和“故宫博物院”是三个指代意义不同且密切联系的名词。“紫禁城”即指明清两朝对北京城内皇家宫殿，自 1420 年建成至 1911 年清朝统治结束，先后有 24 位皇帝在此执政并居住。“故宫”原泛指历代宫殿遗址，此处特指北京城内明清两代的紫禁城宫殿遗址。“故宫博物院”是一个文化机构的名称，主要负责故宫（即紫禁城）及所属各处之建筑、古物、图书、档案的保管、开放和宣传工作。

调查发现，在国际公众（甚至包括国际测评机构）心目中，“紫禁城”（the Forbidden City）和“故宫”（the Old Palace）的认知度要比“故宫博物院”（the Palace Museum）高得多。很多国际公众都知道北京有一座皇家宫殿建筑群落，来故宫博物院参观的主要目的，就是参观其皇家宫殿建筑群（尤其是中轴线建筑）。于是在国际公众心目中很容易形成一种误解，认为故宫博物院就是一处名胜古迹或旅游景点。而实际上，故宫博物院不仅有世界上最大的砖木结构古代宫殿建筑群，其藏品量亦在世界各大博物馆中居于前列，而且珍贵文物占绝大多数。但问题在于，由于语义理解原因，在国际公众心目中，将“故宫博物院”理解为“故宫”的人占绝大多数。

3. 宣传手段

作为一座极其具有特色的国际性大博物馆，故宫博物院无论在藏品还是在观众数量方面，理应成为世界上名副其实的综合实力最强的博物馆之一。之所以未被国际公众认可，故宫博物院在国际上的宣传手段是不足的，无论是对博物馆本身还是对展览的宣传，至少未深入到国际公众的心目中。例如，2013 年至 2014 年两岸故宫博物院联合举办的“十全乾隆——清高宗的艺术品位特展”广受海内外观众的瞩目，这得益于该展览内容的策划设计、相关媒体的宣传推广，但不可忽视的是，北京故宫博物院借展 45 件展品是广受关注的一个营销关键点。由此可见，北京故宫博物院的藏品，经由展览策划设计和宣传推广，可以成为媒体和观众聚焦的对象。这也从一个侧面反映一种博物馆展览的发展趋势:再好的藏品和展览,亦需要借助艺术的包装和媒体的造势,才能吸引观众的眼球。

4. 语言差异

不同地区观众的语言文化差异,对故宫博物院未能入选世界最受公众欢迎博物馆,也是一项重要原因。如全球最大最受欢迎的旅游社区 TripAdvisor 网站发布年度最受国际公众欢迎的博物馆排行榜,其主要方式是通过游客注册、登陆该网站,发布相关评论,根据评论的好坏及数量依次排名。在历年的国际前十强博物馆排名中,不仅是故宫博物院,整个亚洲的博物馆几乎都未入选。与此形成对照的是,历年最受国际公众欢迎的博物馆名单中,欧美国家博物馆占绝大多数。游客行为研究专家指出,因受到英语等语言限制,登录 TripAdvisor 网站发表评论以欧美游客居多,亚洲游客较少。尽管 TripAdvisor 专门建有中文网站,猫途鹰网,而中国游客则更习惯在携程、去哪儿等旅游网站发表中文评论。因此,TripAdvisor 所公布的榜单,在相当程度上忽略了亚洲地区的评委。但反及自身,作为举世瞩目的文化遗产和世界著名博物馆,故宫博物院在向世界公众开放展示中华文明的文化遗产时,应当关注博物馆标识设计的视觉展示以及建筑和藏品解说的系统建构。

基于上述分析,我们不得不做一些反思:故宫博物院的有形资产价值和无形品牌形象,经过真正科学的评估吗?我们考量过原状展览、专题展览及其他展览的公众反馈和专家评论吗?我们了解每年 1400 余万的观众的需求分层吗?我们研究过他们的消费行为和参观特点吗?我们熟稔国际一流博物馆的运营模式和管理经验吗?我们与国际公众测评机构及有关媒体建立起长期、有效的交流合作关系了吗?对照国际测评机构所提出的评价标准,故宫博物院在访问量统计、公众满意度调查、展览宣传推广等软性管理方面的提升空间到底有多大?我们又应该如何提升故宫博物院文物展览的影响力以及提高故宫博物院在国际博物馆中的综合竞争力?鉴于上述问题,欲提升故宫博物院国际竞争力,当前有三项基础研究值得引起重视和推进。

1. 故宫博物院文化资源研究

故宫博物院藏品数量大,品类多,且价值突出,这是衡量博物馆规模和质量的重要指标。对数量庞大、体系复杂的藏品进行系统整理和充分研究,是故宫博物院弘扬中华文化艺术和提升中国软实力的基础。为此,有必要根据历史时期保留的各类文物账册进行梳理,建立起建筑藏品的谱系结构,为各项工作的开展提供参考。故宫博物院文化资源研究报告拟从藏品、展览、研究及影响等方面着手，展开调查研究。该研究可分两步走：第一步，资源普查。从馆舍面积、藏品数量、观众数量等方面来看，评估故宫博物院的文化资源，并评估其在国内博物馆中的地位与价值。特别需要注意的是，故宫博物院藏品类别构成的特殊组织脉络，这个概念有别于单纯的类型划分。它涵盖了藏品的功能、材料、数量、工艺水平，以及创作风格和流传经历。这些藏品作为呈现宫廷政治与文化生活的物质证据，被扰动的程度相对较低，彼此间由特定时代背景造成了羁绊，欲探究故宫博物院收藏与展示的独特气质，必须深刻理解它的收藏格局。第二步，机构间比较。从博物馆设施、展览数量规模、学术研究以及公众满意度调查等多方面着手，对比分析故宫博物院与其他国际一流博物馆如巴黎卢浮宫博物馆、伦敦大英博物馆、圣彼得堡冬宫博物馆、纽约大都会艺术博物馆的情况，并兼顾其他类型博物馆，作出客观评价，提出改进方案。

2. 基于观展前提的展览形式优化研究

根据部分国际公众测评机构的调查结果，参观人数是衡量一个展览好评度的一项重要指标，而展览的好评度是衡量博物馆管理水平的一项重要指标。不可否认，故宫博物院在海外的部分展览，曾引起观众的高度关注。例如在美国举办的“乾隆花园古典家具和内装修设计展”、在巴黎卢浮宫举办的“重扉轻启——明清宫廷生活文物展”，以及日本东京国立博物馆的“国宝观澜——故宫博物院文物精华展”等。相比之下，故宫博物院院内的展览，包括原状陈列及临时性展览，在国际公众中引起的反响并不显著。这不全然代表故宫博物院展品的艺术价值不高或展览水平不够，而是反映出我们忽视展览前期的观众调研和宣传推广等因素的现实。据统计，目前故宫博物院年参观量在1400万人次左右，紫禁城建筑空间开放面积达52%，常设展出文物近万件，但细分至各宫殿及展厅的参观人数尚无明确统计数据。因此，有必要参照国外测评机构的评分标准，有针对性地对重点开放区域、重要展览进行专项统计、分析和研究，并逐步形成中轴线旅游、原状陈列、专题展览的优化方案。

3. 基于公众认知的品牌提升研究

对于参观故宫博物院的游客，尤其是国际游客而言，故宫博物院在他们的心目中的语义内容不应仅仅是“一座皇家宫殿”或是“一座旧宫殿”，而应当是“一座具有巍峨建筑群和丰富藏品的艺术博物馆”。要实现这种语义的衔接和融合，需要利用国际公众测评机构的调研、博物馆观众行为研究的成果，以及国际游客消费行为研究的数据，对故宫博物院的观众构成和行为特点进行针对性剖析，为提升故宫博物院品牌形象提供参考。

值得注意的是，与其他文化机构相比，博物馆的品牌形象由知识的生产、传播机构与重要文化财产托管机构双重身份共同参与塑造。这两种身份下的公众期待与故宫博物院日常工作表现之间的落差，是阻碍故宫博物院建立与其相符的国际影响力的根本原因。博物馆的品牌价值绝非短时期的社会知名度与文化影响力所能迅速打造，而必然借由多年积累的公众信任度，与一贯高标准的行业实践来逐渐建构。考查造成公众信任度偏低的缘由，不得不将台北故宫博物院与北京故宫博物院在形象塑造上的不同策略及潜在竞争，以及数十年来中国大陆传统文化项目整体生存状况的危机纳入考量。由于故宫博物院在中国传统艺术收藏领域的特殊地位，必然产生了在藏品的分类、保管、修护以及展示手段上高于一般行业标准的特殊要求，对于这些特殊要求的搁置，以及故宫博物院具有的毋庸置疑的文化潜力，或许可以解释中国博物馆界与国外同行对故宫博物院行业水平认可程度的差异。

此项研究包含四个子课题：第一，故宫博物院品牌形象的语义分析，通过调研、测评、投票等方式获得与故宫博物院品牌形象的关键数据。同时，对于博物馆品牌评价的“国际通行标准”进行动态的把握与客观、全面的分析。第二，故宫博物院视觉传达与解说系统评估。以国际上通行的语言（英语，西班牙语等）为标准，参照世界文化遗产地、国家5A级风景名胜区以及国家一级博物馆的视觉传达与解说系统来考查故宫博物院标识及解说系统的现有优势及存在的问题，并提出改进方案。通过对感官的直接触动，向来访观众传达出“故宫”与“故宫博物院”各自不同的内涵，可考虑在端门和神武门制作、安装“PALACE MUSEUM”的醒目标识，以向西方观众（尤其是初次来院参观的观众）定位故宫博物院的博物馆身份。第三，故宫博物院公关策略及模式评估。系统梳理最近10至15年间，故宫博物院在处理与国际大型综合类博物馆、国际博物馆协会、世界知名研究机构以及重要国际媒体关系方面的策略和举措，对取得成功的案例进行分析，形成研究报告，为未来故宫博物院进行公共关系调整提供参考。第四，稳定、可靠的机构评价机制的建立。博物馆对地区文化生活的贡献，是获得可靠反馈的重要来源，针对本地观众的宣传策略，对于机构形象的建构至关重要。故宫博物院及其他大型综合博物馆，作为热门旅游景点，在本地居民中形成的负面形象与遭遇的心里排拒是一个有待思考与解决的问题。

总而言之，故宫博物院国际竞争力研究对于提升故宫博物院的内部管理水平具有重要参考价值，同时还将对故宫博物院跻身世界高水准博物馆产生重要助力。此外，我们不能忽视故宫博物院的国际竞争力研究是一个庞大复杂且与时俱进的科研课题，需要多部门的合作和跨学科的交叉。以第一项“故宫博物院文化资源研究”为例，该项内容的执行项目组，须由故宫研究院的专家学者与宫廷部、古器物部、书画部、图书馆等业务部门研究保管人员共同参与构成；第二项“基于观展前提的展览形式优化研究”，则需将开放部、宣教部和展览部的人力资源进行整合，才能顺利执行；第三项“基于公众认知的品牌提升研究”，便是涉及全院各部门的一项重要且深具难度的课题，院办公室作为制定本院与媒体及本地社区之间公关策略的关键部门，必然要承担主要任务。如此庞大的课题，除了仰赖院内各部门的通力合作以外，我们还须借助国际国内相关专业的咨询机构，利用其丰富的案例积累和宽广的学术视野，对我们自身在诸多方面的不足进行补益。

文物研究

关于故宫博物院所藏邐簋的定名及相关问题

韦心滢

内容提要：故宫博物院所藏旧称邐簋或耶簋的殷代青铜簋，其铭虽简，但言深意远，语境复杂，细致释读剖析文句后，作器者似应为“京”，并进一步讨论铭文中牵涉到的相关问题。

关键词：邐簋　邐　故宫博物院　大子

由收藏家章乃器先生捐予故宫博物院、旧称为“邐簋”① 或“耶簋”② 的殷代青铜簋，笔者认为似应称作“京簋”，因牵扯对作器者的认知和对铭文的释读与理解，故试作析论如下。

一　形制与纹饰分析

京簋形制为盆形腹，腹壁较直稍内收，圈足较高，口沿作方唇外折，具兽首形双半环耳，耳下有小钩状珥（图一：3）。其器身形制与安阳小屯 82M1、殷墟刘家庄北

---

① 《殷周金文集成释文》（第 218 页，香港中文大学中文研究所，2001 年）和《故宫青铜器》（第 57 页，紫禁城出版社，1999 年）中将之称为“邐簋”。

② 杜廼松：《谈毓祖丁卣等三件商代长铭铜器》，《文物》1984 年第 10 期；何琳仪：《听簋小笺》，《古文字研究》第 25 辑，中华书局，2004 年。

M1046 出土之属殷墟文化四期的簋（82M1：21、M1046：60）[①] 和甘肃灵台姚家河 M1 出土之属西周早期的簋（M1：2）[②] 相似（图一：1、2、4）。殷末铜簋的双半环耳下已有长方形珥，如上举刘家庄北出土的簋（M1046：60）以及弗利尔美术馆藏肄簋。但半环耳下作体量很小的小钩状珥（小钩状珥和半环耳相接处宽为半环耳宽的1/2 弱）的簋，在周初似已不流行。周初除流行大长方形珥外，也流行大钩状珥（即钩状珥和半环耳相接处宽为半环耳宽的1/2 或1/2 强，如图二：1）。像京簋这样的小钩状珥，基本上还是存在于殷末，如现藏于北京故宫博物院属殷末的兽面纹簋（图中左珥缺失）、枚父辛簋（图二：2、3）和传世的𨫘父辛簋（图二：4）。

1　2　3　4

1. 庚矢马簋（82M1：21）　2. 刘家庄北 M1046 出土的簋（M1046：60）

3. 京簋　4. 姚家河 M1 出土的簋（M1：2）

图一　与京簋形制相似的青铜簋

1　2　3　4

1. 西周早期昜旁簋　2. 殷末兽面纹簋　3. 殷末枚父辛簋　4. 殷末𨫘父辛簋

图二　殷末和西周初期流行的簋下小形式珥

---

① 中国社会科学院考古研究所编著：《殷墟青铜器》图版233，第334 页，文物出版社，1985 年。中国社会科学院考古研究所安阳工作队：《安阳殷墟刘家庄北 M1046 号墓》，载《考古学集刊》第15 集，文物出版社，2005 年。

② 甘肃省博物馆文物队：《甘肃灵台白草坡西周墓》，《考古》1976 年第1 期。

京簋纹饰较为简约，仅在上腹部饰以前后对称的两兽头和变形饕餮纹圈带，圈带下有一弦纹（图三：1）。圈足亦饰以首身兼具的饕餮纹，躯干由云纹构成，尾部上卷，足爪亦以云纹表现，脊背上填以列刀状纹，整个纹饰分成首、身、尾均等三部分。上述图案化的变形饕餮纹多流行于殷末至西周初期（图三：2），类似的纹饰尚见于殷墟西区属殷墟文化四期的墓 M1102 出土的鬲（M1102：1）①（图三：3）和陕西省泾阳县兴隆乡高家堡出土的属殷墟文化四期至西周初的墓 M4 出土之鼎（M4：5）②。

综合上述，将本器与有类似形制、纹饰的其他可断代之铜器进行比较，可知京簋的形制和纹饰符合殷末铜器风格。

1. 京簋上腹局部纹饰　2. 京簋圈足饕餮纹　3. 殷墟西区 M1102 出土的鬲颈部饕餮纹饰（M1102：1）

4. 陕西省泾阳县兴隆乡高家堡 M4 出土的鼎腹部饕餮纹（M4：5）

图三　京簋纹饰局部和其他器物纹饰比较图

二　铭文释义

京簋器内底有铭文三行，共 20 个字，含合文二字(《集成》7.3975)，铭文布局呈竖成列、横不成行的特色（图四）。现在前人考释的基础上作释文如下：

辛巳，王畬（饮）多亚，

耶（廷）亯（享），京邐，

易（赐）贝二朋，用乍（作）大子丁。䍙。

---

① 中国社会科学院考古研究所安阳工作队：《1969—1977 年殷墟西区墓葬发掘报告》，《考古学报》1979 年第 1 期。

② 陕西省考古研究所：《高家堡戈国墓》，三秦出版社，1995 年。

图四　京簋铭文

“畲”，当为歓之省，通饮。除金文外，殷墟甲骨刻辞中亦见此字。在甲骨刻辞中歓作，似人俯首吐舌、捧尊就饮之形①，而后省人形，并加声符“今”作②。无论是“畲”还是“歓”，除了饮酒（或水）之本意外，多用作祭名。如：

（1）贞，王歓亡巷。二告。

…歓亡巷。　（《合集》10137 正，宾组）

（2）…方白（伯）其畲于…，吉。

（《合集》28097，无名组）

（3）于阜西畲，王弗［每（悔）］。

于宀门訔畲，王弗每（悔）。

（《合集》30284，无名组二类）

辞（1）甚简，难以从文义上判断“歓”的含义。然审视卜辞句法，得知“歓”若作饮用解，则无卜问饮酒宴会时有无的辞例；若作祭名，则有卜问举行祭礼时有无巷的例子，如《合集》1185、22779，《怀特》1605 等③。故此辞王歓的“歓”应作祭名解，即王以酒祭祀先神等受祭者。辞（2）为残辞，究其义似应为某方伯在某地举行畲祭，占卜结果为吉。辞（3）中言“阜西”，阜在此显然是宫殿建筑的一部分。商金文中的“阜”作，其状当如徐中舒

① 董作宾：《殷历谱》下编卷八，《董作宾先生全集（乙编）》，第619页，艺文印书馆，1978年。

② 金祥恒：《释湇》，《中国文字》第49册，第5309—5310页，台湾大学文学院中国文学系编印，1973年。甲骨刻辞中目前所见“畲”字，多属历组、无名组和属非王卜辞的丙一类刻辞（《合集》第7册分类，本文对非王卜辞的分类即基本按《合集》分类方法），而“歓”则见于宾组和黄组刻辞中。

③ “辛卯卜，亘贞，彡彫于上甲，亡巷，九月。”（《合集》1185，宾组）

“癸酉卜，王贞，翌甲戌，王其宾大甲𥛍，亡巷。”（《合集》22779，出组）

“甲申贞，彡大乙，亡巷。”（《怀特》1605）

以上皆是王举行祭、祭和祭前贞问有无的例子。

等先生所言为阶梯状①，因书写方便之故，将斜状的阶梯写成竖直。所以，“阜”本义应是阶梯，以阜作形旁是喻其高上之义的“阜”，在此即应是指由廷通向大室、堂一类的宫室的台阶。故辞（3）是贞问于台阶西边还是在廷的门塾举行酓祭，王没有祸咎。

“亚”在先秦文献与甲骨、金文中辞义较多，仅从卜辞看“亚”也是一字多义的，其中“亚”作为一种职官之称的例子是有的，如：

（4）丁未卜贞，叀亚以众人步，二月。（《合集》35，宾组）

（5）庚戌卜，䖒贞，亚其往宫，往来亡災。（《合集》27930，无名组）

辞（4）（5）分别卜问是否由亚带领众人行进，亚前往宫地往返有无灾祸。这两条卜辞中的“亚”应该是人称，确切地说应该是一种职务的称呼。但卜辞中“亚”亦有确可以记作是庙室的例子，如：

（6）己未卜，十妇妣庚。

十妇于亚朿彘。

妣庚宰，朿羊、豕。（《合集》22226，丙二类）

（7）先亚朿彘。

兄（祝）亚，朿彘。

兄（祝）亚，朿…。（《合集》22137，丙二类）

辞（6）的主祭者为十妇，要在“亚”祭祀妣庚，“亚”在此为场所地点，表庙室。朿为刺杀牺牲的一种用牲法②。辞（7）“祝亚”即“于亚祝”，语法同“其祝父丁升”（《南明》515）③，祝为祭名。《说文》：“先，前进也”，在卜辞中多为先后的“先”之义。先在庙室举行刺杀彘的祭典，还是在举行祝祭后刺杀彘。

本铭所见“多亚”之称，目前在金文中仅见此例，但多见于殷墟甲骨刻辞。如：

（8）乙丑，才（在）多亚。（《合集》20349，自组）

---

① 徐中舒：《怎样考释古文字》，《古文字学论集初编》第12页，香港中文大学中文研究所，1983年；朱凤瀚：《殷墟卜辞中所见商王室宗庙制度》，《历史研究》1990年第6期。另裘锡圭先生将释为自，自是堆的古字，在古代用来指称人工堆筑的堂基；（䛩）释为孰，即塾，《尔雅·释宫》：“门侧之堂谓之塾。”见裘锡圭：《释殷墟卜辞中与建筑有关的两个词——“门塾”与“自”》，《出土文献研究续集》，文物出版社，1989年；宋镇豪：《甲骨文所见殷人的祀门礼》，《甲骨文与文化记忆世界论坛》，“中研院”历史语言研究所，2010年。

② 于省吾：《释朿》，《甲骨文字释林》，中华书局，1979年。

③ 参见朱凤瀚：《商周家族形态研究（增订本）》，第156页，天津古籍出版社，2004年。

(9) 丁丑卜，其祝，王入于多亚。（《合集》30296，无名组）

(10) 甲申余卜，子不、艿又言（歆）多亚。（《合集》21631，乙一类）

(11) 癸巳贞，乍多亚。（《合集》21705，乙一类）

(12) …我乍多亚。（《合集》21707，乙一类）

(13) 庚辰卜，令多亚弜犬。（《合集》5677，宾组）

辞（8）（9）言"在多亚""入于多亚"，多亚显然应指场所，亚可作庙室讲，则"多亚"在作场所解时，应即为多个庙室总称。辞（10）"言"读"音"，通"歆"①。歆，飨也，如《左传》僖公十年："神不歆非类。"子不、子艿又歆多亚，是子们在多位先人庙室献祭②。辞（11）（12）"乍多亚"的"乍"通"作"，即建筑多位先人宗庙。乍用作建造之例，如"乙亥卜，出贞，乍（作）王寝，告…"（《合集》24953），"王其乍（作）俾于旅邑…其受佑"（《合集》30267）也有学者将"乍"读为"祚"，解为祚祭，是一种求福之祭，即祚祭于多亚之意③。以上对"乍"的两种释义皆不妨碍"多亚"作为宗室场所的解释。辞（13）的"多亚"则应指具某种身份的人。

铭文第二行"耶亯（享）京遷"的断句，有学者释读成"耶亰（就）遷"，将"亯"和"京"二字视作合文，于是耶成了作器者，亰（就）遷为就列之意④；殷墟甲骨刻辞中确可见"亰"字，但多作人名或地名，未见有作动词"就（即）"之意的用法。另金文中虽见"黼亰乃令（命）"之例，但"黼亰"一词是连语，且为西周中、晚期才出现的用语。殷末"亰"字是否即出现作动词的"就"义，目前难以定论。也有学者释读成"耶亯（享）京"，遷为作器者，多亚之一，王在地的（享）京宴饮多亚⑤。笔者认为"耶"为廷或庭的初文，《诗·闵予·小子》中"陟降庭止"在《汉书·匡衡传》则写作"陟降廷止"，故"廷"和"庭"通。古代大（太）室中央谓之廷⑥，《左传》昭公五年："大库之庭。"孔颖达疏曰："庭是堂前地名。"《玉篇》："庭，堂阶前

---

① 于省吾：《释言》，《甲骨文字释林》，第87—88页，中华书局，1979年。

② 朱凤瀚：《商周家族形态研究（增订本）》，第158页，天津古籍出版社，2004年。

③ 朱凤瀚：《商周家族形态研究（增订本）》，第158页，天津古籍出版社，2004年。

④ 何琳仪：《听簋小笺》，《古文字研究》第25辑，中华书局，2004年。

⑤ 陈英杰：《商代铜器铭文作器对象的考察》，《文字与文献研究丛稿》，第22页，社会科学文献出版社，2011年。

⑥ 于省吾：《释丶》，《甲骨文字释林》，第83—86页，中华书局，1979年；王国维：《明堂庙寝通考》，《观堂集林》卷三，第136页，中华书局，1961年。

也。”“享”，《说文解字》：“亯，献也，从高省。”《广雅·释言》：“亯，祀也。字与饗别，亯，神道也，饗，人道也。”① 先秦文献中亦多见享之用例，如《尚书·盘庚上》：“兹予大享于先王，尔祖其从与享之”；《诗·小雅·伐木》：“吉蠲为饎，是用孝享。”甲骨刻辞中亦见“廷享”的例子，如：

（14）丁亥…呼…聑（廷）享…。

（《合集》19649，自组，图五）

图五 《合集》19649

“廷享”应是在大室中央的廷举行对先人的享祭，且从文献观之，“享”与“饗”的对象有别，前为死人，后则两者皆可②。

现在以上分析的基础上，进一步探讨本铭首句之释读。由辞（1）（10）的句式得“奞”作动名词用，即举行奞祭。“多亚”有指称庙室或身份职称的多重用法，但在此如将之和“廷享”综合分析，则有利于判读。其一，若读为“多亚廷享”，则释为多亚在廷举行享祭，但本铭主语为王，似无可能描述在王举行奞祭后，紧接着转换主语提多亚在廷举行享祭的说法。其二，则可能读为“王奞多亚，聑（廷）亯（享）”，其句式和辞（10）近似，即王在多个宗庙举行奞祭后，在廷举行享祭。“聑亯（享）”前省略“于”或“在”，直接以“地名＋动名词”的语法，在甲骨刻辞中不算少见，如：

（15）己亥卜，行贞，父丁必岁宰牡。（《合集》23214，出组）

（16）祖丁必鬯卯叀牛，王受佑。（《合集》30348，历组）

（17）癸亥卜，父甲夕岁二牢，吉。

兄（祝）叀今其三牢旦彭正，王受佑。大吉。（《合集》27453，无名组）

辞（15）—（17）是在必、旦等场所祭祀，地点后接祭名的例子。

综上对聑（廷）的分析后，笔者未采将“聑”当成作器者的说法，而认为“廷亯（享）”之后的“京”字在本铭中应是人名，即本器之作器者。在“京”后的“邐”字

① 但在卜辞中“饗”未必皆是饗生人。

② 宋镇豪：《夏商社会生活史》，第318页，中国社会科学出版社，1994年；林沄：《再论殷墟卜辞中的“多子”与“多生”》，《第三届古文字与古代史国际学术研讨会论文集》，第89—90页，“中研院”历史语言研究所，2011年。

旧多释为人名，并以此命器名。现在“京”作人名解的情况下，邐即应作动词解，“邐”从麗得声，在此当读作“儷”。儷，有偕，两之意①，如《左传》成公十一年：“鸟兽犹不失儷。”杜预注：“儷，耦也。”孔颖达疏：“儷，两也。”本铭“京邐”遂可释为在王举行的禽祭和享祭中，京作为助手配合王行祭礼，和此用法相似的尚有大英博物馆藏属商后期晚叶的尹光方鼎和上海博物馆藏属西周早期的保员簋铭(《新收》1442)。尹光方鼎铭如下(图六)：

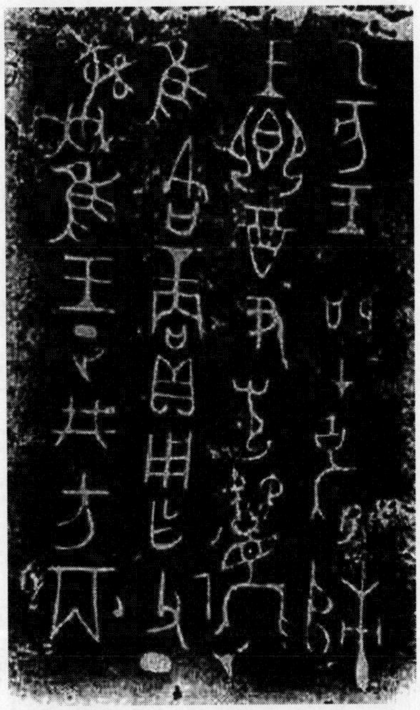

图六　尹光方鼎铭

乙亥，王□才（在）㝠𠂤，

王鄉（饗）酉（酒），尹光邐，

隹（惟）各（格），商（赏）贝，用乍（作）父丁

彝，隹（惟）王征井方。丙。（《集成》5.2709）

尹光方鼎铭中“邐”字鹿角的造型，辶字旁的写法与本铭的“邐”字近似，本铭的“彳”旁上半几乎缺佚，“止”或因强调而与鹿脚相连，因而有的学者将之和“䰜”相连释为一字②，但实为“邐”字。尤其尹光方鼎中“尹光邐”与“京邐”前皆是接有关王祭祀之礼的句子，且“尹光邐”“京邐”和保员簋中的“保员邐辟③”同为人名+动词的语法，其语句形式亦同。“㝠”是地名，亦见于甲骨刻辞④；“𠂤”是军队扎营、驻屯之意。此言王在“㝠𠂤”是王征井方时率领军队在㝠地扎营停留。“鄉（饗）”是

① 周宝宏先生认为此处的“邐”相当于“吕（侑）”。见周宝宏《商周金文考释四则》，载《古文字研究》第28集，第255页，中华书局，2010年。

② 杜廼松：《谈毓祖丁卣等三件商代长铭铜器》，《文物》1984年第10期。

③ 保员簋铭：“……公才（在），保员邐辟，公易（赐）保员金车。……”《诗·大雅·文王有声》：“皇王维辟。”郑玄笺：“辟，君也。”“辟”在此所指应即本铭的公。保员簋铭叙述公从周返回，己卯日在地，保员伴随君，公赏赐保员金车。此处的“邐”和京簋中的“邐”字用法相同，作动词，偕伴之意。张光裕先生在首发保员簋铭时，已提出“邐”有并行、襄助之意，见张光裕《新见保簋铭试释》，《考古》1991年第7期。

④《合集》7239反：“㝠人三十”；《合集》38718：“庚申卜贞，王宾㝠亡尤。”

一种由王主持之以酒与食物奉献神灵的祭祀①，在甲骨卜辞中常见②。“尹”是指商贵族族长③，甲骨刻辞中曾见“多尹”参加饗祭的例子，如《合集》27894等。《小尔雅·广诂》：“格，止也。”《史记·梁孝王世家》：“窦太后义格。”司马贞索隐引张晏云：“格，止也。”本铭大意是：乙亥日，王征井方时率军队在𩁹𠂤。商王举行饗祭，尹光助祭。祭祀结束后，王赏赐尹光贝，尹光因而作祭祀父丁彝器④。最后的“[illegible]”字，标记了尹光属于[illegible]氏，且即此氏之宗子。

“大子”在甲骨、金文中习见，其义，有学者认为是王室的嫡长子，即后世所谓的太子⑤，也有学者认为其是长子之意，不一定和后来的太子同义⑥。另有学者认为大子是在商王室具有很高宗法地位者⑦。笔者则认为本铭的“大子”所指应为䢅氏的大宗宗子。商金文中所言“大子”身份，应是多义的，其意需从上下文义判断。金文中提及“大子”器物尚有小臣方鼎（《集成》5.2653）、者姤方尊（《集成》11.5935、5936）、者女觥（《集成》15.9294、9295）、作册般鼎（《集成》5.2711）等。小臣缶方鼎和者姤方

---

① 饗，《说文》：“乡人饮酒也。”《诗·小雅·彤弓》：“钟鼓既设，一朝饗之。”郑玄笺：“大饮宾曰饗。”《仪礼·士昏礼》：“舅姑共饗妇以一献之礼。”郑玄注：“以酒食劳人曰饗。”饗亦通享，《说文解字注》：“享，献也。”《礼记·月令》：“乃命太史，次诸侯之列，赋之牺牲，以共皇天上帝社稷之饗。”郑玄注：“饗，献也。”卜辞与金文中多用“饗”作享祭之享。

② 《合集》27644、27894等。

③ 张政烺：《卜辞裒田及其相关诸问题》，《考古学报》1973年第1期。

④ 䢅也可视作人名，则本铭还可解读为：“乙亥日，王在𩁹𠂤，商王举行饗祭，族长（尹）和䢅都参加了，尹赏赐䢅贝，䢅以资纪念作祭祀父丁彝器，时在王征井方。”但此种解释，难以圆通，因尹未受赏，为何赏䢅，在逻辑上有点别扭。

⑤ 胡厚宣先生称卜辞中有大子之称，其义实为太子；李学勤先生认为即是太子，在商都之人所称的太子，应当是王室的太子而非其他；王贵民先生也认为大子应是王室的嫡长子，即后世的太子；毕经纬先生认为商代的大子，在廪辛、康丁之前可能不分嫡庶，仅指商王长子，之后嫡长子继承制确立，大子的内涵缩小成专指嫡长子。胡厚宣：《殷代婚姻家族宗法生育制度考》，载《甲骨学商史论丛初集》，第162页，齐鲁大学国学研究所，1944年；李学勤：《裸玉与商末亲族制度》，《史学月刊》2004年第9期；王贵民：《商周贵族子弟群研究》，载《夏商文明研究》，第355—373页，中州古籍出版社，1995年；毕经纬：《论商代“大子”的身份演变》，《殷都学刊》2010年第1期。

⑥ 裘锡圭：《关于商代的宗族组织与贵族和平民两个阶级的初步研究》注4，《古代文史研究新探》，第338页，江苏古籍出版社，1992年。

⑦ 韩江苏：《对花东480卜辞的释读》，《殷都学刊》2008年第3期。

尊、者女觥铭中所提“大子”身份应与本铭相同，皆为已逝去的大宗宗子[①]。作册般鼎铭所言“大子”，则可能为王室太子[②]。

本铭末句“用乍（作）大子丁”的“乍”或可释作“祚”，即释为用来祚祭宗子丁之意，抑或为“用乍（作）大子丁宝障彝”的简省，即说明铸作祭祀宗子丁此器的缘由。从前后文义来看，后者的可能性较高，且在器物上记载的铭文，应为说明与铸造此件器物有关事实，而非任意叙述一件不相干的事。

综上述，本篇铭文内容可作如下解释：主人公——京在殷末某年的辛巳日，在商王于多位先人宗庙举行畲祭后，又在廷举行享祭的仪式中担任助手，受到商王赏赐两朋贝，因兹铸其宗子丁祭器。最后署上“龏”，标示着己所从出之族氏。京能在王所举行的祭祀中担任助手，显示京所出身的龏氏应与王有密切的关系。

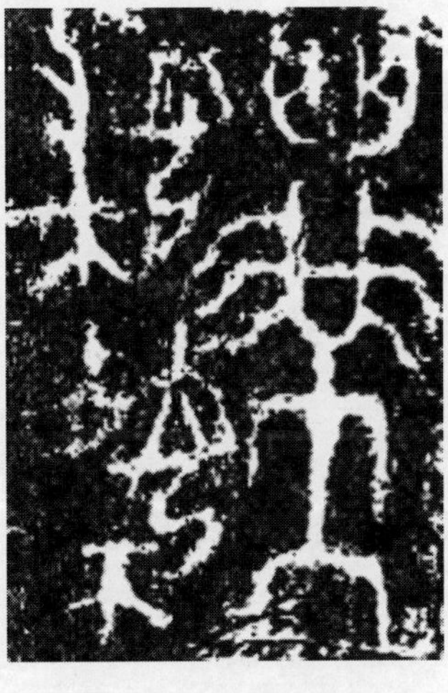

图六 妇嫜爵盖内铭

最后，附带论述龏氏可能的所在地。1952 年于河南新乡褚邱出土一造型为牛头盖的爵，盖内有铭“妇嫜龏”（图七），鋬内有铭“妇嫜”[③]。同年，新乡市博物馆从辉县、安阳征集了 7 件铜器，分别是鼎 1、簋 1、卣 1、尊 1、爵 2 及角 1，上皆有相同铭文[④]，从铜器形制判断其年代应在殷墟文化四期[⑤]。估计上述这 8 件铜器皆为位处褚邱的“妇嫜”墓葬之随葬品，“龏”应是其夫氏。从随葬品来看，似乎皆为自作器，但从现所见铜器器类看，此八器显然不是完整组合[⑥]，其原规模应比现存组合为大，由此可知，“妇嫜”所属的龏氏在当时

① 小臣方鼎铭“王赐小臣缶…缶用乍（作）享大子乙家祀障”，赏赐者是王，受赐和作器者为小臣缶，且所作祭器为家祀时用，则此处的大子所指不可能是王室太子。此外，者障方尊、者女觥铭曰：“亚䙝，者姤目（以）大子障彝”，“亚䙝，者女目（以）大子障彝”。作器者自称“者女”和“者姤（后）”，“者女”应是言嫁至䙝氏的者氏女子；“姤”是女后之称，即君主女性配偶之称，由辞意来看，大子亦不可能是商王室太子。

② 作册般鼎(《集成》释成作册豊鼎）铭：“王淯于作册般新宗，王商（赏）作册豊贝，大子赐东大贝……”此处以王为主角，叙述王至作册般新宗，王赏赐给作册豊地的贝，随行的太子赏赐东地的大贝。因为按照此铭上下文意，描述的是王赏赐的场合，在这种情况下大宗宗子亦赏赐似不恰当。

③ 杨秀清、付山泉：《新乡市博物馆藏商代青铜酒器》，《文博》1988 年第 5 期。

④ 新乡市博物馆：《介绍七件商代晚期青铜器》，《文物》1978 年第 5 期。

⑤ 朱凤瀚：《中国青铜器综论》，第 1031 页，上海古籍出版社，2009 年。

⑥ 按殷末随葬器物组合规律，如有 3 个同铭爵，应亦有 3 个同铭觚。在《商周金文录遗》中有一“妇嫜觚”，铭文相同，或许出土于此墓，现藏于中国国家博物馆。于省吾主编：《商周金文录遗》，第 75 页，中华书局，1992 年。

应是具有相当实力的族人。𢐗氏成员之墓葬在褚邱，所以该氏族居地即在此一带的可能性是存在的。由京簋铭文可知，𢐗氏与商王室的关系密切，使我们对该氏有了更为深刻的了解。

商金文虽多非长铭，但语境复杂、言深意远，内中涉及殷代各种政治、礼仪等制度，需作深入思考方能释读。以上笔者对京簋铭文的讨论，也只是一种探讨，希望得到诸位方家的指教。

长崎贸易中的清宫刻书

——以《舶载书目》为中心

章宏伟

内容提要：《宫内厅书陵部藏舶载书目》记载的卷帙庞大的清宫刻书，都是刊刻不久就被搜罗输入日本的。清廷开放的政策、日方迫切的需求、贩书高额的利润，是清宫刻书远销东瀛的根本原因。通过分析携带清宫刻书渡日的唐船（出发港及船头），探寻持渡日本的清宫刻书的渠道，希冀从一侧面挖掘清代宫廷刻书、中日书籍交流不为人知的内容。

关键词：《舶载书目》　清宫刻书　中日书籍贸易

日本学者大庭修是持渡书资料的搜集和研究的开拓者，他 1963 年以来长期研究日本江户时代中国书籍输入问题，整理了大量相关资料，出版了独具一格的丰硕成果，为我们后继者打下了坚实的基础。他编集的《江户时代唐船持渡书研究》资料编、《宫内厅书陵部藏舶载书目》都是极好的专题资料。松浦章、严绍璗、周振鹤、王勇、王宝平、胡孝德、真柳诚、巴兆祥、范金民、章宏伟等学者继起，都有论著发表。周振鹤先生曾以《戌番外船持渡书大意书》为例，分析了清乾隆时期中日书籍交流情况，并进而探索大意书内容在中国目录学与版本学研究方面的重要意义。之后花大力气梳理唐船航次与运载汉籍之间的关系，发表《清代输往日本汉籍的初步研究》。巴兆祥以地方志为例，从经济学的角度，分析 17—19 世纪中叶中国输日方志的数量、渠道、价格与利润，探索了中日方志贸易的特性以及日本重视方志收集的原因，进而从一侧面加深了人们对地方志在中日书籍交流史上意义的认识。范金民依据《唐船输出入品数量一览（1637—

1833 年）》一书和三份输日汉籍书目，探讨清代前期江南书籍输日的数量，书籍的出港地，输日书籍的内容、价值，以及江南书籍刻印与流通市场等问题。除了大庭修在《江户时代中国文化受容研究》中讨论过《大清会典》和《古今图书集成》，学界还没有开始关注输日的清宫刻书，研究有待深入。

一　长崎贸易中的书籍

江户时代（1603—1868）的日本，从 1633—1641 年，通过幕府颁布一系列的法令，严禁日本船和日本人渡航外国；禁止天主教传入日本，停止与天主教国家葡萄牙、西班牙等国的通商贸易，而且还禁止有关天主教的书籍入境。甚至别出心裁地规定，外商在长崎登陆必须经过“踏绘”（即践踏绘有圣母玛利亚像的铜板），以考验其是不是天主教徒。除了保留与中国、荷兰在长崎进行有限制的贸易，以及通过对马藩、萨摩藩与朝鲜、琉球的来往以外，断绝与一切外国的通商与交往，形成了一个越来越严密的锁国体制①。学术界一般用“长崎贸易”来指称江户时代发生在长崎的对外贸易活动。

以私人商船为主体的民间海外贸易活动是清初对外关系的主流②。清朝开放海禁后，赴日贸易的商船大增，1688 年（康熙二十七年，元禄元年）达 193 艘。江户幕府随即实行贸易限制令，对每年进港的中国商船数、贸易额、贸易品以及中国商人的活动都加以严格的限制。1715 年（康熙五十四年，正德五年），幕府颁布《正德新令》，实行信牌（即发放贸易执照）贸易，每年只准 30 艘中国商船进长崎港，贸易额（主要指铜的交易额）限于 6000 贯。

到日本贸易的“唐船”经常将汉籍贩运至日本。唐船持渡成了汉籍运销日本的主要渠道，日本把这些书称之“唐船持渡书”。幕府在长崎奉行之下，设有书物目利一职，以精通汉籍的官员充当，专门负责进口中国书籍的事务。他们留下了大量的进口汉籍账目（即“书籍元帐”），上面详细登记年份、中国商船的编号、船主姓名，以及进口汉籍的书名、部数、套数、价格等等，有时还注明此书被何人买走，对某些汉籍还作了内容提要（即“大意书”）。这些账本为研究中日文化交流史提供了宝贵的原始资料。大庭修《江户时代唐船持渡书研究》统计 17 世纪至明治维新止约 180 年间，有 8000 余种

① ［日］信夫清三郎著，周启乾译：《日本政治史》第一卷，第 19—20 页，上海译文出版社，1982 年。

② 请参阅林仁川：《明末清初私人海上贸易》，华东师范大学出版社，1987 年。

汉籍输入日本，数量非常大，传播速度非常快，对日本文化、思想影响的程度远超前代。

二 《舶载书目》记载的清宫刻书

根据现有的资料，我们可以看到，清宫所刻书籍有不少在成书后不久就被售往日本，这里揭示的只是宫内厅书陵部藏《舶载书目》所载的部分。原本还想汇总《江户时代唐船持渡书研究》资料编中的相关资料，该资料编中记录有不少渡日的清宫刻书，如清张青、梁诗正等编《御选唐宋诗醇》四十七卷目录二卷，清乾隆十六年（1751）武英殿刻四色套印本①，但由于数据太过庞杂，要一一加以辨证，不能凭感觉、凭印象说这本书是清宫刻本或不是清宫刻本，即使清宫刻本有这种书，还要考察渡日时间是否在清宫刻书之前，在诸种版本的同名书中是否是最有可能的版本等，需要更多的时间，本文论述不得不对资料的来源范围做了收束，局限在《舶载书目》的范围内，这是需要说明并表示遗憾的。

《舶载书目》著录输日的清宫刻书有32种，8675卷，大致是：元禄（1688—1703）1种，102卷；宝永（1704—1710）7种，1685卷；正德（1711—1715）7种，911卷；享保（1716—1735）19种，1961卷；元文（1736—1740）4种，723卷；宽保（1741—1743）2种，954卷；宽延（1748—1751）8种，2339卷。②

从《舶载书目》中梳理出清宫刊刻的书籍有：

经部5种：清李光地等辑《钦定篆文六经》③ 四十四卷（清康熙内府刻本），《古香

---

① ［日］大庭脩编著：《江戸時代における唐船持渡書の研究》，关西大学东西学术研究所，第587B—717C页，1967年。

② ［日］大庭脩编著：《宫内廳書陵部藏舶載書目》，关西大学东西学术研究所，1972年。本文引该书类似25—17的数字标注，系《宫内厅书陵部藏舶载书目》影印书目的册、页号，“—”前面的数字为册数，见《宫内厅书陵部藏舶载书目》每册影印页的右侧，“—”后面的数字为页数。

③ 这应该是《钦定篆文六经四书六十三卷》中的一部分。《周易》十二卷、《尚书》四卷、《毛诗》四卷、《周礼》六卷、《仪礼》十七卷、《春秋》一卷、《大学》一卷、《中庸》一卷、《论语》十卷、《孟子》七卷。半叶八行，行十二字，白口，左右双边，单线鱼尾，版框高22.5厘米，宽15.7厘米，开本高19.1厘米，宽29.8厘米。

斋鉴赏袖珍五经》[①] 八卷(清康熙内府刻本),清喇沙里、陈廷敬等撰《日讲四书解义》[②] 二十六卷(清康熙十六年内府刻本),明胡广等编《御制性理四书大全》[③] [《性理大全书》七十卷,《御制四书大全》(129)十八卷](明永乐十三年内府刻本,清康熙十二年重修本),清张玉书等奉敕撰《康熙字典》四十二卷(清康熙五十年内府刻本)。

史部8种:清张廷玉等撰《明史》三百三十二卷目录四卷(清乾隆四年武英殿刻二十四史本[④]),清宋荦等编《御批资治通鉴纲目》[⑤] 一百九卷(清康熙四十六年至四十九年扬州诗局刻本),元马端临撰《文献通考》三百四十八卷(明嘉靖三年司礼监刻清康熙十二年内府重修本)[⑥],清伊桑阿王熙等纂《大清会典》一百六十二卷(清康熙二十

---

① 《舶载书目》只著录“五经”。《五经》在明代有刻本,但清代的印本只有康熙内府刻本《古香斋鉴赏袖珍五经八卷》和乾隆十三年武英殿刻本《钦定古香斋袖珍十种九百三卷》中的五经八卷。享保10年(1725,雍正三年)渡日的《五经》,应该极有可能是清宫刻本。

② 《舶载书目》只著录“四书日讲”。但实际并无以《四书日讲》为书名的,《中国古籍善本总目》著录《日讲四书解义》二十六卷。

③ 《舶载书目》只著录“御制性理四书大全”。但现存书籍中并无以《御制性理四书大全》为书名的,《中国古籍善本总目》著录《御制四书大全》十八卷,半叶十二行,行二十二字,小字双行同,细黑口,四周双边,版框高26.7厘米,宽18.1厘米。每书卷前有字、凡例、胡广等纂修人名单。《中国古籍善本总目》著录为:明内府刻本。实际上该书与《性理大全》同为康熙十二年清内府重修本,清内府档案有记载。《性理大全书》七十卷,半叶十行,行二十二字,小字双行同,四周双边,大黑口,双鱼尾。版框高26厘米,宽18.2厘米,开本高34.9厘米,宽21.8厘米。暗花浅蓝绫封面,浅黄绫手书签,开化榜纸。是书无永乐序,无明广等进书表。《性理大全》应归为子部。

④ 二十四史本除《旧五代史》版心上方刻“乾隆四十九年校刊”外,其他诸史版心上方均刻“乾隆四年校刊”。《明史》在这一时期只有这一刻本。

⑤ 《舶载书目》只著录“通鉴纲目”“御批通鉴”或“资治通鉴纲目”。《御批资治通鉴纲目》全书一百九卷,御批资治通鉴纲目前编十八卷外纪一卷举要三卷(宋金履祥撰)、御批资治通鉴纲目五十九卷首一卷(宋朱熹撰)、御批续资治通鉴纲目二十七卷(明商辂等撰)。清宋荦等编,清康熙四十六年至四十九年扬州诗局刻本,11夹50册。半叶十一行,行二十二字,小字双行同,上白口,下黑口,四周双边,双鱼尾。版框高18.9厘米,宽13.3厘米,开本高26.2厘米,宽17.4厘米。黄腊笺纸封面,太史连纸。每卷末刻卷次及“吏部尚书加二级臣宋荦谨奉□校刊”十五字。另外,清张廷玉等撰《御撰资治通鉴纲目三编二十卷》,清乾隆十一年苏州诗局刻本,如是该书,《舶载书目》著录时应有“三编”字样。

⑥ 享保9年(雍正二年,1724)有《文献通考》渡日(14-2),同船渡日的还有《续文献通考》(14-36),享保17年(雍正十年,1732)、宽延4年即宝历元年(乾隆十六年,1751)也有《文献通考》渡日,《舶载书目》都著录的是“正续文献通考”,这三年渡日的应该都是“正续文献通考”。因为清嵇璜等撰《钦定续通考》应该都不是清宫刻本,尽管清乾隆十二年武英殿有刻本《文献通考》三百四十八卷首一卷。由于严绍璗编著《日藏汉籍善本书录》以我国明代与明代之前的各种写本与刊本为著录对象,而笔者对日本藏汉籍现状又不熟悉,无法明辨明嘉靖三年司礼监刻清康熙十二年内府重修本《文献通考》是否渡日,这里暂定是该本。

九年内府刻本)，清王原祁、王奕清等纂《万寿盛典初集》一百二十卷（清康熙五十四年至五十六年内府刻本)，清刑部纂《大清律》[①] 三十卷，附则例新例（清顺治四年刻康熙三年补刻本)，清刚林等纂修《大清律集解附例》三十一卷（清顺治四年内府刻本)，《上谕》。

子部 12 种：明胡广等编《性理大全》七十卷（明永乐十三年内府刻本，清康熙十二年重修本)，清叶方蔼等撰《孝经衍义》一百卷首二卷（清康熙二十九年内府刻本)，清李光地等纂修《渊鉴斋御纂朱子全书》[②] 六十六卷（清康熙五十三年内府刻本，该书黑口本、白口本两种，不知渡日的是哪种?)，清圣祖玄烨撰宋楼寿编绘清焦秉贞等绘朱圭等镌《御制耕织图》二卷（清康熙三十五年内府刻本)，意大利籍罗雅谷撰《割圆勾股八线表》[③] 一卷（明崇祯年刻，清顺治二年、康熙十三年、十七年钦天监补)，《大清雍正三年时宪历》，《雍正十年历》，清孙岳颁等纂辑《佩文斋书画谱》一百卷（清康熙四十七年内府刻本)，清汪灏等编校《佩文斋广群芳谱》[④] 一百卷目录二卷（清康熙四十七年内府刻本)，清张英等辑《渊鉴类函》四百五十卷目录四卷（清康熙四十九年内府刻本)，清张玉书、蔡升元等辑《佩文韵府》一百六卷（清康熙五十年扬州诗局刻本)，《钦定古今图书集成图》[⑤]（此图为《古今图书集成》的插图，为木板镌刻单独刷印成册）一百一十册（但《舶载书目》记为“二十套百六十本”)（清雍正四年内府刻本)。

集部 7 种：清圣祖玄烨选，徐乾学等辑并注《古文渊鉴》六十四卷（清康熙二十四年内府刻四色套印本)，清陈元龙等辑，清圣祖玄烨御定《御定历代赋汇》正集一百四十卷外集二十卷逸句二卷补遗二十二卷目录三卷（清康熙四十五年陈元龙刻进呈本)，清张玉书等编，清圣祖玄烨御定《佩文斋咏物诗选》四百八十六卷（清康熙四十六年高

---

① 《舶载书目》只著录“大清律”。

② 《舶载书目》只著录“朱子全书”。查《中国古籍善本总目》，有书名叫《渊鉴斋御纂朱子全书》的，有书名叫《御纂朱子全书》的，无《朱子全书》的书名。这应是简称。

③ 《舶载书目》只著录“八线表”。《八线表》的书名遍查不着，明崇祯年刻，清顺治二年、康熙十三年、十七年钦天监补，明徐光启等修、比利时籍南怀仁等补修的《新法历书二十六种一百卷》，子目中有书名叫《割圆勾股八线表》，《八线表》应是《割圆勾股八线表》的简称。

④ 《舶载书目》只著录“广群芳谱”。《中国古籍善本总目》有书名叫《佩文斋广群芳谱》的，无《广群芳谱》的书名。《广群芳谱》应是简称。

⑤ 《舶载书目》只著录“图书集成”。

舆校刻进呈本），清徐倬、徐元正编《御定全唐诗录》[1] 一百卷（清康熙四十五年徐倬刻进呈本），清曹寅、彭定求等辑《全唐诗》九百卷目录十二卷（清康熙四十六年扬州诗局刻本），清高宗弘历撰《乐善堂全集》四十卷目录四卷（清乾隆二年武英殿刻本），清圣祖玄烨选，沈辰垣王奕清等辑《御选历代诗余》一百二十卷（清康熙四十六年内府刻本）。

渡日的清宫刻书，品种数虽然不多，但基本上都是大部头的典籍。912 卷《全唐诗》、486 卷《佩文斋咏物诗选》、454 卷《渊鉴类函》、348 卷《文献通考》、336 卷《明史》、187 卷《御定历代赋汇》、162 卷的《大清会典》、120 卷《万寿盛典初集》、120 卷《御选历代诗余》、109 卷《御批资治通鉴纲目》、106 卷《佩文韵府》、102 卷《孝经衍义》、102 卷《佩文斋广群芳谱》、100 卷《御定全唐诗录》、100 卷《佩文斋书画谱》，都是百卷以上的大书。

而且在清宫书籍刻印出来不久，就被输入日本，态度是很积极主动的，如清徐倬、徐元正编《御定全唐诗录》，康熙四十五年徐倬刻进呈本，宝永 6 年（康熙四十八年，1709）、享保 9 年（雍正二年，1724）、享保 8 年（雍正元年，1723），先后渡日 4 部[2]；康熙四十五年陈元龙刻进呈本《御定历代赋汇》正集一百四十卷外集二十卷逸句二卷补遗二十二卷目录三卷，宝永 6 年（康熙四十八年，1709）渡日 2 部[3]；康熙五十三年内府刻本《渊鉴斋御纂朱子全书》六十六卷，享保 4 年（康熙五十八年，1719）、享保 9 年（雍正二年，1724）先后渡来 2 部[4]；清乾隆二年（1737）武英殿刻本《乐善堂全集》四十卷目录四卷，元文 4 年（乾隆四年，1739）、宽保元年（乾隆六年，1741）先后渡来 3 部[5]。或许这是日方的要求，或是船头在渡日经商的过程中了解了幕府的需求，刻意寻找的结果。《槐记》享保十年七月七日条记载："近年所购求'十五省通志'，在日本共有书两部。这些书应该被收集起来。按照从江户向长崎下发预订的次序，望能将书单送出去，以便将其都收集起来。"[6] 大庭修总结正德新令对于唐船贸易的影响，其中

① 《舶载书目》享保 8 年（雍正元年，1723）、享保 9 年（雍正二年，1724）只著录"全唐诗录"。

② 《舶载书目》7—1，45、14—24、25—17。

③ 《舶载书目》7—3，46。

④ 《舶载书目》11—34、14—57。

⑤ 《舶载书目》31—21、33—3，35。

⑥ ［日］大庭脩编著：《宫内廳書陵部藏舶載書目》，解题，第 47 页，关西大学东西学术研究所，1972 年。

之一就是："为了设法获得法定数量之外的、特别颁发的临时信牌，唐船头竭力满足幕府的特殊订购，即对御用物和特殊知识的要求，结果导致了享保四、五年前后至十一、二年之间众多专业人才的渡来和特殊商品的输入，这些专业人才包括医生、儒士、善于骑射之人和马医等，而特殊商品中则包括大量的书籍。"① 这些书籍都是清宫刊刻不久，就被搜罗输入日本，或许是日本方面的交代，尽管可能不是交代的书名，至少也是要求船户来日时带什么书，尤其是清宫刊刻的政治制度类的书。

有些清宫刻书甚至一再输入。如《御批资治通鉴纲目》应该是很受日本欢迎的史书，宝永7年（康熙四十九年，1710）、正德2年（康熙五十一年，1712）、正德4年（康熙五十三年，1714）、享保11年（雍正四年，1726）、元文5年（乾隆五年，1740）、宽保元年（乾隆六年，1741）两部、宽延4年（乾隆十六年，1751），先后渡日9部②；《康熙字典》清康熙五十年内府刊刻出版后，享保9年（雍正二年，1724）、享保10年（雍正三年，1725）、元文2年（乾隆二年，1737）、元文4年（乾隆四年，1739）、宽保元年（乾隆六年，1741）、宽保2年（乾隆七年，1742）、宽延4年（乾隆十六年，1751），先后渡日11部③。

幕府是持渡书的主要买主，有时会订购书籍。大庭修指出："在一般情况下，唐船持渡书大多由唐船头酌情挑选后带来日本，但也有日方指名定购的例外。德川吉宗就曾一再订购书籍。这些按约带来的图书亦即所谓的'御用物'，价格也比一般书籍高得多。"④ 并举《大清会典》为例，引《好书故事》卷五十八、五十九中的"书籍八·采访"项中长崎御书付留的这样一份订单："如别纸呈告，《定例成案》《大清会典》等书籍甚为将军所好。将军订购之书籍，除书价之外，按约支付订金。加纳远江守大人嘱鄙职转告此意，望依嘱行事。当然，唐人自行舶来书籍，即便选为御用，亦一概以市价购买。《大清会典》等珍贵之书，更为此间所重，远江守大人特嘱贵职通告唐人，多多携来此类珍贵宝典。"并指出享保4年（清康熙五十八年，1719）秋船携来的当为康熙二

① ［日］大庭修著，戚印平、王勇、王宝平译：《江户时代中国典籍流播日本之研究》，第419页，杭州大学出版社，1998年。

② 《舶载书目》8—1、10—36，76、11—26、16—27、32—18、33—3、33—4、39—23。

③ 《舶载书目》14—89、15—3、30—14、31—9，39、33—3，4，6，29、35—7、39—24。

④ ［日］大庭修著，戚印平、王勇、王宝平译：《江户时代中国典籍流播日本之研究》，第202页，杭州大学出版社，1998年。

十九年（1690）编纂的一百六十二卷的《康熙会典》[1]，大庭修还立专题讨论“深见有邻对《大清会典》的翻译”[2]。据《舶载书目》，可以看到，在享保4年（11－34）之后，享保9年（雍正二年，1724）（14－89）、享保10年（雍正三年，1725）（15－3）、享保11年（雍正四年，1726）（16－22）均携来了《大清会典》[3]。因为《会典》专述典章制度，明确诸司职掌，不仅可用于了解近邻清朝的政治制度，对于日本的政治体制也有重要的参考价值，所以深为将军看重。江户时代是日本历史上一个武功文治双修的时代，社会稳定，经济繁荣，重视文教，对汉籍需求广泛。幕府的御文库是唐船持渡书的主要买主，在长崎的书物奉行、书物改役、书物目利等都负有为幕府选书、购书义务。德川吉宗对汉籍相当重视，唐船贩运到长崎的汉籍有不少进入御文库。《有德院殿御实纪附录》记载幕府将军德川吉宗，“常召集御侧、小姓、小纳言等，让他们搜索书籍……先下令搜寻本邦古书，后又以唐商携来之书籍杂乱，要求先提供书目御览，然后从中挑选有用之书。但他并不特意寻找诗赋、文章之类的书籍，而是专门搜集对辅国佐政有益之书，比如那些记载了中国情况的府州县志。这样，御文库藏书遂倍增于从前”[4]。与《大清会典》性质相类的是元马端临撰的《文献通考》。《文献通考》从上古一直写到南宋嘉定末年，专记历代典章制度，将历代典章制度串通起来，找出历代治乱兴衰的原因，因而也是日本急需的典籍。

存疑的问题。这些书中有不少是进呈本[5]，按照乾隆三十九年（1774）履郡王永瑊等奏酌拟存留武英殿修书处库贮各种书籍折：“又有自康熙年来臣工陆续奏进之书，向例不在通行之列。如《佩文韵府》，现存一千九十余部，此即外进之一种。”[6] 既然是进呈，而宫中尚且不予通行，刻书的臣子是断断不敢自行专断，在外销售的。这些进呈本是如何经唐船船头之手，得以贩销日本的呢？

---

① ［日］大庭修著，戚印平、王勇、王宝平译：《江户时代中国典籍流播日本之研究》，第220—221页，杭州大学出版社，1998年。

② ［日］大庭修著，戚印平、王勇、王宝平译：《江户时代中国典籍流播日本之研究》，第223—234页，杭州大学出版社，1998年。

③ 《舶载书目》14－89、15－3、16－22。

④ 转引自巴兆祥：《中国地方志流播日本研究》，第6页，上海人民出版社，2008年。

⑤ 关于进呈本，这里暂且算作宫廷刻书。现在学界基本上也是这样认定的，请参阅故宫博物院图书馆、辽宁省图书馆编著：《清代内府刻书目录解题》，紫禁城出版社，1995年；翁连溪编著：《清代内府刻书图录》，北京出版社，2004年；曹红军：《清代康雍乾三朝内府刻书研究》，南京师范大学博士论文，2006年。

⑥ 中国第一历史档案馆编：《纂修四库全书档案》一五四“履郡王永瑊等奏酌拟存留武英殿修书处库贮各种书籍折”，乾隆三十九年五月十一日，第206页，上海古籍出版社，1997年。

清宫前期刻书部头最大的自然是有万卷之巨的《古今图书集成》。大庭修在《江户时代中国文化受容研究》专门论述了《古今图书集成》的输入，认为“《古今图书集成》的输入是江户时代日中文化交流史上的一件大事”①。这部书当年初版是用铜活字摆印，是我国篇幅最为巨大的铜活字印刷书籍，共印刷装订了64部，另有样书1部②。大庭修同时很明确地指出，《舶载书目》第29册31页记载的“图书集成”只是《图书集成绘图》③。学界对此是认同的。但《图书集成绘图》究竟是一部怎样的书，迄今没有人加以认真的探讨，裴芹说：“《古今图书集成》……大量收录了图画，分编在相关的典部里。据有人统计收录图画的有28个典、1472个部，计6244幅。……图画绘制精审，后曾为单独印行。”④ 翁连溪说：“《钦定古今图书集成》卷首序文、表文及书中大量插图版画为雕版印刷。雍正四年又将书中的插图独立，装订成110册，名为《钦定古今图书集成图》。”⑤ 而《舶载书目》记载渡日的《图书集成》二十套百六十本，这二十套应该是指160册分装20函。另，《图书集成图》究竟是多大篇幅？110册，而这记载的是160本。还有图的数量，《舶载书目》详细开列“图书集成总目”，计有“天文图”等19类6073页，与各位学者说的数字都对不上。而《舶载书目》所载“御制图书集成序”，也不是《钦定古今图书集成图》前的御制序，至于是否是专为《钦定古今图书集成图》写的御制序，因还未及核实，待查。从《舶载书目》看到，《古今图书集成图》输入日本是在乾隆元年（1736）。这是个值得我们注意的时间节点。以往有一种认识：“雍正皇帝对于典籍较少留意。迫于《古今图书集成》是康熙帝钦定，且大部分已经印完，便采取贬人留书，借机取功的办法，乃成其全。但对于它的散发，却有所忌讳，只给了忠心不二的张廷玉等人，大部分封存起来。这正好为乾隆皇帝贮备了一批稀世珍品，得以颁发七阁，奖励大臣。从《古今图书集成》方面看，是遇到了知音，虽未能流

---

① ［日］大庭修著，戚印平、王勇、王宝平译：《江户时代中国典籍流播日本之研究》，第292页，杭州大学出版社，1998年。

② 有关《古今图书集成》雍正铜活字第一版的印数有64到66部不同的说法，请参阅裴芹著：《〈古今图书集成〉研究》，北京图书馆出版社，2001年；赵长海：《〈古今图书集成〉版本考》，《古籍整理研究学刊》2004年第3期；曹红军：《〈古今图书集成〉版本研究》，《故宫博物院院刊》2007年第3期；黄权才：《〈古今图书集成〉六论》，《图书馆界》2006年第1期。

③ ［日］大庭修著，戚印平、王勇、王宝平译：《江户时代中国典籍流播日本之研究》，第292—293页，杭州大学出版社，1998年。又，［日］大庭修著，徐世虹译：《江户时代日中秘话》，第108—109页，中华书局，1997年。

④ 裴芹著：《〈古今图书集成〉研究》，第14页，北京图书馆出版社，2001年。

⑤ 翁连溪编著：《清内府刻书概述》，载《清代内府刻书图录》，第5页，北京出版社，2004年。

传市肆，但毕竟向民间走进了一步。”[①]《舶载书目》至少也提示我们要重新思考这个问题。把《图书集成绘图》载到长崎的是以南京为基地的华商孙辅斋。宝历十年（乾隆二十五年，1760）辰一号船（船头汪绳武）舶来卷帙巨达万卷《古今图书集成》，内府刻印、只印了60多部的巨著贩运到日本，就需我们对北京的宫廷刻书的流播做一番探讨。

江户时代对医书很重视，但像医家类中清乾隆七年武英殿刻本《医宗金鉴》九十卷首一卷却没有输日。

三 携带清宫刻书渡日的唐船（出发港及船头）

那么，舶载清宫刻书到日本的是哪些唐船呢？如果能够搞清楚这些唐船的出发港及船头，对于我们探寻这些渡日清宫刻书的来源是非常需要的。这项工作还有待继续。

中国商船交易的货品可由当时的交易纪录唐蛮货物帐、赍来书目、大意书、商舶载来书目、舶载书目等相关史料得知，中日间交易的货品以丝绸、纺织品和药材为大宗，书籍所占的比例极少。西川如见《增补华夷通商考》对当时的中日贸易进行过简要的总结，记载了唐船出发地及15省到长崎商人，列举了中国各省土产，如应天府特别标识出产书籍[②]。《唐蛮货物帐》记录宝永6年至正德3年（1709—1713）载有书籍的船只共有14艘，数量从1箱到93箱不等，而载有书籍的船只仅有南京船和宁波船。大庭修说：“然而唐船并非全部载有书籍，船中载书者主要限于南京船和宁波船。南京船，指从镇江、淮安、常州、扬州、苏州、上海、松江等地域起航的船只；宁波船，系指由浙江省的乍浦起航的船只。总之，均为来自江苏、浙江省的船只，即口船。在江户初期，如正德元年（1711），在总数54艘的入港船只中，携带书籍的有5艘，其中3艘为宁波船，2艘为南京船。至于书籍的数量，宁波船3艘载有4箱多，南京船2艘载有达到前者10倍的41箱。”大庭修推断此与中国的出版业中心之所在地有关。“口船的货物中多装载书籍，是由于其起航地为清代出版业最发达的江苏、浙江地域，换言之，书籍是江浙的特产。”[③] 范金民依据永积洋子所著《唐船输出入品数量一览（1637—1833年）》，指出

---

① 裴芹：《〈古今图书集成〉研究》，第152页，北京图书馆出版社，2001年。

② ［日］西川如见：《增补华夷通商考》，《西川如见遗书》第4编，卷一，第4页，求林堂1899年。

③ ［日］大庭脩：《关于中国书籍传入日本的研究》，北京大学历史系编《北大史学》（2），第98页，北京大学出版社，1994年。

乾隆时期输入日本书籍，基本上是由江浙船特别是乍浦船承担的[1]。虽然《唐船输出入品数量一览（1637—1833年）》记载1694—1751年唐船将书籍输入日本的情形只有一条：1749年，乍浦船1只，中国历史书15066册。显然是没能全面、正确反映唐船持渡书的真实情况，但从200年的历史趋势，说乾隆时期输入日本的书籍基本上是由江浙船特别是乍浦船承担的，则是符合实际情况的。大庭修说："据我所见，持渡书籍的商船多限于南京船和宁波船，只有享保二十年第二十番广东船和安永四年未八番厦门船两个例外。如前所述，在元禄初年之前，来日唐船以包括福州船在内的福建船居多，但到了正德年间，来自江浙的唐船后来居上。……虽然我们不能说因为应天府是书籍出版地，所以南京船和福州船就必须携来书籍，但令人困惑的是，为什么南京船带来的书籍数量颇多，而福州船却从未带过书籍。"[2] 范金民已指出大庭修所说"福州船却从无带过书籍"与史实不尽相符[3]。

在还没能够对《舶载书目》记载输入清宫刻书到日本的唐船进一步明确的情况下，由现有资料记载较多携书到日本去的是口船（南京船、宁波船），也能为我们的考察留下一个基本的印象。

四　清宫刻书是如何被船头搜罗购买的

清代宫廷刻书怎么能够那么迅速地输出到日本去的呢？要解决这个问题，首先要探讨清宫刻书是如何被船头搜罗购买的。如果清宫刻书秘不示人，那么一切都无从谈起。清宫刻书能够得以渡日，就需要一个开放的环境。清廷明令禁止贩运大米、铁、铁器、武器等货物出境[4]，对于书籍应该是实行开放的政策，海关并不禁止出境。17—19世纪中叶，即日本的江户时代，汉籍大量东传日本[5]。汉籍输出日本的原因是多方面的，商人逐利，文治大兴，提供了充足的货源，而政府又允许民间流通。至少，从有清一代的

---

① 范金民：《缥囊缃帙：清代前期江南书籍的日本销场》，《史林》2010年第1期。

② ［日］大庭修著，戚印平、王勇、王宝平译：《江户时代中国典籍流播日本之研究》，第43页，杭州大学出版社，1998年。

③ 范金民：《缥囊缃帙：清代前期江南书籍的日本销场》，《史林》2010年第1期。

④ 郭蕴静：《清代商业史》，第342—349页，辽宁人民出版社，1994年。

⑤ 向井富编纂的《商舶载来书目》记载，1693—1803年的111年间，共有43艘中国商船到长崎港，共运去汉籍4781种。大庭修谓"自1714年至1855年，共计6118种57240册汉借由长崎输入日本"，范金民认为大庭修的说法实在是过于保守的估计了，实际书籍册数可能要数倍于此。

大环境来说，朝廷是积极推动宫廷刻书的流播的。

清代前期文化繁盛，清宫刻书很多。对于清宫刻书的用途，迄今没有专文加以认真的探讨，大家都知道清宫刻书有专供皇帝御览的，专供大内行宫园囿陈设的，有赏赐皇子臣工及外国的，有颁发各省督府、书院、寺观的，一般也都是例举式的一说。如为纂修《四库全书》，乾隆皇帝广采访求民间藏书，乾隆三十九年（1774）上谕，进献藏书较多的江南藏书家，如进书500种以上的"鲍士恭、范懋柱、汪启淑、马裕四家，着赏《古今图书集成》各一部，以为好古之劝。又进书一百种以上之江苏周厚堉、蒋曾罃，浙江吴玉墀、孙仰曾、汪汝瑮，及朝绅中黄登贤、纪昀、励守谦、汪如藻等，亦俱藏书旧家，并着每人赏给内府初印之《佩文韵府》各一部。俾亦珍为世宝，以示嘉奖"①。这应该是大家传为美谈，并以为是宫中刻书流播民间的大项。

这可能是由于对清宫刻书的流通渠道不了解而产生的错觉。其实，清宫刻书除了专供皇帝御览和皇家陈设、赏赐和颁发外，还允许民间翻刻、请印与售卖。

允许翻刻。清代的皇帝深知"稽诸史册"的成效和对培养人才、发展学术、裨益教化的重要性，有意扩大宫廷刻书的影响，曾再三地发布上谕，要求各省把典籍重刊流布，并鼓励坊间书贾将殿本书样自行刊刻、售卖，以广传诵。如康熙四十五年（1706）上谕："朕制《古文渊鉴》《资治通鉴纲目》等书，皆已刷印，颁赐大臣。此等书籍，特为士子学习有益而制，可速颁行直省。凡坊间书贾，有情愿刊刻售卖者，听其传布。"乾隆元年（1736）谕："闻皇祖圣祖仁皇帝《御纂周易折中》、尚书、诗、春秋三经汇纂诸书，直省虽已镌板，但士子赴司具呈俟批，已不免守候。又一人所请，止于一部，势难鸠工刷印，是以得书者寥寥。著直省抚藩召募坊贾，自备纸墨刷印，通行售卖，严禁胥吏阻抑需索，但使坊贾皆乐于刊刷，则士子自易于购买，庶几家传户诵，足以大广厥传。"乾隆三年（1738）谕："从前颁发圣祖仁皇帝御纂经史诸书，交直省布政使敬谨刊刻，准人刷印，并听坊间刷卖。原欲士子人人诵习，以广教泽。近闻书板收藏藩库，士子及坊间刷印者甚少。著各省抚藩将书板重加修整，俾士子易于刷印。坊间有情愿翻刻者，听其自便，毋庸禁止。"② 类似这样"敬谨刊刻，亦准坊间翻刻广行"的谕令，

① 中国第一历史档案馆编：《纂修四库全书档案》一五七"谕内阁赏鲍士恭等《古今图书集成》周厚堉等《佩文韵府》各一部"，乾隆三十九年五月十四日，第210—211页，上海古籍出版社，1997年。

② （清）昆冈等修，刘启瑞等纂：《钦定大清会典事例》卷三八八，礼部·学校·颁行书籍，《续修四库全书》第804册，第197—209页，上海古籍出版社，2002年。

在《钦定大清会典事例》“颁行书籍”中多有记载，亦见《钦定学政全书》卷四“颁发书籍”。虽然允许民间（包括士绅和书商）出资翻刻内府颁发的书籍，但因工费过大，私人书坊、学子、绅士自费出资，翻刻内府刻印成套大书的实际上非常少，翻刻书籍多为官府所为，如乾隆二年（1737）礼部尚书兼国子监祭酒杨名时请旨翻刻殿本《御纂周易折中》版1021面，《御纂性理精义》版423面，《钦定春秋传说汇纂》版1905面，《钦定诗经传说汇纂》版1611面，《钦定书经传说汇纂》版1175面，一年时间里翻刻5种书籍雕刻版片多达6000余面①。对于这时期渡日的宫廷所刻书籍来说，动辄百卷以上，民间根本不可能翻刻，一则旷日持久不易从速获利，二则投入巨大风险也大，不符合商业逐利原则，至少对于这些渡日的唐船头来说不会做这件旷日持久的事。

自备纸墨刷印。清内府书籍刊刻刷印后，书版闲时部分书版可呈请后自备纸墨限量刷印。康熙四十五年（1706）档案记载：“查前刻印清文《资治通鉴纲目》《古文渊鉴》时，皆用连四纸各印百部、榜纸各印六百部。刷印完毕，有愿刷印者，准其刷印。今八旗满洲、蒙古乃至汉军汉人皆言，皇上御制书，既予陆续刊印，则俟大内印完底版闲置时，我等众人亦得以继之刷印，则仰皇恩，早得学习清语，且底版抽裂前刷印，字迹清晰等语。今欲刷印学习此书之人甚多，则照《古文渊鉴》印数刷印，或多些刷印；再对愿刷印之人，仍照前例给印，或视底版闲出即令继续刷印，请旨。”“朱批：知道了。着照《古文渊鉴》例。”② 乾隆三年（1738）六月辛卯上谕称：“从前奉世宗宪皇帝谕旨，将圣祖仁皇帝御刊经史诸书，颁发各省布政司，敬谨刊刻，准人刷印，并听坊间刷卖。原欲士子人人诵习，以广教泽也。近闻书板收贮藩库，士子及坊间刷印者甚少。着各抚藩留心办理，将书板重加修整，俾士民等易于刷印。有愿翻刻者，听其自便，毋庸禁止。如御纂诸书内，有为士人所宜诵习，而未经颁发者，着该督抚奏请颁发，刊板流布。至于武英殿、翰林院、国子监，皆有存贮书板，亦应听人刷印。并从前内府所有各书，如满汉官员有愿购觅诵览者，概准刷印。其如何办理之处，着礼部会同各该处，定议请旨，晓谕遵行。寻议：将刷印各书，所需纸墨工价银两，逐部核定，凡满汉官员，有愿购诵者，令其在各衙门具呈，自备价值，概准刷印。有情愿捐俸若干，刷印书籍若

---

① （清）文庆、李宗昉等纂修，郭亚南等校点：《钦定国子监志》卷六十六，经籍志二·书版，第1151—1152页，北京古籍出版社，2000年。

② 中国第一历史档案馆编译：《康熙朝满文朱批奏折全译》，武英殿总监造赫世亨进书并请增印古文渊鉴等书折（康熙四十五年八月二十一日），第459页，中国社会科学出版社，1996年。引文中的书名号系笔者所加。

干部者，由该旗衙门查明，移咨武英殿各衙门，照数给发书籍，行文户部，扣俸还项。”[①] 类似“准士子赴司呈请刷印”，“愿以俸禄刷印者，照数刷给”这样的谕令，在《钦定大清会典事例》《钦定学政全书》中多有记载。《武英殿刻书作定例》还留存有不少[②]。

崇文门销售。清宫内府刻书的售卖，至晚乾隆初年就已开始，由崇文门监督处负责出售[③]。乾隆三年（1738），礼部等衙门奉旨议定：内廷书籍照从前颁发《御选语录》等书例，“并将武英殿各种书籍，交于崇文门监督，存贮书局，准令士子购觅”[④]。《御选语录》为雍正帝选编，约刊于雍正末至乾隆初年。崇文门监督处售卖殿板书的时间在此之前就已经开始了。由武英殿修书处直接售卖图书始自乾隆七年（1742）。为适应日益增多的售书任务，乾隆九年（1744）奏准于武英殿修书处下设立通行书籍售卖处，专管通行书籍的发售并有专人管理。“武英殿通行书籍自乾隆九年奏准售卖。”[⑤] 通行书籍售卖处除了向满、汉官员、军人、市民等售卖书籍，还经都察院发交京师五城书铺售卖。用来对外售卖的内板书，是武英殿修书处除遵旨颁发、陈设或赏赐外，特意印制的一些普通纸张、装潢的通行本，折合成银两，明码标价售卖。乾隆三十九年（1774）履郡王永珹等奏酌拟存留武英殿修书处库贮各种书籍折建议“请将前项书籍，无分外进内刊，凡数至一千部以上者，拟留二百部；一百五十部以上至六七百部者，拟留一百部；其一百五十部以下者，拟留五十部。此各种书籍，俱系原板初印，纸墨较通行者尤善。臣等仰体我皇上嘉惠士林有加无已之至意，合无请照通行书籍之例，概予通行，俾海内有志购书之人，咸得善本”[⑥]。应该就是交付崇文门监督存贮书局销售的，修书处奏准售卖的通行书籍有182种[⑦]。清内府通过上述各种方式发行出去的图书，都有详细记录，这在中国科学院图书馆所藏后来的《清同治光绪间武英殿卖书底簿》中能够清晰地看到。武英殿是有清一代最重要的宫廷刻书处，但以前人们关注的往往在武英殿刻了什么

① 《清高宗实录》卷七十，乾隆三年六月辛卯，《清实录》第10册，第130页，中华书局，1985年。

② 中国第一历史档案馆、故宫博物院编：《清宫武英殿修书处档案》，故宫出版社，2014年。

③ 《军机处录副奏折》，乾隆三十八年四月二十六日王际华、英廉、金简奏折，中国第一历史档案馆藏。

④ 《清高宗实录》卷七十，乾隆三年六月辛卯，《清实录》第10册，第130页，中华书局，1985年。

⑤ 陈垣辑：《办理四库全书档案》，总管内务府大臣英廉等奏疏（乾隆三十九年六月二十五日），国立北平图书馆，1934年。

⑥ 中国第一历史档案馆编：《纂修四库全书档案》，一五四“履郡王永珹等奏酌拟存留武英殿修书处库贮各种书籍折”，乾隆三十九年五月十一日，第206—207页，上海古籍出版社，1997年。

⑦ 见张秀民：《中国印刷史》，第549页，上海人民出版社，1989年。

书，对于刻书的售卖则茫无所知。由《清同治光绪间武英殿卖书底簿》开首记载“同治三年十二月底旧存银一两九钱五分五厘一毫”，可知《武英殿卖书底簿》应该是早已有之，甚或在武英殿有刻书售卖以来即有记录也未可知，可惜的是我们今天除了这册《清同治光绪间武英殿卖书底簿》外，不知还有几本类似的记帐册，只能俟之于他日武英殿档案的发现了。从开首记载“同治三年十二月底旧存银一两九钱五分五厘一毫”，我们可知本册始于同治四年（1865）初，下面的第一笔记载就是“同治四年三月十六日”，也证明了此。记录的最后时间是“光绪五年六月十七日”，一共记录了91笔，其中主要是卖书记录，但也有花银开支的记录，说明武英殿卖书的书款吏员是可以支用的。另外每笔收支都有多人经手，说明管理制度还是很严密的。从同治四年到光绪五年（1879）六月，延续时间也有15年，但售卖书籍只有70笔，反映出武英殿刻书已趋衰落，这和武英殿刻书的实际是相符的。售卖图书的品种基本都是以前的存书，而且局限在不多的几种上，应该售卖的是库存书。从《清同治光绪间武英殿卖书底簿》，我们可以看到买书的人的身份，既有郡王官吏，也有普通民人，说明武英殿刻书是对民间售卖的①。而且像赵俊英买的书有好多是复本的，或许赵俊英就是一个从事贩运书籍的书贩，当然也可能是为人代买。

书店代销。清宫内府刻书除在崇文门零售外，后来还由书铺代卖，但乾隆时期贩卖清宫内府刻书的北京书肆似乎不多，依据李文藻的记载，乾隆三十八年（1773）京师30多家书肆中，也只有先月楼李氏一家书肆“多内板书”②。道光九年（1829）武英殿修书处档案记载：“本处其销售对象除满、汉官员，军人，市民外，还发交五城书铺售卖流通。”道光九年修书处奏称：“本处向例，遇有聚珍摆印各书，及刷印通行各种书籍，俱发交五城领卖，令其按四季投缴价银，行文都察院照例饬交五城司坊，派令殷实铺户，每五家连名互保出俱，平价流通。”③

北京是清代重要的书籍流通中心。江南的书商、出版商有在北京开设书铺的，从江

① （清）不著撰者：《清同治光绪间武英殿卖书底簿不分卷》，《四库未收书辑刊》第2辑第28册，第105—139页，北京出版社，2000年。

② （清）李文藻：《琉璃厂书肆记》，《南涧文集》卷上，《续修四库全书》第1449册，第76页，上海古籍出版社，2002年。

③ 《武英殿修书处档案》，以前抄录，一时无法核对出处，第二条杨玉良《浅谈清中央官纂图书的发行及其对发展清代文化的作用》文引有部分，见杨玉良《浅谈清中央官纂图书的发行及其对发展清代文化的作用》，载清代宫史研究会编《清代宫史求实》，第330页，紫禁城出版社，1992年。

南运入在江南出版或收藏的书籍。在琉璃厂经营书业的有许多来自苏州和湖州。[①]这些江南书商在北京自然对于内府的刻本非常了解，他们在京城经营书业，可以直接或间接购买得到清宫内府的刊本。江南书商成为殿本流入江南书籍市场的一个重要渠道，殿本在江南书籍市场流通的情况可以透过出口到日本的汉籍贸易来观察。我们探寻那些唐船船头销往日本的清宫刻书的来源，有两种可能：一是船头自己或者派人直接到京城购买；二是此时在全国已经形成了一个书籍流通的网络，宫廷刻书得以通过这个书籍流通网络而流向全国各地，流到唐船船头生活的地区。唐船船头在江南书铺寻购宫廷刻书，或者唐船船头委托这些在京城经营书业的江南书商代为采购，比自己到京城购买应该更符合商业规律。

① （清）李文藻：《琉璃厂书肆记》，《南涧文集》卷上，《续修四库全书》第1449册，第77页，上海古籍出版社，2002年。

清宫藏青铜器谱录

——“乾隆四鉴”相关问题探析

韦心滢

内容提要： 乾隆十四年谕敕编纂《西清古鉴》，是在“以礼经世”的统治思想下开展的文化艺术工程。其后在乾嘉学派的学术背景下，结合乾隆皇帝尊古蒐奇的艺术品味，以及古物出土的时代机缘，陆续编纂《宁寿鉴古》和《西清续鉴》。《宁寿鉴古》和《西清续鉴》因文献记载较少，其绘图者和摹篆者长期以来未有定论，透过“四鉴”图式对比和查找原始档案，得出“四鉴”各有其绘图者和摹篆者，彼此不同，并进一步发现《西清续鉴》的绘图者之一可能为潘仁。

关键词：“乾隆四鉴”　“四鉴”　青铜器　绘图者　摹篆者

《西清古鉴》《宁寿鉴古》《西清续鉴甲编》《西清续鉴乙编》因皆为乾隆时期编纂而成，因此又被合称为“乾隆四鉴”或“西清四鉴”。[①]“乾隆四鉴”是有清一代合朝廷之力收集编写的青铜器著录书，是继宋《宣和博古图》之后首次官方大规模编纂行动，其时代意义重大。

---

① 刘雨先生将四鉴合称为“乾隆四鉴”，容庚先生称为“西清四鉴”。“西清”有三义：一为西厢清净处，二为馆阁的代称，三为清代宫内南书房的别称。乾隆皇帝所指的“西清”应为前二项。见许媛婷：《谈乾隆皇帝敕编“四鉴”与镜匣制作》，《故宫文物月刊》第352期；刘雨编纂：《乾隆四鉴综理表》，第1页，中华书局，1989年；容庚：《西清金文真伪存佚表》，《燕京学报》1929年第5期；姚大勇：《“西清”释义补正》，《辞书研究》2008年第1期。因此四套青铜器著录皆在乾隆时期编纂，故本文采用“乾隆四鉴”的说法。为行文方便，本文中将《西清续鉴甲编》和《西清续鉴乙编》合称时，称作《西清续鉴》，“乾隆四鉴”简称“四鉴”，以下概不重复出注。

前辈学者对“乾隆四鉴”的研究已有深厚的基础，在书名来由、成书时间、作者考订、版本流传、辨伪考证及其学术价值等方面皆有涉及。[①] 然而在乾隆皇帝御敕编纂“四鉴”的动机、时点、背景以及“四鉴”绘图者与摹篆者的相关问题研究上，或因文献史料有限，或因关注重点不同，多未有具体深入的讨论。有鉴于此，本文拟在前人研究的基础上，探讨厘清三方面的问题。其一，乾隆帝为何在十四年时谕敕编纂“西清古鉴”，其动机、缘由与背景是什么？其二，笔者利用对“四鉴”器物绘图风格与形式的比较，提出《西清古鉴》《宁寿鉴古》和《西清续鉴》应各有其所属之绘图者，并在查阅档案的过程中，发现《西清续鉴》未载绘图者的可能线索。其信息不仅进一步验证笔者的论点，更提供开启深入探讨《西清续鉴》的方向。其三，过去学者研究认为《宁寿鉴古》《西清续鉴》三书的摹篆者为赵秉冲，笔者借由文献相互参照比对，认为赵秉冲可能没有直接参与《宁寿鉴古》和《西清续鉴》的摹篆工作，但因职务之便，有幸临摹了部分内廷收藏著录于“四鉴”的青铜器铭文。

一 “乾隆四鉴”编纂时机、缘由与背景

《西清古鉴》为乾隆十四年（1749）“爰命尚书梁诗正、蒋溥、汪由敦率同内廷翰林仿《博古图》遗式，精绘形模、备摹款识”,[②] 历时两年于乾隆十六年（1751）夏五月完成，乾隆廿年（1755）刊刻。[③] 另有彩绘本《西清古鉴》始编绘于乾隆十七年（1752），完成于乾隆廿一年（1756）。[④] 彩绘本的图像和铭文多与殿本相仿而略有差别，说解则完全相同。估计两书虽为不同的画师，但彩绘本的编纂应以殿本作为参考依据。

《西清续鉴甲编》书后有跋，命臣王杰、董诰、彭元瑞、金士松、玉保、瑚图礼、那彦成等“校补缮缋，全帙既具，谨缀言于后。……兹所编辑，间系以说，一循前书为

---

① 关于“四鉴”学者已有深入的研究，可参看容庚：《西清金文真伪存佚表》，《燕京学报》1929 年第 5 期；容庚：《清代吉金书籍述评（上、下）》，《学术研究》1962 年第 2、3 期。刘雨：《跋考古研究所藏彩绘本〈西清古鉴〉》，《古文字研究》1985 年第 16 辑；刘雨编纂：《乾隆四鉴综理表》，中华书局，1989 年。

② （清）梁诗正等编纂：《西清古鉴》上谕，图书集成公司印本，光绪三十四年。

③ （清）鄂尔泰、张廷玉等编纂：《国朝宫史》下，卷三三，第 650 页，北京古籍出版社，1987 年。

④ 彩绘本《西清古鉴》是中国社会科学院考古研究所图书室于 1956 年在上海古旧书店购进，为《西清古鉴》第 32 卷全，但缺目录，其余卷册残。有关彩绘本《西清古鉴》的成书时间、内容等可参见刘雨：《跋考古研究所藏彩绘本〈西清古鉴〉》，《古文字研究》1985 年第 16 辑；刘雨编纂：《乾隆四鉴综理表》，中华书局，1989 年；王光尧：《乾隆瓷班簋》，《故宫博物院院刊》1999 年第 4 期。

指归”。知编辑说解循按《西清古鉴》，于乾隆四十六年（1781）[①] 敕纂内府续得诸器始编，越十三年于癸丑年（1793）小春完成；[②] 藏于盛京者厘为《西清续鉴乙编》。

《宁寿鉴古》无敕谕、无序跋，不知何年编纂。内中器物说解有引用《西清古鉴》所载器物的例子，《西清续鉴》的释文中亦多次引用《宁寿鉴古》的器物说解，可知《宁寿鉴古》的成书时间应介于《西清古鉴》和《西清续鉴》两书之间（乾隆十六年至四十六年间）；宁寿宫在乾隆四十一年（1776）改建完成，《宁寿鉴古》的书名应与此事件相关。又与《宁寿鉴古》相关的宁寿镜匣完成于乾隆四十二年（1777）十一月，[③] 则《宁寿鉴古》的成书时间最有可能在乾隆四十二年十一月至四十六年间（1777—1781）。书中著录青铜器的来源应仍为内府收藏，但其与《西清续鉴》著录器物该如何划分成为一大问题。[④]

由上知，“乾隆四鉴”编纂工程基本上是从乾隆皇帝壮年开始至退位前两年（时 83 岁）告终。在乾隆帝所谕纂众多丛书中“四鉴”只是十全老人著书伟业的一小部分，貌似锦上添花之举。然而笔者认为乾隆帝于十四年（1749）开始关注青铜器并着手编纂著录工程，实非好大喜功、一时兴起，而是有其复杂深刻的内因影响。以下分四方面讨论。

（一）注重经学、强调礼治

乾隆帝延续康雍两朝“崇儒重道”的文化政策，注重经学、强调礼治，从乾隆元年

---

① 《国朝宫史续编》记载“乾隆五十年敕纂内府续得诸器为《西清续鉴》，五十九年校补缮缋集成”，与《西清续鉴甲编》跋“《西清古鉴》书成越三十年，谕纂内府续得诸器为《西清续鉴》，未藏事载越十三年”记载相冲突。但若以《国朝宫史续编》所载乾隆五十年的根据是《西清古鉴》付剞劂氏后卅年来思考，两书记载的矛盾就消失了。（清）庆桂等编纂、左步青校点：《国朝宫史续编》下，卷九三，第 913 页，北京古籍出版社，1994 年。

② 小春指农历十月。（宋）陈元靓：《岁时广记》卷三七引《初学记》：“冬月之阳，万物归之。以其温暖如春，故谓之小春。”

③ 许媛婷：《谈乾隆皇帝敕编“四鉴”与镜匣制作》，《故宫文物月刊》2012 年第 352 期。

④ 若以时间段来划分，《宁寿鉴古》著录的器物应是乾隆十六年至四十二年间内府的收藏。若此，则《西清续鉴》中著录的器物为乾隆四十二年至五十八年的收藏，两段时间收入器物数量过于悬殊，且按理《西清续鉴甲编》跋中应言《宁寿鉴古》书成……谕纂内府续得诸器为《西清续鉴》。且从《西清续鉴甲编》17 - 1周镈钟的说解中得知，此器于乾隆二十六年进奏，由此得知《西清续鉴》收器时间应是自《西清古鉴》编纂完成（乾隆十六年）后开始。如此一来，《宁寿鉴古》和《西清续鉴甲编》著录器物如何区别即成为一大问题。有无可能《宁寿鉴古》收录的青铜器是藏于宁寿宫建筑群内，类似藏于盛京者编为《西清续鉴乙编》之理。有一条线索可供参考，即《内务府造办处活计档》乾隆六十二年“匣裱作”二月初七：“内廷（懋勤殿）交出一百面铜镜，太上皇传旨著照宁寿宫现陈设《宁寿鉴古》式样一样成做。”乾隆喜以器物存放地点来著录是有迹可循的，如《秘殿珠林》《石渠宝笈》的编纂分类即是。

（1736）诏开“三礼馆”，纂修《三礼义疏》的举措开始，[①] 即已显示乾隆帝政治文化的取向及对“礼”之体认与重视。为达到清礼上接古礼的目的，乾隆帝进一步对礼器、礼法进行改革。[②] 如《大清会典事例 · 礼部祭器》记：“乾隆十二年谕……朕思坛庙祭品，既遵用古名，则祭器亦应悉仿古制，一体更正，以备隆仪。着大学士会同该部，稽核经图，审其名物度数、制作款式，折衷适当，详议绘图以闻，朕将亲为审定。敕所司敬谨制造，用光禋祀，称朕意焉。”[③] 又《清史稿》载：“初沿明旧，坛庙祭品遵古制，惟器用瓷。雍正时，改范铜。乾隆十三年诏，祭品宜法古，命廷臣集议，始定制。……铏范铜饰金……太庙春牺尊、夏象尊、秋著尊、冬壶尊，祫祭山尊，均范铜。……帝王、先师、关帝、文昌及诸祠，则皆用铜。”[④] 从上述史料可知，乾隆帝从十二年（1747）开始改革祭祀礼器，将部分祭器恢复成原来的青铜材质及形制，十三年（1748）召集群臣商议成为定制。对礼器形制的复古，首先需要认真了解原物，则内府收藏的三代青铜器便成为最佳参考范本。梳理上述脉络，《西清古鉴》所以于乾隆十四年（1749）奉旨开始编纂便得以明朗。

乾隆帝对礼器形制的崇古，物质层面表现在敕令《西清古鉴》的编纂和命唐英烧制仿铜瓷器[⑤]等举动，其实这些并非仅为形式主义的简单模仿，而是对三代礼乐制度的重建与追求，暗含其“以礼经世”的统治理念。他曾说：“朕闻三代圣王缘人情而制礼，依人性而作仪。所以总一海内，整齐万民，而防其淫侈，救其凋敝也。”[⑥] 乾隆帝对礼的重视与追求，贯穿于政治、文化、思想等方方面面，“乾隆四鉴”的编纂只是乾隆帝实践“礼治”的手段与依托。

（二）乾嘉考据学背景的支持

乾隆时期大兴文字狱，动辄得咎，士人无可奈何，只得埋首于故纸堆中。正如清人

① 《清高宗实录》卷二一，乾隆元年六月己卯条，中华书局，1985 年。

② 《皇朝礼器图式》序曰：“我朝圣圣相承，法物修明，折衷大备，维是敬天尊祖，颁朝诘戎之典，弗懈益虔，第所司展事具仪，间沿前代旧式。……夫笾豆簠簋，所以事神明也，前代以碗盘充数，朕则依古改之。”（清）允禄等奉敕撰：《皇朝礼器图式》，《文渊阁四库全书》史部四一四，第 656 册，台湾商务印书馆。

③ （清）《大清会典事例》，中华书局，1991 年。

④ 赵尔巽等撰：《清史稿》卷八十二志五十七礼一，第 2494 页，中华书局，1977 年。

⑤ 乾隆十四年记事档：“六月三十日，太监胡世杰传旨：着问唐英祭器做得几成，赶得来赶不来？”又《内务府造办处活计档》乾隆十九年“镀金作”条闰四月十九日：“太监郭祥来说，奏事总管王常贵交九江关监督唐英呈进瓷扇式挂瓶两对，瓷文王鼎、瓶、盒一分（随香几）。”

⑥ 《大清通礼》卷一，《文渊阁四库全书》史部四一三，台湾商务印书馆。

李祖陶云："今人之文，一涉笔唯恐触碍于天下国家。"[①] 在思想控制的氛围下，士人寄情于"与人无争、于世无患"的文字训诂当中。再加上朝廷对经学大力扶持，如成立四库馆以编纂《四库全书》等支持汉学的举动，亦推动乾嘉考据学派成为学坛主流。[②] 由考据学带动的金石研究，如陈康祺云："乾嘉诸儒，崇尚考据，旁逮金石之学，莫不搜求形义，举证经史。"[③] 正是当时乾嘉学者利用金石证经史之误、补经史之阙的研究风气，使得"乾隆四鉴"之编纂不仅具学术背景的支持，且符合朝廷的政治思想倾向。乾隆帝谕："因思古器显晦，有时及今不为之表章，载之简牍考索者其奚取征焉。……一编以游艺之余，功寄鉴古之远思，亦足称升平雅尚。"[④] 于是，内府开始了收藏青铜器著录的编纂工程，足见当时"金石之学与经史相表里"的观念是受到皇帝的认同与推广，在朝廷与民间互相发力影响之下，达到了继宋之后金石学和古器物学的又一高峰。

（三）乾隆帝的崇古癖好

乾隆皇帝儒雅风流、热爱艺术、喜好收藏，尤其崇古尚古，象征政权的鼎彝，更是其收藏的重中之重。正如其所曰："邃古法物，流传有自者，惟尊彝鼎鼐，历世恒远。良以质坚，而体厚不为燥热所移，渊然之光穆乎，可见三代以上规模气象，故嗜古之士，亟有取焉。"[⑤] 乾隆帝对三代青铜器的独特偏好，甚至爱屋及乌地扩展到仿古铜器的收藏与仿铜瓷器、玉器、珐琅器、漆器等的制作。

如他曾将喜爱的十件铜器集结珍藏，并为之制作彩绘图册——《范金作则》（图一）。[⑥] 这十件铜器真仿混杂，其中亦有真器做部分修改者，如"周史尊"为错金银器，

① （清）李祖陶：《迈堂文略》卷一《与杨蓉诸明府书》，同治七年刻本。

② 梁启超：《中国近三百年学术史》，第18—19页，中国华侨出版社，2008年。

③ （清）陈康祺：《郎潜纪闻四笔》卷十。

④ （清）梁诗正等编纂：《西清古鉴》上谕，图书集成公司印本，光绪三十四年。

⑤ （清）梁诗正等编纂：《西清古鉴》上谕，图书集成公司印本，光绪三十四年。

⑥ 《范金作则》一书为木质封面，书名"范金作则"四字内填石青，为推篷装。内页为十件青铜器的彩绘、说明，计有史尊、弦纹觯、窃曲纹簋、銮铃、直内戈、弓形器、蝉纹卮、澡豆罐、蟾蜍砚滴、素舟十件，但素舟后被咸丰帝要走，故现仅存九件。器物皆著录于《西清续鉴甲编》，如史尊是5-26"周史尊"、弦纹觯是12-12"周弦纹觯二"、窃曲纹簋是12-61"周环纹敦一"、銮铃是17-49"周舞铙一"、直内戈是18-33"周匕首"、弓形器是17-44"汉旂铃一"、蝉纹卮是12-25"汉蝉纹卮一"、澡豆罐是16-41"澡豆罐三"、蟾蜍砚滴是18-21"唐蟾蜍砚滴"、素舟是8-3"周素舟一"。页面钤有"古希天子""八征耄念之宝""太上皇帝之宝""含英咀华"等印。现藏于台北故宫博物院。

图一 《范金作则》及书内描绘的铜器

明显为仿古器;“汉旂铃”是商代弓形器破损后重新改造命名。

(四) 古物发现出土的时代机缘

清乾隆年间在各地古器物相继发现和出土的消息,大大刺激了爱好者的收藏兴趣。如乾隆二十六年(1761)江西临江县民掘地得古钟11件,[①] 乾隆五十六年(1791)夏于临朐柳山寨土中掘出伯爵彝,[②] 乾隆末年于山东省寿张县梁山下发现亚秋爵(《集成》7814)、亚秋舟爵(《集成》8782)、[③] 乾隆年间于山东青州寿光南方二十五里的纪侯台下发掘出刀侯钟(《集成》14)[④]。内府以官方力量大规模网罗各地古物,使得短时间内收入宫廷的铜器倍增于前代。《西清古鉴》收1529件器物,是大内数代累积的成果,而《宁寿鉴古》收器701件、《西清续鉴甲编》收器944件、《西清续鉴乙编》收器900件,三书共收2545器,仅乾隆一朝所收青铜器就已超过前人。正如乾隆帝谕:“民间鉴赏,

① 今江西省樟树市临江镇。

② (清)阮元:《积古斋钟鼎彝器款识》,第298页,商务印书馆,1937年。

③ 曾毅公辑:《山东金文集存(先秦编)》坿8.3,齐鲁大学国学研究所,1940年;中国社会科学院考古研究所编:《殷周金文集成》第13册,第379页,中华书局,1994年。

④ [日]梅原末治:《支那古铜精华》第4册,第350号,昭和三十六年。

概弗之禁，而殿廷陈列与夫内府储藏者，未尝不富。”① 由皇家提倡的蒐古行动，不仅促使民间收藏古器物风气增长，亦连带金石学、古器物学研究的复兴。

乾隆帝“以礼治世”的中心思想、乾嘉考据学学术背景的支持、个人嗜古师古的独特癖好、古物发现出土的时代机缘，各种内外因素的加乘综合，构成了“乾隆四鉴”编纂成书的缘由和背景。

二 《西清续鉴》绘图者的新线索

“乾隆四鉴”所收青铜器每器一图一页，白描细致，器如有盖，则盖统一绘制于器之上；不似《宣和博古图》有时盖置于器上，有时盖另占一页。② 鼎采用一足在前，两足在后的摆放方式。③“乾隆四鉴”的器物图式虽遵照着上述体例表现，但在大同中仍存在小异。分析“四鉴”绘图习惯、表现风格的相异之处，能首先厘清《西清古鉴》的画师是否参与了《宁寿鉴古》及《西清续鉴》的绘图工作。

卣在《西清古鉴》中一律安排成提梁两端在器身两侧的正面描绘方式，这虽是正确摆放卣的方法，但过于单一的表现，则不能全面表现某些器物造型、纹饰的特征。如《西清古鉴》15 -26 木卣（图二 -1）、④ 17 -9 周饕餮卣二（图二 -2）等便是画师为遵守规律，而牺牲了器身饕餮纹的视觉完整性。而在《宁寿鉴古》《西清续鉴甲编》中此种拘泥不变的僵硬规矩便得到改善，如《宁寿鉴古》7 -12 子卣（图二 -3）、7 -20 周饕餮卣（图二 -4）和《西清续鉴甲编》8 -14 周妇卣（图二 -5）。

---

① （清）梁诗正等编纂：《西清古鉴》上谕，图书集成公司印本，光绪三十四年。

② 《宣和博古图》汉三牺鼎一是器、盖各占一页，而汉三牺鼎二则是盖绘于器上，同置一页。诸如此例甚多，不一一列举。见《重修宣和博古图》，第217—218 页，上海人民出版社，2006 年。

③ 鼎的放置今日以两足在前者居多，因腹内若有铭文，多位在后足所在一侧腹壁，便于观看、拍照。《宣和博古图》中鼎的摆放方式即为两足在前，一足在后。但亦有如“四鉴”对鼎摆放方式的例子，故孰优孰劣无定论。

④ 本文中提到的器物名称前若有“四鉴”书名，则其后表示的器物名为该器在其书中的定名，而非今日学界对该器物的称法。反之，若前未有“四鉴”书名则以今日学界对该器物的定名称之。以下皆同，不再出注。

1　　2　　3　　4　　5

1.《西清古鉴》15 -26 木卣　2.《西清古鉴》17 -9 周饕餮卣二　3.《宁寿鉴古》7 -12 子卣

4.《宁寿鉴古》7 -20 周饕餮卣　5.《西清续鉴甲编》8 -14 周妇卣

图二　《西清古鉴》《宁寿鉴古》《西清续鉴》中卣摆放方式的描绘

“四鉴”基本上对各种器类、器型采取略俯视角度进行图像描绘；纹饰刻画精细、能精准表现三层花的三维效果。《西清古鉴》的画师有时为表现器身或器盖独特之造型或花纹，使用特殊角度描绘。如《西清古鉴》16 -10 周饕餮卣三器身采取近俯视的角度（图三 -1），15 -20 静卣的器盖甚至前倾近 45 度（图三 -2），17 -16 周环梁卣三器盖前倾近 80 度，29 -21 苗簠器身和器盖皆前倾近 30 度（图三 -3），显示《西清古鉴》的画师在严谨求全、一丝不苟的写真过程中偶求突破的例子。而此种表现手法在《宁寿鉴古》和《西清续鉴》中较少得见。

1　　2　　3　　4

1.《西清古鉴》16 -10 周饕餮卣三　2.《西清古鉴》15 -20 静卣

3.《西清古鉴》17 -16 周环梁卣三　4.《西清古鉴》29 -21 苗簠

图三　《西清古鉴》中以特殊角度描绘的器物

《西清古鉴》画师对器物造型掌握精准，在透视感、立体感的表现上十分娴熟，绝无幼稚不成熟的描绘。然而在《宁寿鉴古》与《西清续鉴》中却偶见描绘拙劣、透视失真的例子，尤以《宁寿鉴古》为最。如《西清续鉴甲编》5－22 宜尊（图四－1）、5－12 正叔尊（图四－2），《宁寿鉴古》5－9 蟠夔尊八（图四－3）、5－15 络纹尊（图四－4）、11－24 周旅簠（图四－5）线条扭曲，比例失调。

由以上对“四鉴”绘图风格、表现手法的分析可知，“四鉴”在绘图水平上彼此实有差距，其中《西清古鉴》对器物的描写较为准确，变形走样的情况几希，且画师能改变视角呈现器物不同的面貌，证明各画师功力水平整齐，立体透视法运用自如。《西清续鉴》画师的表现次之，最差的是《宁寿鉴古》。但在器物摆放方式的描绘上，《宁寿鉴古》和《西清续鑑》则显示出画师拥有较高的自由度，可以选择器物以哪个面向朝向观者。有趣的是《宁寿鉴古》7－20 周饕餮卣三和《西清续鑑甲编》8－14 妇卣，画师在不能完整表现纹饰图案的情况下，不约而同地选择了提梁一端在正面的表现法，而非位于两侧的制式摆法，明显有别于《西清古鉴》。

《西清古鉴》后记载绘图者为梁观、李慧林、丁观鹤、党应时、罗福旼、陈士俊、程梁七人，其中丁、罗、陈、程四人是乾隆时期的宫廷画家，[①] 皆善绘人物，尤以罗氏

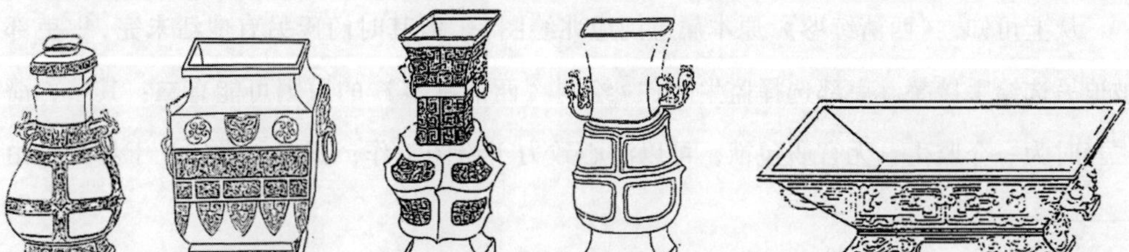

1　　2　　3　　4　　5

1.《西清续鉴甲编》5－22 宜尊　2.《西清续鉴甲编》5－12 正叔尊　3.《宁寿鉴古》5－9 蟠夔尊八

4.《宁寿鉴古》5－15 络纹尊　5.《宁寿鉴古》11－24 周旅簠

图四　《西清续鉴》《宁寿鉴古》中透视感表现不佳的器物

① 丁观鹤，丁观鹏之弟，工人物，供奉内廷，《石渠宝笈》著录一记载绘制《摹宋人四猎骑图》，见（清）胡敬：《国朝院画录》卷上十一，嘉庆刻本。罗福旼，工山水、人物、楼观，采用西洋法，笔意极细，绘有清明上河图，见（清）胡敬：《国朝院画录》卷下二十四，嘉庆刻本。陈士俊，善写真，乾隆二年至京师画佛像，由张若霭推荐供奉内廷，见聂崇正：《清代宫廷绘画概述——清代宫廷中的纪实绘画》，中华文苑网，2008 年 3 月 24 日；正年：《清宫廷画家的艺术与行情》，《美术报》2007 年 2 月 24 日第 7 版。程梁，工人物，《石渠宝笈》著录三记载绘制《饮中八仙》，见（清）胡敬：《国朝院画录》卷下七，嘉庆刻本。

擅长界画、能用西法，是描绘器物最适当的人选。而梁、李、党三人则查无资料，从画院供奉的职称看来，应是等级较低的宫廷画画人。[①]《宁寿鉴古》《西清续鉴》皆未记载绘图者姓名，但从上文所分析《西清古鉴》和《宁寿鉴古》《西清续鉴》的绘图水平、表现形式得知其绘图者应与《西清古鉴》不同。

笔者查阅到内阁大库档案中，可能透露有关《西清续鉴》绘图者的信息。

> 移会稽察房为大臣永璇奏《开国实录》奉旨者。
>
> 门应兆照旧绘图，其现办《西清续鉴》图式，另挑好手接办，查有监生潘仁界划工致、人尚细心，请旨可否令其接办，入懋勤殿学习绘画。[②]

此档案记录时间为乾隆四十六年（1781）五月，属于吏部呈奏。其主要事由是吏部为皇八子永璇题奏奉旨承办《开国实录》事宜。其次请示门应兆依旧继续手上的绘图工作，现在开办《西清续鉴》绘图工作，另外挑选绘画好手接续。经调查现有监生潘仁界画工整细致，处事细心谨慎，奏请可否由监生潘仁接替门应兆办理《西清续鉴》的绘图工作，进入懋勤殿学习绘画。

从上可知，《西清续鉴》原本属意门应兆绘图，[③] 但其时门氏另有他活未完，[④] 吏部被迫另选绘手接替。吏部选择监生潘仁[⑤]绘制《西清续鉴》的原因可能有二：其一，潘仁当时为一介监生，无官职包袱，可以潜心致力于绘图工作；其二，潘仁工于界画，由

---

① 乾隆九年内务府各作成做活计清档：“春雨舒和并如意馆画画人，嗣后不可写南匠，俱写画画人。钦此。”见聂崇正：《清代宫廷绘画》，《国画家》1996 年第 5 期。康熙、雍正时期的宫廷画家称为“南匠”，乾隆时期改称为“画画人”，例如“如意馆画画人”“南熏殿画画人”“慈宁宫画画人”“礼器馆画画人”“咸安宫画画人”等。

② “中研院”历史语言研究所藏内阁大库档案：登录号 256516 – 001，乾隆四十六年五月。

③ 门应兆，字吉占，正黄旗汉军人。工人物、花卉，参与绘制《皇朝礼器图式》。（清）胡敬：《国朝院画录》卷下二十三，嘉庆刻本。

④ 当时门应兆进行的工作应是《西清砚谱》的绘制。据《西清砚谱》序载编纂始于乾隆四十三年，后记载恭校时间为乾隆四十六年十二月，则吏部在乾隆四十六年五月呈奏《西清续鉴》绘图者时，门应兆似尚未结束其绘图工作。

⑤ 潘仁，浙江杭州府仁和县人（今杭州人），其父潘世基，沈封忱女婿。从现有资料看，仅知其乾隆四十六年为监生、五十九年官任长垣县县丞，嘉庆七年任通州知州、嘉庆九年至十一年为直隶顺天府北路同知，其后不详。“中研院”历史语言研究所藏内阁大库档案：登录号 094752 – 001、109496 – 001、111365 – 001、228931 – 001、049586 – 001。

《西清古鉴》的绘图者罗福旼及原本选定的门应兆两人皆善界画的条件分析，择其参与《西清续鉴》绘制工程不无道理。

虽然内阁大库档案中不见皇帝批示，不知最后结果如何，但在《清实录》所载乾隆皇帝四十六年（1781）五月上的批示中找到了相应的答案。

> 《开国实录》着八阿哥传原写清汉蒙古字各员，敬谨再缮一分。并着门应兆照旧绘图。①

显然《清实录》所载御批即为内阁大库档案吏部奏请事宜的批复，从同意门应兆照旧绘图来看，乾隆帝是同意了吏部对潘仁接办《西清续鉴》的提案。

三 《宁寿鉴古》《西清续鉴》摹篆者应非赵秉冲

青铜器铭文由于年代久远，锈蚀脱驳、漫漶不清者大有所在。在未有照相或扫描手段时，墨拓可能是最直接、原封不动保留铭文的方式，遗憾的是“四鉴”未采用此种方法。“四鉴”编纂者采取临写手段，应是受限于当时印刷技术水平（珂罗版印刷术尚未行用）而采取的折衷办法。②《西清古鉴》采用雕版印刷，③《宁寿鉴古》《西清续鉴》皆为手抄本，不知何故当时未能刻印。

在残泐难辨的情况下，临写失真、漏字、误摹等实是在所难免（表一），更有甚者为未发现器物铭文，如《西清续鉴乙编》4－23 弦纹鼎十三(《集成》5.2309)④、4－26弦纹鼎十六⑤、5－27 牺首尊二(《集成》11.5636)、6－15 著尊⑥、12－44 盘云

---

① 《清实录》高宗纯皇帝实录十五，乾隆四十六年五月上，第23册，第109页，中华书局，1989年。

② 珂罗版印刷术是德国人海尔拔托（Joseph Albert）于1869年发明的一种照相平版印刷术，约在光绪年间传入中国。珂罗版又称玻璃版，能忠实反映图像的原型，层次丰富，毫发毕现。张树栋等著：《中华印刷通史》第十三章第二节，印刷工艺出版社，1999年。

③ 《西清古鉴》的器物图像雕版，可谓“殿版版画”。雕版在故宫博物院中未发现，去向不明。

④ □膚鼎，战国晚期，存7字，现藏台北故宫博物院。

⑤ 汉代，铭文为“重十斤十一两”。

⑥ 实为壶，有铭“长乐”，应为汉代。

敦(《集成》8.4145)、15 -7 夔纹盘(《集成》16.10120)、16 -35 兽环瓿(《集成》16.9997)① 等。

表一 “乾隆四鉴”中器物铭文临写错误勘正表

编号	四鉴编号	四鉴器名	今器名	四鉴临写铭文	铭文原拓	备注
1	西清 15 -26	木卣	戊木卣	 器铭 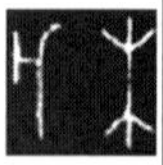 盖铭	 器铭  盖铭	器铭上下颠倒。 《集成》10.4864
2	西清 32 -3	祖匜	贮觚			上下颠倒。 《集成》15.9256
3	宁寿 10 -7	立戈斝	聿父戊斝			“聿”笔画临写不确。 《集成》15.9213
4	宁寿 10 -12	父丁觚	作父丁㠱觚	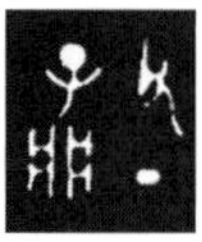		脱漏最上部两字。 《集成》12.7235
5	宁寿 10 -24	史觚	父丁史觚			脱漏“丁”字。 《集成》12.7106
6	宁寿 12 -11	伯甗	虢伯甗			脱漏“虢”“旅”二字，最后的“用”字临写有误。 《集成》3.897
7	西甲 6 -38	父辛彝	团簋			父辛下尚有一字漏临。 《集成》6.3435

① 廿七年盉，战国时期，沈阳故宫旧藏，现藏台北故宫博物院。

续表

编号	四鉴编号	四鉴器名	今器名	四鉴临写铭文	铭文原拓	备注
8	西甲 8 -7	威父卣	魃父卣			最后一字临写不准确。 《集成》10. 5243
9	西甲 13 -9	林豆	姜林母簋			将“䢅”字误临成“宝” 《集成》6. 3571
10	西甲 15 -5	父甲盘	㠱父甲盘			㠱漏临“卌”。 《集成》16. 10038
11	西甲 16 -9	齐侯钟	庚壶			临写16列，拓本有27列。拓本铭文为右行，而临写却未如实反映，反倒是按照传统的左行。 《集成》16. 9733
12	西乙 4 -15	弦纹鼎五	半盦鼎	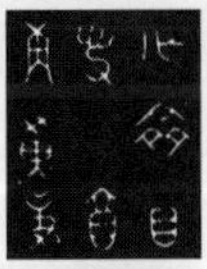		临写脱漏多字，且行款改变。 《集成》5. 2308
13	西乙 5 -16	车尊	橐乙父尊			临写行款改变。 《集成》11. 5615
14	西乙 5 -18	亚尊二	亚[illegible]父乙尊			原有四字，仅临二字，漏失“父”“乙”二字。 《集成》11. 5728
15	西乙 6 -24	甲彝	[illegible]丁簋	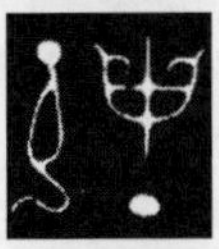		字体大小行款改变，误以为三字。 《集成》6. 3064
16	西乙 6 -45	举彝	[illegible]簋	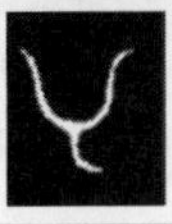		临写颠倒。 《集成》6. 2990

续表

编号	四鉴编号	四鉴器名	今器名	四鉴临写铭文	铭文原拓	备注
17	西乙 7 -9	冀彝	农簋		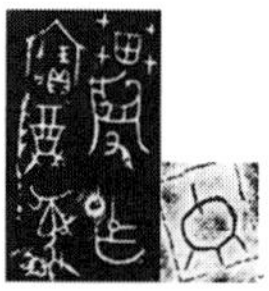 器内底 器外底	漏临器外底一字。器内底第一字“农”上下笔画太分开，似两字。《集成》6. 3575
18	西乙 7 -10	册彝	册簋			临写颠倒。《集成》6. 3110
19	西乙 11 -11	綦觚	觚			临写有误。《集成》12. 6799
20	西乙 16 -9	国差瓿	国差𨱇		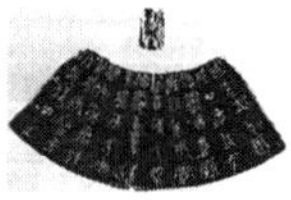	失摹口沿上一字。《集成》16. 10361

注：本表制作参考以下数据：①容庚：《清代吉金书籍述评（上）》，《学术研究》1962 年第 2 期；②刘雨：《乾隆四鉴综理表》，中华书局，1989 年；③编号 1、2、3、4、5、6、7、8、10、15、17 为笔者比对整理

整体而言，“四鉴”中以《西清古鉴》对铭文的临写准确度较高，漏失脱讹的现象少见，《宁寿鉴古》次之。《西清续鉴》则误摹、脱漏的情形较多，甚至有未发现器物具铭的严重过失，显然临写者的水平较差，且无监督校对机制。《西清古鉴》载摹篆者为陈孝泳[①]、杨瑞莲[②]，二人皆工篆、隶，其中以陈孝泳稍微知名，但从个人传记观之，

① 陈孝泳，字赓言，江苏娄县（今上海松江）人。博雅工篆、隶。乾隆十年诏荐修《西清古鉴》汪由敦以孝泳荐入斋宫校阅。旋举，十七年顺天乡试，书成复奏，留供奉懋勤殿。裘曰修荐为学正，累官鸿胪寺少卿、特命同南书房行走……升光禄寺卿。（清）宋如林修，孙星衍、莫晋纂：《（嘉庆）松江府志》六十，二。由此记载可知酝酿编纂《西清古鉴》的时间可早至乾隆十年，乾隆十四年敕纂，乾隆十六年告竣，乾隆二十年刊印成书。办理《西清古鉴》诸臣职名应是 1752 年至 1755 年之间写成。

② 杨瑞莲，字芝圃，江苏常州人。工篆、隶。梁诗正荐入懋勤殿修《西清古鉴》，乾隆十八年赏举人。（清）汤用中：《翼駉稗编》二，四三。“中研院”历史语言研究所藏内阁大库档案 100101 -001 号：乾隆十八年九月二十日“移会稽察房奉上谕内廷行走之县丞张宗苍着加恩赏，给户部额外主事。监生徐扬、杨瑞莲着加恩赏给举人，一体会试”。

两人不仅欠缺金石学知识，亦未曾与金石爱好者交游，更非有名书家。由此推知，乾隆帝与主持者择选摹篆者的标准，一为非著名书家，其自由创作的艺术性较低，能较为忠实的临摹；二为工篆隶者，认为其通近三代文字，能对金文具备更好的辨识与掌握能力。

《宁寿鉴古》和《西清续鉴》的临写者因未有记载，情况不详，唯一可以肯定的是陈孝泳未参与此工作。陈孝泳在《宁寿鉴古》开编时已体弱老迈，且在乾隆四十三年（1778）时参与校订《西清砚谱》，推计陈孝泳当时已再无精力参与《宁寿鉴古》的摹篆工作。从乾隆四十四年的军机处档折件得知：

> 具奏人：陈孝泳
> 事由：奏为因病恳准解任俾得安心调理事（附谕旨）
> 朱批：著加恩准其解任并派陈世倌前往诊视
> 乾隆四十四年二月二十七日①
>
> 具奏人：陈孝泳
> 事由：奏为君恩未报臣病垂危伏枕哀鸣恭谢天恩事
> 朱批：知道了
> 乾隆四十四年三月二十八日②

陈孝泳于乾隆四十四年（1779）年初便病入膏肓，同年仙逝。由上并知，陈孝泳亦不可能参与《西清续鉴》的铭文摹写工作。

容庚先生曾提出《宁寿鉴古》和《西清续鉴》的临写者可能是赵秉冲，其理由为"《积古斋钟鼎彝器款识》中常据赵秉冲摹本或搨本编入，而其摹本或搨本又常见于《鉴古》和《续鉴甲乙编》三书，可知赵氏曾参加三书摹篆的工作。乾隆四十四年，奉旨缮写篆字监生赵秉冲著照从前陈孝泳、杨瑞莲之例，在懋勤殿行走"。③

观赵氏简传，并未见编纂《宁寿鉴古》或《西清续鉴》的记载，其活动内廷最早

① 台北故宫博物院藏军机处档折件 022931，故机 023105。

② 台北故宫博物院藏军机处档折件 023208，故机 023387。

③ 容庚：《清代吉金书籍述评（上）》，《学术研究》1962 年第 2 期；容庚：《西清金文真伪存佚表》，《燕京学报》1929 年第 5 期。后容庚先生更进一步说阮元、赵秉冲均曾参与编纂《宁寿鉴古》和《西清续鉴》，见容庚：《商周彝器通考》，第 201 页，上海人民出版社，2008 年。刘雨先生认同容庚先生的说法，并表示在乾隆四十一年时换上赵秉冲等承续其事，见刘雨：《乾隆四鉴综理表》，第 3 页，中华书局，1989 年。

的时间是乾隆四十四年（1779），《宁寿鉴古》的成书时间前已述可能在乾隆四十二年至四十六年间（1777—1781），短短两年赵氏不太可能担任《宁寿鉴古》的临写工作。《西清续鉴》的编纂时间在乾隆四十六年至五十八年（1781—1793），赵氏于乾隆四十七年（1782）“在懋勤殿行走四年，着加恩赏给中书，遇缺即补，仍准其一体会试。四十八年补内阁中书。五十四年……户部员外郎补用。五十九年，升兵部郎中”。[①] 这段时间赵氏官职中等，行走于懋勤殿，又酷爱金石之学，似是负责《西清续鉴》临写工作的适合人选。

又阮元《积古斋钟鼎彝器款识》一书中有援用赵秉冲摹本者，同铭在《宁寿鉴古》（图五）、《西清续鉴甲编》（图六）、《西清续鉴乙编》（图七）一书中能见，但若从笔迹仔细观察，两者有明显差异。

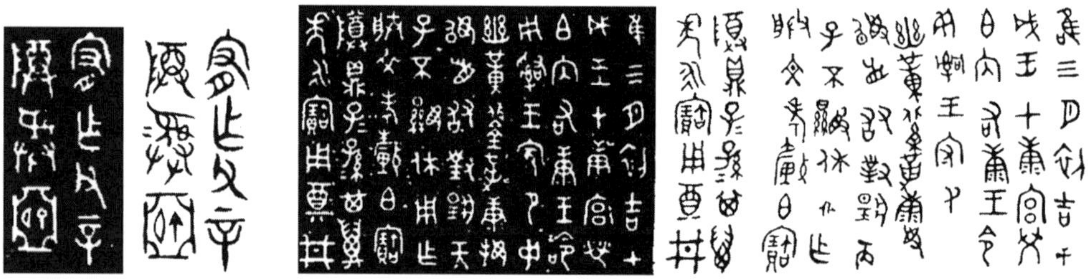

1　2　3　4

1.《宁寿鉴古》1 -8 父辛鼎三铭　2.《积古斋钟鼎彝器款识》卷一宥父辛鼎铭

3.《宁寿鉴古》1 -17 康鼎铭　4.《积古斋钟鼎彝器款识》卷四康鼎铭

图五　《宁寿鉴古》器铭和《积古斋钟鼎彝器款识》中赵秉冲同铭摹本比较图

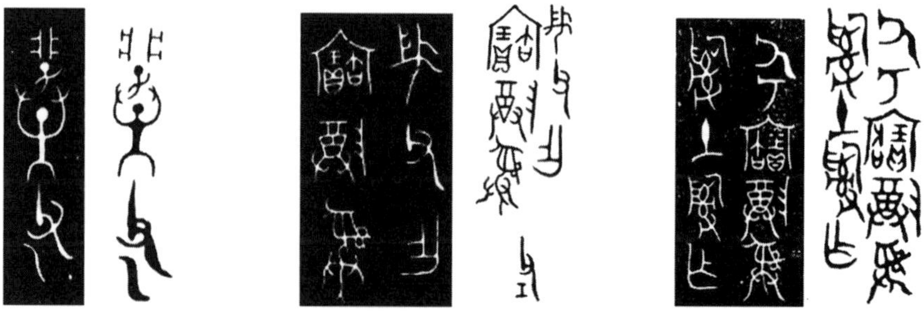

1　2　3　4　5　6

① 吴忠匡等校订：《满汉名臣传》，第3828页，黑龙江人民出版社，1991年。

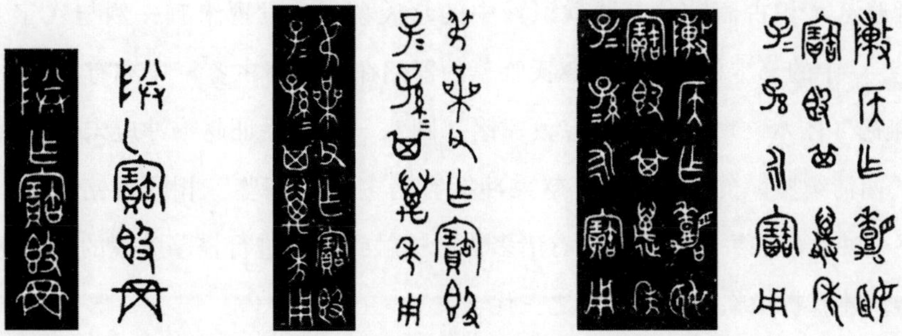

7 8 9 10 11 12

1.《西清续鉴甲编》6－37 父乙彝二铭　2.《积古斋钟鼎彝器款识》卷二“析孙子父乙”敦铭
3.《西清续鉴甲编》7－1 宝彝一铭　4.《积古斋钟鼎彝器款识》卷五印父彝铭
5.《西清续鉴甲编》6－22 司徒彝铭　6.《积古斋钟鼎彝器款识》卷五司土彝铭
7.《西清续鉴甲编》7－14 举彝一铭　8.《积古斋钟鼎彝器款识》卷六朕敦铭
9.《西清续鉴甲编》6－25 臬父彝铭　10.《积古斋钟鼎彝器款识》卷六叔臬父敦铭
11.《西清续鉴甲编》6－24 陈侯彝铭　12.《积古斋钟鼎彝器款识》卷六陳侯敦铭

图六　《西清续鉴甲编》器铭和《积古斋钟鼎彝器款识》中赵秉冲同铭摹本比较图

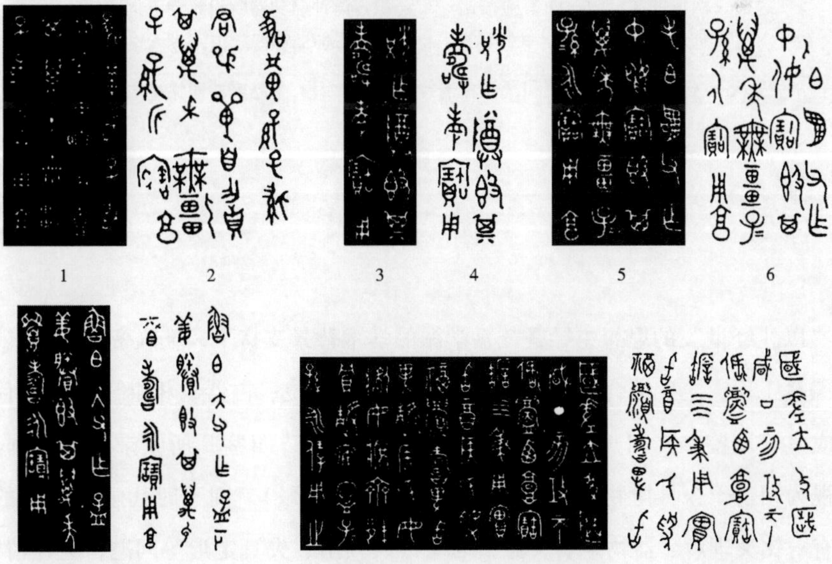

1 2 3 4 5 6 7 8 9 10

1.《西清续鉴乙编》1－24 单鼎铭　2.《积古斋钟鼎彝器款识》卷四叔单鼎铭
3.《西清续鉴乙编》12－28 光敦铭　4.《积古斋钟鼎彝器款识》卷六兄光敦
5.《西清续鉴乙编》12－16 伯駒敦铭　6.《积古斋钟鼎彝器款识》卷六伯角父敦铭
7.《西清续鉴乙编》12－32 鲁伯敦铭　8.《积古斋钟鼎彝器款识》卷六鲁伯大父敦铭
9.《西清续鉴乙编》16－9 国差铭　10.《积古斋钟鼎彝器款识》卷八齐侯甔铭

图七　《西清续鉴乙编》器铭和《积古斋钟鼎彝器款识》中赵秉冲同铭摹本比较图

笔者遍览《积古斋钟鼎彝器款识》中的赵氏摹本，发现未有一例与《宁寿鉴古》《西清续鉴》中的摹本相同，甚至赵氏临摹的器铭在《西清古鉴》中亦有所见，如 19 - 11 宜壶盖铭（图八 -1）、28 -19 宝敦一铭（图八 -3），足证赵秉冲应未参与《宁寿鉴古》和《西清续鉴》的临写工作。赵秉冲拥有诸多与“四鉴”相同器铭的摹本，推计大概是赵秉冲常年在懋勤殿行走，有诸多机会接触到当时进行描摹工程的人或正被绘制的青铜器，才有机缘临摹内廷收藏之三代金文。

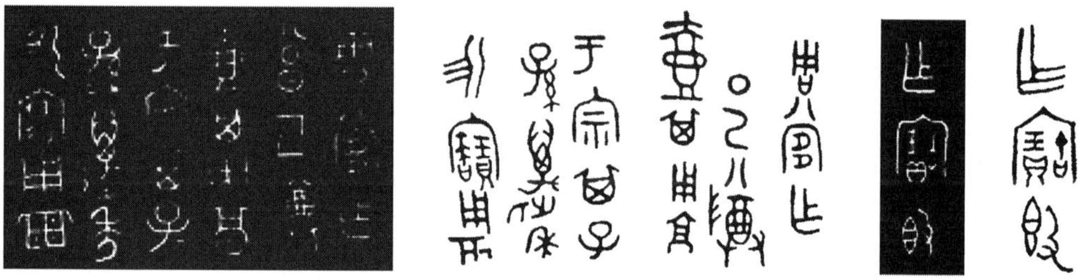

1 2 3 4

1.《西清古鉴》19 -11 宜壶盖铭 2.《积古斋钟鼎彝器款识》卷五周壶铭
3.《西清古鉴》28 -19 宝敦一铭 4.《积古斋钟鼎彝器款识》卷六宝敦铭

图八 《西清古鉴》器铭和《积古斋钟鼎彝器款识》中赵秉冲同铭摹本比较图

四 结语

在“以礼经世”的思想主导暨乾嘉学派的学术背景支持下，乾隆帝展开了《西清古鉴》的编纂工程，之后结合其尊古搜奇的艺术收藏品位、古器物相继出土的时代机缘，陆续完成《宁寿鉴古》和《西清续鉴》的编纂事业。“四鉴”所收录内廷青铜器的信息，可视为相当于今日博物馆的“文物清册”（文物账）。囿于时代学术水平的限制，其中多有对铭文理解、器物定名、器型描绘错误频出、失真走形等问题，但在清宫藏青铜器珍贵资料的保存上仍具不可磨灭的价值与意义。

《宁寿鉴古》和《西清续鉴》编纂完成后未能随即刊印出版，且相关重要文献记载几希，使得绘图者、摹写者等相关参与编纂人员皆湮没在历史重幕中，罕为人知。尤有甚者，如《宁寿鉴古》的成书时间都仅为推论，更遑论其他。首先，笔者比对“四鉴”绘图风格、表现图式手法后，得出《西清古鉴》器物描绘水平最高、《西清续鉴》次之,《宁寿鉴古》列末的结果,推测“四鉴”各有其不同的绘图者。并在爬梳大量文献档案过程中,发现《西清续鉴》的可能绘图者之一为潘仁,并分析归纳出《西清续鉴》绘图者具备的条件为其时未担任具体官职,擅长界画等,为后续研究《西清续鉴》提供了新线索、新方向。

其次,借由比对“四鉴”摹篆铭文失真、脱漏、错讹情况,得出《西清古鉴》临写准确度最高,《宁寿鉴古》次之,《西清续鉴》最末的结果,推测“四鉴”摹篆者亦各不相同。笔者以《西清古鉴》摹篆者之一陈孝泳为例,运用原始档案验证其不可能参与《宁寿鉴古》和《西清续鉴》的临写工作。并将《积古斋钟鼎彝器款识》中赵秉冲摹本和“四鉴”同铭者大量相互对照,得知赵秉冲应非《宁寿鉴古》和《西清续鉴》的摹篆者,其真正的摹篆者仍等待研究者继续发掘、探寻。

故宫藏"艳榜"照片考察

左远波

内容提要：故宫博物院收藏几幅标注"状元""榜眼"字样的年轻女子照片，她们都是清末上海《游戏报》选出的名妓。这些照片能够进入宫中，并最终成为故宫藏品，给人们留下了不少想象空间。它们虽然只鳞片爪，却在一定程度上透视出晚清的世态风俗。那么，何为艳榜？它与科举是否存在关联？故宫收藏的照片又出自何处？本文通过对现有史料进行必要梳理，力求对这些问题作出相应的考察与解读。

关键词：妓女　花榜　游戏报　故宫　老照片

在故宫博物院收藏的大量人物照片中，发现5幅标注"庚子夏榜状元""戊戌榜眼"等字样的年轻女子照片。若按现在的审美标准，她们虽然不一定都能被称作美人，却也相貌端庄，衣着时尚，颇有几分明星的"范儿"。早在1993年，笔者在编辑出版《故宫珍藏人物照片荟萃》时，就已注意到这些既非格格、宫女，也不像宦家闺秀的人物。当时虽因难以辨识身份而没有在书中收录，心里却留下了一个待解的疑团，对相关线索自然也就多了几分关注。

偶读《文史精华》编辑部的《近代中国娼妓史料》，看到一段"开花榜的由来"的文字：

> 旧上海有些"洋场才子""花丛雅士"，写花史、开花榜、选什么"状元""金刚"的，对于妓女极尽捧场的能事。远在1896年，李伯元创办的《游戏报》上，提倡开花榜。1897年选出"四大金刚"，1898年又有"花榜""艺榜"之分。艺榜

以唱戏得名，花榜以姿色超群。李伯元死后，各小报亦一再举行，公开贿赂，几如市场。除“四大金刚”外，有所谓“花国总统”“香国大总统”“花榜状元”等名称。当时有花史翔实的记载。①

看来所谓“状元”“榜眼”，都是荣登“花榜”的名妓。那么，具体怎样开花榜？它与科举是否存在关联？故宫收藏的那几幅照片又出自何处？其后又带着这些问题，查阅了《清稗类钞》《中国娼妓史》等材料，虽然有所收获，却都因记述简略而不得其详。直到发现老报人陈无我《老上海三十年见闻录》一书，并看到部分残存的《游戏报》资料，才开始释疑解惑，了解到有关花榜的原委经过。

笔者对于近代妓女问题尚无系统研究，本文仅对现有史料进行必要的梳理，在此基础上对故宫收藏的妓女照片作出相应的考察与解读。②

一　妓女与科举

始自隋朝大业三年（607）的科举制度，在中国前后存在1300多年。而妓女与科举，这两个看似毫不相关的话题，也始终存在着某种不解之缘。她们与士大夫的关系更是千丝万缕，因此为历代文人所美化。在古代文学作品中，才子佳人作为一个经久不衰的主题，留下了数不清的风流故事。

从唐代开始，参加科举考试成了读书人求取功名的主要途径。士子一旦高中进士，便开启了锦绣前程，需要一定排场进行庆祝，向钟情的妓女写诗炫耀才华被视为雅事；对于科考失意的士子而言，无奈之下，美酒佳人也是抚慰他们落榜失意的一剂良方，正可谓“黄金白璧买歌笑，一醉累月轻王侯”！于是妓家自然把进士作为首选的顾客，并按其审美品位塑造妓女，最大限度地迎合这种社会需求。唐代妓家大体分为两类：一是民间的“平康”“北里”之“乐户”，主要面向社会，服务于一般官吏、士人等群体；二是官办的“教坊”之“伎女”，主要服务于宫廷、官府，有时也赴朝官、士子在酒楼或家中的宴会。

---

① 平襟亚：《旧上海的娼妓》，《中国近代娼妓史料》下卷，第16页，河北人民出版社，1997年。

② 参阅王学钧：《李伯元的“艳榜三科”——佚文与传记》，《明清小说研究》1998年第1期。蔡佩芬：《晚清浮世绘：〈游戏报〉与晚清上海文人的文化想象》，台湾暨南国际大学硕士学位论文，2009年。

《开元天宝遗事》卷上：

> 长安有平康坊，妓女所居之地，京都侠少萃集于此，兼每年新进士以红笺名纸游谒其中，时人谓此坊为风流薮泽。①

《北里志》序：

> 京中饮妓，籍属教坊，凡朝士宴聚，须假诸曹署行牒，然后能致于他处。惟新进士设筵顾吏，故便可行牒追，其所赠之资，则倍于常数。诸妓皆居平康里，举子、新及第进士、三司幕府但未通朝籍未直馆殿者，咸可就诣。如不吝所费，则下车水陆备矣。其中诸妓，多能谈吐，颇有知书言话者，自公卿以降，皆以表德呼之。其分别品流，衡尺人物，应对非次，良不可及。信可辍叔孙之朝，致杨秉之惑。比常闻蜀妓薛涛之才辩，必谓人过言，及睹北里二三子之徒，则薛涛远有惭德矣。②

可见，狎妓冶游已是唐代士人生活的重要组成部分，妓家俨然成为文化人的休闲娱乐场所。妓女时髦的装束、轻盈的舞姿、动人的歌喉、不俗的谈吐，都对士子们有着难以抗拒的诱惑力。

到了明代，南京的妓院甚至与贡院对门而居。清人余怀《板桥杂记》称：

> 旧院与贡院遥对，仅隔一河，原为才子佳人而设。逢秋风桂子之年，四方应试者毕集。结驷连骑，选色征歌。转车子之喉，按阳阿之舞；院本之笙歌合奏，回舟之一水皆香。或邀旬日之欢，或订百年之约。蒲桃架下，戏掷金钱；芍药栏边，闲抛玉马。此平康之盛事，乃文战之外篇。若夫士也色荒，女兮情倦，忽裘敝而金尽，遂欢寡而愁殷。虽设阱者之恒情，实冶游者所深戒也。青楼薄幸，彼何人哉！③

---

① （五代）王仁裕：《开元天宝遗事》，第25页，中华书局，2006年。

② （唐）孙棨：《北里志》，上海古籍出版社，2000年。

③ （清）余怀：《板桥杂记》，第14页，上海古籍出版社，2000年。

需要说明的是，古代“妓女”这一称谓，概念要比今天宽泛得多。她们并非专指从事皮肉生意的女性群体，其他歌伎舞女、侑酒陪席，只出卖色艺而不卖身者，也通称为妓女。① 高级妓女一般都有较高的文化素质，如明末柳如是、董小宛等“秦淮八艳”，都色艺双绝，出污泥而不染。② 她们大多出身名门，或因家道中落，或因官府陷狱，而沦落风尘。“八艳”中清一色都是“清倌人”，即卖艺不卖身，因此人们多以歌妓、舞妓、诗妓、画妓等称之，而无一人被直呼为“妓女”。所谓文人狎妓，也是中国古代特有的文化现象，其目的亦非（或不仅仅是）肉欲，而是结交红颜知己，满足精神层面的需求。

清代咸丰以后，海禁大开，传统的士妓关系，在商品经济的冲击下，逐渐开始世俗化。但晚清江南地区的高等妓女，仍然延续着古代娼优一体——女乐的传统，提供有妓女酬应的娱乐，诸如歌舞弹唱、设宴侑酒、打茶围之类，“送客留髡”倒在其次。③

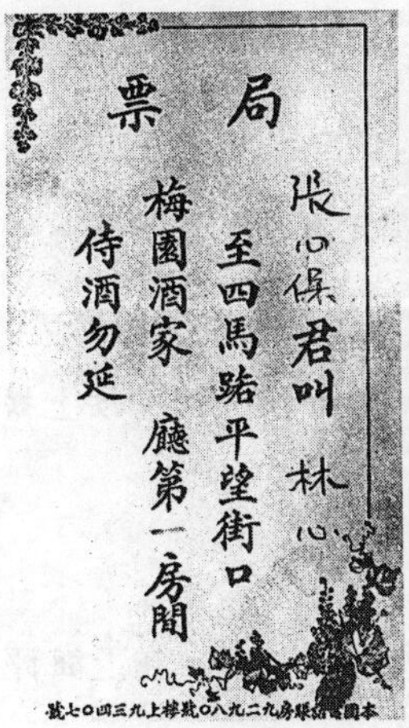

图一（左） 邀请妓女陪坐侑酒的局票

图二（右） 在轿子、汽车尚未流行时代，上海小脚妓女出堂会时由龟奴扛在肩上出行，这是当年沪上奇景之一

---

① 古代“倡”“娼”“妓”等字，按正常解释均有“歌女”、“舞女”之类的含义。

② “秦淮八艳”按排名依次是：柳如是、陈圆圆、董小宛、李香君、顾横波、卞玉京、寇白门、马湘兰。

③ 张文钧：《北京清吟小班的形形色色》，前揭《中国近代娼妓史料》上卷，第330页。

这一时期最为世人乐道者，莫过于光绪年间状元洪钧娶苏妓郑彩云（即后来的赛金花）为妾，彩云又以公使夫人的身份随夫出使欧洲，并在洪状元死后演绎了许多传奇。①更有落第士子、“花丛雅士”，写花史、开花榜，乐此不疲地游走于名花之间。

所谓“花榜”，就是在妓女中进行选美。花榜由来已久，早在宋代即已出现妓女间的评选活动。但将状元、榜眼、探花等科举名次移植于花榜，用以称呼胜选的妓女，则似乎始于明代中晚期：

> 花榜之事，似始于明嘉靖、隆庆间（世宗、穆宗年号）金坛曹大章创莲台仙会，集吴伯高、梁辰龙诸名流，品藻诸姬，一时称盛。是为“花榜”萌芽。嗣后万历中冰笔梅史以燕都妓女四十人配叶以代觥筹，曹大章复作《秦淮士女表》，判别诸姬才情色艺，分列品目。有女状元、榜眼、探花、解元及女学士、太史之称，至晚明而其风日炽。②

清代正式花榜活动的举办，则始于顺治年间：

> 顺治丙申（十三年）秋，云间沈休文纵狭邪之游，薄松郡无名姝，游于苏往来平康无虚日，品其色技作花案，选虎邱梅花楼为花场，品定高下，以朱云为状元，钱瑞为榜眼，余华为探花，某某等二十八宿。择日迎状元，一郡如狂……（以上据《说梦》及《坚弧集》）是为清代“花榜”之始。③

延至清代晚期，花榜选美之风日盛。同治年间一名自称“刚斋主人”者，在上海评选李巧玲为花榜状元，引起轰动；光绪七年（1881）开出二次花榜，由“长毛状元”王韬主持。此后，上海几乎每年都举行此类活动。其中规模较大的有：光绪八年（1882），主持评选的多为社会名流，其中包括自称“身历花丛凡四十年”的王韬、“风流教主”郑似周、“二爱仙人”李芋仙、“雾里看花客”钱徵等；光绪十三年（1887）书仙花榜，

---

① 洪钧，同治七年戊辰科状元。

② 王书奴：《中国娼妓史》，第223页，三联书店上海分店影印版，1988年。

③ 前揭《中国娼妓史》，第311页。

评出28人；光绪十四年（1888）夏季花榜，评出16人。①

这些花榜都由文人出面谋划，评选结果也只在“文化圈”内流传。直到光绪二十三年（1897），《游戏报》主笔李伯元首度将其公开化、体制化，陆续在报纸上推出“艳榜三科”，才成为影响广泛的沪上盛事：

> 从前沪上小报时有花榜之作，搜采芳馨，品题红翠，极文人之好事，播香国之美谈。光绪中李君伯元创办《游戏报》，首以开淞滨花榜为号召，总持风月，裙摭羲娥，韵事流传，至今勿替。花榜之外，兼开武榜、叶榜，尤为别开生面。同时诸小报闻风踵举，盛极一时。然慎重将事，舆论翕然，允推李君各榜为首。此亦申江一大掌故也。②

二　《游戏报》的艳榜三绝

李伯元（1867—1906），名宝嘉，字伯元，别号南亭亭长、游戏主人等，江苏常州人，生于世宦之家，祖父、父亲及伯父均出身科第。他本人虽少年时就考取秀才，名列第一，但始终未中举人。伯元多才多艺，擅制艺、诗赋，工绘画、篆刻，懂金石、考据，有《庚子国变弹词》《官场现形记》《海上繁华梦》《南亭笔记》《南亭四话》《醒世缘弹词》等十多种著述。其中以《官场现形记》最为著名，堪称晚清谴责小说的代表之作。

光绪二十二年（1896），年仅29岁的李伯元从家乡常州来到上海，受聘于外商，创办并主编《指南报》，揭露时弊，劝善惩恶。次年五月二十六日（1897年6月25日），他又自力创办中国近代第一份文艺小报——《游戏报》，宗旨是“假游戏之说，以隐寓劝惩”。但与当时的主流报纸不同，其风格更贴近普通民众。该报创办伊始，就十分重视有关青楼的讨论和报道，并采用“香国谈新”“柔乡杂记”“花香软语”“沪滨艳谈”“花丛琐谈”等标

图三　李伯元

① 徐珂：《清稗类钞》，第11册，第5149—5152页，中华书局，1984年。

② 陈无我：《老上海三十年见闻录》（下册），第1页，大东书局，1928年。

题，讨论内容日趋集中，俨然成为上海花界的专业报纸。其中最引起轰动的一项举措，就是采取中国科举考试与西方民主程序相结合的形式，利用报纸在社会上公开进行花榜选举，李伯元本人也因此获得“风月总持”“骚坛盟主”“花界提调”等雅号。

《游戏报》自创办到宣统二年（1910）停刊，14 年间有各种名目的花选，次数尚难统计，其中以首次举办的丁酉（1897）夏季花榜材料最详，从中可以勾勒出大致面貌。

（一）花榜选举经过

《游戏报》创刊后，即以开花榜为首事，在报上刊登《游戏主人告白》：

> 本报每年出花榜四次，本年夏季准在六月出榜。诸君选色征歌，如有所遇，投函保荐，将生平事实、姓氏里居，详细开明，以便秉公选取。游戏主人谨启。①

具体评选规则是“仿泰西保荐民主之例，以投函多寡为定。甲第之高下、名次之前后，皆视此为衡，本主人不参一毫私意焉”。② 也就是仿照西方民主选举的办法，以“荐函”多寡——选票数量决定选举结果。民主制度进入中国，竟开始于妓女选美，无疑是对当道者的莫大嘲讽和晚清政治的悲哀。不过这个办法却很奏效，花榜很快成为人们关注的热点，报纸销量随之大增。主办者的最初构想是每年开四次花榜，但事实上次数并没有那么频繁。根据现有资料推测，其后各种名目的花选每年至多不会超过两次。

评选大致可分三个步骤：征求荐函、选票统计和公布结果。

荐函即对应选妓女的推荐信，主要内容包括被举荐者的姓名、住址，对其身材、容貌、品行和应对举止的描述，以及推荐理由等。举荐人不再局限于文人墨客和社会名流，而是扩展到一般的冶游客，即便是市井小民也一律平等，不会因为身份不同而影响结果。荐函形式选录如下：

> 游戏主人执事：香莲风定，暑雨凉生；际炎夏之舒长，条新秋兮瞬届。谂知执事具阅世之通才，创品花之宝鉴。听歌喉于北里，周公瑾儒雅千秋；访粉黛于南朝，冒巢民风流独步。不忍卿卿沦落，尽入网罗，倘交一一品题，自分清浊。爰严

---

① 前揭《老上海三十年见闻录》（下册），第 1 页。

② 前揭《老上海三十年见闻录》（下册），第 27 页。

花榜之条，广申函荐之旨，特捐资格。多情之苏小群推，雅重丰裁，却聘之香君有几，从此机优云劣，江南花柳生春。伫看王后卢前，蕊榜姓名长馥，师师不没，幸传五国之文，盼盼长存，共赏十年之节。执事立论居心，讵随流俗，征声选色，必妙权衡。鄙人海上停踪，吴娃广识，楼头访艳，越女初逢，非缘啮臂之盟，敢作扪心之论。爰有校书王雅卿者，姿容清润，情性柔和，水秀秋纹，花娇莲瓣，诗城不筑，遍探音律之精，酒国长临，终贻喉舌之累，而乃旨趣不同，趋向独异，桃花虽薄，不随东逝之波，宝筏长虚，惟颂西来之佛，是殆营香巢未久，杜牧虽逢，果能遭杰士于当前，卫公定识。即此一节堪嘉，许为群芳生色。非凭月旦之真，孰定风尘之品？量来玉尺，珠搜北海之滨，宴尔琼林，名显孙山之上，不亚诗吟荐士，抒思贤若渴之怀，请看典重抡才，亦异曲同工之致。敢陈管见，用达芜词，敬候鸿裁，即希雅鉴。计开：王校书雅卿，年十九岁，住新清和里，锡山人也，秀外慧中，娴词工曲，性豪迈，兼嗜饮，虽操卖笑生涯，不屑与庸奴伍。绮春居士谨启。①

读此奇文，可知这位“绮春居士”不愧花界老手。其他荐函也与之类似，称赞自己属意的妓女都极尽肉麻之能，喻物非花即月，比人则非苏小即王嫱。

评选过程完全透明，收到的荐函均以“来书照录”的形式，原封不动地在报上陆续刊载。《游戏报》每日都吸引着读者的眼球，其间各类小的插曲时有发生，就连一位自称“美国人雅脱”者也致函报馆，指责评选不公：

游戏主人鉴：阅贵报后幅所载各校书芳名，丑者多列前茅，美者反置后列，甚不公允。何以颠倒如此？故致书阁下，祈秉公更改，重刊为盼。仆美国人，寄迹申江，并无行业。如蒙赐覆，祈交工部书信局转交可也。雅脱启。

于是，李伯元赶紧登载声明：

本报后幅所载各校书芳名，但凭荐信随时登记，优劣既未定评，先后自无成见。阅报者佥谓花榜已出，不免谣诼纷纭。且各姓氏之前标明“将出花榜”字样，

---

① 前揭《老上海三十年见闻录》（下册），第11页。

> 愿诸君取“将”字之义寻绎之，自不致于误会也……①

当时的上海可谓繁荣“娼”盛，妓女因来历、籍贯、身份的不同，分为许多的种类和等级，归纳起来，大致有书寓、长三、幺二，以及最下层的台基、野鸡、花烟间、钉棚、咸水妹、淌白、拆白党等等。《游戏报》花榜的对象，就属于“书寓”“长三”等的高级妓女。②她们虽不以皮肉生涯为业，但也时常闹出一些“姘戏子、马夫”之类的风闻，使得同辈中的自视清高者不齿与为伍。丁酉花榜评选时，就有一名叫金宝仙的妓女要求删掉自己的名字，《游戏报》还为此登载了一段题为《金宝仙不愿登榜》的文字：

> 本报将出花榜，各校书业已俱知，日内嘱托客人具函举荐者，不一而足。独鼎丰里金宝仙词史幽闲贞静，举止大方，色艺虽亦犹人，而敦节尚品，则共推为沪江第一。日昨特托人关说，求将姓氏删去，免予登榜，羞与姘戏子、马夫者为伍。噫！沪上淫风，至今日亟矣。北里、平康，尤不堪闻问。今忽有介然独出者卓立其间，本报职司采访，方当代为阐扬，以作中流之砥柱。而乃甘于韬晦，不求人知，其秉性之贞，用心之苦，实有高出寻常万万者。总之，此次花榜，色艺自不容偏尚，品节亦当与表彰。届时秉笔者自有权衡，自有位置，决不负若人之苦衷。其他挟嫌之见、无稽之言，亦不能逃鉴察也。③

“色艺虽亦犹人”，虽然容貌、水平与别人没用什么差别；“而敦节尚品”，但品行

---

① 前揭《老上海三十年见闻录》（下册），第14页。

② 参见杨伟康《旧上海娼妓史话》：“上海娼妓中等级最高的是‘书寓’。书寓出现于咸丰初年，创始人名曰朱素兰。朱善说书，并会填词吟诗，她创设书场，挂上书寓的牌子，组织一些略有说唱技艺的女子从业……书寓的娼妓号称只卖艺而不卖身，除了说书弹唱，便是陪酒……有时也出门陪酒，名曰出堂拆或出堂差……长三本来也是高等娼妓，只是自同治年间始，其取费规矩有了划一的市场，以陪酒银币三元、留客度夜再三元，而被人们骨牌中的长牌六点图案中演绎出来这一种称呼……长三妓女和书寓一样，亦标榜着卖艺不卖身……还有一种被人们视为下等娼妓的‘幺二’妓院。幺二的得名也同长三一样，因其最早在同治年间的收费规定，茶围取资一千文、侑酒取资2000文，数目与骨牌中的三点相似的缘故。幺二的势力在初创时期与长三不分上下，但由于居处、穿着和习惯远远不及长三，所以势力日减，后又受到下等娼妓如野鸡、台基等的冲击，身价日落，终于只能接纳商店伙计和工厂工头进院而沦为下等娼妓。”（前揭《中国近代娼妓史料》下卷，第151—153页）

③ 前揭《老上海三十年见闻录》（下册），第13页。

却出类拔萃。所以，此人值得表彰。为了尽量统一选美标准，报上又登载《纠花侍者之花榜格》：

纠花侍者贻书云：日读贵报，知主人有大开花榜之举，平章风月，管领烟花，传韵事于申江，播美谈于歇浦，欣羡奚如。惟是荐牍纷披，反致胸无把握，爰不揣僭越，窃代订花榜格三条，庶几拔取真才，克孚众望，未始非高深之一助也。纠花侍者拜手。计开花榜格三条：

一、尚品：不随俗，不傲物。

二、征色：修短得中，秾纤合度。

三、角艺：通翰墨，善酬应，妙诙谐，晓音律，解词曲，能饮酒。①

此外，尚有“四不妍、五忌、六不取”三条，定例极为谨严。游戏主人考虑“人才难得”，不能过于苛求，故此删去不用。

（二）花榜开榜

花榜持续受到关注，其间虽频生枝节，但一切都在有序进行。或许是报纸有意为之，原定于六月的开榜日期，被延至七月初七“女儿节”。为此报上提前发布《花榜揭晓预布》：

书披鹗荐，怪夏榜之迟开；宴启鹿鸣，喜秋风之早届。环肥燕瘦，较量本自需时；卢前王后，位置惟虞失当。兹者针穿乞巧，记织登科，鹊桥暗渡于良宵，虎榜即悬于此日。值双星之佳会，看千佛之名经，泥金报而姓氏皆香，淡墨书而声价顿倍。敢诩红红翠翠，尽坐春风；免致燕燕莺莺，望穿秋水。爰修小启，俾众周知。游戏主人启。②

七月初七日，正式发布《春江丁酉夏季花榜》。首为“仓山旧主”序：

---

① 前揭《老上海三十年见闻录》（下册），第5—6页。

② 前揭《老上海三十年见闻录》（下册），第15页。

抡才取士，务在公而无私，乃足服人心而昭定论。抡花亦何莫不然？惟抡才之时，可取与试之卷而尽阅之，以免遗珠之憾；抡花之际，不能遍游花国，取千红万紫而尽入目中。苟仅就所寓目者而加以品骘，余皆付诸不见不闻，其抱憾遗珠也，不滋甚耶？游戏主人有鉴乎此，独出心裁，于今届拟开花榜之先，四出招人荐函。积日累月，荐牍纷投。姓名之下，必有考语，或系诗词，或赠联句，即例诸同考之房批，仍凭其荐函之多寡，以定名次之高下，并不另加评骘，示不敢居座主之席焉。三甲以外之姓名，一概附录后幅。其序文、诗词、联句之冗长者，限于篇幅，随后续录。噫！纸上提名，尽属好好娟娟之彦；花开及第，莫非莺莺燕燕之俦。是为序。仓山旧主识。

次为“凡例六条”：

一、统申江而论，隶乐籍者凡三千余人。万紫千红，讵能遍阅？此次花榜，悉凭荐书多寡为定，益复参以舆论，以昭平允。

一、定一甲三人、二甲三十人，其余悉置三甲。沧海遗珠，知不能免，挂一漏十，阅者惊焉。

一、如曹梦兰、陆兰芬、花翠琴、花玉田、谢湘娥等，或久饮香名，或早树艳帜，或华年已去，或身份自高，似不必再与群芳争胜，故不录入。

一、近年北里中以歌胜者，颇不乏人，如王秀兰、金小卿、王秀林、小如意辈，均此中之佼佼。拟仿京师之文武榜例，另开武榜，拔取数十人，筮期揭晓。

一、榜上所取各校书名下考语，悉照荐书择要摘录，本主人不赞一词。

一、此次特开花榜，承四方同志惠贻序跋、诗词、联语甚夥。因限于篇幅，容后按日排录报中。

游戏主人定。

再次为仓山旧主“花榜题词”：

浪迹花丛五十年，此中风月洵无边。

输君一管生花笔，能把佳人次第传。

色艺由来宜美偏，性情尤必近温柔。

最难万卉丛中取，压倒群芳一状头。

师师盼盼宜成列，好好娟娟合作俦。

博得寻花人一笑，按图从此易探求。

批沙费尽心兼目，一一编排美且妍。

自问寸私无着处，冰克足可对婵娟。

图四　赛金花

"仓山旧主"即袁祖志，大诗人袁枚之孙，时任《新闻报》主笔。凡例提到的曹梦兰，则是后来大名鼎鼎的赛金花。

接下来便是具体榜文，推出一甲张四宝等3人（状元、榜眼、探花）、二甲蔡新宝等30人、三甲金丽卿等107人，共140人。姓名后均附有住址、评语：

第一甲

状元　张四宝，年十六岁，姑苏人，住西荟芳里。

荐评九函，录五：

蕤蕤者葩，娟娟其韵；波写明而花写媚，神取洁而情取幽。《淮南子》云："曼容浩齿，不待脂粉芳泽而佳者，西施、阳文也。"吾于词史亦云。

端庄沉静，柔媚可亲；张墅愚园，踪迹罕到；举止娴雅，有大家风；秀丽天然，风神娴雅；姗姗仙骨，矫矫不群。

天仙化人，自然丰韵；翩然入座，鹤立鸡群。昔人谓美人之光可以养目，睹此益信。

榜眼　金小宝，年十九岁，姑苏人，住大兴里。

荐评七函，录四：

色练练而欲夺，光炎炎而若神；非气象之可譬，焉影响而能陈？

容光焕发，流露自然。

由来称独步，本是号倾城。

丰肌秀骨，妩媚中饶卓落气。

探花　祝如椿，年十七岁，姑苏人，住同安里。

荐评七函，录四：

珠辉玉映，蝶腻莺痴，秀外慧中，宜风宜雅。

锦心绣口，聪慧绝伦，善病工愁，温存如玉。

细骨轻盈，蛮腰素口，临风独秀，与月争妍。

才色品艺，四美俱臻，洵为花丛领袖。

第二甲

传胪蔡新宝，同安里。

蛾眉若双翠，明眸发清扬，丹唇翳皓齿，秀色若圭璋。

良玉在璞，奇花初胎，腻理靡容，实少其偶……

接下来的“二甲”第二名，便是前面提到的那位“羞与妍戏子、马夫者为伍”的金宝仙。从籍贯上看，名列前茅的状元、榜眼、探花全部被“姑苏人”所包揽。

最后为游戏主人“跋”：

游戏主人序花榜既毕，而自跋其后曰：夫以申江之大，人材之众，而所取录者，仅此区区百数十人，不特无以餍众望，且并无以服人心，然以沪上往来通衢，文人墨客以及贵介富商，讵无一二明眼人，预为精察而鉴别之，故有怀瑾握瑜之才，而抱憾于湮没不彰者卒鲜。兹榜所录，始凭荐书，继采舆论，所谓出乎其类、拔乎其萃者。虽不能全，窃幸十得七八焉。惟是挂一漏十，所不能免，即所取录，亦岂无滥竽者厕乎其中？是则由于见闻之隘与鉴别之疏，沧海遗珠，抱憾奚极，阅者原其心而谅之，此则余之所深望也。丁酉七夕，游戏主人序于海上三昧斋。①

（三）花榜后续

这次花榜，状元张四宝仅得 9 票（荐函），榜眼金小宝、探花祝如椿则各得 7 票，

① 前揭《老上海三十年见闻录》（下册），第 15—24 页。

可见还是看热闹的多，投票者少。

高中花榜者虽然不能做官，也没什么奖品，但好处还是显而易见的。因为发榜之时每个人的名字后面，都注明了住所和评语，冶游者可“按图索骥”，名次靠前者此后自然也就生意兴隆了。因此妓女皆将花榜视为要事，一则《状元误报》笑话，即反映出她们对“金榜题名”的渴求：

本月七日，群芳□□之日，各校书如听榜士子，中心忐忑，坐立不安，密遣急足奔走探问，闻新定状元名曰“四宝”，于是先报至普庆里王四宝家，后报至尚仁里金四宝家，又报至百花里底洪四宝家，及清河里之左四宝家。之四人者，骤闻此信，皆吐气扬眉，自鸣得意。正在仓皇之际，忽报纸飞至，状头第一人乃西荟芳张四宝也。王四宝不及看姓，误听张、王叠韵，犹执以为是。金、洪二人亦疑信参半，左四宝家之狎客垂头丧气而来，曰“左矣，左矣”！可知应试者往往同名，并有素慕其名藉图鱼目相混如四宝者，亦可以小观大矣。①

花榜评选引发妓女、妓院的竞争风潮，因此必然有人对评选结果表示不满。如金小宝屈居榜眼，就有人为之鸣不平，认为她应该被评为状元。于是花榜揭晓次日，游戏主人便发表《论花榜金小宝不取状元之故》：

游戏主人出花榜之日，即得听经仙侣、挹芗馆主、云水洗眼人叠赐华简。开缄展诵，词虽异而大旨相同，略谓：花榜之举，色艺为先。张四宝秀骨珊珊，清气扑人眉宇，而视金小宝之容光四射，焕发自然，觉彼之耐人寻味者，究不敌此之易于夺目。且小宝善词曲，弋腔、秦声并皆佳妙，似又四宝所不及。若谓惑于物议，谓小宝行止未粹，故抑置之，姑不论其事之有无，但今日所开者花榜，与旌表贞节之事不同，且主人曾有干卿甚事一议，业早为若辈开脱，一旦反其所为，窃所不解。况曹梦兰、陆兰芬辈，均付诸不录之列，使置小宝与若辈为伍，旁人固无从置辞。既不出此，而乃吝此一状头，靳而不与，窃不解主人是何用心也？三函所言，大率相类。

① 《游戏报》第五十五号，1897年8月17日。

游戏主人读既毕，不禁喟然曰：呜呼！斯言也，其知我者欤，其罪我者欤？若以为罪我，则此番位置，不特无以服小宝之心，且并无以自解；若以为知我，则不特释诸君之疑，而所以成全小宝者正不少也。溯自余创行特开花榜之议，所得荐函不下二百余通。其间褒美者固多，而谤毁者亦复不少。出榜前一夕，尚有人来书力诋小宝者，余皆付诸不论、不议之列。诚如初二日报登懊侬所言：歌舞之地，非士行之坊表；声伎之微，非世风之维系也。特是小宝自去岁由苏来申，艳帜高张，声名鼎盛，昵之者由是而众，而忌之者亦由是而多。推原其故，皆由小宝为人志高气傲，遇所欢则娓娓谈不倦，见生客则默无一言。不知者辄嫌其盛气凌人，恃才傲物。由是誉之者一，毁之者百，谣诼繁兴，而声名遂从此大减矣。余友有昵之者，尝谓嗣今以往，小宝非适人即返苏，否则申江虽大，几无斯人容足之地。呜呼！斯言也，其殆深知小宝者欤？此次编次花榜抑置之，正所以保全之。否则位置过高，则摧折者益众。天惟不愿海上失此名花，故荐书不逮四宝，正以抑置之者保全之，此其间殆有数存焉。至其色艺过人，久为有目共赏，允称沪江领袖，余亦不作违心之论也。①

为应对部分人对花榜的不满，李伯元又准备模仿科举中的殿试，将此次榜上有名者集中起来，举行“遴芳会议”，并在报上发表《拟举行遴芳会告白》：

本届所定花榜，名次前后，悉凭荐书多寡为定，本主人毫无成见。兹拟举行遴芳会，将群花依次校阅，即于一百四十人中遴选数十人，另编名次，犹之进士甲第虽分，其得庶常与否，必俟朝考后方定，并不系乎甲第之高下也。至此会如何举行，届时再行布告，特白。②

至于如何进一步“遴芳”，因资料所限就不得而知了。总之，李伯元总能不断制造热点，使得报纸销量大增。在花榜揭晓之日，《游戏报》仅上海一地，“初出五千纸，日

① 前揭《老上海三十年见闻录》(下册)，第25—27页。

② 前揭《老上海三十年见闻录》(下册)，第28页。

未午即售罄，而购阅者尚纷至沓来，不得已重付手民排印，又出三千余纸，计共八千有奇”。[①] 而当时上海资格最老的《申报》，发行也不过7000份左右。而且揭榜后相关出版物也几乎随时跟进，如选辑于花榜序言、题咏、诗跋和小传而成的《淞滨群芳录》《春江花史》等，再次让主办者赚得盆满钵满。

至于上榜的妓女，除了生意从此更加红火外，有的也因此有了比较完美的归宿。如状元张四宝在揭榜不久就嫁给了一位道员，榜眼金小宝后来则与留学东瀛的名士陆达权结婚。

（四）武榜与叶榜

《游戏报》所开花榜，相当于科举考试中的“文榜”。此后不久，又套用武科举之名，开设“武榜”。武榜又称“艺榜”，并非比试武功、武艺，而是“仿京梨园之囊例”，在艺妓中评选技艺出色者。为此，游戏主人在《丁酉夏季春江武榜·弁言》中写道：

> 游戏主人既有沪滨花榜之选，又于北里中得善歌者都若干人，厘定甲乙，仿京师梨园之例，另为武榜，录诸报端，而自序其首曰：物之善移我情者，其惟声音之道乎？情动于中而形于言，言之不足，故嗟叹之。嗟叹之不足，故咏歌之。古人以丝竹陶情，亦有闻乐而感者。无他，情动于中，不自觉其流露也。昔年勾栏竞尚小曲，靡靡动听，令人有郑卫之思。近则秦声、弋调，嚣然并奏，颇极顿挫郁沉之致，动人虽不逮小曲，然一时风会所趋，而又有不能偏废焉。余生平好音乐，每花筵月夕，非闻歌则不欢。阅时既久，共得若干人，复就若辈所推重者，次第而甄录之。虽不能珊网无遗，或亦稍免赀议焉耳……[②]

武榜仍沿文榜之例，分为三甲。丁酉武榜计选定一甲3人：状元王秀兰、榜眼金小卿、探花小如意，二甲王秀林等17人，三甲王蔼卿等18人。

到了光绪二十五年（己亥，1899）年四月，《游戏报》更是别出心裁，推出以高级

---

① 前揭《老上海三十年见闻录》（下册），第27页。

② 前揭《老上海三十年见闻录》（下册），第22页。

妓女之侍女为评选对象的叶榜。意思是说妓女为花，侍女是叶，好花还须绿叶陪。叶榜俗称“大姐花榜”，这年评出一甲 3 人：状元，同庆里姚宝云阿三；榜眼，普庆里谢新卿妹妹；探花，兆贵里金秀英阿毛。此外，还有二甲兆贵里胡玉卿薛宝钗等 35 人、三甲百花里洪雪香阿宝等 100 人。

除此之外，尚有“花选”之说，详见下文。

需要说明的是，本文开篇引述“开花榜的由来”中，有所谓选“四大金刚”之说。“四大金刚”分别是陆兰芬、林黛玉、金小宝和张书玉。她们虽然确有其人，也都是《游戏报》捧出的上海名妓，但并非专门选出，其称呼另有来源：

> 清光绪季年，张味莼园安垲地洋房设作茗寮，每至斜日将西，游人纷至，俱以此为消遣地，而青楼中之姊妹花，亦呼姨拿妹而来，其日必一至者，当时为名妓陆兰芬、林黛玉、金小宝、张书玉四人，南亭亭长李伯元之《游戏报》上，因戏锡以四金刚之名。曰四金刚者，缘四人既至之后，每于进门之圆桌上瀹茗，每人分占一席，若佛氏之有四金刚守镇山门，观瞻特壮也。①

图五 上海张园旧影。该园原名“味莼园”，其主体建筑称“安恺第”。

① 孙玉声：《退醒庐笔记》，第 148 页，山西古籍出版社，1996 年。

总之，《游戏报》可谓做足了妓女的文章。

三 故宫收藏的五幅艳榜照片

故宫博物院收藏的5幅妓女照片，下面的标注文字分别是：“戊戌春榜状元林绛雪”、“戊戌榜眼李媛媛”、“庚子夏榜状元小顾兰荪”、“庚子曲榜状元小林宝珠”和“沈丽娟、劫余花榜状元花兰芳”。通过前文介绍，这些人物无疑属于不同年份的艳榜名妓。

那么，她们是否也是《游戏报》所选出？下面就依据现有史料线索，分别对其进行简要考察。

（一）“戊戌春榜状元”林绛雪

在现存《游戏报》资料中，有关林绛雪的记述相对较多。她是光绪二十四年（戊戌，1898）秋季花榜的状元，也是次年春季花选的第二名“牡丹”。

1. 戊戌花榜状元

丁酉花榜开榜后，仅仅一年之内，很多登榜妓女便已名花有主，开始纷纷适人。于是，《游戏报》又于戊戌七月第二次开花榜，名列前茅者为：状元林绛雪、榜眼花丽娟、探花沈二宝、传胪谢倩云。

图六 “戊戌春榜状元”林绛雪

从照片上看，林绛雪长得并不算美，目光也略显呆滞，她为什么会拔得头筹？次年《游戏报》开“叶榜”后，曾登载一则《榜后闲谈》，将她与那位状元作过一番比较：“本馆创开叶榜，已于昨日揭晓，状元为姚宝云家阿三，取其平正通达，与戊戌年花榜状头拔取林绛雪同一命意。”① 据此可知，花榜、叶榜均非完全以色为先，而是需要对包括个人品格在内的其他因素，进行相对全面的综合考量。

从戊戌花榜开始，报馆还随报附送名花照片，成了花榜的又一亮点。此次开榜后一个月，《游戏报》先

① 前揭《老上海三十年见闻录》（下册），第51页。

期刊登这样一则“告白”：

> 本馆本年所定花榜，自从上月揭晓后风行，纸芳誉久驰四方，阅报诸君争思一观其颜色，兹待耀华照相号□人，代将本馆本年所定花榜前列名花小影，每人拍印一万张，约于中秋日起粘诸本报，每日附送。①

五天后，因报纸过多，照片粘贴不及，再次刊登告白，请读者向售报人索购名花照片：

> 本报准十五日附出花榜状元林绛雪小照，十八日附出榜眼花丽娟小照，二十一日附出探花沈二宝小照，二十四日附出传胪谢倩云小照。本报定期附出名花小影，原拟粘帖报端底，以本馆出报过多，连夜粘贴不及，特交售报人手，每报一张取价七文，如欲此照加钱二十三文。②

八月十五中秋节，为附送照片首日，这天的报纸果然开了“天窗”：首版右侧为一长方形花边框，框内上部原为照片粘贴处，此时印有“小照有遗漏者，望持此报到本馆购补”字样。下半部系游戏主人《题林绛雪小影》一首：

> 迎人笑靥惯相撩，第一声华让阿娇。
> 镜影钗光浑不辨，吴儿魂薄那禁销。
> 绝世容颜浅淡装，愈流利处愈端庄。
> 是谁偷得徐黄笔，为写名花冠群芳。

花边框左侧，登载《本报附出名花小影告白》：

> 一　今日附出状元林绛雪小影。
> 二　今日本报仍取大钱七文不欲小照者，如欲此照加钱二十三文，概不赊账。
> 三　向看本报之各主笔，除已通知派报人先付照，由本报将照粘贴报端分送

---

① 《游戏报》第四五二号，1898年9月25日。

② 《游戏报》第四五五号，1898年10月1日。

外，其余未经通知者如欲此照，望持今日本报，找钱二十三文至本馆补给，代为粘贴报上。

四　本馆托耀华拍印此照贴本甚□本属一时戏举，原冀有目共赏然□购阅本报之人，此照概不外售。

五　本月十八、廿一、廿四等日，附送榜眼、探花、传胪等照，有欲预定者仍望从速。本馆挂号填给凭单付给本日有照报一张，其余按期持单来取。

每张售价7文，照片随报纸出售，读者如欲加购，则需另外支付23文。

此外，又刊登《纪今日本报附出名花小影》，介绍这次活动的由来：

古有画图而无照相，然画图技有高下，竭终日之力绘图一纸，得形似已难，矧曰神似，所谓颊上添毫者几人哉？自泰西照相法行，曾不须臾而按图可索，靡不神采宛合，栩栩如生，不可谓非神工也。昔人诗云“当时枉杀毛延寿”，汉代有人擅此技则延寿不至死。海上业此者无虑数十家，而耀华声名为尤著。游戏主人向例于乞巧日有大开花榜之举，合海上群芳品评而甲乙之，媵以诗歌，著之报纸，品题所及，声价顿高，芳誉流传，无间远迩。本年踵行此举，匝月以来，凡本报所至之处，西逮欧墨，东被蓬瀛，莫不争相函告。有谓宜仿西报画图之例，将各名花小影刊诸简短者，有谓宜摹绘成图，石印附送者，统计所得来函，不下百数十通，既裁答之难周，益摹印之匪易。适耀华主人过我，愿以拍印之法襄成此举，乃托其每照先印一万纸，随报附出，取值从廉，较之该号定例每洋一元，取照三张者，不逮十分之一。主人之意但冀一纸风行，万目共赏，虽工本甚巨，在所不惜，不可谓非豪举也。今日为附出花榜状头林绛雪小影之第一日，丰容盛鬋，神采宛然，该号照相之精，自为有目共睹，无藉本报之代为揄扬。而阅报诸君之得睹是照者，宛然与彼美相觌面，其有不为之嘉许哉！①

林绛雪的万幅小照，次日中午便已售卖一空，为此“特嘱耀华照相号仍照前式小照，连夜又拍印数千张”，并叮嘱售报人“不得私行加价”。② 这一独特售卖方式，不仅使报纸销量大增，而且增加了一笔可观的照片收入。同时，《游戏报》与耀华照相号的

---

① 《游戏报》第四五七号，1898年9月30日。

② 《游戏报》第四五九号，1898年10月2日。

合作，也开启了一种双赢的商业模式：报馆节省了拍印成本，照相馆则在报纸上作了一次成功地广告。而名妓照片的大量复制，也使她们被视为社会明星而受到追捧。

故宫收藏的这幅林绛雪照片，或许就是当时拍印的一万数千幅小照之一。只是戊戌花榜开榜于当年七月，而照片下面的标注文字却是“戊戌春榜状元”。这里的“春榜”，似为“夏榜”之误。

2. 己亥花选“牡丹”

《游戏报》除花榜、武榜之外，还从戊戌年（1898）四月八日开始，举办花选活动。所谓“花选”，就是按十二月令选出 12 名妓女（遇闰月多取 1 人），再结合每人的姿态、性格，每月令各司一花。其中，以梅花为魁，牡丹次之。评选过程与花榜相似，也是先在报上刊登告白并征求荐函。从次年（己亥，1899）开始，花选又固定于每年阴历二月十二日举行，名曰“蕊宫花选”。因为这一天为传统的花朝节，俗称“花神节”“百花生日”或“花神生日”。

己亥蕊宫花选的评选结果是：梅花林宝珠、牡丹林绛雪、兰花谢倩云、梨花金如玉、榴花范彩霞、荷花花云兰、海棠沈韵珊、桂花李媛媛、菊花郑菊香、芙蓉洪漱芳、山茶林萼梅、水仙高巧云。每位入选名花都附有题词，如“梅花”林宝珠：

霜质冰肌炼玉砂，罗浮仙子佩寒霞。
知他孤岭风光好，移作沪江第一花。

“牡丹”林绛雪：

锦绣芳尘濯水红，洛阳城郭醉春风。
群芳管领清华甚，留取娇歌漫舞中。①

林绛雪连续两年，拔得花榜状元和花选牡丹，也算《游戏报》开花榜后的一段佳话。

（二）“戊戌榜眼”李媛媛

已如上文所述，己亥蕊宫花选中林绛雪为“牡丹”，李媛媛则为“桂花”。除此之

① 《游戏报》第六二三号，1899 年 3 月 23 日。

外，笔者尚未发现其他材料记述其人其事。照片标注她为“戊戌榜眼”，但戊戌花榜的一甲三人却是林绛雪、花丽娟和沈二宝。若非标注有误，推测此人很可能是戊戌（1898）武榜的榜眼，而这年的武榜状元则是林宝珠。笔者在清末明信片中，发现一幅她的《白水滩》剧照，亦可作为此人曾登“武榜”的旁证。

图七　“戊戌榜眼”李媛媛

图八　清末名妓明信片

（三）“庚子夏榜状元”小顾兰荪

光绪庚子（1900），《游戏报》曾在上海、杭州开过两次花榜，但其过程、人物不详。这张照片标注“庚子夏榜状元小顾兰荪”，推测此人可能为其中一次的头魁。

此外，庚子年亦曾举办花选，并将相关材料汇集成册，出版了《庚子蕊宫花选》一书。从书中的《选艳丛谈》，可以大略看出此次花选的经过：

> 本年于二月初三即登报布告广征荐书。仍定花朝日揭晓。初三、初四两日迭登蕊宫花选格于《游戏报》，为格十二，各系花名，以便荐者之填注，并定花选格八条：

图九　“庚子夏榜状元”小顾兰荪

一　年十八以内、十三以上者入选。

一　选色为上，艺次之，酬应必求其工。

一　去年已列此选者不再录。

一　现隶髫儿戏籍者毋庸选举。

一　今年初隶乐籍者注明。

一　趋向不正，声名平常者不录。

一　嫁人复出及生有子女者不录。

一　由雏妓超升者不录。

荐书征至初七截止。初九以后尚有续投者，皆未登报。特于十一日晚假座金谷香，广召群芳，逐加评骘，以定去取。到者甚众。凌钰卿三四年前即识之。曩时犹梳歪髻，今则俨然成人矣。昔见其清癯殊甚，今则纤秾得中。此次花选本拟畀以海棠，迨评骘既定，乃改易首选。卢前王后只争此一刻眼光。使无金谷香一选，钰卿将默默无闻矣。士之怀才有遇有不遇，亦何莫不然。沈桂云天然妩媚，光艳照人，魏紫姚黄，有斯富丽，逊兹秀逸也。其品格当在花魁花王之间，因梅花已为凌钰卿所占，故畀以牡丹……

庚子蕊宫花选中，小顾兰荪名列第四，夺得“梨花”。①

（四）“庚子曲榜状元”小林宝珠

现存的《游戏报》资料，无法找到小林宝珠之名。《清稗类钞·娼妓类》则有《小林宝珠之荣哀》一节，从中可以略见其身世：

小林宝珠，沪妓也。貌不甚扬，以歌胜，客趋之若骛。侍酒之局，日以百计，每至即歌，歌已即去，时有拈“曲终人不见”之句以赠之者。用是博缠头无算，臂钏累累然，肘为之不曲，衣一日十数易。光绪壬寅夏，染时疫，暴亡。临危，犹高歌《目莲救母》一折。既殁，鸨为之市榇，而客有以楠木所制者赠之。未几，又一

① ［日］樽本照雄：《游戏主人〈庚子蕊宫花选〉——花榜と花选》，转引自王学钧《李伯元传记研究的新进展》，《明清小说研究》1996年第4期。

客以一具至。及发引，则有“诰封宜人”、“晋封恭人”等衔牌导之以行。①

小林宝珠以歌取胜，当然有机会荣登武榜。照片标注“庚子曲榜状元”，可知武榜又称“曲榜”。至于说她“貌不甚扬”，从照片上看，评价似不为过。

图十 “庚子曲榜状元”小林宝珠

（五）沈丽娟、“劫余花榜状元”花兰芳

这是一幅二人合影，右立者为沈丽娟，左坐者则是“劫余花榜状元”花兰芳。二人或均为名妓，或为名妓与侍女，身份判断应无问题。

那么，何谓“劫余”?《游戏报》第一二六八号刊登了一则《拟订津门劫余花选启》，虽然在残存的报纸中，还无法找到事情的下文，但却基本可以肯定，辛丑年（1901）曾在庚子劫难后的天津举行花选。再根据照片标注推测，花选前后又在该地开过一次“劫余花榜”，选出的状元叫作花兰芳。

图十一 沈丽娟、“劫余花榜状元”花兰芳

通过以上解读，我们可以初步了解这些照片人物的大致状况。根据相关研究统计，《游戏报》虽然首开花榜，但却并非独家，其他报纸也曾参与其事：1897—1900 年，《游戏报》主导；1902—1903 年，《花天日报》主持；1904—1909 年，则分别由《花世界报》《闲情报》等报纸评选。② 其中，仍以《游戏报》影响最大。

① 前揭《清稗类钞》，第 11 册，第 5236 页。

② 参见单光鼐：《中国娼妓——过去和现在》，第 152 页，法律出版社，1995 年。

据此可以判断，这几幅照片均源自《游戏报》的“艳榜”。

四　京城也曾举办花榜

《游戏报》花榜开风气之先，引起其他小报纷纷效仿。到了民国时期，这种选举也开始“与时俱进”，原来的状元、榜眼、探花，甚至演变为“香国大总统”“花国副总统”和“花务总理”等雅号。花榜之风，也曾波及京城。

清朝晚期以前，北京的妓院虽然明暗杂陈，但由于上层社会禁止狎妓，所以几乎没有什么像样的青楼。《清稗类钞》称：

> 道光以前，京师最重像姑，绝少妓寮，金鱼池等处，特舆隶溷集之地耳。咸丰时，妓风大炽，胭脂、石头等胡同，家悬纱灯，门揭红帖，每过午，香车络绎，游客如云，呼酒送客之声，彻夜震耳。士大夫相习成风，恬不知怪，身败名裂，且有因之褫官者。①

光绪戊戌、己亥年间（1898—1899），始有上海妓女进京设立妓馆，亦名“书寓”，名妓赛金花就是早期的“淘金者”之一。但那时的南方妓女不仅人数不多，而且经营也不公开，仍然属于暗娼。庚子后京师创设警察，规定内城妓院一律迁往外城，并给照收税，准许公开营业，否则即行取缔。当时报纸曾有一则《走投无路》的报道，从中可见措施之严厉：

> 北京的上海班，八月节后，因北城驱逐，都赶到了中城，因此泉升、谦安等客栈，都住满了，现在中城也下令驱逐，把各客栈里住的妓女，又都赶出。十八九两日，各班纷纷逃避，大有走投无路光景。②

当然，柿子还是专挑软的捏，请看另一则《妓馆天渊》的报道：

---

① 前揭《清稗类钞》，第11册，第5155页。

② 《京话日报》，1904年11月28日。

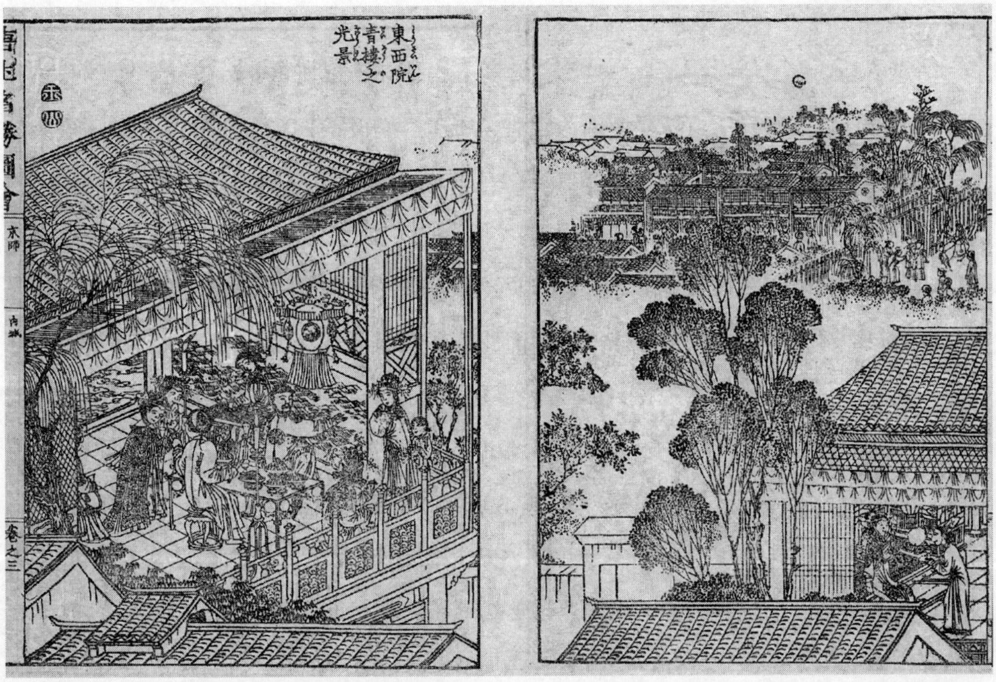

图十二　北京内城青楼（选自《唐土名胜图绘》）

> 崇文门内，八宝胡同、范子平胡同、船板胡同，各有妓馆一处，妓女都是中国人，专应酬洋客，不应酬中国客，开妓馆的老板也是中国人，挑外国人的幌子，巡捕干瞪着眼，不敢过问。南城外的苏州班，因为不会花钱，叫五城给赶的无处安身，藏藏躲躲，狗腿子们还不甘休。本京班子，官私通气，就可以大敞窑门，可是受气的地方也不少。看看人家城里的妓馆，够多体面！[①]

当时，“京师妓馆分三级，一等即小班，二等谓之茶室，三等谓之下处，此乃营业等级之区别。别有南帮、北帮之称，则地理上之关系也”。[②] 其中一等“小班”和二等“茶室”，多集中于前门外的八条胡同内，故有“八大胡同”之称，并于民国早期发展到鼎盛。[③] 所谓“北帮”，是指京津等地北方妓女；“南帮”即南方妓女，而且几乎全部

① 《京话日报》，1904 年 12 月 4 日。

② 前揭《清稗类钞》，第 11 册，第 5152 页。

③ “八大胡同”在西珠市口大街以北、铁树斜街以南。其具体所指，说法向来不同。今多认为自西往东依次为：百顺胡同、胭脂胡同、韩家潭、陕西巷、石头胡同、王广福斜街、朱家胡同、李纱帽胡同。

自称“苏州人”。清末南帮居于优势，经营模式多移植于上海的“长三”妓院。

一等小班又称“清吟小班”，妓女原籍多为苏州、扬州或杭州，擅长笙管丝弦，有的还会水墨丹青书法，甚至略谙诗词。营业场所多为整齐的四合院，有两进、三进或带小跨院，少数为中式洋楼。院门上端有乳白色的电灯数盏，灯上用红漆书写小班字号。门框左右各挂一块长方形铜牌，上端用黑漆横写“一等”二字，下面再竖写“清吟小班”四字。上门坎还挂有红绿彩绸，垂向两边。早期有的在灯或铜牌上书刻妓女花名。在电灯未问世时，门旁两垛各悬挂方形铜饰件镂空玻璃油灯一盏，中间用红漆书以字号名称，上端书有“清吟小班”字样。妓女居室多为三至五间，占房多寡按其声名而定，个别名妓甚至独占一所跨院。居室内的陈设也较华丽，设有长条餐桌、方（牌）桌、梳妆台、靠背椅、座钟、挂钟、铜床（或铁木床）、绣花幔帐、丝缎衾枕、衣架、盆架、茶具等。室内多悬挂妓女本人大幅着色照片，有的还挂有社会名流的题字及书画挂屏等。二等茶室的设施与小班基本相同，只是规模和点缀稍逊。与小班的主要区别在于妓女本身，如年龄、姿色、身材、装饰等。如果妓女年事已大，就会降至下一等的妓院，如一等小班转入二等茶室，再老则沦入三四等。①

关于北京妓女的生活，《京话日报》曾登载一篇据称是妓女本人撰写、题为《风流人请看》的演说。其背景是：日俄战争使我东北同胞痛苦流离，该报屡次登载“奉天义赈善会”募捐启事，一名爱国女子捐出两元积蓄，并致函报馆，劝说女同胞行动起来。“演说”透露了当时妓女的生存状况，以及对于时局的关注，故全文引录如下：

> 前些天见那爱国女子信函，这两天又见那篇回信，我心里真是难受。想我也是女流，虽然是科甲门第出身，落在风尘，那里还配比那太太、奶奶、小姐们尊贵？不怕先生们耻笑，在下是个勾栏中人，不知自谅，也想借重贵报，劝劝那些风流子弟。我乃寒儒之女，原籍吴江，被奸人拐买，流落北京，现在受龟鸨挟制，终身无再见天日之期。但思蝼蚁贪生，他那爱群保种的心，比别样的虫性，独有不同。妓女虽贱，亦是人身，何至于不如蝼蚁？我想，国家大局如此，那些风流子弟，还是挥金如土，乐而忘忧，不但富贵人这样，就是那穷相公们，典裤卖袄，东借西挪，所得的钱，真是来处不易，也要在我们这行里作作脸，我们妓馆入款，比义赈的进

① 参见阿尚：《旧北京妓院黑幕》，前揭《中国近代娼妓史料》上卷，第322—323页。

款容易的多多，不必有人来劝，张郎引李客，我们姐妹的官身子，比那客栈的老板还忙，论到应酬诸位，更是好不容易的事。现在又添上了个通商的买卖，各国洋客，言语不通，内中的苦情，自可不言而喻，我们也没学堂去肄业，外国言语，从谁去学？应酬错了，连龟鸨儿都不得了，何况我们这种贱差事，告个罪儿说，比那小官见大官，还要难上万倍！也有一班人，醉翁之意不在酒，借我们的房间，商量他们的私事，含着眼泪学妖媚，用着我们的时候，还得替老爷们托情。从小儿落在火坑里的，不知事故，那里懂得这些个圈套？一个应酬不到家，皮麻花的鞭子印儿，一串一串的往身上飞！风流子弟，你们可曾想到的呀！有时多骗了人家几个钱，也想捐捐义赈，怎奈龟鸨儿天良丧尽，涓滴不遗的挖了去，那里容我们有一个私钱？常来往的老爷们，必然知道，我若是侵吞丝毫，不肯拿出来捐义赈，罚我生生世世，永远脱不了这个火坑！龟鸨要有天良，稍微待我们宽一点，容我们多几个钱，除了饮食之外，积少成多，我们月月都要去送到义赈善会，这可不是我存了坏心，打算骗人家的钱，修自己的来生，请问我们这一行种种无情无理的罪孽，凡是有人心的，都该应体谅的到，我所说的话，不过空存这念头，那里就能够如了我的愿？谈到这里，不由的泪随笔流，自己办不到，只好劝劝那风流子弟，俭省几个缠头钱，也去捐一回义赈，救救那三省的难民，再抽点游荡的功夫，买张报来看看，稍微的明白点大局，自然也会激出血性来。整天的充阔佬官，终究是倾家荡产。像我这样的倒运人，只好拿着财神往外推，莫怪我不替妓馆招买卖，反倒劝阻人来！当初管子治齐，留下这个行当，原是为富国起见，非此不能够招徕商旅。如今外国的妓馆，听说也是很文明，独我京城的妓馆，真是一个黑暗地狱。外国的妓馆，由官保护，他们捐税虽大，人人乐从；京城的妓馆，虽说没用捐税，营城司坊的花销，密密层层，比唱明了加捐，还要多的多，非但不能富国，反倒病国殃民！我们这样下贱的人，也不配来劝别人，但求登在报上，劝劝我们那些风流子弟。贵报馆志在开通风气，断不至于还有贵贱的分别，我这也是为公益起见，如肯替登，从此我便穷饿到死，生生世世，还不完那风流孽债，我也无得可怨了，我也无得可愁了。①

---

① 《京话日报》，1905年3月28日。文中提到的“勾栏”乃妓院之别称：勾栏又作“勾阑”“构栏”，为古代城市中的戏曲、歌舞表演场所，由于妓院亦表演歌舞，故称。“缠头”，客人赠送妓女财物的通称。古代歌舞艺人表演时，以锦缠头，表演既毕，宾客亦常赠以罗锦，称作“缠头”。白居易《琵琶引》即有：“五陵少年争缠头，一曲红绡不知数。”“管子治齐”之句，则说中国妓院之始。《战国策·东周策》提道：“齐桓公宫女中女市七，女闾七百，国人非之。”“闾”即门，说管子在宫中以门为市，使女子居之。清代褚人获《坚瓠续集》进一步解释：“管子治齐，置女闾七百，征其夜合之资，以充国用，此即教坊花粉钱之始也。”因此春秋时期的管仲被视为娼妓业鼻祖。

妓女作为游离于社会大众的特殊群体，其生活方式当然不同于一般民众。尤其是部分高级妓女，在一定程度上可以称作“有闲”阶层，读书、看报也是她们的日常生活之一。这篇“演说”可以使人产生很多联想，一句“但思蝼蚁贪生，他那爱群保种的心，比别样的虫性，独有不同”，不仅让“挥金如土，乐而忘忧”的风流子弟现出原形，更使那些“病国殃民”的当道者情何以堪？官不如妓，或许可以概括人们的读后感言。

无独有偶，笔者发现故宫收藏的一幅女子读报的照片，无论人物神态、坐姿、发式、衣着，还是里面的布景陈设，都与普通女子有别。再仔细观察她手中的报纸，可以发现上面的“群强报”字样。按，《群强报》系北京当地报纸，创办于民国元年，1936年停刊，主要面向京城市民阶层。据此推断，这名女子很可能就是民国早期的京城高级妓女。照片的拍摄目的，亦不排除该报利用“明星效应”，为自己做广告宣传。

有关京城曾开花榜的史料，目前所见甚少。《清稗类钞》：

> 官署文告之揭示，俾众所周知者，曰“榜”。若文武考试之中式者，其姓名亦次第列之，亦曰榜。就会试而言，则有状元、榜眼、探花诸名目。而京朝士大夫既醉心于科举，随时随地，悉由此念，流露于不自觉。于是评骘花事，亦以状元、榜眼、探花等名词甲乙之，谓之花榜。①

图十三　民国时期北京读报女子

① 前揭《清稗类钞》，第11册，第5096页。

除此之外，光绪二十五年（1899）《游戏报》则刊登了一则《状元行贿》的新闻，报道这年京师亦开花榜，其“状元”小平果向主办者行贿数百两。[①] 虽然尚未发现更为详细的材料，但由此观之，清末京城花榜当为事实。

五 宫藏妓女照片来源分析

《游戏报》通过花榜、武榜、叶榜、花选等系列名目，将传统的妓女选举变换出不同的花样，满足了都市人的娱乐心理，并由此获得了商业利益的最大化。但对于李伯元这位风流才子而言，逐利绝非唯一目的。他是在以其特有的诙谐调侃，借事寓言，进而唤醒痴愚。

将一甲、二甲、三甲这样的进士等第，与状元、榜眼、探花等科举头衔，统统移植于妓女选美，本身就是借助科举的外壳嘲弄科举，是对“神圣”科举制度的强烈反叛。下面一则《词林笑柄》，就骂人不吐核儿，将科举出身的腐儒讽刺得淋漓尽致，堪称一段妓女版的“科场现形记”：

> 词林最重行辈科分，较前者为前辈，自称曰“侍生”，亦曰“学生”，七科前者为老前辈，自称曰“晚生”，相沿如是，究不知起自何时，而馆阁诸公一若镂□券铸之鼎，不容稍紊也。某庶常，北产也，日前来申作秋风客，于友人处见大兴里花田玉名刺，遽问曰：“花公系□科翰林友?”戏之曰：“七科前之殿撰也。”询何以尚未留馆，曰：“惧散馆改官耳。”遂询其里居谨志之。翌日补服挂珠挟红毡，具晚生白帖肃谒焉。入门急问：“状元公在家否?”时花为长乐鸳鸯楼主人所取花榜状头，娘姨辈出厅之曰：“先生堂差去矣。”庶常曰：“翰林未留馆得差，惟鼎甲能之。”遂向空如礼，展袖而去。[②]

李伯元支持戊戌变法，与梁启超等维新党人关系密切，并不时放言无忌，表达自己对于国事的悲愤之情。更有甚者，他的《庚子蕊宫花选序》还直接抨击清朝的最高当权者——慈禧太后：

---

① 《游戏报》第七三三号，1899年7月11日。

② 《游戏报》第六四号，1897年8月26日。

且夫燕支世界，赖撑柱而不倾；驹驰光阴，入歌舞而弥蹙。娥眉一部，人藉以媚升平；鸾钗两行，天纵以毒豪侠。矧今日璇闱煽焰，琼台閟辉；万口不声，众气斯郁；外而虎耽逐逐，朘乾坤而不宽；蚕齿骎骎，缩朝廷而欲小。内而悬刀待谏，东市凄惨以飞霜；韬甲设防，西宫巍峨以压日。悲哉悲哉，无复言矣！仆侧身四海，涉足一区，抚时会悲，蹈世增戚，舍议掷稿，拟抱兔园，忍语衔碑，甘敩蝉噤。职是之故，惟有屏斥正大，摭拾琐碎，品骘靡曼，较量蝉娟。间或呼叱烟云，仅令销磨年载。往往妃青俪白，辑章台之剩谈；判白批红，铸教坊之定案。①

“东市凄惨以飞霜”，是对谭嗣同等戊戌六君子惨遭屠戮的公开谴责；“西宫巍峨以压日”，则表达了对慈禧太后把持朝政的强烈不满。由此观之，李伯元即便不被视为“乱党”，也属于应受监控的边缘人物。

那么，由他主持评选的艳榜人物的照片，为什么会堂而皇之地流入宫中？对此，我们还无法找到可资参考的史料线索，只能按其时代背景，试作几种可能性的推测。

推测一：关注李伯元其人

李伯元不仅是位游走于政治漩涡边缘的职业报人，而且位居晚清四大小说家之首。②尤其是他的谴责小说《官场现形记》，以晚清官场为发难对象，集中描写了官场中的种种腐败与黑暗，堪称清末官僚的百丑图。小说于光绪二十九年（1903）开始在《世界繁华报》上连载，很快便在社会上闹得沸沸扬扬。李伯元的活动可能也曾引起朝廷关注，并为此搜集他的相关材料，这些照片便由此进入宫中，并被有意或无意中收藏。

推测二：妓女引领潮流

上海是开埠最早的城市，也是中西文化的交汇之地。妓女以其独特的身份与经历，容易突破成规束缚，成为新事物的早期接受者和推介者。她们开风气之先，尤其在服饰穿着和行为举止上引领潮流，《游戏报》对此不乏详尽描述。如《男扮女装》：

前晚九点钟时，有某校书改装男子，身着熟罗接衫、铁线纱半臂镶鞋套裤，手执全牙扇，口吸吕宋烟，徜徉于四马路一带，东张西望，笑容可掬，并入某京货店

① 前揭《游戏主人〈庚子蕊宫花选〉——花榜と花选》。

② “晚清四大小说家”指李伯元、吴沃尧、刘鄂和曾朴，他们的代表性作品即四大谴责小说：《官场现形记》《二十年目睹之怪现状》《老残游记》《孽海花》。

买绣花眼镜套及各式要货。[1]

《绣服奇观》:

> 昨见某校书所衣缎袄，竟绣成长松一株，白蓝两双云际红日一轮如饭碗口大，又有全衣不绣，独于前面右衣角处绣大荷叶一张者，此外则大半梅、兰、菊、竹四项。[2]

上海高级妓女的装束打扮，在当时被视为时髦的代表，具有强烈的示范效应，成为寻常妇女模仿之对象。“内地妇女服饰悉视上海为准的，上海妇女之服饰则视北里为准的，花样层出不穷亦随时互易。”[3] 在此背景下，出于欣赏时尚或“整肃风化”，这些照片也进入宫中。

图十四　清末上海青楼女子，她们的服饰、发式，成为寻常妇女模仿之对象

① 《游戏报》第八九号，1897 年 9 月 20 日。

② 《游戏报》第一二〇二，1900 年 11 月 4 日。

③ 《游戏报》第一七四四号，1902 年 5 月 21 日。

推测三：满足娱乐需求

清末上海堪称东方的娱乐中心，在传统戏剧方面，也居于同北京相抗衡的地位。《游戏报》在大量刊载妓院、妓女消息的同时，对梨园、优伶也不乏报道。从某种意义上来讲，娼、优同属“文艺工作者”，名妓、名伶都具有社会明星的地位。慈禧太后欣赏的谭鑫培、朱素云等演员，都经常赴沪演出，在社会上受到热烈追捧。宫中的主要娱乐活动就是听戏，并收藏有大量京剧、昆剧的剧照。由此推之，同时搜集少量名妓照片，似乎也在情理之中。

当然，在尚未发现确切的史料依据之前，所有推测都只能归于臆测。但无论来源如何，这些妓女照片能够进入宫中，并最终成为故宫博物院的藏品，都给人们留下了不少想象空间。它们虽然只鳞片爪，亦可在一定程度上透视出晚清的世态风俗。

古建筑研究

故宫太和殿一层斗拱竖向加载试验

周 乾

内容提要：为了更好地保护古建筑，采取静力试验方法，以故宫太和殿一层平身科、柱头科、角科斗拱为对象，研究了竖向荷载作用下，明清官式溜金斗拱的受力性能。基于上述3种斗拱构造特征，制作了1:2比例模型，进行了竖向加载试验，讨论了不同斗拱在荷载作用下的破坏形式、内力及变形特征，归纳了斗拱的竖向刚度计算模型。结果表明：竖向荷载作用下，太和殿一层斗拱的坐斗及与之相交的头翘、正心瓜拱容易损坏，且下层构件受力要小于上层构件。对于不同斗拱而言，斗拱极限承载力：平身科<角科<柱头科；斗拱变形及残余变形量：柱头科<角科<平身科；斗拱延性：角科<柱头科<平身科。溜金斗拱受到竖向荷载作用时，其秤杆后尾受力不大，且秤杆构造对减小斗拱整体内力具有一定的促进作用。竖向荷载作用下，太和殿一层斗拱的竖向刚度计算模型可简化为三折线段形式。

关键词：太和殿 一层斗拱 竖向荷载 静力试验 溜金构造

斗拱是我国木构古建特有形制，一般指在梁檩与立柱之间，采用许多斗形木块，与肘形曲木层层垫托，向外伸张的木构组件①。除具备建筑装饰、建筑等级功能外，斗拱还起传递屋顶荷载至下部柱子、结构减震作用②。位于北京紫禁城（今故宫博物院）内

---

① 梁思成：《梁思成全集》（第六卷），中国建筑工业出版社，2001年。

② 马炳坚：《中国古建筑木作营造技术》，科学出版社，1991年；周乾、闫维明、纪金豹：《故宫太和殿抗震构造研究》，《土木工程学报》2013年总第46期。

的太和殿斗拱做法是明清斗拱的最高形制①。以一层斗拱为例，斗拱做法属单翘重昂七踩斗拱，且平身科及角科斗拱还为溜金做法。斗口尺寸 90mm，高度（即坐斗底皮至挑檐桁下皮的垂直距离）为 875mm，外檐垂直出挑尺寸达 685mm，内檐则做成秤杆形式落在底层花台枋上。与一般斗拱制作不同，溜金斗拱的翘、昂、刷头、撑头木等进深方向的构件，自正心枋以内不是水平迭置，而是按檐部举架的角度，向斜上方延伸，撑头木及刷头一直延伸至金步位置，可分落金及挑金做法②。落金做法指杆件沿进深方向延伸，落在金枋（或花台枋）上，太和殿一层平身科、角科斗拱即为此构造；挑金做法指斗拱撑头木及耍头等构件延伸至金步后，后尾并不落在任何构件上，而是附在金檩下，对金檩及其上的构架具有悬挑作用，常用于多角形亭类建筑。（图一、图二）

1. 平身科　　2. 柱头科　　3. 角科

（①坐斗；②头翘；③头昂；④二昂；⑤正心瓜拱；⑥单才瓜拱；⑦外拽瓜拱；⑧外拽厢拱；⑨耍头；⑩桃尖梁）

图一　太和殿一层斗拱外立面照片

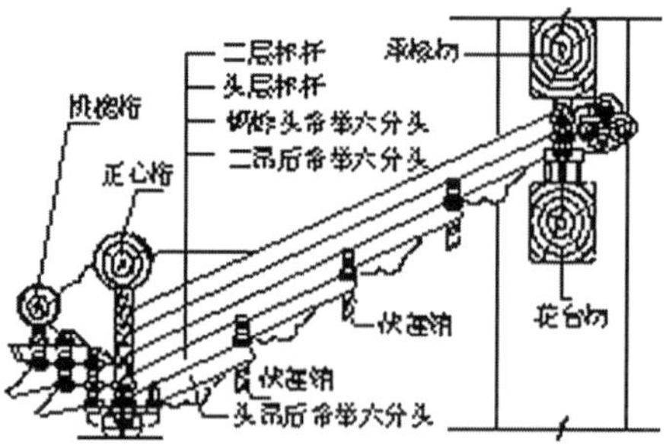

图二　太和殿溜金斗拱剖面示意图

① 于倬云：《故宫三大殿形制探源》，《故宫博物院院刊》1993 年第 3 期。

② 王效青：《中国古建筑术语辞典》，山西人民出版社，1996 年。

一些学者对斗拱的力学性能开展了理论或研究。赵鸿铁①、袁建力②分别以《营造法式》规定的斗拱样式及应县木塔斗拱为原型，制作了缩尺比例模型，开展了竖向加载试验及水平低周反复加载试验，获得了斗拱竖向刚度范围及水平抗震参数。钟永③、陈志勇④基于有限元分析方法，对斗拱的受力性能进行了数值模拟，讨论了其受力机制。楠寿博等⑤对日本唐招提寺金堂斗拱进行了足尺比例试验，获得了斗拱的竖向力-变形曲线及水平恢复力模型。津和佑子等⑥采取振动台试验方法，研究了日本古建筑斗拱的动力特性及影响因素。基于上述成果，本文首次以故宫太和殿斗拱为例，对我国明清官式木构古建的溜金斗拱开展竖向静力加载试验，讨论斗拱构件的破坏特征、内力和变形情况，获得斗拱竖向刚度计算模型，结果可为我国木构古建保护和维修提供理论参考。

一 试验概况

以故宫古建修缮常用的红松为模型材料，制作太和殿一层斗拱的 1∶2 缩尺比例模型。为便于加载，模型倒置。在安装试件时，为保证试件受压面平整，首先在地面铺一层细砂，然后用 10mm 厚木板铺在细砂上，在细砂上再安放试件。另对于平身科及角科斗拱而言，由于其构造的特殊性，其斗拱承载部分用混凝土墩及钢筒支撑，溜金秤杆后尾则置于地面，并采取措施固定侧面以防止斗拱产生侧移。（图三）

---

① 高大峰、赵鸿铁、薛建阳：《木构古建筑中斗拱与榫卯节点的抗震性能——试验研究》，《自然灾害学报》2008 年第 2 期；隋䶮、赵鸿铁、薛建阳等：《中国古建筑木结构铺作层与柱架抗震试验研究》，《土木工程学报》2011 年第 1 期。

② 袁建力、陈韦、王钰等：《应县木塔斗拱模型试验研究》，《建筑结构学报》2011 年第 7 期。

③ 钟永：《应县木塔斗拱的力学性能分析研究》，哈尔滨工业大学学位论文，2010 年。

④ 陈志勇、祝恩淳、潘景龙：《应县木塔精细化结构建模及水平受力性能分析》，《建筑结构学报》2013 年。

⑤ ［日］楠寿博、木林長仁、長瀬正等：《唐招提寺金堂斗組の実大構造実験》，载《日本建築学会大会学術講演梗概集 C-1 分册》，2000 年。

⑥ ［日］津和佑子、藤田香織、金惠園等：《伝統的木造建築の組物の動的載荷試験（その1）：微動測定と自由振動試験》，载《日本建築学会大会学術講演梗概集 C-1 分册》，2004 年；［日］金惠園、藤田香織、津和佑子等：《伝統的木造建築の組物の動的載荷試験（その2）：荷重変形関係と変形の特徴》，载《日本建築学会大会学術講演梗概集 C-1 分册》，2004 年；［日］藤田香織、金惠園、津和佑子等：《伝統的木造建築の組物の動的載荷試験（その3）：復元力特性と剛性の検討》，载《日本建築学会大会学術講演梗概集 C-1分册》，2004 年。

1．平身科

2．柱头科

3．角科

图三 试验模型照片

为研究竖向荷载作用下斗拱的变形情况，分别在木板、二昂昂嘴、头昂昂嘴及顶板上部布置百分表（量程：50mm）。则斗拱竖向总变形为顶板变形读数－木板上部变形读数，其他昂嘴位置百分表与木板上部百分表读数差可反映昂构件的竖向变形情况。为便于加载，模型倒置。另在坐斗顶部放置一块20mm厚铁板，上部荷载由铁板传至坐斗，再向下传给各构件。为获得斗拱构件的内力发展情况，分别在正心瓜拱、单才瓜拱、外拽瓜拱、外拽厢拱的下表面正中沿纵向布置电阻应变片；对于平身科及角科斗拱，还在秤杆后尾上部沿纵向布置应变片，以研究该位置的受力情况。笔者以平身科斗拱为例，绘出上述百分表及应变片布置位置示意图。(图四)

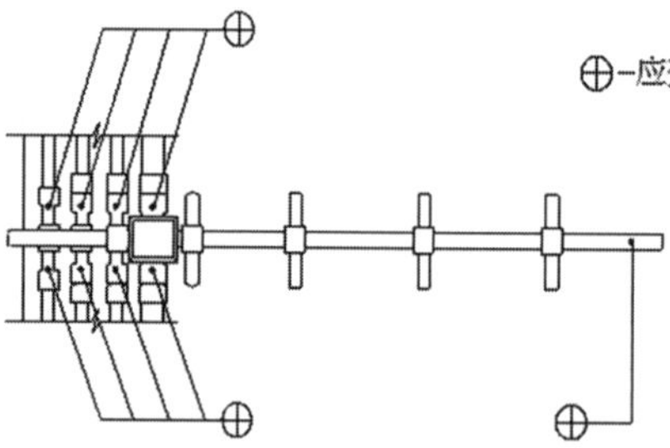

1．平面图

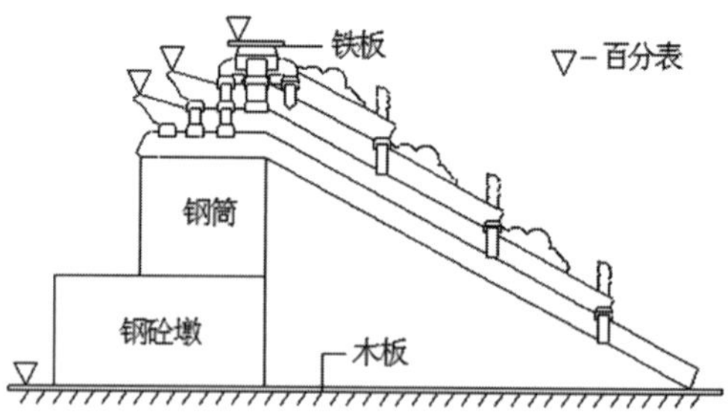

2．立面图

图四 测点布置

试验在北京工业大学工程抗震与结构诊治北京市重点实验室试验大厅进行。试验时，采用液压加载千斤顶（量程：100kN）对模型进行竖向加载。具体加载方式为：正式试验前先进行预压以减少系统误差。试验采用连续均匀加载方式，初始荷载为4kN，以后每级增量为3kN/min，试验加载至斗拱出现明显破坏，且数据采集仪中变形－力曲线的荷载降低时，即开始卸载。本试验采取江苏东华测试技术有限公司生产的

DH3815N 静态应变测试系统来进行数据采集。通过试验，主要来研究竖向荷载作用下斗拱的破坏情况及内力、变形分布特征。

二 试验现象

（一）平身科

加载初始阶段，斗拱上部传来轻微噼啪声，反映斗拱各构件相互挤紧过程。竖向荷载 F 增加过程中，顶板百分表读数较快，反映斗拱竖向变形逐渐明显。F 大约为 15kN 时，坐斗顶部（针对斗拱倒放角度而言，上为底部，下为顶部，下同）与正心瓜拱相交处冒出灰烟，并传来明显噼啪声，正心瓜拱产生局部受压破坏裂缝（裂纹①）。荷载增大，斗拱上部噼啪声明显增强。F 大约为 30kN 时，头翘中下部位置产生 2 道横向劈裂（裂纹②）。F 大约为 50kN 时，头翘另一侧近坐斗顶部位置产生局部劈裂，且随荷载增加迅速扩大（裂纹③），坐斗随之产生变形。F 大约为 60kN 时，发现正心瓜拱与坐斗顶部相交位置，正心瓜拱产生局部受压爆裂（裂纹④）。荷载增大，坐斗倾斜明显，与之相较的头翘与正心瓜拱不断传来劈裂声，前述裂纹（尤其裂纹②）扩张明显。F 约为 75kN 时，正心瓜拱与坐斗顶部相交的出现纵向裂纹，并急剧向拱端部扩展（裂纹⑤）。由于力 - 变形曲线（数据采集仪实时观测）出现下降段，且斗拱出现明显破坏症状，此时可认为斗拱进入极限状态。卸载时，斗拱构件有间断劈啪声，此时应该是构件变形恢复时的挤压声。整个加载过程中，斗拱主要破坏位置为坐斗及与之相较的头翘及正心瓜拱，破坏位置以挤压破坏为主。斗拱下部及秤杆后尾未发现明显破坏迹象，可认为上述位置受力不大。试验过程中，斗拱出现的各裂缝情况见图五。为便于观察，裂缝均已用人工加粗（下同）。

1．裂纹①②⑤

2．裂纹③④

图五 平身科斗拱破坏情况

（二）柱头科

试验开始，斗拱无明显试验现象，包括构件噼啪或挤压声。分析认为可能是小构件数量较少（斗拱下部为截面尺寸较大的桃尖梁），因而受力初期，构件间的挤压或咬合作用相对较小。随着荷载增大，顶板位置百分表读数较快，反映斗拱上层构件变形较明显。荷载 F 约为 48kN 时，坐斗与正心瓜拱相交位置传来劈裂声，并出现裂缝（裂纹①），裂缝为斜向，向坐斗底部延伸。荷载继续增大，斗拱上部传来间断轻微劈裂声。F 约为 65kN 时，与坐斗相交的头翘顶部与十八斗相交位置产生 2 条斜向剪切裂纹（裂纹②），裂纹沿头翘向上延伸。随后，头翘底部与坐斗相交处产生局部劈裂（裂纹③），并向外不断扩展。荷载进一步增大时，与坐斗相交的正心瓜拱产生开始细小纵向裂缝（裂纹④）。F 约为 75kN 时，发现在头翘底部出现一条明显的纵向裂缝（裂纹⑤），裂缝几乎纵向延伸到翘端部，应为受压破坏。随后，上述位置又产生明显爆裂声，并出现 2 道横向裂缝（裂纹⑥）。荷载继续增大，斗拱上部爆裂声越来越明显。F 约为 80kN 时，发现在头翘底部另一侧出现局部受压裂缝（裂纹⑦），裂缝为斜向。荷载继续增大时，头翘上述裂纹（尤其裂纹⑤）继续扩展，并伴有劈啪声，以及开裂时冒出的灰烟。F 约为 86kN 时，坐斗中部出现水平受压破坏裂缝（裂纹⑧），坐斗产生可见变形，裂纹 5 继续明显扩展。F 约为 92kN 时，坐斗出现纵向裂缝（裂纹⑨），并由底部向上贯通。当斗拱出现明显破坏且力－变形曲线开始出现下降段时，开始卸载。卸载过程中，斗拱不断传来劈拍声，应该是部分构件变形恢复。整个试验过程中，斗拱上层构件如坐斗、头翘、拱产生剪切或受压破坏，下部构件则基本完好。试验过程中，斗拱出现的各裂缝情况见图六（拍照原因，不含裂纹⑦）。

1. 裂纹①⑧

2. 裂纹②③④⑤⑥⑨

图六　柱头科斗拱破坏情况

（三）角科

试验一开始，斗拱便传来轻微吱吱声，应该是各分层构件的挤压声。当竖向荷载F增大时，斗拱上部传来轻微噼啪声，表明部分构件有产生开裂迹象。F约为40kN时，在坐斗与正心瓜拱相交位置底部产生斜向裂缝（裂纹①），裂缝向坐斗上部延伸，应该属于挤压破坏。F继续增大过程中，斗拱上部传来声间断巨响，应该是有构件产生开裂破坏。F约为61kN时，发现坐斗上部出现竖向裂纹（裂纹②）。F约为70kN时，在坐斗与正心瓜拱相交位置附近产生横向裂缝（裂纹③）。随后，在头层斜翘与十八斗相交位置发现裂缝（裂纹④），裂缝向头翘斜上方延伸。荷载增大时，斗拱声音越来越明显，且为爆裂声和噼啪交杂声。F约78kN时，坐斗底部局部压裂，裂缝为水平向（裂纹⑤）。随后，发现坐斗有轻微侧移，沿溜金后尾秤杆方向。荷载增大过程中，又发现坐斗压扁，而且斜向受压，与之相交的头翘顶部产生纵向裂纹并局部爆裂（裂纹⑥）。同时，坐斗与正心瓜拱相交处，坐斗产生水平裂纹，向坐斗延伸（裂纹⑦）。当构件出现明显破坏征兆，且加载曲线开始有下降段时，停止加载。卸载过程中，斗拱传来间断吱吱声，应该是构件间变形恢复声音。整个试验过程中，斗拱上部构件如坐斗、头翘、正心瓜拱产生明显破坏，破坏形式表现为挤压或剪切裂纹，下部构件则无明显破坏现象，说明竖向力是层层往下传递，上部构件受力较大，下部构件受力则较小。其主要原因在于斗拱的伞状构造：上部受力构件截面尺寸小，越往下构件受力截面尺寸越大。另竖向荷载作用，角科斗拱溜金后尾秤杆部分并无明显破坏，可认为其受力不大。试验过程中斗拱出现的各裂纹情况如图七所示。

1. 裂纹①②⑥

2. 裂纹③④⑤⑦

图七　角科斗拱破坏情况

三 试验分析

（一）力－变形（F－u）曲线

基于试验数据，绘制各斗拱的力—整体竖向压缩变形（F－u）曲线，见图八。本图中，变形为正值表示压缩，负值表示拉伸，各字母含义分别为：p－平身科，z－柱头科，j－角科。对于各斗拱而言，加载阶段，各斗拱荷载随着变形增大而增大，且表现为增长缓慢趋势；卸载阶段，柱头科虽然初始刚度比其他二种斗拱要大，但逐渐降低至最小，可反映其变形恢复能力最好。到荷载为0时，各斗拱还存在残余变形。不同斗拱的残余变形大小顺序为：平身科（13.5mm）＞角科＞（12.5mm）＞柱头科（3.8mm），这种变形恢复既包括斗拱构件之间的空隙，也包括斗拱构件自身的竖向变形。这反映了平身科斗拱的变形恢复能力最差，而柱头科最好。

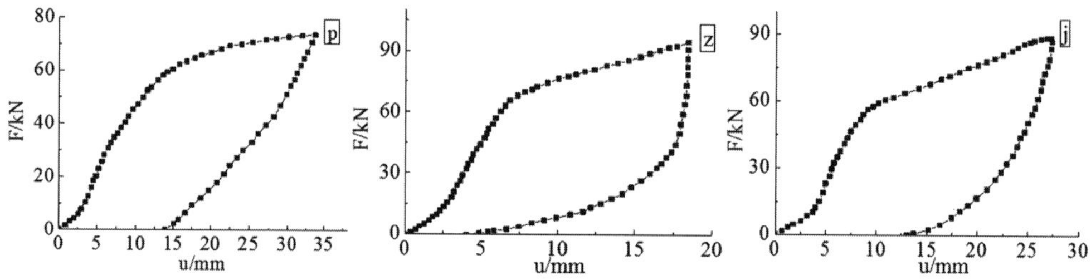

1. 平身科　　2. 柱头科　　3. 角科

图八　F－u曲线

竖向荷载作用下，不同斗拱的极限变形值大小顺序为：平身科（33.78mm）＞角科＞（27.65mm）＞柱头科（18.75mm）。各斗拱变形峰值与其承载能力及整体承载截面大小密切相关。依据试验现象，本文认为坐斗及与之相交的拱、翘形成明显破坏，且加载曲线开始出现下降段时，意味着斗拱进入极限承载状态。依此，各斗拱极限承载力Fu相比，平身科最小（Fu=74.72kN），角科次之（Fu=90.07kN），柱头科（Fu=95.64kN）最大。由于平身科斗拱极限承载力最低，斗拱竖向分层数量多，且各层有效承载截面尺寸相对较小，因而竖向荷载作用下产生竖向变形最大，且残余变形最大，而柱头科则相反。

为研究斗拱构件的变形发展过程，以比较直观的头昂、二昂昂嘴变形曲线进行分析，绘制3种斗拱的上述曲线见图九。其中，负值表示向下方向，正值表示向上方向。各字母含义分别为：a－头昂，b－二昂。易知，3种斗拱头昂、二昂昂嘴变形曲线的共同点为：(1) 头昂的变形形式主要表现为拉伸变形，即产生翘曲为主，而二昂则表现为压缩变形。(2) 头昂的拉伸变形曲线起伏明显，反映头昂在压力荷载作用下产生翘曲的直观性。(3) 二昂的压缩变形过程中，随荷载增大，变形逐渐增大，并趋于稳定；而卸载阶段则表现为变形迅速减小至0值附近。(4) 竖向荷载作用下，三种斗拱的二昂变形峰值接近。不同点主要表现为：(1) 柱头科头昂翘曲最明显，主要因为柱头科斗拱分层构件相对较少，相应构件承担力要更大。(2) 角科斗拱分层构件相对最多，因而分担的力最小，产生的翘曲也最小。此外，由于竖向荷载作用下，斗拱的主要受力构件为坐斗及头层翘和昂，而下层构件分担荷载较小，因此不难解释3种斗拱的头昂变形差别大，而二昂变形差别小的主要原因了。

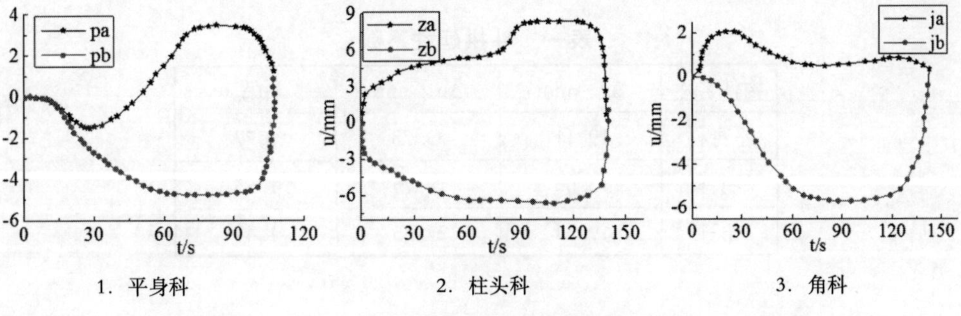

1．平身科　　2．柱头科　　3．角科

图九　斗拱昂嘴竖向变形曲线

(二) 延性系数

构件的延性是指在初始强度没有明显退化情况下的非弹性变形能力，其量化指标一般为延性系数①。斗拱的延性系数可反映其在外力作用下，产生屈服后的继续承载能力。斗拱延性系数越大，则承载力越强。斗拱的延性系数可用 (1) 式表示：

$$\mu\Delta = \Delta u / \Delta y \quad (1)$$

① 高大峰、李飞、刘静等：《木结构古建筑斗拱结构层抗震性能试验研究》，《地震工程与工程振动》2014年第1期。

（1）式中：μΔ 为延性系数，Δu 为相对于极限状态时构件的力作用方向的位移，Δy 为屈服状态时构件在力作用方向上的位移。当构件屈服点不明显时，可采取图 10 所示方法取值①，即在图十中过力的最大值点 S 作平行于 x 轴的直线；过坐标原点作 F－u 曲线的切线，该切线与以上直线相交于 A 点；过 A 点作垂直于 x 轴的直线，并与 F－u 曲线相交于 B 点；连接 O 点与 B 点，线段 OB 的延长线与 AS 线交于 C 点，过 C 点作垂直于 x 轴的直线，并与 F－u 曲线相交于 Y 点，则 Y 点即为近似屈服点。

根据实测的 F－u 曲线，利用上述方法求得 3 种斗拱的延性系数见表一。易知 3 种斗拱的延性系数相近，且在竖向荷载作用下 3 种斗拱的非弹性变形能力均较好。对于不同斗拱而言，平身科斗拱延性最好，角科斗拱延性相对较差。由于太和殿斗拱层中，平身科斗拱占绝大多数，因而可以认为太和殿整个斗拱层有较好的竖向变形能力，可相应减小竖向荷载作用下产生的构件破坏。

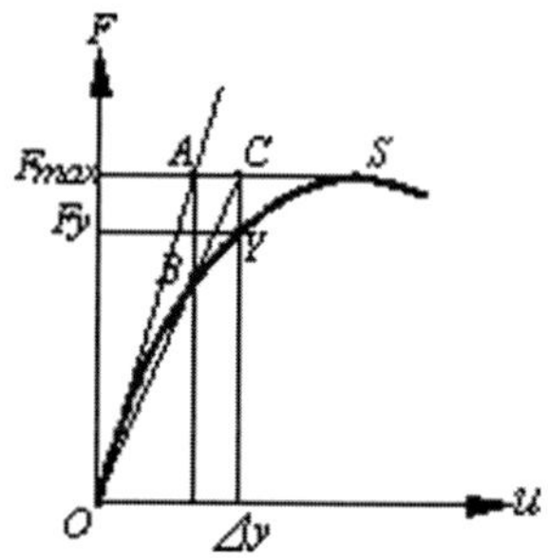

图十　屈服点确定方法

表一　斗拱延性系数

构件名称	Δy / mm	Δu / mm	μΔ
平身科	19. 11	33. 78	1. 77
柱头科	12. 06	18. 75	1. 55
角科	19. 34	27. 65	1. 43

（三）力－应变曲线

试验获得各斗拱的正心瓜拱、单才瓜拱、外拽瓜拱、外拽厢拱应变值。对于平身科和角科斗拱，还获得秤杆后尾上部应变值。依据上述数据，绘制力—应变关系曲线，见图十一。其中，各字母含义为：c—正心瓜拱，d—单才瓜拱，e—外拽瓜拱，f－外拽厢拱，g－秤杆后尾，p、z、j 含义同前。由于应变与构件受到的内力成正比，因而应变大小可反映构件受力情况。

易知，对各斗拱而言，其力－应变曲线的共同点包括以下 2 个方面：（1）由正心瓜拱朝下各层构件中，上部分层构件产生的内力值较大，即易受到破坏，且集中在正心瓜

① 范立础、卓卫东：《桥梁延性抗震设计》，人民交通出版社，2001 年。

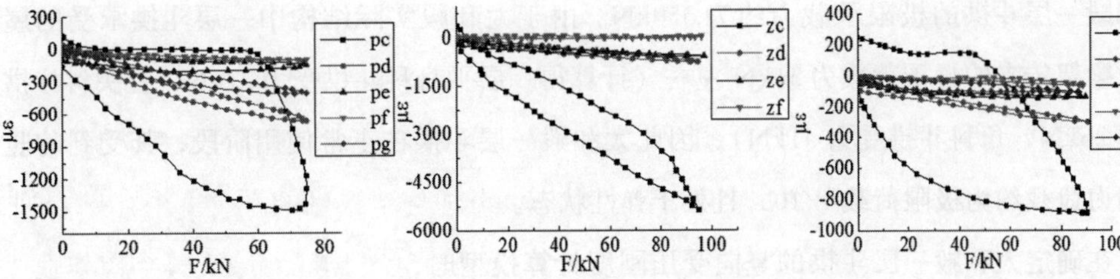

1. 平身科　　2. 柱头科　　3. 角科

图十一　荷载 - 应变曲线

拱（及以上坐斗）层，而下层构件受到的内力较小，这与试验现象基本吻合。(2) 各斗拱在卸载过程中，其上部构件如正心瓜拱存在拉应变，可反映上述构件因开裂、变形而产生翘曲，而下层构件的拉应变则相对很小，即不易破坏。另对于不同斗拱而言，其力 - 应变曲线的不同之处包括以下 3 个方面：(1) 柱头科斗拱各层（尤其是正心瓜拱）受到的内力远大于平身科及角科斗拱，即柱头科斗拱比其他 2 种斗拱更容易产生受力破坏。这主要与斗拱的构造特征有关：柱头科斗拱沿竖向分层数量少，平身科及角科斗拱分层较多，且溜金斗拱的秤杆后尾受到上部桁檩的支撑作用，这对减小竖向荷载作用下斗拱的内力具有一定作用。(2) 相对柱头科而言，平身科及角科为溜金斗拱构造，且溜金秤杆后尾受到的内力不大，即一般情况下不会产生受力破坏。(3) 平身科斗拱各层的应变普遍大于角科斗拱，这主要是由于平身科斗拱各层有效受力截面小于角科斗拱，因而产生的内力要更大。

（四）计算模型

根据荷载相似比计算方法，集中荷载作用下，结构模型受到的荷载与原型荷载的相似关系为①：

$$S_p = F_m / F_p = (A_m / A_p) * (\sigma_m / \sigma_p) = S_\sigma * S_l 2 \quad (2)$$

(2) 式中，S_p、S_σ、S_l 分别为集中荷载相似系数、应力相似系数和尺寸相似系数，F_m、A_m、σ_m 分别为结构模型的集中荷载、截面面积和截面应力，F_p、A_p、σ_p 分别为结构原型的集中荷载、截面面积和截面应力。依据本文试验结果，并参照模型相似关系，

① 姚谦峰、陈平：《土木工程结构试验》，中国建筑工业出版社，2001 年。

太和殿一层斗拱的极限承载力约为350kN。由于太和殿实际结构中一层斗拱承受的屋面、梁架传来的自重荷载为31kN左右（计算得一层平身科斗拱受力27kN，柱头科斗拱受力26kN，角科斗拱受力41kN），因此太和殿一层斗拱在正常使用阶段，其受到的竖向静力荷载约为极限荷载1/10，且处于弹性状态。

在确定太和殿一层斗拱的竖向受压刚度计算模型时，可参照图八中F－u曲线进行。易知各曲线均可用近似三线段OA－AB－BC来简化，见图十二。其中，OA段为斗拱各构件初始挤紧阶段，即在竖向荷载作用下，斗拱各构件由初始松动状态开始咬合，此阶段构件整体刚度较小，为弹性阶段；AB段为斗拱各构件充分挤压和咬合阶段，此阶段刚度较大，为屈服阶段，B点可认为是斗拱屈服点；BC段为斗拱构件局部受压破坏阶段，此阶段刚度降低，为极限状态，C点可认为是斗拱极限破坏点。易知，图十二中刚度曲线与文献[6,8]获得的刚度模型曲线特征基本一致。

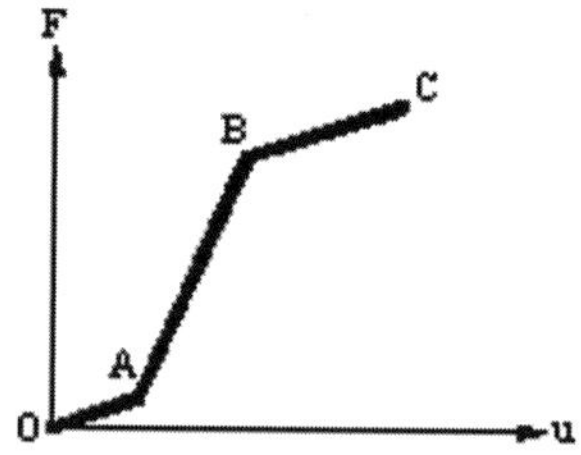

图十二　斗拱竖向刚度计算模型

基于试验数据，并参考表一提供的各斗拱近似屈服位移及极限位移值进行计算，可得不同阶段各斗拱的竖向刚度值，见表二。易知各阶段不同斗拱的刚度大小为：柱头科〉角科〉平身科。其主要原因在于，当3种斗拱的高度一致时，平身科及角科斗拱沿竖向的承载构件由拱、翘等众多小构件组成，而柱头科斗拱的主要主要承重构件则为截面尺寸较大的桃尖梁。

表二　太和殿一层斗拱竖向抗压刚度值（单位：kN/mm）

斗拱名称	OA段	AB段	BC段
平身科	2.73	3.55	0.44
柱头科	4.04	6.89	2.19
角科	2.86	4.23	1.69

四　结论

其一，竖向荷载作用下，太和殿一层斗拱的上部构件如坐斗、头翘易产生开裂、变形，头昂则易产生翘曲，而下部构件产生的破坏特征不明显。

其二，对于一层3种不同斗拱而言，极限承载力大小顺序为：柱头科 > 角科 > 平身科；极限变形及残余变形大小顺序为：平身科 > 角科 > 柱头科；延性大小顺序为：平身科 > 柱头科 > 角科；易破坏的程度为：柱头科 > 平身科 > 角科。

其三，溜金斗拱受到竖向荷载作用时，其秤杆后尾受力不大，且秤杆构造对减小斗拱整体内力具有一定的促进作用。

其四，太和殿一层斗拱的竖向刚度计算模型可用三折线段表示。

故宫太和殿动力特性与常遇地震响应

周　乾

内容提要： 为更好地保护故宫太和殿，采用有限元分析方法，研究了太和殿的动力特性及常遇地震作用下的响应。采用弹簧单元模拟榫卯节点及斗拱构造，并考虑以柱础为铰接，建立了太和殿有限元模型。通过模态分析，获得了太和殿基频及主振型；通过对模型进行时程分析，获得了典型节点的位移、加速度响应曲线，以及典型单元的内力响应曲线，评价了太和殿的抗震性能。结果表明：太和殿基频为 0.9Hz，主振型以平动为主；常遇地震作用下，太和殿能保持稳定振动状态，结构的内力和变形均在容许范围内，且斗拱及榫卯节点均能发挥一定的减震作用。

关键词： 中国古建筑　木结构　动力特性　地震响应　故宫太和殿

引　言

我国古建筑以木结构为主，主要由基础、柱子、斗拱、梁架、屋顶及墙体组成，其中梁与柱采取榫卯节点形式连接。千百年来，大部分古建筑能历经各种地震破坏而保持完好，体现了一定的抗震性能。位于紫禁城前朝的太和殿，是我国规模最大、建筑等级最高的宫殿建筑，保护意义重大。太和殿始建于 1420 年，随后屡遭焚毁并重建，现存建筑为清 1695 年重建后形制。建筑长 64m，宽 37.2m，高 26.92m，面阔 11 间，进深 5 间，重檐庑殿屋顶形式，主要尺寸见图一。为了更好地对太和殿进行保护和维修，本文拟采用有限元方法，研究太和殿的动力特性及常遇地震作用下的响应情况。

从对古建筑结构整体抗震评估角度讲，现有学者侧重于古建筑木构架部分开展抗震性能研究。如俞茂宏、方东平等①采取现场测试与理论分析相结合方法，推导了西安北门箭楼榫卯节点及斗拱刚度取值范围，研究了箭楼木构架的动力特性；周乾等②采用数值模拟方法，考虑古建筑榫卯节点、斗拱等构造特征，研究了故宫神武门、英华殿木构架的抗震性能；高大峰等③采用有限元分析程序 SAP2000，研究了西安永宁门箭楼木构架的动力特性及抗震性能，探讨了柱础、榫卯节点、铺作（斗拱）等构造对木构架抗震性能的影响。与上述已有成果相比，本文主要创新点表现在以下 2 方面：（1）首次采取有限元方法，对太和殿进行了动力特性及地震响应分析；（2）木结构墙体与木构架刚度相差较大，对木构架的地震响应有不可忽视影响④，本文建立太和殿有限元模型时，考虑了墙体嵌固作用，因而模型更具符合古建筑实际情况。

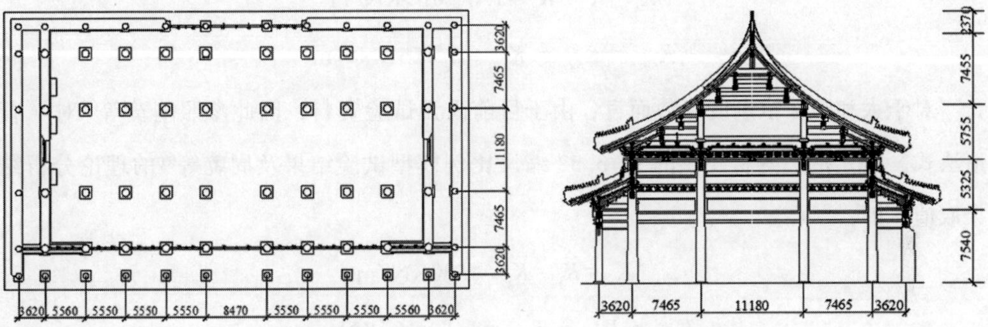

1. 平面　　2. 横剖面

图一　太和殿尺寸图（单位：mm）

一　有限元模型

1. 采用有限元分析程序 ANSYS 建立太和殿有限元模型。

---

① D. P. Fang, S. Iwasaki, M. H. Yu, “Ancient Chinese timber architecture – I: Experimental study, ”Journal of Structural Engineering, vol. 127, no. 11(November 2001), pp. 1348 – 1357. D. P. Fang, S. Iwasaki, M. H. Yu, “Ancient Chinese timber architecture – II: Dynamic characteristics, ”Journal of Structural Engineering, vol. 127, no. 11(November 2001), pp. 1358 – 1364.

② 周乾、闫维明、周锡元：《故宫神武门动力特性及地震反应研究》，《工程抗震与加固改造》2009 年第 2 期。周乾、闫维明、周锡元：《中国古建筑动力特性及地震反应》，《北京工业大学学报》2010 年第 1 期。

③ 高大峰、祝松涛、丁新建：《西安永宁门箭楼结构及抗震性能分析》，《山东大学学报》（工学版）2013 年第 2 期。

④ 刘晓东：《古建筑木结构抗震性能分析》，西安交通大学，1988 年。

2. 柱础约束条件考虑为铰接，主要原因在于部分柱子受到墙体嵌固，且柱底与柱顶石之间的摩擦系数为0.5左右，在8度多遇地震作用下一般不会产生滑移①。

3. 太和殿的梁和柱采用榫卯节点形式连接，表现为梁端做成榫头，插入柱顶预留的卯口中。榫卯节点具有半刚性特征，可传递一定弯矩，并通过榫头与卯口的相互摩擦及挤压耗散部分能量。周乾等②制作了太和殿某榫卯节点1：8缩尺比例的试验模型，通过低周反复加载试验，获得了榫卯节点的弯矩—转角恢复力曲线。另榫卯节点的平动刚度参数根据方东平等③研究成果取值。由于在8度常遇地震作用下，榫卯节点并未进入塑性阶段④，因而本文的榫卯节点刚度考虑为线性值。另在建立榫卯节点有限元模型时，假设其在各个方向的平动刚度及转角刚度相等。综上所述，本分析中榫卯节点取值为：

$$K_x = K_y = K_z = 1.0 \times 109 \mathrm{KN/m}$$

$$K_{rotx} = K_{roty} = K_{rotz} = 5.755 \mathrm{KN \cdot m}$$

对于太和殿斗拱刚度参数而言，由于目前尚无试验资料，因此参照隋䶮等⑤对《营造法式》规定的二等材斗拱的1：3.52缩尺比例模型试验结果及周乾等⑥的理论分析结果取值，即：

$$K_x = K_y = K_z = 1550 \mathrm{KN/m}$$

$$K_{rotx} = K_{roty} = K_{rotz} = 3.1 \times 105 \mathrm{KN \cdot m}$$

4. 太和殿为重檐屋顶，其中下层屋顶的质量由下层正心桁及承椽枋承担，上层屋顶质量由上层正心桁及各檩三件（檩、垫板、枋组成的叠合梁）承担。为简化计算，根据

---

① 姚侃、赵鸿铁：《木构古建筑柱与柱础的摩擦滑移隔震机理研究》，《工程力学》2006年第8期；周乾：《故宫神武门防震构造研究》，《工程抗震与加固改造》2007年第6期。

② 周乾、闫维明、周锡元等：《古建筑榫卯节点抗震性能试验》，《振动、测试与诊断》2011年第6期；周乾、闫维明、李振宝等：《古建筑榫卯节点加固方法振动台试验研究》，《四川大学学报》（工程科学版）2011年第6期。

③ D. P. Fang, S. Iwasaki, M. H. Yu, "Ancient Chinese timber architecture – I: Experimental study," Journal of Structural Engineering, vol. 127, no. 11 (November 2001), pp. 1348 – 1357. D. P. Fang, S. Iwasaki, M. H. Yu, "Ancient Chinese timber architecture – II: Dynamic characteristics," Journal of Structural Engineering, vol. 127, no. 11 (November 2001), pp. 1358 – 1364.

④ 周乾、闫维明、李振宝等：《古建筑榫卯节点加固方法振动台试验研究》，《四川大学学报》（工程科学版）2011年第6期。

⑤ 隋䶮、赵鸿铁、薛建阳等：《古建木构斗拱侧向刚度的试验研究》，《世界地震工程》2009年第4期。

⑥ 周乾、张学芹：《故宫太和殿西山挑檐檩结构现状分析》，载《中国紫禁城学会论文集》（第六辑），紫禁城出版社，2011年。

各构件分担的屋顶质量大小，将屋顶质量简化为质点形式，分布在上述构件上。这种简化的可行性在于：屋面由椽子、望板、铺瓦灰及瓦件（底瓦和盖瓦）组成，各瓦件通过铺瓦灰牢固黏接在望板上，而望板与椽子固定在上述檩三件上；这样一来，屋顶犹如一块均匀、等厚度的曲面板扣在各檩三件上，且可通过简单的力学计算获得各檩三件实际承担的屋面重量，因而上述重量可以看作质点形式，附在相应的木构件上。

5. 采用 BEAM189 梁单元模拟梁、柱、MATRIX27 刚度矩阵单元模拟榫卯节点及斗拱、SHELL181 壳单元模拟墙体、MASS21 质点单元模拟屋顶质量，建立太和殿有限元模型见图二，含梁单元 854 个，柱单元 2155 个，榫卯节点单元 120 个，斗拱单元 486 个，墙体单元 1328 个，屋顶质点单元 2537 个。

图二　太和殿有限元模型

二　动力特性

对太和殿有限元模型进行模态分析，求得前 10 阶自振频率。（表一）分析结果表明：太和殿主振型集中在第 1、2 阶。其中第 1 阶振型表现为模型沿 z 轴的纵向振动，第 2 阶振型表现为模型沿 x 轴的横向振动，且模型沿 x、z 向的振动基本没有偶联，见图三。需要说明的是，本分析中，x 向为横向，y 向为竖向，z 向为纵向。

表一　模型自振频率

阶数	1	2	3	4	5
频率/Hz	0.90	1.58	2.04	2.39	2.73
阶数	6	7	8	9	10
频率/Hz	3.06	3.24	3.45	3.75	3.85

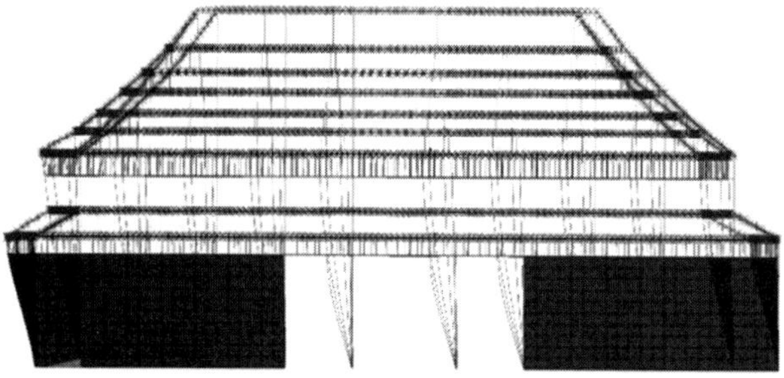

1. 第一振型正立面

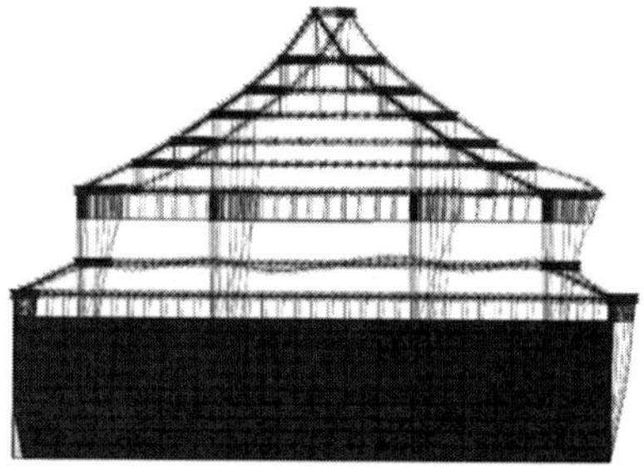

2. 第二振型侧立面

图三　结构主振型图

三　地震响应

（一）结构阻尼确定

采用瑞利阻尼作为太和殿有限元模型的结构阻尼，表达式为：

$$[C] = \alpha [M] + \beta [K] \tag{1}$$

（1）式中，α、β 为比例常数，[C]、[M]、[K] 分别为模型的阻尼矩阵、质量矩阵和刚度矩阵。

α、β 值可通过下式确定：

$$\xi_i = (\beta\omega_i + \alpha/\omega_i)/2 \tag{2}$$

$$\xi_j = (\beta\omega_j + \alpha/\omega_j)/2 \tag{3}$$

（2）－（3）式中，ξ_i、ξ_j 分别为第 i、j 振型阻尼比，ω_i、ω_j 分别为第 i、j 振型圆频率。

由（2）－（3）式可得：

$$\alpha = 2\omega_i\omega_j(\xi_i\omega_j - \xi_j\omega_i)/(\omega_j^2 - \omega_i^2) \tag{4}$$

$$\beta = 2(\xi_j\omega_j - \xi_i\omega_i)/(\omega_j^2 - \omega_i^2) \tag{5}$$

又

$$\omega_i = (2\pi f_i)^{1/2}, \quad \omega_j = (2\pi f_j)^{1/2} \tag{6}$$

一般取 $i=1$，$j=2$，$\xi_i=\xi_j=0.05$，将太和殿前 2 阶频率 $f_1=0.90Hz$ 及 $f_2=1.58Hz$ 代入（6）式，并联立（4）－（5）式，解得 $\alpha=0.136$，$\beta=0.018$。

(二) 地震波的选取及调整

本文主要研究太和殿在常遇地震作用下的地震响应特征及抗震性能。故宫所在地为8度抗震设防，所处场地类别为II类，设计地震分组为第一组，且太和殿属甲类建筑，综合上述因素，选取两组地震波：(1) 选取3向1940年El－centro波作用于太和殿，截取前30s时段，时间间隔0.02s，各个方向的加速度峰值略大于《建筑抗震设计规范》(GB 50011－2010) 中表5.1－2－2的规定值 (0.07g)，均取值为PGA＝0.1g，且不考虑在水平及竖向的峰值折减，该分析结果将偏于保守，对太和殿抗震保护有利；(2) 采取人工方法拟合一条地震波，持时30s，时间间隔0.02s，峰值为0.07g，通过水平双向同时作用于太和殿。

当采用第一组地震波进行太和殿地震响应分析前，可按下式对已有地震波进行调幅，以获得所需地震波峰值①：

$$\alpha'(t) = A'_{max}\alpha(t) / A_{max} \quad (7)$$

(7) 式中，$\alpha'(t)$、A'_{max}为调整后的加速度曲线及峰值，$\alpha(t)$、A_{max}为调整前的加速度曲线及峰值。基于该方法获得调幅后的El－centro波曲线见图四。

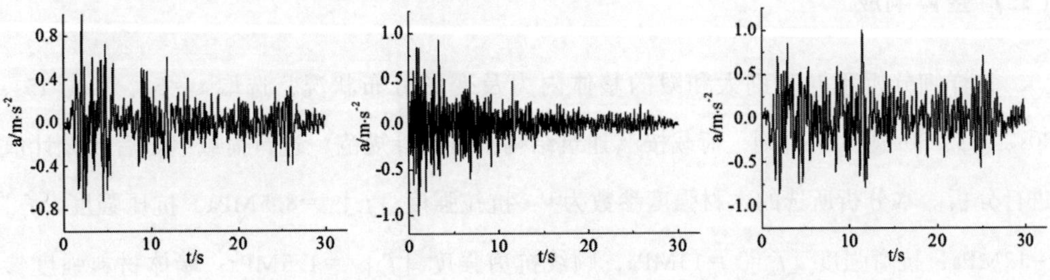

图四 El－centro波形图

人工拟合地震波的生成步骤如下：(1) 参照《建筑结构抗震设计规范》(GB50011－2010) 的5.1.5部分规定，根据太和殿地震烈度、场地类别特征，确定目标反应谱；(2) 通过目标反应谱近似求解人工地震波的功率谱；(3) 功率谱得到的傅里叶幅值

---

① 王晓东、王伟、王林安等：《罕遇地震作用下沧州铁狮子结构现状研究》，《工程力学》2011年第12期。

谱加上随机相位作傅里叶逆变换并加上强度包络线，可近似得到人工地震波；(4)计算近似人工地震波的反应谱，并与期望反应谱进行对比、修改，直至期望反应谱与计算反应谱各频率成分的幅值比值接近1，满足允许误差要求即可。

采取上述方法生成一条人工地震波，其时程曲线见图五(a)。另加速度反应谱曲线(用R1表示)与目标加速度反应谱曲线(用R0表示)对比图见图五(b)，易知两曲线基本吻合。

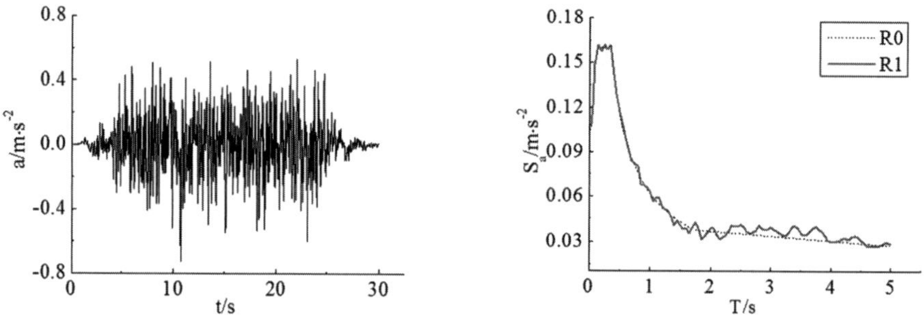

1. 加速度　　2. 加速度反应谱

图五　人工波曲线

(三) 整体响应

为详细分析不同时刻太和殿的整体内力及变形分布状况，选取 t =5s、10s、15s、20s、25s、30s等6个时刻，荷载按《建筑结构抗震设计规范》进行荷载组合后取设计值进行分析。本分析所选的木材强度参数为①：抗拉强度 $[f_t]$ =8.5MPa，抗压强度 $[f_c]$ =12MPa，抗弯强度 $[f_m]$ =13MPa，顺纹抗剪强度 $[f_s]$ =1.5MPa；墙体材料强度参数为②：抗拉强度 $[f_{tw}]$ =0.25MPa，抗压强度 $[f_{cw}]$ =1.50MPa；木构架容许变形值为③：$[ux]$ = min{H/150，0.1}(H为木构架总高，H =24.42m)，$[uz]$ =min{H/300，0.05}。在上述指定时刻结构的变形与应力分析结果见表二至表三所示。易知在上述指定的不同时刻段，El－centro波作用下结构的地震响应比人工波作用更明显。El－

① 石志敏、周乾、晋宏逵等：《故宫太和殿木构件现状分析及加固方法研究》，《文物保护与考古科学》2009年第1期。

② 周乾：《考虑上部结构附加荷载的古城墙数值模拟》，《科学技术与工程》2009年第9期。

③ 《古建筑木结构维护与加固技术规范》，GB50165－92。

centro 波作用下，结构除第 5、10s 的主拉应力峰值过大外，其他应力及变形峰值均在容许范围内。另图六为 El - centro 波作用下，结构在 t =5s 时的主拉应力分布，由图可知后檐中段墙体的下部易产生受拉破坏。

表二　整体响应峰值（El - centro 波）

t/s	u/m	f_t/MPa	f_{tw}/MPa	f_c/MPa	f_{cw}/MPa	f_m/MPa	f_s/MPa
5	0. 038	3. 22	0. 41	3. 29	0. 41	3. 01	0. 34
10	0. 05	4. 59	0. 28	4. 69	0. 24	4. 77	0. 36
15	0. 04	3. 65	0. 18	3. 73	0. 18	4. 64	0. 29
20	0. 04	3. 15	0. 15	3. 01	0. 15	3. 11	0. 21
25	0. 02	1. 81	0. 07	1. 86	0. 07	1. 92	0. 98
30	0. 03	2. 73	0. 15	2. 63	0. 15	3. 58	0. 18

表三　整体响应峰值（人工波）

t/s	u/m	f_t/MPa	f_{tw}/MPa	f_c/MPa	f_{cw}/MPa	f_m/MPa	f_s/MPa
5	0. 04	0. 70	0. 08	0. 69	0. 10	0. 03	0. 02
10	0. 027	2. 12	0. 18	1. 89	0. 13	1. 24	0. 13
15	0. 034	2. 35	0. 08	2. 20	0. 09	1. 31	0. 15
20	0. 025	0. 79	0. 14	0. 91	0. 09	2. 13	0. 28
25	0. 015	2. 10	0. 18	1. 98	0. 12	1. 34	0. 17
30	0. 001	0. 001	0	0. 001	0	0. 001	0

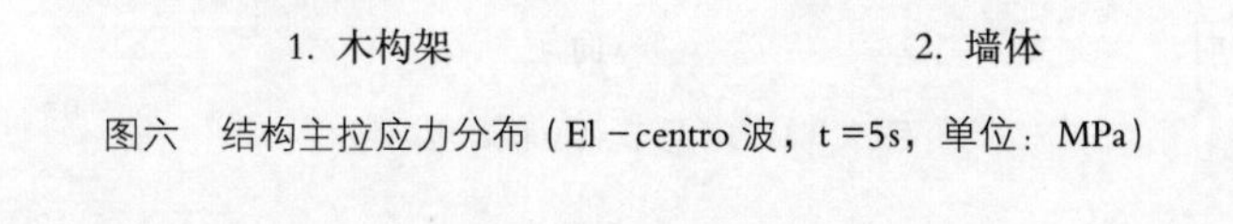

1. 木构架　　2. 墙体

图六　结构主拉应力分布（El - centro 波，t =5s，单位：MPa）

（四）地震响应曲线

为全面了解地震作用下结构的内力及位移响应状况，参考结构的整体地震响应状况，选取代表性的节点或单元进行分析：（1）明间屋脊正中（节点编号：11718）及金柱上部（节点编号：1549），以研究结构的位移及加速度响应特征；（2）明间金柱柱底（单元编号：371），以研究结构的轴力响应特征；（3）明间五架梁跨中（单元编号：

3689），以研究结构的弯矩响应特征；（4）明间五架梁端部（单元编号：3717），以研究结构剪力响应特征。上述各节点及单元位置详图2。

11718、1549号节点的位移响应曲线见图七至图八，其中E表示El－centro波，A表示人工波，下同。易知人工波作用下，上述节点的位移响应明显小于El－centro波，但曲线规律与El－centro波作用曲线相似，主要特点为：（1）11718号节点位移略大于1549号节点，但峰值在容许范围内；（2）屋顶节点位移较大，反映地震作用下屋顶部位的晃动幅度较大；（3）位移响应曲线表现为以平衡位置为中心的振动，反映了结构在地震作用下处于稳定状态；（4）El－centro波作用下，节点在竖向的位移响应峰值很小，这反映了竖向地震作用下结构的振动响应不很明显。

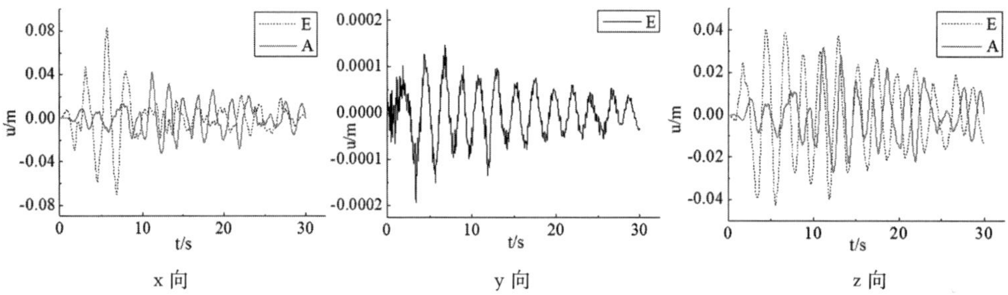

图七　1549号节点位移响应曲线

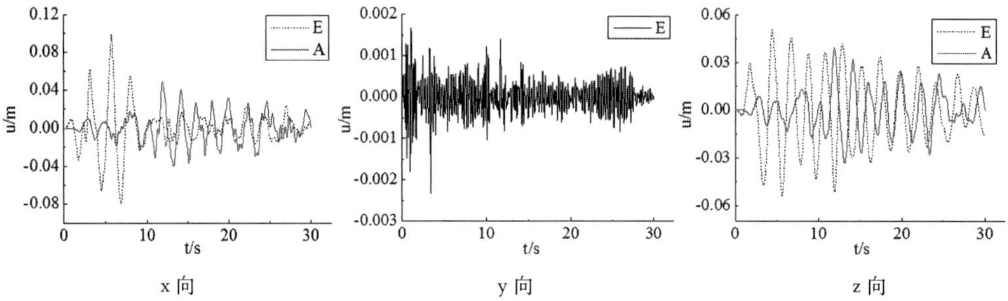

图八　11718号节点位移响应曲线

11718、1549号节点加速度响应曲线见图九至图十，易知人工波作用下各节点的加速度响应峰值要小于El－centro波作用结果，但两种波作用下节点的加速度响应曲线表现的规律相近，即：（1）屋顶节点加速度响应峰值相对地面输入加速度峰增量很小，反映屋顶节点受到的地震力不大，因而在实际地震中屋顶表现为瓦件掉落为主的震害；（2）El－centro波作用下，节点沿竖向产生的加速度响应远小于其他两个方向，反映结构竖向地震响应不明显；（3）11718号节点在各个方向的加速度响应峰值小于1549号节点，反映了榫卯节点及斗拱具有一定减震能力。

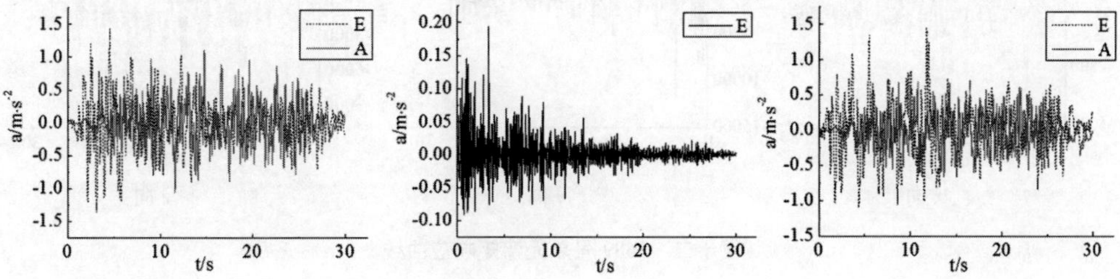

x 向　　y 向　　z 向

图九　1549 号节点加速度响应曲线

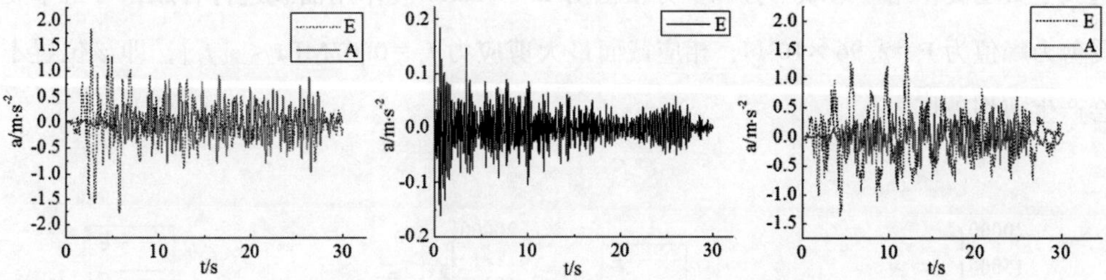

x 向　　y 向　　z 向

图十　11718 号节点加速度响应曲线

371 号单元轴应力响应曲线见图十一。易知 El－centro 波作用下，该单元轴应力峰值为压应力，值为 s＝0.1MPa＜［f_c］，大于人工波作用峰值，且反映柱子不会产生轴压破坏，其主要原因在于柱子截面较大（D＝1.06m），所受轴力偏小。

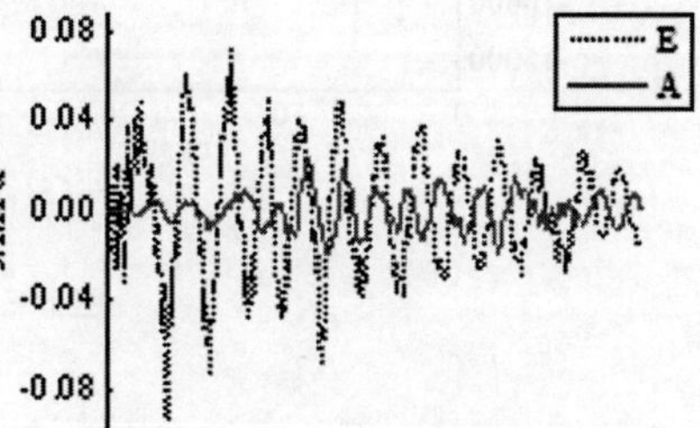

图十一　371 号单元轴应力响应曲线

3689 号单元在 x、y、z 向的弯矩响应曲线见图十二。易知 El－centro 波作用下该单元的弯矩峰值在各向均大于人工波作用。采取平方和平方根方法进行组合，可得 El－centro 波作用下 3689 号单元的最大弯矩组合值为 m＝1.55×104N·m，对应截面（b×h＝0.64×0.76m）最大弯应力值 f_m＝0.25MPa＜［f_m］。因此，该五架梁有充足的抗弯强度储备。另一方面，由于太和殿梁架截面尺寸普遍较大，因而不会产生弯曲破坏。

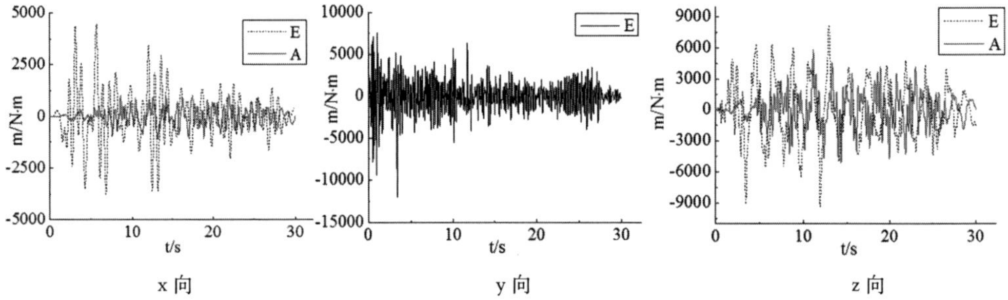

图十二　3689 号单元弯矩响应曲线

3717 号单元的剪力响应曲线见图十三。易知 El－centro 波作用下节点的剪应力峰值远大于人工波作用。采取平方和平方根法对 El－centro 波作用曲线进行合成，可得单元受剪力峰值为 $F=2.96\times10^4N$，相应截面最大剪应力 $f_s=0.07MPa<[f_s]$，即该位置不会产生剪切破坏。

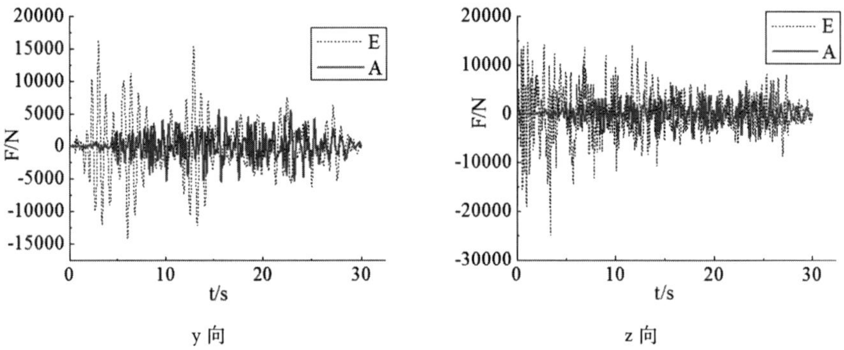

图十三　3717 号单元剪力响应曲线

文献①提供的统计材料表明：紫禁城自建立至今，至少历经地震 222 次，含 8 度以上地震 3 次（均为清代），紫禁城古建筑的主要震害形式表现为墙体倾斜、开裂，装修破坏，台基走闪，柱脚侧移等，而作为承载主体的大木结构则未见损坏记载。由此可知，太和殿具有较好抗震能力，在 8 度常遇地震作用下，其结构主体可保持完好状态。这与本文分析结果相符。

① 蒋博光：《故宫古建筑历经地震状况及防震措施》，《故宫博物院院刊》1983 年第 4 期。

四 结论

其一，太和殿基频为0.90Hz，主振型表现为沿 x、z 向的振动，且在两方向的振动关联很小。

其二，常遇地震作用下，太和殿上部结构振动幅度较大，但能保持稳定振动状态。

其三，太和殿大部分单元的内力峰值均在容许值范围内。

其四，斗拱及榫卯节点可发挥一定的减震作用。

宫廷研究

皇帝的生日节名

李文君

内容摘要：皇帝的生日节名及其庆祝习俗，形成于唐玄宗时期。每个皇帝即位以后，均须拟就一个吉祥的生日节名。到元代时，皇帝生日统一称为“天寿节”，不再单独命名。从明永乐帝开始，皇帝生日节名改称“万寿节”，直至清帝退位，皇帝生日退出历史舞台。皇帝生日节名的演变，经历了一个由简单到逐渐完备，再到整齐划一的过程。在某种程度上，这与中国传统社会从发展到高度成熟再到逐渐衰落的趋势是一致的。

关键词：皇帝　生日　唐明皇　天寿节　万寿节

一　生日习俗的演变

上古的时候，中国人并没有过生日的习惯，只会在新生儿一周岁时，邀亲友摆酒祝贺一番。对此，北齐颜之推的《颜氏家训·风操第六》中说：

> 江南风俗，儿生一期，为制新衣，盥浴装饰，男则用弓矢纸笔，女则刀尺针缕，并加饮食之物及珍宝物玩，置之儿前，观其发意所取，以验贪廉愚智，名之为“试儿”。亲表聚集，置宴享焉。自兹以后，二亲若在，每至此日，常有酒食之事耳。无教之徒，虽已孤露，其日皆为供顿，酣畅声乐，不知有所感伤。梁孝元年少之时，每八月六日载诞之辰，尝设斋讲。自阮修容薨殁之后，此事亦绝。

南北朝时，江南婴儿满一周岁时，会摆宴款待来宾，还会安排“洗儿”和“抓周”等活动。以后每年生日一般只会置办酒饭，吃喝一顿而已。这是因为，那时的人已经认识到自己的生日，也是母亲的受难日。“人生之初，父则忧愁，母则痛楚”，没有什么好庆祝的。父母过世后，到了生日这一天，一般人连置办酒饭也免了；可有些没教养的不肖子弟，并不管这一套，依旧呼朋唤友，纵情痛饮，不知道还应该怀念双亲，有所感伤。

皇帝是万民的表率，自然应该事事垂范。每当有皇子出生时，总会庆祝一番：皇上拿出一些丝帛钱钞，颁赐给臣子，臣子们祝贺皇上喜得龙子，上表感谢皇帝的慷慨。宋人王楙的《野客丛书》卷十有段有趣的记载：

> 《世说（新语）》载，晋元帝生子，普赐群臣。殷羡谢曰：“皇子诞育，普天同庆，臣无勋焉，猥蒙颁赉。”帝笑曰：“此事岂可使卿有勋邪?”后南唐时，宫中尝赐洗儿果，有近臣谢表云：“猥蒙宠数，深愧无功。”此正用《世说》事。而李后主亦曰：“此事如何着卿有功?”故东坡《洗儿词》谓：“深愧无功，此事如何着得侬?”又用《南唐史》中语。仆又观《北史》有一事亦相类。秦孝王（杨俊）妃生男，隋文帝大喜，颁赐群官有差。李文博曰：“今王妃生男，于群臣何事，乃妄受赏。”此事亦然，但其言差隐耳。

清人刘廷玑《在园杂志》卷三也有同样的记载：

> 材官健儿辈，每遇督抚提镇赏赉优待，必曰：“大老爷的恩典。”一游击年将望五，始生一子。制府闻之，贺曰：“恭喜尔得一子矣。”游击急趋跪谢曰：“大老爷的恩典。”两旁听者笑几失声，可与南唐宫中赐洗儿果，有近臣谢表云：“猥蒙宠赐，深愧无功。”李主曰：“此事卿安得有功。”此语同堪绝倒。

皇帝生子，臣下自然无勋。可笑这几位“蠢臣”，大概是被扑面而来的天恩赏赐冲昏了头脑，竟在贺表中说出这些让皇上哭笑不得的话来。虽然生了皇子要大肆庆祝，轮到皇帝自己的生日时，在古时却并无祝贺活动。比如梁元帝萧绎恪守孝道，对母亲心存感念。年轻时，每逢八月初六自己的生日，就会吃斋讲经；母亲阮修容去世后，他就不再过生日，连讲经说法之事也终止了。还有隋文帝杨坚，在生日当天，要求举国吃素，以此追思双亲，这与梁元帝的“斋讲”是一样的。据《隋书·高祖纪下》记载，仁寿三年（603）五月，隋文帝曾下诏：“哀哀父母，生我劬劳，欲报之德，昊天罔极。但风树不静，严敬莫追，霜露既降，感思空切。六月十三日，是朕生日，宜令海内为武元皇帝、元明皇后断屠。”这里的“武元皇帝”和“元明皇后”是隋文帝的亲生父母杨忠和吕氏。

到了唐太宗时，前朝不过生日的纯朴风俗在民间已经发生了很大的变化，“乖于礼度”的庆祝之风盛行，大有向宫中蔓延之势。唐太宗认为：父母不在，遇生日时，本应倍感神伤，怎能忍心排宴作乐呢？据《贞观政要·礼乐第二十九》记载：

> 贞观十七年十二月癸丑，太宗谓侍臣曰：“今日是朕生日，俗间以生日可为喜乐，在朕情，翻为感思。君临天下，富有四海，而追求侍养，永不可得。仲由（子路）怀负米之恨，良有以也。况《诗》云：‘哀哀父母，生我劬劳。’奈何以劬劳之辰，遂为宴乐之事！甚是乖于礼度。”因而泣下久之。

唐太宗不随波逐流，不接受臣下的吹捧，在生日时不铺排宴会，不大行庆祝，是真心也好，是作秀也罢，都显得十分难得。面对民间兴起的生日庆祝风潮，帝王中如隋文帝、唐太宗等坚守纯朴者，毕竟不多。

唐中宗在生日时不止大宴群臣，还与文臣们作诗联句，以示庆祝。唐中宗“常以降诞，宴侍臣贵戚于内庭（廷），与学士联句柏梁体诗”。[①] 到唐明皇时，更进了一步，皇帝的生日成了国家的法定节日，全国人民咸与庆祝。

二　唐明皇的千秋节

谈皇帝的生日，是不能绕过唐明皇的。正是在唐明皇时，皇帝的生日第一次成为一个全国性的节日。经过近一百年的积累，开元年间，唐朝迎来了真正意义上的盛世。在这个“稻米流脂粟米白，公私仓廪俱丰实”的时代，物质的丰富刺激了享乐的欲望，感恩的善念再也约束不住寻欢的诱惑，生日时为父母感恩的朴素观念不再流行，大举庆祝生日的情况已蔚然成风。

唐明皇早年励精图治、精明强干，但步入中年以后，看天下承平日久，就渐渐自满起来。表现之一，就是将自己的生日定为“千秋节”，让文武百官、全国人民一起跟着热闹，这是开元十七年（729）的事。这一年八月初五，唐明皇“以降诞日，宴百僚于花萼楼下。百僚表请以每年八月五日为千秋节，王公已（以）下献镜及承露囊，天下诸

---

① （唐）封演：《封氏闻见记》卷四。

州咸令宴乐，休暇（假）三日，仍编为令，从之”。百官是摸透了唐明皇的心思后，才上此表的。领头的是两位丞相：左丞相源乾曜与右丞相张说。面对百官的请求，唐明皇以“凡是节日，或以天气推移，或因人事表记”为由，欣然采纳。有了千秋节的名目，在生日宴饮娱乐时，唐明皇就不会再有追思双亲的道德负担，可以名正言顺起来。第二年闰六月，礼部又奏请“千秋节休假三日，及村闾社会，并就千秋节先赛白帝，报田祖，然后坐饮，从之。”如果说，以前千秋节的庆祝还只局限在庙堂，有了“休假三日”的建议，千秋节就开始走向民间了。这一年千秋节，唐明皇“御花萼楼，以千秋节百官献贺，赐四品已（以）上金镜、珠囊、缣彩，赐五品已（以）下束帛有差。上赋八韵诗，又制《秋景诗》”。[①] 一场盛大的生日酒会下来，皇帝看到的是“四海升平、万姓同乐”的景象，突出了自己的尊崇地位；臣下得到的是实惠的赏赐和操办庆典中的各项好处，赚足了个人的腰包。当然最苦的还是百姓，他们不仅没有时间休千秋节的三天假期，还得为皇帝的“尊崇”和百官的“实惠”买单。

唐明皇不止自己过千秋节铺张，在别人生日时，他赏赐的生日礼物也很体面。宋人叶寘《爱日斋丛抄》卷五记载：

> 明皇不惟自寿，每自让皇帝（长兄李成器）、宪皇后生日，必幸其宅，移时宴乐。惠宣太子业（五弟李隆业）被疾，明皇自视会，既愈，幸其第，置酒赋诗，为初生欢，此恺悌之至情。天宝十四年六月一日，贵妃杨氏生日，幸华清宫，于长生殿奏新曲，会南海进荔枝，因名《荔枝香》。天宝十载正月，安禄山生日，赐衣服、玩器、酒馔，以官妾蕃将亦用此。

唐明皇在大哥李成器夫妇、五弟李隆业、宠妃杨玉环、宠臣安禄山生日时，赏赐多多，出手大方。自然，他送的生日礼物，到头来还是由百姓“凑份子”。

在千秋节的庆祝活动中，王公大臣们纷纷向唐明皇敬献铜镜，唐明皇也以“金镜”回赐四品以上的官员，甚至为此特地在铸镜业发达的扬州定制铜镜，并赐其“千秋镜”的美名。就“千秋镜”之事，唐明皇曾写过《千秋节赐群臣镜》一诗：“铸得千秋镜，光生百炼金。分将赐群后，遇象见清心。”[②] 提议设千秋节的张说在《奉和圣制赐王公千秋镜应制》一诗中应和道：“宝镜颁神节，凝规写圣情。千秋题作字，长寿带为

---

① 《旧唐书·玄宗纪上》。

② 《全唐诗》卷三。

名。”① 由于千秋节的铺排，宰相张九龄认为，皇上已由早年的殚精竭虑转为现在的贪图奢华。一次千秋节上，他专门上了《千秋金鉴录》一书作贺仪。《新唐书·张九龄传》记载：“初，千秋节，公、王并献宝鉴，九龄上‘事鉴’十章，号《千秋金鉴录》，以伸讽喻。”《千秋金鉴录》中陈述了历代兴衰缘由，企盼唐明皇以之为鉴。唐明皇阅后，口上虽嘉奖，心内却不以为然，依然故我。此时的李三郎，沉迷于浮华之中，已全然忘却了当年做临淄王时，处境窘迫，到八月初五时，还是岳父王仁皎脱下一件紫袍，拿去换了一斗面，为他做了一顿“生日汤饼（寿面）。”② 《千秋金鉴录》一事，一时传为“美谈”，可惜这本书后来失传了。到明嘉靖年间，张九龄的后裔张希祖伪造了一部《千秋金鉴录》，书中说：“安禄山为野猪之精，史思明为翩鸟之精，杨贵妃为白鹇之精。”虽多怪诞不经，却着实忽悠了不少人。③

千秋节之后，又有人想出了讨好皇帝的新办法：以“千秋”二字作为地名，呼应千秋节。《旧唐书·地理志三》记载：“天宝元年，割江都、六合、高邮三县地置千秋县。天宝七载，改为天长。”千秋县就是今天安徽省天长市的前身，怎么设置了才六年，就又改为天长县了呢？原来，唐明皇身边一班佞臣认为：过去将皇上的生日定为“千秋节”，考虑欠佳，千秋万代毕竟有限，只有将“千秋节”改为“天长节”，才可以让大唐的江山天长地久。唐明皇得此建议后，龙颜大悦，在天宝七年（748）八月颁诏，正式将“千秋节”改名为“天长节”。千秋县也随之易名为“天长县”。今天北京白云观的前身，始建于唐明皇时，本名天长观，不知其与天长节有无瓜葛？

“千秋节”改名为“天长节”，并没能让唐朝的江山“天长地久”，七年后，渔阳鼙鼓动地来，安史的大军差点颠覆了李家的社稷。大乱之后，唐明皇成了太上皇，虽然每年也过天长节，但被软禁于深宫，瓦冷衾寒，再也找不回当年烈火烹油的感觉了，连供奉的梨园弟子都差了一个等级。正如诗人王建在《老人歌》中所言：“白发老人垂泪行，上皇生日出京城。如今供奉多新意，错唱当时一半声。”④ 天长节虽然不能保证大唐天长地久，却使皇帝生日设节成为一项正式的制度，为唐明皇之后的皇帝继承下来。

三 唐宋诸帝的生日节名

唐明皇天长节之后，把皇帝的生日作为国家的节日，正式确立为一项制度。在古代

---

① 《全唐诗》卷八十七。

② 《新唐书·后妃传上》。

③ （清）俞樾：《九九消夏录》卷四。

④ 《全唐诗》卷三〇一。

的时空观念中，中国是世界文明的中心，四周都是不入王化的蛮夷之地，因此，中国皇帝，是中国的主宰，也是“世界”的主宰。皇帝一登基，无论是个人物质精神享受，还是权力欲望，都得到了最大的满足。除一小部分强人皇帝外，大部分皇帝满足于“老子天下第一”的现状，放眼四海，却找不到值得自己为之拼搏、为之奋斗的诱惑。在他们眼里，没有新鲜事物，一切都是曾经沧海，“进取心”三个字已从他们的人生字典里彻底消失了。这个时候，唯一能勾起皇帝们欲望的，只有一条，那就是长生不老之术。他们希望借助长生不老之术，使自己青春永驻，使自己能永久地掌控整个帝国。从秦皇汉武到雍正帝，两千多年，都走的是这条老路。追求长生不老的愿望反映在过生日上，就是唐宋诸帝，在尊号、年号、庙号、谥号之外，又多了一个颇具长寿象征意义的生日节名。唐明皇的儿子肃宗李亨，以生日为天成地平节。唐明皇的孙子代宗李豫，以生日为天兴节。代宗之后，生日设节之事偶有缺失。可到唐文宗以后，生日设节之事被严格地遵行起来。为了方便说明问题，现综合《旧唐书》《辽史》《金史》的诸帝本纪、《宋史·礼志十五》、宋赵彦卫《云麓漫钞》卷三、宋李心传《建炎以来朝野杂记》卷一、宋王明清《挥麈前录》卷一、清顾炎武《日知录》卷十四等材料，将唐至南宋诸帝的生日整理成简表如表一。

表一　唐至南宋诸帝生日节名简表

朝代	皇帝	出生年	生日	生日节名
唐	玄宗	垂拱元年（乙酉，685）	八月初五	千秋节，天宝七年改为天长节
	肃宗	景云二年（辛亥，711）	九月初三	天成地平节
	代宗	开元十四年（丙寅，726）	腊月（十月）十三	天兴节（后取消此节）
	文宗	元和四年（己丑，809）	十月初十	庆成节
	武宗	元和九年（甲午，814）	六月十二	庆阳节
	宣宗	元和五年（庚寅，810）	六月廿二	寿昌节
	懿宗	太和七年（癸丑，833）	十一月十四	延庆节
	僖宗	咸通三年（壬午，862）	五月初八	应天节
	昭宗	咸通八年（丁亥，867）	二月廿二	嘉会节
	哀帝	景福元年（壬子，892）	九月初三	乾和节
后梁	太祖	大中六年（壬申，852）	十月廿一	大明节
	末帝	文德元年（戊申，888）	九月十二	明圣节

续表

朝代	皇帝	出生年	生日	生日节名
后唐	庄宗	光启元年（乙巳，885）	十月廿二	万寿节
	明宗	咸通八年（丁亥，867）	九月初九	应圣节
	末帝	光启元年（乙巳，885）	正月廿三	千春节
后晋	高祖	景福元年（壬子，892）	二月廿八日	天和节
	出帝	乾化四年（甲戌，914）	六月廿七	启圣节
后汉	高祖	乾宁二年（乙卯，895）	二月初四	圣寿节
	隐帝	长兴二年（辛卯，931）	三月初七（初九）	嘉庆节
后周	太祖	天祐元年（甲子，904）	七月廿八	永寿节
	世宗	贞明七年（辛巳，921）	九月廿四	天清节
	恭帝	广顺三年（癸丑，953）	八月初四	天寿节
前蜀	高祖	王建	二月	寿春节
前蜀	后主	王衍	七月十五	应圣节
后蜀	后主	孟昶	十一月十四	明庆节
南唐	烈祖	光启四年（戊申，888）	腊月初二	仁寿节
宋	太祖	天成二年（丁亥，927）	二月十六	长春节
	太宗	天福四年（己亥，939）	十月初七	乾明节，淳化元年改为寿宁节
	真宗	乾德六年（戊辰，968）	腊月初二	承天节
	仁宗	大中祥符三年（庚戌，1010）	四月十四	乾元节
	英宗	明道元年（壬申，1032）	正月初三	寿圣节
	神宗	庆历八年（戊子，1048）	四月初十	同天节
	哲宗	熙宁九年（丙辰，1076）	腊月初七	兴龙节（腊月初八）
	徽宗	元丰五年（壬戌，1082）	五月初五	天宁节（十月初十）
	钦宗	元符三年（庚辰，1100）	四月十三	乾龙节
	高宗	大观元年（丁亥，1107）	五月廿一	天申节
	孝宗	建炎元年（丁未，1127）	十月廿二	会庆节
	光宗	绍兴十七年（丁卯，1147）	九月初四	重明节
	宁宗	乾道四年（戊子，1168）	十月十九	天祐节，后改为瑞庆节
	理宗	开禧元年（乙丑，1205）	正月初五	天基节
	度宗	嘉熙四年（庚子，1240）	四月初九	乾会节
	恭帝	咸淳七年（辛未，1271）	九月廿八	天瑞节

续表

朝代	皇帝	出生年	生日	生日节名
辽	太宗	天复二年（壬戌，902）	十月廿九（廿三）?	天授节
	景宗	天禄二年（戊申，948）	七月廿五	天清节
	圣宗	保宁三年（辛未，971）	腊月廿七	千龄节
	兴宗	开泰五年（丙辰，1016）	正月/腊月	永寿节
	道宗	重熙元年（壬申，1032）	十月	天安节
	天祚帝	大康元年（乙卯，1075）	四月廿九	天兴节
金	太宗	大康元年（乙卯，1075）	十月十五	天清节
	熙宗	天辅三年（己亥，1119）	正月十七	万寿节
	世宗	天辅七年（癸卯，1123）	三月初一	万春节
	章宗	大定八年（戊子，1168）	七月廿七	天寿节（九月初一）
	卫绍王	大定八年（戊子，1168）	八月初十	万秋节
	宣宗	大定三年（癸未，1163）	三月十三	长春节
	哀宗	承安三年（戊午，1198）	八月二十三	万年节
辽	太祖述律后	乾符六年（己亥，879）	十月初八?	永宁节
		圣宗萧后（萧菩萨哥）	十月	顺天节
		圣宗萧后（萧耨斤）	腊月廿一?	应圣节
		道宗萧后（萧观音）	五月初五	坤宁节（腊月初三）
宋	真宗刘后	乾德六年（戊辰，968）	正月初八	长宁节
	英宗高后	明道元年（壬申，1032）	七月十六	坤成节
	理宗谢后	嘉定三年（庚午，1210）	四月初八	寿崇节

此表共收录唐、五代、辽、宋、金五十位皇帝的生日节名，还附有辽宋临朝听命称制的五位皇太后的生日节名。唐代皇帝，玄宗以下，缺了德宗、顺宗、宪宗、穆宗、敬宗五位；五代皇帝，缺了后唐闵帝一位；宋朝皇帝，缺了南宋末的赵昰与赵昺；辽代皇帝，缺了太祖、世宗、穆宗三位；金朝皇帝，缺了太祖、海陵王两位。唐朝没有生日设节的五位皇帝，是受到了唐德宗的影响。唐代宗彻底平定了安史之乱，谋求励精图治，不以生日设节，以示生聚教训。宋人叶梦得《石林燕语》卷四记载："至代宗，群臣请建天兴节，不报。自是历德、顺、宪、穆、敬五帝，皆不为节。文宗大和中，复置庆成节。"德宗等五位皇帝生日不设节，一方面是唐代宗天天向上精神的带动，另一方面是

生日设节这一制度刚刚创立，影响力和普及度不够所致。文宗之后的唐朝，生日设节这一制度得到了严格的遵守，几乎每一位皇帝都有了生日节名。后唐闵帝没有生日节名，是因其在位时间太短，首尾不足一年，没来得及设立。南宋末的幼帝赵昰与赵昺，在大半江山被元军占领的情况下，流亡奔波于南部沿海，不足三年就被元灭亡，一直处于非常时期，自然谈不上设立生日节名。辽朝是契丹人建立的政权，虽借鉴了不少唐朝的衣冠制度，显然生日设节在辽太祖时还没有被契丹民族吸收消化。辽世宗、辽穆宗二位，在位时间也不长，都还没把生日设节提上日程。金太祖不设生日节名的原因与辽太祖相同，金海陵王则是因其得位不正，不被金朝正统接纳承认。至于五位皇太后的生日也成为节日，一是因为她们在皇帝幼年时临朝称制，代为行使过皇帝的权力，二是与生日设节这一制度在辽中期以后和宋代越来越完善有关。

说罢生日不设节的原因，再来谈谈生日节名的用字。除唐肃宗的天成地平节以外，其余的节名均为两字，其中，有三位皇帝曾改过节名：唐玄宗由千秋节改为天长节，宋太宗由乾明节改为寿宁节，宋宁宗由天祐节改为瑞庆节。仔细分析上表，皇帝生日节名的用字，主要集中在三个方面。一是代表皇帝天子身份的“天”“乾”“圣”等字。50位皇帝中，共有17位的节名中有天，其中称“天×节”的就有14个，称“×天节”有3个。皇帝是天子，是圣人，生日节名用“天”“乾”“圣”等字，一来符合他们的身份，皇帝希望自己能寿与天齐也是一个原因。生日刚设节时，唐明皇“天长节”与唐肃宗“天成地平节”的用字影响，恐怕也是节名用“天（乾）”字的一个重要因素。二是象征长寿的“寿”“龄”“庆”“千”“万”“春”“秋”等字。其中就有后来元朝皇帝与明太祖统一用的“天寿节”（后周恭帝、金章宗亦用），明太祖以后的明清皇帝统一用的“万寿节”（后唐庄宗、金熙宗亦用）。三是“安”“宁”“昌”“明”等象征四海升平的美好字眼。生日节名的用字范围虽然比较集中，可由于节名为两个字，不像年号与庙号，重名现象并不多。仅金代的天寿、万寿、长春三节与前代有重复，这可能与女真人刚入中原，不熟悉汉家典章有关。

特别需要指出的是，宋真宗与宋徽宗崇信道教，在他们统治时期，先后设立了一系列道教特色节日（表二），这些节日的用字，也多局限在“天”“宁”等吉祥字眼，与生日节名的用字非常类似。

表二 北宋特色节日一览

设节皇帝	日期	节日名	设节原因
真宗	正月初三	天庆节	景德五年（1008）天书初降于左承天门南鸱尾
	四月初一	天祯节（天祺节）	大中祥符元年（1008）天书再降于大内功德阁
	六月初六	天贶节	大中祥符元年（1008）天书三降于泰山醴泉北
	七月初一	先天节	后唐天成元年（926）圣祖赵玄朗下凡
	十月廿四	降圣节	大中祥符五年（1012）圣祖赵玄朗与真宗会于延恩殿
徽宗	十一月初五	天应节	政和三年（1113），以修祀事，天真示见
	五月十二	宁贶节	祭方丘日
	二月十五	真元节	太上混元上德皇帝（太上老君）降圣日
	八月初九	元成节	青华帝君生辰
	十月廿五	天符节	
	正月初四	开基节	后周显德七年（960）太祖登基

* 本表据《宋史·礼志十五·嘉礼三》整理而成。

生日节名的用字，通常局限于吉祥字眼，而吉祥字眼本身又十分有限，这样就会形成个别吉祥字眼反复出现于生日节名里的情况。吉祥字的重复出现率高了，自然容易引起混淆，有时甚至会让上贺表的臣下不知所以。宋人洪迈《容斋四笔》卷八就记载了这样一个故事：

> 乾道二年冬，蒙恩召还，过三衢，郡守何德辅问奏对用几札，因出草稿示之。其一乞蠲减鄱阳岁贡诞节金千两事，言此贡不知起于何时，或云艺祖（宋太祖）初下江南，郡库适有金，守臣取以献长春节，遂为故事。误书“长春”为“万春”，乃金主褎节名也。德辅读之，指以相告，予悚然面发赤，亟改之。

细致如洪迈者，也在贺表中将宋太祖的“长春节”误写为金世宗的“万春节”，生日节名易重复，由此可见。因为“长春”这两个吉祥字眼出镜率高，在《宋史·五行志四》中，还有如下一则对宋太祖长春节的附会：

> 又每岁除日，（蜀王孟昶）命翰林为词，题桃符，正旦置寝门左右。末年，学士幸寅逊撰词，昶以其非工，自命笔题云："新年纳馀庆，嘉节号长春。"昶以其年正月降王师，即命吕馀庆知成都府，而"长春"用太祖诞圣节名也。

乾德三年（965）新年，后蜀后主孟昶嫌词臣题写的桃符不工整，自己亲笔题写了"新年纳馀庆，嘉节号长春"一联，据说这也是我国最早的一副楹联。在这副联的联尾，嵌入了"馀庆"与"长春"二词，被认为是后蜀当为北宋灭亡的谶语。就在这年春天，孟昶出降，后蜀灭亡。宋朝派往成都的第一任文人知府，名叫吕馀庆，而长春节正是宋太祖的生日节名，两者完全印证了孟昶所题的楹联。其实，这不过是后来人对吉祥字眼的一种附会，只能说明宋太祖的生日节名太常见而已。

选生日节名，除不与前朝的节名重复外，最好也别与宫殿名、年号名等重合，否则，相关部门就会被认为不能敬职敬业。宋人赵彦卫《云麓漫钞》卷十二记载：

> 明肃皇后（宋真宗刘皇后）既临朝，名所居殿曰会庆，阜陵（宋孝宗）圣节亦曰"会庆"。西京太宗神御殿曰帝华，寿皇（宋孝宗）宫曰重华。龚养正云："……皆有司失考也。"

刘太后在仁宗朝曾临朝听政，她居住的宫殿叫会庆殿。宋孝宗的圣节定名竟与会庆殿重合了，认真追究起来，礼部是有责任的。选生日节名时，除讲究吉庆，不与前代重合外，用字也需十分斟酌，否则，就会留下破绽，让人神秘兮兮地去附会。宋孝宗晚年倦勤，退居二线，在重华宫养老，儿子光宗登基，群臣议定新皇帝的生日节名为"重明节"。新节名一颁布，就有先知先觉者预测："重华、重明，非佳名也。"理由是将"重"字拆开，正好是"二千日"三个字，非长久之兆。事情还真被附会者言中，果然，在这之后的不到五年内，孝宗上仙，光宗也被迫退位，父子俩都应了"二千日"的预言。① 可以说，唐至南宋，是皇帝生日节名最为丰富多彩的时期。进入元朝以后，皇帝的生日就不再单独设节名了。

元政权起自漠北。入主中原后，统治者不习惯汉人礼仪的繁文缛节，不习惯追求字

① （元）佚名：《东南纪闻》卷二。

里行间的微言大义，对前朝每位皇帝一个生日节名的老套子，感觉纷繁杂乱，为追求简便，取天子长寿之意，对皇帝的生日统一以“天寿节”称之。除去开始的元世祖与结尾的元顺帝，元朝中间的三十八年间（1295—1333）走马灯般地换了九位皇帝，其中的天顺帝、元明宗与元宁宗三位，在位还不足一年，在任内都没有遇上自己的生日。将皇帝生日统一为“天寿节”这一简便办法，在客观上也符合了元中期帝位更换频繁的实际。明清两代，继承了元朝的做法，皇帝的生日统一设节。只是从明成祖开始，把元朝的“天寿节”改为了“万寿节”，而把“天寿”二字，赐给了昌平陵区的“黄土山”，从此，天寿山就成了明十三陵的后靠山。

明太祖出身布衣，有朴素之风，刚当皇帝那阵子，坚持不搞生日庆典。《明太祖实录》卷七十五记载，洪武五年（1372）八月，明太祖对臣下说：“昔唐太宗谓生辰是父母劬劳之日，况朕皇考、皇妣早逝，每于是日，不胜悲悼，忍受天下贺乎？宜皆罢之。”明太祖生日不受臣下贺礼，这是洪武初年的事。等皇帝坐久了，他也就“忘记”了父忧母痛，逢生日不再斋居素食。洪武十三年（1380）九月十八日“天寿圣节”时，“上御奉天殿受朝贺，宴群臣于谨身殿。自是以为常”。[①] 在位谋政，明太祖体会到当皇帝的门径后，对生日朝贺之事，也就欣然接受了。自明成祖改“天寿节”为“万寿节”之后，直到末代皇帝溥仪，皇帝的生日就径直以“万寿节”或“万寿圣节”来称呼了。

皇帝生日设节之俗，还走出国门，传入周边国家。越南李朝的李太宗李佛玛（德政），在天成元年（1028）六月，将自己的生日设为天圣节，供全越人民一起庆祝。[②] 在日本，从奈良时代的光仁天皇开始，仿效唐明皇的天长节，把天皇的生日也称之为“天长节”，皇后的生日称之为“地久节”，取《老子》中的“天长地久”之意。之后，天长节虽曾被废止过一段时间，但到明治维新时，天长节被恢复，再度成为国家的重要节日，一直到现在。只是二战以后，在现代化进程中，把“天长节”改称为“天皇诞生日”。

特别强调一点，在宋代，皇帝的生日节名还被用来给寺观命名。宋人王铚《默记》卷上记载：宋太祖陈桥驿兵变，回师开封，年仅八岁的周恭帝“衣白襕，乘轿子出居天清寺。天清，世宗节名，而寺其功德院也”。赵匡胤黄袍加身，柴宗训临时去天清寺避难，天清寺就是因为周世宗柴荣的天清节而得名的。宋人赵彦卫《云麓漫钞》卷五记

① 《明太祖实录》卷一百三十三。

② 《越史略》卷中。

载："本朝凡前代僧寺道观，多因郊赦，改赐名额，或用圣节名，如承天、寿圣、天宁、乾宁（元）之类是也。隋唐旧额，鲜有不改者。"宋朝皇帝举行完郊祀大礼后，往往会给前代寺庙道观御赐新名，以示恩典。选择新名时，又爱用本朝的生日节名，这样的结果，让一批隋唐以来的寺观失去"老字号"招牌的同时，出现了一大批同名的御敕寺观。用生日节名来给寺院赐名，当然与生日节名爱用美好字眼是分不开的。

四 巧合的生日

唐明皇之后，逢皇帝的生日，要举朝上下庆贺一番。皇帝有新老交替，皇帝的生日也随着变化，有时会和其他节日重合，有时又会和前朝帝后的忌日赶在同一天。最为诡异的是，皇帝的生日有时还会和自己的忌日相同。

皇帝的生日与其他节日重合，自然是喜上加喜的好事。好是好，在具体庆祝仪式上，孰先孰后，也成了甜蜜的烦恼。清人吴肃公《明语林》卷五补遗中记载：

> 景泰时，立春与（万寿）圣节同日。众议欲先行庆贺，或云先迎春，咸无定说。俄忠肃（于谦）至，众质之。忠肃曰："先迎春而后庆贺，不见'春王正月'乎？春加王上。"众以为是。（按景帝生是八月，恐是太后寿节耳）

皇帝的生日恰逢立春日，是先进行迎春仪式，还是先庆贺万寿圣节？在没有先例可循的情况下，景泰朝的重臣于谦引用《春秋》经文中最常见的"春王正月"一句，主张先迎春后庆祝万寿节，虽有文字游戏之嫌，可在没有更合理办法的情况下，得到了群臣的一致赞同。吴肃公的判断很对，查《明英宗实录》，景泰帝的生日在秋季的八月初三，不可能与立春日同，与立春同日的可能是孙太后的生日。但无论如何，皇帝的生日与其他节日相合时，应以哪一个为主，哪一个为辅，仍是一个饶有兴趣的问题。明英宗天顺五年（1461）十一月十一日，既是冬至日，又是万寿圣节。为规范群臣上贺表的格式，礼部尚书石瑁等人建议：将冬至与万寿节的贺表合并同类项，归并为一份，贺表上统一写"今兹冬至，恭遇圣旦，圣寿益增"这样的吉祥话。① 皇帝的生日遇上其他节日

---

① 《明英宗实录》卷三三〇，天顺五年秋七月甲辰。

时，两节同庆，喜庆双重，即便如此，还要为孰主孰次的问题挠头；生日若遇上前朝帝后的忌日，那就只有让路一招了。

北宋时，宋哲宗的生日是腊月初七，但生日设节时，却推后一天，以腊月初八为兴龙节。原来腊月初七是赵匡胤的高祖赵朓（宋建立后被尊为宋僖祖）的忌日，哲宗为了避忌，只得将兴龙节顺延一日。[①] 稍后的金朝也出现了同样的例子。据《金史·熙宗纪》记载，金熙宗的生日本来是七月七日，因与其生父完颜宗峻的忌日相同，最后改用正月十七日作为万寿节。宋哲宗的圣节延后了一天，金熙宗的圣节提前了半年，改变的方法有提前有推后，幅度有大有小，初衷却是一样的。再看明代的两个例子。明世宗的生日是八月初十，这一天也是明太祖马皇后的忌日。嘉靖三年（1524）以前，在礼部尚书毛澄的建议下，明世宗万寿节的庆祝改在八月初九提前进行。嘉靖三年以后，万寿节改回八月初十举行。“是日，先行孝慈奉祭礼，然后嵩呼大庆。”两礼同一天进行，礼部的理由是：马皇后虽然是开天圣母，而明世宗以藩王入嗣，也堪称中兴圣主，“自不相妨也”。[②] 明世宗之所以把万寿节又改回八月初十，与老祖母马皇后的祭礼同一天进行，是因为从明初的马皇后到嘉靖时，已过去了150余年，历经了七代人，祭礼的要求没有当初那么严格了。更重要的是因为，嘉靖三年以后在与以杨廷和为代表的群臣的“大礼议”的论辩中，明世宗已获得了阶段性的胜利，他完全有自信抛开成例，借改回万寿圣节的举动来进一步树立自己的威信，为以后更大规模的礼仪改革做铺垫。明思宗生于腊月二十五日，与其嫡母王皇后的忌日相同。崇祯元年（1628），万寿节免贺。后来明思宗接受大学士的建议，将万寿节提前一天，改为腊月二十四日。[③] 皇家可以因前代帝后的忌日改变万寿圣节，普通人却不能因万寿节是自己先人的忌日就不去祝贺。宋徽宗时，蹇周辅出任苏州太守，因徽宗生日天宁节（十月初十）与其父忌日恰好在同一日，就提前一天在衙署设宴奏乐，率领属下向宋徽宗的圣牌行礼，提前庆祝天宁节。到了天宁节的正日子初十，不宴不乐，悄没声地为其父守丧。按理说，蹇周辅忠又为皇帝贺节又为父亲守孝，忠臣孝子两不误，但在当时，却被认为是“无人臣之义如是，盖举世未闻也”。[④] 封建皇权毫无道理的强势，由此可见。

---

① 《宋史·礼志十五·嘉礼三》。

② （明）沈德符：《万历野获编》卷二《列朝》。

③ （清）谈迁：《枣林杂俎·智集·逸典》。

④ （宋）洪迈：《容斋三笔》卷十六。

皇帝更改生日，还有一种特殊的禁忌理由。古人认为五属纯阳，比较忌讳五月，称五月为凶月、恶月。一般不在五月出行，新官也不会在五月上任。汉人应劭《风俗通·佚文·释忌》："俗云：五月到官，至免不迁。……五月盖屋，令人头秃。"唐人李肇《唐国史补》卷下记载："五月下峡，死而不吊。"清人刘廷玑《在园杂志》卷三也说："俗以官吏不参正、五、九，其谓官长莅任，不宜用此三月者。此说起于宋。宋以火德兴，盖火生于寅，正月为寅；旺于午，五月为午；墓于戌，九月为戌。谓此三月为灾月，当避也。"在古人的观念中，五月属仲夏，火最盛，在五月之内，古人最忌讳五月五日。对五月五日出生的婴儿，古人认为：男会害父，女会害母。为趋吉避凶，五月五日出生的人往往会改换生日。宋徽宗生于五月五日，为趋避起见，他定十月十日为天宁节。辽道宗的懿德皇后萧观音也生于五月五日，改生日坤宁节于腊月初三。[①] 宋徽宗改生日之事有一则趣闻。有一位成都的测字先生谢石，游历京师，名头很大，一直传到徽宗的耳朵里。徽宗好奇，就亲笔写了个"朝"字，派一位小内侍拿去找谢石测。谢石见了这个"朝"字，二话不说，立马就叩头呼万岁。内侍说："不得乱道。"谢石答道："'朝'字离之为十月十日生，非此月此日所生之天人当谁书也。"[②]"朝"字拆开，正是"十月十日"，就是"天宁节"，不是改了生日的徽宗，又会是谁呢？

生日与忌日相同的，是南唐的李后主与吴越王钱俶。他们二人同为南方的亡国之君，先后于自己的生日时客死北方的在开封和南阳。李后主七月七日生，亡国后，当了一年违命侯，两年陇西郡公，因怀念故国，写下了那首著名的《虞美人》，结果在太平兴国三年（978）七月七日生日这一天，被宋太宗所赐的"牵机药"毒死。据说服此药后，整个人辗转床第，越缩越小，死后尸体仅有婴儿大小。吴越钱俶亡国后，表现得谨慎低调，先后受封为许王、邓王，但到雍熙四年（987）八月二十四日他六十大寿时，宋太宗遣心腹王继恩去祝贺。一顿酒下去，当夜钱俶就暴毙于封地南阳。[③] 李后主与钱俶生日、忌日相同，看似巧合，实出自人为。宋太宗为巩固统一成果，借生日送贺礼之机斩草除根，造就了两位后主生日与忌日巧合的悲剧。

与年号、庙号、谥号、尊号等一样，皇帝的生日节名，也经历了一个由简单到逐渐完备的过程；与其他几样皇帝的名号不同的是，生日节名在元代就开始了新一轮质的飞

---

① （明）朱国祯：《涌幢小品》卷十五。

② （宋）何薳：《春渚纪闻》卷二《杂记》。

③ （宋）邵博：《邵氏闻见后录》卷二十二。

跃。自唐后期以来，每位皇帝一个生日节名的做法，看似臻于完善，实际却陷入到空前的繁琐之中。新皇帝即位，就得拟就一个吉祥的生日节名，而能够用作节名的字眼又非常有限，颠来倒去，就是那几个吉祥字眼的不同组合，写生日贺表的大臣们为必须清楚地记住每一个生日节名而叫苦，皇帝们也为自己的生日节名不够别出心裁而烦恼，只有礼部官员还在为草拟新的生日节名冥思苦想。越到后期，前代生日节名的积累越多，它的这种尴尬也就越为突出。建立元朝的蒙古族皇帝对汉家典章的旧例，不像汉人那么迷信，故此，他们能不拘一格，突破生日节名的烦琐，统一称为“天寿节”。这种统一做法看似遏制了生日节名的多样性，从命名角度来讲，却是生日节名的一次质的飞跃：无论是皇帝、大臣，还是礼部官员，再也不用为生日节名苦恼了。明太祖以驱除鞑虏、恢复汉家礼乐制度为己任，明朝的文物制度尽去元朝的做法，事事讲求于古礼有据，处处以汉唐旧制标榜，唯独对生日节名一事，原封不动地接受了元朝统一的节名：“天寿节”。明成祖又将其改为“万寿节”。明太祖父子的这种做法，其实是对元朝统一生日节名的最好肯定。纵观历史，生日节名的统一，并不是孤立的现象。越是到封建社会晚期，年号、庙号等制度也越来越完善，越来越简单、统一。拿年号来说，元以前，每个皇帝在位时都会选用好几个年号，让人眼花缭乱；元朝皇帝一般用两个年号，有的干脆就用一个年号；进入明清，一个皇帝一般只用一个年号，大大方便了纪年，方便了百姓的生活。年号上的这种统一和生日节名的统一是分不开的，或许还受到了生日节名统一的启发。对皇帝的生日节名，学者们关注的较少，不被一般人所了解。本文不顾揣陋，大胆抛出一些不成熟的看法，普及历史知识之余，期望能有引玉之效，让皇帝的生日节名这一问题引起更多专家和爱好者的兴趣。

明代宫廷祭祀礼仪的空间布局与意象

李　媛（访问学者）

内容摘要：宫廷是明代政治与礼仪活动展开的核心区域，明代宫廷祭祀礼仪是指发生在宫廷及其辐射建筑区域内，由皇帝、皇室成员参与，或由皇帝派遣官员参加的祭祀礼仪活动。对以宫廷为核心的祭祀空间布局与意向的探究，是理解整个国家祭祀体系空间布局的重要侧面。明代宫廷祭祀建筑的位置大致分为三个层次：核心是位于紫禁城内部以太庙、社稷坛为中心的祭祀建筑，以及众多内殿祭祀建筑；其实是在紫禁城辐射区域即皇城大部分地方的祭祀建筑，主要包括帝王庙、京师孔庙、先蚕坛；最外层是在京城四周形成的一圈环形祭祀建筑群，主要包括圜丘坛、方泽坛、朝日坛、夕月坛，以及山川坛和先农坛。明代宫廷祭祀建筑的位置主要依据各种祭祀活动的功能以及他们的象征意义进行布局，建筑空间布局展示了从家—国—宇宙逐层推衍开去的观念意识：在最内层以紫禁城为中心的祭祀建筑，绝大多数与皇家活动密切相关，突出了“家”的核心观念；第二层祭祀建筑圈中安置的祭祀建筑更多反映了“国”的观念；第三层以天、地、日、月坛为主的祭祀建筑体现了祭祀观念中的阴阳观和“宇宙”意识。

关键词：明代　宫廷　祭祀礼仪　空间布局

明代宫廷祭祀礼仪是指发生在宫廷及其辐射建筑区域内，由皇帝、皇室成员参与，或由皇帝派遣官员参加的祭祀礼仪活动。宫廷是明代政治活动和礼仪活动展开的核心区域。在明朝典制中所规定的数十种大、中、小祭祀礼仪中，绝大部分是围绕宫廷发生的。因此，对以宫廷为核心的祭祀空间布局与意向的探究，是理解整个国家祭祀体系空间布局的重要侧面。此外，与散布在地方各处的祭祀场所相比，以宫廷为核心的祭祀活动地点较为集中和密集，对祭祀地点的选择也最为慎重和具有代表意义。因此，本文将以宫廷祭祀活动的空间布局为中心进行考察，期间可能稍有溢出国家祭祀体系的一小部分，如有关内庙祭祀的相关内容等，但并不影响对该问题的整体考察。

目前，关于明代宫廷祭祀礼仪的研究主要是从文本角度梳理宫廷礼仪典制的内容，分析其演变轨迹。但祭祀活动是一种在特定的空间展开的仪式，空间的安排具有特定的意义和文化内涵，因此对祭祀礼仪活动空间的考察，于深入理解宫廷祭礼的内涵具有重要意义。现有明代宫廷祭祀礼仪空间的研究比较零散，且仅关注于对某些祭祀地点基本方位的大致描述，未深入论及此种空间布局及其含义。[①] 笔者曾在 2012 年前往北京故宫博物院，对以故宫为中心的明清宫廷祭祀场地进行实地调查。在此基础上，本文欲首先厘清明代宫廷祭祀礼仪的范畴，并结合实地考察，系统展现其空间布局，最后，分析这一空间布局的含义及其展现的空间意象。

一　明代宫廷祭祀礼仪的范畴

宫廷祭祀礼仪与国家祭祀礼仪并不完全相同，因此需要先厘清两者之间的关系。祭祀制度在明朝典制中有明确系统的规定，但宫廷祭祀礼仪却并非约定俗成，可以说，这是根据我们的研究需要，所设定的一个概念对象，需要对其在本文研究的意义上进行界定，欲厘清其具体内涵，首先需要将之与明朝典制中明确规定的，即已经制度化的国家祭祀礼仪内容加以区分。

明代国家祭祀礼仪按照内容可以分为大、中、小祀三类，大祀为圜丘、方泽、宗庙、社稷，中祀为朝日、夕月、先农、[②] 太岁、星辰、风云雷雨、岳镇、海渎、山川、历代帝王、先师、旗纛、司中、司命、司民、司禄、寿星，其他诸神为小祀。依据每年例行祭祀仪式，又可分为大祀十三项，中祀二十五项，小祀八项，除此之外，还有各类不定时举行的非常规祭祀，或是某些因时因事而特行之举。这些内容与宫廷祭祀礼仪既有牵连，又有差异。以国家祭祀体系中最为重要的郊祀、宗庙祭祀为例，这些祭祀活动既是国家祭祀活动的核心，又发生在明代宫廷范围之内，其中，宗庙距离宫廷较近，郊祀地点则较远，具体将在下文有所论述，这些是二者明显相一致的地方。再如在诸小祀

① 相关研究参见孟凡人：《明代宫廷建筑史》，紫禁城出版社，2010 年。

② 朝日、夕月、先农明初列为大祀，后改为中祀。

如旗纛、司中、司命、司民、司禄的祭祀活动，也是既发生在宫廷范围之内，又属于载入祀典的国家祭祀活动。应该说，在家国同构的帝制时代，国家祭祀礼仪中的绝大部分都属于宫廷祭祀礼仪，但尚有一小部分不发生在宫廷范围之内，因此宫廷祭礼又不完全等同于国家祭礼。

首先，从祭祀属性来看的，国家祭祀有明显的“公”属性。也就是说，这些祭祀活动是公共的，其目的着眼于为公共利益而举行。因此，一些全国通祀的祭祀活动，如孔庙、社稷坛等，在京师是需要有皇帝或重要大臣参与的重要祭祀活动；在地方，各府州县也同样需要定时在当地进行祭拜。明制规定，各地方府、州、县需在当地祭祀社稷、风云雷雨、境内山川、厉坛、城隍、先师庙及所在帝王陵庙等。洪武元年（1368），朱元璋即令郡县访求应祀神祇、名山大川、圣帝明王、忠臣烈士，将应祀者著于祀典，令有司岁时致祭。[①] 在府、州、县之下，还有等级更低一级的里社公共祭祀活动。这些地方公祭活动都属于明代国家祭祀的重要组成部分，体现了国家权力如何在民间社会得到落实和展示，其祭祀目的也多是为了公共利益。这些不在宫廷或是宫廷辐射区域内举行的国家祭祀活动，则不属于宫廷祭祀礼仪的范畴，需要与京师举行的祭祀社稷、孔庙、帝王庙等宫廷祭祀礼仪活动区分对待。

其次，国家祭祀活动并未完全涵盖宫廷祭礼，宫廷祭祀礼仪的内容因其发生在宫廷及其辐射区域而具有特别的属性。比如，一些不带有公共属性的祭祀礼仪虽然不属于国家祭祀礼仪，但因其发生在宫廷中，故亦属于宫廷祭礼的重要内容，如内庙祭祀。洪武三年（1370），朱元璋对礼部尚书陶凯说：“今岁时致享，则于太庙，至于晨昏谒见，节序告奠，古必有其所尔。”[②] 他认为，太庙时享未足展孝思之诚，遂于宫内建奉先殿，朝夕致敬，朔望行礼，时节献新忌辰致祭，行家人礼。史载：“国家有太庙，以象外朝；有奉先殿，以象内朝。”[③] 被称为内太庙。[④] 除了奉先殿外，弘治年间，孝宗还于宫中别建奉慈殿，奉安其生母孝肃纪皇后神主，一岁五享，四序荐新，及六月二十八日忌辰祭祀俱如奉先殿仪。[⑤]

---

① （明）李东阳等修，正德重校本：《明会典》卷八六，文渊阁四库全书本。

② 《明太祖实录》卷五九，洪武三年十二月甲子。

③ （清）孙承泽：《春明梦余录》卷一八，“奉先殿”，文渊阁四库全书本。

④ （明）吕毖：《明宫史》卷一，文渊阁四库全书本。

⑤ （明）李东阳等修，正德重校本：《明会典》卷八一，文渊阁四库全书本。

还有世宗时为其生父兴献帝仿太庙所建的玉芝宫；① 隆庆时期曾奉祀世宗孝烈后的弘孝殿，奉祀穆宗孝恪皇太后和孝懿后的神霄殿等，都属于内庙或内殿祭祀，是宫廷祭礼的范畴，但因其并非为公共目的而举行，因此并不能算是国家祀典里规定的祭礼。

从上文的分析看到，宫廷祭祀礼仪的重要判定标准是其发生地是宫廷，及其辐射区域。何为辐射区域？狭义来讲，宫廷即指紫禁城，而其辐射区域则需结合明代皇城、宫城和京城的布局，以及其建筑与皇室活动关联的紧密程度来进行区分。

明代实行两京制，明初，以南京为京师，营建宫殿，永乐迁都北京后，“凡宫殿、门阙规制，悉如南京，壮丽过之”②。从永乐四年到十九年（1406—1421），最终告成。宫城又称紫禁城，宫城之外为皇城，“皇城之内，前明悉为禁地，民间不得出入”③。皇城之外为京城，每个区域均以四周诸个城门为标界，构成了一个三重环绕的城市格局。④紫禁城是皇帝和皇室成员办公与居住的地方，毫无疑问，是京师的核心区域，是名副其实的“宫廷”，在这里举行的祭祀礼仪也是典型的宫廷祭祀礼仪，如太庙、社稷坛、各类内殿祭祀等。在其外的皇城和京城，则可以称为宫廷的辐射区域，明代许多祭祀建筑正是建在这些辐射区域之内的，比如帝王庙、孔庙等。除此以外，还需结合祭祀建筑与皇室活动的关联程度对这一辐射区域进行扩展，如祭祀天地的圜丘、方丘，日坛、月坛，虽然地点不在京城内，但基本上是紧紧围绕在京城周围，且其祭祀仪式为皇帝直接或者委派代表举行，不允许平民百姓参与，因此他们也属于典型的宫廷祭祀礼仪。

还有一些宫廷祭拜活动，虽然也在普遍的意义上用“祭祀”来称呼，但并非本文所讨论的宫廷祭礼的内容。比如宫廷内部皇室成员因个人喜好而举行的私人祭祀活动，如

① 嘉靖五年建于太庙东北，前身为嘉靖三年所建之观德殿。嘉靖十五年改建于太庙都宫东南，题为献皇帝庙，正殿为景神殿，寝殿为永孝殿。十七年，改题为睿宗庙，睿宗升祔太庙，遂罢特庙之祭。十八年，令遇高庙帝后祭辰祭于景神殿，列圣帝后祭辰祭于永孝殿。二十四年，恢复祭辰于奉先殿。四十四年，睿宗庙更名为玉芝宫。

② （清）张廷玉：《明史》卷六八，志第四四，中华书局，1974 年。

③ （清）英廉等奉敕编：《钦定日下旧闻考》卷三九，“皇城”，文渊阁四库全书本。

④ 宫城门八：正南第一重曰承天，第二重曰端门，第三重曰午门，东曰东华，西曰西华，北曰玄武。皇城门六：正南曰大明，东曰东安，西曰西安，北曰北安，大明门东转曰长安左，西转曰长安右。京城门九：正南曰丽正，正统初改曰正阳；南之左曰文明，后曰崇文；南之右曰顺城，后曰宣武；东之南曰齐化，后曰朝阳；东之北曰东直；西之南曰平则，后曰阜成；西之北曰彰仪，后曰西直；北之东曰安定；北之西曰德腾。嘉靖三十二年筑重城，包京城之南，转抱东西角楼，长二十八里。门七：正南曰永定，南之左为左安，南之右为右安，东曰广渠，东之北曰东便，西曰广宁，西之北曰西便。参加（清）张廷玉：《明史》卷四〇，志第十六。亦见（万历）《大明会典》卷一八一，中华书局，1989 年。

皇帝、后妃等因宗教信仰而在宫内进行祭拜，这些属于个人行为，并非具有制度属性，且随意性比较强，因此也不属于宫廷祭祀礼仪的范畴。至于皇家的丧葬、陵寝祭祀仪式，则是比较特殊的一套自成体系的丧礼祭祀，虽然也属于宫廷礼仪的内容，但与本文所讨论的宫廷祭祀礼仪有很大差别，需要另文专门讨论，本文不拟论及。

综合以上分析，本文所指的明代宫廷祭祀礼仪主要包括：其一，其祭祀礼仪的地点发生在宫廷及其辐射区域；其二，其参与主体为皇室、皇室成员，或是由皇帝派出官员代为执行；其三，在吉礼制度范畴内的祭祀礼仪活动。基于这些要点，明代宫廷祭祀礼仪是一个包含祭祀天地、宗庙、社稷、日月星辰、各类天神地祇、先农、先师孔子、历代帝王、太岁、旗纛、五祀、各类内庙和内殿祭祀等礼仪活动的十分庞杂的体系。

二　宫廷祭祀建筑的位置和层次

从明代京师的皇宫布局可见，在“大宫廷”的概念下，明代宫廷祭祀建筑分布在紫禁城及其周边地区，[①] 其位置大致可以分为以下几个层次：第一个层次是位于紫禁城内部的祭祀礼仪建筑；第二层是围绕在京师周围的主要以天、地、日、月诸坛环绕的祭祀建筑圈；第三个层次则是在这两者之间的皇城和京师内的其他各类祭祀建筑。

1. 第一层，在紫禁城内部的祭祀礼仪建筑中，最重要的是太庙和社稷坛。遵循“左祖右社”的原则，太庙与社稷坛分别位于阙左与阙右，即承天门与午门中间的东西两侧。

明初，于宫城东南建四亲庙，德祖、懿祖、熙祖、仁祖各为一庙，皆南向。洪武九年（1376）改建太庙为同堂异室之制，前正殿，后寝殿，殿内前半为一通室，后半为九室，存放木主，殿两翼皆有两庑。寝殿九间，奉藏神主。[②] 永乐十八年（1420），建太庙于京师，遵循周制建宗庙于宫门左侧，即故宫端门外，庙制采用同南京同堂异室之制。从永乐到成化时期，太庙神位按照左昭右穆的原则依次升祔。直到弘治初年，九室满，遂于弘治五年（1492）五月，在寝殿后增建后殿，称祧庙，安置祧迁木主。[③] 嘉靖以前，行尊德祖，懿祖以下依次奉迁祧庙的原则。嘉靖十一年（1532），“撤故庙，祖宗各建专

① 明初宫廷祭祀建筑主要在南京，永乐时期营建并迁都北京后，本文所讨论的宫廷祭祀建筑主要是指在北京的，南京的宫廷祭祀建筑当另文专门论述。

② 南京太庙嘉靖十三年灾。“礼部尚书湛若水请权将南京太庙香火并于南京奉先殿，重建太庙，补造列圣神主。”后根据张璁等人的建议：“南京原有奉先殿，其朝夕香火，当合并供奉如常。太庙遗址当仿古坛壝遗意，高筑墙垣，谨司启闭，以致尊严之意。”参见张廷玉：《明史》卷五一，志第二十七。

③ 《明孝宗实录》卷六三，弘治五年五月癸酉。

庙，合为都宫，太庙因旧而新之……庙各有殿，殿后有寝，藏主。太庙寝后别有祧寝，藏祧主。太庙门殿皆南向，群庙门东西向，内门寝殿皆南向”①。嘉靖十四年（1535），更建世室及昭穆群庙于太庙之左右。太庙成为太祖独享之庙。都宫之制实行不久就遭遇了嘉靖二十年的大火，太庙毁，遂于二十四年重建太庙，重建的太庙“间座丈尺宽广俱如旧，惟起土培筑，寝庙内分九间，连前间隔如古夹室制，祧庙前改除角道，添置中左右三间，并墙一道，东西量移宽广，北移进七尺，南移出丹墀三丈”，② 太庙恢复同堂异室，并升祔睿宗于太庙，实行独尊太祖，德祖及太宗以下依次奉迁的原则，直到明末。③

明初太社稷坛建在南京宫城西南，异坛同壝，社东稷西，洪武十年（1377）改建于午门外右，同坛同壝。临祭时奉太社神牌居东，太稷神牌居西，俱北向，并罢勾龙、后稷配位，奉仁祖神牌配神，西向，洪武三十一年（1398）后更奉太祖配神。永乐十八年（1420），北京社稷坛建成，位置陈设俱与南京旧制相同，遵循周制建宗庙于宫门右侧，即故宫端门外，与太庙相对，分内外两重墙，内墙祭坛为正方形，分为两层，比较有特色的是坛土按照方位，东青、西白、南红、北黑，中黄铺设五色坛土，社主埋石主于社稷坛之正中，微露尖，仍用木为神牌，祭则设于坛上，祭毕贮库。外壝四面开四个灵星门，颜色亦以四方之色装饰。洪熙后始奉太祖、太宗同配。嘉靖九年（1530）改为太社仍以后土勾龙氏配，太稷仍以后稷氏配。嘉靖十年（1531），还在西苑空闲地建帝社帝稷坛。坛址高六寸，广二丈五尺。神位以木为之。高一尺八寸，广三寸，朱漆质金书。坛南置石龛，以藏神位。④

除了太庙与社稷坛外，紫禁城内还有众多的内殿祭祀建筑。洪武三年（1370），奉先殿建于宫门内之东乾清宫左，迁都北京后，建如南京制。奉慈殿因是仿照奉先殿而建的，因此在奉先殿之右。嘉靖时期，为其生父兴献帝所建的世庙最初监生何渊上书请立于太庙东，⑤ 葺奉慈殿后为观德殿以奉之。于皇城内立一祢庙，如文华殿制。名曰世庙。嘉靖五年（1526）以观德殿窄隘，改建于奉先之东，曰崇先殿。⑥ 十五年（1536），迁世庙，更号曰献皇帝庙，并改旧世庙曰景神殿，寝殿曰永孝殿。世宗孝烈后，隆庆时，

---

① （清）孙承泽：《春明梦余录》卷一七，“太庙”，文渊阁四库全书本。

② 《明世宗实录》卷二八一，嘉靖二十二年十二月壬申。

③ 太庙现为劳动人民文化宫。

④ 帝社稷祭祀图参见（明）申时行等修，万历朝重修本：《明会典》卷八五，“社稷等祀”，第491页。西苑：明代紫禁城西部，北海、中海、南海三海统称太液池，太液池与附近相关建筑统称为西苑。

⑤ 《春明梦余录》记景神殿在太庙东北。

⑥ 《春明梦余录》卷一八记：玉芝宫崇先殿建于太庙东南，安睿宗帝后。

祀弘孝殿，万历三年（1575）迁祔奉先殿。穆宗母孝恪皇太后，隆庆初，祀神霄殿，又祔孝懿后于其侧。神霄殿在奉先殿之西。

宫廷内部与宫廷生活相关的五祀之礼，按照明初规定，孟春祭司户，设坛于皇宫门左，司门主之；孟夏祭司灶，设坛于御厨，光禄寺官主之。季夏祭中霤，设坛于乾清宫丹墀，内官主之；孟秋祭司门，设坛于午门之左，司门主之；孟冬祭司井，设坛于井前，光禄寺官主之。① 文华殿东北向后开门者还有一圣跻殿，供奉三皇、历代明医。②

2. 第二层是在核心宫廷紫禁城的辐射区域内，即皇城的大部分地方，主要包括帝王庙、京师孔庙、先蚕坛。帝王庙和京师孔庙祭祀虽然地点在宫廷辐射区域内，但其只在特定时间由皇帝亲自参加，绝大多数时期则派遣特定官员代祀，因此与纯粹在宫廷中的祭祀，以及天地日月坛这些皇室专属祭祀场所相比，其宫廷属性稍显逊色。

明初，南京帝王专庙于洪武六年建于钦天山之阳，采用同堂异室之制，遣大臣祭祀，所尊奉帝王从三皇五帝以下到元世祖共十八帝。不久就调整为十六帝，朱元璋亲自祭祀。次年，为帝王塑衮冕坐像，并再次调整所祀帝王为十七帝。到洪武二十一年（1388），帝王庙遇火灾，遂改建于鸡鸣山之阳，确定奉祀十六帝。并规定每岁春附祭历代帝王于郊坛，秋祭于本庙，每三年传制遣道士赍香帛，令有司祭于各陵寝。凡祭于陵寝之岁，则停庙祭。南京帝王庙遂成定制。③ 永乐迁都北京后，并未像其他宫廷祭祀建筑一样在京师单独重建帝王庙，而是仍维持南京帝王庙祭祀规制。直到嘉靖九年（1530），令罢历代帝王从祀南郊，并于京师都城西建帝王庙，④ 每岁仲春秋祭，罢南京祭。嘉靖十一年（1532），庙建成，“名曰景德崇圣之殿。殿五室，东西两庑，殿后祭器库，前为景德门。门外神库、神厨、宰牲亭、钟楼。街东西二坊，曰景德街”⑤。

京师孔庙遵循庙学结合的空间布局传统，设于国子监中，明初，朱元璋定鼎金陵后，以应天府学为国子学，洪武元年（1368）即遣官致祭，并定制以仲春仲秋二上丁日降香遣官祀于国学，以丞相初献，翰林学士亚献，国子祭酒终献。⑥ 洪武二年（1404），

---

① 《明太祖实录》卷一〇〇，洪武八年五月甲申。《明宫史》卷一记载，文华殿之东有一个神厨，内有一井，即为祭祀司井之神之地。

② （明）吕毖：《明宫史》卷一，文渊阁四库全书本。

③ 参见（明）俞汝楫：《礼部志稿》卷八五上，文渊阁四库全书本。

④ 今北京西城区阜成门内大街。

⑤ （清）张廷玉：《明史》卷五〇，志第二十六。

⑥ 《明太祖实录》卷三四，洪武元年八月丁丑。

以国学规制未广，诏增筑国子学舍。[①] 洪武十四年，诏改建国子学于鸡鸣山下。[②] 次年，新太学成，庙学皆南向，庙在太学东，中为大成殿，殿左右两庑，前为大成门，门左右列戟二十四。门外东为牺牲厨，西边为祭器库，前为棂星门。[③] 永乐二年，始以北平府学为北京国子监，在都城东北隅，即元国学遗址。因元之旧，凡百规制，未暇增新。[④] 其位置在北京安定门内成贤街，并在此基础上，在永乐、宣德、正统、嘉靖、万历时期多次修缮、扩建。

先蚕坛建于嘉靖时期。嘉靖九年（1530），大学士张璁等曾请建先蚕坛于安定门外，詹事霍韬以道远争之。户部亦言："安定门外近西之地，水源不通，无浴蚕所。皇城内西苑中有太液、琼岛之水。考唐制在苑中，宋亦在宫中，宜仿行之。"世宗认为此为唐人因陋就安，不可法。于是礼部尚书李时等言："大明门至安定门道路遥远，请凤辇出东华、玄武二门。"因条上四事，帝从其言，命自玄武门出。次年，以皇后出入不便，命改筑先蚕坛于西苑。坛之东为采桑台，台东为具服殿，北为蚕室，左右为厢房，其后为从室，以居蚕妇。[⑤] 现存先蚕坛址位于北京北海公园的东北角，为乾隆年间修建。

3. 第三层是在京城四周形成的一圈环形祭祀建筑群，主要是圜丘坛、方泽坛、朝日坛、夕月坛，以及山川坛和先农坛。

天坛又称圜丘坛，明初，建于正阳门外，钟山之阳，两层；在第二层从祀的神祇包括，东面的大明坛、星辰，西面的夜明坛，其次太岁。[⑥] 壝距离坛十五丈，高八尺一寸，四面有灵星门，南三门，东、西、北各有一门。四面直门外各为甬道，其广皆如门。外垣距离壝十五丈，门制相同，外墙灵星门外横甬道，东西燎坛，在内壝外东南丙地高九

---

① 《明太祖实录》卷四〇，洪武二年三月戊午。

② 《明太祖实录》卷一三七，洪武十四年夏四月丙辰。

③ 《明太祖实录》卷一四五，洪武十五年夏五月己未。

④ （明）郭鎜：《明太学志》卷一，嘉靖至崇祯间递修递刻本。又见（明）世宗朱厚熜：《御制正孔子祀典说》，第774页，四库全书存目丛书本。

⑤ （清）张廷玉：《明史》卷四九，志第二十五。

⑥ 洪武三年，定圜丘坛下壝内，增祭风云雷雨。洪武七年，更定增圜丘、方丘从祀，圜丘坛第一成设昊天正位，仁祖淳皇帝配位如旧，第二成东设大明位，西设夜明位，内壝之内东西各三坛，星辰二坛，分设于东西，星辰之次东则太岁及五岳坛，西则风云雷雨及五镇坛，内壝之外，东西各二坛，东四海坛，西四渎坛，天下神祇二坛分设于海渎之次，正配位，共设酒尊六于坛西，大明、夜明位各设酒尊三，星辰牛一，羊豕各三，太岁牛羊豕各一，余悉如旧仪。风云雷雨帛四，白色，岳镇海渎帛与二年夏至祭方丘同，余并同太岁坛，天下神祇帛四，白色，牲用羊豕各五，笾豆各八，笾视大明、夜明则减，白饼、黑饼、豆减，脾析豚胉簠簋三，铏三，壝内东西各设酒尊三，帛篚三，壝外东西各设酒尊三，帛篚二，每位爵各三。

尺、阔七尺。[①] 洪武四年（1371），改筑圜丘，坛制的规模较明初有所缩小。[②]

地坛又称方丘坛，方丘坛建于太平门外，钟山之北，亦两层。第二层四面各广二丈四尺，高六尺，四出陛，南丈二尺，东、西、北一丈，皆八级。壝去坛十五丈，高六尺，外垣四面各六十四丈，其余规制与圜丘坛同。[③] 洪武四年改方丘坛后，上层广三丈九尺四寸，高三尺九寸。下层每面广丈五尺五寸，高三尺八寸，通径七丈四寸。坛至内壝墙，四面皆八丈九尺五寸。内壝墙至外壝墙，四面各八丈二尺。其坛上第一层正位称“皇地祇”，南向，配位及从祀与圜丘坛大致相同。[④]

洪武十年（1377），改天地分祀为合祀，遂于圜丘坛旧址建屋大祀殿，凡十二楹。大祀殿正中石台设上帝、皇地祇座。正南大祀门接步廊，与殿庑相通。殿后为天库，殿东北为厨库，厨东北为宰牲亭井，皆以步廊通殿两庑，后缭以围墙。南为石门三洞以达大祀门，称为内坛。外周垣九里三十步，石门三洞南为甬道三，中神道，左御道，右王道。道两旁稍低，为从官之地。斋宫在外垣内西南，东向。洪武十二年正月，合祀于大祀殿。其正殿三坛，上帝、皇地祇并南向，仁祖配位在东，西向。从祀十四坛：丹陛东一坛为大明，西一坛为夜明。两庑坛各六：星辰二坛；次东，太岁、五岳、四海，次西，风云雷雨、五镇、四渎二坛；又次天下山川神祇二坛，俱东西向。建文朝，撤仁祖，改奉太祖配。洪熙元年，太祖配位下增设文皇帝。[⑤] 洪武二十一年（1388），增修南郊坛壝，于大祀殿丹墀内叠石为台四，东西相向，以为日月星辰四坛，又于内壝之外，亦东西相向叠石为台，凡二十，各高三丈有奇，周以石拦，陟降为磴，道台之上，砾石为山形，凿龛以置神位，以为五岳、五镇、四海、四渎，并风云雷雨、山川、太岁、天下诸神及历代帝王之坛。

永乐十八年（1420），京师天地坛按照洪武合祀天地坛的规制，在京师正阳门之东南建成。坛四面墙各一门，南面正中为正门，向北甬道连接大祀殿主体建筑。大祀殿建

---

① 《明太祖实录》卷二四，吴元年八月癸丑。

② 详参（清）张廷玉：《明史》卷四七，“吉礼”，第1227页。《明太祖实录》卷六二，洪武四年三月丙戌。

③ 《明太祖实录》卷二四，吴元年八月癸丑。

④ 洪武七年，更定增圜丘、方丘从祀，方丘坛第一成设皇地祇正位，仁祖配位，设如圜丘。第二成东设五岳位，西设五镇位。内壝之内东西各二坛，东四海坛，西四渎坛，天下山川坛二，复分设于海渎之次。内壝之外东西各设天下神祇坛一，其陈设正配位如圜丘。岳镇海渎与二年夏至同，但岳镇各设酒尊三，天下山川坛牛一，羊豕各三，余与岳镇海渎同。天下神祇与圜丘同，壝内东西各设酒尊三，帛篚二。壝外东西各设酒尊三，帛篚一，每位爵各三。

⑤ （清）张廷玉：《明史》卷四八，“吉礼”，第1250—1251页。

于砖砌高台上，周围以墙壝，四面各一门。殿东西有配殿。甬道东西两侧分别有凸字型小院，内设有太岁、帝王、山川、神祇、岳镇海渎、风云雷雨等诸神祇坛二十座。北面为北天门，门外北面为天库。坛区西南角有斋宫，东北角建有神库和宰牲亭。

嘉靖九年（1530）改天地合祀为分祀，于是在正阳门外旧天地坛大祀殿之南建圜丘坛，于安定门外之东建方泽坛。① 圜丘坛三层，坛面及栏俱青琉璃，边角用白玉石，高广尺寸皆遵祖制。外棂星门南门外左为具服台，东门外为神库、神厨、祭器库、宰牲亭。北门外正北建泰神殿，正殿以藏上帝、太祖之主，配殿以藏从祀诸神之王，嘉靖十七年（1538）改为皇穹宇。西为銮驾库，牺牲所，北为神乐观、斋宫。② 嘉靖二十四年（1545），改大祀殿为大享殿，大享殿坐落于三层圆台祈谷坛上。方泽坛二层，坛面黄琉璃，陛九级，用白石围以方坎。内北门外西瘗位，东灯台，南门外皇祇室。外西门外迤西神库、神厨、宰牲亭、祭器库，北门外西北斋宫。再外建四天门，西门外北为銮驾库、遣官房、内陪祀官房。再外为坛门，门外为泰折街牌坊，护坛地一千四百余亩。③

南京朝日、夕月坛建于洪武三年（1370）。朝日坛建于南京城东门外，高八尺，夕月坛建于城西门外，高六尺，俱方，广四丈。后因日月从祀于南郊大祀殿，罢朝日、夕月之祭。嘉靖九年复设。北京朝日坛在朝阳门外，缭以垣墙。西向，一层，春分之日祭大明之神。“坛方广五丈，高五尺九寸，坛面用红琉璃，阶九级，俱白石。棂星门西门外为燎炉、瘗池，西南为具服殿，东北为神库、神厨、宰牲亭、灯库、钟楼，北为遣官房，外为天门二座，北天门外为礼神坊，西天门外迤南为陪祀斋房五十四间。护坛地一百亩。”④

夕月坛在阜成门外，缭以垣墙。东向，一层，秋分之日祭夜明之神。“坛方广四丈，高四尺六寸，面白琉璃，阶六级，俱白石。内棂星门四，东门外为瘗池，东北为具服殿，南门外为神库，西南为宰牲亭、神厨、祭器库，北门外为钟楼、遣官房。外天门二座，东天门外北为礼神坊，护坛地三十六亩。”⑤

---

① 《嘉靖祀典》中载：“嘉靖十三年二月奉旨，圜丘、方泽今后称天坛、地坛。”

② （清）孙承泽：《天府广记》卷六，“郊坛”。

③ 圜丘从祀东大明，西夜明。次东，二十八宿、五星、周天星辰。次西，风云雷雨。共四坛。方丘从祀东五岳，基运、翊圣、神烈三山，西五镇，天寿、纯德二山。次东四海，次西四渎。南北郊皆独奉太祖配。嘉靖十三年，诏更圜丘名为天坛，方泽名为地坛。礼部尚书夏言上奏认为：“圜丘、方泽本法象定名，未可遽易苐称，圜丘坛、省牲则于名义未协，今后冬至大报，起蛰祈谷祀天，夏至祭地祝文宜仍称圜丘、方泽，其省牲及一应公务有事坛所称天坛、地坛。”从之。参见《明世宗实录》卷一五九，嘉靖十三年二月丁丑条。

④ （清）孙承泽：《天府广记》卷八，“朝日坛”。

⑤ （清）孙承泽：《天府广记》卷八，“夕月坛”。

在天地日月坛形成的祭祀建筑圈上还有山川坛和先农坛。明初，南京山川坛建在天地坛之西。正殿七间，祭太岁、风云雷雨、五岳五镇、四海四渎、钟山之神，东西庑各十五间，分祭京畿山川，春夏秋冬四季月将，及都城隍之神，坛西南有先农坛，坛东有旗纛庙，坛南有籍田一所。永乐十八年（1420），北京山川坛位置及陈设均与南京旧制相同，即在正阳门南即天坛之西侧，所添者正殿钟山之右祭天寿山之神。先农坛和太岁殿与之共处一处，先农坛在山川坛内西南角，正殿称太岁殿。先农坛一层，石包砖砌，方广四丈七尺，高四尺五寸，四出陛，西为瘗位，东为斋宫、銮驾库，东北为神仓，东南为具服殿，殿前为观耕台，用木，方五丈，高五尺，南东西三出陛，台南为耤田。护坛地六百亩。① 嘉靖十年（1531），建天神、地祇坛于先农坛之南，天神在左、地祇在右，北向。隆庆元年议罢，太岁、月将仍特祭于山川坛。

坛庙祭祀场所一般选址在远离人群的清净之地，以取严邃静谧之意，亦不许人擅自进入。这一点不仅宫廷祭祀地点选择如此，在地方上亦然。如宣德七年（1432）三月丙寅，永□府抚宁县知县姜忠言："本县旧建山川坛于县治之东，初建之时居民稀少，比来民舍颇增，混杂亵渎，国家定制山川坛应在郭外，乞移于县东南高爽之地。"宣宗谓尚书胡濙曰："祀神当严邃静谧，岂可杂居民间，命速徙之。"② 正统十年（1445）夏四月丁卯，顺天府通州言，社稷山川二坛逼近民居，秽污渎慢，乞更徙他地，从之。③ 可见对于坛庙地点的选择十分讲究。

三　宫廷祭祀礼仪空间布局之意象

从祭祀建筑的空间布局可以看到，明代宫廷祭祀建筑的位置分布，并非依据祭祀等级的高低，将重要的祭祀放在宫廷核心区域内，而是主要依据各种祭祀活动的功能以及他们的象征意义来进行布局。比如天地祭祀属于大祀，天坛、地坛的位置却并未因为是大祀而置于紫禁城内，而是遵循《礼记》中"郊所以明天道，社所以明地道"的传统，④"祭天于南郊之圜丘，祭地于北郊之方泽，所以顺阴阳之位也"⑤。又如，在紫禁

① （清）孙承泽：《春明梦余录》卷一五，"先农坛"，文渊阁四库全书本。

② 《明宣宗实录》卷八八，宣德七年三月丙寅。

③ 《明英宗实录》卷一二八，正统十年夏四月丁卯。

④ 《礼记·郊特牲》，载（清）阮元校刻：《十三经注疏》，中华书局，1980 年。

⑤ （清）张廷玉：《明史》卷四八，志第二十四。

城内与宫廷生活相关的五祀之礼本为小祀，但是祭祀户神、灶神、中霤、门神、井神等内容主要是为了庇佑宫廷中的建筑和日常事务之意，所以并不因为其是小祀而将之置于边远之地，相反都是在宫廷内，由处理宫廷事务的内官主要负责。还有如先蚕坛，在选择坛置时，不仅仅考虑到先蚕祭祀需要有水源便利之地，以便设置浴蚕所，还考虑到，先蚕祭祀为皇后主持，因此不宜设置于离宫廷较远的地方，以便利于皇后出入等等。这些原因都是综合考虑到实际祭祀活动的功能，具体祭祀仪式的便利，以及祭祀活动所具有的象征意义。

根据以上对宫廷祭祀建筑的空间布局的梳理，可以将明代北京主要的宫廷祭祀建筑画出大致示意图如下（如图一），从这个示意图中可以比较明显地看到上文所提及的三层祭祀建筑圈，而明人关于“家—国—宇宙”的理解也恰好反映在这由内至外逐层推衍开来的三层祭祀空间的布局上。

首先，在最内层，即以紫禁城为中心的核心宫廷空间中，祭祀建筑的设置突出了“家”的核心观念。在这层祭祀圈内的祭祀建筑绝大多数与皇家活动密切相关。最为典型的是内庙祭祀，内庙的设置主要是满足皇室家族祭祀祖宗的功能，或是有些皇室成员因不能进入太庙，却又需要祭拜以尽孝思而设置，内庙祭祀也成为了太庙祭祀的一种补充，是典型的皇室家内祭祀活动。宫廷中的五小祀也体现了“家”的观念，门神、灶神、户神等，普通百姓人家也会进行祭祀，而紫禁城作为一个放大了的“家庭”，同样也会祭祀和普通家庭相同的内容，其所显示的象征性含义是一致的。应该注意的是，在家国同构的时代，皇家的事务从某种意义上来看与国家事务是不能完全划分开来的，有时，皇家活动既是家事，也是国事，其中最典型的就是太庙祭祀。可能也正因为太庙祭祀兼有“家”与“国”的双重含义，因此并未设置在紫禁城宫内，而是选择在宫门端门外，既保持与紫禁城的紧密关联，又体现他在国家公共祭祀中的重要位置和意义。

在这层祭祀圈中，稍微有些特殊的是与太庙相对的社稷坛，社稷祭祀并未像前述祭祀建筑所反映的那样，与皇室的“家事”联系特别密切。因为社稷祭祀象征的是国家的、土地的观念，但由于祭祀建筑的设计要遵循历代左庙右社的传统来进行安置，因此需要与太庙祭祀放在一起，左右相对，即不完全在紫禁城内，又与之保持紧密关联，这与紫禁城内典型的象征“家”的观念的各类祭祀建筑的布局稍显差异。

第二层祭祀建筑圈中安置的祭祀建筑则更多反映出了“国”的观念。最典型的祭祀建筑就是孔庙和帝王庙。孔庙祭祀传统可追溯至周制，隋唐以后，更通祀全国。洪武十五年（1382），朱元璋认为："孔子明帝王之道，以教后世，使君君臣臣，父父子子，纲常以正，彝伦攸序，其功参于天地。"① 因此，命天下通祀孔庙。孔庙中祭祀的对象是历代于传承儒学做出巨大贡献的学者，因此对孔庙的祭祀反映了对历代文统的继承。与之相对应的是帝王庙，明代帝王庙经过多次调整，以"重一统"为标准，祭祀的对象主要是历代开国之君，或有功于社稷的帝王，显示出一脉相承之帝王统绪，因此祭祀帝王庙反映了对历代帝统的继承。孔庙与帝王庙祭祀分别从文统和帝统的角度，对帝王即位以及承接传统之合法性给予宣告，因此两者都受到明代帝王的重视，崇祀不断。正是因为二者都与"国"之观念紧密相连，因此被安置在第二层祭祀建筑圈中。

在这层祭祀圈中，有些特殊的是先农坛，先农、先蚕祭祀反映出国家对耕织等农业生活的重视和倡导，本也应分布在反映"国"之观念的第二层祭祀圈中。只是先农坛因为与祭天活动紧密相连，帝王常常会在祭天结束后祭祀先农，于是将先农坛与山川坛放在一起，安置在靠近天坛附近，与最外层的祭祀圈联系比较紧密。这也说明，祭祀建筑的布局并不是绝对硬性的，还需要考虑其现实功能和实际操作的便利。

第三层以天、地、日、月坛为主的祭祀建筑则体现了明代祭祀观念中的"宇宙"意识。(图一)中国古人很早就有关于阴阳的宇宙观念，并从中发展出天地、自然、宇宙

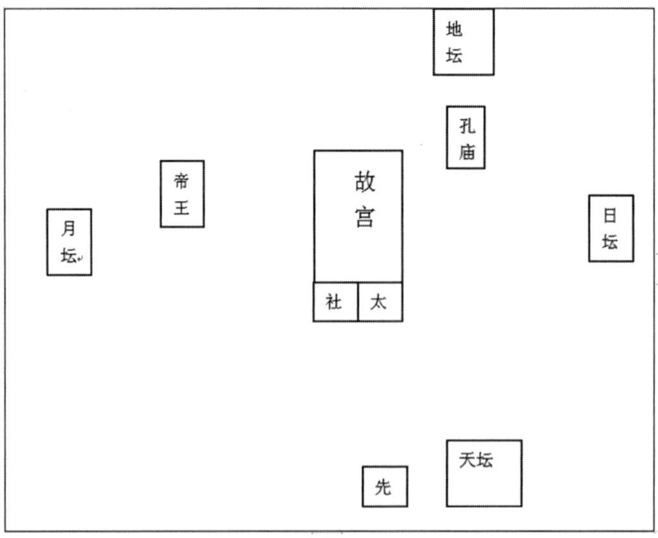

图一 明代宫廷祭祀建筑圈示意图

① 《明太祖实录》卷一四四，洪武十五年四月丙戌。

变化发展的规律，这种宇宙观念反映在天、地坛的设置当中，即表现为按照阴阳相顺，协调互补的原则，分别设置在京城南北，向日为阳，背日为阴。其形制按照“天圆地方”的宇宙观念，天坛建为圆，地坛建为方。日、月是宇宙中仅次于天地的有形的天体，在阴阳宇宙的观念下，日为阳，月为阴，日月也常常用来代表天地。明代祭祀体系中，给予日月祭祀以独特地位，分别单独建坛于京城东西，与南北的天地坛相对应。如此，天坛在南，地坛在北，日坛在东，月坛在西，按照东南西北的方位围绕京城四周形成了一个圆圈，将皇城、宫城、京城内的所有祭祀建筑笼罩其中，象征着所有国家事务都在这个宇宙圈的笼罩和制御之下，这也恰恰与中国古人“天圆地方”的宇宙观念相吻合。除此以外，在天地日月坛上，还分别祭祀各种相类的天神地祇，比如山川河流、岳镇海读、星辰、月将等祭祀对象，他们有时单独祭祀，有时分别附属于天地日月坛进行祭祀，这样，天地间主要的天神地祇都被囊括其中，进一步丰富了明人的这种宇宙观念。

综上所见，明代宫廷祭祀建筑的空间布局展示了从家—国—宇宙，逐层推衍”开去的观念意识。在宫廷祭祀空间之内的核心部分，即空间的内与皇室家及日常相关较多，而由皇帝主持或主导的常规化的发生在京城祭祀范围的空间外展部分，即空间的外则与国家、天下相关较多。

宣德朝宫廷文化的繁荣及其原因

赵中男

内容提要：宣德时期宫廷文化相对繁荣，总体上更为精致、生动，更富有宫廷富丽典雅、太平祥和的气息；内容更为丰富，大体上包括宫廷园林、戏剧、文学、书画、陶瓷、漆器、珐琅器、家具、织绣及文房用具等，共计约有18个门类。宫廷工艺在宫廷文化门类中占有较大的比重，不同门类的工艺和艺术之间，相互影响、相互借鉴的内容有所增加。这一时期在继承前代宫廷文化的基础上，具有一定程度的探索和创新。宣宗父子对宫廷文化的兴趣和对奢华享乐生活的追求，宣德时期文化政策相对宽松，宫廷财政对于宫廷文化的大规模投入，上升和平时期的明朝帝王大力追求并发展当时的精雅高端艺术，中外宫廷文化及其与民间工艺的交流、融合，北京建都后装修的需要，以及相对稳定的社会环境等，都是宣德时期宫廷文化繁荣的重要原因。

关键词：明代　宣德时期　宫廷文化　繁荣

宫廷文化是一种特殊的文化现象，它是围绕宫廷生活和宫廷运作而产生的。宫廷生活与普通的民间生活有所不同，皇帝为首的宫廷社会群体，衣食住行都有自己特殊的一套；宫廷运作也和宫廷以外的社会不一样，它的行政、财政、典制等运作也有特殊的一套。这两个因素决定了宫廷文化的特殊性，也就是与民间文化的主要区别。宫廷文化包括的内容相当庞杂，故宫博物院收藏的宫廷文物，也只能反映当时宫廷文化的冰山一角。尤其是明代的宫廷文物，据说只占故宫180万件文物的十分之一左右，并且有些还不能完全属于宫廷文物。除此之外，至少还包括各地出土的宫廷墓葬品、国内外博物馆的宫廷藏品，以及文献记载和已经失传了的大量宫廷工艺品。这些加在一起，也只能反映宫廷文化以及宫廷工艺的部分情况。

宣德时期宫廷文化相对繁荣，总体上更为精致、生动，更富有宫廷富丽典雅、太平祥和的气息，内容更为丰富，大体上包括宫廷游戏、园林、戏剧、文学、书画、陶瓷、漆器、佛造像、建筑、珐琅器、家具、金银器、玉器、铜器、织绣、图书、宗教以及文房用具等，共计约有 18 个门类。这些门类的繁荣情况尽管不平衡，但是从总体上看，是在传承前朝宫廷文化的基础上，具有一定程度的创新和变化，从而形成了明代前期宫廷文化的一次高潮。

对于宣德时期宫廷文化和工艺的主要成就，前人多有叙述和研究成果，尤其是两岸故宫博物院及相关单位的专家学者，更是有大量的文章和专著问世，但是全面叙述这一时期宫廷文化和工艺成就，从明代宫廷史等多角度来探讨这些成就的特点及形成的原因，这方面的研究成果却是较为少见的。因此，笔者力求在前人研究的基础上，从宫廷政治、财政、风气及迁都后的装修需要等方面，对这一时期宫廷文化和工艺繁荣的特点及原因，作一些初步的探讨，以求教于学界同人。

一 宫廷文化繁荣的主要表现

永乐时期的宫廷文化较为发达，虽然在部分工艺和艺术成就方面与宣德时期不相上下，但是在总体上无论是品种、规模还是艺术和工艺成就，宣德时期在传承之中都有新的拓展和一定的进步。同永乐时期的宫廷文化成就相比，宣德时期的 18 个门类各自都有不同的特点，大体上分为以下几种情况。

（一）文学艺术成就相对突出：文学、书画

同永乐时期相比，宣德时期宫廷文学和书画的成就相对最为突出。永乐时期的文臣虽然也有一批诗文作品，但其中“应制”的内容较多，即奉命为统治者歌功颂德的命题作文，几乎没什么文学价值和社会价值。而宣德时期的“台阁体”文学家中，“三杨”、金幼孜等人的一些诗文作品内容充实、感情真挚，记述了他们同皇帝交往、参加各种宫廷活动的经历，还有对统治成就发自内心的称颂等，具有一定文学价值和社会价值。宣

宗本人这方面成就较高，传世的《大明宣宗皇帝御制集》① 中，部分作品的文学成就较高，并且形成了一个宫廷文学家的特殊群体。

明代“院体”画派的艺术风格，最后是在宣德时期形成的，特点为继承两宋的画风，花鸟画精工富丽，自创新格；山水画大气磅礴，水墨淋漓；人物画细致严谨，题材丰富。除李在、商喜、谢环、孙隆、戴进、倪端等人的绘画成就之外，宣德本人的宫廷绘画成就也是较为出色的；同前朝相比，宣德一朝的宫廷绘画艺术成就是相当突出的。

明代宫廷绘画中，花鸟画的成就较为突出，特别是宣德到成化、弘治时期，名手辈出，如孙隆、吕纪、林良、朱佐、缪辅等人。他们的画风主要继承宋代“院体”的传统，并能在此基础上有所发展变化。孙隆的没骨法具有独创的风格，他的传世作品不多，《芙蓉游鹅图》和《雪禽梅竹图》两幅作品，都是以没骨法表现出来的，他的另一幅《花鸟草出图册》（上海博物馆藏），廖廖数笔就将各种草虫禽鸟刻画得惟妙惟肖，各种花卉草木生动活泼，看似零乱的笔法及浓丽的色彩，使人感到秋日灿烂的阳光和秋郊热烈的气氛。

宣德时期宫廷花鸟画的兴盛和风格的多样化，也与皇室的需求和帝王的爱好密切相关。花卉翎毛所具备的色彩变化和强烈的装饰性，十分适合装点宫室，尤其可能适合永乐建都后的宫廷装饰，并与雕梁画栋的宫廷建筑相协调。同时，花鸟题材富含象征意义，尤其是富贵、吉祥、喜庆的比兴，也非常符合皇家的生活意趣。因此，花鸟画在宫廷院画中总是成就斐然。

除了沈度为代表的宫廷书法作品外，宣宗本人的书法作品也是非常优秀的，代表作品《行书新春等诗翰卷》是一件七米多的长卷，书法行笔稳健，笔画结构清晰，较为圆熟而遒劲，明显受到台阁体书法的影响，显示出宣宗深厚的书法功底。这一时期的宫廷书法也因为有了宣宗的喜好而较前代有所发展。宣宗的书法虽然出自当时宫廷书法家的传承，但据专家研究，多少有些元代大书法家赵孟頫的影子。现存北京故宫博物院藏朱瞻基《御制新春诗》（纸本，行书）一幅，还有台北故宫博物院藏朱瞻基《御笔戏作一枝花》（纵 26.5 厘米，横 14.7 厘米）一幅，是朱瞻基的书法代表作之一，行楷之间有些近于草书，笔迹洒脱，显得有风致、有精神，既有些放纵，又有棱角。

① 见《四库全书存目丛书》集部 24，齐鲁书社，1995 年。

（二）永乐、宣德不分上下：陶瓷、佛造像

宣德时期的陶瓷和佛造像，几乎完全继承了永乐时期的艺术和工艺水平，其中陶瓷的品种、釉色略有增加，多达十几种，花纹图案也增加了一些花鸟鱼虫的自然内容。虽然永乐和宣德时期的瓷器在艺术成就方面各有千秋，永乐瓷器开创性较为明显，宣德瓷器在继承的基础上宫廷御用性更为突出，但后者仍有不同于前者的地方，大体说来，器型更加丰富，品种数量增多，胎釉愈加精细，纹饰更趋精美，并首创皇家商标款识，形成了宣德瓷器追求实用性、更注重观赏性和艺术性的时代风格。

其一，宣德时期在传统品种以外，至少成功烧制出了一些瓷器新品种，其中斗彩漆器在宣德时期就已经出现了。有些品种虽然永乐时期已有，但宣德时期这些品种的特点更为明显，比如素有宝石红、祭红、积红、鸡血红等不同称谓而成色仅有细微差别的红釉瓷器，在宣德时期的成色就比从前更为成熟、更稳定一些。

其二，宣德时期的瓷器造型变化较多，有仿古器物，有仿宋名窑瓷器，有自然植物，还有仿外国器物，等等。仅红釉瓷器就有洗、炉、梅瓶、僧帽壶、卤壶、梨式壶等多种造型，较为丰富。

其三，图案纹饰更为精美，更为生动自然，动植物纹饰多样，并吸收了绘画等方面的宫廷文化元素。

其四，胎釉更为精细，其中的仿哥窑瓷器釉面光泽度较低且略带油腻感。有人认为这是对宋代哥窑瓷器釉质的高水平仿制，也有人认为这是宣德时期制作的略有仿制成分的哥窑作品。又如宣德红釉瓷器的釉色呈色浓艳，往往在器物转折变化的棱角处隐现胎骨而呈现白色筋脉，增添了视觉的变化，耐人寻味。

明代的官窑产品如果从功能上观察，可分为5类。饮食器类：碗、盘、杯、碟等；祭祀器类：香炉、烛台、爵杯、簋、登、豆等；陈设器类：花瓶、罐与雕塑品等；文房器类：水注、砚滴、笔盒、笔筒、瓷砚之类；花鸟鱼虫用器类：种花用的盆钵、鸟食罐、鸟笼、花瓶、鱼缸、蟋蟀罐、过笼等。

如果把明朝各代御器厂烧造的以上5类瓷器放在一起进行比较，就会发现宣德时期花鸟鱼虫用器的品种非常多，远比此前此后的品种更为丰富，制作也更为考究，数量也相当大。仅从1982年以来景德镇明御器厂旧址出土的瓷器来看，宣德时期的花盆、花钵类就有：白釉折沿平口钵、花口钵，青花红彩花卉纹花口钵，青花七棱折枝花钵，青

釉仰钟式钵，青釉六边六足花盆等 8 种。腰圆四足水仙盆则有 4 种，六边形水仙盆有 2 种，以上各式花器计有 14 种。鸟食罐则分单双口、像生与几何各种类，约有 14 种，就连鸟笼、花瓶这类不起眼的小型瓷器，也分为四方琮形、贯耳胆形、竹节、蔗段与葫芦形等多种类型。以上 30 多种形态各异的花盆、花钵与鸟食罐，充分说明了宣宗不仅爱好斗蛐蛐，并且还热衷于名贵花木和禽鸟的饲养。

永宣时期的佛造像艺术在中国佛教艺术史上具有突出的地位。虽然永乐和宣德两朝在艺术和工艺方面难分高下，但可以肯定的是，宣德时期的佛造像艺术全面继承了永乐时期的艺术成就，题材丰富、造型优美、工艺精湛，线条婉转流畅，丰满圆润，细部雕刻精准，金色明光，将汉藏艺术因素巧妙地结合在一起，形成了独特的艺术风格。同时，佛造像涉及的复杂工艺如打磨、錾刻、铸造、鎏金、镶嵌等，在宣德时期其他的器物或宫廷艺术的制作中也多有应用，由此可见这时的工艺水平不下于永乐时期；而现存的宣德时期佛造像在服饰、表情、身姿等方面，也完全体现出永乐时期佛造像的艺术特点，虽然个别作品工艺略粗、体量较大，但总体上表现出雍容华丽、秀美飘逸的宫廷风格，几乎座座都是珍品。可见这时的艺术成就同样不亚于永乐时期，二者完全是同一时期、同一批工匠的作品，具有明显的传承关系。

（三）创新的工艺：漆器、珐琅器

虽然有些漆器是将永乐款识改刻成宣德的款识，但工艺、手法都有一定的创新和变化。髹漆工艺在永乐时期达到高峰，宣德时期出现了雕彩漆、戗金彩漆等新的工艺品种。其中戗金彩漆是戗金与彩绘两种工艺相结合的技法，即以金线勾勒出物象的轮廓，再以随类附彩的方法绘出物象。较之戗金漆而言，能更形象地表现主题和物象，又有流光溢彩的工艺效果。雕彩漆的作品采用七种颜色的漆料反复髹涂，不但分层取色，雕刻出圆熟的物象，还用磨显的方法，使刀口斜面出现斑斓的花纹，这种特有的工艺和美感只有宣德漆器才具备。

雕彩漆、戗金彩漆等新的工艺品种，反映出宣德时期髹漆工艺的发展和完善。部分漆器较永乐时色泽更鲜艳，漆层变薄，雕刻不求藏锋，官造款识由永乐朝的针划行书小字，改为刀刻填金楷书大字，为后来皇家髹漆工艺所继承。这一点说明宣德时期的髹漆工艺有所进步，因此才有新的工艺品种出现。

宣德时期新的漆器工艺品至少有两种，第一种是造型、装饰、雕工相同但款识不同的三件作品，都是剔红云龙纹大圆盒。虽然大朵莲花和龙纹等造型和装饰，显示出其艺术风格与永乐漆器相近，但也有一些不同之处。其一，是这几个大圆盒的红漆色较为靓丽，显得有些鲜艳夺目，正如嘉靖时高濂所说："宣德时制同永乐，而红则鲜妍过之。"可见其红漆色的配制和运用技术有所变化。其二，是装饰方法不同。器壁和盖壁的空间采用开光将一器分为多个区域，分别雕以龙纹和花卉，具有明显的对称装饰效果。其三，为雕刻手法不同。每一件都追求高浮雕效果、花纹外缘的轮廓线以立刀下刻，刀锋冷峻，打磨较少。总之，这三种剔红云龙纹大圆盒，在漆色、装饰、雕工三方面都有别于第一种漆器。

第二种是独树一帜、写实风格的漆器，即北京故宫博物院收藏的雕彩漆林檎双鹂大捧盒，目前所知世界上传世的作品仅此一件，此盒盖面的主题图案用写实的手法表现，一株沙果树斜出二枝，花朵果实相间，两只黄鹂各站一枝，相互顾盼，中间还有飞舞的蜻蜓、蝴蝶，整个画面显得自然而富有生气。其铭文刻于盖面图案的上部，在锦地上专门辟出一块长方形空间，上面阴刻"大明宣德年制"六字，并填以金粉。

这件雕彩漆捧盒的雕刻特点、装饰风格及落款部位，都与其他宣德雕漆真品差别较大，具体差别有：其一，它是目前所知传世最早的雕漆作品；其二，这件漆器的色漆层多达十三道，其雕刻采用分层取色与磨显并举的手法，使其色彩既丰富多样，又绚丽自然，此后再无超越者；其三，装饰采用写实的花鸟图案，在明代雕漆器物中尚属首例，也是永乐、宣德两朝器物中罕见的写实作品；其四，将铭文刻于盒盖的盖面纹饰图案中，在漆器作品中属首例，不过在宣德时期的瓷器、珐琅器中并不少见。

关于宣德漆器有争议，前人认为有超过永乐漆器之处，"而红则鲜妍过之"，或是"宣款皆永器"，互相矛盾。故宫张丽认为，其实这两种说法都不全面，提出两种说法的人都没有看过宣德时期制作的全部漆器真品，都是仅凭有限的见闻进行推测，因此这些人对宣德漆器的矛盾看法很不全面，甚至近似盲人摸象，也是不可避免的①。至于改款是由于宣德初年漆器产品不足，还是漆器质量下降，或者还有宣宗虚荣的成分，则需要进一步探讨。

宣德时期在制作掐丝珐琅器的同时，还制作出了另一种工艺的金属珐琅品种——錾胎珐琅器。这种珐琅器是以金属錾花技法，在铜胎面錾刻出花纹，然后在其纹样的下凹

① 张丽：《宣德漆器之我见》，载《故宫学刊》第八辑，故宫出版社，2012年。

处填施各种颜色的珐琅，经过焙烧、镀金和磨光后完成的作品。錾胎珐琅与掐丝珐琅表面效果相似，只是纹样线条显得粗犷，且无断痕。故宫博物院藏錾胎珐琅缠枝莲纹盒，通高 5.5 厘米，直径 11.3 厘米，圆形，盖面中心饰有盛开的莲花一朵，周围环以枝蔓，立壁饰以彩色缠枝莲纹数朵，盖面与盒体的花纹和颜色相对应。底部镀金，中心署有“宣德年造”阳文楷书款识。此件錾胎珐琅缠枝莲纹盒，是目前所见唯一一件宣德时期署款錾胎珐琅作品。

如果说元代掐丝珐琅器还多少遗存一些“大食窑”痕迹的话，那么宣德时期的掐丝珐琅器则已经扬弃了阿拉伯文化的影响，成为本土化的一种宫廷工艺制品。在造型、纹饰、珐琅、款识等方面，都有较为明显的时代特点①。

（四）多种艺术和工艺的结合：玉器、金银器、珐琅器、蟋蟀罐

湖北梁庄王墓出土的器物之中，有几件以鹘捕鹅为题材的玉器，造型逼真、巧妙，极具动感，天鹅展翅的浮雕形象尤为生动。湖北梁庄王墓的主人梁庄王是永乐二十二年（1424）受封的，宣德四年（1429）就藩湖北安陆，正统六年（1441）去世，因此他的主要随葬品都是宣德时期制作的，可以代表当时的工艺水平。

从目前可见的几件作品来看，这些金器更多地借鉴了当时其他器物的工艺，使随驾银作局制作的金箸、金壶、金勺、金镂空凤纹坠、金云凤纹瓶等器物，比之前代工艺颇具特色，制作更为精巧，錾刻、焊接、镶嵌、镂空等多种工艺结合并用。尤其是镂空及宝石镶嵌工艺十分具有特色。这种工艺在金器制作中被大量采用，使较少的金器材料能够表现出较大的体积，使镂空后的金器没有空虚之感，从而使整个金器作品更为精致、醒目，富于艺术观赏性。

梁庄王墓出土的器物之中，还有几件玉雕、宝石和金器三者镶嵌在一起的工艺品，包括金累丝镶宝石青玉镂空双鸾鸟牡丹簪、金累丝镶宝石带、金累丝镶宝石帽顶等，这种三结合的工艺品在当时具有独到之处，既有 14 世纪中亚西亚一带的西域风格，又有南洋一带的因素，工艺手法是中外文化交流的结果。宝石并非中国的产品，而是郑和下西洋带回来的。元代就有类似的工艺品，但没有后来的红、蓝宝石，因此，宣德时期玉雕、宝石和金器三者镶嵌在一起的工艺品，说明了郑和下西洋在宫廷之中的影响。白

① 节选自李永兴：《浅论宣德金属珐琅器》，载《永宣时代及其影响》（下），第 483—490 页，故宫出版社，2012 年。

玉、宝石加上黄金，三者尤其是宝石具有较为丰富的色彩，搭配效果同样非常独到，代表了宣德时期的宫廷工艺水平。

掐丝珐琅器俗称“景泰蓝”，但明朝最早的珐琅器是宣德时期的作品，在造型、纹饰、用料和款识方面都有自己的风格、特色，掐丝珐琅制作工艺复杂，同样为多种工艺的结合，体现出宣德时期多种工艺的发展与探索，以及多种宫廷艺术形式相互影响、相互促进的作用。宣德时期的掐丝珐琅器造型多样，有觚、尊、炉、瓶、盒、盏托、碗、盘杯等造型，较元代和明初有了很大的发展，应用广泛，胎壁厚重，形制规整，铜镀金装饰简略自然，与掐丝珐琅装饰和器物整体造型配合得体，相得益彰，产生了富丽华贵的艺术效果。

图案纹饰以缠枝莲花纹为主，既有佛教传播、崇拜功能，又有生生不息、吉祥喜庆之含意。更为重要的是，代表吉祥的狮戏球纹和象征皇权的龙凤纹的出现，对此后明清两代掐丝珐琅的装饰具有重大的影响。珐琅质地细腻洁净，色泽纯正，具有宝石般的质感。在珐琅色彩的运用方面，注重典雅之美，特别是运用绘画的晕染技法，以黄绿珐琅混合调配出晕色效果，来表现瓜熟蒂落的瓜果图案，逼真写实。这一点对于掐丝珐琅图案的装饰起到了开创性的作用，具有较为深远的影响。

故宫现存的珐琅器中，可以定为宣德时期的掐丝珐琅约有七件，在质地与掐丝工艺方面与永乐时期相比，出现了一些新的变化。虽然珐琅的质地不如前者坚硬，光泽有所减弱，但其色彩更为鲜艳夺目，掐丝工艺更为娴熟流畅，有些珐琅器上的掐丝有如行云流水而较少拘谨，这一点可能与宣宗本人擅长书画及其宫廷画师群体的创作有关。如果与同期的五彩瓷器相比，无论在色彩的品种上和鲜艳的程度上都有所超越，的确给人以细润可爱之感。有的陶瓷学者认为，多彩多姿的掐丝珐琅很可能给予明代彩瓷以积极的影响，应该是有一定道理的①。

宣德时期蟋蟀罐的综合艺术成就（器型、纹饰、花色等），同样是这类宫廷文化有所发展的标志之一。瓷罐上往往绘制一些精美的青花图案，比如龙凤、花卉、瓜果、海兽之类。这些绘画纹样有些是永乐时期的官窑瓷器上就有的，有些却是以往的瓷器上少见的或没有的。后一种青花纹样大致有以下几种。

第一种，鹰犬纹。景德镇出土的蟋蟀罐中，有一件的外壁绘有一只鹰追逐两只天鹅

---

① 杨伯达：《明永宣皇家工艺概要》，载《永宣时代及其影响》（下），第453页，故宫出版社，2012年。

的纹样，一鹅向下惊飞，一鹅向左上方逃窜，两只鹅都是长颈直喙，而后面的鹰则是略带钩喙。外壁另一面画是一个土坡。坡上的芦苇和枯草在风中摇曳，渲染出了一种惊恐的气氛，枯草间的两只小鸟一只向下飞去，另一只站在芦苇上正准备起飞。画面生动自然，芦苇和枯草的枝叶都画得比较准确，并且画面也显得舒朗、开阔。

另一个蟋蟀罐上画的是一只巨鹰站在一棵树的枝干上，歪头向下，注视下面土坡杂草中的一只小犬；小犬抬头望着树枝上的鹰，两只耳朵还竖起来，似乎在聆听上面那只大鹰的呼唤，尾巴上好像还有几根羽毛。这只蟋蟀罐的圆盖上把鹰和犬画在一起，树上的鹰和下面的犬相互呼应，并且画面上鹰大犬小。这类图案非常少见，在宣德时期的其他器物上也是很少见到的。

第二种，怪兽纹。出土的蟋蟀罐中，有的外壁绘有怪兽纹样，头部有些像犬，两肋间有一对肉翅，腿部、腋下及尾部似有卷毛，四足有爪，形象狰狞而凶猛，奔腾于草树、坡石之间。圆盖上绘有同类怪兽，并无草石背景，只有少量云朵作为陪衬。根据有关学者的考察，这种怪兽的纹样不见于前代瓷器，日本研究者定为应龙，但与应龙的相关文献记载不符，倒是与传说中的天马有些相近。

第三种，与绘画相关的纹样。宣德时期蟋蟀罐上还有一些构图新颖、题材丰富的纹样，是以大自然的飞禽草树为对象的，如其中一个蟋蟀罐的外壁上，画的是两只起飞的白鹭，还有两只站在草间，似乎也在准备起飞，后面还有芦苇及矮花。另一个罐的外壁上则绘有两只鸟在柳枝间，一只略为向下探头，另一只则扭头相呼应；圆盖上则绘出一只鸟站在较粗的柳枝上，另一只鸟正飞向这棵柳树。这几幅图显然是在绘出唐代诗人杜甫的诗意："两个黄鹂鸣翠柳，一行白鹭上青天。"

类似的题材和画面在蟋蟀罐上还有一些，但它们和以往的瓷器纹饰，在形式上都有明显的不同。其一，是这组瓷器纹饰都是以较为写实的手法描绘对象，而不像其他瓷器纹饰那样进行变形处理。比如宋、元时代和明代其他用云龙纹装饰的瓷器，其云纹不是画作美丽的折带式，就是画作四角式，而蟋蟀罐上的部分纹饰与此不同，手法相当写实，与绘画极为相近。其二，是这组瓷器纹样在构图上强调虚实与疏密的对比，一般来说近景为实，画得较少，远景为虚，占的空间较大，其画面就显得空灵、开阔。不像瓷器纹饰那样，构图采用几方连续的纹样，讲究纹饰的全面分布与节奏的均匀；其三，是在用色时强调远近与浓淡的变化，近景画得较浓，远景则用淡料绘出，不像图案画那样只讲究纹样的组织，不强调远近关系与效果。

如果把这组瓷器纹样展开，那么其效果就类似绘画中的横披或长卷中的若干断落，这些纹样的构图形式和前代常用的图案不同，但却与绘画艺术有着相当密切的关系。明人王士性在《广志绎》中谈到宣德和成化时期的瓷器时曾说，这两朝的瓷器“皆当时殿中画院人遣画也”①，就是说，蟋蟀罐上的青花图案，是由某些殿中的宫廷画家提供的画样“粉本”。《大明会典》中曾记载，宣德时期烧制的器物，其造型色彩和纹饰图案要先由宫廷画家设计好之后，再由内府的有关部门下达给景德镇，按图设计方案烧制。从这一情况可以看出，宣德时期蟋蟀罐的部分纹样不同于其他瓷器，却与绘画艺术相近，同整个烧制过程中先由宫廷画家直接设计是分不开的，同时也反映出宣宗本人对绘画艺术的偏好。

此外，宣德时期的蟋蟀罐上还有一些莲池珍禽纹样，也是其他瓷器上较为少见的。画的是变形的落叶与荷花，在预留的较小空间内饰以绶带、翠鸟、鸳鸯。这种处理花鸟关系的手法与宋元瓷器的纹样不同。后者的莲池珍禽纹瓷器中，基本上是以鸟为主，以花叶为辅，因此鸟的位置较为显著，占据画面的空间也较大；而宣德时期某些蟋蟀罐的纹饰几乎相反，即以荷花荷叶为主，鸟儿特别小，仅仅作为画面上剩余空间的装饰品。这种手法与风格，倒与唐代金银等器物上的图案颇为相近，因此，宣德时期蟋蟀罐的这类纹样，很可能是借鉴了唐代金银等器物上的某些纹饰风格②，具有较高的艺术性和观赏性。

（五）后起之秀：文具、家具、铜器具、游戏、园林、戏剧

这几个门类是永乐时期较为少见或不太明显的，其中宣德时期的文具中有一锭牛舌形“龙香”御墨，长8.6厘米，宽2.9厘米，厚0.9厘米，墨面为双螭相抱，中有阳文隶书“龙香御墨”四字，另一面上方为阳文楷书“宣德年制”四字，下面有阴文楷书直双行“工部臣胡进言督造”八字。此墨做工精细，装饰图案对称工整，字迹清晰，为明代御墨精品。“御墨”系中国古代专为皇帝所造，品质多为上乘。故宫博物院所藏这批明代“龙香御墨”，制作精良，工艺高超，已处于中国制墨史上的成熟阶段。

署宣德元年款识的龙香御墨图案中，龙珠放射出伞状的火焰，游龙在云雾缭绕中穿行，似乎在克服重重障碍，即将把龙珠捕捉入口，整个图案将龙的智慧和坚韧不拔的意

① （明）王士性：《广志绎》卷六，中华书局，1980年。

② 此处采用了刘新园《明宣德官窑蟋蟀罐》的部分内容，江西美术出版社，2002年。

志，表现得栩栩如生、淋漓尽致，体现了人们对专制皇权生力无边的认识和赞颂。署“工部臣胡进言督造”的御墨中，一面雕饰为双螭对立而争夺一珠的图案，阳文隶书“龙香御墨”四字，竖行列于双螭之间。尽管图案创作空间较为狭窄，但布局依然紧凑而整齐，体现了当时制墨工匠的高超技艺①。

家具在宣德时期的宫廷工艺史上仍占有一席之地，形制较为圆熟，线条简洁匀称，是有明一代漆作家具的代表②。到万历时期制作的家具，刻上宣德的款识才能卖个好价钱，可见宣德时期的家具影响之大。

据旅美学者陆鹏亮的研究，明代有关“宣德炉”的记载未必完全可信，“宣德炉”的叫法最早大约在万历时期才出现。但我认为类似的铜器应该出现过。可以肯定的是，出于宫廷祭祀和玩赏的需要，明宣宗曾命人仿古器物样式制造出了一批铜器，其中就有久负盛名的“宣德炉”，用于充实北京的宫殿和赏赐西藏地区。这类器物用料丰富，质地细腻，色泽莹润，造型精致，既代表了宣德时期的冶炼和铸造工艺发展水平，又体现了当时明代宫廷对中国古代宫廷典制文化的特殊追求。

宣德炉之所以称为“宣德炉”，而不称为“正德炉”“康熙炉”，原因可能有几个：第一，出现这种形制的铜香炉可能是在宣德时期，关于这一点，故宫古器物部李米佳从一幅宣宗赏赐西藏大慈法王的缂丝唐卡中发现，画面上就有类似后来“宣德炉”那样的铜器；第二，可能由于宣德时期的宫廷文化发达，宫廷工艺品影响大，名声大；第三，可能是因为这种铜器当时制作的数量少，成本价格昂贵，不易仿制。由于上述几个原因，于是“宣德炉”的名声和影响越来越大，明中后期即被人们约定俗成地称为“宣德炉”。

至于宣德炉为什么流传极少，可能和当时的烧制工艺、技术有关。如果同珐琅器、瓷器、漆器等工艺品相比，宣德炉可能是当时的试制产品，并取得了意想不到的某些效果。但制作并不规范，没有一套完整的、可操作的程序流传下来，成品、精品极少，更没有一种标准器可仿，因此后来的人们仿制时只求大致相近，实际上也是继续试制，追求一种理想状态。同时，这种铜器的烧制不同于瓷器，可能是一种混合多种工艺的制作技术，当时尚不清楚，同中国的科技基础有关；仿制本身也是一种技术和工艺方面的探

---

① 节选自林欢《明代“龙香”御墨》，载《永宣时代及其影响》（下），第560—569页，故宫出版社，2012年。

② 此处采用了吴美凤的看法。

索，从中也可见宫廷文化对民间的巨大影响，越是缺乏越是虚幻，民间的仿制就越多越久①。

宫廷戏剧的情况记载较少，只知道宣德时期的演艺人员至少超过4000人，估计有一部分可能是来自民间的演艺班子。明宣宗对宫廷戏剧和音乐都有特殊的偏好，当时的宫廷演艺规模很大，宣宗死后被赶出宫廷的教坊司民间演艺人员就有3800多人②，就是说除了宫廷本身从事演艺活动的乐户之外，还有3000多人是宣宗下令从民间征集来为宫廷演出的。至于音乐活动更是宫廷的常备项目，除了一些规模空前的典礼活动需要宫廷音乐之外，宫中还经常举行一些形式多样的演奏，宣宗本人也时常抚琴弹奏，这些活动在宣德君臣的文集中多有记载。

园林的情况有当时杨荣等人的记载。他们几次应邀随同宣宗游览皇家园林，留下的文字记录了部分新建皇家园林的情况，包括东苑、西苑、万岁山和太液池等地，即今天景山、中南海及沙滩以南等地，实际上是向大臣们展示了禁苑之内的龙舟、殿阁、人造景观，以及皇帝个人读书、弹琴的斋房，展示外人少见的北京建成后禁苑内的一些宫廷文化景观和园林格局。至于宫廷游戏，故宫藏有一幅《明宣宗行乐图》，由六个相对独立的画面组成，除了最后一部分是宣宗乘轿往回走的情况外，其余五幅分别是蹴鞠、投壶等五种游戏。

明代宫中同样流行马球游戏，朱棣就曾多次主持这项活动，朱瞻基还是皇太孙时就已经是一位马球高手了。当时的许多大臣都有诗文记述这项游戏，《朱瞻基行乐图》中同样如实描述了宣宗观赏马球的场面。画面中的朱瞻基双手扶膝，坐在半开的围帐中观看比赛，两旁侍从环列。球场上一名裁判驰马举着小旗跑过球门，似乎在回头向选手发出击球的号令。不远处有人飞驰而来，挥动球杆正要将落下的红球打入前面的球门。他

① 陆鹏亮认为，不仅宣德炉，宣德时期的漆、窑、纸墨也都非常令人推崇，当时（万历时期）宣德时期的文物全面占据了市场高地，就连宣德时期的御制香料，也受到晚清人们的青睐。香与炉是天生的组合，既然宣德之香如此出名，那么营造出焚香的宣德炉也自然合乎逻辑了。由此可见，晚明古物市场之兴盛，将宣德朝各类艺术品均置于极高之地位，并将器物与盛世景象联系，从吸引文人、新贵、商人等各阶层的角度来看，都是顺理成章之事。这是晚明这样一个内忧外患、古物市场又异常兴盛的时代，被赋予更多文化内涵的宣德炉，才得以迅速得到社会之认可。可以说，所谓“宣德炉”并非真正宣德时期的产物，而是一种象征盛世精神的文化符号。并且这种文化上的“神话”并非无本之木，铜炉本身独具的艺术魅力成为这种“神话”的坚实基础。因此，现存大量的宣德款铜炉，不应仅以其是否冶铸于宣德时代而衡量其品级，而应以其本身的艺术标准，来客观、公正地认识这一艺术奇葩。见陆鹏亮：《“宣炉”源流考》，载《永宣时代及其影响》（下），第465—466页，故宫出版社，2012年。

② 《明通鉴》卷二十一，宣宗宣德十年三月戊寅，中华书局，1959年。

身后还有 4 名球员立马持杆，准备依次上场。有趣的是球门是一个屏风式的木板墙，算是一件宫廷家具，上面描绘的也是 6 位选手比赛马球的场景，中间也有一个半圆球门。由此可见宣宗的马球游戏不仅设施齐全，并且装饰讲究，极具娱乐性和观赏性。

宫廷庆典也是宣德时期的宫廷文化活动，其中灯展为每年春节举行的彩灯大型展览会，各种彩灯千姿百态，气势宏大，辉煌繁盛，宣德君臣的诗文都有记述。宴饮则是宣德时期相当突出的宫廷文化活动之一。本来皇家宫廷饮食已相当精美，各地都进贡一些高级特产，但宣宗仍不满足，利用宗主国的权力，专门从朝鲜选派一些女厨师来为他制作佳肴，同时国内的厨役达到 9000 余人①，有许多是高级厨师，这样一来宫中的饮食文化相对发达起来。

（六）其他：织绣、图书、宗教、建筑等②

宫廷织绣的传世实物不多，但仍有一些相关实物可以反映出当时宫廷织绣的发展水平。故宫博物院图书馆藏明代宣德时期《历代臣鉴》三十七卷，该书为明宣宗朱瞻基撰，是典型的明内府经厂刻本。明代宫廷刻书由司礼监掌管，永乐迁都北京以后，司礼监扩大规模，附设经厂，经厂本即内府本。该书书衣为蓝色素绸面，书套也采用同样面料的蓝色素绸，反映出当时宫廷织绣的发展水平。据说直至清代中期的宫廷图书书衣、书套织绣面料，仍然保持宣德时期的这种织绣水平。

此外，当时具有写实风格的一些宫廷绘画作品，较为真实地记录了宣德时期宫廷织绣的状况，比如这一时期的宫廷绘画作品《明宣宗行乐图》，细致而真实地描绘了宣宗朱瞻基在宫中的几种娱乐活动，全图设色鲜艳、浓丽，主要内容有射箭、捶丸、投壶、坐轿等情景，画中人物穿着以燕居服为主，其中捶丸场面所见皇帝服饰，为上衣下裳相连的交领过肩通袖襕袍，袍服上通袖、胸背与裙襕多处，隐约可见金色纹样，应为龙纹一类的纹样，陪伴在旁的侍从太监，也都是穿着类似款式的蓝色或绿色袍服。同时代其他几幅宫廷绘画作品中，也有类似的衣着服饰，反映出宣德时期宫廷织绣已有较高的发展水平。

宫廷图书方面，线装是明代兴起的一种新型书籍装帧形制，在中国传统的装订技术史上最为进步，明代中叶以后才成为我国古籍装帧的主要方式。但明代宣德时期宫廷刻

---

① 《明英宗实录》卷八，宣德十年八月丙午，“中研院”史语所 1962 年校印本。

② 宣德时期这几种门类的传世作品不多，无法同永乐时期做比较，因此只好单列。

书《历代臣鉴》三十七卷，即采用了这种先进的装帧工艺。该书为明宣宗朱瞻基撰，宣德元年（1426）经厂刻本，开本纵36厘米，横23.5厘米，版框纵27厘米，横18厘米，共十册二函，半页十行二十字，双对花鱼尾，版式宽阔，行格疏朗，字体大，黑口，四周双边，是典型的明内府经厂刻本。此书具有很强的明代宫廷特色，朴素、稳重、落落大方。由于内府刻书不吝财用，因此在选料、装帧、装潢上不惜工本，做工极为精湛。

此外宫廷图书与宗教、建筑等门类还有一定的关联性，比如这一时期佛经的翻译和刊刻已有一定的规模，也是宫廷宗教的重要组成部分；宫廷建筑虽然不如永乐时期，但是各类寺庙建筑却比永乐时期增加不少，其中绝大部分都是皇帝、后妃等人下令或资助修建的，同样是宫廷宗教的组成部分；宫廷之中的藏传佛教也在继续活跃和流行，一些法王翻译了大量的佛经，并且得到了宣宗的扶持。

除了上述宫廷文化部分之外，宣宗赏赐某些重臣的宫廷工艺品，同样反映出这一时期宫廷文化的成就，例如宣宗曾多次赏赐老臣夏原吉，包括紫瑛砚、象牙翠花笔、龙香墨、水晶镇纸、玉笔架、翠瓯、翠炉、束发玉冠等①，赏赐老臣杨荣“玉带、玛瑙鹤顶龟筒、琥珀花犀、合香诸带，及龙骨等系腰皮裘、黑貂银鼠帽”，还有“白瓷酒器、茶盅瓶罐、香炉之类”②，也曾赏赐杨士奇等人类似的工艺品，这些东西至少有一部分是宣德时期制作的，同永乐时期赏赐品种类较少的情况相比，仍然可以看出宣德时期宫廷文化和宫廷工艺的进步。

总之，包括游戏、园林、建筑、戏剧、文学、书画、陶瓷、漆器、佛造像、珐琅器、家具、金银器、玉器、铜器、织绣、图书、宗教以及文房用具在内，约18个门类组成的宫廷文化及工艺，在宣德时期达到了一个相对繁荣的高峰。

二　宫廷文化繁荣的原因

宣德时期宫廷文化繁荣的原因较为复杂，大约有以下几条。第一，宣宗本人对宫廷文化的兴趣和对奢华生活的追求。宣宗基本上是在和平环境下长大的，从小受过较为完备的宫廷文化教育，因而在他身上文人的气质较为明显，不同于祖父朱棣武人的气质较为浓厚。加上宣宗天资不错，具有一定的艺术修养，本人的创作热情较高，同时较为追

---

① （明）夏原吉：《忠靖集》附录，《夏忠靖公遗事》，台湾商务印书馆影印《文渊阁四库全书》1240册。

② （明）杨荣：《文敏集》附录，台湾商务印书馆影印《文渊阁四库全书》1240册。

求奢华享乐的生活，因此他即位后利用手中的权力，来实现自己对于宫廷文化和奢华生活的追求，如搞灯展、逗蛐蛐、玩鸟放鹰等，本身也促成了宫廷文化的进一步发展。

需要说明的是，宣宗少年时代大量的宫廷文化活动，明显地受到其父仁宗朱高炽的影响，这一点限于材料，从前人们很少关注，近来笔者有幸看到了明仁宗近三百首诗词作品，反映了永乐时期朱高炽作为皇太子，在南京监国期间的宫廷文化和享乐活动，抚琴赏月，观景乘凉，赏画题扇，参佛修道，品味美食，吟诗填词，泛舟江河，射猎郊原，出席庆典等，还有与臣下的唱和以及诸子的游猎活动等①。这些内容无疑对于青少年时期的宣宗有着重要的影响。宣宗的大部分宫廷文化兴趣和享乐爱好，都是在这一时期养成的，并且明显地得到了仁宗的纵容和支持。仁宗对于宫廷活动，常常带有激赏和欣慰之意，并且有些活动就是仁宗倡导并安排宣宗兄弟们举行的。

从朱棣夺位成功到永乐十八年（1420）底迁都北京，宣宗除少数几次短期跟随祖父朱棣离开南京外，其余大部分时间都是在首都南京，同其父仁宗一起从事各种宫廷文化活动。仁宗朱高炽同样是文人气质较为突出、追求宫廷文化和宫廷享乐的一位帝王。因此，宣德时期的宫廷文化活动，在很大程度上是他的文人气质和继承先辈享乐传统的结果，是继承并发扬了仁宗监国时期首都南京的宫廷文化。当然，仁宗对宣宗的培养和鼓励，一定程度上还有寄希望于长子来巩固自己的太子地位之意，这一点也是研究宣宗朝宫廷文化繁荣的原因所不容忽略的。

第二，宫廷文化政策和制度方面的因素。宫廷财政向宫廷文化方面的倾斜与投入。作为国家财政一部分的宫廷财政，向宫廷文化及相关的宫廷生活方面大量投资，也是宫廷文化发展的重要物质基础。宣德时期，宣宗派遣大量的宦官前往南方，采办各类宫廷消费品，尤其是花鸟鱼虫一类的东西，下令御器厂烧造数十万件精美的瓷器，打造大量的皇族所用高级金制器具及仪仗，从各地召来数千人的民间演艺团体，作为宫廷演艺活动的演员，加上宫中原有乐户，共达6000余人。这些人的伙食由光禄寺负责供应，南北两京的厨役高达9000余人，消耗掉的粮食等更是不计其数。

这些宫廷财政活动无疑是宣德时期宫廷文化活动的重要支柱，其中实物类收入占宫廷财政收入的很大比重，花鸟鱼虫、瓷器金器以及其他一些消费品的收入，便成为宫廷文化发展的重要前提。宫廷财政的投入，当时的政策倾向是发展内府的手工业，各个工

① 见台北“国家”图书馆藏明刊本、“中研院”傅斯年图书馆藏微缩胶卷。

种的工人肯定不够用，于是政府抽调了十几万京城部队，作为内府的临时帮工。当时的京军一共才25万，将近一半暂时离职，成为内府手工业的学徒①。同时，还有宫廷财政的投入，尤其是实物财政为主的投入。宣宗下令各地加工制作各种工艺品，从宫廷财政的角度看，其实收入的是原料、成品和劳役，但同时也是宫廷财政对于宫廷文化的一种投入，并且投入的规模很大，等于拿国家的物资和钱财来为宫廷消费投入。

宣德时期的文化政策比永乐时期更为宽松，更为积极。宣宗本人不仅带头从事一些诗文书画、抚琴观景等宫廷文化活动，还经常提倡大臣更多地参与这类活动。他曾多次鼓励翰林学士从事文学创作活动。在他的大力提倡之下，许多朝臣创作了大量的宫廷文学作品，从而有效地推动了宫廷文学等活动的开展。宣宗本人对其他宫廷艺术活动的提倡，使当时的宫廷文化政策导向非常有利于整个宫廷文化的大力发展。

与此同时，明代宫廷的典章制度是促进宫廷文化发展的因素之一。例如宫中举办重大节日、典礼等活动时，制度规定许多文臣，尤其是内阁和翰林院的官员，都要为之作文献诗，这样便促进了宫廷文学的发展；各种礼仪之中，需要大量的瓷器、金器或青铜器等作为礼器、祭器等，这样便促进了器物为代表的礼仪文化的发展；同时，上述活动又需要乐舞、戏剧、宴饮等内容，促进了宫廷文化中舞蹈、戏剧、饮食文化的发展，而宣德时这类活动的增加，宫廷典制在永乐朝的基础上进一步完善，则从制度方面促进了宫廷文化的发展。

第三，上升、和平时期的明王朝对汉族正统宫廷文化的复兴，大力追求并发展当时的精雅高端艺术。当年朱元璋在推翻元朝的《北伐檄文》中，提出要“复汉官之威仪”，已含有复兴汉族正统文化的意思。虽然洪武永乐两朝制订了一系列代表正统文化的宫廷典制，朱棣在重“武功”的同时，也有“文治”方面的追求，但真正开始大规模复兴汉族正统宫廷文化的朝代应为宣德时期。整个宣德时期宫廷文化及各种工艺品的成就，在很大程度上是宣宗复兴汉族正统宫廷文化的结果。这种复兴带动了整个宫廷风气的转变，使得这一时期的宫廷工艺品既有富丽堂皇的风格，又有清新自然的倾向。

这一时期烧制的瓷器中，有大量的仿宋窑瓷器。宫廷书画作品中，也有一些仿宋画尤其是宋代宫廷绘画一类的作品，风格也是富丽的一派，甚至宫廷书画机构都有些宋代的遗风。最有代表性的是珐琅器的制作。这种器物的形状和款式大部分都是宋以前古代

① （明）谈迁：《国榷》卷二十三，宣宗宣德十年二月甲寅，中华书局，1958年。

青铜器物的样式，即器身为古器物，而表面则为珐琅彩纹饰。较为典型的一件器物是掐丝珐琅缠枝莲纹出戟觚，形状和款式完全是古代觚的样式，而通体纹饰工艺为掐丝珐琅缠枝莲纹，是古代器物与珐琅工艺的完美结合。

这类器物同仿宋画、仿宋瓷的性质一样，都反映出当时宫中对汉族正统宫廷文化的一种追求，一种复兴，但并非简单的复旧，而是有所创新。这种追求作为宫中的一种风气，是从宣德时期正式形成并大力推广的。当然，明朝毕竟是从元朝手中夺取政权的，不可避免地要对元朝的一些宫廷文化有所继承，不可能在复兴汉族正统宫廷文化的同时，完全抛弃前一个朝代的优秀宫廷文化。因此，宣德时期不仅继承了元朝的一些宫廷文化内容，还使其中的部分内容在工艺和艺术方面得到提高和创新，著名的青花瓷器就是一个例证。有的学者认为，明朝继承了唐宋以来的文脉，并对元代的宫廷文化有选择性地继承，是一种统治者文化责任，并不仅仅是宣宗本人的玩乐兴致所致①，是有道理的。

同时，处于上升、和平时期的专制帝王一般都会在宫廷之中，大力追求并发展当时整个社会的精雅高端艺术，明朝也不例外。永乐时期宫廷文化的逐渐繁荣表明，朱棣已经开始这种追求。到了宣德时期各种条件进一步成熟，于是宣宗便力图将当时整个社会的精雅高端艺术统统搬到宫廷之中，大力追求并加以发展②。从宣德时期宫廷文化的18个门类及其作品来看，当时的优秀画师、设计师、工匠几乎都被征集到了宫廷之中，制作高级宫廷工艺品，设计宫中的节日庆典、园林装饰等。各种工艺品原料材料如金银、高级木材、漆料、珐琅彩，也都通过各种渠道汇集到宫中，用于高级宫廷工艺品的生产和加工。各地的一些民间高级演艺群体及宫中原有的演艺人员，也在宫中表演一些流行的戏剧。各地制作工艺品的作坊和机构，如景德镇的烧造和苏州的纺织部门等，更是几乎完全被宫廷所垄断。

总之，以宣宗为首的宫廷社会群体，几乎把当时整个社会上所有的精雅高端艺术，统统搬到宫廷之中并加以发展。同时还需要指出，宣宗父子在位一共不过十来年，而这一阶段宫廷文化的繁荣非其他时期可比，创新和变化固然比比皆是，但这些不会凭空出现，此前至少是永乐时期的宫廷文化，已经有了较好的基础和较多的积累，为宣德时期的繁荣创造了条件。宣德时期对于先朝的包括非汉族的宫廷文化，几乎是较为全面地、

① 此处采用了高寿仙、王熹的部分看法。

② 此处采用了师兄赵轶峰的看法。

创造性地给予继承和发展。

第四，宫廷科技、工艺的发展与多种艺术的结合，中外宫廷文化的交流及其与民间工艺的交流。没有高度发达的制瓷科技、工艺，就没有这一时期相当精美的瓷器出现；没有相对发达的髹漆工艺，就没有相当完美的髹漆作品问世；没有探索中的铸造和冶炼科技、工艺，就没有久负盛名的“宣德炉”出现。因此，相对发达的宫廷科技、工艺是当时宫廷文化发展的技术原因之一。但仅有这些科技、工艺条件是不够的，髹漆、珐琅、陶瓷制品往往是雕刻、绘画和烧制等多种艺术和工艺的复杂结合，只有这种结合达到了一定的程度，才能创造出更为精美的制品，从而推动宫廷文化的发展。而宣德时期恰恰具备了相关的条件，例如珐琅器，虽然元代就有，但明代制作出较为精美的珐琅器则是从宣德时期开始的；髹漆制器虽然前有之，但新的制作工艺却是在宣德时期出现的；“宣德炉” 的铸造、冶炼工艺也是在宣德时期达到了一个新的高度……多种艺术和工艺完美结合的条件，促成了这一时期宫廷文化的高度发展。

这里值得说明的是，宣德时期久负盛名的景德镇瓷器，经过现代科技手段的抽样检测，其数据显示这一时期瓷器青花料的元素含量中，铁和锰的比值介于明早期和晚期之间，既非“高锰低铁” 的国产青花料，也非“高铁低锰” 的进口苏麻离青（苏渤尼青）料，就是说既不是正德以后普遍使用的国产回青，也不是元代及明早期使用的进口钴料，而是一种特殊的青花料①。至于说这种特殊的青花料，是否可能是国产的石子青或平等青，或是进口与国产青花料的混合体，究竟来自何处，目前还不能下结论。但是青花料中铁和锰的比值的检测结果，至少可以说明宣德时期的瓷器制作，基本上已经摆脱了完全依赖进口青花料的限制，而试制成功了一种新的青花料。这种宫廷科技和工艺的进步，同样促进了宣德时期精美瓷器的制作。

同时，宫廷工艺也大量吸收了当时民间工艺的优秀成果，据说制作工匠有许多是来自民间的，内府一些监局的几十个工种也多是由民间工匠担任的。著名的景德镇、苏州等地，即有烧造瓷器和织造纺织品的民间传统工艺，宫廷工艺品的制作大量地吸收、融合了这些民间工艺，从而提高了宣德时期的工艺水平，制作出了一批精美的器物，丰富和发展了当时的宫廷文化。

中外、南北、民族之间文化、工艺的交流，带来这一时期宫廷工艺的进步。以民族

---

① 王昌燧编著：《科技考古进展》，第41—45页，科学出版社，2013年。

而论，佛造像的艺术成就是汉藏佛教艺术的巧妙结合，这一成果在一定程度上是来自西藏的宗教人员，和出使西域的高级宦官共同完成的；以南北而论，宣德时期的瓷器烧造工艺在继承永乐时期南方民间葫芦形窑的同时，也逐步吸收了北方民间馒头形窑的工艺，这一点主要是那些在来自南北民间的工匠完成的；以中外而论，宣德时期的瓷器从造型到纹饰，都大量吸收了当时和早期西亚地区的文化因素，尤其是镶嵌有宝石、玉雕的金器，更是具有西亚阿拉伯文化和东南亚文化的复杂因素，这一点在很大程度上要归功于郑和下西洋。

第五，北京建都后装修的需要。根据记载，成祖朱棣在北京建成的新首都仅仅是初具规模，只有三大殿为首的一系列宫廷建筑，后期已无力进行更细致的装修；仁宗上台后决定把首都迁回南京，也没有装修北京；只有宣宗即位后不想回迁，自己又喜欢享乐，由于社会条件相对安定，宫廷财政相对宽裕，才有条件对整个宫廷进行大规模的装修活动，从南方大量采办花鸟鱼虫，制作各种器具、玩物尤其是瓷器、铜器、家具等，恐怕目的都是对北京新宫廷的充实和装修，弥补礼器、玩赏之物的粗略与不足。

那些高级名贵的植物和禽兽等，被重新栽植或饲养在宫中，一方面改善并丰富了当时的宫中环境，另一方面，这些东西成为当时宫廷文学、绘画甚至雕塑的重要题材，从而刺激并推动了宫廷文化的发展。在宣宗本人和当朝大臣的文集作品中，就有许多描写当时宫中动植物的篇章，宣宗还写过移植一批菊花的作品；宫廷画家的许多作品更是以宫中的各种动植物为题材，一些入画的鸟类都是当时较为名贵的飞禽，并且只有宫中才会饲养。因此，宣宗对北京皇宫的进一步装修，也是宫廷文化建设的组成部分，一定程度上丰富了北京的宫廷文化，也为当时的宫廷文化活动提供了大量的题材，从而推动了当时宫廷文化的发展。

第六，相对安宁稳定的社会经济环境。洪熙以前的永乐朝，朱棣的国策是崇尚武功，是一种扩张、甚至是折腾的做法，四打安南、五征蒙古、六下西洋，加上建都、建陵、开运河，消耗太大。仁宗的国策重文治，是一种务实稳定、避免折腾的做法，其实这是洪武后期和建文时期的做法，这种国策的转变，使明代社会进入了一个稳定发展的新时期；宣德十年里，安南的战事停止了，北方蒙古势力处于两次崛起的间歇期，明朝内部没什么动荡，平定朱高煦的事件之后，明代地方藩王威胁中央的问题，基本上被逐渐解决了，社会经济处于不断地恢复状态，因此形成了相对安定的社会环境。

三 结语

同永乐时期相比，宣德时期宫廷文化达到了相对繁荣的局面。文学、书画的成就相对最为突出。除了“三杨”等人之外，宣宗本人这方面成就较高，并且形成了一个宫廷文学家和书画家的特殊群体。明代“院体”画派的艺术风格，最后是在宣德时期形成的，特点为继承两宋的画风，花鸟画精工富丽，自创新格；山水画大气磅礴，水墨淋漓；人物画细致严谨，题材丰富。同前朝相比，宣德一朝的宫廷绘画艺术成就是相当高的。

陶瓷和佛造像几乎完全继承了永乐时期的艺术和工艺水平，与永乐时期不相上下。其中陶瓷的器型更加丰富，品种数量增多，胎釉愈加精细，纹饰更趋精美，花纹图案也增加了一些花鸟鱼虫的自然内容，并首创皇家商标款识，形成了宣德瓷器追求实用性、更注重观赏性和艺术性的时代风格。宣德时期的佛造像艺术将汉藏艺术因素巧妙地结合在一起，形成了独特的艺术风格。同时，佛造像涉及的复杂工艺，在宣德时期其他的器物上也多有应用，由此可见这时的工艺水平不下于永乐时期。

漆器和珐琅器皆有创新的工艺。虽然有些是将永乐款识改刻成宣德的款识，但工艺、手法都有一定的创新和变化，出现了雕彩漆、戗金彩漆等新的工艺品种，其中戗金彩漆是戗金与彩绘两种工艺相结合的技法，反映出宣德时期髹漆工艺的发展和完善；部分漆器较永乐时色泽更鲜艳，漆层变薄，雕刻不求藏锋，官造款识由永乐朝的针划行书小字，改为刀刻填金楷书大字，为后来皇家髹漆工艺所继承。珐琅器在制作过程中，还出现了新的錾胎珐琅工艺品种。

玉器、金银器、珐琅器、蟋蟀罐是多种艺术和工艺的结合。湖北梁庄王墓出土的器物之中，有几件以鹘捕鹅为题材的玉器，造型逼真、巧妙，极具动感，天鹅展翅的浮雕形象尤为生动。宣宗时期的金器日趋华丽、浓艳，器型趋向雍容华贵，宫廷气息愈来愈浓厚。并且这一时期的金器更多地借鉴了当时其他器物的工艺。随驾银作局制作的金箸、金壶、金勺、金镂空凤纹坠、金云凤纹瓶等器物，比之前代工艺颇具特色，制作更为精巧，錾刻、焊接、镶嵌、镂空等多种工艺结合并用。宣德时期出现了玉雕、宝石和金器三者镶嵌在一起的工艺品，工艺手法和色彩搭配效果都有独到之处。

这一时期的珐琅器多为掐丝珐琅，制作工艺复杂，为多种工艺的结合，体现出宣德时期多种工艺的发展与探索，以及多种宫廷艺术形式相互影响、相互促进的作用。宣德时期蟋蟀罐的综合艺术特征（器型、纹饰、花色等），同样是这类宫廷文化有所发展的标志之一。其上往往绘制一些精美的青花图案，比如鹰犬纹、怪兽纹和与绘画相关的纹样，有些是以往的瓷器上少见的或没有的。

文具、家具、铜器具、游艺、园林、戏剧等几个门类，是永乐时期较为少见或不太明显的，其中宣德时期的文具中有一锭“龙香”御墨，正面有雕龙戏火焰珠纹，背面有宣德款识，是明代御墨中的精品。家具较为突出，形制较为圆熟，线条简洁匀称，是有明一代漆作家具的代表。“宣德炉”的故事未必真实，但可以肯定的是，出于宫廷祭祀和玩赏的需要，明宣宗曾命人仿古器物样式制造出了一批铜器，其中就有久负盛名的“宣德炉”，用于充实北京的宫殿和赏赐西藏地区。这类器物既代表了宣德时期的冶炼和铸造工艺发展水平，又体现了当时明代宫廷对中国古代宫廷文化尤其是典制文化的特殊追求。宫廷园林、戏剧、游艺等门类的成就，在宣德时期也有一定的体现。

此外，建筑、图书、织绣、宗教等门类也有不同程度的繁荣，相互之间也有一定的关联性，并且相互影响和促进。同永乐时期赏赐品种类较少的情况相比，宣宗赏赐某些重臣的宫廷工艺品种类较多，从中也可以看出这一时期宫廷文化和宫廷工艺的进步。

同永乐时期相比，宣德时期宫廷文化的发展大体上有五个特点。其一，总体上更为精致、生动和自然，更富有宫廷的富丽典雅、太平祥和的气息。这一点几乎在所有宣德时期宫廷文化的门类中都有体现，而其中宫廷文学、瓷器、珐琅器、佛造像、漆器、金银玉器、宫廷绘画等方面则有更为突出的体现。

其二，宫廷文化的内容更为丰富，门类更多，涉及的范围更广，大体上包括游戏、园林、建筑、戏剧、文学、书画、陶瓷、漆器、佛造像、珐琅器、家具、金银器、玉器、铜器、织绣、图书、宗教及文房用具等，共计约有 18 个门类。除永乐时期的宫廷文化内容几乎被全面继承之外，还有珐琅器、宣铜器、宫廷游艺等新的东西出现，并有一定的宫廷艺术成就。

其三，宫廷文化的 18 个门类之中，陶瓷、漆器、佛造像、珐琅器、家具、金银器、玉器、铜器、织绣及文房用具等，这 10 种基本上属于宫廷工艺，其余的游戏、园林、戏剧、文学、书画、建筑、图书、宗教 8 种虽然不完全属于工艺，但园林、建筑、图书、宗教和游戏之中仍多少带有工艺的成分。因此，这一时期的宫廷工艺在整个宫廷文化门类中占有较大的比重。这种结构和特点既反映出传统宫廷工艺的发展、宫廷典制的需要，也反映出皇帝及宫廷群体的享乐追求。同时，宫廷文化及工艺各个门类的发展也是不平衡的，瓷器、佛造像、珐琅器、金银玉器、文学和书画相对发达一些，其余门类如漆器的发展势头要相对弱一些，其中的原因有待于进一步探讨。

其四，宫廷文化之中不同门类的工艺和艺术之间，相互影响、相互借鉴的内容有所增加，宫廷绘画与漆器、瓷器包括蛐蛐罐表面的纹饰，宫廷家具与漆器、玉器、金银器、文具表面的某些浮雕，珐琅器与铜器、瓷器的造型，或多或少都有这类特点，换句话说都有相同之处。虽然限于材料，目前已经无法确定这一时期工艺品的生产顺序，但是把它们放在一起进行比较就可以看出，它们之间在纹饰、造型等方面，确实存在着一种相互影响、相互借鉴的关系，尽管这种现象不太明显。

其五，宫廷文化对民间文化和外来文化的吸收与融合增多了，许多宫廷器物上的吉祥造型、纹饰、图案，都是来自民间、少数民族或是异域外来的东西。因此，这一时期的宫廷文化在继承前代宫廷文化的基础上，具有一定程度的探索和创新，并且取得了较为辉煌的成就，这一点反映在当时众多的工艺和艺术方式的结合方面尤其突出。有的学者认为，永乐时期的宫廷文化尤其是工艺制作方面，开拓的成分较多，相比之下宣德时期继承的因素较多，这话虽有一定的道理，但从实际情况来看，后者继承的因素中仍有一些创新之处。

具有文人和艺术气质的宣宗父子，对宫廷文化的兴趣和对宫廷奢华生活的追求，宣德时期文化政策的相对宽松，宫廷财政和政策对于宫廷文化的大规模投入，宫廷风气的转变包括复兴汉族正统宫廷文化，上升和平时期的明王朝大力追求并发展当时的精雅高端艺术，先朝宫廷文化的基础和积累，宣德时期对先朝这些成就的创造性继承，宫廷工艺的发展、创新、多种艺术的结合，中外宫廷文化的交流及其与民间工艺的交流，北京建都后装修的需要，以及相对稳定的社会经济环境等，都是宣德时期宫廷文化繁荣的重要原因。

附记：拙文在撰写过程中，得到了故宫内外许多专家、学者的不吝指点和大力帮助，无法一一列出，特致谢意！

清代恩丰仓考略

张振国（访问学者）

内容摘要：为严肃宫规，加强对太监的管理，乾隆二十八年（1763）经内务府奏请，于紫禁城外东北角围房设置恩丰仓，用以贮放太监等需用粮米。该仓共有大小仓廒12座74间，官厅5间，档案房5间，共84间。平时，内务府派遣监督、看守、使役人员分掌仓务、监守仓粮、负责洒扫等事；每届三年，钦遣大员查验一次，形成较为严密的管理和监察体系。这是清代仓廒建设史上的重要事件，改变了清代的仓储结构和财政管理体制；也是清宫日常生活的重要内容，强化了宫中内务管理；更是紫禁城建筑的重要组成部分，在紫禁城建筑史上具有重要地位。

关键词：恩丰仓　紫禁城　内务府　太监　内务管理

恩丰仓的设置，是清代仓廒建设史上的重要事件，也是清代宫廷生活的重要内容，更是紫禁城建筑的重要组成部分。研究这一内容，一方面可以加深对清代宫廷仓储建设和财政管理的认识，促进清代经济史之研究；另一方面可以加深对清代宫廷日常生活和太监群体的了解，促进清代宫廷史之研究。同时，这类建筑又是清代紫禁城建筑的重要组成部分，对于认识和保护紫禁城历史文化遗产，开展故宫学研究，具有重要的意义。尤其在故宫博物院准备恢复紫禁城围房的背景下，弄清这一机构的设置过程、建筑结构、空间布局、行政管理和功能用途等，对于故宫文化遗产的恢复、重建和保护无疑具有不可忽视的意义。

何谓恩丰仓？有学者曾给予了精炼的解释：

> 仓库名。清代内务府下属仓廒之一。掌管收贮、支放太监等需用粮米。乾隆二十八年（1763）置，仓址在东华门外北围房。计有仓房七十四间，大廒七座（每座存米三千石）、小廒五座（每座存米一千八百石），俱由都虞司派章京、领催、披甲人等轮班看守。额设值年内管领、兼管内务府司员各一人（俱一年更换）掌管仓务，笔帖式二人掌翻译。另设书算、花户、皂役、小甲、扛夫人等三十二名，承应差务，俱由内管领下食钱粮苏拉拣充。①

不仅指出了恩丰仓设立的时间、地点、用途，而且介绍了恩丰仓的仓廒分布、组织结构和人员构成，为我们了解这一组织提供了重要的线索。唯因内容所限，未能深入开展，为后来者留下了可供开展的空间②。笔者不嫌鄙陋，根据中国第一历史档案馆所藏档案，探讨恩丰仓的设置、分布、管理形式及其影响，冀图加深对清代宫廷生活、仓廒建设和紫禁城外围建筑的认识。不当之处，敬请方家指正。

一　设置背景

太监，在历史上又称寺人、内官、宦官、阉宦、宦者、内监等，是以皇权为核心的专制制度的产物③。其身份特殊，数量庞大，如何予以管理，是历朝历代非常重视的问题。清朝入关之前，虽设有太监，但人数极少，尚未形成阶层，亦无管理太监的机构和制度。入关后，承袭明宫旧制，沿用大量太监，设置宦官制度，归内务府管辖。顺治十

---

① 不著姓名：《恩丰仓》，见“中华文史网—清史百科—仓库”，网址：http：//www. historychina. net/qsbk/ck/389508. shtml。

② 此外，王树卿：《清朝太监制度》（《故宫博物院院刊》1984年第2期），吴正格：《满族食俗与清宫御膳》（第227页，辽宁科学技术出版社，1988年），石志敏、陈英华：《紫禁城护城河及围房沿革考》（于倬云主编：《紫禁城建筑研究与保护——故宫博物院建院70周年回顾》，第229—239页，紫禁城出版社，1995年），万依主编：《故宫辞典》之《清宫廷文化史之部·恩丰仓》（第254页，文汇出版社，1996年），耿刘同等主编：《中国皇家文化汇典》（第268页，吉林人民出版社，1997年），于光度：《北京的官仓》（苏天钧主编：《北京考古集成·综述》，第284页，北京出版社，2000年），常欣：《紫禁城守卫与红铺的变迁》（《历史档案》2002年第4期）、万依、王树卿、刘潞：《清代宫廷史》（第496—497页，百花文艺出版社，2004年），吴建雍：《北京城市发展史·清代卷》（第52页，北京燕山出版社，2008年）等著作，亦根据《大清会典》或《大清会典事例》之记载，简要梳理了恩丰仓设置的时间、地点、用途、仓廒分布、粮储数额及组织结构等。

③ 王树卿：《清朝太监制度》，《故宫博物院院刊》1984年第2期。

年（1653），在内官吴良辅唆使下，清世祖谕令设立十三衙门。然世祖一死，即予以裁撤，重设内务府，恢复原制①。而该辈所食粮米，亦由内务府统一管理，分春、夏、秋、冬四季发放。先由本管内管领发给印票，填写斗数，由本人携带，亲赴仓场衙门所辖富新等京仓，验票领取。乾隆二十八年（1763）二月，内务府像往常一样在富新仓发放春季兵丁太监米石，有太监高明德者持假票前去领米，被当场抓获。由此案引申开去，层层奏报，最终导致恩丰仓的设立。

假票案发生在二月二十五日。当天，内务府副参领诺都、内副管领查库齐会同富新仓监督苏明阿、汪守锜正在监放仓米，有太监高明德持票二张前去领米，经过核验，发现票上所盖并非富新仓印信，票上官名又是已故内管领积诚之名。另有民人王麻子持票七张，亦系已故内管领积诚之名，似有诈伪嫌疑。当场命人将高、王二人抓获，看守在仓，审查讯问，并将事件禀告总管内务府大臣，奏请严查②。经过追查严拿，详细审问，真相终于大白。原来高明德、王麻子只是代人呈递印票，并未参与作假，亦不知情，而真正伪造假票者是旗人达兰泰。达兰泰，正黄旗人，原系正黄旗包衣下护军，乾隆二十七年（1762）因当差不力，被革去了差使，收入剧减，“贫窘无聊”。去年冬季赴仓领米时，发现富新仓米票票式简单，可以摹仿，辄兴起犯罪的念头，起意私造假票，以售卖骗财。随即付诸行动，“当将真票一张携带回家，在窗户上照描式样收藏”，“嗣于闲暇，将所描式样照刻票板关防木印二块”。不过“刻成时，该仓已过关米之期，未得行使”。乾隆二十八年（1763）二月，达兰泰闻知正白旗应领春季米石，系在富新仓支放，于是将所刻之版印成假票 22 张，共米数 40 石，欲行售卖骗财。惟恐自己一人能力有限，难以尽数售出，随先后与熟识之民人沈八、旗人熊柱、永安、得平、高二等五人商量酌议，分别拿着假票，到富新仓附近售卖。二十五日，达兰泰等六人先后都到了仓门，兜售假票。其中，高二持票二张，卖与了车户齐大，得钱 9300 文。沈八持票三张，熊柱、永安持票四张，经中间人尤三、鲁六说合，卖给了附近米铺，得钱 37600 文。所售赃款，沈八、熊柱、永安、得平各分钱 5000 文，剩余钱文，全部装入了达兰泰自己的腰包，然后各散归家。而齐大买了高二的假票后，因米数无多，不满一车，就等了一会，

---

① 王树卿：《清朝太监制度》，《故宫博物院院刊》1984 年第 2 期。

② 《总管内务府奏为太监高明德等冒领仓米请旨严讯治罪事》，乾隆二十八年二月二十七日，中国第一历史档案馆藏：《内务府档案·奏折》，档号：05—0206—058；《总管内务府奏为假票领米之太监高明德等审讯口供事》，乾隆二十八年三月初二日，中国第一历史档案馆藏：《内务府档案·奏折》，档号：05—0207—001。

恰巧碰见一个熟识的车户叫二保的人，前来揽拉太监高明德之米。齐大于是将米票交与二保代领。二保接到米票后，复将其转托高明德代为呈验，遂被监督查出。而米铺所买沈八、熊柱、永安三人假票七张，俱交尤三之兄王麻子代为呈验，亦被查出。①

在清代，伪造印信冒支钱粮，是严重的犯罪行为。《大清律》规定，凡伪造诸衙门印信及历日、符验、夜巡铜牌、茶盐引者，诓骗财务，为首雕刻者，斩监候；为从者，减一等，杖一百，流三千里②。又例载，伪造印信冒支钱粮者，更是大干法纪，拟斩立决。③ 奉皇帝旨意，钦差大学士舒赫德、阿桂会同内务府大臣和硕庄亲王允禄等详细审断，问明缘由，按照律例，将牵案之人均予以重处。其中，达兰泰“胆敢私雕监督关防，伪造米票卖钱四十余千”，“照伪造印信冒支钱粮例，拟斩立决，以昭炯戒”。为从之高二、永安、得平、沈八、熊柱等人，“虽未与达兰泰同造假票，而代卖分钱”，实属不法，“俱依为从拟流例，改发伊犁等处种地”。买票之齐大、托太监验票之二保，说合买票之尤三、鲁六及代伊弟验票之王麻子，“虽俱不知假票情事，而包揽买米代验票张”，亦属不合，俱“照不应重律杖八十”；而齐大、尤三、王麻子三人，“以车户包揽买米，代验米票，均与仓务有关”，罪加一等，“各加枷号一个月，于仓门口示众，满日责释”④。

至于太监高明德，“虽不知假票缘由，但身系太监，自应小心奉公，乃不察来历，冒昧代人验票，殊属不合”，则“照以不应重律，杖八十”，也受到较重的处罚⑤。这对不知情的高太监来说，实属冤屈，但其本身代其他人验票这一事件，确也不合宫规。在实情与结果背离之处，暴露出清代太监管理上存在着一些问题。一方面，太监与旗人、兵丁在一处领粮，人数较多，场面混杂，易生流弊；另一方面，领米地点距宫中较远，

---

① 《总管内务府（慎刑司）奏为私造假票冒领仓米之重犯达兰泰等治罪事》，乾隆二十八年三月初五日，中国第一历史档案馆藏：《内务府档案·奏折》，档号：05—0207—007；《总管内务府奏为假票领米之太监高明德等审讯口供事》，乾隆二十八年三月初二日，中国第一历史档案馆藏：《内务府档案·奏折》，档号：05—0207—001。

② 沈之奇：《大清律辑注》卷第二十四《诈伪·伪造印信历日等》，怀效锋、李俊点校，第894页，法律出版社，2000年，下册。

③ 《总管内务府（慎刑司）奏为私造假票冒领仓米之重犯达兰泰等治罪事》，乾隆二十八年三月初五日，中国第一历史档案馆藏：《内务府档案·奏折》，档号：05—0207—007。

④ 《总管内务府（慎刑司）奏为私造假票冒领仓米之重犯达兰泰等治罪事》，乾隆二十八年三月初五日，中国第一历史档案馆藏：《内务府档案·奏折》，档号：05—0207—007。

⑤ 《总管内务府（慎刑司）奏为私造假票冒领仓米之重犯达兰泰等治罪事》，乾隆二十八年三月初五日，中国第一历史档案馆藏：《内务府档案·奏折》，档号：05—0207—007。

运输不便，迫使太监与宫外之人接触交流，不易严肃宫规。此案的发生，使总管内务府大臣认识到，太监领米应与其他旗人、兵丁区别开来，由内务府统一管理。是以在案件结尾，内务府大臣补充到："嗣后太监领米，应交内务府办理。其如何酌定章程之处，臣等内务府另行妥议具奏。"①

经过酌议、勘察，内务府大臣们一致认为，为防止类似事件的再次发生，应于紫禁城附近新建仓厫，专门用来储藏太监的薪米。这不仅能够减轻其他仓厫的压力，更将太监与旗人官员、兵弁隔离开来，有利于内务府的监察和管理。非常凑巧，"现有紫禁城外面围房共六百三十五间，除官三仓并堆拨、毡库等处占用房五百三十八间，尚有空闲房一百余间，按太监所领一年米石"，可以"尽足设立"。而且，这些仓厫只需在原有房舍的基础上进行修理改造，另加铺垫木板，添开气楼等即可，不用重建，所以工程不大，花费银两亦不多，初步估计，大约仅需银七千余两②。

奏上，奉旨依议，并谕曰："仓名着用恩丰。"③ 恩丰仓之名由此正式出现，并经过修筑改建，成为紫禁城外围房群的重要建筑。

二 正式设置

得旨后，内务府工程处就开始了繁忙的勘察修理工作。按照制度规定，紫禁城每次修工动土之前，内务府都要进行详细的勘察和估量，将修改计划、工程细目、需银数额向皇帝奏报，迨皇帝允许后，才能开工。此次亦不例外，当年四月二十二日，内务府大臣三和、英廉、四格等将勘察估量结果上奏请旨，二十六日奉旨："是了。钦此。"④ 经过两个月的紧张修理，恩丰仓工程于六月二十日完竣。内务府大臣随即派员外郎伍世

---

① 《总管内务府（慎刑司）奏为私造假票冒领仓米之重犯达兰泰等治罪事》，乾隆二十八年三月初五日，中国第一历史档案馆藏：《内务府档案・奏折》，档号：05—0207—007。

② 《总管内务府奏为紫禁城外围房改设恩丰新仓料估银两事》，乾隆二十八年四月二十二日，中国第一历史档案馆藏：《内务府档案・奏折》，档号：05—0208—007。另见《总管内务府奏为紫禁城外围房改设恩丰新仓事》，乾隆二十八年四月二十二日，中国第一历史档案馆藏：《内务府档案・抄奏》，档号：05—0208—009。按，此件档案题名和时间，为笔者所加。下同。

③ 《总管内务府奏为紫禁城外围房改设恩丰新仓料估银两事》，乾隆二十八年四月二十二日，中国第一历史档案馆藏：《内务府档案・奏折》，档号：05—0208—007；《总管内务府奏为紫禁城外围房改恩丰仓销算银两事》，乾隆二十九年十二月十九日，中国第一历史档案馆藏：《内务府档案・奏折》，档号：05—0221—061。

④ 《总管内务府奏为紫禁城外围房改设恩丰新仓料估银两事》，乾隆二十八年四月二十二日，中国第一历史档案馆藏：《内务府档案・奏折》，档号：05—0208—007。

泰、中敏、主事达兰泰等详细查核斟算，对工程质量和财务报销情况，逐一核对，将结果汇报上来①。内务府大臣复核无异后，撰写奏折，将恩丰仓修建缘由、修改过程、查核结果、实销银两等逐一叙明，并缮具工程奏销黄册、销算银两清单，于十二月十九日恭呈御览。当天即奉皇帝谕旨："知道了。钦此。"② 恩丰仓工程，经过近八个月的忙碌，最终圆满谢幕。

作为第一手材料，这些奏折、清单和黄册，不仅详细记载了紫禁城修建工作的具体流程和日常管理状况，更是完整地保存了恩丰仓设置的具体细节，从中我们可以窥探恩丰仓的整体布局、仓厫分布、改建细节等，并对其具体位置略作推测。

第一，整体布局。恩丰仓如何布局？最关键的一点，就是要弄清需要多少房间？按照京仓仓储惯例，仓场衙门运交粮石，每年于新漕抵达京城之后，均是将一年所需米数一次性运交各仓，以备四季支放之用。是以新建之恩丰仓亦当如此，"应量一岁所贮之米，酌备仓厫，始足应用"。而米数多少，是由食米太监数量决定的。"查得京仓食米太监二千二百二十余名，计每季应领米六千三百余石，一年共应领三色米二万五千二百余石。"又因拟改恩丰仓之围房，"系现有之房，其大小进深"均已固定，"较特建之仓厫不及十分之四，故量其房间之大小，以米数折丈尺计之，每间约可贮米三百四五十石"。以二万五千二百余石计之，共需房屋七十四间，"始足备一年支放之米"③。恩丰仓仓厫的修建就以此为准进行的，学界常说的恩丰仓有74间，亦源于兹。

但74间房屋仅够储米之用，除此之外，朝廷还需派遣官员监督放米，物色杂役看管仓库等。监督官员需要办公官厅，杂役人员需要值班地点，而产生之公文档案亦需存放空间。故内务府大臣在具奏时建议："今奴才等覆加详细查勘得，紫禁城外东面围房现有空闲房一百余间，内有武备院收贮皮张、鞍板库房二处于中间隔，不能一连。今拟将此皮张、鞍板库房移于北边空闲房内收贮，其余一连房八十四间内。"74间应改作仓

---

① 《总管内务府奏为紫禁城外围房改恩丰仓销算银两事》，乾隆二十九年十二月十九日，中国第一历史档案馆藏：《内务府档案·奏折》，档号：05—0221—061。

② 《总管内务府奏为紫禁城外围房改恩丰仓销算银两事》，乾隆二十九年十二月十九日，中国第一历史档案馆藏：《内务府档案·奏折》，档号：05—0221—061。

③ 《总管内务府奏为紫禁城外围房改设恩丰新仓事》，乾隆二十八年四月二十二日，中国第一历史档案馆藏：《内务府档案·奏片》，档号：05—0208—008。另见《总管内务府奏为紫禁城外围房改设恩丰新仓事》，乾隆二十八年四月二十二日，中国第一历史档案馆藏：《内务府档案·抄奏》，档号：05—0208—009。

厫，余剩 10 间应“作为放米官厅及档案房”之用①，各计 5 间②。

可见，恩丰仓有两部分组成，一是储粮之仓厫，计 74 间；一是官厅和档案房，计 10 间，共计 84 间。这在紫禁城外围房建筑群中所占数额最多，比例最大。

第二，仓厫分布。恩丰仓仓厫如何分布？《大清会典事例》卷一千一百九十二记载：“乾隆二十八年奏准，东华门外空闲围房，设恩丰仓一座，令仓场运贮米石，以备太监等支领。……照各仓之例，编写天、地、宇、宙、日、月、盈、余、秋、收、冬、藏十二字号，由仓场衙门按字号进米备放。”③ 即仿照其他京仓之例，设置 12 厫，分别定为天字厫、地字厫、宇字厫、宙字厫、日字厫、月字厫、盈字厫、余字厫、秋字厫、收字厫、冬字厫、藏字厫。这在档案中有明确体现。因为内务府每年都要向皇帝进呈上年恩丰仓收放米数黄册，这些黄册就是分厫缮具的。如乾隆四十七年（1782）八月初五日，内务府大臣进呈乾隆四十六年（1781）恩丰仓一年收放米数黄册时，则分为宙字厫、盈字厫、宇字厫、月字厫、秋字厫、余字厫、藏字厫、冬字厫、收字厫、宙字厫、天字厫等④。

12 字厫中，根据间数多寡，分为大、小两种类型。其中，大仓厫七座，各由七间组成，计 49 间；小仓厫五座，各由五间组成，计 25 间⑤。据档案所载各仓储米数额，我们还能进一步考证出，12 字厫中，前七厫，即天、地、宇、宙、日、月、盈字厫为大仓，余五厫为小仓⑥。

第三，改建细节。恩丰仓是如何改建的？档案中亦有较详细记载。最初估量时，内

---

① 《总管内务府奏为紫禁城外围房改设恩丰新仓料估银两事》，乾隆二十八年四月二十二日，中国第一历史档案馆藏：《内务府档案・奏折》，档号：05—0208—007。另见《总管内务府奏为紫禁城外围房改设恩丰新仓事》，乾隆二十八年四月二十二日，中国第一历史档案馆藏：《内务府档案・抄奏》，档号：05—0208—009。

② 《总管内务府奏为紫禁城外围房改恩丰仓销算银两事》，乾隆二十九年十二月十九日，中国第一历史档案馆藏：《内务府档案・奏折》，档号：05—0221—061。

③ 嘉庆《大清会典事例》卷 901《内务府・恩丰仓》，《近代中国史料丛刊三编》，第 7192 页。光绪《大清会典事例》卷 1192《内务府・恩丰仓》，第 865 页。

④ 《总管内务府呈恩丰仓一年收放米数黄册》，乾隆四十七年八月初五日，中国第一历史档案馆藏：《内务府档案・黄册》，档号：05—0368—084。另参《总管内务府呈恩丰仓四十七年五月至四十八年五月收放米数黄册》，乾隆四十八年八月初十日，中国第一历史档案馆藏：《内务府档案・黄册》，档号：05—0378—050。

⑤ 《总管内务府奏为紫禁城外围房改恩丰仓销算银两事》，乾隆二十九年十二月十九日，中国第一历史档案馆藏：《内务府档案・奏折》，档号：05—0221—061；《总管内务府呈为紫禁城东边外围房改建恩丰仓工程奏销黄册》，乾隆二十九年十二月十九日，中国第一历史档案馆藏：《内务府档案・黄册》，档号：05—0221—064。

⑥ 《总管内务府呈恩丰仓一年收放米数黄册》，乾隆四十七年八月初五日，中国第一历史档案馆藏：《内务府档案・黄册》，档号：05—0368—084；《总管内务府呈恩丰仓四十七年五月至四十八年五月收放米数黄册》，乾隆四十八年八月初十日，中国第一历史档案馆藏：《内务府档案・黄册》，档号：05—0378—050。具体论证，详见表 1。

务府大臣奏曰："七十四间，分为仓厫十二座，每座添安明间闸板一槽，共十二槽，门罩十二座。每间扇面墙添安护墙板，满铺地平板，添开气楼五十座。拆去前檐支窗六十二槽，门口十二座。补砌檐墙六十二堵，粘修办事官厅十间，改盖街门二座。补砌院墙，凑长四丈九尺。"① 而实际改建时，则与估量有些许出入："内里添安护墙板、地平厫板，添盖门罩十二间，气楼三十六座，修理官厅办事房二座，各计五间，门楼四座，成砌墙垣凑长九十六丈九尺九寸，并出运渣土，平垫地面等项工程。"② 恩丰仓内部设置和建筑结构，由此可见一斑。

如此改建，初估"共约需银七千八百七十八两九钱五分"，"除旧料抵用银四百七十八两九钱三分六厘，实需银七千四百两一分四厘"③。修理完竣后，扣除旧料抵用，删去不合尺寸之额外花销，实际净销算银"六千八百九十七两五分九厘"，分别为：木植银三千八百十七两三分一厘，砖瓦银三百六十九两九钱七分三厘，灰斤银三百六十九两九钱七分三厘，灰斤银三百六十九两七钱六分，绳麻钉铁杂料银二百三十九两一钱一分，大木作工价银一百六十九两二钱五分五厘，南木作工价银三百十七两七钱三分四厘，石作工价银四十五两二钱二分九厘，瓦作工价银六百九十二两二钱二分二厘，搭材作工价银二十四两一钱五厘，土作工价银一百四十二两七钱四分，拉运架木砖块车脚银五十四两九钱。④ 从中可见恩丰仓的建筑细节。

第四，具体地点。恩丰仓究竟在什么地方？相关记载都非常笼统，或记载其在紫禁城外东围房，或记载在东墙根围房，或记载其在东华门外围房。如档案记载，于"紫禁城外东边围房改建恩丰仓贮米厫十二座"，⑤"恩丰仓在东华门北城根围房"⑥。会典事例

① 《总管内务府奏为紫禁城外围房改设恩丰新仓料估银两事》，乾隆二十八年四月二十二日，中国第一历史档案馆藏：《内务府档案·奏折》，档号：05—0208—007。另见《总管内务府奏为紫禁城外围房改设恩丰新仓事》，乾隆二十八年四月二十二日，中国第一历史档案馆藏：《内务府档案·抄奏》，档号：05—0208—009。

② 《总管内务府奏为紫禁城外围房改恩丰仓销算银两事》，乾隆二十九年十二月十九日，中国第一历史档案馆藏：《内务府档案·奏折》，档号：05—0221—061。

③ 《总管内务府呈紫禁城外围房改设新仓料估银两清单》，乾隆二十八年四月二十二日，中国第一历史档案馆藏：《内务府档案·清单》，档号：05—0208—011。

④ 《总管内务府呈为紫禁城外围房改恩丰仓销算银两事清单》，乾隆二十九年十二月十九日，中国第一历史档案馆藏：《内务府档案·清单》，档号：05—0221—063。

⑤ 《总管内务府奏为紫禁城外围房改恩丰仓销算银两事》，乾隆二十九年十二月十九日，中国第一历史档案馆藏：《内务府档案·奏折》，档号：05—0221—061；《总管内务府呈为紫禁城东边外围房改建恩丰仓工程奏销黄册》，乾隆二十九年十二月十九日，中国第一历史档案馆藏：《内务府档案·黄册》，档号：05—0221—064。

⑥ 《总管内务府奏报查明恩丰仓坐落处所并存贮米石事》，嘉庆十四年六月初十日，中国第一历史档案馆藏：《内务府档案·奏片》，档号：05—0543—008。

记载，乾隆二十八年（1763）奏准，于“东华门外空闲围房，设恩丰仓一座，令仓场运贮米石，以备太监等支领”①。现有研究成果也都如是介绍。其到底在什么位置，因实际建筑已经拆毁，不易弄明白。据相关档案，笔者推断，恩丰仓应位于紫禁城外东北角之围房，即从东北角向南一排 84 间连房。

乾隆二十八年（1763），内务府奏设恩丰仓时有言：“详细查勘得，紫禁城外东面围房现有空闲房一百余间，内有武备院收贮皮张、鞍板库房二处于中间隔，不能一连。今拟将此皮张、鞍板库房移于北边空闲房内收贮，其余一连房八十四间内，除以十间作为放米官厅及档案房外，其余七十四间分为仓厫十二座。”② 这里所说的“北边空闲房”有两种解释，一是恩丰仓之北边围房，仍位于紫禁城外东边围房，二是紫禁城外北边围房。结合光绪十九年（1893），礼亲王世铎所列“东华门外迤北至神武门东”应修各工情形清单，我们可以推测，第二种解释比较合理。因为从东华门迤北至神武门东依次有值班堆拨 15 间，东库库房 51 间，空闲连房 18 间，炮库库房 8 间，肉库库房 7 间，弓箭库房 19 间，恩丰仓仓房 84 间，马匹库 12 间，鞍板库 12 间，帐房库、木植库 55 间，桦皮库 12 间，另有隔户房 23 段③。从空间分布上说，马匹库、鞍板库应位于紫禁城外北边围房，否则东北围房就过于拥挤了。

三　仓粮存放

恩丰仓设置的目的，是令仓场运贮米石，以备太监等支领。那么，其存储数量、仓储结构和发放办法，则是需要探讨的内容。

首先，存储数量。最初筹设恩丰仓时，内务府是以“每间约可贮米三百四五十石”计算的。以此计之，每座大仓厫七间能储米 2450 石，每座小仓厫五间能储米 1750 石，

---

① 嘉庆《大清会典事例》卷九〇一《内务府·恩丰仓》，《近代中国史料丛刊三编》第 70 辑，第 7192 页，文海出版社，1991 年；光绪《大清会典事例》卷一一九二《内务府·恩丰仓》，第 865 页，中华书局，1991 年。

② 《总管内务府奏为紫禁城外围房改设恩丰新仓料估银两事》，乾隆二十八年四月二十二日，中国第一历史档案馆藏：《内务府档案·奏折》，档号：05—0208—007。另见《总管内务府奏为紫禁城外围房改设恩丰新仓事》，乾隆二十八年四月二十二日，中国第一历史档案馆藏：《内务府档案·抄奏》，档号：05—0208—009。

③ 《和硕礼亲王世铎呈查勘内城城隍庙等处及禁城门座处所应修房间各工情形清单》，光绪十九年十一月初一日，中国第一历史档案馆藏：《录副奏折·单》，档号：03—7161—032，缩微号：534—2004。

12 厫共计能储米 26000 石①。这是初步估量时的结果，也是恩丰仓整体布局的根据。

迨仓厫建好后，大小仓厫储米之数额有所调整。据《大清会典事例》记载，“仓房七十四间，大厫七座，每座存米三千石；小厫五座，每座存米一千八百石”，共存米 30000 石②。无论是每间存米数，还是整个仓厫存米总数，都较原计划加增。

而真正存放时，大小厫存米数额比会典规定还要还多。根据内务府所呈恩丰仓乾隆四十六年（1781）、四十七年（1782）收放米数黄册，制成表一。

表一　乾隆年间恩丰仓各仓厫存米表③

仓厫	乾隆四十六年	乾隆四十七年	仓厫	乾隆四十六年	乾隆四十七年
天字厫		三千二百四十九石一斗六升五合五勺	盈字厫	三千五百七十八石八斗二升	三千一百八十一石三斗九合七勺
地字厫		三千五百七十八石八斗二升	余字厫	一千四百八十九石四斗六升二合二勺	二千八百二十九石一斗三合
宇字厫	三千五百七十八石八斗二升	三千五百七十八石八斗二升	秋字厫	二千一百四十七石二斗九升二合	二千一百四十七石二斗九升二合
宙字厫	三千五百七十八石八斗二升	三千五百七十八石八斗二升	收字厫	二千一百四十七石二斗九升二合	二千三百八十五石八斗八升

① 《总管内务府奏为紫禁城外围房改设恩丰新仓事》，乾隆二十八年四月二十二日，中国第一历史档案馆藏：《内务府档案·奏片》，档号：05—0208—008。另见《总管内务府奏为紫禁城外围房改设恩丰新仓事》，乾隆二十八年四月二十二日，中国第一历史档案馆藏：《内务府档案·抄奏》，档号：05—0208—009。

② 嘉庆《大清会典事例》卷九〇一《内务府·恩丰仓》，《近代中国史料丛刊三编》第 70 辑，第 7192 页；光绪《大清会典事例》卷一一九二《内务府·恩丰仓》，第 865 页。

③ 表格说明：（1）各仓厫存米数额，取新收或旧管之最高额。（2）乾隆四十六年，指从乾隆四十六年闰五月十八日起至四十七年五月二十九日止；乾隆四十七年，指从乾隆四十七年五月二十九日起至四十八年五月二十九日止。资料来源：《总管内务府呈恩丰仓一年收放米数黄册》，乾隆四十七年八月初五日，中国第一历史档案馆藏：《内务府档案·黄册》，档号：05—0368—084；《总管内务府呈恩丰仓四十七年五月至四十八年五月收放米数黄册》，乾隆四十八年八月初十日，中国第一历史档案馆藏：《内务府档案·黄册》，档号：05—0378—050。

续表

仓厫	乾隆四十六年	乾隆四十七年	仓厫	乾隆四十六年	乾隆四十七年
日字厫		三千一百八十七石三升四合四勺	冬字厫	二千一百四十七石二斗九升二合	二千三百八十五石八斗八升
月字厫	三千五百七十八石八斗二升	三千五百七十八石八斗二升	藏字厫	二千一百四十七石二斗九升二合	二千三百八十五石八斗八升

由上表可见，其一，12 字厫中，天字厫、地字厫、宇字厫、宙字厫、日字厫、月字厫、盈字厫存米均在 3000 石以上，为大厫；余字厫、秋字厫、收字厫、冬字厫、藏字厫存米在 3000 石以下，为小厫。明确证实了前文大小仓厫的推测。其二，大仓厫存米多者可达 3600 石，少者亦有 3200 石；小仓厫存米多者可达 2800 余石，少者亦有 2150 石，各较规定超出不少。可见，实际存储与最初筹划、制度规定是有一定的差异的。

其次，仓储结构。据政书记载，恩丰仓“每年共领米三万石，分为三色，粳米一万五千石，稜米九千石，粟米六千石”①。其中粳米，俗名大米、精米、硬米、白米、肥仔米，是用粳型非糯性稻谷碾制成的米，占总额的 50% 。稜米，俗称稻子、谷子，是江苏等省所产之米，占总额的 30% 。粟米，俗名小米，又称稞子、黏米、白粱粟、籼粟、硬粟，是禾本科草本植物粟的种子，去壳即小米，占总额的 20% 。

米色准确，但规定数额与实际存储和发放数额有一定的出入。据内务府开报，从乾隆四十六年闰五月十八日起至四十七年五月二十九日止，一年时间内共发放粳、稜、粟三色米二万五千一百五石七斗九升二合八勺，其中粳米一万二千五百二十石四斗七升五合四勺，稜米八千八百四十一石八斗八升二合八勺，粟米三千七百四十三石四斗三升四合六勺，各占总额的 49. 9% 、35. 2% 、14. 9% ②。从乾隆四十七年五月二十九日起至四十八年五月二十九日止，一年时间内共发放粳、稜、粟三色米二万四千九百六十三石一斗八升五合八勺，其中粳米一万二千五百七十九石四升八合三勺，稜米八千七百三十三

① 嘉庆《大清会典事例》卷九〇一《内务府 · 恩丰仓》，《近代中国史料丛刊三编》第 79 辑，第 7192—7193 页；光绪《大清会典事例》卷一一九二《内务府 · 恩丰仓》，第 866 页。

② 《总管内务府呈恩丰仓一年收放米数黄册》，乾隆四十七年八月初五日，中国第一历史档案馆藏：《内务府档案 · 黄册》，档号：05—0368—084。

石三斗三升九合七勺，粟米三千六百五十石七斗九升七合八勺，各占总额的 50.4%、35.0%、14.6%①。

迨至道咸年间，恩丰仓每年应拨三色米石又有调整，“系粳米九千石，稜米七千石，粟米二千石”，共计 18000 石②。咸丰三年（1853）时，江苏等省稜米停运，又“将稜米一项改派粟米，计每年祇派粳米九千石，粟米九千石”③。与制度之规定差异更大。

可见，会典及会典事例之规定，非但不能准确地体现恩丰仓仓储的动态变化过程，更未能如实地反映恩丰仓的仓储结构。这是学界应该注意的问题。

再次，发放办法。有关仓粮的发放，据《大清会典》记载，凡“放米之日，由都虞司派押旗参领，并由宫殿监侍等派首领太监，至期赴仓，会同押旗参领弹压领米。凡三旗太监等每季应领米石，俱由本仓支放。镶黄、正黄旗，定于正月、四月、七月、十月，正白旗定于二月、五月、八月、十一月，由本仓指定日期，知会该旗，传知领米之人赴仓支放。每旗限三日内领竣”。④

据档案记载，现将乾隆四十七年（1782）五月二十九日至四十八年（1783）五月二十九日，恩丰仓放粮情况，列表如下：

表二　乾隆四十七年至四十八年恩丰仓支放米石表⑤

仓厫	米色	数额	时间	月粮	对象
盈字厫	粳米	九百四十八石七斗一升八合五勺	乾隆四十七年七月初四等日	冬季月粮	镶黄、正黄二旗英廉等佐领管领下太监并学艺人等

① 《总管内务府呈恩丰仓四十七年五月至四十八年五月收放米数黄册》，乾隆四十八年八月初十日，中国第一历史档案馆藏：《内务府档案·黄册》，档号：05—0378—050。

② 《仓场侍郎那丹珠、仓场侍郎刘彬士奏请户部内务府筹议迅速派运内仓恩丰仓本年应贮新粳米事》，道光十二年六月十七日，中国第一历史档案馆藏：《录副奏折》，档号：03—3369—030，缩微号：229—2026；《仓场侍郎钟岱、仓场侍郎宋晋奏为恩丰仓无米可拨事》，同治六年十二月初十日，中国第一历史档案馆藏：《录副奏折》，档号：03—4953—035。

③ 《仓场侍郎钟岱、仓场侍郎宋晋奏为恩丰仓无米可拨事》，同治六年十二月初十日，中国第一历史档案馆藏：《录副奏折》，档号：03—4953—035。

④ 光绪《大清会典》卷九五《内务府》，第 867—868 页，中华书局，1991 年。另参嘉庆《大清会典事例》卷九〇一《内务府·恩丰仓》，《近代中国史料丛刊三编》第 70 辑，第 7192—7193 页；光绪《大清会典事例》卷一一九二《内务府·恩丰仓》，第 865—866 页。

⑤ 资料来源：《总管内务府呈恩丰仓四十七年五月至四十八年五月收放米数黄册》，乾隆四十八年八月初十日，中国第一历史档案馆藏：《内务府档案·黄册》，档号：05—0378—050。

续表

仓廒	米色	数额	时间	月粮	对象
宇字廒	粳米	九十石	乾隆四十七年七月初四等日	冬季月粮	镶黄、正黄二旗英廉等佐领管领下太监并学艺人等
	粳米	一千二百七十四石八升一合五勺	乾隆四十七年七月初四等日	冬季月粮；赶领月粮	镶黄、正黄二旗英廉等佐领管领下太监并学艺人等；正白旗清海管领下太监
	粳米	九百七十二石二斗五升	乾隆四十七年八月初二等日	冬季月粮；赶领月粮	正白旗常庆等佐领管领下太监并学艺人等；镶黄旗安常管领下太监
	粳米	一千二百八十三石一升四合六勺	乾隆四十七年十月初四等日	春季月粮	镶黄、正黄二旗英廉等佐领管领下太监并学艺人等
月字廒	粳米	九十石九斗八升五合四勺	乾隆四十七年十月初四等日	春季月粮	镶黄、正黄二旗英廉等佐领管领下太监并学艺人等
	粳米	九百二十一石二斗	乾隆四十七年十一月初五等日	春季月粮	正白旗常庆等佐领管领下太监并学艺人等
	粳米	一千七百九十四石七斗一升七合三勺	乾隆四十八年正月初四等日	夏季月粮；赶领月粮	镶黄、正黄二旗英廉等佐领管领下太监并学艺人等；正白旗春岱等管领下太监
秋字廒	粳米	二百七十六石六斗三升二合七勺	乾隆四十八年正月初四等日	夏季月粮	镶黄、正黄二旗英廉等佐领管领下太监并学艺人等
	粳米	九百十石四斗一升四合三勺	乾隆四十八年四月初六等日	秋季月粮	镶黄、正黄二旗英廉等佐领管领下太监并学艺人等
	粳米	九百十五石六斗五升	乾隆四十八年二月初十等日	夏季月粮	正白旗常庆等佐领管领下太监并学艺人等

续表

仓厫	米色	数额	时间	月粮	对象
地字厫	粳米	九十石	乾隆四十八年四月初六等日	秋季月粮	镶黄、正黄二旗英廉等佐领管领下太监并学艺人等
	粳米	一千八十一石六斗三升五合七勺	乾隆四十八年四月初六等日	秋季月粮；赶领月粮	镶黄、正黄二旗英廉等佐领管领下太监并学艺人等；镶黄、正黄、正白三旗马达塞等管领下太监
	粳米	九百二十石四斗五升	乾隆四十八年五月初二等日	秋季月粮；赶领月粮	正白旗常庆等佐领管领下太监并学艺人等；镶黄旗化麒管领下太监
藏字厫	稜米	三百八十石	乾隆四十七年七月初四等日	冬季月粮	镶黄、正黄二旗英廉等佐领管领下太监并学艺人等
	稜米	一千十二石一斗一合一勺	乾隆四十七年七月初四等日	冬季月粮；赶领月粮	镶黄、正黄二旗英廉等佐领管领下太监并学艺人等；正白旗清海管领下太监
	稜米	六十石	乾隆四十八年正月初四等日	夏季月粮	镶黄、正黄二旗英廉等佐领管领下太监并学艺人等
	稜米	七百十八石九斗五升五合八勺	乾隆四十八年正月初四等日	夏季月粮；赶领月粮	镶黄、正黄二旗英廉等佐领管领下太监并学艺人等；正白旗春岱等管领下太监
	稜米	六百四十石九斗五升五合	乾隆四十八年二月初十等日	夏季月粮	正白旗常庆等佐领管领下太监并学艺人等
	稜米	七百十五石一斗七升九合三勺	四十八年四月初六等日	秋季月粮	镶黄、正黄二旗英廉等佐领管领下太监并学艺人等

续表

仓厫	米色	数额	时间	月粮	对象
宙字厫	稄米	一百三十三石七斗五升八合九勺	乾隆四十七年七月初四等日	冬季月粮	镶黄、正黄二旗英廉等佐领管领下太监并学艺人等
	稄米	六百八十石五斗七升五合	乾隆四十七年八月初二等日	冬季月粮；赶领月粮	正白旗常庆等佐领管领下太监并学艺人等；镶黄旗安常管领下太监
	稄米	一千四百二十九石八斗二升	乾隆四十七年十月初四等日	春季月粮	镶黄、正黄二旗英廉等佐领管领下太监并学艺人等
	稄米	六百四十四石八斗四升	乾隆四十七年十一月初五等日	春季月粮	正白旗常庆等佐领管领下太监并学艺人等
	稄米	六百四十二石七斗九合二勺	乾隆四十八年正月初四等日	夏季月粮	镶黄、正黄二旗英廉等佐领管领下太监并学艺人等
冬字厫	稄米	六十石	乾隆四十八年四月初六等日	秋季月粮	镶黄、正黄二旗英廉等佐领管领下太监并学艺人等
	稄米	六百五十三石九斗七升五合七勺	乾隆四十八年四月初六等日	秋季月粮；赶领月粮	镶黄、正黄二旗英廉等佐领管领下太监并学艺人等；镶黄、正黄、正白三旗马达塞等管领下太监
	稄米	六百四十四石三斗一升五合	乾隆四十八年五月初二等日	秋季月粮；赶领月粮	正白旗常庆等佐领管领下太监并学艺人等；镶黄旗化麒管领下太监
天字厫	粟米	六百五十三石九斗四升	乾隆四十七年七月初四等日	冬季月粮；赶领月粮	镶黄、正黄二旗英廉等佐领管领下太监并学艺人等；正白旗清海管领下太监
	粟米	二百九十一石六斗七升五合	乾隆四十七年八月初二等日	冬季月粮；赶领月粮	正白旗常庆等佐领管领下太监并学艺人等；镶黄旗安常管领下太监

续表

仓厫	米色	数额	时间	月粮	对象
	粟米	六百十二石七斗八升	乾隆四十七年十月初四等日	春季月粮	镶黄、正黄二旗英廉等佐领管领下太监并学艺人等
	粟米	二百七十六石三斗六升	乾隆四十七年十一月初五等日	春季月粮	正白旗常庆等佐领管领下太监并学艺人等
	粟米	六百九石二斗八升五合	乾隆四十八年正月初四等日	夏季月粮；赶领月粮	镶黄、正黄二旗英廉等佐领管领下太监并学艺人等；正白旗春岱管领下太监
	粟米	二百七十四石六斗九升五合	乾隆四十八年二月初十等日	夏季月粮	正白旗常庆等佐领管领下太监并学艺人等
	粟米	四百九十石五斗一升八勺	乾隆四十八年四月初六等日	秋季月粮；赶领月粮	镶黄、正黄二旗英廉等佐领管领下太监并学艺人等；镶黄、正黄、正白三旗马达塞等管领下太监
	粟米	一百二十十一石九斗八升四合二勺	乾隆四十八年四月初六等日	秋季月粮	镶黄、正黄二旗英廉等佐领管领下太监并学艺人等
	粟米	二百七十六石一斗三升五合	乾隆四十八年五月初二等日	秋季月粮；赶领月粮	正白旗常庆等佐领管领下太监并学艺人等；镶黄旗化麒管领下太监

由上表可见，其一，支放时间，镶黄、正黄二旗在前，正白旗在后，提前一个季度，于规定月份上旬支领。分别为：春季月粮，镶黄、正黄二旗于每年十月，正白旗于每年十一月；夏季月粮，镶黄、正黄二旗于每年正月，正白旗于每年二月；秋季月粮，镶黄、正黄二旗于每年四月，正白旗于每年五月；冬季月粮，镶黄、正黄二旗于每年七月，正白旗于每年八月。其二，若未领取，可以补领，且不受三旗时间限制，当时人称之为“赶领月粮”。其三，三色米存放仓厫截然分开，由仓厫监督按照字号，一厫一厫支放。其四，支放对象，并不仅限于太监，还有学艺人等。这在其他档案中也有记载：

“恩丰仓在东华门北城根围房，存贮老米、稄米、粟米，四季放给宫内总管太监、首领太监、太监，并南府、景山学艺甲、柏唐阿人等。”①

四　仓务管理

作为内务府重要的仓储机构，恩丰仓自设立后，清廷就配置了不同层次的管理人员，包括监督、看守、使役等，使组织结构稳定下来。不仅如此，从嘉庆朝中期开始，又订立钦派大臣查验仓厫之例，三年一次，以重仓储，防弊窦。

其一，监督人员。监督二人，由内务府大臣于三旗内管领和内务府司员内，各拣选一人，奏请钦派。初始为一年更换一次，互相交代盘查。但新旧监督同时全行更换，互相盘查，存在一定的问题，“于收放米石之期致有稽迟”。乾隆三十四年五月，经内务府酌议，定“照依户部酌定之例，停其同时更换，每仓监督二员内，各酌留一员，更换一员，前后任内扣算，作为二年更换”②。从此，恩丰仓监督则为两年更换一次。如乾隆四十一年（1776）五月，内务府大臣为更换恩丰仓监督奏曰：“查臣衙门所属恩丰仓监督，前经臣等奏准，除派司官一员，内管领一员，令其二年一次更换在案。乾隆三十九年五月内，奏明派出员外郎四住，今扣至本年五月，二年期满，其缺臣等拣选得员外郎常住，请令与内管领福慧一同管理可也。谨此奏闻。”③ 是以政书所载诸如“更年收放”“值年司员”“值年管领”之类，均是更二年、值二年，并非学界所解释的一年更换。

值年司员、管领的主要职责，是监督本仓看守、使役人员，监察仓米的收存储放，并于每届收放完竣后，将一年收支数目，缮造收放米数黄册，呈堂销算，具奏请旨。如乾隆四十八年（1783），总管内务府大臣永瑢奏云：“查自乾隆四十七年分恩丰仓所收漕粮及放过米数，例应奏闻，臣等令恩丰仓监督造册呈报去后，今据该监督员外郎图明

① 《总管内务府奏报查明恩丰仓坐落处所并存贮米石事》，嘉庆十四年六月初十日，中国第一历史档案馆藏：《内务府档案·奏片》，档号：05—0543—008。

② 《总管内务府（都虞司）奏为更换丰益恩丰二仓监督事》，乾隆三十五年五月十三日，中国第一历史档案馆藏：《内务府档案·奏折》，档号：05—0277—025。

③ 《总管内务府（都虞司）奏为恩丰仓监督期满更换员外郎常住事》，乾隆四十一年五月二十二日，中国第一历史档案馆藏：《内务府档案·奏折》，档号：05—0326—038。另见《总管内务府（都虞司）奏为除派员外郎二格内管领明安恩丰仓值年事》，乾隆五十八年五月二十五日，中国第一历史档案馆藏：《内务府档案·奏折》，档号：05—0447—004；《总管内务府（都虞司）奏为更换恩丰仓值年事》，光绪二年七月初五日，中国第一历史档案馆藏：《内务府档案·奏折》，档号：05—0893—003。

阿、内管领鄂起将乾隆四十七年五月二十九日起至四十八年五月二十九日止，所有旧管、新收、开除、实在米数呈报前来……”①

另设有笔帖式二人，掌翻译，给使令②。

其二，看守人员。分三班，包衣三旗每旗一班，每班派章京一人、披甲人二十名，轮流看守③。章京，在内务府三旗武弁中拣选，初由世职官或骁骑校充当，后多从领催中选派；披甲人，多于步甲中选充④。

看守人员职闲位微，监督不力，易生弊端。尤其包揽顶替之事，更是屡禁不止。恩丰仓设置后不几年，就发生姚四达子包揽顶替案。姚四达子，系镶黄旗盛德佐领下派往之披甲人，自乾隆二十八年（1763）三月间立仓以来，就在恩丰仓当班。不久，就开始暗中包揽顶替，“顶名该班”。初始监察较严，仅包揽一二名，尚未敢减少人数。自乾隆三十一年（1766）二月以后，派往之章京俱係顶戴领催，夜间又不在仓值宿稽查，姚四达子越加毫无顾忌，“将三旗三十佐领下每旗每班应该班之披甲二十名，一力包揽，向派班人每披甲一名索钱一千文，或七八百文至五百文不等，伊转雇无赖之苏拉、民人、家奴十二三名，或七八名，以充数目”，“每月每人得钱八百文”，余剩之钱，姚四达子“侵吞入己”。而“每日该班披甲二十名，每夜俱有报单，俱係姚四达子将各佐领下披甲花名，谎写在报单上呈报”，交“该仓值年官员收存”⑤。不仅未能起到应有的看守作用，更是败坏了仓储秩序。

迨姚四达子案件被查出后，内务府亦意识到现有看守之弊，除规定嗣后仓库带班章京，应“拣派妥协职员值宿看守”，以重职守外，又饬令三旗副参领“逐日轮流查班，将查过之处，按班呈报都虞司存案”；“仍令都虞司官员不时前往稽查，倘不实力奉行，如再有包揽冒名顶替等弊，如经都虞司查出呈报，即将该班副参领指名参奏，

---

① 《总管内务府呈恩丰仓四十七年五月至四十八年五月收放米数黄册》，乾隆四十八年八月初十日，中国第一历史档案馆藏：《内务府档案·黄册》，档号：05—0378—050。

② 光绪《大清会典》卷九五《内务府》，第867—868页。

③ 《总管内务府（番役处）奏为姚四达子包揽恩丰仓等处顶替值宿治罪并该管官员议处事》，乾隆三十三年十二月十九日，中国第一历史档案馆藏：《内务府档案·奏折》，档号：05—0260—001。另参嘉庆《大清会典事例》卷九〇一《内务府·恩丰仓》，《近代中国史料丛刊三编》第70辑，第7193页；光绪《大清会典事例》卷一一九二《内务府·恩丰仓》，第866页。

④ 《总管内务府（番役处）奏为姚四达子包揽恩丰仓等处顶替值宿治罪并该管官员议处事》，乾隆三十三年十二月十九日，中国第一历史档案馆藏：《内务府档案·奏折》，档号：05—0260—001。

⑤ 《总管内务府（番役处）奏为姚四达子包揽恩丰仓等处顶替值宿治罪并该管官员议处事》，乾隆三十三年十二月十九日，中国第一历史档案馆藏：《内务府档案·奏折》，档号：05—0260—001。

严加议处”。若“别经发觉，将都虞司官员一并参处”①。加强了对恩丰仓看守人员的监督。

其三，使役人员。除监督、看守人员外，恩丰仓另配备多种使役人员，曰书算，曰花户，曰皂役，曰小甲，曰扛夫人等，承应差务。据会典记载，此类人员共设32名，俱由内务府于所属三十内管领下人丁内挑取，由现食钱粮之苏拉承充②。

苏拉人员中，设有苏拉头目一人，为苏拉之首领，负责事务之上传下达③。

其四，大员查验。恩丰仓、官三仓是内务府重要仓库，为防止仓员舞弊亏空、挪移掩饰，高宗、仁宗总是不定期钦派总管内务府大臣进行考察。届期，内务府大臣率领司员等，先将“各厫座逐一封固，并调补奏销册档稿案，详加查核”④。但这只是临时性措施，不为定制，起不到很好的威慑作用。且由上宪内务府大臣查核，不可避免会存在一定的包庇嫌疑。嘉庆十四年（1809），清仁宗继续钦派大臣苏楞额、征瑞二人盘查恩丰、官三二仓仓储情形，并谕令二人酌定办法，使之周全。迨盘查之后，总管内务府大臣于六月二十一日具奏曰：“奴才等伏查，该仓储积均系随时收发，按季造册呈报。其出入粮石，亦派员查核，每年将一年用存数目汇奏题销。但向未定有几年一次奏请钦派大臣查验之例，尚属未周。所有官三仓及恩丰仓应存米石等项，自应酌定年限清查，以昭慎重。奴才等谨遵圣训，拟请嗣后每届三年，于奏销后，由内务府奏请钦派大臣查验一次，以重仓储，而杜弊窦。”⑤ 奏上，当天即奉旨：“依议。”⑥ 这样，每届三年，由内务府奏请钦派大臣查验恩丰仓之例，确定下来。

届查验之期，内务府声叙查核定例与缘由，“将六部满洲大臣衔名缮单，恭呈御览，

① 《总管内务府（番役处）奏为姚四达子包揽恩丰仓等处顶替值宿治罪并该管官员议处事》，乾隆三十三年十二月十九日，中国第一历史档案馆藏：《内务府档案・奏折》，档号：05—0260—001。

② 光绪《大清会典》卷九五《内务府》，第867—868页。另参嘉庆《大清会典事例》卷九〇一《内务府・恩丰仓》，《近代中国史料丛刊三编》第70辑，第7193页；光绪《大清会典事例》卷一一九二《内务府・恩丰仓》，第866页。

③ 《总管内务府奏为恩丰仓苏拉常寿在仓自行扎伤事》，嘉庆二十二年五月初二日，中国第一历史档案馆藏：《内务府档案・奏折》，档号：05—0589—075。

④ 《总管内务府奏报查明恩丰仓现存米石数目相符事》，嘉庆十四年六月十七日，中国第一历史档案馆藏：《内务府档案・奏折》，档号：05—0543—019。

⑤ 《总管内务府奏报查明官三仓现存米石等项数目相符请嗣后三年一次查验事》，嘉庆十四年六月二十一日，《内务府档案・奏折》，档号：05—0543—026。

⑥ 《总管内务府奏报查明官三仓现存米石等项数目相符请嗣后三年一次查验事》，嘉庆十四年六月二十一日，中国第一历史档案馆藏：《内务府档案・奏折》，档号：05—0543—026。

伏候钦派”[①]。如光绪十五年十二月，轮到三年查验之期，总管内务府奏曰：“嘉庆十四年六月奏准，嗣后每届三年，奏请钦派大臣查验官三仓恩丰仓，以重仓储。等因在案。自光绪十二年查验后，今又及三年，所有该仓用存粮石数目，均经按年题销，相应奏请钦派大臣，将官三仓、恩丰仓所存米石，逐加详细清查具奏。除军机大臣、内务府大臣向不开列外，谨将在京六部满洲大臣衔名缮单，恭呈御览，伏候钦派二三员。为此谨奏。”[②] 可见，所开大臣名单，仅为六部在京之满洲大臣，且令军机大臣、内务府大臣回避。

所派大臣，从开始就固定为尚书一人、侍郎二人。如嘉庆二十年（1815）十一月，派出尚书崇禄、侍郎佛柱、穆彰阿查核[③]。同治十三年（1874）十二月，朱笔圈出尚书崇实，侍郎宗室绵宜、宗室载崇三人[④]。等等。此例一直持续到清朝灭亡。

五　结语

为有效保管各项钱粮，清代建立了完整的仓、库体系，前者用来储存粮食，后者用来储存银钱及各种物品。而仓之设置，自京师至各省处处皆有，以备支放官俸、兵食并灾赈、借贷、平粜等项之需。京师仓，清初时均由户部统领，分为户部内仓、仓场衙门所辖京、通诸仓。据史志宏先生研究，内仓沿自明代“内官监仓”，顺治十年（1653）改称内仓，直隶户部，供支内务府、太常寺、光禄寺、理藩院、会同四译馆等机构所需白粮及钦天监、太医院、宗学、旗学、内监等处粳米以及内务府油房芝麻、宾馆牧马黑豆。仓场衙门所辖之京、通诸仓，主要用于宗室王公并京师文武百官俸米、八旗兵米及工匠匠米和王公子孙恩米等项之支放；遇饥馑米贵之年，亦以仓米出粜，以平京师粮价，或于冬月煮赈贫民。初有禄米、南新、旧太、富新、兴平、海运、北新、太平八京仓及西、中、南三通仓，合称“京通十一仓”。康熙、雍正年间，

---

① 《总管内务府奏为请派大臣查验官三仓恩丰仓事》，嘉庆二十年十一月二十五日，中国第一历史档案馆藏：《内务府档案・奏折》，档号：05—0580—057。

② 《总管内务府奏请派大臣查验官三仓恩丰仓事》，光绪十五年十二月二十八日，中国第一历史档案馆藏：《内务府档案・奏折》，档号：05—0971—062。

③ 《总管内务府奏为请派大臣查验官三仓恩丰仓事》，嘉庆二十年十一月二十五日，中国第一历史档案馆藏：《内务府档案・奏折》，档号：05—0580—057。

④ 《为派崇实查验官三仓恩丰仓粮石数目的朱笔圈单》，中国第一历史档案馆藏：《内务府档案・单》，档号 05—0881—041。按，此件档案时间不详，据笔者考察，应为同治十三年十二月二十七日。

续建本裕、万安、裕丰、储济、丰益等五京仓。乾隆十八年（1753），裁通州南仓，定制为“京通十五仓”[①]。迨恩丰仓设置后，专门用来储藏供应内廷太监食用之粮米，由仓场每年拨储供支，归内务府管理，不仅成为独立的仓储机构，在体系上自成一例，亦使京师仓储体系发生不小的变化，由内仓、京通仓之二分转为内务府所属恩丰等仓、户部内仓、仓场衙门所属京通诸仓之多分。这是清代仓储和财政管理制度上的重要变化。

从清入关以来，太监就与其他旗人一体于京仓中，按季排队领取粮米，场面混乱，管理不易。而恩丰仓设置后，“凡三旗太监等每季应领米石，俱由本仓支放”，由内务府进行统一管理和监督。“放米之日，由都虞司派押旗参领并由宫殿监侍等派首领太监，至期赴仓会同押旗参领弹压领米。”“镶黄、正黄旗，定于正月、四月、七月、十月，正白旗定于二月、五月、八月、十一月，由本仓指定日期，知会该旗，传知领米之人赴仓支放。每旗限三日内领竣。”[②] 不仅整齐有序，监督严格，更是与一般旗人、兵丁隔离开来，规范了太监的管理。就此一意义而言，恩丰仓的设置无疑给紫禁城的日常管理和宫中太监的日常生活带来很大的变化。

紫禁城外围房屋的修建始于明朝，当初是作守卫值房之用，称为“红铺”[③]。清朝入关后，继续沿袭使用，以之为守卫紫禁城护军的堆拨。除此之外，还根据需要，适时进行修拆改建，增加他途之用，故其名称逐渐由红铺改称“围房”[④]。与之相应，围房的间数亦处于不断变化当中。顺、康、雍时期，文献阙如，数额多寡未能明晰。到乾隆二十八年（1763）时，则有635间[⑤]，到乾隆三十二年（1767）增加数十间，达686间[⑥]。嘉道

---

① 史志宏：《清前期财政概述》，见“国学网—中国经济史论坛”，网址：http：//economy. guoxue. com/article. php/3879。另见史志宏、徐毅：《晚清财政：1851—1894》第一章第一节三《仓库制度》，上海财经大学出版社，2008年。

② 光绪《大清会典》卷九五《内务府》，第867—868页。

③ 石志敏、陈英华：《紫禁城护城河及围房沿革考》，于倬云主编：《紫禁城建筑研究与保护——故宫博物院建院70周年回顾》，第232页，紫禁城出版社，1995年；常欣：《紫禁城守卫与红铺的变迁》，《历史档案》2002年第4期。

④ 常欣：《紫禁城守卫与红铺的变迁》，《历史档案》2002年第4期。

⑤ 《总管内务府奏为紫禁城外围房改设恩丰新仓料估银两事》，乾隆二十八年四月二十二日，中国第一历史档案馆藏：《内务府档案·奏折》，档号：05—0208—007。

⑥ 《总管内务府奏为修理紫禁城外围房约估银两事》，乾隆三十二年二月十七日，中国第一历史档案馆藏：《内务府档案·奏折》，档号：05—0242—013。

以后，仍有变化，至光绪十九年（1893）时，仍有687间①。这些房间的空间布局、建筑结构及功能用途也在不断地发生变化，用途越来越多。大体而言，可以分为四类：值班房，包括紫禁城护军值班房、苏拉处、汲筒处值班房等；仓储库，包括恩丰仓、官三仓、家伙仓、器皿库、菜库、炮库、肉库、弓箭库、马匹库、鞍板库、木植库、桦皮库等；档案室，包括账房库、档案房；隔火房，用以防火之用，又称隔户房②。这些是清宫护卫值班房、宫中仓储和档案房等的重要地方。恩丰仓自从乾隆二十八年（1763）设置之后，其结构、位置、间数就一直固定下来，成为紫禁城外围房的重要组成部分，亦是清代重要的宫廷建筑，在紫禁城建筑史上具有重要地位。

如果由此进一步延伸，作为紫禁城周围的重要建筑群体之一，恩丰仓的建置、管理、仓储和作用，无疑是清代宫廷生活的重要内容，也是现今故宫学的重要内容。对此进行实地考察和深入考证，将实地考察的建筑结构、空间布局与现实情景与文献中记载的制度章程、人物言语、地点场景及抽象的社会关系等一一对照，无疑能够加深我们对紫禁城建筑和紫禁城生活的了解，也会进一步激发研究者的问题意识和写作灵感，加深对文献、对历史、对遗产的感受和感悟能力，走进历史现场，对古人多一份同情和理解。这一意义看似玄幻无影不可捉摸，但却是切切实实的心灵满足，不容小觑。

目前故宫博物院正计划恢复紫禁城外围连房，将紫禁城内的办公处所迁居此处，以为办公之用。究竟如何恢复？何时重建？重建到何种程度？这是一个十分浩大的工程，也是一个审慎的过程。从文化遗产保护的角度来说，此一设想若能成行，那么最基础的也是最重要的一步，就是准确、扎实、详细的史学研究。悉数弄清了这些围房的设置状况、演变历程、空间结构和功能用途，无疑具有根本性的基础作用。作为其中重要的建筑群体之一，恩丰仓的研究也定会为故宫博物院不久将来的重建恢复工作提供学术上的重要支撑。但拙文只是初步浅显的探讨，远不成熟，希望今后能够逐步深入，将研究内容做踏实，做完善。

---

① 《和硕礼亲王世铎呈查勘内城城隍庙等处及禁城门座处所应修房间各工情形清单》，光绪十九年十一月初一日，《录副奏折·单》，档号：03—7161—032；缩微号：534—2004。

② 《和硕礼亲王世铎呈查勘内城城隍庙等处及禁城门座处所应修房间各工情形清单》，光绪十九年十一月初一日，《录副奏折·单》，档号：03—7161—032；缩微号：534—2004。

标准与个性

——乾隆万寿庆典期间使行的国事活动与私人交游中的朝鲜人形象制造

吴映玟（访问学者）

内容提要：乾隆时期的万寿庆典活动不只是一个奢侈隆重的庆祝性活动，更像是一个帝王树立威严，并向外界显示国力强盛、盛世太平的舞台。在这个过程中，外国使臣的使行朝拜和参加宴典更使得万寿庆典具有了制造国际性的帝国形象的意义。但是，一个有意思的现象是，有关万寿庆典的文献与相关的图像却形成了两套不同的系统，或者说，成为关于万寿庆典的两种有差异的解说。以往我们会将与万寿庆典相关的《万国来朝图》《八旬万寿盛典图说》等图像看作大清帝国对自我的一种认识，或者说塑造。但是，与此同时，当这些图像表现外国使臣们的时候，也很像是一套清帝国对异邦夷族进行认识和塑造的视觉形象系统。这正是本文所感兴趣的地方，即乾隆时期，在万寿庆典活动的大背景下，以国家立场和视角是如何来塑造朝鲜人形象的。与此同时，在朝鲜使臣与中国文人官员的私人交往之中，又如何形成了另一套与朝鲜人相关的视觉形象系统的。在这一视觉形象系统的制造过程中，承明制的朝鲜“衣冠”规制是如何成为清朝官方、朝鲜使臣及中国文人相互之间博弈和协调的场域，而这一博弈和协调的过程又是如何体现了两国之间政治层面与文化层面的复杂关联的。

关键词：乾隆　万寿庆典　《万国来朝图》　《职贡图》　燕行　朝鲜人　衣冠

在明清时期，中韩两国一直保持了密切的使行关系，而这种使行关系主要是以朝贡制度为基础得以展开的。从 1392 年朝鲜王朝建立开始，出使明朝进行朝贡便成为了朝鲜时代一项固定的重要外交活动。这一活动，在清朝得到了延续和发展。一方面，清朝开始重视与朝鲜这个对自己有着复杂情绪的东部近邻之间的关系，并在使行活动中培养并建立起更为紧密的关系；另一方面，相对于明朝，清朝政府对外国使臣在华活动的限制有所减少，朝鲜使臣们能够在更为广阔的社会环境中建立起与中国政治及文化群体之间的关联。

虽然明清政府对朝鲜王朝的国王进行册封、赏赐，或是对其贡物进行回赐的时候，也会派出使臣。但是，在这种朝贡体制下，朝鲜王朝向明清派出的定期和非定期的使行活动构成了两国之间外交关系的主体。

朝鲜王朝派赴明朝与清朝的使行，分为“定期使行”与“临时使行”。按照朝鲜王朝出使的目的和形式不同，朝鲜使团大致可以分为贺、谢、请、献、奏、慰、告与其他等八大类。其中，每年基本固定的使行为“节使”。在明代至清代顺治年之前，每年基本都有四次的定期使行，分别是进贺冬至节的冬至使、祝贺元旦新年的正朝使、庆贺皇帝和皇后寿辰生日的圣节使，以及进献每年例贡的岁币使。到了1645年，朝鲜派往清朝的使团从以前的每年四次，减少为每年仅冬至使一次，并一直持续到1894年，其间从未中断过。除定期使行外，还有被称作是“别使”的临时使行。比如，在接受赏赐、册封、颁诏后派出的谢恩使，为庆贺帝王登基、册立皇太子或讨伐叛乱胜利而派出的进贺使，庆贺皇太子生日的千秋使，以及奏请使、进慰使、进香使、辨诬使、问安使、告讣使等。这些都是为了完成一项或是几项特定的使命而临时派出的使团。①

本文便试图在乾隆万寿庆典的时代背景下，将以万寿庆典为主题所进行的图像创作中的朝鲜使臣形象，与参加万寿庆典同时，朝鲜使臣与中国文人官员相互之间交往中所留存的朝鲜使臣画像进行分析和讨论，以此来分析，这两类朝鲜使臣画像之间的关联，以及图像中人物衣冠形象的制造，在两国交往过程中的相互理解和认识上是如何发挥的，且发挥了什么样的作用的。

一　朝鲜人的标准像——《万国来朝图》中的朝鲜使臣形象

北京故宫现藏至少有如下若干件以“万国来朝”为主题的绘画作品，其分别是由徐扬、张廷彦、金廷标绘成于乾隆二十五年（1760）正月九日，（图一）由姚文瀚、张廷彦等绘成于乾隆二十六年（1761）七月十四日，（图二）由未署名画家绘成于乾隆二十

① 吴映玟：《图像中的现实与想象——朝鲜时代燕行之路的时空表达与视觉呈现》，《故宫博物院院刊》2015年1期。

六年(1761)十月十五日,由丁观鹏、金廷标、姚文瀚、张廷彦绘成于乾隆三十一年(1766)三月十九日,(图三)由方琮、谢遂绘成于乾隆四十三年(1778)三月十八日,由姚文瀚、贾全、谢遂、袁英、陆灿绘成于乾隆四十四年(1780)五月前的《万国来朝图》,(图四)以及由徐扬绘成于乾隆二十七年(1762)正月十日的《圣谟广运万国来朝图》卷,由未署名画家绘成于乾隆三十六年(1771)十一月十三日的《胪欢荟景册》中的《万国来朝》部分(图五)等。(表一)

图一 徐扬、张廷彦、金廷标,《万国来朝图》,1760 年,365cm ×219.5cm,故宫博物院藏

图二 姚文瀚、张廷彦等,《万国来朝图》,1761 年,322cm ×210cm,故宫博物院藏

图三　丁观鹏、金廷标、姚文瀚、张廷彦，《万国来朝图》，1766 年，故宫博物院藏

图四　姚文瀚、贾全、谢遂、袁英、陆灿，1780 年，299cm ×207cm，故宫博物院藏

图五　《胪欢荟景图》中一幅《万国来朝图》，1771 年，97.5cm ×161.2cm，故宫博物院藏

表一 各版本《万国来朝图》基本信息

制作时间	画家	内容	备注
乾隆二十五年(1760)正月九日	徐扬、张廷彦、金廷标	元旦庆典朝贺	养心殿东暖阁明窗前有乾隆皇帝的肖像 乾隆二十五年十月二十三日装裱 作品尺寸:365cm ×219.5cm
乾隆二十六年(1761)七月十四日	姚文瀚、张廷彦等	乾隆五旬万寿和崇庆皇太后七旬庆寿	乾隆二十六年年十月十一日装裱成挂轴 有乾隆二十六年秋天写的御制 没有乾隆肖像和养心殿 作品尺寸:322cm ×210cm
乾隆二十六年(1761)十月十五日	未详	乾隆五旬万寿和崇庆皇太后七旬庆寿	画副本后,制作装裱
乾隆二十七年(1762)正月十日	徐扬		《圣谟广运万国来朝图》卷,乾隆二十七年四月二十二日装裱
乾隆三十一年(1766)三月十九日	丁观鹏、金廷标、姚文瀚、张廷彦	元旦庆典朝贺	有3个乾隆御宝印。乾隆三十一年十二月二十三日装裱
乾隆三十六年(1771)十一月十三日	未详	崇庆皇太后八旬庆寿	《胪欢荟景图》中一幅 作品尺寸:97.5cm ×161.2cm
乾隆四十三年(1778)三月十八日	方琮、谢遂		乾隆四十三年十月二十二日装裱
乾隆四十四年(1780)五月前	姚文瀚、贾全、谢遂、袁英、陆灿		宁寿宫养心殿明窗前有乾隆皇帝的肖像。乾隆四十四年五月九日装裱 作品尺寸:299cm ×207cm

其中,除了绘于1761年的两件《万国来朝图》中将前景的枝叶表现为由青转黄,将景色呈现为秋景之外,其他的作品基本都被设置为冬季的雪景。再加上燃放鞭炮等细节的表现,应该可以确定1761年的《万国来朝图》所表现的是万寿节的场面,而其他的作品表现的基本上是元旦时节太和门外使臣贺春的活动。另外,虽然《胪欢荟景册》并无冬季雪景的设置,但是由其明确的乾隆帝为其母崇庆皇太后庆祝八十大寿的主题可知,其中所表现的应该也是万寿节的场面。

但是,无论是以万寿节为背景,还是以元旦贺春为背景,由上述的若干件作品我们依然可以看出《万国来朝图》中的一些经典配置。比如,具有透视效果的真实的紫禁城建筑群的呈现，按照大典秩序列队的当朝官员，特别是拥挤在殿门之外各持特色方物的40多个国家的、等待乾隆帝接见的各国使臣，更是成为《万国来朝图》中不可缺少的重要部分，以此来点应“万国”这一主题。在这些拥挤的各国各色的使臣之中，我们尤为关心的便是来自朝鲜的使臣。他们身穿朝鲜王朝的本国官服，头戴乌帽，均被描绘在人群中相对显著的位置。

按图索骥，我们发现，绘画时间，的确有相应的朝鲜使臣来到京城参加这些盛典。比如，1759年10月出发，由海春君李栐任正使、赵明鼎任副使，权道任书状官的使团；1760年11月出发，由赵启禧任正使、赵荣进任副使、李徽中任书状官、李商凤随行的使团；1761年10月出发，由海兴君李橿任正使、南泰会任副使、李宜老任书状官的使团；1765年11月出发，由顺义君李烜任正使、金善行任副使、洪檍任书状官、洪大容随行的使团；1771年5月出发，由金尚喆任正使、尹东暹任副使、沈颐之任书状官的使团；1777年10月出发，由河恩君李垙任正使、李押任副使、李在学任书状官的使团；1779年10月出发，由黄仁点任正使、洪检任副使、洪明浩任书状官的使团等。（表二）

表二　与各版本《万国来朝图》相对应的朝鲜使臣燕行基本情况

使行时间	使行名称	使行目的	正使	副使	书状官	弟子军官	与清人交往	备注
英祖四十一年(1765)十一月	三节年贡兼谢恩使行	谢上谕	李烜	金善行	洪檍	洪大容(洪檍的弟子军官)	洪大容与严诚、潘庭筠、陆飞、朱文藻等	洪大容《湛轩燕记》《乙丙燕行录》
正祖四年(1780)五月	进贺兼谢恩	贺圣节	朴明源	郑元始	赵鼎镇	朴趾源(朴明源的亲戚)		朴趾源《燕岩集》,卢以渐《随槎录》
正祖八年(1784)十月	进贺谢恩兼三节年贡	贺临御五纪	李徽之	姜世晃	李泰永		姜世晃与博明、德保、金简等	姜世晃《豹庵遗稿》
正祖十四年(1790)五月	进贺兼谢恩	贺圣节、谢诏书顺付	黄仁点	徐浩修	李百亨	朴齐家、柳得恭	朴齐家与纪昀、翁方纲、李鼎元、戴心亨、潘庭筠、罗聘、伊秉绶等	

续表

使行时间	使行名称	使行目的	正使	副使	书状官	弟子军官	与清人交往	备注
							柳得恭与理堂、荔园、曹江、朱鹤年等	徐浩修《燕行纪》、《燕行日记》 柳得恭《滦阳录》 黄仁点《乘槎录》
纯祖九年（1809）十月	冬至兼谢恩	谢龙川漂民出送	朴宗来	金鲁敬	李永纯	金正喜（金鲁敬的儿子）	金正喜与阮元、李鼎元、曹江、朱鹤年、李林松、翁方纲等	李敬卨《燕行录》

但是，我们发现，并没有任何的证据可以确认，图像中的人物和事件与历史上真实的使行活动有任何直接可靠的关联。首先，我们无法从图像中辨识出任何一位朝鲜使臣的模样和形象；其次，我们甚至不能完全地确认，这些《万国来朝图》所表现的事件与真实的历史事件之间的关联。虽然在这些宫中确有标志性事件发生的年份绘制的朝拜图像可以与这些具体事件相关联，但是，诸版本的《万国来朝图》在图示上的模式化、在人物形象设置的典型化，以及图像中叙事模式的固定化来看，这些与“朝拜”相关的图像，其意旨并非如实地记录和再现某一次重大的宫中活动，更多的是为了彰显大清作为帝国的荣耀，以及在大清皇帝观念中的（或者说在所有中国人的观念中的）世界秩序，或者叫作“天下”的秩序。

在这个层面上，台湾学者赖毓芝的研究可能会对我们的这种认识有更大的启发性。“检视画中标有国名与地方名称之旗帜，可以发现每幅皆包含来自四十个地方与国家的使节团。然翻遍记载，不但未见这么多外国使节同时来朝的纪录，而且其中有些使臣所持之贡物，事实上是撷取自传统《职贡图》的图像语汇，例如至少晚明以来就非常流行的《贡獒图》图式，因此这些画作所呈现的都是虚拟的现实。”①（图六）另外，在乾隆二十六年（1761）十月十五日由未署名画家所绘的《万国来朝图》上的御题恰与各卷本、册页本、写本或刊本《职贡图》上一开始的御制诗相同，更可以看出《万国来朝图》与《职贡图》之间在形象塑造上的关联。（图七至图十）

图六 《皇清职贡图》九卷，附诸臣恭和诗二卷，清傅恒等纂，门庆安等绘，乾隆十六年编成，嘉庆十年增修，美国哈佛大学哈佛燕京图书馆藏

① 赖毓芝：《图像帝国：乾隆朝职贡图的制作与帝都呈现》，《近代史研究所集刊》2012年3月第75期。

图七（左一） 姚文瀚、张廷彦等，《万国来朝图》中的朝鲜人形象，乾隆二十六年十月十五日，322cm × 210cm，故宫博物院藏

图八（左二） 传谢遂卷，《职贡图》中朝鲜人形象，台北故宫博物院藏

图九（左三） 佚名，《万国来朝图》中朝鲜人形象，故宫博物院藏

图十（左四） 《皇清职贡图》九卷中朝鲜人形象，附诸臣恭和诗二卷，清傅恒等纂，门庆安等绘，乾隆十六年编成，嘉庆十年增修，美国哈佛大学哈佛燕京图书馆藏

根据赵尔巽所编撰的《清史稿》记载，乾隆时期即因来朝属国陪臣扩增，取消了康熙时期以来赐坐与赐茶的仪式，而是改赐《皇清职贡图》给予来朝的使臣。① 现分别存于韩国奎章阁、高丽大学校图书馆、东亚大学图书馆的《皇清职贡图》或许可以佐证这一情况的存在。这些《皇清职贡图》皆为总 9 卷的刊行本。其中，收藏于奎章阁的两套，其一为 9 卷 16 册（奎中 2950），另一为 9 卷 9 册（奎中 2961）。其卷首上都有总裁官傅恒所撰进表和乾隆帝所题《御制题皇清职贡图诗》以及诸臣们的恭和诗。

另外，1799 年跟随韩致应一同燕行的韩致奫在其所编写的《海东绎史》中的中国书籍引用目录中也提及了《皇清职贡图》9 卷的条目，该条目中也引用了《皇清职贡图》中的朝鲜人服饰图解文字部分的内容。② 同样，1875 年作为奏请正使燕行的李裕元在与清人的交往中获得清人所赠书籍，其中便包括乾隆期间刊行的《皇清职贡图》8 册，但李裕元在其文集《嘉梧稿略》中抄录文字内容时，并没有提及朝鲜国人。③

① （民国）赵尔巽等撰，启功等点校：《清史稿》卷九一，第 2675 页。“初，琉球、安南、暹罗诸使来，议政大臣咸会集，赐坐及茶。乾隆初元，谕停止。时属国陪臣增扩，敕所司给皇清职贡图，以诏方来。”

② 韩致奫：《海东绎史》卷二〇《礼志》《仪物》。

③ 李裕元：《嘉梧稿略》册一，《乐府》，《异域竹枝词》。

不过，由上可知，《万国来朝图》与《职贡图》制造了属于朝鲜人的标准形象。这种形象从大清帝国中央政权的角度来看是属于帝国疆域所属范围中的一个代表，而从朝鲜使臣乃至朝鲜官方与民间看来，则是理解自身在以中华为中心的东亚秩序中的定位。这种形象的制造并不是简单记录地理民俗，而是通过其传播实现了一种关于朝鲜与大清之间的关系的理解，或者说是由视觉形象而建立起来的国家秩序的认识。

事实上，各个版本的《万国来朝图》中的朝鲜使臣并没有任何的个性表现，而只是作为一个大清帝国势力范围内的属国成员的标准符号存在于图像之中，这与康乾时期中朝两国间频繁且活跃的使行交往形成了鲜明的反差。这种反差也体现在另一种朝鲜人形象的图像生产上，那便是由两国文人官员之间的私人交往所带动的朝鲜人形象制造。

二　以文会友，以像留念——中国文人官员笔下的朝鲜人形象

在万寿庆典的大背景下，朝鲜使臣及子弟军官们不但留有大量的与万寿庆典活动相关的燕行见闻文献，而且记录了在这样的国事背景下朝鲜使臣们与中国文人名士进行交往的事件。比如，《燕岩集》记录了燕岩朴趾源 1780 年赴京城参加乾隆皇帝七十大寿的行程中与中国文人的交流，以及燕京见闻。（图十一）《滦阳录》是朝鲜时代著名实学家柳得恭所作的热河燕行诗集。（图十二）他曾 3 次到过中国，第 1 次是 1778 年（31 岁）、第 2 次是 1790 年，第 3 次是 1801 年。《滦阳录》便是其第 2 次为了参加乾隆皇帝

图十一　朴趾源《燕岩集》，14.7cm ×24.3cm

八十大寿，赴热河、北京后所撰写的。柳得恭另外还有一部燕行录，即《燕台再游录》，记录了1801年第三次燕行的经历。还有，《燕行纪》是1790年在乾隆皇帝八十大寿时，以谢恩副使身份参加使行的徐浩修所写的燕行记录。现藏于奎章阁的《热河记游》便是这本书的初稿本。(图十三) 徐浩修曾经于1776年首次参加燕行，而且是与柳得恭的叔父柳琴同行的。1780、1790年朝鲜的进贺使因为清朝皇帝离开北京，在承德热河避暑山庄驻留，而将使行路线改为热河一线。

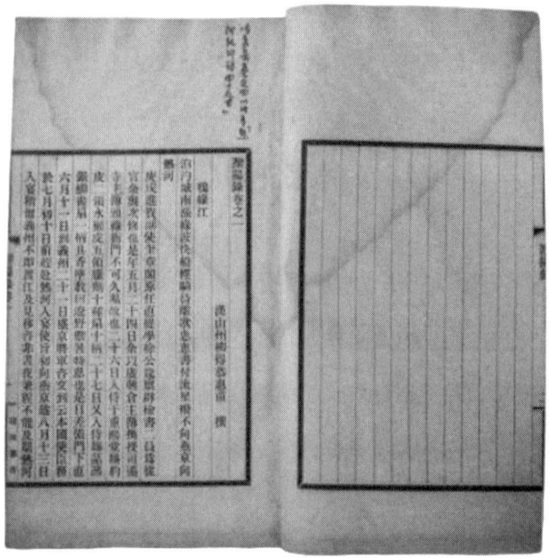

图十二　柳得恭《滦阳录》，29.5cm×19.1cm，韩国檀国大学校渊民文库藏

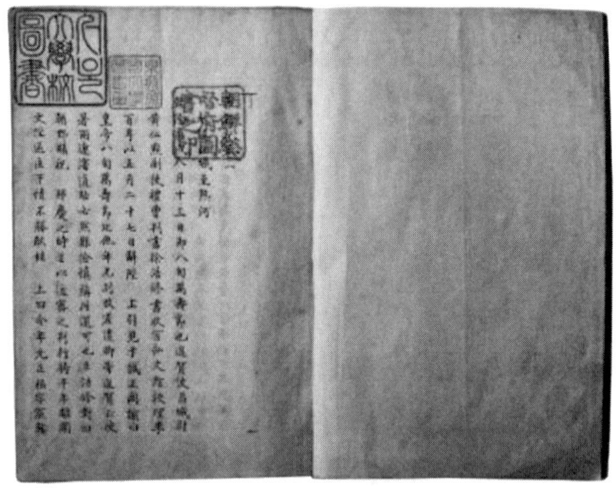

图十三　徐浩修《燕行纪》，4卷2册，27.4cm×19.6cm，首尔大学校奎章阁韩国学研究院藏

明朝对各国使臣在北京停留的时间有着严格的限制，最多不可超过 40 天。在北京停留期间，使行团会按照规定的日程，练习包括冬至贺礼、贺节礼、朝参仪、通过礼部传达表咨文与岁币、上呈方物、会同馆下马宴、领赏、谢赏礼，辞朝等各种朝贺的程序、仪式和礼节。在朝鲜使臣出入口、会同馆附近有明朝辨事官监督，除了使行公事以外，使臣们基本上不能离开会同馆。即便是在礼部允许下，到北京城内的史迹进行游览的时候，也需要有明朝的通事同行监督。

但是，清朝则没有这样严格的规定，对外国使臣在北京停留的时间也没有进行严格的要求。由于陆路使行所带来的便利，朝鲜使臣们有了更多在北京停留的时间。对一般的使行团来说，包括往返行程与在北京停留的时间在内，整个使行大约会持续 5 个月左右的时间。而有的使行团则长达 8 个月，甚至有的会停留 1 年左右的时间。清朝这种比较自由的规定，也使得朝鲜使臣们有了更多的时间和精力来对北京城史迹名胜进行详细的参观和了解，与文人名流们有了更多的交流和沟通的机会。①

清朝文人与朝鲜使臣之间有过广泛的交流。在 18 世纪，越来越多具有文人、学者身份的成员参与到燕行的队伍中来，如洪大容、朴齐家、朴趾源、柳得恭、金正喜等人便开始修正朝鲜社会文化中原有的“尊华攘夷”或“慕华贱夷”的观念，以一种“华夷一也”的思想态度来重新认识朝鲜与清朝之间的关系。他们中的大多数人都在使行过程中与中国的文人名士有过深入且密切的交流关系，并将其在燕京的所见所感以“使行录”的文字形式记录下来。他们并非使行团中的正式成员，而是随使行团出使中国的随团人员，也就是所谓的“子弟军官”。按照规定，正使可以随行 4 人，副使可以随行 3 人。这些人多是当值武官，或是使臣们的后辈或亲戚。比如，洪大容、朴齐家、朴趾源、柳得恭、金正喜等人便都是以这种身份前往北京的。

由于朝鲜使臣在北京居留的地方离琉璃厂很近，因此，他们也与当时在琉璃厂编撰《四库全书》的学者们有较多的交流。像与朴齐家交流较多的纪昀、翁方纲、李鼎元、戴心亨，与金正喜交流较多的翁方纲、李鼎元、戴心亨等人都是参加过《四库全书》编撰的名士。甚至记载有李德懋、柳得恭、朴齐家、李书九等人诗文的《韩客巾衍集》在燕京学术界也得到了推广和介绍，因此这些朝鲜学者在清朝学术界也不是陌生的人物。

乾隆五十五年（1790），乾隆帝八十大寿。这一年，开恩科考试，普免全国漕粮，

---

① 吴映玟：《图像中的现实与想象——朝鲜时代燕行之路的时空表达与视觉呈现》，《故宫博物院院刊》2015 年 1 期。

以示庆祝。同年7月，乾隆帝在承德避暑山庄隆重举办了万寿节的庆典，并在8月返回北京，于大寿当天在太和殿接见并宴请大臣及各国使臣。(图十四)

1790年5月，为了庆贺乾隆皇帝八十大寿，时年41岁的朴齐家随以正使为黄仁点、以副使身份参加使行的徐浩修、书状官李百亨一行前往热河，并一同去往北京。在这次使行中，乾隆皇帝通过正使黄仁点得知朝鲜正祖的第二个儿子即后来的纯祖大王出生的消息，非常高兴，命赠予正祖题有皇帝御制诗的玉如意等作为祝贺礼物。在黄仁点等人返回朝鲜并进见报告后，作为回报，正祖命圣节进贺使一行与刚刚返回朝鲜的朴齐家一起再次参加谢恩兼冬至使出使中国。①

事实上，朴齐家并不只是这两次来到中国，从1778年到1801年，朴齐家曾前后四次随使团出使中国。(表三) 更为重要的是，这四次燕行经历为朴齐家积累了众多的中国故知。包括纪昀、翁方纲、李鼎元、戴心亨、潘庭筠、罗聘、张问陶、张道渥、吴照江、江德量、伊秉绶、潘有为等中国文人官员都与朴齐家有过交往。由朴齐家在其文集《贞蕤阁四集》中的“燕京杂绝”部分便可以对其相互之间的交往关系有一个全面的了解。②

图十四 《八旬万寿盛典图说》二卷中朝鲜人形象，乾隆五十七年，武英殿套印本，美国哈佛大学哈佛燕京图书馆藏

① 正祖31卷，14年10月24日(辛未)。

② 朴齐家：《贞蕤阁四集》，燕京杂绝。“赠别任恩叟姊兄。追忆信笔。凡得一百四十首。”

表三　朴齐家四次来燕行

时间	使行名称	正使	副使	书状官	使行缘由
正祖二年（1778）3月	谢恩兼陈奏	蔡济恭	郑一祥	沈念祖	谢缉捕逆党
正祖十四年（1790）5月	进贺兼谢恩	黄仁点	徐浩修	李百亨	乾隆皇帝八十大寿，贺圣节、谢诏书顺付
正祖十四年（1790）10月	冬至兼使谢恩	光恩尉 金箕性	闵台爀	李祉永	谢别论
纯祖元年（1801）2月	谢恩	赵尚镇	申献朝	申绚	谢赐祭

更加令人感兴趣的是清代画家罗聘为朴齐家所作的一件肖像画。1790 年罗聘第三次来到京城，并居住在北京琉璃厂观音寺。那里离朝鲜使臣们所居住的玉河馆不远，来往间并与朴齐家结识并展开交往。8 月，朴齐家即将结束此次的中国之行回国，为了纪念与朴齐家的离别，罗聘特意为朴齐家作画两幅：一为月下墨梅，一为朴齐家肖像写照。这件作品最后经由日本人藤冢邻之手收藏后，曾一度在太平洋战争期间消失，仅在韩国果川市文化院留有照片底片本。（图十五）直到 2000 年 1 月才又有同样内容和主题的被命名为《置之怀袖帖》的书画帖出现在日本举办的中国书画名品展中，并在日本谦慎道书会出版的图录《中国书画展 · 清初中期》中进行了介绍。2006 年，这一册页又出现于中国嘉德秋季拍卖会，并最终由个人竞得收藏。当然很难肯定，这件《置之怀袖帖》是否就是朴齐家带回朝鲜的原作，但是，这件书画帖却应该是多少保留了原来的风貌。（图十六）

图十五　罗聘，《朴齐家肖像》（照片底片本），18 世纪，34cm × 42cm，韩国果川文化院藏

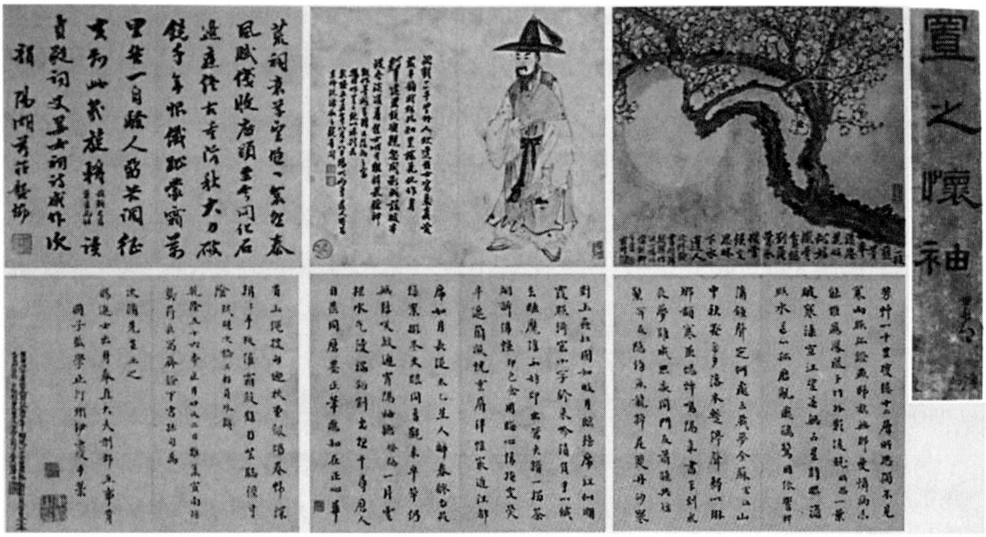

图十六 《置之怀袖帖》，1790—1791 年，纸本水墨，22.9cm ×26.6cm，个人藏

帖首标题“置之怀袖”便是由朴齐家的好友伊秉绶所题写的，反映了离别的深深遗憾。书画帖最引人注目的便是帖中的两幅绘画作品。

两件作品都俱题诗。其中 1790 年画的《墨梅图》上为罗聘所写的饯别诗。(图十七) 饯别诗云：“一枝蘸墨奉清尘，花好何妨彻骨贫。想到薄冰残雪候，定思林下水边人。次修检书，将归朝鲜，作此小幅，以当折柳之意。”墨梅多为文人之间互赞人品志趣清高之意，罗聘正是以此意来赞颂即将归国的朝鲜使臣朴齐家。与此同时，罗聘还为朴齐家另作了一件肖像以资留念，并同样题写了诗歌：“相对三千里外人，欣逢佳士写来真。爱君丰韵将何比，知是梅花化作身。何事逢君便与亲，忽闻别话我酸辛。从今淡漠看佳士，唯有离情最怆神。既作墨梅奉赠，又复为之写照，因作是二绝，以志别云。”(图十八)

1790 年返回朝鲜后，朴齐家在 1791 年再次参加谢恩兼冬至使被连续派往中国。在华期间，又与清朝文人士大夫汪端光、龚协、伊秉绶有过交往。此三人在朴齐家离开的时候，特意在 1791 年 1 月 28 日在龚协书斋设宴，为朴齐家举行饯别雅集聚会到很晚。①这几位参加了饯别雅集的清朝文人也当场为朴齐家题写了饯别诗。这些诗后来与罗聘绘

① 伊秉绶题诗三开，款署：“乾隆五十六年正月廿又八日，雅集宣南坊龚荇庄寓斋，灯下书拙句，为次茌先生正之。赐进士出身、奉直大夫、刑部主事、前国子监学正汀州伊秉绶手稿。”

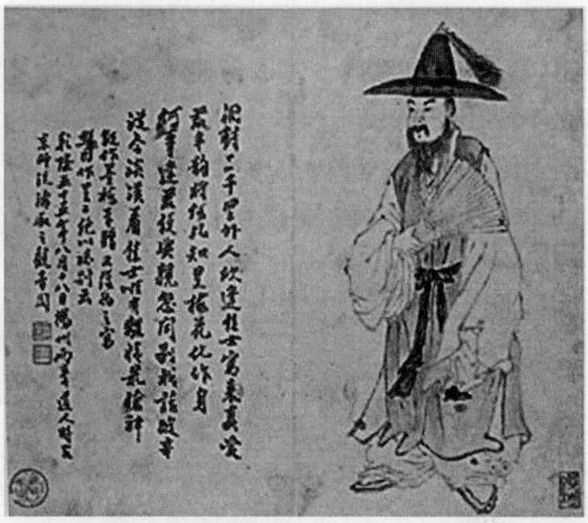

图十七（左）　《置之怀袖帖》之《墨梅图》，1790—1791 年，纸本水墨，22. 9cm ×26. 6cm，个人藏
图十八（右）　《置之怀袖帖》之《朴齐家肖像》，1790—1791 年，纸本水墨，22. 9cm ×26. 6cm，个人藏

制的两幅画共同装裱在了同一个书画帖之中，并由伊秉绶题写了“置之怀袖”的标题。

可以说，在万寿节的盛典之下，区别于《万国来朝图》和《职贡图》中的抽象化、符号化的朝鲜人标准像之外，提供给我们了一个生动的具有个性的朝鲜人形象，或者说提供了一个中国人理解朝鲜人的另外一个视觉化的形象维度。

在伊秉绶题诗后，最早的年款和所有者便是 1816 年的金正喜。卷尾的题跋中提到了他收藏了《置之怀袖帖》。一个很有意思的情况便是，在朴齐家入画写照之后，金正喜也在燕行出使的过程中，与中国文人士大夫之间建立起密切的关系，也同样有中国画家描绘其本人，并绘成肖像相赠。

金正喜作为朝鲜时代末期画家的代表，可以说是与中国关系非常密切。1809 年 10 月，他作为子弟军官跟随其父冬至兼谢恩副使金鲁敬一同燕行。当时，在清朝与朝鲜两国的文人之间赠送山水作品或是“四君子”题材的绘画作品，依然是文人之间建立或维持交往关系的重要渠道之一。在中国期间，金正喜与多位中国的官员文人都有过密切的交游。比如朱鹤年，为了纪念金正喜归国，他还特意以金正喜的前辈朝鲜学者柳得恭的诗文为主题绘成扇面，送予金正喜留念。（图十九）

在第二年二月一日金正喜准备回国的时候，阮元、李林松、翁树昆、洪占铨、谭光祥、刘华东、金勇、李鼎元、朱鹤年等九位清朝文人在法源寺为秋史金正喜举办了饯别宴，并在此背景下制作了《秋史饯别宴图》。（图二十）同样，通过朱鹤年题写于画上的诗文，我们不但知道了此画作正出于朱鹤年本人之手，而且知晓了当时参加饯别雅集

图十九　朱鹤年,《柳得恭诗意图》,1810 年,韩国果川文化院藏

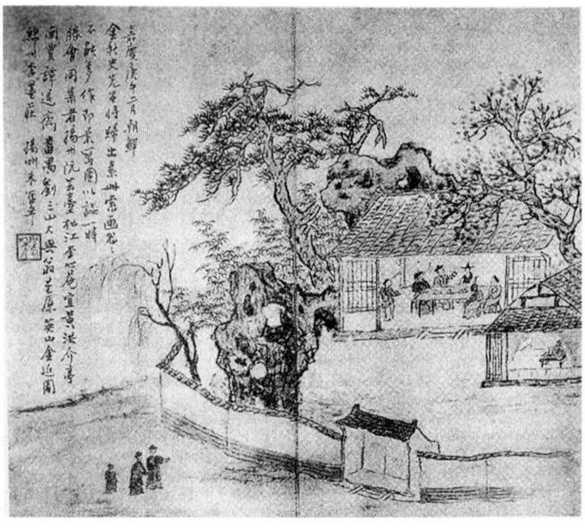

图二十　朱鹤年,《秋史饯别宴图》,1810 年,纸本淡彩,30cm ×26cm,个人藏

活动的其他成员。①

这件作品在后世有明确的流传次序,通过其作品中由金正喜弟子小棠山人金奭准于

① 朱鹤年题写的跋文:“嘉庆庚午二月,朝鲜金秋史先生将归,出素册索画,悤悤不能多作,即景写图,以志一时胜会。同集者,扬州阮芸台、秋江李心庵、宜黄洪介亭、南丰谭退斋、番禺刘山三、大兴翁星原 、英山金近园、锦州李墨庄、扬州朱鹤年。”

1908 年所写的题跋，可知其详细的流传信息。其原本由金正喜收藏之后，经南秉哲，金炳学、金炳国、金炳冀，在兴宣大院君收藏后传给他的孙子李埈镕，然后经闵圭镐、闵台镐、闵泳翊传来，最后为李汉福所收藏。该作品于 1995 年首尔个人收藏家收藏后，便再未面世，也无法知道其现在确切的收藏地。

但是，更令人感兴趣的不是这件原作，而是其另一件模本的版本（图二十一）。这便是由原作的其中一位收藏者李汉福在 1940 年根据原作所作的一件模本。李汉福在临摹之后，于 1940 年 10 月 3 日将其赠送给日本的藤冢邻，后来藤冢邻的儿子藤冢明直将藤冢邻的藏品 2700 多件捐赠给果川市，现由果川市文化院收藏。

李汉福的模本可能会让我们更加接近这件作品的原貌。该作品卷首上题有“赠秋史东归图诗”的“刘华东书签”，其后为金正喜的《阮堂先生像》一幅，朱鹤年的画一幅。其后分别为历代收藏者南秉哲的“圭斋”，闵台镐的“杓庭”，洪钟应的“芍玉”，李昰应的“石坡”“大院君章”，金兴根的“游观”等 5 人的印章。《阮堂先生像》肖像的右边有“甲申春三，玉水居士弆藏”款识，朱文印“石庭”，下方有“金正喜印”。可知 1884 年 3 月曾经兴宣大院君的孙子石庭李埈镕收藏过。其后为朱鹤年的题诗《秋史饯别宴图》，李林松的 7 首饯别诗，李昰应的墨兰图，记有这件书画帖流传情况的小棠山人金奭准的题跋，其题跋旁为“芸楣真藏”的落款，最尾上有李汉福 1940 年 10 月 3 日写的题跋。[①] 其中，除了模本绘制者李汉福本人的款印可以定真外，其余款印基本可以断定，应为李汉福仿作。

事实上，这一书画帖中的《阮堂先生像》的作者归属一直以来都是一个令人困惑的事情。由于没有明确的作者款印，同时亦没有相关文献的佐证，因此，其归属一直无法断定。但是，有一点可以肯定，这件作品最晚应该不会晚于 1884 年 3 月，定非李汉福擅自添加。很有意思的是，这幅肖像中的金正喜并没有穿着朝鲜官服，甚至没有穿着朝鲜士人的便服，而是穿了清朝中国文人式的便服，甚至留起了清人的发型。从这种形象的塑造来看，我们可以大胆地推测，这幅肖像很有可能也同样出自于金正喜燕行时期的中国画家之笔。而在另一件朱鹤年的《秋史饯别宴图》中，为了突出金正喜的朝鲜人身份，虽没有任何细节和个性化的描绘，但是，金正喜头上的黑笠帽明确地标示了其朝鲜人的身份。这种肖像画中身份设定与山水画中身份设定之间的差异，究竟哪个是中国文人观念中的朝鲜文人形象，而哪个又是朝鲜文人自己眼中的自我形象，这或许是一个有趣的话题。

---

① 李汉福写的题跋：“朱画之纤浓精致，李诗之书之飘逸奔放，俱足千古，赤县青邱上下百年，继横万里之文献华于斯矣。掌大一帖，所系甚重，余故移写径轮示同好云。庚辰十月三日为，望汉庐主人先生请鉴，全义后人李汉福。”

图二十一　朱鹤年作、李汉福摹写，《赠秋史东归图诗临摹》，1940 年，22cm ×324cm，韩国果川文化院藏

另外一件由中国文人绘制的朝鲜使臣肖像则与朝鲜人洪大容有关。洪大容曾两次出使燕京，其中1765年11月是作为冬至使书状官洪檍的弟子军官，与正使顺义君李烜、副使金善行等一同参加了使行。在这次使行中，洪大容通过李基成的介绍，结识了中国文人画家严诚，并展开与其友人圈之间的交游。尽管两人在2月3日才第一次见面，但是在2月29日归国前，洪大容等人与严诚、潘庭筠、陆飞等人之间交流达7次之多。虽然双方在交流过程中会有语言上的障碍，但是，通过笔下的文字交流，特别是绘画的交流，双方进行了深入的交流，并结为挚友。①

根据洪大容文集《湛轩书外集》的记载，1766年2月23日陆飞曾在自己的居所绘制了《荷风竹露草堂图》送给洪大容，并请他题写诗文。此后陆飞又于28日将自己绘制并题诗的五把金陵扇嘱人送至洪大容等人的居所。其中赠予洪大容的一件，在扇子的正面绘有两棵竹子并题记，背面则是送别饯行的诗文。2月26日是双方的最后一次见面。由于29日启程归国，双方无法再次见面，因此只能通过使者将告别的信件送至严诚处。严诚收到来信后，则通过使者将回信和两件画帖送予洪大容。其中，一为潘庭筠的书画和陆飞的笔迹书法两幅，另一为严诚的作品。②

洪大容与严诚等中国文人之间的交往并不仅限于此，事实上，两人在洪大容返回朝鲜后，依然通过译官与潘庭筠、陆飞、朱文藻等人保持着书信往来，交流诗文学问。1770年严诚去世，洪大容向自己多年的中国好友孙有义请求严诚的文集和肖像，但并未成行，直到1779年6月才通过赴华燕行的朝鲜使臣李德懋实现。③ 洪大容在收到由严诚好友朱文藻在严诚去世后所编撰的，由孙有义笔写的五卷本《严铁桥全集》，以及由萝龛奚冈所绘的严诚肖像后，在自己的另一部文集《乙丙燕行录》中对此事进行了记录和

---

① 洪大容：《湛轩书外集》卷一、二、三，杭传尺牍。

② 洪大容：《湛轩书外集》卷三，杭传尺牍。

③ 李德懋：《青庄馆全书》卷之六十七，《入燕记》下，正祖二年六月十七日："十七日乙巳。夕风。夏店四十六里午餐。三河二十九里宿。〇一行之人。皆知午餐于烟郊堡。而及至烟郊则下处军官及厨子。俱已到夏店。一行人马俱饥窘。〇夕抵三河。前日宿三河。书状忘置杨椒山集，陈其年集而去。主人出示二集。可见中原人之有信也。孙有义字心栽。号蓉洲。居三河。洪湛轩之所亲也。昨夜。余逢蓉洲于通州。蓉洲以为洪公前托余得湖州士人严铁桥诚遗集及小照。我已得之。寄置于三河塩店吴姓人。君过三河。可以索之。归传洪公。及到三河馆之比邻。孙嘉衍。即蓉洲之从弟也。塩店吴姓人。已闻朝鲜人将回。置蓉洲所托铁桥遗集小照于嘉衍之家。余乃索来。此亦奇也。诚字力暗。乙酉岁。湛轩逢陆飞潘庭筠及诚于燕市。诚有志于为己之学。湛轩尤所眷眷者也。不数岁。诚病疟而死。遗书湛轩。言甚悲恻。绝笔也。湛轩求其遗集及小照凡十年。今始得之。若有数存焉。蓉洲亦醇谨。有长者风。"

评述（图二十二）。根据其记载，在这五卷本的《严铁桥全集》中的第四册《日下题襟集》内收录有铁桥严诚所绘的在1766年出使中国并与其有着密切交往的六位朝鲜使臣的肖像（图二十三）。

图二十二　奚冈，《铁桥外史小像》，1770年，22.3cm×28.5cm，韩国果川文化院藏

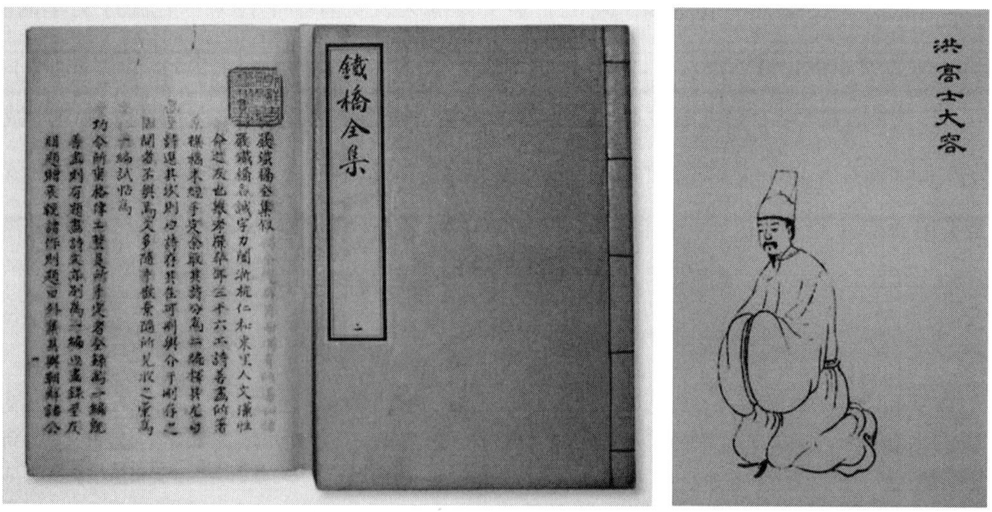

图二十三　朱文藻，《铁桥全集》，27cm×19.5cm，韩国国史编纂委员会藏，朝鲜史编修会笔写本

目前所知，传世的《严铁桥全集》中的《日下题襟集》有多个版本，分别为收藏于北京大学校图书馆、韩国国史编纂委员会、中国国家图书馆与哈佛燕京图书馆。其中，北京大学校图书馆所收藏的《日下题襟集》为1850年罗以智的笔写本，其中包括有李烜、金善行、洪檍、李基成、金在行、洪大容等朝鲜六位使臣的全身肖像（图二十四）。但是，目前收藏于国史编纂委员会的是1770年的版本，这一版本中的李基成、金在行两人并没有被表现为全身的肖像，而只是半身肖像（图二十五）。另外，在李基成肖像旁也有朱文藻的题跋："朝鲜六公小像，皆铁桥自京归里日所畫丁亥岁暮手摹一过，今又从丁亥本重摹，神气失矣，庚寅子月，朱文藻并记。"由此题跋可知，这一版本中的朝鲜使臣肖像是在1767年底的一个版本摹来，而1767年的那一版也是此前原本的一个摹版。朱文藻认为这一摹版的摹版已然失去了严诚原本的神气。另外，中国国家图书馆普通古籍目录也著录有抄本一册。哈佛燕京图书馆收藏的《严铁桥全集》中亦收有《日下题襟集》。这一版本为日本学者藤冢邻手抄本。内容与北京大学图书馆藏本略有差异，而且，其中不包含人物小像。

裨将李基成

军官金在行

军官洪大容

正使李烜　　副使金善行　　书状官洪檍

图二十四　罗以智笔写，《日下题襟集》插图，1850 年，29.7cm ×17.4cm，北京大学校图书馆藏

图二十五　朱文藻，《李基成肖像》，《铁桥全集》中《日下题襟集》，
1770 年，27cm ×19.5cm，韩国国史编纂委员会藏，朝鲜史编修会笔写本

另外，以 1765 年洪大容一行人回国之后，与陆飞、潘庭筠、严诚等清人相互之间的诗文通信往来为主体的燕京和杭州的清朝人士与朝鲜学者的信和诗，也被收集在一起制作成笔写本的《燕杭诗牍》。其中也包含有李鸿章寄来的关于清末国际局势分析内容的书信。（图二十六）

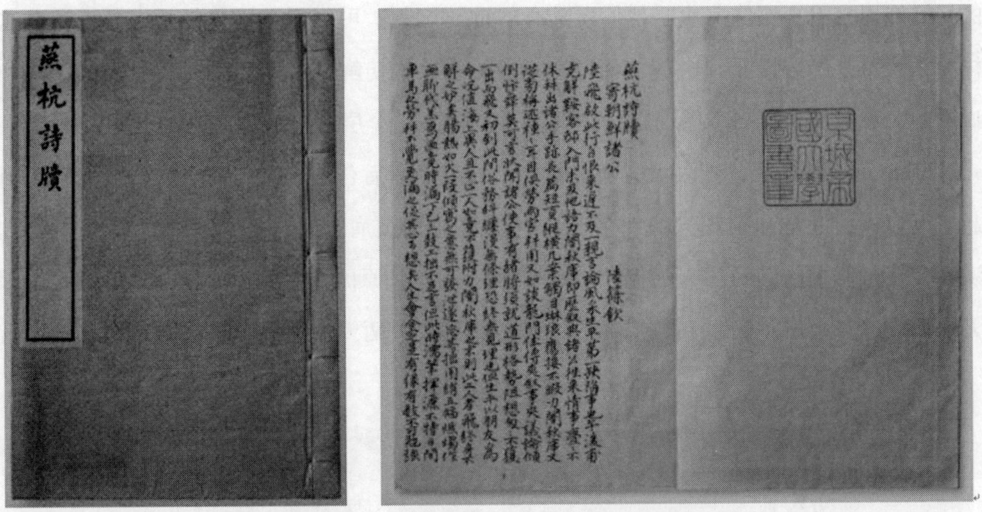

图二十六　编者未详，《燕杭诗牍》，1934，首尔大学校奎章阁韩国学研究院藏

三　古衣冠与今朝服

乾隆四十五年（1780）六月，为赴清朝祝贺乾隆皇帝七十大寿，以朴趾源的堂兄锦城尉朴明源被任命为正使，郑元始为副使，赵鼎镇为书状官所组成的使节团出使中国。43 岁的朴趾源作为子弟军官随行。在京期间，朴趾源不但对中华的政治历史、文化风俗非常关心，而且记载了大量有关清朝与朝鲜绘画在华情况的内容。

1780 年七月二十五日，朴趾源在黄昏后闲逛，无意间进入了一家作坊。这一作坊正在挑灯刻制《高丽进贡图》的套色版画。这一在各家店铺均有张贴售卖的版画，其主题引起了朴趾源的极大兴趣。但是，仔细观看后，朴趾源对这一题材的中国版画并不以为然，甚至有些不满意。他不但苛责其中的“军牢”形象看起来好像是一只猴子，更是对书状官的衣服使用了十多年前的红袍，而非今日之绿袍，而颇为不满。① 根据《国朝宝鉴》与《朝鲜王朝实录》中的记载，我们可知，《高丽进贡图》中所表现的朝鲜人形象应该是 1757 年公服改制之前的朝鲜使臣形象。②

或许朴趾源对于服装上的不满仅仅是源于刻工的漫不经心，但是，从历代使行至京

① 朴趾源：《燕岩集》卷之十二〇别集，《热河日记》，关内程史，七月二十五日辛丑。

② 《国朝宝鉴》卷六四：“命堂下官红袍，一遵大典，改以青绿，戎服仍从续典。”

的朝鲜使臣来看，服饰一直是他们所关心的重要议题。可以说，不仅仅是在万寿庆典这样的重大事件中可以看到中华与朝鲜之间的关联，从朝鲜人与清朝人对于服饰的关注和讨论中，我们也可以对乾隆时期的两国关系获得另一个层面上的理解。

1765 年正月初一，当洪大容随燕行使朝拜乾隆帝后，走出宫门的时候，他的装束引起了很多人的好奇和围观。特别是“有两官人亦具披肩品，帽戴数珠，观良久不去”。洪大容好奇便上前询问两人为何一直看自己，是什么原因。“两人笑容可掬曰：看贵国人物与衣冠。余曰：‘我们衣冠，比老爷衣冠何如？’两人皆笑而不答。”① （图二十七）

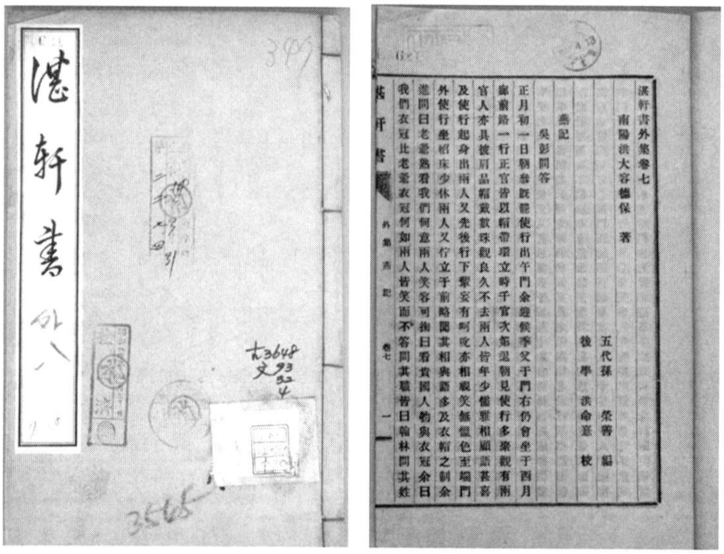

图二十七　洪大容，《湛轩书外集》卷七，燕记，吴彭问答，韩国国立中央图书馆藏

这里的“笑而不答”有着非常有趣的含义。事实上，即便是在朝鲜降清之后，包括朝鲜使臣在内的正式官服衣冠并没有发生大的变化，依然是继承了原有的样式。而这一样式恰恰就是清朝的前朝——明朝的衣冠样式与制度。这就无怪乎当洪大容一行出现在清朝的皇宫之中，会引起大家的围观，成为一道特别的风景了。

从洪大容后文的记载中，我们可知，这两位“笑而不答”的清朝官员并不是满族官员，而是汉族的翰林检讨官。两人甚至无法使用满语与译官交流。在他们的心中当然不可能会有什么对于前朝的留恋和记忆，但是，这“笑而不答”中还是流露出了对于明朝

① 洪大容：《湛轩书外集》卷七，燕记。

衣冠规制旁落朝鲜、由朝鲜继承并延续的那种复杂心情。

顺治六年（1649），中原汉人便在清朝衣冠规制的强迫下“改易发服”了。明朝的衣冠旧制被严格限制，甚至以严厉的惩治措施来加以限制，并大力推进清朝服制的实行。“易服色”不仅仅是衣冠制度上的简单变化，更是与民族差异对立的认识，甚至是对汉族服从满族统治的一种接受。

事实上，到了乾隆时期，即便是汉人对于所谓前朝衣冠与清朝服饰之间的更替和差异基本上也已经淡化了。人们不会再固执地将穿衣这件事看作与什么民族荣辱有关的大事。前朝的服饰仅保留在少数的明朝遗民之中，如果说还有就是在戏台之上。只不过，这两种情况都多少有些尴尬。

洪大容询问严诚遗民西林先生的衣冠服饰如何。严诚告诉洪大容，西林先生的衣冠的确与当时人的服饰不同，“西林先生衣布衣，帽极古旧”。但是与此同时，严诚又不得不承认，着旧装的西林先生“偶一入城，则人皆笑之矣”。①

另外，1779 年 6 月赴华燕行的朝鲜使臣李德懋也在其文集《青庄馆全书》中记载了另一件事情。一日其前往东安门大成庙。“殿门既开，光头赤身者，及童男女拦入无节，使臣乌帽团领，行四拜于大门之稍东边，观者皆指点而笑曰：场戏一样。场戏者，演戏之人，皆着古衣冠故也。”② 在这一时期，在人们的心中早已接受了清朝所推行的衣冠制度，而没有任何的民族负担，反倒是出现在戏剧表演之中的所谓“古衣冠”给这个曾是民族荣辱象征的议题加上了一些嘲讽和漠然的味道。这里所说的场戏场面，我们在乾隆《八旬万寿盛典图说》中也可以得知一个大概（图二十八）。

在这样的大环境下，朝鲜使臣的官服形象成为了一种有趣的对照，一方面朝鲜使臣对自己保留了中华正统的衣冠制度而骄傲自喜，另一方面，这种情况也刺激了清朝的某些汉人对于汉人天下的记忆和怀想。这种心态也表现在中国画家对于朝鲜使臣画像的绘制之中。

无论在清初，还是在康乾时期，中国文人画家或是职业画家都很少为安南国、琉球国，甚至蒙古国的使臣画像，但在与朝鲜使臣的交往之中，却有着频繁绘制肖像的传统和往来。比如在清朝建国早期阶段曾跨越明清两个朝代，前后三次出使中国的使臣金堉便在这三次使行中都绘制了肖像。

---

① 洪大容：《湛轩燕记》卷五《乾净笔谭》，载《燕行录选集》上册，381 页。

② 李德懋：《青庄馆全书》卷六十六至卷六十七《入燕记》下，载《燕行录全集》第五十七卷，第287页。

图二十八 《八旬万寿盛典图说》二卷，乾隆五十七年，武英殿套印本，美国哈佛大学哈佛燕京图书馆藏

第一件为作者不详（或传为胡炳）的《领议政潜谷金文贞公画像》，现收藏于韩国的实学博物馆，绘制于1636年金堉第一次出使中国明朝期间。其上有肃宗大王题写的"御制赞"（图二十九）。第二件为金堉于1640年到1644年在沈阳馆任昭显世子的辅养官时，与金堉当时交往颇密的中国文人孟永光因为离别遗憾，而绘制的金堉肖像《领议政潜谷金文贞公小真》，金堉则作诗来回报并表示感谢。① 其作品左上方有孟永光的题跋："雪鬓霞仪外形内德，君子观之是无不识，右盟永光写真赞。"这件画帖上有肃宗、英祖、正祖的御制赞。这些御制赞中是肃宗在1637年胡炳画《领议政潜谷金文贞公画像》写的御制赞，次韵肃宗御制赞的正祖的御制赞，还有英祖在《潜谷金文贞公小像》上写的御制赞，以及1751年申翊圣的题跋。②（图三十）第三件则是金堉于1650年3月26日出使中国时，由清人胡炳所绘的《潜谷金文贞公小像》。这件作品现收藏于韩国实学博物馆，画的左上段有"纶鹤衣人""胡炳之印"白文印，右上段上有1751年2月3日由英祖所题写的御制赞，是肃宗大王在传为胡炳1637年所绘的《领议政潜谷金文贞

① 金堉：《潜谷遗稿》卷二，《别写真孟永光》。"神妙南京孟画师，写真毫发细无遗。东归何敢忘君惠，吾面看时子面思。"

② 申翊圣：《乐全堂集》卷八《潜谷小像赞》。"以为伯厚也，则纶巾鹤氅，非丁丑以后之衣冠，以为非伯厚也。则红颜白发，即牛川（潜谷）草庐之先生，抚孤松而盘桓，盖欲追栗里之渊明者耶。"

公画像》中所题写的御制赞的一首次韵诗。① 金堉也在画上留有题跋：“独立长松下，乌巾鹤氅翁。风尘多少恨，不与画相同。”②（图三十一）

图二十九（左一） 胡炳，《领议政潜谷金文贞公画像》，1637，绢本彩色，272cm ×119.5cm，韩国实学博物馆藏
图三十（左二） 孟永光，《领议政潜谷金文贞公小真》，绢本彩色，17.4cm ×26.3cm，韩国实学博物馆藏
图三十一（左三） 胡炳，《潜谷金文贞公小像》，1650，绢本彩色，116cm ×49.8cm，韩国实学博物馆藏

令人感兴趣的是，三件作品中金堉的衣冠服饰都不尽相同。第一件作品中，金堉穿的是朝鲜正式官服。这款官服基本上与明朝衣冠制度中所规定的服饰特点相同。第二件中的金堉穿着的是朝鲜官员的便服。虽然与官服不尽相同，但是，头上的黑色乌纱帽还是能够看出中华服饰的特点。第三件作品最为有趣。此时，明朝已经灭亡若干年，金堉经历了昭显世子被作为人质居留于沈阳的阶段，又作为身处中华的亲历者目睹了明清两朝的更迭，其对中华的复杂情感与当时中国文人的矛盾情感在图像上达成了某种共鸣。胡炳的《潜谷金文贞公小像》中，金堉既没有穿着朝鲜承明制的官服，也没有穿着普通的朝鲜布衣，而是被装扮成了中华历史上汉人中的贤人诸葛亮的模样。这一改变一方面体现了中国画家对于金堉本人才识的赞颂，另一方面则更像是一种策略，一种既不肯与中原的新主人清政权相妥协，又无力与其对抗的复杂心态。

可以说，朝鲜人的这种复杂心态一直延续在朝鲜与清朝交往的过程之中。尽管清政

① 英祖题跋：“纶巾鹤氅倚立松风，是谁之像潜谷金公，昔之股肱为国丹忠，效古人义竭心鞠躬，大同谋画可谓神通，吁嗟小子百载钦崇。”

② 金堉：《潜谷遗稿》卷二《题写真小轴》。

府对内十分强调“易服色”的严格控制，但是，对于朝鲜使臣却持有一种“化外豁免”的态度。甚至《皇清职贡图》对朝鲜服饰的解说中也避免谈及其与明代服饰之间的关系，而是用了“王及官属俱仍唐人冠服”的表达来避免相互之间的矛盾。① 朝鲜人的衣冠形象在图像与文献中的塑造和表述并不仅仅是一种现实的呈现，更包含了不同立场上的不同观念之间的博弈和妥协。

朝鲜使臣们对于衣冠服饰的关注和挑剔，一方面是对自身所谓“中华正统”身份的骄傲和认同，另一方面也是对当时的清朝与朝鲜之间的关系秩序的一种关注。就好像那件至今仍像谜一样的《太平城市图》。根据其中的“西洋秋千”游戏或是相关物件来判断，其制作的年代应该在19世纪前后（图三十二），其中所表现的也不是朝鲜的任何城市，而应

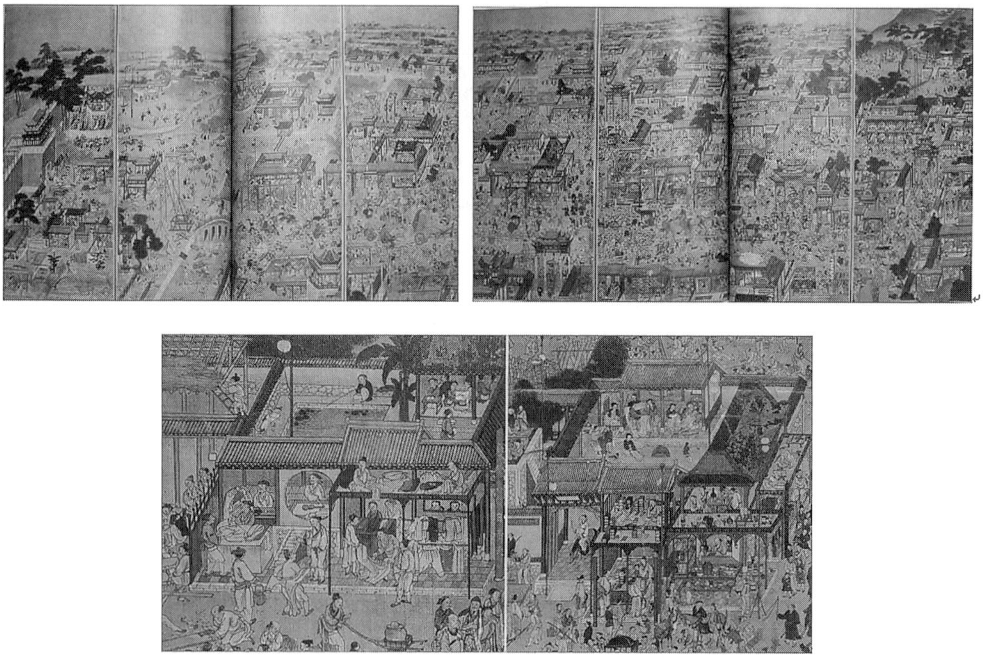

图三十二 作者未详，《太平城市图》，绢本彩色，总8幅，每一幅113.6cm×49.1cm，韩国国立中央博物馆藏

① 《皇清职贡图》第一卷，“朝鲜国图解”：“朝鲜，古营州外域。周封箕子于此，汉末扶馀人高姓据其地，改国号高句丽，亦称高丽，唐李勣征之，高氏遂灭。至五代时，有王建者，自称高丽王，历唐至元屡服屡叛。明洪武中，李成桂自立为王，遣使请改国号为朝鲜。本朝崇德元年，太宗文皇帝亲征克之，其国王李倧出降，封为朝鲜国王，赐龟纽金印，自是朝鲜遂服，庆贺大典俱行贡献礼。其国分八道，四十一郡，三十三府，三十八州，七十县。王及官属俱仍唐人冠服，俗知文字喜读书，饮食以边豆。官吏娴威仪，妇人裙襦加襈，公会衣服，皆锦绣金银为饰。朝鲜国民人，俗呼高丽棒子，戴黑白毡帽，衣袴则皆以白布为之。民妇辫发盘顶，衣用青蓝色，外繫长裙，布袜花履，崇释信鬼，勤于力作。”

该是当时的中国北京或江浙一带的发达城市。虽然，其中的人物做着清朝才有的游戏，所有的人物却都被表现为着明朝衣冠的形象。它仿佛在传递一种信仰或是执念，即朝鲜人认为这样的繁荣和太平永远只属于“中华”，而非满洲（图三十三）。

图三十三　作者未详，《太平城市图》，绢本彩色，总8幅，每一幅113.6cm×49.1cm，韩国国立中央博物馆藏。《八旬万寿盛典图说》二卷，1792，武英殿套印本，美国哈佛大学哈佛燕京图书馆藏。郎世宁，《乾隆万树园赐宴图》，1755，故宫博物院藏。

艺术史研究

图以授之：清初“四王”对宋元诸家的笔墨规范

田艺珉

内容提要：清初“四王”范后学法门，构建山水画的新程式。“四王”在规模古人笔墨时，以理求之，讲求“六法”，得气韵生动的艺术成就，各开生面，实为法无一定的绘画实践，洵为后学津梁。

关键词：“四王”　梳理整饬　六法　各开生面　以图授之

清初“四王”对宋元诸家笔墨的规范是以“六法”为据。张庚云：“世之论六法者，以两先生（王时敏、王鉴）有开继之功焉。”① “谢赫的‘六法’分明根据事实所提出的是‘应物象形’，岂有绘画发展史，水墨画发展史推进到北宋，却变得‘牛鬼蛇神’起来，连绘画的基本之点的形似都不要了？不要形似的解释就是，画山不要像山，画树不要像树，画人不要像人，画像了就不成其为绘画。”② 清初“四王”在“摹古”中亦强调与“古人血战”，以至“形神逼肖，一一夺真”，但与谢先生强调“应物象形”的求似重点完全不同。前者以客观真实为据，而“清初拟古画家，在对待艺术的继承性问题上是片面的形式主义观点，而最主要的还是他们丢掉了师造化这个艺术法则。王原祁几十年的绘画活动经历表明了这一点”③。其中虽有一定的客观依据，但并不能以此为“四王”扣牢形式主义的帽子。

---

① 张庚：《国朝画征录》，参见《中国书画全书》第十五册，第 15 页，上海书画出版社，2009 年。

② 谢稚柳：《鉴余杂稿》，第 292 页，上海人民美术出版社，1996 年。

③ 葛路：《中国古代绘画理论发展史》，第 168 页，上海人民美术出版社，1983 年。

清初“四王”在绘画中均有“师造化”的表现，如王鉴对景而作的《虞山十景册》，王原祁《仿富春山图轴》题跋中记录了自己武林之行，途中景色映澈心目，偶思大痴富春图卷而作此图。其亦在《麓台题画稿》中言：“余忆戊寅冬，从豫章归，溪山回抱，村虚历落，颇似梅道人笔。”① 其中“颇似梅道人笔”，已告知我们自然造化中的客观已因胸中丘壑的艺术经验而被主观化，这是建立在几十年的艺术实践基础之上的。由此，其与唐、宋、元山水画中的丘壑形态相比，已有两种形态：一为自然现实中的客观形态，另一为古贤作品中的山川丘壑。清初“四王”以后者为主，这一山川丘壑因经过艺术化的历史积淀而呈现出一定艺术程式，又因创作主体各一独特的主观意识，其艺术形式趋于多元，董其昌“以笔墨之精妙论，山水决不如画”是至理的论断，为此，山水画的笔墨形式语言被摆放到了“四王”面前。

面对古人多元的笔墨艺术，清初“四王”首先梳理、整饬；其次择选侧重，各开生面；最后以图授之，规范后学法门，这使得他们最后成为“山水正宗”，显然，这并不是唯一因素，其背后还有着强大的政权政治。但他们的绘画艺术首先因其各自卓越的艺术成就而独立存在，另一关键因素是他们“儒学为正”的绘画观念。因此，“四王”追宗“六法”以儒学经世致用之“理”为宗，规范法门正是儒家教化之功的直接体现。“六法”在长期的历史发展中已具备详尽的体系，并早已成为绘画的理论规范。王原祁亦明确表示：“六法，古人论之详尽矣。”“六法”发展到清初已不需逐一解释，常以整体出现在其题跋或画论之中。“四王”中以王原祁的总结为代表，在题跋中云：

> 元季四家俱宗北宋，以大痴之笔，用山樵之格，便是荆、关遗意也。随机而趣生，法无一定，丘壑云烟，惟见浑厚磅礴之气。北苑夏景山口待渡图用浅绛色，而墨妙愈显，刚健婀娜，隐跃行间墨里，不谓六法中道统相传，不可移易如此。若以臆见窥测，便去万里，为门外伧父，不独径庭而已。明吉以小卷问画，余为写荆、关秋色，并以源流告之，并属质之识者，以余言为不谬否。②

① （清）王原祁：《麓台题画稿》，参见《中国书画全书》第十二册，第283页，上海书画出版社，2009年。

② 同上注，第285页。

题跋中“不谓六法中道统相传，不可移易如此”是审定绘画成就的关键，亦是效法者尤需恪守的不二法门。在题跋中，王原祁以“元季四家俱宗北宋”的理论代替了“元四家”皆从董、巨中来的理论，相当明确地规范了“惟求宗旨，何论宋元”的山水画新精神，形成了全方位的山水画绘画体系，并具体论述了山水画的体用之法，包括笔、墨、色及丘壑布置，回应了“六法”之论。其题跋中“随机而趣生，法无一定”不仅是脱化出蓝之道的最好方式，更是其超越“六法”的理想。为此，以王原祁为代表的“四王”在“摹古”中整饬梳理山水画的全部体系是他们超越古法的一种有效法门，这其后是为了缔造一种崭新的艺术形式。为此，已不攻而破“形式主义”的判定。从“四王”存世之作品悉细推究，形式主义的定义应只能局限于“四王”自己的作品之中，换言之，他们的绘画形式主义是因为在创作中以无限重复自己而形成的，但这正是一位画家完成自家面貌的关键所在。如缺乏前后纵向比较，忽视其存世作品的数量，而将之定义为“千篇一律”“张张相似”的形式主义是片面偏妥的。王原祁题跋中的“法无一定”不是强调自己追求变化多样的艺术风格，而是以“惟求宗旨，何论宋元”的无限广度，合作诸家法门，以求“气韵生动”。这正是熟谙“六法”之道的体现，其在题跋中云：

> 六法一道，非惟习之为难，知之为最难；非惟知之为难，行之为尤难也。余于此中磨练有年，方知古人成就一幅必简炼以为揣摩。于清刚浩气中具有一种流丽斐亹之致，非可以一蹴而至。学大痴者，宜深思之。①

从题识中可以看出，“六法”在王原祁那里已到了攻坚的时候。从王时敏“笔端之气不可学”，“灵妙出自天机”，“研求愈深，去之愈远”，“决非功力可就”，到王原祁非可一蹴而就，必须“宜深思之”，都在试图解决其中肯綮。王原祁在题跋中又云：“画家自右丞以气韵生动为主，遂开南宗法派，北宋董、巨集其大成，元高、赵暨四家俱宗之。”② 为此“气韵生动”为最高之求，而“图以授之”是解决这一问题最直观的方式，“四王”用他们的仿古山水图册分门别类的示范。

---

① （清）王原祁：《麓台题画稿》，参见《中国书画全书》第十二册，第285页，上海书画出版社，2009年。

② 同上注。

王时敏图以授之的典型是其61岁为女婿圣符所作《仿古山水图册》（十二开），现藏故宫博物院。王时敏不仅以图示范其模仿的对象，并在图册中以题跋明示，这也是其他“三王”常用的方法。题跋中，他说明“董、巨、三赵、元四大家无所不仿”，并强调，作画要“日以古法浸灌心胸，而又专精熟习，乃臻工妙”。又，其71岁给儿子王掞《仿古山水图册》（十二开）中亦仿董源、赵孟頫、赵令穰、“元四家”，以及摹仿直接或间接以黄公望为宗的张子政（张中）、陆天游（陆广）、徐幼文（徐贲）等作品，在图册后亦不忘题识，云：“临摹古迹，尺尺寸寸而求其肖者，要非得画之真，吾画固不足以语此，而略晓其大意……山谷诗云：‘文章最忌随人后，自成一家始逼真。’正当与坡公语并参也。”纵观王时敏仿古山水图册中对宋元诸家的表现，他有效地提炼了黄公望（图一）、王蒙（图二）、米家父子（图三）、赵令穰（图四）的丘壑形态、笔墨技法等艺术形式，成为解读他们的经典样式，并以相对稳定、趋一的艺术样式在自己的作品中多次重复使用，而突出了自家的艺术面貌。其中尤以仿黄公望为甚。将其中“仿子久”一页（图一）与王时敏的代表作《答赠菊作山水图轴》（图五）相比，王时敏在册页中提炼黄公望的艺术形式被重复应用在《答赠菊作山水图轴》中。这也是其他“三王”成就自己绘画的不二法门。

图一　王时敏《仿古山水册》之仿子久

图二　王时敏《仿古山水册》之仿王蒙

图三 王时敏《仿古山水册》之 仿米元晖 图四 王时敏《仿古山水册》之仿赵令穰 图五 王时敏《答赠菊作山水图轴》

王鉴“后学津梁”的美誉是毫不为过的，故宫博物院藏王鉴65岁的《仿古山水册》（十开）在“仿倪瓒”的一开中自题：“宋元大家，皆从右丞正脉，故南宗独盛，然知之者不易。”与其前后仿宋元诸家的图册相比较，王鉴对“元四家”的规范相对稳定。其中仿黄公望一页（图六）就是其65岁所作《陡壑密林图轴》（图七）的缩本，并与64岁同藏故宫博物院中《临子久秋山图》页（图八）相比，他们的相似程度远大于与黄公望的相似程度，除了后者在丘壑布置中有细微的繁密之别外，别无他异。与王时敏对黄公望的规范相比，王鉴的笔端透露着幽微淡远之致，区别于王时敏的苍浑清润而自成一格，亦佐证了“四王”在“摹古”时各具鲜明的艺术特色。当然，王鉴在仿宋元山水中，对吴镇的图式规范不仅是成就其绘画艺术的关键之处，并深深地影响了王翚对吴镇的理解，实现了图以授之的目的。王鉴《仿古山水册》之四（图九），虽没有题仿某某的字样，但完全可以明白是王鉴对吴镇的模仿，这不仅可以从其仿古山水册中题仿吴镇的作品中找到相应的例证，亦可以在故宫博物院藏时年52岁所作的《四家灵气图轴》中得到验证。值得注意的是，王鉴在其65岁《仿宋元山水册》（十二开）中几乎重复应用了《仿古山水册》中仿吴镇的艺术风格，即便是题“摹大痴笔”的一页（图十）均如此。

王翚早在31岁时就在《仿古山水册》（故宫博物院藏）之二（图十一）仿黄公望中题识：“此幅乃写华山景，其石面则虞山峰麓也。”这是其师造化的实例。其中之四为“仿北苑墨法”（图十二），自识：“米元晖精细者，清致可掬，更有一种拖泥带水皴者，亦自苍润奇古。”此册是王翚为“汉侠道兄”所作。其中除了仿米芾、倪瓒一册有鲜明效仿特征之外，其他册页中多以效法北宋丘壑，如其中摹曹知白《江乡秋晓》（图十三）虽与之有几分貌似，但其笔意却更接近李成，颇为苍古。

图六　王鉴《仿古山水册》之仿黄公望

图七　王鉴《陡壑密林图轴》

图八　王鉴《临子久秋山图》

图九　王鉴《仿古山水册》之四

图十　王鉴《仿宋元山水册》之仿黄公望

图十一　王翚《仿古山水册》之二　图十二　王翚《仿古山水图册》之仿北苑墨法　图十三　王翚《仿古山水图册》之江乡秋晓

相形之下，王翚仿宋元诸家的山水册页面貌多变，呈现出集大成的艺术优势。将其仿古山水图册与其山水卷或轴相比，前者笔端更趋灵动鲜活，笔意萧疏，颇有几分逸韵。又如41岁所作《仿古山水四段》（图十四），薛永年先生在此图著录中说："或仿元，或由明入宋，或由元悟宋，既讲究法度，又重视法外意趣，是其着力融汇贯通古法而求脱化之作。"① 又有故宫博物院藏，其50岁所作《仿古山水册》（十二开），此册已深受其笔墨艺术成熟之后的风格影响，其中笔法与其后仿宋元诸家山水图册中的笔法

图十四　王翚《仿古山水四段》

① 徐邦达、薛永年：《王翚精品集》，人民美术出版社，2011年，见图一七著录。

愈趋一致。以第一开（图十五）为典型代表，笔端以精熟工细为宗，是王翚以笔为宗构造清润秀丽的整体画风的另一实例。上海博物馆藏，其54岁所作《仿古山水册》（图十六）又是一例证。该作品中的笔法已完全是王翚代表作的主要笔法，与王翚55岁所作《临黄公望富春山居图卷》和59岁《仿王蒙山水图轴》同出一辙。王翚仿古山水图册中笔法演变是其艺术日趋规模的主要体现，贯穿其整体的艺术发展之中。

王原祁曾回忆说：“余先奉常赠公汇宋、元诸家，定其体裁，摹其骨髓，缩成二十余幅，名曰‘缩本’……先奉常于丁巳夏初，忽以授余，其属望也深矣！余是年三十有五，拜藏之后将四十年，手摹心追。庚寅冬间，方悟‘小中见大’之称，亦可以‘大中

图十五　王翚《仿古山水册》写痴翁富春卷一角

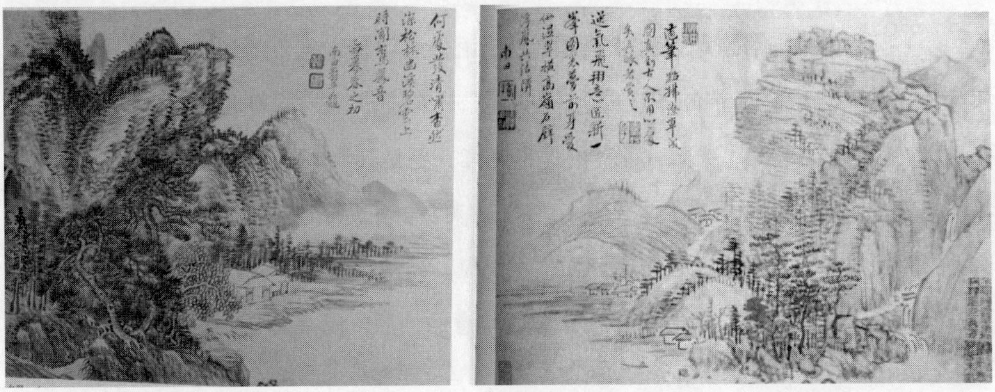

图十六　王翚《仿古山水册》

见小’也。”① 可以说，王原祁深谙“图以授之”的学习功效，其一生在“摹古”中精研画法的优越条件是其他三王所无法比拟的：早岁的家学蒙养，其后在朝廷鉴赏名作和充当《佩文斋书画谱》总纂官足以使其深谙“六法”之髓，在题跋中云：

> 黄鹤山樵，元四家中为空前绝后之笔。其初酷似其舅赵吴兴，从右丞辋川粉本得来，后从董、巨发出笔墨大源头，乃一变本家法，出没变化，莫可端倪，不过以右丞之体，推董、巨之用，而学者拘于见闻，谓山樵离奇夭矫，别有一种新裁，而董、巨之精神不复讲求，山樵之本领，终归乌有，于是右丞之气韵生动为纸上浮谈矣。闻亲家为新安风雅巨擘，今寓维扬，意欲昌明斯道，而虑振兴之无人也，飞书来问山樵笔，并寄侧理，余就所见作此图，并以是语告之。②

其又在55岁所作《仿古山水图册》后题识：

> 画中山水六法以气韵生动为主，晋唐以来惟王右丞独阐其秘而备于董、巨，故宋元诸大家中推为画圣，而四家继之渊源的派，为南宗正传……位置出入不在奇特，而在融洽稳当，点染笔墨，不在功力，而在超脱浑厚。古人殚精竭思，各开生面，作用虽别，而神理则一，非惟不易学，亦不易知也。③

以上题跋已相当清晰地表明了王原祁“是语告之”授之规范的儒家教化行为。王原祁对“气韵生动”地理解亦归正于“平中求奇”“奇中求正”而符合儒家审美需求的体格。“各开生面”是其“法无一定”的理论延续，更是其绘画艺术的理想，这一切王原祁以“理”求之。从该册中的笔法与丘壑布局来看，王原祁遵循了“前二王”仿宋元诸家的图式规范，其对米氏云山、黄公望、倪瓒、吴镇、王蒙有着鲜明的风格规范，区别于祖父王时敏的风格，笔端颇有几分自适其意的洒脱。随后即王原祁60岁作《仿古

① （清）王原祁：《王司农题画录》二卷，参见《丛书集成续编》第85册，上海书店出版社，1994年。

② （清）王原祁：《麓台题画稿》，参见《中国书画全书》第十二册，第285页，上海书画出版社，2009年。

③ 聂崇正：《王原祁精品集》，人民美术出版社，2000年，图九。

山水图卷》（六开）（图十七）中自题道：“东坡宝绘堂记云：‘君子寓意于物而不可留意于物。’画亦物也，为嗜好耽玩所拘则留矣。”该册与王原祁典型的丘壑布局相比，或从上幅入手，至中下而留白；或从下至上，偏右为之，左侧大白；或中段上下相对，颌面相迎；或入左虚右；或全幅铺展，左右为之，令人耳目一新。其笔端书卷之气浓郁，藏锋不露，浑厚蕴藉，一勾一染一点均各具姿态，已重开宋元堂奥。

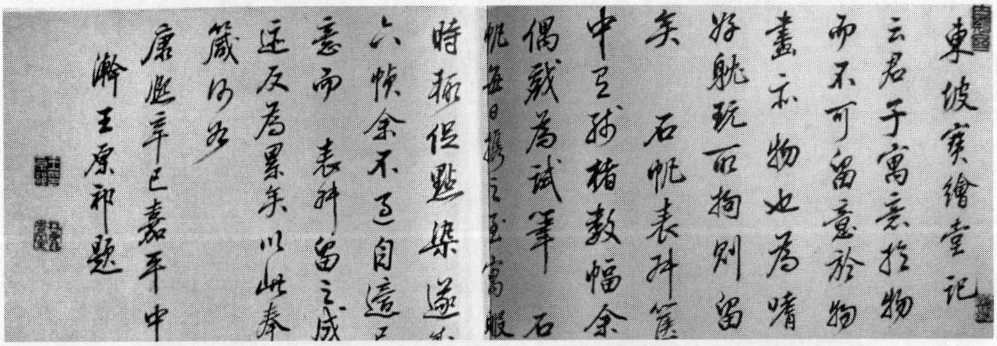

图十七　王原祁《仿古山水图卷》之题识

63 岁后，王原祁仿宋元诸家的图册已经趋合于整体的绘画风格，突出体现了王蒙对其绘画风格的影响，实现了出宋入元的笔墨取向。故宫博物院藏王原祁 69 岁所作《山水图册》（十开）（图十八）为其中典型的代表。画上自题中涉及了丘壑布置、笔、墨、色等绘画形式，并再次强调了“气韵生动”的宗旨。在第五页上自题：“宋人笔墨宗旨为北苑之半幅、巨然之赚兰亭是也，余故标出之要求用心进步处。”在第七页中自题：“长宵烧烛为丹思拟叔明笔兼论画理，偶成古体八韵，并录出示之。”该册中每一页均为王原祁典型渴笔皴擦，每一页均可入王原祁成熟风格后的山水轴或卷的画面之中，甚至可入其题仿黄公望的作品之中。这一《山水图册》是王原祁在“摹古”中实现“熟后熟”的艺术样式之后的典型代表，从分析古法（以山水画的整体体系为宗），到提炼古法，最后重复发展自己提炼古法这一轴线（这也是其他三王的主要法门），王时敏的黄公望、王鉴的吴镇、王翚的工丽之笔，王原祁的王蒙是他们在效仿古法中形成的规范，并以大量的直观图像演绎着“六法金针”，并使之规范。正如王原祁自己在《麓台题画稿》中《仿黄鹤山樵巨幅山水·寄依文》中云：“飞书来问山樵笔，并寄侧理，余就所见作此图，并以是语告之。”以图示范，用文说明，理论与实践并举构建山水画的新程式。

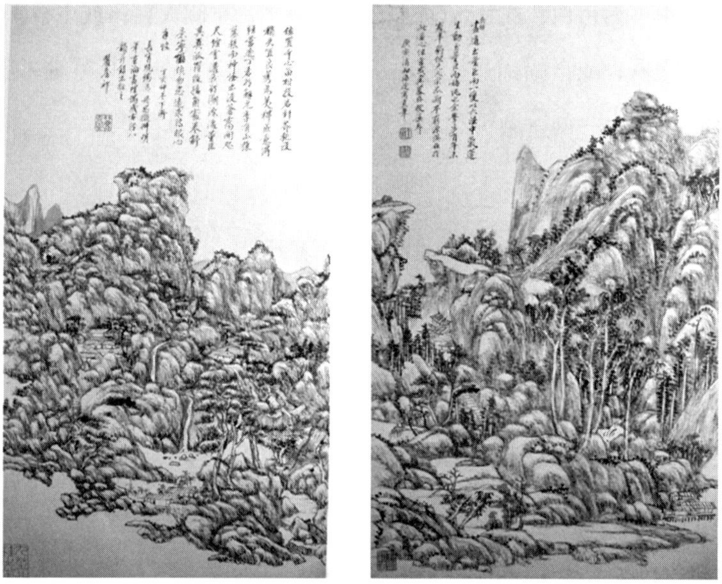

图十八　王原祁《仿古山水图册》

探赜妙门　以史鉴艺

——我写《中国古代书法艺术史》的初衷

张志和

最近，中国社会科学出版社出版了拙著《中国古代书法艺术史》。朋友将这部700多页的精装本拿在手中，觉得不易，问我："为什么要如此劳力费神写这本书？"我答了三个字："有兴趣。"40多年来，我以临池学书为乐。越到后来越觉得，只有深入了解书法艺术发展史，才能真正理解书法艺术是什么，这就是这部书《书法史》非写不可、欲罢不能的原因所在。

然而，自民国以来，出版的《书法史》著作并不少。但以我的体会，深深感到现有的各种《书法史》中尚有许多问题未得到澄清。例如，书法最基本的章法，是要自右至左竖着写。这个规矩它是怎样形成的？一般的书法史著作中很少谈及。再如，书法有篆书、隶书、楷书、行书和草书五种字体，它是怎样形成的？周朝八百年间，真的就是使用金文大篆来书写的吗？秦朝使用的小篆，为什么一到汉朝就变成了隶书？为什么到东汉末年会出现钟繇的楷书这种字体？为什么南北朝时期字体变化如此丰富？为什么书圣王羲之会在东晋出现？唐楷为什么高于魏碑？等等。有许多问题，在此前的书法史著中并未得到解答。我以为，对这些现象或者问题有清晰的认识，对于书法鉴赏和书法研习都是非常重要的。当年，恩师启功先生谆谆告诫我：学书法虽然需要工夫，但并非苦练可成。更重要的是要明白这其中有很多"事儿"，这些"事儿"搞不明白，就不可能写好书法。多年后我才明白，这其中所谓的"事儿"，实际上就是"书法史"上的"事儿"。

例如，现在的书法爱好者，多有学隶书而醉心于汉简隶书者，学了汉简隶书便很自信，认为自己的书法有“来路”且相当“高古”。却不知道，那种汉简文字大多是“账房先生”或“会计员”抄写的账簿，虽有很高的文献价值，却不是书法艺术。再如“魏碑”这种字体，现在学习写楷书的，多不学唐楷而学“魏楷”。殊不知，整个南北朝时期的三百多年，是文字由隶书向楷书演变的过渡期。由“隶”变“楷”的主因是东汉时蔡伦发明了造纸术，书写材料发生了根本性的变革。这就需要知道，甲骨文是刻写在甲骨上的文字，隶书是写在竹简上的文字，承载文字的材料影响了书写艺术的表达，待到蔡伦造出柔软平整的纸张，书写者就不再满意隶书的字形，因此要变革。汉末的钟繇就是第一个变革隶书字形、写出楷书的书法家。纸张的使用有一个替代竹简的过程，字体的改变也需要有一个探索的过程，这个过程从汉末一直持续到隋朝。所以，整个南北朝时期，由于南北分治，江南汇聚了汉文化的精英人物，他们创造出了以“二王”为高标的流美便雅的行书和草书，小楷也达到了极高水准，但南朝少有大楷书。北朝由于少数民族统治，文化相对落后，北方就创出了端厚质朴的“魏碑”，但“魏碑”并不是一种成熟的书体。直到隋朝统一，南北文人汇聚，文化艺术也随之融合贯通，书法艺术也因此得以提升到一个新的高度上。隋代的《启法寺碑》和《龙藏寺碑》等碑文的书法水平，已经远远高于魏碑而开了唐代楷书艺术的先河。因此，应当明白，楷书艺术其实是在隋代实现它的艺术升华的。我们今天所说的初唐楷书名家，如欧阳询、虞世南其实都是在隋朝时已经把楷书写好了，入唐以后成为名家的。明白了这一点，就会知道，所谓的“魏碑”或者“魏楷”其艺术含量和唐代的楷书是不可同日而语的。所以，自唐、宋、元、明一直到清中期以前，书家们都不写“魏碑”，这种书体是因为包世臣和康有为的鼓吹，才在清朝后期流行起来的。它虽然流行，让书苑出现新花样，但从艺术的高度上看，仍是远远不能与唐楷媲美的。这是学习书法或追求书法艺术创新所不可不知的。书法史上类似的问题还有很多。所以，写一部《书法史》不应只是文献资料的堆砌，更应当是有史鉴、有分析的。

在已有的书法史著作中，就其叙述的完整性来说，都或多或少有作为“史”的缺憾，这主要表现在：一是相对于东晋时期的北方，是所谓的十六国时期（今也有称之为十九国时期的，本书中仍沿用十六国的说法）的书法，自 318 年至 420 年，大约 102 年的历史；二是相对于北宋时期的北方契丹及辽代的书法，大约有 200 年的历史；三是金代大约 120 年间的书法，在现有各种书法史著中多付之阙如或语焉不详，有鉴于此，拙著尽量搜集相关史料，对这三个时期的书法艺术予以介绍。尤其是金代书法，着实成就不菲。恩师启功先生就曾有过“金源书法胜南宋”的评价，而金代的历史是比元代还要长久一些的。在本书中，我将辽、金、元合在一章中予以介绍，以便了解这三个由北方少数民族统治的朝代在民族文化的融合中，对书法艺术的理解、接受乃至创新过程。

一个时代的书法理论和书法观念，总会在一定程度上反映出这一时代的书法审美意趣和潮流倾向，尤其是那些在书法艺术上卓有造诣的大书法家的理论和观点，更是对人有启迪作用。本书中在对每一时代书法艺术作介绍的同时，专辟一节，简要介绍同时代书法理论或书学文化概况，以彰显书法理论与创作实践之关系。古代的书法理论，内容庞杂而浩瀚，我认为大体可分两类，一类是专门理论家的著述，他们不写书法或者写不好书法，前者如唐代的张怀瓘，后者如清代的“腕底有鬼”的康有为，这些理论家的说法我也会去了解，但我更重视那些在书法艺术上卓有造诣的大家们书艺见解，如苏轼的《东坡题跋》、米芾的《海岳名言》、董其昌的《画禅室随笔》等，学书法者，如能从中有所体悟，则是极为有益的。

我自1997年始撰《中国古代的书法艺术》（中国社会科学出版社，2001年）至此书定稿，历时18年之久，所得所失，正所谓“如鱼饮水，冷暖自知”。个人认为，书法作为中华民族独特的文字书写艺术，的确有“妙门”需要探究。这个“妙门”又非简单技艺传授可以明了的，它存在于历代杰出的书法大家和名家的书法艺术之中，给后人无尽的启迪。只有通过对书法艺术发展史的探索，方能揭示出书法艺术的奥秘。因此，“探赜妙门，以史鉴艺”便是支撑我一个人跑完这一场长达18年之久的“马拉松”的理由所在。我深知，以个人的绵薄之力与浅薄之学，本不堪负此重任，书中讹谬及遗漏舛错必不可免，唯有祈求学界方家和尊敬的读者多多赐教和谅解了。

“李煜瀛、易培基本是国民党中坏分子”

——女师大学潮的另一种解读之一

章宏伟

内容提要： 李煜瀛、易培基都与女师大学潮有密切关系。李煜瀛积极参与女师大事件，还将风潮逐渐引向北大，甚至发展成为北京大学与教育部之间的对抗；易培基在女师大学生希望他长校的呼声下最终于1926年1月13日就任校长，从而宣告学潮结束。因而，要考察女师大学潮，势必不能无视李煜瀛、易培基二人，至少要对他们有一个基本的了解。本文对以往知之甚少的李煜瀛、易培基两位生平行事的介绍，希望能对解读女师大学潮有一定的帮助。

关键词： 女师大学潮　李煜瀛　易培基　鲁迅

关于女师大学潮，学界已有颇多的解读。但由于大家对李煜瀛、易培基不了解，自然而然地采取了回避的态度，甚至因此产生了极深的误读。陆建德《故事的结局——女师大学潮新解》① 就存在这样的问题，顾颉刚所说“李石曾、易培基本是国民党中坏分子”② 大概就是他立论的一个基础。本文的重点不放在女师大学潮上，主要对李煜瀛、易培基两位在女师大学潮平息、有了结局为止的阶段性生平行事作一概貌式的介绍，希冀能对解读女师大学潮有一定的帮助。

---

① 陆建德：《故事的结局——女师大学潮新解》，《中华读书报》2015年3月4日第13版。

② 《顾颉刚日记》（第1卷），第659页，联经出版事业公司，2000年。

《新世纪》的无政府主义宣传家

李煜瀛（1881—1973），字石曾，河北高阳人，生于北京。父亲李鸿藻（1820—1897），清咸丰二年（1852）进士，为同治帝师，累迁至协办大学士军机大臣吏部尚书，赐太子太傅，谥文正。① 世推为清流之首，是显赫一时的晚清重臣。受洋务运动影响，力主向西方学习。李煜瀛虽然出身官宦世家，但受其父平日“反官僚”言论的影响，“种下不作官的根苗”②，后来成为“极端革命之子”③。家世不仅没有成为他走向革命的阻力，丰富的人际关系为他日后的革命工作带来极大方便。

李煜瀛在其父李鸿藻死后，因荫得补吏部汉郎中，但他无意功名，立志出洋留学。光绪二十五年（1899），李煜瀛年十九，由严复（幼陵）介绍从常伯奇读英文，准备留学美国。④ 庚子八国联军入侵时，李煜瀛全家逃离京城，艰难跋涉千余里，到河南光州避难，饱尝了颠沛流离之苦，也激发了他救国图强的雄心壮志。光绪二十七年（1901）四月，李煜瀛闻李鸿章在京师贤良寺与八国联军议和，遂骑马棋月，“到贤良寺谒见合肥，与商我出洋留学计划，承其赞许”⑤。1901—1902 年，李煜瀛先后结识张静江（人杰）、吴敬恒（稚晖）与蔡元培（孑民）⑥，他们四人志同道合，在几十年的活动中联系一直很密切。社会上将吴、蔡、张、李并称为国民党“四老”或“四皓”⑦。

1902 年清廷派孙宝琦为驻法钦差大臣出使法国，李煜瀛得以随员身份随行。孙宝琦之父孙贻经与李鸿藻同为帝师，因而孙宝琦对李煜瀛关照有加，令他专心读书。李煜瀛 1903 年入蒙达尼城农业学校（Ecole pratique d’agriculture du Chesnoy a Montargis），前后三年，以第四名毕业。⑧ 1906 年夏，李煜瀛返巴黎，进入巴斯德学院（Institut Pasteur），

---

① 李宗侗、刘凤翰：《李鸿藻年谱》，中华书局，2014 年。

② 李煜瀛：《李石曾先生文集》下册，第 97 页，中国国民党党史委员会，1980 年。

③ 李煜瀛：《李石曾先生文集》下册，第 97 页，中国国民党党史委员会，1980 年。

④ 李煜瀛：《李石曾先生文集》下册，第 73 页，中国国民党党史委员会，1980 年；杨恺龄撰：《民国李石曾先生煜瀛年谱》，第 12 页，台湾商务印书馆，1980 年。

⑤ 李煜瀛：《李石曾先生文集》下册，第 65—66 页，中国国民党党史委员会，1980 年。

⑥ 李煜瀛：《李石曾先生文集》下册，第 32—33 页，第 110—111 页，中国国民党党史委员会，1980 年；陶英惠：《记民国四老——吴敬恒、蔡元培、张人杰、李煜瀛》，《传记文学》第 23 卷第 5 期。

⑦ 陶英惠：《记民国四老——吴敬恒、蔡元培、张人杰、李煜瀛》，《传记文学》第 23 卷第 5 期。

⑧ 李煜瀛：《李石曾先生文集》下册，第 97、73 页，中国国民党党史委员会，1980 年。

在柏尔唐教授（Gabriel Emile Bertrand，1867—1962）指导下进行研究生物化学，特别从事大豆的研究。[①] 此一时期，他先后出入杜珊娥夫人、梅道良夫人、戴芍甫夫人、杨思奇夫人的沙龙，得以结识保罗·邵可侣（Paul Reclus，1847—1914）、赫里欧（Edouard Herriot，1872—1957）、班乐卫（Paul Painleve，1863—1933）、欧乐（A1phonse Aulard，1849—1928）等一批名流[②]。这些沙龙友人的思想使李煜瀛大受启发，特别是“邵可侣频将克鲁泡特金所著互助论、陆谟克（Lamarck）所著生物互助并存论、居友（J. M. Guqau）所著自然道德论，介绍宣扬，先生闻而乐之”[③]，“为无政府党所引诱，以浪漫蒲鲁东、巴枯宁为神圣，尊崇其说”[④]，人类互助与世界大同的思想深深扎根于李煜瀛的头脑中，影响了李煜瀛一生的思想和行动。

1906年，经张静江介绍，李煜瀛在巴黎加入中国同盟会，服膺革命[⑤]。1907年李煜瀛结识了在巴黎的孙中山，两人从此成为好友，李煜瀛称孙中山为《新世纪》的“扶导员”[⑥]，“敬仰国父，事之如师”，而“国父谦光盛德，不以部属视李先生，而视之如友好，亦明称之为朋友”[⑦]。

1906年12月，李煜瀛与吴稚晖、张静江在巴黎组建世界社，旨在“传布正当之人道，介绍真理之科学”[⑧]。世界社作为传播沟通中西文化的机构，开始宣传革命。并招股组成“中国印字有限公司”，以“输入文明，交通声息”[⑨]。同时积极筹备出版发行《世界》画报及《世界六十名人传》。“明年（1907）六月，新世纪周报创刊，纪年用‘新世纪七年’字样，并用阳历月日，以示不承认满清。”[⑩]《新世纪》自1907年6月22日

---

① 李书华：《李石曾先生家世及少年时期》，《传记文学》第24卷第1期；杨恺龄：《民国李石曾先生煜瀛年谱》，第18页，台湾商务印书馆，1980年。

② 李煜瀛：《李石曾先生文集》下册，第101—108页，中国国民党党史委员会，1980年。

③ 杨恺龄：《民国李石曾先生煜瀛年谱》，第18页，台湾商务印书馆，1980年。

④ 朱中和：《欧洲同盟会纪录》，中国人民政治协商会议全国委员会文史资料研究委员会编《辛亥革命回忆录》（六），第17—18页，文史资料出版社，1981年。

⑤ 蒋复璁：《李石曾先生与国立故宫博物院》，《大成》第85期。杨恺龄撰：《民国李石曾先生煜瀛年谱》，第17—18页，台湾商务印书馆，1980年。

⑥ 陈锡祺主编：《孙中山年谱长编》，第405页，中华书局，1991年。

⑦ 萧瑜：《李石曾先生的师友渊源》，《艺文志》第104期。

⑧ 李煜瀛：《李石曾先生文集》上册，第218页，中国国民党党史委员会，1980年。

⑨ 李煜瀛：《李石曾先生文集》下册，第97、286页，中国国民党党史委员会，1980年。

⑩ 台北国史馆编：《李煜瀛先生事略》，《国史馆现藏民国人物传记资料汇编》（第一辑），第196页，国史馆，1988年；杨恺龄：《民国李石曾先生煜瀛年谱》，第19页，台湾商务印书馆，1980年。

出刊，至1910年5月21日停刊，计出121号。总计刊登文章673篇，其中李煜瀛210篇，占总数32．2%；吴稚晖153篇，占22．4%，二人文章超过总数之半。① 李煜瀛以"真""真民""民"为笔名，大量移译无政府主义的理论文章，发表言论，反对帝国主义，介绍万国革命风潮，主张社会革命与政治革命，对于无政府主义运动的发展有极大贡献。

当时严复介绍赫胥黎、达尔文、斯宾塞的进化思想到中国，风行一时，引起"有强权无公理"的思想，李煜瀛将克鲁泡特金《互助论》翻译成中文，实是对"强权论"思想的一种纠正。"互助论""以为将来无政府社会的现实，全赖人类互助的精神；因为人类都具有'连带心'，就是要将自己所欲为之事施诸他人的心；是道德感情底中心，利己，利他主义的调和。但是人类互助的本能，是从生物昆虫，爬虫，鸟兽继承来的，所以进化是互助发展的历史，这是他对于达尔文'进化论'的修正，人类及动物固因相互竞争而生存，而其所以生存，则全赖于相互扶助的进行；所以克氏说：'团结！实行互助；只有团结互助是对于个人及全体给与最大的安全和保障知识的道德的生存进步的最确实方法。'"② 李煜瀛糅和拉马尔克的"动物哲学"与克鲁泡特金的"互助论"，认为互助必须与竞争并重："进化者，前进而不止、更化而无穷之谓也。无一事一物不进者，此天演之自然。苟其不进，或进而缓者，于人则谓之病，于事则谓之弊。夫病与弊皆人所欲革之者，革病与弊无他，即所谓革命也。革命即革去阻进化者也，故革命亦即求进化而已。"③ 李煜瀛反对达尔文"物竞天择、优胜劣败、适者生存"的天演理论，认为互助为自然之公例与进化之大因。④ 他以为："互助而不竞争，则偏于太柔；竞争而不互助，则偏于太烈。太柔，则不及进化之效力；太烈，则过进化之作用。不柔不烈，相遇得当，无过无不及之患，是谓最得进化之大道。"⑤ 正由于互助，故能"优者胜，劣者亦胜，同胜而存，则优劣俱进化"。⑥ 而进化之结果使道德更加发达，终能废婚姻、废财产、毁家族、去国界，达到无政府共产主义之境界⑦。基于这种世界无穷进化的革

---

① 李煜瀛：《李石曾先生文集》下册，第97、174页，中国国民党党史委员会，1980年。

② 郭湛波：《近五十年中国思想史》，第262页，山东人民出版社，1997年。

③ 真：《进化与革命》，《新世纪》第20号，1907年11月2日。

④ 克若泡特金著，真译：《互助（进化之大因）》，《新世纪》第31号，1908年1月25日。

⑤ 民：《续无政府说：（四）无政府与有政府的革命之比较》，《新世纪》第36号，1908年2月29日。

⑥ 民：《续无政府说：（四）无政府与有政府的革命之比较》，《新世纪》第36号，1908年2月29日。

⑦ 民：《续无政府说：（四）无政府与有政府的革命之比较》，《新世纪》第38号，1908年3月14日。

命理论，李煜瀛主张以科学及公理打倒迷信与强权，对家庭及传统进行革命。他认为“于宗教中用祸福毁誉之迷信行思想之强权，于政治中用伪道德之迷信行长上之强权，于家庭中兼用以上之两种迷信，行两种之强权。故家庭遗毒至深，人类蒙害甚切。”① 故而主张“祖宗革命”，主张“三纲革命”②，并宣扬男女平等理论③，故而“助人道之进化，求人类之幸福，必破纲常伦纪之说”④。李煜瀛宣传无政府主义是“义广理全，至公无私”的自由平等博爱大同。⑤

无政府主义思潮流入国内，成为马克思主义传入中国之前最有影响的一种思潮，对日后掀起莫大波澜并翻江倒海的主要思潮如自由主义、共产主义、国家主义等均产生了极大影响。有学者评论说：“《新世纪》出版于法国巴黎，《天义报》出版于日本东京，它们都打着无政府主义的旗号，但‘主义’的内容却很不相同。两相比较，《新世纪》也许可以称做是‘正统’的无政府主义者。”⑥ 而且刘师培、何震在日本东京主持的无政府主义刊物《天义》《衡报》发行时间不长，流布不广，故而日后之影响也不如巴黎《新世纪》广大。

留法勤工俭学运动的倡导者与组织者

1908 年，李煜瀛因大豆研究成功，特招股设立豆腐公司（Usine Caseo-Sojaine）⑦，并自直隶招工前往工作，在巴黎附近西北郊区哥伦布设立工厂，以大豆制造各种食品及用品，聘齐竺山为经理主其事，开张营业。⑧ 1909 年 6 月，孙中山到巴黎，参观了豆腐公司，对李煜瀛的创业志趣倍加赞赏⑨

到 1910 年，巴黎豆腐公司的“工人已增至三十余人。工人且以工兼学，不做工之

---

① 真：《祖宗革命（家庭革命之一）》，《新世纪》第 2 号，1907 年 6 月 29 日。

② 真：《三纲革命》，《新世纪》第 11 号，1907 年 8 月 31 日。

③ 真：《男女之革命》，《新世纪》第 7 号，1907 年 8 月 3 日。

④ 真：《三纲革命》，《新世纪》第 11 号，1907 年 8 月 31 日。

⑤ 真：《驳新世纪丛书革命（非社会党来稿）附答》，《新世纪》第 5 号，1907 年 7 月 20 日。

⑥ 张枬、王忍之编：《辛亥革命前十年间时论选集》（第二卷），第二卷序言，第 18 页，生活·读书·新知三联书店，1963 年。

⑦ 李书华：《辛亥革命前后的李石曾先生》，《传记文学》第 24 卷第 2 期；杨恺龄：《民国李石曾先生煜瀛年谱》，第 21—22 页，台湾商务印书馆，1980 年。

⑧ 杨恺龄：《民国李石曾先生煜瀛年谱》，第 21—22 页，台湾商务印书馆，1980 年。

⑨ 孙中山：《建国方略》，《孙中山全集》第 6 卷，第 193 页，中华书局，1985 年。

时间或晚间学习中文及法文，兼及普通常识”，并及于进化论、互助论。同学工人以齐致（云青）、张秀波为其中佼佼者。“规定工人不得吸烟、饮酒及赌博，如有违犯者，当遣返回国。”[①] 豆腐公司工人“以工兼学”的实践，“试之有效，乃提倡俭学会”[②]。

1912 年 4 月，李煜瀛与吴稚晖等人在北京创立了“留法俭学会”，以节俭费用推广留学，以劳动朴素养成勤洁之个性为宗旨，倡导多送学生赴英、法各国留学：“改良社会，尊重教育。欲输世界文明于内国，必以留学泰西为要图。惟西国学费，宿称耗大，其事至难普及。曾经同志筹思，拟兴苦学之风，广辟留欧学界。今共和初立，欲造成新社会新国民，更非留学莫济，而尤以民气民智先进之国为宜。兹由同志组织‘留法俭学会’，以兴勤俭乐学之风，以助其事之实行也。”[③]“五月，蔡元培至北京就任教育总长，允拨借北京安定门内方家胡同北顺天高等学堂旧址校舍，设立留法预备学校，先生乃积极筹备，由高阳齐如山主持其事，开始招收第一班学生”[④]，聘请法国老师教授法文，以 6 个月为一期。到 1913 年 12 月中旬，留法俭学会四班共百余名学生分别抵达法国巴黎，后因“二次革命”而停办。规定“不狎妓、不赌博、不吸烟、不饮酒、不为一切伤生耗财之事”，学习“以科学、实业以及一切有裨人生及有关社会之智、德、体育各种学课为重。不事政法、军备各科。”[⑤] 时蔡元培、吴稚晖、汪精卫、李煜瀛等均在欧洲，并为俭学会学生讲课，如李书华记述：“汪精卫应李石曾先生之约，每星期日上午到蒙达邑中学为中国学生讲演《中国学术源流派别》两小时，从孔子、老子、墨子等诸子百家说到陆象山、王阳明；内容丰富，讲解清楚，听者不倦。”[⑥] 吴稚晖后来解释李煜瀛招募华工的思路或许可以为工人得到“亦工亦学”的机会作一注脚：“李先生何以如此热心，把中国几十万华工招来法国。李先生是要这些人来法国，看见法国如此美丽，如此有秩序。只要每一来法华工回家后，能改良一个厕所，一个厨房，也就够了。”[⑦] 李煜瀛希望通过学习西方先进国家的文化和科学技术，来改变国内封建势力的猖獗和民智的低下，勤工俭学是使中国贫穷子弟出国留学的好途径，可以造就大批可用之才，达到普及教

---

① 陈纪滢：《一代振奇人——李石曾传》，第 45 页，近代中国出版社，1982 年。

② 张允侯等：《留法勤工俭学运动》（一），第 52 页，上海人民出版社，1980 年。

③ 张允侯等：《留法勤工俭学运动》（一），第 11 页，上海人民出版社，1980 年。

④ 杨恺龄：《民国李石曾先生煜瀛年谱》，第 28 页，台湾商务印书馆，1980 年。

⑤ 张允侯等：《留法勤工俭学运动》（一），第 18、17 页，上海人民出版社，1980 年。

⑥ 李书华：《碣庐集》，第 4 页，传记文学出版社，1967 年。

⑦ 商文立：《李石曾先生之思想与行事》，《李石曾先生纪念集》，第 229 页，无编者、出版单位、出版年。

育、振兴实业、改良社会、互通文化的目的。1915 年夏在巴黎组织了勤工俭学会，以“勤于工作，俭以求学，以进劳动者之智识”为宗旨[①]，编辑出版《勤工俭学传》，积极向华工宣传勤工俭学，“果人皆力学，则社会无智愚之异等，人生无苦乐之不均矣”，“既不幸而错铸之阶级已成，然终得去之而进于大同者必学也”[②]。

1916 年 6 月，李煜瀛、蔡元培及法国的欧乐（Alphonse Aulard，1849—1928）、穆岱（Marius Moutet）成立“华法教育会”（Societed’Education Franco – chinoise），这是中法人士联合组织的一个文化教育机构，推蔡元培、欧乐（Prof. Aulard）任中、法方会长，李煜瀛任中方书记。华法教育会为李煜瀛宣传实践勤工俭学思想搭起了平台，李煜瀛作为留法教育的核心主导人物，从此不畏艰难，历经挫折，初衷不改，为留法勤工俭学运动奔走辛劳，成为运动的中坚与实际组织者。

第一次世界大战爆发后，英法两国均到中国招工。李煜瀛认为华工出洋裨益有三，一曰扩张生计，二曰输入实业智识，三曰改良社会。[③] 赴法华工将构成未来中国技术工人的中坚，他们回国后可以传播工业技术，还有助于社会改良和清除陋习。[④] 李煜瀛批评惠民公司的“卖猪仔”募工方式，指责它唯利是图，视劳工为奴隶，招募时毫无标准，导致冲突不断，而且使中国人在法国人眼中的形象十分糟糕[⑤]。法国劳动部与勤工俭学运动的领导人合作，主要由留法俭学会出面，另行组织招募。一战时期，总共约有 14 万华工被招到法国做苦力[⑥]。华工们远在异国他乡，语言不通，又没有文化，不仅繁重的体力劳动辛苦，精神上也颇为寂寞痛苦，各种冲突时有发生。李煜瀛积极投身到华工教育之中，他以微生物繁殖变化的观念看待欧战华工，认为大批华工来法，“工会试验所于此成矣”。[⑦] 希望借其工会主义传播到中国，而勤工俭学则是改变华工的微生物。[⑧] 李煜瀛等勤工俭学运动的领导者们义不容辞地承担起为华工提供教育和道义援助的责任，他们主持创办旅法华工学校，组织人在华工所到之处开设夜班，如为图尔

① 张允侯等：《留法勤工俭学运动》（一），第 52 页，上海人民出版社，1980 年。

② 李煜瀛：《勤工俭学传引言》，《旅欧杂志》1916 年“旅欧教育运动”专号。

③ 李煜瀛：《李石曾先生文集》下册，第 97、295—296 页，中国国民党党史委员会，1980 年；李煜瀛：《李石曾先生文集》上册，第 220—221 页，中国国民党党史委员会，1980 年。

④ 李煜瀛：《李石曾先生文集》上册，第 220—221 页，中国国民党党史委员会，1980 年。

⑤ ［法］马骊编著，莫旭强译：《一战华工在法国》，第 291 页，吉林出版集团有限责任公司，2015 年。

⑥ ［法］马骊编著，莫旭强译：《一战华工在法国》，第 45 页，吉林出版集团有限责任公司，2015 年。

⑦ 李煜瀛：《李石曾先生文集》下册，第 97、336 页，中国国民党党史委员会，1980 年。

⑧ 李煜瀛：《李石曾先生文集》下册，第 97、326 页，中国国民党党史委员会，1980 年。

（Tours）一所工厂的100多名华工组织了夜校，每周有3节课（一节中文课，两节法文课），由勤工俭学会成员义务授课①。一共设了323处②，“华工既来之后，其将组织完善，工余求学，以进人类于平等，而示国内以模范，……惟教育是赖，即吾人所当致力者也”③。将留法俭学运动推向了一个新的高度。李煜瀛、蔡元培等人还先后创办《旅欧杂志》《华工杂志》作为传播工具。

1917年6月，李煜瀛在河北高阳布里村成立了中国第一所培养留法勤工俭学生的学校——留法工艺学校，并于9月25日呈报教育部备案④，不久，又联络挚友王国光在保定育德中学创办了“留法高等工艺预备班”⑤。仅仅一年时间，到1918年前后，在华法教育会推动下，各地纷纷成立分会，如北京有华法教育会京兆分会、直隶第一分会，济南有山东分会，上海有上海分会，成都有四川分会，长沙有湖南分会，广州有广东分会，福州有福建分会，西安有陕西分会等。这些分会都有明确的会章、切实的组织机构和活动会址、大批会员等。而各地分会又千方百计办起了各种类型的留法勤工俭学预备学校，成星罗棋布之势。这些留法预备学校虽然在学制、招生对象、课程设置、校舍条件、师资水平、教学方法等方面各不相同，但都贯彻了实用原则，且具有留学预备学校和职业教育学校的双重性质，即便青年后来不能赴法留学，仍掌握了一定的知识和技能，能参加职业工作。李煜瀛本人也直接或间接的参与预备学校的创立，“此次战事了后，李石老即一面在京、津、保定、长辛店等处，设立留法勤工俭学预备学校十余所”⑥。“几年之中，申请赴法青年达五百多名”，到五四运动之后则“迅速超过一千五百多名”，从而掀起了留法勤工俭学的高潮。当时李煜瀛信心满满地说：“勤工俭学，现在已在提倡时代入于实行时代，今以数月之经验，已敢言完全不成问题，余深愿国中志趣坚定之青年，来此一试行此绝好之读书方法也。”⑦

---

① ［法］马骊编著，莫旭强译：《一战华工在法国》，第294页，吉林出版集团有限责任公司，2015年。

② 陈三井：《近代中法关系史论》，第209页，三民书局股份有限公司，1994年。

③ 张允侯等：《留法勤工俭学运动》（一），第51页，上海人民出版社，1980年。

④ 张允侯等：《留法勤工俭学运动》（一），第61—64页，上海人民出版社，1980年。

⑤ 保定市政协文史资料委员会，保定市育德中学校史编写组：《百年名校育德中学》，第185页，内部资料，1994年；保定市政协文史资料委员会：《保定近代教育史略》，第84页，河北大学出版社，1992年。

⑥ 清华大学中共党史教研组编：《赴法勤工俭学运动史料》第二册（上），第175页，北京出版社，1980年。

⑦ 清华大学中共党史教研组编：《赴法勤工俭学运动史料》第二册（上），第166页，北京出版社，1980年。

第一批勤工俭学生于1919年3月17日由上海乘蟠丸号启程赴法，1919年6月，李煜瀛到法国迎接大批勤工俭学生的到来，接待安排、照料以及暂时读书与立时觅工，“皆由李石曾君接洽”①，“先生竭力张罗，供应最低生活，一面补习法文，一面代谋工作或入学”②。“法国有些工厂，李石曾先生同他很熟，写信介绍些学生加入。”③ 或是亲自奔波，“石曾先生到处进行，昼夜不遑（夜间睡时且减少）。工界进行，商界进行，商会亦复进行（入商店为徒，事轻价重，本甚好，但法语须烂熟）。昨到蒙达时，遇一法友照像者，即便问之可带徒弟否？彼允带徒一名。于是有人可往学照像矣。顷又遇一法友业缝纫者，问可带徒弟否？彼亦允带徒弟一名。于是有人可以学缝纫矣。诸如此类，有隙便入”④。并与法国职业教育社所办的艺能专习所交涉，“先设法令其补习几月法文，并设法使其学一种技艺”⑤，就这样“日日奔走经营，设法位置，所找的工作虽不能人人如他的志愿，还勉强可以过活”⑥。这些学生大多被分别送到蒙达尼、米兰等地中学补习法文或学习工艺，法国有90多所中学接纳过中国学生。他还“于每个工厂中派一个老华工人（多为豆腐公司的工人）作翻译，以便学习”⑦。这些勤工俭学生被安排到中等学校学习，或进工厂工作，实施“勤于作工，俭以求学”的生活，李煜瀛甚为满意：“可谓多数人之试验，已成事实。尤可乐观也，则勤工俭学之事不仅可以实行，且成绩之佳，尤非始愿所料。”⑧ 至1921年1月20日，前后有1843名勤工俭学生到法国。⑨ 大批学生涌入法国，此时正值战后萧条时期，许多工厂倒闭，法国工人大批失业，留法勤工俭学生更难找到工作，遂发生1921年2月28日勤工俭学生包围驻法公使馆争取生存权、求学权的事件。随后在9月21日发生的进占里昂中法大学（Institut Franco - Chinois de Lyon）事件，导致104名学生被强行遣送回国⑩。日后时局的发展终于使勤工

---

① 清华大学中共党史教研组编：《赴法勤工俭学运动史料》第二册（上），第164页，北京出版社，1980年。

② 杨恺龄：《民国李石曾先生煜瀛年谱》，第34页，台湾商务印书馆，1980年。

③ 张允侯等：《留法勤工俭学运动》（一），第353页，上海人民出版社，1980年。

④ 张允侯等：《留法勤工俭学运动》（一），第236页，上海人民出版社，1980年。

⑤ 中共四川省委党史研究室主编：《四川留法勤工俭学运动》，第106页，四川大学出版社，1993年。

⑥ 中共四川省委党史研究室主编：《四川留法勤工俭学运动》，第78页，四川大学出版社，1993年。

⑦ 张允侯等：《留法勤工俭学运动》（一），第386页，上海人民出版社，1980年。

⑧ 清华大学中共党史教研组编：《赴法勤工俭学运动史料》第二册（上），第336页，北京出版社，1980年。

⑨ 周永珍：《留法纪事：二十世纪初中国留法史料辑录》，第207—331页，国家图书馆出版社，2008年。

⑩ 周永珍：《留法纪事：二十世纪初中国留法史料辑录》，第192页，国家图书馆出版社，2008年。

俭学运动受到挫折，不克继续推展。

李煜瀛作为勤工俭学运动的倡导者与组织者，视此事业为生命，曾说：“我是不从事政治生涯的，政治上无论如何腐败，我可忍下。若有人破坏我留学事业，反对我教育运动，充其量我可以牺牲一己之性命以办事。”① 他为之苦心孤诣、殚精竭虑，始终以坚强的毅力，克服种种困难，推动事业的发展，发挥了杰出的领导作用。俭学生们赞扬李是“专欲使工读的理想成诸事实，开辟留学途径，造福贫寒学子，无丝毫作用存乎其间，心地光明开大，甚可钦佩”②。“假使没有李石曾先生在此经营，而无技艺又不通法文者必不能觅得任何工作，是其所以能容纳吾国作工的学生，非是利用华工之鄙贱，实由于李石曾先生及华法教育会之力也。”③ “其为人宁静淡泊，遇事不忙，有诸葛之风。且事无大小，必自经手。素持人道主义，虽荤不食，人力车不坐，无丝毫嗜好，终日无一刻闲暇，少空谈论，而专主实行。此其所以为今日数百旅欧学生及将来数千万旅欧学生之泰山也。”④ “至若勤工俭学之宗旨，纯系提拔一班贫而有志之士，使其来此实业发达之国家，学成一种工业知识和技能，以为他日归国振兴实业之预备。以目下现象观之，十年后中国实业界当有一线异彩放乎其间也。”⑤ “石曾先生深明此种情势，故提倡‘俭学’与‘勤工’，他可以说是先知先觉，为中国留学生‘打工’的先声。”⑥ 他们认定：“为我们办事的只有李石曾先生一人，一时难得完美的位置，无可讳言。”⑦ 这是勤工俭学生们对李煜瀛的评价。周恩来、徐特立、蔡畅等人也说李煜瀛是他们“信仰最深的人”⑧。

勤工俭学运动高举“劳工神圣”大旗，以勤工为手段，解决学费问题，达到俭学目的，工读结合，学用一致，人人劳力，人人劳心，劳动互助以谋社会改造，实现没有剥削、没有压迫的自由平等新社会。这些都是对新社会新教育的一种探索，属于旧民主主义

① 张允侯等：《留法勤工俭学运动》（一），第234页，上海人民出版社，1980年。

② 清华大学中共党史教研组编：《赴法勤工俭学运动史料》第二册（上），第375页，北京出版社，1980年。

③ 中共四川省委党史研究室主编：《四川留法勤工俭学运动》，第181页，四川大学出版社，1993年。

④ 清华大学中共党史教研组编：《赴法勤工俭学运动史料》第二册（上），第181页，北京出版社，1980年。

⑤ 清华大学中共党史教研组编：《赴法勤工俭学运动史料》第一册，第147页，北京出版社，1979年。

⑥ 陈纪滢：《一代振奇人——李石曾传》，第61页，近代中国出版社，1982年。

⑦ 张允侯等：《留法勤工俭学运动》（一），第384页，上海人民出版社，1980年。

⑧ 清华大学中共党史教研组编：《赴法勤工俭学运动史料》第一册，第52页，北京出版社，1979年。

义范畴的教育救国运动，输入了西方文明——法兰西的民主自由思想和自然科学技术，为国家民族培养了人才。由于法国的环境、个人的体验、经济的压迫等因素交互作用，使勤工俭学生的政治意识高度发展，组成各种政治团体，进而结成政党，形成中国之外最大的一股政治力量，造就许多政治人物，这是李煜瀛在推动勤工俭学运动所始料未及的。一部分青年克服工读主义、无政府主义的影响，走上与劳动群众相结合的革命道路，逐渐接受马克思主义，造就了周恩来、李富春、蔡和森、向警予、王若飞、陈毅、赵世炎、聂荣臻、邓小平等一大批坚定的共产主义者和中华人民共和国的领导人；大部分学生矢志勤工、埋头苦读，接受西方文明熏陶，携政治、经济、教育、科学、文化新思想，与中华文明碰撞、交融、创新，学有所长，成为某学科、某领域的专家学者，如科学家李麟玉、李书华、王书堂、严济慈、钱学强、朱洗、何鲁、林镕、周太玄、赵雁来、贺康，艺术家林风眠、李健吾、常书鸿等，还有作家萧三、盛成等，为中国科技文化教育事业的发展作出了卓越贡献。留法勤工俭学运动在中国新民主主义革命和教育发展史上，都具有特别重要的意义，功绩不可磨灭。留法勤工俭学事业在李煜瀛的一生中占有重要地位，“几占他全部中之三分之一或占一半，也不为夸张”①。

京津同盟会的两次暗杀加速南北议和进程

李煜瀛虽然倡导无政府主义，但其社会革命的思想中又有先以暴力革命手段获得政权的设想，这或许是他作为同盟会的骨干人物，接受孙中山“三民主义”思想的一个表现。他在撰于1910年的《革命风潮》文中说：“东也兵变，西也兵变，消息渐通，乌乎，军人真不负同胞，有如革命党君之言矣。新军万岁！革命万岁！”② 1911年夏，李煜瀛返国参与革命。“我到北京天津在武汉起事之前，作地下工作；至武汉起义，京津同盟会乃半公开行动，汪精卫出狱后主其事，汪南行后，我主其事。”③ 汪精卫1905年同盟会成立时就被推为评议部议长，作为《民报》撰述，以精卫等笔名发表文章，鼓吹革命，曾与保皇党梁启超的《新民丛报》大开笔战，展开革命与君宪之争。1910年3月谋刺摄政王载沣，可惜失败被捕。在死囚牢中写下“慷慨歌燕市，从容作楚囚。引刀成

---

① 陈纪滢：《一代振奇人——李石曾传》，第159页，近代中国出版社，1982年。

② 李煜瀛：《李石曾先生文集》上册，第99页，中国国民党党史委员会，1980年。

③ 李煜瀛：《李石曾先生文集》上册，第399页，中国国民党党史委员会，1980年。

一快，不负少年头”传诵一时的名句，慷慨从容、英姿勃发、视死如归。1911 年 11 月 6 日汪获释。各省同志在天津创立京津同盟会，举汪为会长，李煜瀛为副会长，共同主持。①

京津同盟会成立全无经费，仅在法租界租屋为秘密办公处所，开支系向当时高阳同乡顺直咨议局议长阎凤阁借款应付，北京会所由李煜瀛主持，秘密机构设在镇江胡同高阳齐禊亭家的义兴局②。汪精卫、李煜瀛主张“联袁倒清”，与袁世凯有妥协倾向，在南北和议僵持时，李煜瀛“以长电驳诘南京政府：一若只须清帝退位，吾人即万事不宜深问者”③。李煜瀛曾经出银 600 两供京津同盟会发挥革命作用。④

1911 年 12 月 20 日，李煜瀛在天津创办京津同盟会的机关报——《民意报》，赵铁桥、张煊、罗世勋等任编辑，以“鼓吹中央革命”为宗旨，李煜瀛“尝为民意报撰写社论，振聋发聩，直为北方革命之警钟”⑤。《民意报》是辛亥革命时期天津最有影响的革命派报纸。

1912 年 1 月，孙中山在南京就任临时大总统。“时北方仍守旧制，革命党人认为清廷内阁总理大臣袁世凯及清军咨使良弼乃中华民国成立障碍，亟谋去之。十四日，先生遂分发手枪炸弹于京津同盟暗杀部杨禹昌等十余人，杨禹昌与黄之萌、张先培等党人乘袁世凯入朝过丁字街时，抛掷炸弹，中其副车，三人为清军警捕获，不数日处以绞刑。袁氏受此惊扰，乃知党人势不可侮。二十六日，京津同盟会党人彭家珍诡称良弼友人奉天标统崇恭往访良弼，于其红罗厂私宅，适良弼方由衙门回家，彭掷弹，当场殒命，良弼毁一足，越日亦死，由此宗社党人人落胆，清廷震惊。”⑥ 两次暗杀行动使宗社党为之大沮，从而加速南北议和的进程，终使清帝逊位。

李煜瀛 1917 年应北京大学校长蔡元培之邀，入北京大学哲学门任教，担任生物学及社会学教授。1918 年，蔡元培将汪精卫、李煜瀛、张继、吴稚晖等人在 1912 年发起

---

① 杨恺龄：《民国李石曾先生煜瀛年谱》，第 24 页，台湾商务印书馆，1980 年。

② 杨恺龄：《民国李石曾先生煜瀛年谱》，第 24 页，台湾商务印书馆，1980 年。

③ 胡汉民：《胡汉民自传》，罗家伦主编《革命文献》第三辑，第 60 页，中国国民党党史史料编纂委员会，1978 年影印再版本。

④ 李云汉：《李煜瀛》，杜元载主编《革命人物志》（第十二集），第 50 页，中国国民党党史史料编纂委员会，1973 年。

⑤ 李云汉：《李煜瀛》，杜元载主编《革命人物志》（第十二集），第 50 页，中国国民党党史史料编纂委员会，1973 年。

⑥ 杨恺龄：《民国李石曾先生煜瀛年谱》，第 25—26 页，台湾商务印书馆，1980 年。

创办的进德会组织引入北大。进德会旨在“为社会树之风声，庶新社会可以成立，而国风丕乎其变”①。李煜瀛作为进德会丙种会员，不嫖、不赌、不要妾、不做官、不做议员、不饮酒、不食肉、不吸烟。② 为进德会纠察员③。李煜瀛在北京大学除教授课程而外，1922年进入北大评议会，并连续当选④。1923年，在评议会上被选为财务委员会委员长、学生事业委员会委员。1924年，在评议会上被选为图书委员会委员。

1924年1月，在国民党第一次全国代表大会上，李煜瀛当选为中央监察委员。1925年1月26日，孙中山“以肝病移居北京协和医院，接受手术，断为肝癌，乃下手谕加派先生及吴敬恒、于右任、李大钊、陈友仁五人成立北京政治委员会，关于重要事务，由会议决而行”⑤。

湖南五四新文化运动的健将

易培基（1880—1937）字寅村，号鹿山，湖南省善化（今长沙市）人。出生于清末官宦之家，其父因得罪上司被罢黜而死。易培基在父去世后，前往武昌为父上诉申冤，时值湖广总督张之洞提倡新学新政，创办湖北方言学堂，易考入该校，毕业后留学日本，加入同盟会，回国后参与辛亥武昌起义。1912年担任中华民国副总统兼湖北都督黎元洪的秘书。1913年7月，孙中山发动“二次革命”，易培基不与依附袁世凯的黎元洪合作，弃职去沪，后回长沙执教。先后任湖南高等师范学堂、长沙师范学校以及湖南省立第一师范等校教员⑥，曾担任过毛泽东所在的一师第八班的课程，教过毛泽东一年半语文，对毛泽东欣赏有加。易在政治上反对袁世凯的反动行径，文字学接近章太炎，经学颇近康有为，故易培基的讲课颇受毛泽东等青年的欢迎，关系亦颇融洽。易培基四弟易白沙曾在《新青年》发表《孔子平议》，是新文化运动中反对尊孔读经的第一人，在当时的思想界具有很大的影响；又著有揭露历代帝王反动、愚昧、荒淫的《帝王春秋》，孙中山为其题写书名。毛泽东在湖南长沙时期的主要活动都与易培基分不开。

---

① 李煜瀛：《李石曾先生文集》上册，第175页，中国国民党党史委员会，1980年。

② 《北京大学日刊》1918年1月20日。

③ 《北京大学日刊》1918年7月4日。

④ 《北京大学日刊》1922年11月3日；《北京大学日刊》1923年10月5日。

⑤ 杨恺龄：《民国李石曾先生煜瀛年谱》，第46页，台湾商务印书馆，1980年。

⑥ 长沙市地方志办公室编：《长沙市志·第十六卷》，第138页，湖南人民出版社，2002年。

"五四"运动时期，张敬尧查封《湘江评论》，解散湖南学生联合会。毛泽东领导被封闭而又重新组成的湖南学生联合会，借检查日货，以坚持反日爱国运动，与张敬尧对抗。12月2日，长沙举行第二次焚毁日货示威大会遭张敬尧武力镇压，4日，省学生联合会在白沙井枫树亭易家开会，决定发动全省学生总罢课，联络省内外力量，正式开展驱逐张敬尧运动。组织驱张请愿代表团，分赴北京、上海、衡阳、常德等地开展请愿和宣传活动。湖南各界"驱张"总部设周南女校，由何叔衡负责；联络点设长沙白沙井枫树亭易培基家，推举易培基为绅商学界总代表。随即，毛泽东率驱张代表团离长赴京。驻京"驱张"请愿团团长毛泽东多次写信给在长沙主持"驱张"工作的易培基、何叔衡，请他们亲自去衡阳，主持驻衡"驱张"请愿团工作①。1920年2月29日易培基到衡阳，3月1日何叔衡到衡阳，领导驻衡"驱张"请愿团，加强对直系军阀吴佩孚的工作，又前往郴州向谭延闿请愿。6月11日，张敬尧在各界人民联合驱逐和吴佩孚逼迫下，退出湖南。谭延闿率湘军进入长沙，谭延闿继任督军兼省长，宣布湖南自治。湖南教育界扬眉吐气，呈现一派新气象。为了使被张敬尧摧残的教育事业迅速恢复和发展，教育界名流杨树达等建议成立湖南教育委员会。由于谭延闿的器重，驱张总代表、第一师范国文教员易培基被任为教育委员会委员长。1920年7月，易培基担任第一师范校长。1921年易又担任了省长公署秘书长、省立图书馆馆长，这也给他在湖南第一师范推行教育改革提供了一定的方便和条件。

易培基在担任一师校长的三年半内，在进步师生大力支持下，顺应新文化运动的历史潮流，采取了一些革新教育的措施，使一师在这一时期民主空气浓厚，学术思想活泼，呈现一派生气勃勃的景象，取得了显著的成绩，至今仍然被人们所称道。他首先撤换了原有的部分教职员，从北京、上海、杭州、武汉等地，先后延请一批参加过五四运动和受过五四运动影响的新人物，如匡日休、周谷城、熊梦飞、夏丏尊、沈仲九、徐特立、李达、李维汉、陈昌、田汉等到校任职。这些人大胆改革教学内容，废除以灌输封建道德教育为内容的"修身"课，国文也废弃了文言文，改用白话文，教材主要选自当时流行甚广的《新青年》等。教学方法上提倡启发式教育法。同时还延请中外名流，如美国的杜威、英国的罗素、国内的恽代英、章太炎、章士钊、蔡元培、张继等到一师讲学，开阔学生眼界。易培基还废除学监管理制度，组织学生自治会。创新开放女禁，实

① 中共湖南省委党史研究室、新民学会成立会旧址管理处主编：《风华正茂的岁月——新民学会纪实》，第94页，湖南人民出版社，2008年。

行男女同校，为抵制社会逆流，将自己女儿易漱平送入一师学习。

易培基改变旧学风，鼓励学生组织各种团体①，开展自由讨论，时一师除毛泽东等人组织的“新民学会”外，还有“马克思主义研究会”“崇新学社”“明社”“〇（阿）社”等各种学术团体。

为了在湖南传播马克思主义，开展新文化运动，毛泽东决定创办一个以推销新书报、介绍新思想为主要任务的新书社。这一设想得到易培基的赞同，易还自愿充当书社发起人，为书社捐资②。易培基等各界有声望人士的参与，使文化书社披上了“合法”的光环。1920 年 8 月 22 日，易培基和毛泽东、何叔衡、姜济寰、方维夏、彭璜等在长沙县署召开俄罗斯研究会筹备会，易培基报告发起该会的宗旨和研究俄罗斯的必要。9 月 15 日俄罗斯研究会在文化书社内成立。

易培基还解聘了原一师附属小学“主事”，聘任从一师毕业不久的他的学生毛泽东担任这一职务，全面主持附小的工作。这使毛泽东找到了一块进行早期革命活动的沃土。毛泽东在附小工作了一年半时间，后兼师范部 22 班国文教员。经过易培基批准，毛泽东聘请何叔衡、谢觉哉等到附小任教。附小学生任弼时、毛泽民、毛泽覃等，后来都成为著名革命家。毛泽东利用一师作根据地，进行共产主义运动。一师成为革命发祥之地。1921 年 8 月中旬毛泽东参加中国共产党第一次代表大会回到湖南，继续在一师任教，并继续从事建党工作。中共湘区委员会正式成立后，毛泽东担任书记，才辞去教职，走上了职业革命家的道路。

可以说毛泽东青年时期的一系列活动都和易培基密切相关，但是毛泽东后来几乎不谈易培基了。毛泽东 1936 年在延安与美国记者斯诺谈自己和中国革命历程的时候，曾经偶尔地提到了易培基，当时毛泽东对国民党统治区的一些情形只是有所了解而已，他通过斯诺，知道故宫盗宝案的主犯是萧瑜，而当时故宫博物院的院长是易培基，易也脱不了干系③。萧瑜是毛泽东在湖南一师时的同学，是当年一师的四杰之一，毛泽东对于萧瑜和自己走不同的道路是深为惋惜的。毛泽东虽然对故宫盗宝案情况不是很清楚，但知道不是空穴来风，从此以后毛泽东就闭口不谈易培基了。

---

① 长沙市地方志办公室编：《长沙市志·第十六卷》，第 138 页，湖南人民出版社，2002 年。

② 中国革命博物馆、湖南省博物馆编：《新民学会资料》，人民出版社，1980 年；中共湖南省委党史研究室、新民学会成立会旧址管理处主编：《风华正茂的岁月——新民学会纪实》，第 146—147 页，湖南人民出版社，2008 年。

③ ［美］埃德加·斯诺著，李方准等译：《红星照耀中国》，第 108 页及注释，河北人民出版社，1992 年。

1920年11月，湖南政局发生变化，湖南陆军第一师师长赵恒惕乘机挤倒谭延闿，随后又逼走临时省长林友宇，赵登上了省长宝座，夺取驱张胜利果实，炮制省宪，自称省长，表面实行联省自治，骨子里仍是军人专政，残杀裕湘纱厂罢工领袖黄爱、庞人铨于雪地。易培基见赵在湖南倒行逆施，背叛孙中山，斥赵为无革命党人骨气的新军阀。易说：“湖南人真不幸，去了一个张屠夫，又来了个赵屠夫。”赵恒惕深感易培基任校长的第一师范“学风浮薄，士习嚣张，青年学子，多不以学课为重，而专为出位之图，每借题滋生事端”①，只是由于易在社会上有名气，在学校有威望，加上赵刚上台，根基不稳，想撤换易培基而未能执行。

1923年，谭延闿在广州大元帅府任内务部长，得孙中山倚重。令谭回湘讨赵，任谭为湖南省长兼湘军总司令，进驻衡阳。易培基在长沙秘密进行拥谭倒赵活动，赵视易为眼中钉，令爪牙监视易的行动。1924年1月撤销易培基一师校长职务。易潜往衡阳。不久，陈炯明在广州叛变，孙中山急电谭回师救粤。赵军乘机进驻衡阳，下令捕易，易侥幸逃往广州，就任谭延闿湘军总司令部秘书长。因与谭部副官长岳森等不和，爰被委为谭延闿驻上海的私人代表。值孙中山图谋策动浙江都督卢永祥及奉系军阀张作霖，共同声讨北京直系军阀曹锟。谭延闿推荐易培基为孙中山代表，赴杭州，设办事处于杭州西湖曲园楼，从事联卢拥孙倒直活动。孙中山与段祺瑞、张作霖结成反直联盟后，易被任命为孙中山驻京全权代表，并受广东高师校长邹鲁之托，以孙方代表身份与苏联公使加拉罕谈判庚款分配问题。这就使他与新文化运动策源地北京学界和其他各界人士加强了联系，曾引荐北京著名学者赴广东任教，采购教材和图书至广东大学，还主持了国民党在华北地区的学生运动，接济、帮助过湖南等地学生留法勤工俭学活动，因而与北京大学教授、国民党中央监察委员李煜瀛建立了密切关系。

创建故宫博物院

1924年第二次直奉战争爆发。10月23日，直系将领冯玉祥发动“北京政变”。24日，直系军阀政府被推翻，总统曹锟被囚禁于南海延庆楼，吴佩孚的势力被逐出北京。北京政变成功后，冯玉祥被推为国民军总司令。当时国民党在北京的领导人黄郛，在冯

① 本书编写组编：《湖南第一师范校史》，第149页，上海教育出版社，1983年。

玉祥的支持下出面组织摄政内阁，黄郛邀请李煜瀛担任教育总长，但李煜瀛作为进德会丙种会员，坚守不做官原则，婉言拒绝，推荐易培基出任教育总长。

根据《清室优待条件》，退位后的溥仪依然住在紫禁城保和殿后的“后廷”里，享有“大清皇帝”尊号，沿用宣统年号，享受中华民国对待外国君主之礼遇，有一批遗老旧臣顶戴补服跪拜称臣。溥仪在此接受了很好的满汉文教育，还聘请英人庄士敦做他的英文教师，生活奢华，享受着各种高科技，电灯电话、摄影网球、风琴自行车，溥仪在此从一个儿童成长为青年，并且对西方世界充满了向往。[①] 冯玉祥认为，民国六年张勋复辟，破坏共和。捣乱虽在张逆、祸根实在清廷。不取消清室优待条件，不把逊帝请出宫，今后难免有人再搞复辟，今后共和政体势难安宁。因此，冯玉祥提出驱逐逊帝溥仪出故宫[②]。11 月 4 日晚，临时执政府摄政内阁会议议决《修正清室优待条件》，并令京畿警卫司令鹿钟麟、京师警察总监张璧负责执行溥仪移出宫禁。[③]

次日，鹿钟麟、张璧执行任务前，为避嫌，“乃用电话约李先生来天安门，告诉他请他作证的意思。李先生慨然应允，乃同入宫”。清内务府绍英等人和溥仪商议后，同意《修正清室优待条件》，“但迁往颐和园，需要修理，不是仓促所能办到的事，需容其三个月”。后表示“三个月搬家可以改为一个月”，再将一个月减十天，最后说“收拾物件需三天可以完毕，到彼时方才可以搬家”。这时李煜瀛说：“物品不必收拾，有关历史文化之物品，以不搬走为是，因系国宝，不宜归一人一姓，你们今天出去后，只将无职守的太监开去，各宫殿仍旧归原看守人看守，并加封条，以专责成。”[④] 当时具体执行的鹿钟麟、张璧，始终注意令溥仪即日出宫，而未想到文物的处置。而李煜瀛长期在法国生活，对法国大革命后兴起的博物馆相当熟悉，才有了这样的插话。李煜瀛的这句话提醒了鹿钟麟他们，除了让溥仪出宫，还要考虑文物的处置。这是初次谈及文物，对于后来的故宫博物院有很大的关系。下午 5 点来钟，“溥仪及他的后妃，后面跟随宫女太监多人，最后是绍英等四人，最后面是摄政王，步行由御花园而出”，乘坐国民军司令部为之预备的汽车，前往后海北岸的醇亲王府，永别了清室占据了 280 年的宫廷。

---

① ［英］庄士敦著，惠春琳等译：《紫禁城的黄昏》，紫禁城出版社，2010 年；爱新觉罗·溥仪：《我的前半生》，群众出版社，1964 年。

② 冯玉祥：《我的生活》，第 510 页，上海教育书店，1947 年；［美］薛立敦著，丘权政等译：《冯玉祥的一生》，第 183—184 页，浙江人民出版社，1988 年。

③ 沈亦云：《亦云回忆》，第 201—204 页，传记文学出版社，1980 年第 2 版。

④ 李宗侗：《李宗侗自传》，第 145—153 页，中华书局，2010 年。

溥仪出宫当天，摄政内阁开会，专门研究溥仪出宫后的善后问题。

11月7日，发布"大总统令"："修正清室优待条件业经公布施行，著国务院组织善后委员会，会同清室近支人员协同清理公产私产，昭示大公。所有接收各公产，暂责成该委员会妥慎保管。俟全部结束，即将宫禁一律开放，备充国立图书馆、博物馆等项之用，藉彰文化，而垂永远。"①

11月14日，《政府公报》发布《办理清室善后委员会组织条例》②。国务总理聘请李煜瀛为委员会委员长，聘任汪兆铭（由易培基代）、蔡元培（由蒋梦麟代）、鹿钟麟、张璧、范源濂、俞同奎、陈垣、沈兼士、葛文濬、绍英、载润、耆龄、宝熙、罗振玉等十四人为委员。后五人为清室方面指定。另有监察员，有京师警察厅、高等检察厅、北京教育会是法定监察员外，特聘了吴敬恒、张继和庄蕴宽。③ 监察员是委员会名誉的重要保证，也是向各界昭示大公的见证。易培基作为清室善后委员会委员汪精卫的代表，也参与善后委员会的各项工作，并被善后会聘请为按照清室善后委员会组织条例成立的"图书博物馆筹备会"主任。

11月19日，北京8所高等学校的代表召开联席会议，赞成组织善后委员会，并希望成立一完全美满之图书馆、博物馆，由国家直接管理，并邀集各机关参加监视，期在公开保存，俾垂永远。摄政内阁教育总长易培基谈话，表示了顺应民意的态度：余意拟成立一国立图书馆和国立博物馆以保管之，地址即设在清宫中，唯组织须极完善，办法需极严密，以防古物意外损失。11月20日，清室善后委员会筹备就绪，宣告成立，李煜瀛就委员长职。④

溥仪出宫以后，清室遗老旧臣一直鼓噪不休，妄图恢复旧的"清室优待条件"，使溥仪重入故宫。1924年11月28日，溥仪之"内务府"致函北京临时政府内务部，声明："所有摄阁任意修正之五条件，清室依照法理不能认为有效"，并否认清室善后委员会。同日，溥仪函各国公使求援，并对《顺天时报》记者发表谈话称："此次国民军之行动，以假冒国民之巡警团体，武力强迫余之签字，余决不如外间所传之欣然快诺。"⑤

1924年12月6日，汪精卫、丁惟汾、邵元冲、张继、戴季陶、李煜瀛、孙科、马

---

① 《政府公报》1924年，第3099期，第2—5页。

② 《政府公报》1924年，第3104号，第4—5页。

③ 杨恺龄：《民国李石曾先生煜瀛年谱》，第43页，台湾商务印书馆，1980年。

④ 杨恺龄：《民国李石曾先生煜瀛年谱》，第43页，台湾商务印书馆，1980年。

⑤ 韩信夫、姜克夫主编：《中华民国史大事记》（第三卷），第2095页，中华书局，2011年。

伯援、焦易堂、王用宾、王法勤共 11 人在天津张园举行会议，讨论北方政局诸问题，主张：清室问题“须依照摄政府修正优待条件，由清室善后委员会继续办理”①。

12 月 20 日，李煜瀛召开善后委员会第一次会议，通过《点查清宫物件规则十八条》，从登记、编号到物品挪动，建立了严格的监督机制和责任制。② 24 日上午，点查工作正式从乾清宫、坤宁宫开始。虽然清室代表无人到会，但善后委员会还是立即着手点查宫内物品。其他宫殿的点查工作也随着开始了。

清宫物品点查过程中，李煜瀛等人考虑到故宫“关于历史文化者甚巨”，只有把这项“革命事业”渐进为“社会事业”，方不致“受政潮之波动”的影响③。李煜瀛早年“在赴法留学时，在巴黎见到法皇的狼宫，在法国大革命后改成罗浮博物院，也就是狼宫博物院。这引起了他的注意，想回国革命成功后，将清宫改为博物院”④。可以说，李煜瀛建立博物院的想法由来已久。11 月 7 日的“大总统令”已指出“将宫禁一律开放，备充国立图书馆、博物馆等项之用”，而善后会就是政府成立的，虽然不占编制，但是经内阁商定聘任、且政府负责相关费用，自然属于政府行为，善后会照章行事，得到现政府的积极支持与配合，段祺瑞不仅批准了善后会点查清宫物品，成立故宫博物院实际上也是段祺瑞批准和支持的，吴瀛记载“执政府会同清室善后委员会拟订了开幕典礼主席团名单”⑤，并确定开院典礼的相关议程。

1925 年 9 月 29 日，李煜瀛召集清室善后委员会会议，讨论并通过了《故宫博物院临时组织大纲》及《故宫博物院临时董事会章程》《故宫博物院临时理事会章程》，决定尽快成立故宫博物院，不许溥仪复宫，保护国宝安全；规定博物院设“古物”“图书”两馆，采取董事会监督制和理事会管理制，并对董事会、理事会的职权与义务作出了详细的规定⑥。经郑重遴选，讨论推定了第一届董事及理事名单。严修、卢永祥、蔡元培、熊希龄、张学良、张璧、庄蕴宽、鹿钟麟、许世英、梁士怡、薛笃弼、黄郛、范源濂、胡若愚、吴敬恒、李祖绅、李仲三、汪大燮、王正廷、于右任、李煜瀛等 21 人

---

① 吴相湘编撰：《孙逸仙先生传》下册，第 1743 页，远东图书公司，1982 年。

② 《清室善后委员会点查清宫物件规则（十三年十二月二十日议决）》，《故宫物品点查报告》第 1 卷第 1 期，第 3—4 页，1925 年。

③ 《清室善后委员会宣言》，《申报》1925 年 8 月 17 日（6）。

④ 蒋复璁：《李石曾先生与国立故宫博物院》，《大成》第 85 期。

⑤ 吴瀛：《故宫尘梦录》，第 89 页，紫禁城出版社，2005 年。

⑥ 《清室善后委员会议事录（1925 年 9 月 29 日）》，故宫博物院档案，jfqggdatsl00003；《清室善后委员会重要会议》，《申报》1925 年 10 月 2 日。

为董事，都是政界、军界、学术界的名流，在社会上有着显赫的地位和影响力，有的人（如严修）虽被推为董事，但本人并没有接受①，这可能是临时董事会没有召开，没有推举董事长的一个原因。李煜瀛、黄郛、鹿钟麟、易培基、陈垣、张继、马衡、沈兼士、袁同礼等9人为理事，李煜瀛为理事长。

1925年10月10日下午2时，故宫博物院在乾清门举行开幕典礼，庄严宣告故宫博物院成立。朝野各界要人出席了典礼。开院典礼由清室善后委员会监察员、故宫博物院临时董事会董事庄蕴宽担任主席，宣告"故宫博物院"成立，清室善后委员会委员长、故宫博物院董事、理事长李煜瀛首先报告了清室善后委员会工作与故宫博物院筹备情形。次由前摄政内阁总理、故宫博物院董事兼理事黄郛讲话，内中的一段话属对敌视故宫博物院者的严正警告："今日开院，为双十节，此后是日为国庆与博物院之两层纪念，如有破坏博物院者，即为破坏民国之佳节，吾人宜共保卫之。"执政府外交总长、董事王正廷，京畿警备司令、董事兼理事鹿钟麟，国民党中央执行委员、董事于右任，以及黄郛时期国务院秘书长、全国水利局总裁袁良等相继发言，阐述建立故宫博物院的深远意义，吁请各界支持。②故宫博物院的创立，是中国文化史上的一个伟大业绩，它将紫禁城这座昔日皇帝居住的禁区，变为人民百姓自由参观的场所，是中国博物馆事业走上正轨的开端，对中国现代博物馆建设事业有着深远的意义。博物馆事业的出现与发展，是时代进步的表现，博物馆是建设现代中国的一个重要发展方面。1925年故宫博物院成立时，就仿效西方的管理方法，将故宫博物院法人化，故宫工作规程正规化、现代化，建立董事会、理事会这样现代的组织机构和形式，是这一时期社会向现代化迈进的模范。蒋复璁说："在十六年（1927）国民革命军北伐未到达之前，这个故宫博物院象征着革命力量已经到达了北平。"③李煜瀛功在首位。

李煜瀛、易培基二人都与女师大学潮发生了关系。李煜瀛积极参与女师大事件，还将风潮逐渐引向北大，甚至发展成为北京大学与教育部之间的对抗；易培基在女师大学生希望他长校的呼声下最终于1926年1月13日就任校长，从而宣告学潮结束。因而，要考察女师大学潮，势必不能无视李煜瀛、易培基二人，至少要对他们有一个基本的

① 严仁曾增编，王承礼辑注，张平宇参校：《严修先生自订年谱辑注》，《严修先生年谱》（版权页书名为《严修年谱》），第462页，齐鲁书社，1990年。

② 《故宫博物院开幕纪盛》，《兴华》1925年第22卷第41期。

③ 蒋复璁：《李石曾先生与国立故宫博物院》，《大成》第85期。

了解。

1926年3月18日，北京群众2000余人，徐谦主席，顾孟余演说，在天安门集会抗议，会后游行，到铁狮子胡同段祺瑞执政府国务院门前请愿，要求政府拒绝八国通牒。段祺瑞政府血腥镇压请愿群众，造成“三一八惨案”，学生在执政府门口被卫队枪杀47人，伤132人，引起了当时社会的不平。段政府商议处理办法，谓：“近年以来，徐谦、李大钊、李石曾、易培基、顾兆熊等，假借共产学说，啸聚群众，屡肇事端。本日由徐谦以共产党执行委员会名义散布传单，率领暴徒数百人闯袭国务院，泼灌火油，抛掷炸弹，手枪木棍，丛击军警。……徐谦等并着京外一体严拿，尽法惩办，用儆效尤。”① 实际上李煜瀛和易培基根本不是共产党，而是国民党人。易培基在半月之前还是政府的教育总长。段祺瑞趁着惨案的发生，不顾事实地借共产党之名，想置李煜瀛、易培基二人于死地。李煜瀛、易培基被迫避居东交民巷，暂时不能越雷池一步，失去自由。以后两人陆续南下。

至于他们以后的行事，其实与女师大学潮已经没有关系，要考察女师大学潮，也不能拿他们以后的所作所为来说事。比如，“易培基盗宝案”就是一个极为复杂的问题，需要另文探讨，而且也与本题没有关系。

① 韩信夫、姜克夫主编：《中华民国史大事记》（第四卷），第2414—2415页，中华书局，2011年；孙敦恒、闻海选编：《三一八运动资料》，第69—77页，人民出版社，1984年。

古物陈列所国画研究馆开办始末*

徐婉玲

内容提要：1937 年 4 月，古物陈列所附设国画研究室（后更名为“国画研究院”及“国画研究馆”），聘请黄宾虹、张大千、于非厂等为导师，招收全国青年画家，入所临摹历代绘画。北平沦陷时期，国画研究馆在政局动荡中得以维持和发展，为伏居燕市的画家提供了静心习画的场所，也为其日后绘画风格的形成及其学术研究的发展奠定了基础。本文以档案文献及报刊资料为基础，梳理了古物陈列所国画研究馆的几个重要发展历程，并探讨了古物陈列所绘画藏品开放在辅助美术教育、艺术研究及人才培养方面的功能与影响。

关键词：沦陷时期　古物陈列所　美术教育　国画研究馆

引　言

1914 年 10 月，武英殿开设古物陈列所，公开展览清宫珍藏文物。古物陈列所的肇建，开民初博物馆之先河，创公共览古之新纪元，这是近代中国博物馆史上具有划时代意义的重大事件。民初时期，古物陈列所通过举办文物展览、公布藏品目录、出版藏品图录等形式开放其所藏中国古代绘画，对民初中国画坛及其画风转变产生重要影响，近来学者对此多有论述，如段勇的《古物陈列所的兴衰及其历史地位述评》①、杭春晓的

---

* 该文为 2012 年度国家社科基金艺术学项目《博物馆与认同之建构——以民国时期故宫博物院为中心》（项目编号：12CH103）的研究成果之一。

① 段勇：《古物陈列所的兴衰及其历史地位述评》，《故宫博物院院刊》2004 年第 5 期。

《民初绘画资源的开放——古物陈列所的成立与民初中国画》[①]，以及单国强的《古物陈列所筹建与开放》[②] 等。在论及古物陈列所绘画资源开放与中国画坛的关系时，上述学者均提及古物陈列所附设国画研究馆一事。再者，在近代著名国画大师黄宾虹、张大千、于非厂的艺术年表中均载有“担任北平古物陈列所国画研究馆导师”一项，现代杰出画家陆鸿年、晏少翔、郭味蕖、田世光、俞致贞、石谷风等人的艺术年表中亦均载有“考入北平古物陈列所国画研究馆”一说。此外，晏少翔、郭味蕖、石谷风、陈荣寿、李树萱、赵世咸等人在多篇回忆文章中忆起其在古物陈列所国画研究馆临摹书画的时光。

但因有关古物陈列所国画研究馆的历史记忆一直封存于故宫博物院所藏的院史档案之中，因此上述学者在谈及国画研究馆时，常一笔带过，或语焉不详。即使在当事者学术年表和回忆文章中，因时隔久远，亦有记忆模糊或记载错误的情况。因此，笔者以故宫博物院档案室所藏古物陈列所国画研究馆档案为基础，对照民国报刊资料以及部分国画研究馆师生的相关文章，梳理分析国画研究馆的几个重要发展历程。

要论及古物陈列所国画研究馆的开办，有必要简要梳理古物陈列所自开放以来在文物藏品开放方面所做的尝试和努力。1914 年 10 月 10 日，古物陈列所在武英殿正式开幕，紫禁城太和、保和与中和三大殿亦于 1915 年正式对外开放。根据《古物陈列所游览规则》规定，参观者不得随意摄影及摹绘紫禁城各殿阁建筑，亦不得触摸、摹绘及拍摄陈列品。但因各国人士对于紫禁城建筑群及其皇家收藏的高度关注，摹绘殿阁及特许研究文物的情况在一定范围内存在，当时普遍的做法是，中外人士经由民国政府内务部核准转饬古物陈列所安排观摩和研究。在故宫博物院现藏古物陈列所有关档案中，保存了大量中外人士请求赴古物陈列所摹绘三大殿或考鉴文物的函件，其中包括 1921 年安特生顾问拟请到古物陈列所拍摄陶器和铜器藏品、1923 年燕京大学拟派工程师到古物陈列所拍摄三大殿以及 1926 年杨令茀请求摹绘历代帝王像等请求函。

1924 年 10 月，古物陈列所所长杨乃庚认为，中外人士研究文物须经由内务部核准却无明文规定，“不足以示遵循而昭郑重”，且“好古者流未及周知”。为此，杨乃庚于 1924 年 10 月 21 日以“本所收藏各物品，不能尽情研讨，殊非提倡学术阐扬文化之道”为由，呈请内务部核准颁发特许考鉴古物办法。1924 年 12 月 20 日，该呈文得到内务部

① 杭春晓：《民初绘画资源的开放——古物陈列所的成立与民初中国画》，《中国美术馆》2005 年第 9 期。

② 单国强：《古物陈列所筹建与开放》，载《20 世纪北京绘画史》，第 78—82 页，人民美术出版社，2012 年。

礼俗司“尚属妥协，准如拟办理”的批复。根据内务部核准的《特许考鉴古物办法》规定，“中外人士为研究学术，经内务部特许者，得赴古物陈列所考鉴古物”①。但因规定严苛，程序烦琐，该规则施行两年来，除了各国使馆介绍画家和学者入所摹绘三大殿或考鉴古物外，国内无人申请。

1926年10月，古物陈列所所长周肇祥以《特许考鉴古物办法》不足以昭示“提倡学术阐扬文化”为由，向内务部呈递《改订特许古物研究规则》，拟将武英殿西廊三间屋宇辟为特许研究室，且规定每月二日和七日为特许研究日期②。1927年10月5日，内务部抄发《修订特许古物研究规则》，该规则对于研究者、研究物品及研究时间做出详细限制，且明确规定“研究物品，除现在陈列者外，亦得请求研究，但每人每次不得过二件，并须缴费一元”③。相比于《特许考鉴古物办法》，《修订特许古物研究规则》更为严苛，且须收费，因而其原定以促进学术研究的目标收效甚微。

及至20世纪30年代钱桐任古物陈列所主任时期，美国东洋美术文化研究团主席松元宗吾率团30余人于1936年8月专门赴古物陈列所考察研究其所藏历代绘画，聘请溥心畬、于非厂担任该团指导，讲演中国绘画理论及方法，并现场试笔教授各种用笔及用色方法④。鉴于中外学者对于中国传统绘画的关注，古物陈列所主任钱桐拟议附设国画研究室，招选一批有国画基础的青年人研习临摹所内珍藏的历代绘画。此议得到周肇祥、黄宾虹、于非厂等人的支持。国画研究室之议，遂提上古物陈列所的议事日程。

一 抗战前夕的试办

（一）厘定规则

1936年11月16日，古物陈列所以“提倡学术阐扬文化”为由，呈文南京国民政府

---

① 《为拟订特许考鉴古物办法呈请鉴核备案由》，见故宫博物院藏院史档案《古物陈列所·组织人事类》第18卷，第14—16页。

② 《呈为改订特许研究古物规则呈请鉴核训示祇遵由》，见故宫博物院藏院史档案《古物陈列所·文物保管类》第33卷，第1—3页。

③ 《内务部指令特许研究古物规则由部重行修订抄录改订条文遵照办理由》，见故宫博物院藏院史档案《古物陈列所·规章制度类》第3卷，第1—4页。

④ 《美国东洋美术文化研究团抵平请求允许全体团员到所研究经过情形》，见故宫博物院藏院史档案《古物陈列所·行政事务类》第126卷，第1—10页。

内政部，提出试办国画研究室（图一）：

> 查本所性质，本系社会教育机关，所藏各种铜瓷书画雕刻等古物，在在足供学者之研究；近自国画发达，中外艺术家纷纷集矢于本所，以资观摩者，日见繁夥。如今夏美国之东洋美术团三十余人，指定本所实行研究，于国际文化，大有关系，即国内各学校，如国立中央大学艺术科、国立美专及京华美术学院等校，要求由教员率领免费来所实习者，几应接不暇。此外个人研究有名者与时之画家，希望详细参考者，亦属不少。本所倘拒而不予通融，于国家提倡文化之旨，殊有未合，若准许在陈列室参观研究，麕集柜前，沈思默相，既妨碍其他游人，实际亦未易收效。爰拟援照旧特许研究古物规则成案，即于本所附设国画研究室，修订规则，先行试办，并与福开森博士会商，尽先以其所寄存之名画百余件为入手，已符寄托本所专供学术上及文化事业上研究之本意，俟办有成效，再行呈请正式设立，倘因之得宏收造就，如南宋宣和及清代康熙、雍正、乾隆三朝，一时人才辈出，以巩固我唐宋元明清各流派丹青之地位，岂惟美术界之幸，而我国文化威权实利赖之。①

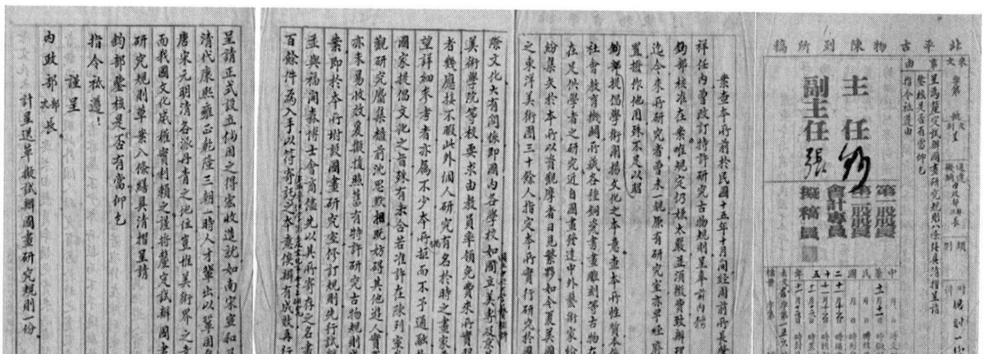

（图片来源：故宫博物院藏院史档案）

图一 1936 年 11 月 16 日古物陈列所呈文

① 《呈为厘定试办国画研究规则缮具清折呈请鉴核是否有当仰乞指令祇遵由》，见故宫博物院藏院史档案《古物陈列所·组织人事类》第 96 卷，第 1—3 页。

随该呈文附递的《试办国画研究规则》，共计八条。其第一条明确指出，“本所为便利各美术学校学生及中外人士研求国画起见，附设国画研究室，每星期三、六下午二时至四时为研究时期”。根据该规则规定：凡有志入所研究者，“须先将姓名、籍贯及其作品备具请求书函达本所，经本所审查后，认为程度相当，始准入所”；凡美术学校学生者，“须先将姓名、籍贯及其作品备具请求书呈由各该校长转送本所核准”；凡外国人士或学生者，“如有各该国驻华大使或公使之绍介，亦得随班实习”①。

1936 年 12 月 18 日，内政部下达正式指令，认为古物陈列所请求附设国画研究室一事“自属可行”。但对于古物陈列所所拟《试办国画研究规则》，内政部提出两条修改意见：第一，研究者的资格应严格审核。“惟入所研究者，应先行取具切实保证，并于入所后，由该所派员负管理与稽查之责，以昭慎重。”② 第二，入所研究者应有充分选择物品的机会及充足的研究物品的时间。“至关于研究物品，应于可能范围内，予研究者以充分选择之机会，及充分研究之时间，以资便利。”③（图二）

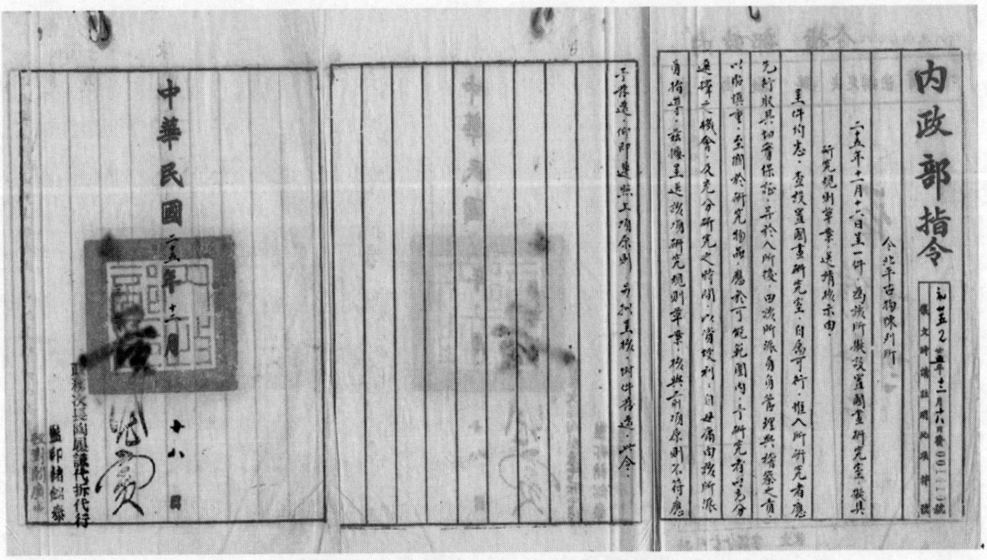

（图片来源：故宫博物院档案室藏院史档案）

图二　1936 年 12 月 18 日内政部指令

---

① 《试办国画研究规则》，见故宫博物院藏院史档案《古物陈列所 · 组织人事类》第 96 卷，第 4 页。

② 《内政部指令（礼廿五 2 廿五年十二月十八日发 001410 号）》，见故宫博物院藏院史档案《古物陈列所 · 组织人事类》第 96 卷，第 6 页。

③ 前揭《内政部指令（礼廿五 2 廿五年十二月十八日发 001410 号）》。

经过古物陈列所和内政部的多次修订，《试办国画研究室规则》于1937年2月23日由内政部下令正式抄发，计十二条：

第一条　本所为便利各美术学校学生，及中外人士研究国画起见，试办国画研究室。

凡有志入所研究者，应先向本所缴呈下列各件：

一、请求书。

二、政府直辖或立案之学校，学术机关，或学术团体保证书。

三、本人最近二寸半身照片二张。

四、本人最近作品。

上列各件，经本所审查许可后，发给研究证。

前项请求书及保证书格式，由本所另定之。

第二条　外国人士，请求入所研究，其应缴之保证书，得由其本国驻华最高外交官为之。

第三条　研究者在本所指定时间内，凭证入室，免收门票及其他费用，但游览各殿仍须购券。

第四条　研究者入室，除关于研究上必需之文具，及应用杂件，应自行备带外，不得另带其他物品。

第五条　研究室由本所指派专员管理，研究者应接受管理员之指导，对于研究各品，并应加注意爱护，如有损坏，应负赔偿责任，前项损坏之赔偿，情节重大者，担保机关应负连带责任。

第六条　研究室所需画品，概由本所预为指定范围，研究员不得任意要求另选或更换，但具有正常理由，经书面陈明本所主任核准者，不在此限。

第七条　前项提供研究之画品，本所得定期更换之。

第八条　研究者遇有临写画品之必要时，应就装置保护画品之玻璃框盒外面观摹绘拟，不得要求从框盒内取出临摹，及有损坏玻璃框盒情事。

第九条　研究者对于所临写之画品，不得私自照相制版发售。

第十条　研究者入所研究，期限以三个月为一期，期满得请求核准继续研究。

第十一条　研究者对于本所各项规则，均有遵守之义务，违者除照规则所定办法办理外，并停止其研究，及追还研究证。

第十二条　本规则自内政部核定之日施行。①

（二）招生开办

根据内政部的指令，古物陈列所着手国画研究室第一期研究员的招考录取工作。1937年3月至4月间，古物陈列所向国内各大学、文化团体、学术机关及各国公使馆致函，并抄送《试办国画研究室规则》。自古物陈列所的信函发出以后，各地有志艺术之士请求入所研究者异常踊跃，从上海、山东及山西等地远道专程送呈作品请求入所研究的人数亦不少。1937年4月初，古物陈列所厘定《国画研究室研究员作品及资格审查委员会简章》，计七条：

第一条　本所为审查国画研究员作品及资格，特设审查委员会。

第二条　本会设委员若干人，由本国敦聘在平资望素著之名画家担任，均为名誉职。

第三条　本会会议由本所主任兼任主席，并将开会时间先期函达各委员。

第四条　凡请求人之作品及资格，经开会审查合格后，方许可入国画研究室研究。

第五条　研究员照章以三个月为一学期，其在三个月期满后，若愿继续研究，须将其最后作品，由本会再行审查，如程度不符，即停发研究证。

第六条　每次开会审查完毕时，应编订总报告书，呈报内政部备案。

第七条　本简章自内政部核定之日施行。②

根据简章规定，“凡请求人之作品及资格，经开会审查合格后，方许可入国画研究室研究”。1937年4月6日，古物陈列所聘请周肇祥、张大千、于非厂、溥心畬、汪慎

① 《北平古物陈列所试办国画研究室规则》，见故宫博物院藏院史档案《古物陈列所·组织人事类》第96卷，第15—16页。

② 《古物陈列所国画研究室研究员作品及资格审查委员会简章》，见故宫博物院藏院史档案《古物陈列所·组织人事类》第98卷，第9页。

生、邱石冥为研究员成绩审查委员。1937 年 4 月 16 日，古物陈列所组织周肇祥等六委员开会审查各报名者所呈作品，并审议录取了 35 人为国画研究室第一期研究员。1937 年 4 月 19 日，国立北平艺术专科学校向古物陈列所保送杨秀珍、吴咏香、陆兰淑、谢炳琨、贾树德、萧重华、张文田、刘琢、刘德治、杨云龙等 10 人入所研究国画，私立北平辅仁大学亦函请古物陈列所接收美术专科毕业生陆鸿年等 3 人，及学生吴承俊、邢连芳、张其翼、李钟元、韩励深、季观之、季道章、吴厚毅、傅彬、吴恩格、李炎昭、王荣九、娄星耀、刘双波、邓同光等 15 人入所研究国画。鉴于北平各美术院校的积极推荐，古物陈列所于 1937 年 4 月 24 日再次约请周肇祥等六委员召开审查会议，又审议录取了 33 名研究员为国画研究室第一期研究员。其中，国立北平艺术专科学校推荐的杨秀珍等 10 人全部录取，北平辅仁大学所推荐的毕业生陆鸿年等 3 人以及吴承俊等 7 人予以录取，其他 8 人因系一年级学生基础尚浅未予以录取。1937 年 4 月 26 日，古物陈列所国画研究室榜示录取 66 人①，约占报名者三分之一。

在招考录取工作紧张有序进行的同时，古物陈列所积极筹备国画研究室的开学典礼及研究员开班诸事宜。1937 年 4 月间，古物陈列所在《试办国画研究室规则》基础上厘定《国画研究室研究细则》，计 14 条：

> 第一条　研究员每日入室时须先于签到簿签到，并注明时刻，如因事故不能来所者，须事前请假。
>
> 第二条　本室绘画暂分山水、花鸟、人物三组，每组分两班，第一班星期一三五，第二班星期二四六，每日绘画时间于下午一时起至五时止。
>
> 第三条　研究员对于临仿之间，须特别尊重爱护，不得由玻璃柜内取出钩摹。
>
> 第四条　临仿画件，每种至少临二张，一张存案，一张自有，如工夫不到，应即再临。
>
> 第五条　每日临画，由管理员将原本按号装入框内；其完毕后，由管理员

① 据档案记载，各期审议录取名单、榜示录取名单及实际入所研究员名单人数有所不同，其主要原因是部分申请入所研究者有录取未到者，亦有部分研究员经人推荐后入所研究者，例如第一期研究员最初审议录取人数为 68 人，榜示录取人数为 66 人，开学典礼时入所研究员为 66 人，后加入研究者 9 人，实际第一期研究员人数为 75 人。

查收清楚，方能出室，以昭郑重。

第六条　研究员所用水墨、颜色，须慎重安置，不得随意摔笔，以免污损原画，其完毕后，亦须将画具按照本所之设立柜格收藏，以免凌乱。

第七条　研究员如欲兼两组者，须分呈作品，经审查委员审查许可，不得随意参加。

第八条　本室临件，每届一月，由审查委员审查，详记分数；每届三月，严行甄别一次，程度太差者，得令退学。

第九条　自有之件准许出门时，须由第一股开出门证，并加印戳记。

第十条　研究室须肃静严整，不得喧哗，不准吸烟及随意吐痰。

第十一条　研究员缺席时间，逾本期临画时间三分之一以上，即停止其研究资格。

第十二条　发给各研究员临仿之画件，每日早九时由库提出，至下午五时仍归库保存，以符定章。

第十三条　本细则如有未尽事宜，得随时修改之。

第十四条　本细则自内政部核定之日施行。①

根据研究细则规定，国画研究室实行分班研究，分为山水、花鸟、人物三组，每组分两班。每班研究时间亦有明确分配，每星期一、三、五日的下午1时至5时为第一班研究时间，星期二、四、六的下午1时至5时为第一班研究时间。此外，细则以文物藏品保管为核心对管理员和研究员行为做出诸多规范。例如，出于书画藏品保管而制定的管理员职责规范："每日临画，由管理员将原本按号装入框内；其完毕后，由管理员查收清楚，方能出室，以昭郑重。""发给各研究员临仿之画件，每日早九时由库提出，至下午五时仍归库保存，以符定章。"再如，出于保护书画藏品而明确的研究员行为规范："研究员对于临仿之间，须特别尊重爱护，不得由玻璃柜内取出钩临。""研究员所用水墨、颜色，须慎重安置，不得随意摔笔，以免污损原画，其完毕后，亦须将画具按照本所之设立柜格收藏，以免凌乱。"此外，出于维护文物版权的临摹作品处理规范："临仿画件，每种至少临二张，一张存案，一张自有，如工夫不到，应即再临。""自有之件准

① 《古物陈陈列所国画研究室研究细则》，见故宫博物院藏院史档案《古物陈列所·组织人事类》第96卷，第7—8页。

许出门时，须由第一股开出门证，并加印戳记”。

为慎重保管及提收画件方便起见，古物陈列所特意将宝蕴楼库房附近的旧会议厅等13间房屋改为临时画室，分为山水、花鸟、人物三室。1937年4月间，古物陈列所派员筹备国画研究室的开学典礼，并从办公费中拨出400元经费用于画室装修及礼堂布置。经古物陈列所专门派员整饬屋宇墙壁，添设桌椅柜格，布置玻璃框盒，并购置研究员请求书、保证书、研究证、徽章以及各种簿册表格等物，国画研究室画室筹备工作基本就绪。1937年4月26日，古物陈列所在传心殿举行国画研究室第一期研究员开学典礼，福开森、周肇祥、赵太侔、于非厂、郑颖荪、邱石冥、汪慎生等艺术界人士应邀出席典礼。古物陈列所主任钱桐在开学典礼上致辞，报告设立国画的意义，略谓：“国画一门，中外齐重，政府设有艺术学校，但材料缺乏，本所收藏宋元明清先哲遗迹甚多，因呈准中央，设立研究室，开放所藏，以供临摹。刻入所学习诸君，俱系学有根底者，希望坚定志趣，恪遵纪律，努力研究。”① 1937年5月1日，古物陈列所国画研究室第一期研究员正式开课，钱桐、黄宾虹、张大千、于非厂等任导师，定期到所讲演并教授绘画技法。

经过数月的开班授课，古物陈列所多次呈文内政部，报告国画研究室开办情况及经费使用情况，并呈送《国画研究室作品及资格审查委员会简章》及《国画研究室研究细则》等。上述简章及细则，经由内政部略作修正，于1937年7月8日正式下令抄发。至此，古物陈列所国画研究室规模初具，组织架构逐步建立，规章体系亦不断完善。

二　沦陷时期的维持、调整与发展

（一）前期的维持

1937年7月7日，日军发动卢沟桥事变，抗日战争全面爆发。1937年7月29日，日军攻克北平，北平和天津相继沦陷。随后，日本人扶持江潮宗出面组织“北平地方维持会”。1937年8月21日，故宫博物院、古物陈列所、北平图书馆、历史博物馆联合设立总司四机关警备办事处，联合保卫四机关文物，钱桐任处长。1937年9月14日，北

① 《古物陈列所主办国画研究室昨晨行开幕礼》，《世界日报》1937年4月27日第5版。

平地方维持会以故宫博物院、古物陈列所、北平图书馆、历史博物馆、北平研究院、地质调查所、历史语言研究所、中国大辞典编纂处等文化机关关系中国国粹，为保护原状，免有疏虞起见，组织“文化机关保管委员会”，周肇祥任主席。

北平沦陷初期，古物陈列所文物保管及陈列展览等工作未受明显影响，紫禁城三大殿、武英殿、文华殿仍对外开放，文物保管及档案图书整理工作亦照常进行，但国画研究室情况有所变化，最为主要的是部分研究员因北平政局变化而离所回家。北平沦陷之前，国画研究室招收两期研究员近百人，截至1937年11月仅留下40余人照常到所临摹书画。鉴于北平政治局势的变化以及留所国画研究员的要求，古物陈列所于1937年10月至11月间继续聘请导师并招收国画研究室第三期研究员：10月11日，函聘黄宾虹为研究员成绩审查委员；11月间，组织国画研究室招生录取工作，并函请北平市地方维持会核准拨发国画研究室经费300元[①]；11月30日，榜示国画研究室第三期研究员录取名单，计正取王硕成、王棣华、李珉、李志鹤、林君珪、周时菁、夏芥园、洪悦、段履青、马志华、陈仁玲、章永福、黄骐良、张德昌、冯忠浚、程淑清、杨宝璿等17人以及备取李念先、胡玉铮、张鸿年等3人[②]。

1937年12月1日，“国画研究室”改名“国画研究院”，并举办第三期研究员开学典礼，北平市长江潮宗、北平地方维持会常务委员冷家骥、周肇祥、古物陈列所所长钱桐、国画研究院导师黄宾虹、于非厂等参加典礼。在开学典礼上，钱桐简要回顾了国画研究院的开办经过情形及现状：

> 本所附设国画研究院，自今年五月一日开始，迄今已七阅月之久。中间无一日间断，无一日休息，即星期日由鄙人讲诗，以为课余之努力。各学生本皆专门艺术学校毕业者居多，而各导师亦多当世之名手，成绩大有可观，即前数月飞机大炮之声不绝于耳，而本院学员仍本一贯之精神，到所临摹，其沉着，十分可嘉。原来本所限于地方，限于经费，拟以四十人为度，不再添招。现因

---

① 本所附设国画研究室，因画员要求继续研究，势难中间暂停，致月需煤火费一百元，此外如研究员之导师，长期工作，多人所需往来车费及研究室办事人员所需薪给共需二百元。参阅《函送本所二十六年十一月支付预算书其中有略请增加之处请俯予核准由》，见故宫博物院藏院史档案《古物陈列所·领导指导类》第17卷，第71—72页。

② 《榜示录取第三期国画研究员王硕成等二十名》，见故宫博物院藏院史档案《古物陈列所·组织人事类》第98卷，第26页。

请求者众多，而又见本京各美术学校无法开学，遂本教育无私之义，再招三次学员。报名者约有四十余人，选之又选，只取二十余人。其势不能再取，不胜遗憾。现联合旧有学员，共六十余人，鄙人材力绵薄，不能负此重任，时刻兢兢。惟幸国画占东方固有文化重要地位，中外公认，而各级长官亦多素具爱护国画之热诚，必能加以指导，毋使陨越，为国家作育全才。①

1937 年 12 月 14 日，伪中华民国临时政府成立，王克敏任行政委员会委员长。为使社会各界了解国画研究院研究员的工作情况及研究成绩，古物陈列所于 1938 年 5 月 1 日在传心殿举行国画研究院一周年纪念（图三），并举办国画研究院研究员第一次成绩展览会。

（图片来源：晏少翔《中国绘画传统理法解析唐宋国宝级名作》，辽宁美术出版社，第 98 –99 页。）

图三 1938 年 5 月 1 日古物陈列所国画研究院周年纪念合影

此次展览会出品分院中画课及课外作业二项（图四），所有成绩均经导师黄宾虹逐件审定，其中以第一期山水组研究员唐怡，花卉组研究员田世光、钟鸿毅及人物组研究员陆鸿年、晏少翔为最佳。此外，古物陈列所还特别安排陆鸿年在中央广播电台作演讲，报告此次成绩展览的意义以及国画研究院将来工作方针②。此次展览展期为 5 天，吸引了大量民众参观。据《新北平报》报道，唐怡的《观瀑图》《华山图》和陆鸿年的《观音像》《历代帝王像》最受关注，田世光、晏少翔、冯谆、谢天民、洪吉丞、郭伴云、穆缤华，杨宝瑢，吴如川、李树萱、吴咏香等人的作品也十分出色③。

① 《古物陈列所国画研究院第三期研究员 昨举行入学典礼 江市长等均亲莅致词》，《世界日报》1937 年 12 月 1 日第 4 版。

② 《国画家陆鸿年广播讲演》，《新北平报》1938 年 4 月 30 日社会版。

③ 《古物陈列所国画展览 昨晨开幕 唐陆作品最佳》，《新北平报》1938 年 5 月 2 日社会版。

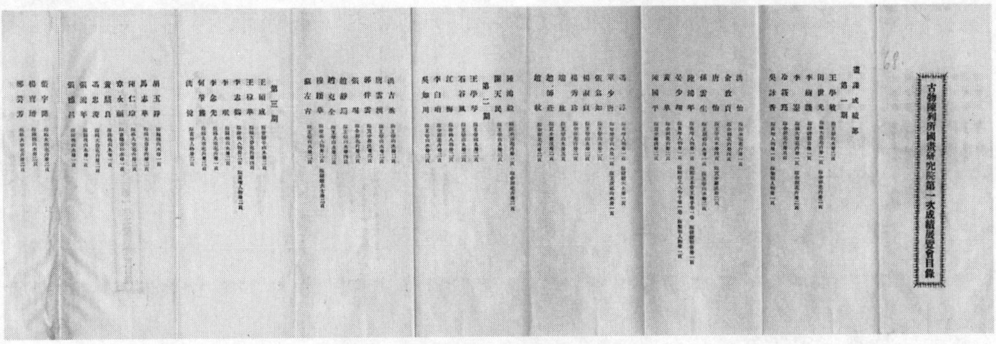

（图片来源：故宫博物院档案室藏院史档案）

图四 1938 年 5 月 1 日古物陈列所国画研究院第一次成绩展览目录（部分）

根据此次展览成绩及国画研究院有关规定，1938 年 6 月 21 日，古物陈列所国画研究院聘请成绩优秀的唐怡和田世光为助教。1938 年 6 月，古物陈列所继续招收研究员，并于 1938 年 6 月 25 日榜示国画研究院第四期研究员录取名单，计正取王乃闓、王笑石、白增锐、吕觉民、何淑静、李少美、李天铎、巫达斋、胡蓉华、段玉璟、朗孝公、陈书剑、常斯泰、傅郁文、曾惠弥、曾惠蓉、张邦庆、张蓉真、樊光贤、刘叔之等 30 人，以及备取阎柏之、张兆熊、萧毓民、赵松霖、陈维信等 5 人①。

（二）中期的调整

1938 年 6 月 10 日，古物陈列所国画研究院导师张大千拜别在平学生，只身离开北平，经天津转赴上海②。1938 年 7 月 14 日，古物陈列所所长钱桐病逝，副所长张允亮接任。1938 年 10 月 6 日，古物陈列所改隶中华民国临时政府行政委员会，“国画研究院”更名为“国画研究馆”，修订《国画研究馆规则》《国画研究馆办事细则》《国画研究馆研究员遵守规则》，并制订《国画研究馆学则》，计十九条（图五）：

第一条 本学则依本馆规则第十三条之规定制定之。

第二条 本馆设山水、人物、花卉三科，其课程纲要附表规定之。

---

① 《本所国画研究院第四期招生榜示由》，见故宫博物院藏院史档案《古物陈列所·组织人事类》第 98 卷，第 25 页。

② 参阅《张大千全传》，第 157 页，花城出版社，1998 年。

第三条　各科修业期限均为二年，研究员在修业期间，须遵照制定课程修满一百学分。

第四条　本馆以春秋二季为始业，每一学年分二学期，第一学期自七月一日至十二月三十日，第二学期自一月一日至六月三十日，凡星期日及年时令节、国家纪念日均休假。

第五条　研究员第一学年每一学期须修满三十学分，第二学年每一学期须修满二十学分。

第六条　各科课程依课程纲要，由导师审核各研究员学力程度支配研究。

第七条　支配研究之画品，第一学年每一个月，第二学年每两个月，至少须临摹 一种，山水科缴画一页为二学分，人物科、花卉科缴画一页为四学分，其长卷巨幅以尺寸大小推算，由导师核定之。

第八条　支配研究之画品，以册页为主，手卷为辅。其大幅画轴，视研究员平日之勤惰，及临画时间之余闲，于第二学年内，由导师特选指定临摹。

第九条　支配研究之画品，在临摹之先，由导师讲述原画之笔墨章法，及作者之略历，画风之宗派，俾研究员有所遵循。

第十条　每学期终了，举行甄别考试，由导师、助教审核其成绩，分记分数。满八十分以上者为甲等，满七十分以上者为乙等，满六十分以上者为丙等，不满六十分者为丁等。丁等为不及格，得停止其研究或延展其毕业年限一年。

第十一条　各科研究员得分班研究，星期一三五日为一班，二四六日为一班，每日研究之时间分四小时，其勤惰情况，积两个月，由课业组审核，一次旷课逾三分之一者，停止其研究，四分之一者申诫。

第十二条　研究员修满学分，试验及格，给与毕业证书。中途自请退学之研究员，修业满一年，以足法定学分，经学年试验及格者，得发给修业证书。

第十三条　研究员因病请假在三日以上者，须有医生证明书。其因病旷课日久曾经核准假期者，于病愈后得由课业组呈明馆长，延展其修学年限一年，继续研究。

第十四条　修学已满学期，而学分不足法定之数，不得与学期试验或毕业试验。

第十五条　前条未与学期试验及毕业试验之研究员，并未触及第十一条旷课之规定者，经导师之审查，得请由课业组呈明馆长，延展其修学年限一年补足学分。

第十六条　成绩优良于各学期修满学分之研究员，由课业组呈明馆长奖励之。

第十七条　成绩特优之毕业学员，得聘充本馆助教。

第十八条　曾经延展修学年限之研究员，违犯学则或经法定试验仍不及格者，停止其研究　或记过，其情节较重者，得呈明停止其研究。

第十九条　本学则自核定之日施行如有未尽事宜得随时修正之。

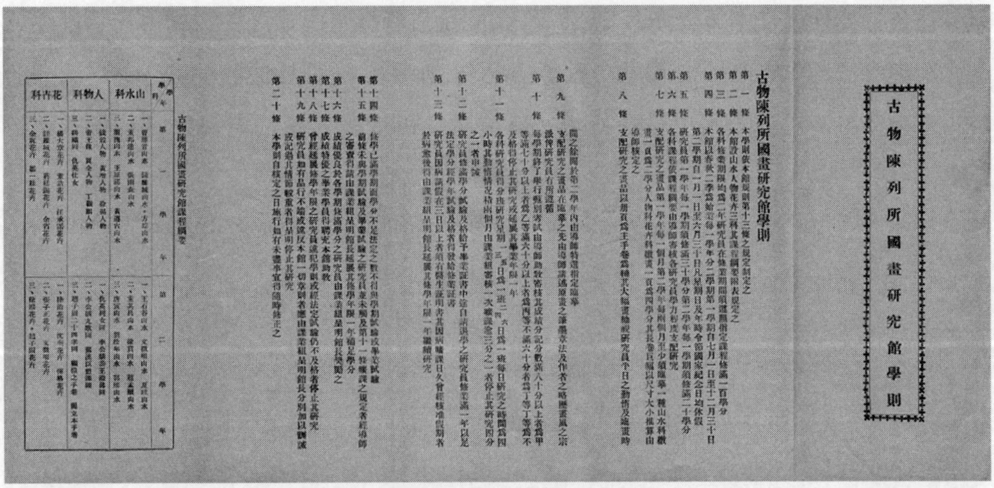

古物陳列所國畫研究館學則

古物陳列所國畫研究館課程綱要

（图片来源：故宫博物院档案室藏院史档案）

图五　古物陈列所国画研究馆学则及课程大纲

学则在原订分班研究等细则的基础上明确了以班建制、学分制和导师制为核心的学籍管理制度。此外，配合学则要求，古物陈列所为研究员制定了《国画研究馆课程纲要》，逐步形成了以临摹课为核心兼及画史画论的课程设置。相比于之前，这一时期古物陈列所国画研究馆在学籍管理和课程设置方面进行了较大的调整和改进。

首先，确立了以分班研究为基础的学分制。第一，国画研究馆仍实行分班学习，设山水、人物、花卉三科，每科分两班，每周一、三、五日为一班，二、四、六日为一班，并考核出勤率。第二，国画研究馆开始实行学年制，修业期限从最初的三个月延长至两年。第三，国画研究馆开始推行学分制。研究员在两学年内须修满 100 学分。每学年又分春秋两学期，第一学年每一学期须修满 30 学分，全年共计 60 学分；第二学年每一学期须修满 20 学分，全年共计 40 学分。

其次，明确了以学分制为前提的导师制。国画研究室开办之初，研究员临摹及研习书画主要以导师指导为主，导师根据研究员的绘画功底及时间精力安排研究员临摹作品及时间。据国画研究室第二期研究员石谷风回忆，1937 年陆鸿年入国画研究室专攻人物画，初临晋顾恺之《女史箴图》将近一年，后又临《历代帝王像》近半年[①]。但据《国画研究馆学则》第八规定，研究员临摹画品，以册页为主，手卷为辅。一般而言，在第二学年内，导师会根据研究员自身的勤勉及其空余时间，有针对性为其指定临摹一些大幅画轴。在严格量化学分的前提下，导师可以根据研究员的学历及勤奋程度适度安排研究任务。此外，学则第九条规定，“研究员在临摹指定画作之前，先由导师讲述原画之笔墨章法及作者简历、画风宗派等情况”。在注重临摹技法的学习之外，国画研究馆也十分强调对于绘画史论的研习，目前所见田世光笔录的黄宾虹讲稿即是明证（图六）。

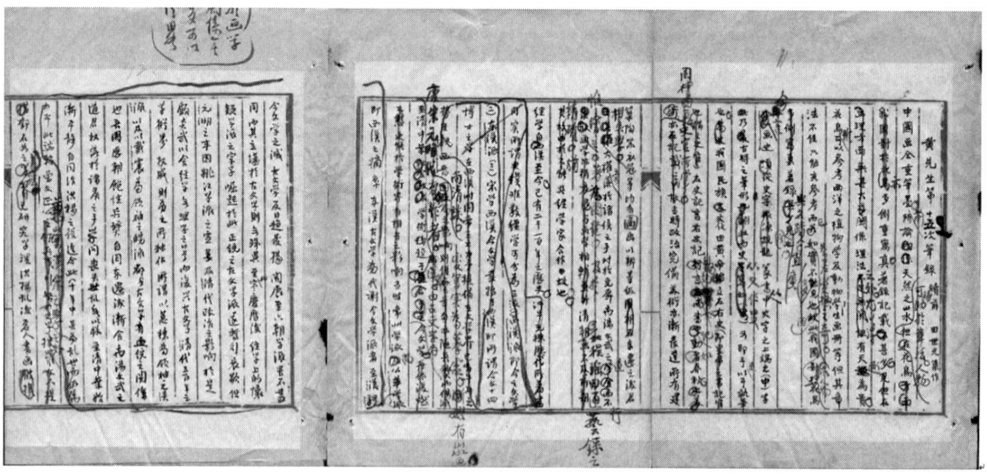

（图片来源：故宫博物院档案室藏院史档案）

图六　田世光集作黄宾虹第十五次讲学笔录

① 石谷风：《同桌陆鸿年》，载《亲历画坛八十年：石谷风口述历史》，第 165—166 页，江苏文艺出版社，2014 年。

第三，形成了以临摹课为核心的课程设置。首先，国画研究馆研究员的学分主要以临摹作品数量来评定，例如山水科上交临摹画册一页为 2 学分，人物科和花卉科上交临摹画册一页为 4 学分。再者，从《国画研究馆课程纲要》所规定的临摹作品来看（图五），第一学年临摹原件多数为清代宫廷画师的绘画作品，第二年临摹原件则多为历代著名画师的绘画作品，且明确规定以册页为基础，然后为手卷，再者为大幅卷轴，明确了临摹课程由易到难、由小到大的基本研习顺序。

由于国画研究馆偏安于紫禁城内一隅，受社会政治环境影响相对较小，加之古物陈列所的经营、导师的指导及研究员的研习，国画研究馆逐渐在北京画坛占据重要一席，多位研究员在艺术领域崭露头角。1939 年 1 月至 5 月间，国画研究馆第一期研究员唐怡撰写《读画一得》，分“修养”“用笔”“笔法之嬗变”“墨法之嬗变”“再述笔法之嬗变”“纸绢”“章法”“绘画与宗教之关系”“气韵”“苍润”“考证”等专题连载于《新北京报·艺术周刊》①。1939 年至 1940 年间，第四期研究员巫达斋撰写《绘事窥斑》，陆续发表于《立言画刊》，论及结构章法、笔法墨法、派别异同、阴阳远近等问题②。此外，陆鸿年、田世光、晏少翔、杨渊如、张其翼、赵纹、钟鸿毅等人多幅绘画作品刊载于《新北京报·艺术周刊》《艺林月刊》《立言画刊》《三六九画报》等报刊的艺术版面上。根据研究员的研习时间及成绩表现，古物陈列所于 1939 年 5 月 1 日循例举办国画研究院二周年纪念活动，并举行第二届研究员成绩展，社会反响热烈。

（三）后期的发展

1940 年 3 月 30 日，伪中华民国临时政府改组为伪华北政务委员会。配合新政权的统治，古物陈列所开始整顿所务。1940 年 8 月 6 日，古物陈列所所长张允亮呈请华北政务委员会将国画研究馆各项支出列为专款③。此议得到华北政务委员会的批准，国画研

---

① 参阅《新北京报·艺术周刊》第 1、2、3、4、6、7、9、12、14、15、19 期。

② 参阅《立言画刊》第 41、43、44、45、48、49、58、59、60、93、99、103、105、106、107、108、113、117、120、121、123、124、136 期。

③ “国画研究馆系于二十六年开办，专为国内专门以上学校艺术毕业及同等学历人员深造而设，不收学费，肄业学员前后共计四班，成绩亦尚斐然。惟因并无专款，一切设施因陋就简，未能尽善。此次编造二十九年概算，拟列为专款，以利进行，将来如蒙核准，当再详加规画，期臻完备而宏（收）造就。”载《胪陈整顿所务经过情形呈请鉴核由》，见故宫博物院藏院史档案《古物陈列所·领导指导类》第 20 卷，第 5 页。

究馆办公费核定为每月 100 元，导师车费核定为每月 200 元①。

在资金得到落实的基础上，古物陈列所完善国画研究馆的组织机构设置，并加强人员配备（图七）。1941 年，国画研究馆分事务与课业两组，管理人员共计 8 人。及至 1943 年，国画研究馆全馆管理人员多达 16 人，馆长由古物陈列所所长张允亮兼任，导师聘请黄宾虹和于非厂担任。国画研究馆下设事务和课业两组，由古物陈列所派傅以文和钱迪明分别担任主任。古物陈列所派第一、第二、第三科科长李仁俊、傅以文、王乃恕为当然管理员，并派曾广龄、谭可衡、吴章佩芬、王学敏、长文莅分任两组管理员。此外，第一期研究员谢天民受聘为山水组助教，陆鸿年受聘为人物组助教，田世光和俞致贞受聘为花卉组助教，评定和教授相关科目成绩②。

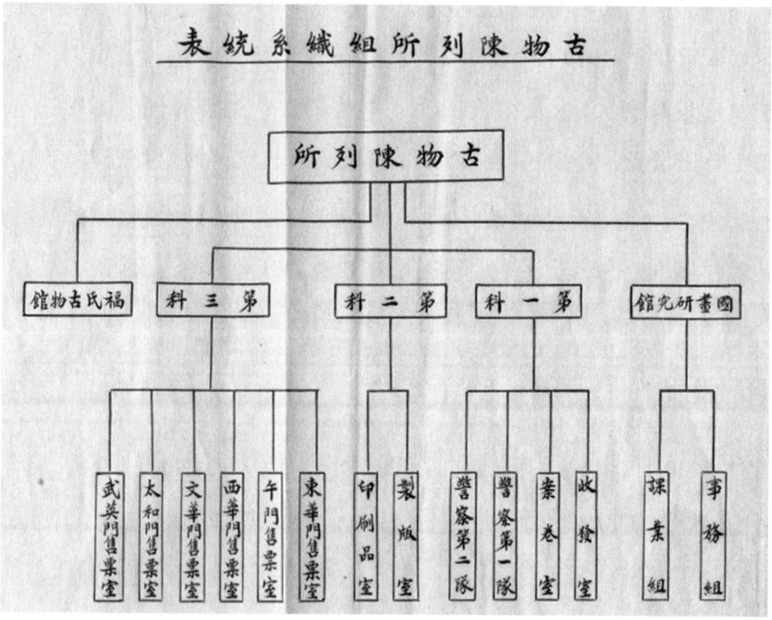

（图片来源：故宫博物院档案室藏院史档案）

图七　1940 年古物陈列所组织系统图

① 参阅《古物陈列所经费收入统计表》（1940. 4—1940. 9、1940. 10—1940. 12. 1941. 1—1941. 3），见故宫博物院藏院史档案《古物陈列所·行政事务类》第 76 卷，第 8 页；第 77 卷，第 9 页；第 79 卷，第 11 页。

② 《古物陈列所全体职名职务清册》，见故宫博物院藏院史档案《古物陈列所·组织人事类》第 123 卷，第 3 页。

由于国画研究馆办学成绩突出，古物陈列所于1940年添购桌椅，陆续招收第五期研究员120余人（图八），田世光、张其翼、巫达斋、王棣华、马志华等20余人继续留所研究。国画研究馆前后五期研究员，人数达260余人，成绩斐然，影响亦日益深远。首先，国画研究馆导师黄宾虹和于非厂占据北平画坛重要两席，其大量绘画及研究文章均在这一时期写成并发表。1939年1月至1940年6月，黄宾虹以“予向”为笔名在《新北京报·艺术周刊》上发表《江南画系》等文章67篇，此外，黄宾虹以“宾虹”“予向”之名在《中和月刊》《古学丛刊》《立言画刊》《古今》上发表大量文章。于非厂在《新北京报》上开辟专栏，其中《非暗漫墨》介绍了许多绘画技巧。

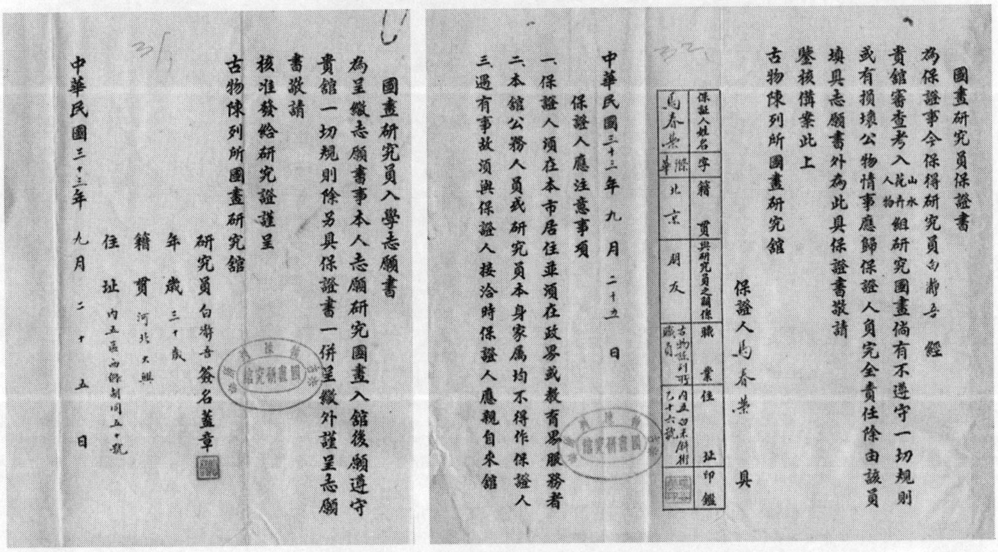
國畫研究員入學志願書
為呈繳志願書事本人志願研究國畫入館後願遵守
貴館一切規則除另具保證書一併呈繳外謹呈志願
書敬請
核准發給研究證謹呈
古物陳列所國畫研究館
研究員白瀞吾簽名蓋章
年歲 三十歲
籍貫 河北大興
住址 内五區西總布胡同五十號
中華民國三十三年 九月 二十五 日

國畫研究員保證書
為保證事今保得研究員白瀞吾經
貴館審查考入山水花卉人物組研究國畫倘有不遵守一切規則
或有損壞公物情事應歸保證人負完全責任除由該員
填具志願書外為此具保證書敬請
鑒核備案此上
古物陳列所國畫研究館
保證人馬春棠 具

保證人姓名	字	籍貫	與研究員之關係	職業	住址	印鑑
馬春棠	華際	北京	朋友	古物陳列所職員	内五區米市胡同七十六號	

中華民國三十三年 九月 二十五 日
保證人應注意事項
一、保證人須在本市居住並須在政界或教育界服務者
二、本館公務人員或研究員本身家屬均不得作保證人
三、遇有事故須與保證人接洽時保證人應親自來館

（图片来源：故宫博物院档案室藏院史档案）

图八　国画研究馆第五期研究员白瀞吾的入学志愿书及保证书

其次，部分国画研究馆研究员逐渐成长为北京画坛新秀，晏少翔、陆鸿年、田世光、谢天民、张其翼、季观之等人成为北京画坛的青年代表，俞致贞、李树萱、马志华等成为北京女画家群体中的佼佼者。1941年7月4日至6日，国画研究院第一期研究员晏少翔、张其翼、陆鸿年、季观之和第三期研究员李志鹤组织的竹社画会在中央公园举办画展，五人简历及绘画作品在《新北京报》《三六九画报》及《立言画刊》上刊载介绍。1941年9月8日，古物陈列所国画研究馆举行第一次毕业典礼（图九），共计49名研究员顺利毕业，其中唐怡、陆鸿年、田世光、俞致贞以90分以上优异成绩毕业。

1941 年 10 月 13 日，谢天民和俞致贞因成绩优秀被古物陈列所国画研究馆聘任为助教。1943 年 7 月 29 日，陆鸿年受古物陈列所之聘，担任国画研究馆助教。1943 年 8 月 13 日至 16 日，“李树萱、马志华两女士第一次人物花鸟画展”在中央公园举办。1944 年秋，古物陈列所在中央公园举行首届国画研究馆师生作品展，在社会上引起极大轰动①。

（图片来源：前揭晏少翔《中国绘画传统理法解析唐宋国宝级名作》，第 98 页。）

图九　1941 年 9 月 8 日古物陈列所国画研究馆第一次毕业典礼合影

三　复员后的停办

抗战胜利后，南京国民政府内政部派员视察并接收古物陈列所。1946 年 2 月，古物陈列所奉内政部令暂停国画研究馆事务。1946 年 2 月 5 日，古物陈列所函知黄宾虹、田世光、俞致贞、陆鸿年和谢天民，“在编制未确定，预算未核准以前，国画研究馆事务

① 赵世咸：《对北平国画研究馆的记忆》，载《京都忆往：北京文史集萃》，第 305 页，北京出版社，2006 年。

自二月份起暂行停止进行，候奉部令再行敦聘”①。内政部要求古物陈列所停办国画研究馆的决议引起研究员的强烈反对，1946 年 5 月 2 日，第五期国画研究馆研究员李伯愚、白瀞吾等全体同人致函古物陈列所所长张允亮，请求内政部赓续前令，准予国画研究馆正式立案（图十）：

> 我同学等，素以临摹古画为志愿。及至入馆，苦心研究，颇以为乐。查本馆乃华北唯一临摹古画之处所，亦可称全国临摹古画仅有之机构。本所收藏之丰富，亦不亚于欧美各国博物馆。所藏古画自唐迄清，名贵仅有之画尽可提出，供我后学临摹。我同学有鉴于此，故爱护画馆之心，特别恳挚。画馆存否，直接影响到我同学学业者，至为深切。素仰馆长以“作育人材”、“提倡艺术”为职志，则继往开来，发扬固有之文化，国画复兴，端赖馆长之领导推进。为此，拟恳据情转呈内政部，赓续前令，准予正式立案，俾人事行政两得推行，而本馆机构庶可巩固，不胜屏营待命之至。②

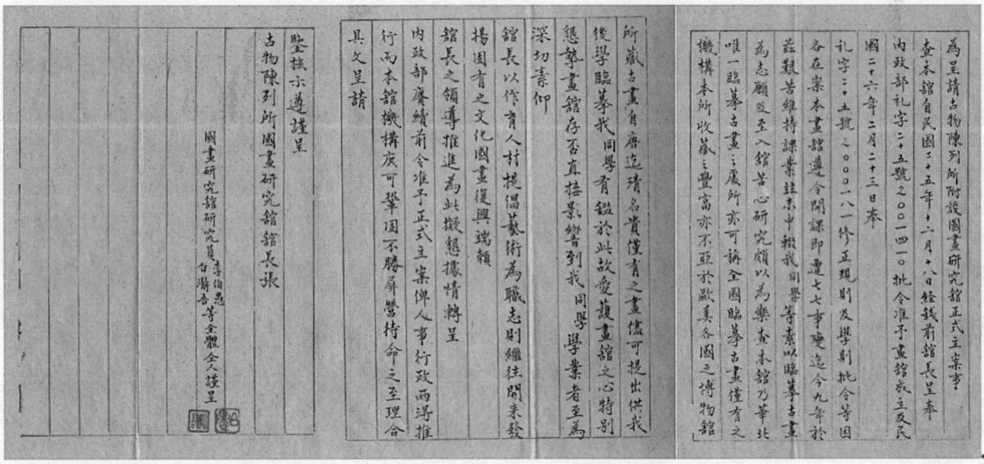
為呈請古物陳列所附設國畫研究館正式立案事
查本館自民國二十五年十二月十八日經錢前館長呈奉
內政部礼字二十五號之〇〇一四一〇批令准予畫館成立及民
國二十六年二月二十三日奉
礼字二十五號之〇〇〇一八一修正規則及學則批令等因
各在案本畫館遵令開課即遭七七事變迄今九年於
茲艱苦維持課業註未中輟我同學等素以臨摹古畫
為志願及至入館苦心研究頗以為樂查本館乃華北
唯一臨摹古畫之處所亦可稱全國臨摹古畫僅有之
機構本所收藏之豐富亦不亞於歐美各國之博物館
所藏古畫自唐迄清名貴僅有之畫儘可提出供我
後學臨摹我同學有鑑於此故愛護畫館之心特別
懇摯畫館存否直接影響到我同學學業者至為
深切素仰
館長以作育人材提倡藝術為職志則繼往開來發
揚固有之文化國畫復興端賴
館長之領導推進為此擬懇據情轉呈
內政部賡續前令准予正式立案俾人事行政兩得推
行而本館機構庶可鞏固不勝屏營待命之至理合
具文呈請
鑒核示遵謹呈
古物陳列所國畫研究館館長張
國畫研究館研究員李伯愚 白瀞吾等全體仝人謹呈

（图片来源：故宫博物院档案室藏院史档案）

图十　1946 年 5 月 2 日第五期国画研究馆研究员全体同人呈文

---

① 《函为国画研究馆事务暂停进行由》，见故宫博物院藏院史档案《古物陈列所 · 组织人事类》第 137 卷，第 1 页。

② 《呈为古物陈列所附设国画研究馆赓续前令恳请内政部准予正式立案由》，见故宫博物院藏院史档案《古物陈列所 · 组织人事类》第 137 卷，第 2—4 页。

应各方强烈要求，南京国民政府内政部向古物陈列所正式下达训令“该所附设国画研究馆，原称国画研究室，系战前呈准设置，在不增列经费原则下，仍准原案办理”①。1946 年 8 月 1 日，古物陈列所国画研究馆重新立案开办，并沿用最初“国画研究室”之名。1946 年 8 月下旬，古物陈列所聘请黄宾虹国画研究室研究员作品及资格审查委员会主任委员，聘请于照、田世光、陆鸿年、俞致贞和杨淑贞为委员，筹备国画研究室各项事宜。

1946 年 12 月 3 日，国民政府行政院决议“古物陈列所房屋及其留北平之文物拨交故宫博物院”。1947 年 8 月 25 日，古物陈列所致函黄宾虹、于非厂等，国画研究室须在 8 月底前结束。1947 年 8 月 31 日，国画研究馆结束，黄宾虹、于非厂，助教谢天民、陆鸿年、田世光、俞致贞，管理员钱迪明、长文茝、吴章佩芬、马春荣等停职裁减。国画研究室各时期的规章制度、研究员名单、研究员临摹作品及成绩册等有关文件资料亦分类归档，移交故宫博物院保存。

结　语

综合上述梳理，我们勾勒了 1937 年至 1947 年间古物陈列所开办国画研究馆基本轮廓。虽然目前所呈现的仅仅是一条发展脉络，但我们仍可从中总结古物陈列所开办国画研究馆的意义与影响。

首先，从博物馆藏品利用的内部管理角度来看，国画研究馆的开办标志着古物陈列所藏品开放已经从文物陈列展览、公布藏品目录、出版藏品图录等内向型传统模式向开班授课等外向型开放模式拓展。

民初时期，针对参观者的需求，古物陈列所为注重藏品陈列展览，并定期更换陈列物品、编辑《古物陈列所游览指南》、印制明信片等。20 世纪 20 年代，在陈列展览已较为成熟和稳定的基础下，为满足研究者的需求，古物陈列所开始重视藏品的整理公布以及学术研究，并厘定《特许考鉴古物办法》《修订特许古物研究规则》，成立鉴定委员会，并出版《内务部古物陈列所书画目录》《历代名人书画》《宝蕴楼彝器图录》等。

---

① 《函聘于非丁黄宾虹田世光陆鸿俞致贞为本所国画研究室主研究员作品及资格审查委员会主任委员由》，见故宫博物院藏院史档案《古物陈列所·组织人事类》第 137 卷，第 5—7 页。

及至20世纪30年代，针对美术学者及学生的需求，古物陈列所辟设专门画室，提选绘画藏品，招收研究员，聘任导师指导，派遣专员管理，制定规章制度，在紫禁城一隅内开办国画研究室。可以说，国画研究室的开办是古物陈列所利用其绘画藏品优势以期在传统绘画教育研究领域占据地位的一次大胆尝试。诚如其在试办国画研究室的呈文中所展望的，“倘因之得宏收造就，如南宋宣和及清代康熙、雍正、乾隆三朝，一时人才辈出，以巩固我唐宋元明清各流派丹青之地位，岂惟美术界之幸，而我国文化威权实利赖之”①。事实也证明，古物陈列所利用绘画藏品资源开办国画研究室，并以临摹课为核心兼及画史画论的课程设置，这种兼顾资源优势与社会需求的藏品开放利用模式取得了显著成效。据统计，古物陈列所国画研究馆开办10年间，共计招收五期研究员266人，累计保存临摹作品3000余件。

其次，从博物馆藏品开放的外部影响来看，国画研究馆的开办，在一定程度上表明古物陈列所绘画藏品开放已经从提倡学术、阐扬文化的功能定位向辅助教育、培养人才方向发展，并对近现代中国画坛产生深远影响。

就美术学校教育层面而言，古物陈列所国画研究馆不仅弥补了美术学校古代绘画藏品的匮乏问题，也承担了美术学校国画人才培养的部分职能。尤其值得一提的是，北平沦陷初期，许多学校停学，大量教师离平，多数青年学生也为谋求生计而放弃学业。古物陈列所国画研究馆没有因政局动荡和环境复杂而停办，且在艰难中得以维持和发展，共计招收第三、四、五期研究员164人。这一时期，伏居燕市的黄宾虹和于非厂坚持到馆授课指导，研究员亦在紫禁城一隅内精心临摹绘画，潜心艺术研究。第五期研究员赵世咸在半个世纪以后忆及这段历史时仍感慨万千②：

> 在日本占领北平，中华民族灾难空前深重的岁月，国画馆客观上起到了承前启后、培养接班人的光荣任务。全体师生不为敌伪作宣传画，不参加敌伪游行，专心致志钻研技艺，通过临摹提高艺术水平，日后很多人都成为国画界的有名画家。馆内经费不足，老师们没有工资，只发点交通费，他们在生活很困难的情况下仍兢兢业业，风雨无阻为学员辅导作业，老师们这种甘心奉献的工

① 前揭《呈为厘定试办国画研究规则缮具清折呈请鉴核是否有当仰乞指令祗遵由》。

② 前揭赵世咸《对北平国画研究馆的记忆》。

作精神，回想起来令人肃然起敬。

从导师及研究员个人角度而言，古物陈列所国画研究馆不仅为导师及研究员提供了静心习画的场所，也为其日后绘画风格的形成及学术研究的发展奠定了基础。黄宾虹在《八十自叙》中，以“伏居燕市将十年，谢绝应酬，唯与故纸堆中，与蠹鱼争生活，书籍、金石、字画、竟日不释手”概括了其北平十年的生活和研究状况。于非厂在《我怎样画工笔花鸟画》中坦言：“在故宫博物院和古物陈列所又见到该处几乎全部花鸟画，这对于绘画遗产的学习上，占了极其优越的条件。”第一期国画研究室研究员郭味蕖在回顾其在国画研究室临摹时光，亦曾如此评述①：

> 我初临花鸟，后又转为山水。所临全是院内所藏名家真迹。墙上悬挂的书画三天一换，可以随时观摩。临摹设有专用临摹台，长桌红毯，条件很好。通过这段临摹，我才深入地了解了中国画，感到洋画有意思，国画也有意思，中国人更应该懂得中国画，我开始对国画着迷了。

总而言之，国画研究馆是古物陈列所发展历史上的一项重要工作，也是沦陷时期北平地区文化艺术事业的一个缩影，值得进行全面研究与探讨。对于近现代一批国画家而言，古物陈列所国画研究馆时期是构成其艺术生涯的一段重要时光，也是影响其绘画风格的一段重要历程，值得进行深入梳理与分析。

附录：古物陈列所国画研究馆研究员名单

第一期（75人）

柴其伟	陈国平	陈世杰	陈薇永	崔鉴先	邓茂先	刁云鹤	端　紘
冯　谆	高　飞	郭味蕖	韩励深	洪　怡	侯秉璿	胡伯琴	胡蔚乔
黄　华	霍际椿	季道章	季观之	贾树德	蒋北海	蒋金谷	冷筱筠
李鸿庆	李鸣远	李树萱	李兴凯	李　崟	李钟元	刘德治	刘同丰
刘维枢	刘　琢	陆鸿年	陆兰淑	马惕乾	孟繁佑	荣在林	苏咏梅
单少唐	孙云生	唐　怡	田世光	王敬如	王　俊	王肃达	王学敏

① 《画家·郭味蕖纪年》，第63页，人民美术出版社，2008年。

吴承俊 吴都华 吴剑华 吴咏香 萧建初 萧重华 谢秉钧 谢炳琨
谢天民 邢连芳 徐济华 阎时敏 晏少翔 杨淑贞 杨秀珍 杨渊如
杨云龙 俞致贞 张民治 张其翼 张万里 张文田 张翕如 赵师庄
赵 纹 钟鸿毅 周树滋

第二期（27 人）

郑云芳 郭伴云 洪吉丞 黄瑞龙 江 梅 李白珩 李为江 刘伯珍
刘会耆 孟龢龕 穆缤华 任玉匙 石谷风 苏左青 唐云汉 王淑晖
王学琴 吴如川 吴兆年 缐鹤汀 徐 端 许慕沧 殷蕙君 张 琨
张民治 张宇闻 赵静琄

第三期（22 人）

陈仁玲 程淑清 冯忠浚 何肇熊 洪 悦 胡玉铮 黄骐良 李 珉
李念先 李志鹤 林君珪 马志华 王棣华 王硕成 夏芥园 杨宝璐
段履青 张德昌 张鸿年 章永福 赵克全 周时菁

第四期（30 人）

白增锐 常斯泰 陈书钊 陈维信 段玉璟 樊光贤 冯钟元 傅郁文
何淑静 赫上谷 胡蓉桦 李少美 刘叔之 陆元炯 蒙仙舟 汪玉汉
王乃闓 王笑石 巫达斋 萧毓明 阎柏之 曾惠弥 曾惠蓉 张邦庆
张克忠 张醴庠 张蓉真 赵鹤延 赵书瑗 赵溪村

第五期（112 人）

白瀞吾 白受采 白颖芳 鲍憨生 毕 凤 陈睿中 陈志良 程向欣
崔懿华 崔渊华 董义方 窦志先 樊尔萃 范学礼 高贻畇 韩荫毅
胡剑鸣 胡令蓉 胡淑慧 华效先 黄 建 黄玉英 纪欣荣 季世长
蒋金谷 金玉舫 郎彦君 李秉诚 李伯愚 李德润 李东琪 李如璋
李士勤 李淑敏 李素琴 李维伦 李文彬 李砚芸 李庄敏 刘道生
刘冬青 刘凤藻 刘 珺 刘乐娴 刘书绅 刘秀生 刘英芳 刘婴岩
刘育冀 马玉坤 马彝纯 孟水村 聂 敏 牛世鸿 钮文静 齐 辛
齐续忱 齐续慎 秦慕儒 邱同兰 荣孝慈 石淑贤 史临珍 苏廷书
苏学庚 孙国干 孙康洁 孙瑞华 索又靖 陶葵园 王秉铎 王慧敏
王令闻 王庆雯 王淑华 王希颜 王荫楠 王 元 王仲华 乌芸辉
吴 瑾 吴淑琴 吴树英 武信媛 续永康 杨继勤 杨丽华 杨乃侠

杨恽平	俞　钦	俞致赓	张承武	张光雩	张广文	张金颖	张茂蕙
张潜伦	张是玉	张寿贞	张文珠	张　逊	张玉峯	长文莤	赵国玉
赵　琳	赵世咸	赵思训	赵文辉	钟复礼	周妙中	周希文	周学颜

继续研究员（23 人）

陈仁玲	樊光贤	傅郁文	黄　华	李　珉	李念先	李树萱	吕觉民
马志华	唐　怡	田世光	王棣华	王学敏	王学琴	巫达斋	萧毓明
谢天民	俞致贞	曾惠容	张德昌	张其翼	章永福	赵书瑗	

沈从文与故宫

祝　勇

内容提要：1956 年，文化部文物管理局给故宫博物院发来《调沈从文到故宫博物院工作通知》，主致沈从文先生当时工作的中国历史博物馆，抄致故宫博物院，但沈从文先生并未到故宫报到，故宫同意他到陈列部“兼研究员”。故宫博物院档案中，有一封沈从文先生致唐兰信件，就漆器工艺、图案、造型、风格、源流等方面发表见解，展现他兼任故宫博物院研究员后的学术风貌。在本文中，作者从故宫博物院藏档案出发，对沈从文先生是否曾在故宫博物院工作及其具体工作情况进行梳理。

关键词：沈从文　唐兰　故宫博物院　漆器

一　故宫的调令

1956 年，吴仲超院长为了给故宫博物院的文物研究“充血”，决定大批引进“外援”，将包括唐兰、徐邦达、沈士远、罗福颐、孙瀛洲在内的一批文博界学术骨干调入故宫。沈从文，就在吴院长的这批调入名单中。

关于沈从文先生与故宫的渊源，印象最深的就是陈徒手的文章《午门城下的沈从文》。此文初刊于 1998 年第 10 期《读书》杂志，影响巨大。2000 年，陈徒手在人民文学出版社出版《人有病，天知否——1949 年后中国文坛纪实》一书，收入了此文。2013 年，三联书店又出该书修订版，该文亦在其中。

在这篇文章中，作者援引对多位老辈文人的采访，来描述沈从文在 1949 年以后的处境。其中，萧乾先生 1998 年 3 月 9 日在北京医院病房对作者谈到沈从文时，谈到“那个时候他在故宫处境很不好”[①]，加之陈徒手在文章中有意凸显“午门城下”这一语意，以表达沈从文当年的孤独与伤感，如沈从文笔下所流露的：“独自站在午门城头上，看看暮色四合的北京城风景……明白我生命实完全的单独……因为明白生命的隔绝，理解之无可望……”[②] 的确形成了一种强烈的意象效果，但一些不熟悉历史的读者，还是会对沈从文当时的工作单位产生误会。尽管陈徒手也援引郑振铎先生的话，说明“历史博物馆在午门前面”[③]，但许多不知情的读者依旧会以为，沈从文当时的工作单位是在故宫博物院。

因此，在陈徒手的文章之外，需要补充一点：在当时，午门以及午门与端门间的东西朝房，自1918年起，就成为国立历史博物馆筹备处的办公地，1926年10月，北平历史博物馆（1949年10月改称北京历史博物馆）正式开馆，一直到1959年搬入天安门广场东侧的新馆大楼，北京历史博物馆也更名为中国历史博物馆，午门一直是历史博物馆的办公和展陈场所，并不属于故宫博物院。

如此一望而知，午门城下的沈从文是历史博物馆的一名工作人员，而不可能是故宫博物院的工作人员。但许多史料、传记，仍然表述含糊。如《不列颠百科全书》“沈从文”条目下，可见这样的介绍：“1949年后，在北京中国历史博物馆、故宫博物院做文物研究工作。”[④]《中国大百科全书》则说：“1957年后，沈从文放弃了文学生涯，在北京中国历史博物馆、故宫博物院等单位工作。”[⑤]

2005年，时任文化部副部长兼故宫博物院院长的郑欣淼先生在《故宫学刊》发表《沈从文与故宫博物院》一文，对沈从文当时的人事关系进行寻根溯源。他从故宫博物院保存的当年档案中，找到了1956年5月9日文化部文物管理局发来的《调沈从文到故宫博物院工作通知》。该通知“主致”中国历史博物馆，“抄致”故宫博物院，通知说：“你馆沈从文同志业经部同意调故宫博物院工作。接通知后，请即办理调职手续为荷。”[⑥] 郑欣淼先生发现，在这份通知的边上，竖写着“没有来”三个字。在所附中国

---

① 陈徒手：《午门城下的沈从文》，见《人有病，天知否——1949年后中国文坛纪实》（修订版），第33页，生活·读书·新知三联书店，2013年。

② 《沈从文全集》，第19卷，第117—118页，北岳文艺出版社，2002年。

③ 陈徒手：《午门城下的沈从文》，见《人有病，天知否——1949年后中国文坛纪实》（修订版），第34页，生活·读书·新知三联书店，2013年。

④ 《不列颠百科全书》，第十五卷，第288页，中国大百科全书出版社，1999年。

⑤ 《中国大百科全书》，中国文学卷，第二册，第716页，中国大百科全书出版社，1988年。

⑥ 郑欣淼：《沈从文与故宫博物院》，载《故宫与故宫学》，第414—415页，紫禁城出版社，2009年。

作协党组致文化部党组的函件上，故宫博物院人事科注明这样一段话："因本人不愿来院工作，现征得组织仝［同］意来我院陈列部兼研究员工作。"①

郑欣淼先生的文章，终于打破了困扰多年的混沌，厘清了沈从文与故宫的关系："沈从文先生并未调入故宫博物院。"②

然而，沈从文与故宫的缘分，并没有因"没有来"三个字而告终结。查沈从文之子沈虎雏编《沈从文年表简编》，可知1956年5月，故宫博物院吴仲超院长请沈从文担任故宫博物院织绣研究组顾问，每周有一定时间在故宫上班。《年表》说，他协助织绣组培训业务骨干，有些人经过自己不懈努力，成为某一领域的文物专家。由于有更多机会接触故宫院藏文物，他的研究视野也扩大了。③

郑欣淼先生文章中说："他虽未正式调入故宫博物院，但实实在在在故宫上过班，神武门内东侧大明堂原织绣组办公室有他的办公桌。他不只从事研究，还做了大量的实际工作，就连故宫博物院的一些人也理所当然地以为沈先生就是故宫的工作人员。"④

对于沈从文在故宫博物院文物研究等方面的筚路蓝缕之功，郑欣淼先生文中作了全面的梳理，让我们时隔六十多年，依旧可以感受到他学识与人格的浸润。我所工作的故宫学研究所，在神武门西侧的西北角楼下面，与沈从文当年工作过神武门内东侧大明堂相距不远。从这条路上走过，心里有时会怦然一动，想到我所热爱的沈从文先生也从这条路上走过，心底会升起说不出的温暖。十几年前，我还是一个精力充沛的小伙子，曾经揣着一本《边城》，前后七次奔赴湘西，去感受沈从文笔下那个蓬勃充沛的世界，还写了一本书，名字叫《凤凰：草鞋下的故乡》。那时的我万万不会想到，很多年后，我竟然与沈从文先生成为"同事"，只不过中间隔过一个半个世纪的时光。

然而，空间的近，恰恰又衬托出时间的远。

半世纪时光，在这苍茫浩大的紫禁城里，只是俯仰之间的事，但对于个体来说，那又是一堵多么厚的墙，后人无法前去，而故人无法归来。所以，在故宫无数有形的墙之外，我又看到众多无形的墙，把一张张曾经鲜活的面孔隔开。它们遮蔽了无数生命的细部，哪怕是一个粗疏、漫漶的轮廓，也终将幻化无形。正是出于对"沈从文"这三个字

---

① 郑欣淼：《沈从文与故宫博物院》，载《故宫与故宫学》，第419页，紫禁城出版社，2009年。

② 郑欣淼：《沈从文与故宫博物院》，载《故宫与故宫学》，第419页，紫禁城出版社，2009年。

③ 沈虎雏编：《沈从文年表简编》，载《沈从文全集》，附卷，第51页，北岳文艺出版社，2002年。

④ 郑欣淼：《沈从文与故宫博物院》，载《故宫与故宫学》，第419页，紫禁城出版社，2009年。

的敏感，使我在读过郑欣淼先生文章之后还心有不甘，试图寻找出沈从文在故宫博物院留下的更多印迹。于是，从故宫博物院的尘封档案中，我又翻检出若干与沈从文先生相关的物证，或许郑欣淼先生在撰文之前早已看过，只是没有篇幅一一引用而已，但毕竟外界学者和读者难以见到，连撰写《午门城下的沈从文》的陈徒手先生，也在题记中感叹“没有找到沈先生的官方档案文件，在几个单位中来回寻问都无下落”，“官方文献这一主要来源实际上是缺失的”①。而张新颖先生2014年出版的巨著《沈从文的后半生》，也基本是依据《沈从文全集》和其他公开出版的著作写成的。因此，我翻找出的这批尘封半个多世纪的手稿档案，虽然微小零碎，却毕竟是未见披露，特别是一封沈从文先生书信手稿，《沈从文全集》没有收录，或许连沈虎雏先生都未曾见过，借此刊布，算是给沈从文的故宫岁月平添了一份佐证，也会对学者的研究提供某种补充。

二　生命的隔绝

尽管在沈从文精神困顿之际，得到了梁思成、巴金等朋友的关心的鼓励，但他最初的转变，应当来自他在1949年8月正式调入北平历史博物馆，被分配在陈列组工作，临时性任务有抄写文代会时事宣传橱窗内图片说明，主要工作是在库房清点登记馆藏文物、编写文物说明、抄写文物卡片。虽然像前面引用过的文字那样孤独和迷茫，感受到“生命的隔绝，理解之无可望……”有领导来视察，安排他作文物讲解，他早早到来，但一听说来者是他的学生、已任北京市副市长的吴晗，就转身躲开了，那心情定然是复杂的。关于当时的处境，沈从文在“文革”中的申诉材料里这样写：

> 记得当时冬天比较冷，午门楼上穿堂风吹动，经常是在零下十度以下，上面是不许烤火的。在上面转来转去学习为人民服务，是要有较大耐心和持久热情的！我呢，觉得十分自然平常。组织上交给的任务等于打仗，我就尽可能坚持下去，一直打到底。②

---

① 陈徒手：《午门城下的沈从文》，载《人有病，天知否——1949年后中国文坛纪实》（修订版），第25页，生活·读书·新知三联书店，2013年。

② 《沈从文全集》，第27卷，第244页，北岳文艺出版社，2002年。

有一次郑振铎来看他，面对着这位30年代的文坛老友，沈从文握住他的手，只叫了声“西谛”，眼圈儿就红了。

老朋友蹇先艾、李乔也来看他，见沈从文满面憔悴，不停地咳嗽，心里很伤感。沈从文看见了他们的伤感，反而内疚起来，反过来安慰他们，还把他们带到公园里吃茶，陪他们聊天，给他们讲笑话。

巴金在一封信里对沈从文这样说：“朋友中待人最好、最热心帮忙人的只有你，至少你是第一个。”① 此时，轮到沈从文需要帮助了。1955年11月21日，沈从文给老乡兼老友丁玲（时任中国作协副主席）写信，说：“帮助我，照这么下去，我体力和精神都支持不住，只有倒下……让我来看看你吧，告我地方和时间。我通信处在东堂子胡同廿一历史博物馆宿舍。”

丁玲没有如期而来，而是把信转给了刘白羽（时任中国作协书记处第一书记）和严文井（时任中宣部文艺处长），并在附信中说：“去年他老婆生病想进协和，陈翔鹤同志要我替他设法，好像不去不行……现在又来了这样一封信。……这样的人怎么办？我希望你们给我指示，我应该怎样同他说？”

时隔半个世纪，我仍然能够感受到他的憋闷与委屈。他曾经拥有健美俊逸的文字，它是由故乡阳刚的生命冲动和水质的青春气息共同打造的。他的每一个字，都会唤起我们的热情与想象。然而，时代没收了他的笔，让他痛惜，而转型时代里的明暗人性，更让他疼痛。此时的他，只能困守围城，在晨晚的昏黑中，独自面对那些苍老而冰冷的古物。午门西边拐弯处，有一间小小的展室里，布置了古代酷刑展。那些曾经用来敲骨吸髓、凌迟剐肉的刀具，阴气逼人。那一瞬间，他一定会感到阉割般的痛感，他甚至无法判断，湘西那个阳气充沛、温润明亮的世界，是真实，还是梦境。

或许沈从文和丁玲都没有想到，刘白羽向周扬（时任中宣部副部长兼中国作协党组书记）汇报后，周扬作出了积极回应，让丁玲、严文井等去看望沈从文，听一听沈从文的想法。丁玲等人没有去，但王冶秋（时任文化部文物局副局长）去了，与沈从文谈了两小时，表示可以安排沈从文去作协搞文学写作，也可以搞文物研究。但沈从文当时说：“没有主意，脑子乱得很。”搞创作，怕受批评；搞文物，怕受轻视。②

---

① 巴金：《怀念从文》，载《巴金文选》，第282页，文汇出版社，2010年。

② 关于沈从文工作安排一事，均引自郑欣淼：《沈从文与故宫博物院》，载《故宫与故宫学》，第414—417页，紫禁城出版社，2009年。

沈从文就是在这个时候，收到吴仲超院长的邀请的，也是在这个时候，收到前文提到的《调沈从文到故宫博物院工作通知》。1956 年 4 月 10 日，沈从文在给沈云麓信中透露：“我可能去故宫专搞绸缎，因为已经有了点常识。”① 一个多月后，在给沈云麓信中又说：“我大致要调到故宫搞丝绸专馆，已有公事。”② 6 月 10 日，又说：“工作已调过故宫搞丝绸馆，一时还不能去。”③

三 艰难的选择

如郑欣淼先生文中所说，沈从文在几经踌躇之后，最终还是“没有来”。“没有来”的原因，沈从文自己在“文革”中的申诉材料《我为什么始终不离开历史博物馆》一文里写了，却没有写得太明白。我揣摩他的心境，或许是因为年事已长，“人老了，要求简单十分……白天不至于忽然受意外冲击，血压高时头至于过分感觉沉重，心脏痛不过于剧烈，次数少些，就很好很好了”④。

但今天看来，这些都像是一种推托之辞。因为在当时，沈从文才 54 岁，还没有到老眼昏花、无法工作的程度。1956 年，沈从文和他的新文学伙伴们，大都年过五旬，且高居庙堂。其中，茅盾 60 岁，任文化部长；郑振铎 58 岁，任文物局长；老舍 57 岁，任北京文联主席；丁玲 52 岁，任中国作协副主席。对于一个作家（知识分子）来说，30 岁是青春期，50 岁正值青春，70 岁仍然是他创造的盛年。青春的他们与青春的中国相遇，正可以完成他们一生中最重要的创造。最典型的例子，就是跃跃欲试的老舍。老舍之子舒乙先生回忆他父亲 20 世纪 50 年代写作状况时说：“跟延安、国统区来的许多作家心态不一样，老舍心想自己是穷人出身，在很偶然的机会下免费上了学校，没上过大学，亲戚都是贫民，在感情上觉得跟共产党有天然关系，跟新政府是一头的。毛泽东认为知识分子是小资产阶级分子，要脱裤子割尾巴。一些作家受到精神压力，谨慎小心，有的做投降状，生怕自己是否反映小资情调？是否背离党的要求？很多作家不敢写，写

---

① 《沈从文全集》，第 19 卷，第 448 页，北岳文艺出版社，2002 年。

② 《沈从文全集》，第 19 卷，第 458 页，北岳文艺出版社，2002 年。

③ 《沈从文全集》，第 19 卷，第 467 页，北岳文艺出版社，2002 年。

④ 《沈从文全集》，第 19 卷，第 29 页，北岳文艺出版社，2002 年。

不出来。而老舍没有顾虑，如鱼得水。”①

老舍根红苗正，与人没有仇怨，而且有来自最高领袖的亲切关怀，老舍春风得意。汪曾祺曾经回忆过一个细节：有一次，老舍很郑重地拿出一瓶葡萄酒，说是毛主席送来的，让大家都喝一点。②

沈从文没有正面评价过老舍。但，不评价，不等于没态度。多年后，他被年轻学者问到您跟老舍熟不熟？他说：“老舍见人就熟。这样，反倒不熟了。”再被问到老舍的幽默作品好不好？他回答：“我不太熟悉。”

身处“主旋律”边缘的沈从文，已经成为革命文学的“多余人”，他的处境，如他在“文革”中的申诉材料所写的：

> 和一般旧日同行比较，不仅过去老友如丁玲、简直如天上人，即茅盾、郑振铎、巴金、老舍，都正是赫赫烜烜，十分活跃，出国飞来飞去，当成大宾。当时的我呢，天不亮即出门，在北新桥买个烤白薯暖手，坐电车到天安门时，门还不开，即坐下来看天空星月，开了门再进去。晚上回家，有时大雨，即披个破麻袋。我既从来不找他们，即顶头上司郑振铎也没找过，也无羡慕或自觉委屈处……③

但是，假如说沈从文的心底没有创作的冲动，也绝非实情，特别是1949年之后的时代气象，也让他无法保持真正的冷漠。1949年，他就在书信里写道：“让我生存来讴歌这个新的时代的秩序，岂不是比促我毁灭为合理？”④

文学创作，依旧是艰难的。因为此时，在国家的授意下，中国大陆文学正在呈现强烈的“一体化”倾向⑤，而且有着严格的“准入制度”，从旧时代来的知识分子，不脱胎换骨，就进不了社会主义这个门。有评论家甚至将中国当代文学命名为“国家文学”，

---

① 陈徒手：《午门城下的沈从文》，载《人有病，天知否——1949年后中国文坛纪实》（修订版），第67页，生活·读书·新知三联书店，2013年。

② 汪曾祺：《老舍先生》，载《汪曾祺全集》，第三卷，第345页，北京师范大学出版社，1998年。

③ 《沈从文全集》，第27卷，第247页，北岳文艺出版社，2002年。

④ 《沈从文全集》，第27卷，第255页，北岳文艺出版社，2002年。

⑤ 详见洪子诚：《问题与方法——中国当代文学史研究讲稿》，第188页，生活·读书·新知三联书店，2002年。

即“由国家权利全面支配的文学”，“是被完全改造、整合、纳入到国家权利范畴之中的意识形态”，“而且它还充分自觉地履行了这种表现或代言的职能与使命，即它是充分自觉地服务于国家权利目标的”①。在这种情况下，追求诗意与宁静的沈从文，无法与阶级斗争的暴风骤雨实现语言对接。即使如茅盾、巴金、老舍这些新文学巨匠，也同样举步维艰，他们后来的命运，都证明了这一点。

相比之下，博物馆那些具体而细微的工作、古色斑斓的文物，还是使他心有所寄。那颗因无法融入时代、不能再写出从前那样流丽文字而倍感焦虑的心，也一点点平复下来，除了“死心塌地地在博物馆作小螺丝钉”②，他已别无他念。他开始努力学习毛泽东著作，尝试着用《实践论》，指导他“研究劳动人民成就的‘劳动文化史’‘物质文化史’，及以劳动人民成就为主的‘新美术史’和‘陶’‘瓷’‘丝’‘漆’，及金属工艺等等专题发展史”。“这些工作，在国内，大都可说还是空白点，不易措手。但是从实践出发，条件好，是可望逐一搞清楚的。”③

沈从文最终选择文物研究，或许深藏着一个不言自明的原因：与那些心急火燎地走进新时代的文学创作相比，文物研究相对静态、单纯，意识形态色彩相对较弱，尽管同样需要掌握历史唯物主义、活学活用毛泽东思想，但面前的文物，毕竟是华夏几千年文明的物化体现，传承着我们民族数千年发展中最高等级的生命潜流和精神气脉，千百年间，人们的月下歌舞、江边咏唱，都凝聚在上面，我们整个民族蓬勃浩大的文化记忆和文化认同，全靠它们整合和统一。它们不是一朝一夕间完成的，它们的价值也不是一时一世的，而是深远的、超时代的。那是一条真正意义上的长河，收纳了人世间的所有真相，历经颠簸和迂回，却依旧宽厚和坦然。水边成长的沈从文，更容易体会到它的仁慈与悲悯。所以，在博物馆里，他看见的并非仅仅是具体的文物，他看到了河流的长度，看到了深邃时空中的美、聪明和善良。那条大河教育了他，让他内心释然，懂得宽悯、原谅、珍惜，他从来没有离开过他心中的长河，他的内心终于因为那条长河而通体透亮。

当时的情况是，除了为历朝历代的农民运动和阶级斗争提供物质佐证之外，这些文明的碎片正日益受到年轻人的冷落。沈从文回忆：“老一辈‘玩古董’方式的文物鉴定

① 吴俊、郭战涛：《国家文学的想象和实践》，第1—2页，上海古籍出版社，2007年。
② 《沈从文全集》，第27卷，第245页，北岳文艺出版社，2002年。
③ 《沈从文全集》，第27卷，第245页，北岳文艺出版社，2002年。

多不顶用，新一辈从外来洋框框‘考古学’入手的也不顶用，从几年学习工作实践中已出问题。同级研究工作人员，多感觉搞这行无出路，即大学生从博物馆系、史学系毕业的，也多不安心工作。我估计到我的能力和社会需要，若同样用五六年时间，来继续对文物作综合研究，许多空白点，一定时期都可望突破，或取得较大进展。我再辛苦寂寞，也觉得十分平常，而且认为自然应当，十分合理了。”①

同样从事文物研究，他为什么选择留在历史博物馆而没有去故宫，他没有说。在我看来，以故宫顾问的身份帮助故宫开展文物研究，或许（历博与故宫）二者可以兼得。

四 兴奋与满足

沈从文最终“没有来”，对此，故宫给予了充分的尊重，并同意他到陈列部“兼研究员”。在故宫博物院档案中，我找到此前未见披露的一份档案，可见故宫对此事的谨慎庄重：

> 我院聘请沈从文先生为织绣专门委员，王世襄为历代专门委员，二人已开始来院工作（沈于3月、王于5月，每星期工作一日）。我部每人每月补贴来往车马费肆拾元（与阎文儒相同），拟由院行政费项下支付，是否有当，
>
> 谨呈
>
> 院长
>
> 批示
>
> 故宫博物院陈列部（公章）（唐兰印）
>
> 1957，6，21②

7月11日，吴仲超院长在批示栏里批道：“照准，从来的月份发给。吴仲超。11/7。”

同日，唐兰在拟办栏批道：“因与阎文儒先生同为专门委员，拟同意均补贴车马费40元。唐兰。7，11。”③

---

① 《沈从文全集》，第27卷，第250页，北岳文艺出版社，2002年。

② 档案名称：《拟关沈从文王世襄车马费》；档案编号：19570819z。

③ 档案名称：《拟关沈从文王世襄车马费》；档案编号：19570819z。

2012年1月，我在郑珉中先生的办公室采访这位曾与沈从文同事的前辈学者。那时，他89岁，半个多世纪前，却只是一个毛头小伙子，当沈从文出现时，对沈先生投以景仰的目光。郑珉中先生说，沈先生是大研究员，我是故宫的小职员，对他是仰望的。有什么问题请教他时，他都会一一解答，非常耐心。

当时在故宫博物院织绣组任实习研究员的于善浦先生还记得第一次见到沈从文时的样子："那是一个初冬的时节，先生头戴着半旧的皮帽，身着一件黑面皮领的大衣，慈祥的面庞上，戴着一部眼镜，平易近人。""沈先生常常徒步走故宫内线来织绣所研究组上班，有时也搭乘公共汽车到故宫北门（神武门），再走到办公室。"

于善浦先生还回忆，沈从文先生曾经带着他，多次去前门、珠市口一带的估衣铺看织绣品。有一次，在东珠市口的一家店铺里，掌柜拿出一件古旧的刺绣"麻姑献寿"，沈从文让于善浦鉴定，当时于善浦只有24岁，只在故宫看过一些宫廷织绣品，对民间织绣了解甚少，一时不知所措。沈从文微微一笑，对掌柜说："这是民国年间仿制的'麻姑献寿'，而且是人工做的'旧'。"掌柜知道此人眼力不凡，只好承认。这家店铺里还存着许多从故宫流散出去的织绣品，有缂丝、织锦、刺绣，沈从文再次让于善浦鉴定，这一次，于善浦凭借他对宫廷织绣品的熟悉，给出了清晰的回答，沈从文眯着眼，点头不语，掌柜也频频点头，表示他说得八九不离十。①

在故宫，沈从文把自己的研究经验传授给眼前这群年轻人，很多年后，他们也都成了我们眼中的学术大家。反过来，故宫丰富的藏品，也刺激了沈从文，让他曾经黯淡的精神光源重新燃亮。"文化大革命"中，有人贴他大字报，他在答复中写："故宫藏上万种绫罗绸缎，我大抵都经过手，兄弟民族纺织品也以千计，留下了深刻印象。"② 言语中，依旧难掩他的满足。

美国汉学家金介甫（Jeffrey C. Kinkely）先生在《沈从文传》（The Odessey of SHEN CONGWEN）中描述他当时的状态时说："故宫的珍藏文物，现在可以听任他自由使用。他可以从中学到不少东西了……简直'像一个刚蒙受上帝恩宠的虔诚教徒一样'的兴奋。"③

① 档案名称：《沈从文在故宫》；档案编号：19900084z。

② 《沈从文全集》，第27卷，第188页，北岳文艺出版社，2002年。

③ ［美］金介甫：《沈从文传》（全译本），第256页，湖南文艺出版社，1992年。

至于他对“血压高时头至于过分感觉沉重，心脏痛不过于剧烈”的担忧，此时都烟消云散了。

五 给唐兰的信

那封沈从文先生未刊书信手稿，故宫博物院档案编号为19630481z。看见纸页上隽秀儒雅的笔迹，我的内心无比温暖，仿佛隔过茫漠的时间，与沈从文默然相对。沈从文把脸沉在时间的暗处，默然不语，他想说的，都写在那份苍黄的纸页上。那是他写给唐兰（时任故宫博物院陈列部主任）的一封书信手稿，内容是谈朱家溍先生一篇关于漆器的文章，但字里行间密密麻麻，却都是他对那些旧物的小心与珍爱。信的内容如下：

力庵先生[①]：

得示并朱先生文案和王魏诸兄意见，文章一再读过，得益正多。有关艺院“漆工艺教材”，系四川沈福文先生编辑，我只是当时读者之一而已。这方面我实在是个外行，说的话恐支蔓无分寸，附纸望斟酌情形，觉得对朱文修改有点益，且有必要修改，再发表，即转致一下。觉得意义不大，且院刊又急于付排，即留下来，且候将来拟作大型图录序言用时，再供朱先生修改参考。

本文中既说是“漫谈”，我同意世襄兄意见，只须能多用点心，多抄改几次，发表时自然更好些。删去些不必要字句，无妨作院刊用。因为当作一般说明性介绍文字，还清楚有条理，且有些见解极正确。若作图录序言，分量似乎轻了点，压不住阵脚。最好能再下点工夫，引用些其他文献和相关形象材料，作作爬梳探讨工作。纵横联系看看，把技法、图案、造形［型］、来龙去脉弄个清楚，至少比日本学人搞得深、透，文字也写得稳妥、扎实一些，送出去比较好。因为故宫元明藏品多，而漆工艺进展又有个历史传统，近十年发现又给人极多有益启发，元明成就并不孤立存在，不仅和以前生产成就有联系，也和同时工艺各部门息息相关，要介绍得恰到好处，有关问题不能不摸摸。比如文

① 唐兰，号立庵。

中引明人叙述谈唐宋漆事，多不怎么具体，只近于一般鉴别家言，而缺少客观分析，极容易以讹传讹，似是而非。如说唐法之平锦地，宋之金□胎，只据笔录孤证而信其有，不就大量宋人笔记而轻其无，便值得商讨。求序言有分量，有见地，能配合图像，代表国家博物馆对于这一部门研究新的成果，我想除了如世襄兄说的“宜就现有实物作较深刻细致比证分析”，还值得在技法、图案、造形（型）、探源溯流上作点工作，远者不论，至少得从唐代襄州生产影响到全国效法的“库露真”作起。日人有专文，说的不透，大可充实提出新的问题。库露真据六典称有“碎石纹”和“花文”两式，唐诗却称为“玲珑”之至，碎石文或和“斑犀”“豆瓣犀”有关，花文［纹］则绘、嵌、镂、剔及其他尚多。若联系“玲珑”而言，便挖“剔红”，总之和后来发展必不可分。云雕应即“福儿犀”，同属犀皮之一，目前虽尚无唐宋实物足证 ，但信阳出战国时漆几，已作瓦楞式珍雕剑□如意云。唐则敦煌画二妓女图，有一人捧箧子，恰作此式花纹。宋则一谈茶事书曾引一云雕笺托，近年出土实物一艮瓶上作如意云纹。直接间接材料都说明这种作法实源远流长。又宋代除《梦粱录》曾提及临安有“金漆行”、“犀皮行”，得知犀皮漆在当时已为专业生产，花样必不少。还有史书中叙鞍制十余种，和漆器加工进展关系都格外密切，而带制廿余种花纹，和《营造法式》石作部分均提及浮雕中的“别地突起”、“识文隐起”等作法，明《髹饰录》中在漆作法中就有同样名目，决非偶然凑和［合］。所以谈明漆来源不引宋事，说“承先顾后”将不免会落空。又明人称宋官内作漆用金□胎。但宋代可靠而重要文献之一《大金□代录》中提及金人围城，索金□犒军时，宋政府回答，却说官中金□器物已敛尽，余下只是一些漆器，答有金□胎、宋人岂有反而不知之理？至于图案布置艺术风格等，各仅就漆言漆，许多方面将难得尽解，谈不很透，易成附会。如能就同时官廷工艺各部门加以综合分析，则无不可，望得到较深一层理解，……在这种比较广泛认识基础上来谈得失，谈发展，自然就有话可说，并且说得斤两相称，对得起这部门遗产，也不至抑扬过实，影响到其他写专题教材和写美术史的提法上辗转致误。因此我想这个文章即当成一般性说明，用到院刊上，能够较细心作些修改充实，还是比草草付刊好。所以不怕琐屑，将个人读后意见另纸录陈，供朱先生参考。只当成“普通读者中，也还有那么细心人，注意到文章中一字一句的轻重分量”，作者或者就不至于以为修改重抄过于费事了。

并□著安

沈从文

九月二十七日①

1961 年，全国大专院校重新编写教材，调集十余位专家参加编写《中国工艺美术史》《中国陶瓷史》《中国漆工艺史》《中国染织纹样史》。这与沈从文在全国政协第三届全国委员会第三次会议上就美术史出版工作发表一份提案有关。

我在故宫博物院所存档案中，找到了1962 年1 月政协就沈从文的提案给文化部的回复。回复中说：

> 文物各单位及美术出版社，今后出版新的图录，宜扩大眼光，从全局出发，特别是应当较多注意对于新的日用工艺品和特种工艺美术生产改进提高有显著帮助方面出发，考虑进一步加以安排。过去十年情形，似略偏重于一般性画册图录，能满足比较少数人爱好，和画家爱好，实无从满足数以十万百万计工人正在从事生产，而且有些还和外销具有密切关系的日用轻工业品美术设计和特种工艺品生产设计改进提高迫切需要（例如能帮助丝绸、陶瓷、漆器、雕玉、竹、木、牙、石、家具，及内销新的日用品搪瓷、玻璃、塑料……等等生产可以观摩取法，具有民族艺术健康活泼的花纹图案资料，编印得却很不够）。但是谈美术教学和生产改进，和万千工作艺师的艺术上的共同提高，却唯有把这些重要参考资料大量送到他们手中，才具有现实意义……②

沈从文是在1956 年1 月10 日被增选为全国政协特邀委员的。4 月17 日，沈从文在致沈云麓信中说：“政协参加后，还常有小会，和人民代表在一起开，如像过去参众两院小会情形，可听到些专家报告，也可听听些书生说自己事情。过去想不到的人都能见到。许多知识分子，似乎还少有人体会得到真正在建设这个国家的，是千百万工农生产

① 档案名称：《顾铁符魏松庆王世襄沈从文对“藏漆序”的意见》；档案编号：19630481z。

② 档案名称：《现将中国人民政治协商会议第三届全国委员会第三次会议上沈从文所提提案》；档案编号：19620224z。

努力，并不是旧知识分子。但这些人还是主人翁一般，对工农并不会感到什么爱，也可说至今还缺少了解。……”①

这意味着沈从文的“政治待遇”已经发生变化，不再像《午门城下的沈从文》所描述的建国初期那样，1956 年，伴随着沈从文进入故宫，他迎来了盼望已久的人生逆转。假如 1949 年以后沈从文，内心荒寒寂寞，像一块旧时代的顽石，无法被“火红的年代”融化，那么，几年之后，这颗“大荒山中”的顽石就渐渐苏醒过来，虽一时尚无“补天”之用，但毕竟沐到了几缕春风，看到了几丝希望。

在沈从文心里，真正的春风，来自 1956 年 1 月，中共中央在中南海怀仁堂召开的知识分子问题会议。在这次会议上，周恩来宣布：“我国的知识界的面貌在过去六年来已经发生了根本的变化。”“他们中间的绝大部分已经成为国家工作人员，已经为社会主义服务，已经是工人阶级的一部分。”“因此，我们要又多、又快、又好、又省地发展社会主义建设，除了必须依靠工人阶级和广大农民的积极劳动以外，还必须依靠知识分子的积极劳动，也就是说，必须依靠体力劳动和脑力劳动的密切合作，依靠工人、农民、知识分子的兄弟联盟。”②

沈从文就这样在时代中转身，从革命大学中的被教育、被改造者，又被拉回到联盟中，成为一个平起平坐的阶级兄弟。他并没有被时代彻底地遗忘和抛弃。春天到来之际，沈从文在给友人信中说：“国家新的形势对于知识分子新要求，正如日昨周、郭诸领导同志报告所说到种种。文史研究也必然有一个总的大计划待实施。”③ 一个月后，又写道：“我在北京历史博物馆，听到传达周总理关于对待知识分子问题报告后，和馆中同事，都充满了一种说不出的心情。”④

沈从文的政协提案被采纳后，故宫博物院朱家溍先生作为美术院校编写组的成员，参与了以沈福文教授为主编的《中国漆工艺史》的纂写。60 年代初，朱家溍先生被调到工艺美术部。吴仲超院长对他说：“故宫藏品中，书画、青铜、陶瓷这三个门类现在都有专人在进行研究工作，藏品中占比重最大的明清工艺美术品，却只有保管而没人进

① 《沈从文全集》，第 20 卷，第 181 页，北岳文艺出版社，2002 年。

② 周恩来：《关于知识分子问题的报告》，见《建国以来重要文献选编》，第八册，第 11—45 页，中央文献出版社，1994 年。

③ 《沈从文全集》，第 19 卷，第 439 页，北岳文艺出版社，2002 年。

④ 《沈从文全集》，第 27 卷，第 362 页，北岳文艺出版社，2002 年。

行研究，这是一片空白，我想让你到工艺美术部进行研究工作。"[①] 不久，朱家溍在初步研究的基础上，布置了两个前所未有的陈列。一是按照《髹饰录》的系统，布置了一个漆器陈列室；另一个是结合文献材料，布置了一个珐琅器陈列室。

此前，王世襄先生已经披阅十载，于 1958 年完成了《髹饰录图说》书稿，朱家溍先生说："邀世襄来参加工作是十分合适的，但由于大家都知道的原因不可让他来。"[②] 朱先生所说的"大家都知道的原因"，是指 1957 年，他已被划为"右派"。朱家溍先生坦诚地说，王世襄先生那本未被印行的《髹饰录图说》书稿（王世襄先生自费油印了 200 本，署名"王畅安"），成为教材的主要参考书，"尤其是明、清实例的描绘，往往整段地录引。教材《后记》没有提到世襄的名字，只笼统地说一句：'参考了不少近人有关漆器方面的论著，从中吸取了他们的研究成果。'"[③]

我从故宫博物院档案中找出的两页朱家溍便笺（此前亦未见披露），其中一份写道：

> 去年编全国美术院校教材，沈福文主编（我不考虑参加）漆器史，已将此文的重要论点和材料引入并注明作者和篇名，以希望在书出版之先将此文发表。昨天，文物出版要我审查院刊中一篇关于雕漆的稿子，我问他们院刊稿子是否已发齐，他们说尚未发齐，所以现在将此文送上，打算在本期发表，不知唐老以为如何?
>
> 朱家溍[④]

1963 年，朱家溍又编写了《雕漆图录》，准备将序文在《故宫博物院院刊》上发表。在该档案中的另一份朱家溍便笺写道：

> 这本图录于 1960 年经唐顾二位先生审阅，关于概况及图片提了宝贵的书面意见。我非常同意这些意见，已于 1962 年按照所提意见改写改编完毕，现

① 朱家溍口述、朱传荣整理：《朱家溍》，第 108 页，文物出版社，2003 年。
② 朱家溍：《王世襄和他的〈髹饰录图说〉》，见《故宫退食录》，上册，第 230 页，北京出版社，1999 年。
③ 朱家溍：《王世襄和他的〈髹饰录图说〉》，见《故宫退食录》，上册，第 230 页，北京出版社，1999 年。
④ 档案名称及档案编号因疫情阻碍未能抄录。标点为引者所加。

在再度提出请审查修改。

朱家溍[1]

唐兰在右侧批道："请老魏同志看一下并请提出意见。唐兰。"

我找到了王世襄、魏松卿的所提书面意见手稿，沈从文给唐兰的信，应当也是一份对朱家溍此文的专门意见。档案有一张便笺，上写："连沈从文先生所提意见交朱家溍先生。"时间为 1963 年 10 月 26 日。由此可以推断，前引沈从文致唐兰信，时间应为 1963 年 9 月 27 日。

六　工作的庄严

王世襄的意见有两页稿纸，主要指出朱家溍先生此文"泛论多而具体分析少"，"如想抓信各时代的特征，似应从具体的比较入手"[2]，魏松卿的书面意见更短，只有从笔记本上撕下的一页纸，也提出"没有抓住各代雕漆工艺的艺术风格和技术特点"[3]。唯有沈从文洋洋洒洒，270 格的稿纸，足足写了四页半，一千二百余字。尽管开头部分不失客套，声称自己在"这方面我实在是个外行，说的话恐支蔓无分寸"，但进入具体问题后，就不那么温良恭俭让了，而是变得锱铢必较，丝毫不顾自己只是一个没有受到过专门的文物教育的业余选手——如他在 1956 年一份手稿中所写："只是个凡事一知半解的'假里手'。"[4] 而朱家溍，纵然比他小了整整一轮，却是出身显赫，家学渊厚。他是宋代理学家朱熹的第 25 代世孙，他的高祖朱凤标，在清朝作过吏部、户部、兵部侍郎，体仁阁大学士，进了《清史稿》；曾祖朱其煊，官至山东布政使；祖父朱有基，官至四川按察副使；父亲朱文钧，在故宫博物院成立后，任专门委员会委员，负责鉴定故宫所藏古代法书、绘画、碑帖及其他古器物；而朱家溍本人，在抗战结束后正式成为故宫博物院的工作人员，1950 年，已是故宫博物院陈列组组长。朱氏家族，从清朝官员到博物馆馆员，历经了几个不同的时代，他们打量被时光洗涤的皇宫，眼光自有不同。有一

---

① 档案名称及档案编号因疫情阻碍未能抄录。标点为引者所加。

② 档案名称及档案编号因疫情阻碍未能抄录。标点为引者所加。

③ 档案名称及档案编号因疫情阻碍未能抄录。标点为引者所加。

④ 《沈从文全集》，第 27 卷，第 363 页，北岳文艺出版社，2002 年。

次，朱家溍和启功两位文物鉴定大师到故宫，到神武门门口，朱家溍对启功说：到您家了。因为启功姓爱新觉罗。启功却笑答：到您家了。因为紫禁城建于明朝，而朱姓正是明朝的皇姓。

但沈从文没有去理会这些，而是就事论事，提出诸多“值得商讨”之处，透露出他个性里的纯真，就像他眼睛里的文物，掺不得假。他自己也说：“到大都市几十年后，许多方面还像是乡下人，处理现实生活缺少世故和机心。”① 对于故宫博物院来说，沈从文带着他对中国古代服饰、织绣的深刻理解介入文物鉴定，无疑为此提供了一个新的视角。

比如顾恺之《洛神赋图》、展子虔《游春图》、顾闳中《韩熙载谈夜宴图》、韩滉《五牛图》等，都是故宫博物院的一些看家收藏。然而，对于它们的断代，沈从文都得出了与故宫专家不同的意见。其中，对《洛神赋图》，沈从文认定，它并非东晋时代的作品，最早也只在隋唐之间。他提出的理由是：

第一，洛神穿的衣服，不是汉晋式样，近北朝时。头上双鬟上耸发髻，史志明确记载，起于东晋末，流行于齐梁，名“飞天紒”。因此，顾恺之不可能未卜先知地画在洛神头上。

第二，男子侍从和驸马二人，头上戴漆纱笼冠，是典型北朝式样，比顾恺之的时代晚上百年才出现。

第三，驸马二人执弹弓前导，应是唐代制度，系贵族车乘出行，用弹弓压迫行人让路。唐制多本于隋，再早就没有发现。因此，这一车乘制度不是晋代的，而是隋唐的。东晋时贵族出行多驾牛车，也没有警卫相随。

第四，双鬟髻只限于妇女使用。图中冯夷击鼓，却把冯夷当成女人，但又着男子鼓吏短装，不伦不类。显然是由不明白双鬟髻用场的后人所做。沈从文分析，从这个不应有的错误来看，此画可能比隋唐更晚，产生于五代以后，因为唐代敦煌壁画里的龙女天女，出现了这种双鬟髻。

第五，两位船夫衣着完全是北朝时北方劳动者的装束，裤管膝部加缚，具有时代特征。这一点，可以从敦煌画和龙门石刻中找到例证，在晋代，没有这种式样。

沈从文举出上述证据，证明故宫藏《洛神赋图》只能产生于隋唐，不可能是东晋顾

① 《沈从文全集》，第27卷，第221页，北岳文艺出版社，2002年。

恺之的作品。

对《韩熙载谈夜宴图》，沈从文则从器物角度出发，提出如下质疑：

第一，喝酒用的金银持壶注碗，是典型的北宋式，而且是北方所习用的。这种壶下有棱碗着温水，共成一套，当时名“注碗”，从北方出土的瓷器中可以得到印证，而在南方，没有见过。在宋画《文姬归汉图》、胡瓌《文姬归汉图》，以及盗出国外的《文姬归汉图》、宋人绘《洛阳耆英会图》等宋代绘画中，都可以见到相同式样的酒器。

第二，床前有一条案，上置镜台，是典型宋式。下铺大花串枝牡丹锦，时间更晚，必北宋《洛阳花木记》《牡丹谱》等记叙“洛花”盛行时，才会反映到锦缎上。

第三，画中男人多衣绿，这与宋人所说“南唐降官淳化时还一律衣绿”相吻合。而《韩熙载谈夜宴图》描述的是李煜降宋以前，南唐大臣们的淫靡先生，此时是不可能衣绿的。

第四，靠背椅的式样出现也晚。这种椅子因靠背平直展开，如宋代官僚平翅冠帽式样，而被称为“太师椅”，并不是太师才能坐的。如此可以确定，这幅画是北宋时宫廷画家依据传说而绘制的。①

……

类似的质疑，在这封致唐兰的信中再次出现。那个温文尔雅的沈从文消失了，那个倔强、执拗、不肯妥协的沈从文浮现出来。我没有找到朱家溍先生《雕漆图录》序文的原文，但从沈从文信的内容看，他在漆器工艺、图案、造型、风格、源流等方面提出的意见，旁征博引，以出土实例与文献相参照，不仅展现了他的学术风采，也显示出他治学态度的缜密与谨慎。这并非为了表现个人的学术功底，而是为了“对得起这部门遗产，也不至抑扬过实，影响到其他写专题教材和写美术史的提法上辗转失误”。

与当时炙手可热的当红作家比起来，专心文物的沈从文显得那么弱势，沈从文却坚守着自己内心的底线——在学术问题上，他绝不含糊。他个性里的完美主义倾向，在文学之外得到了表达，无论他的这种态度，是否被人看见。那是他内心里的一种自我要求。在他心里，工作永远是一件庄严的事情。据黄永玉回忆，有一次，他为《新观察》杂志刻一幅木刻插图，一个晚上就赶出来。沈从文看见了这幅插图，专门找到他家里，

① 《沈从文全集》，第27卷，第234—239页，北岳文艺出版社，2002年。

狠狠地批评他："你看看，这像什么？怎么能这样浪费生命？你已经30岁了。没有技巧，看不到工作的庄严！准备就这样下去？……好，我走了……"①

沈从文去世后，巴金在悼文中写道："……争论曾一度把他赶出文坛，不让他给写进文学史。但他还是默默地做他的工作（分派给他的新的工作），在极端困难的条件下，一样地做出出色的成绩。我接到从香港寄来的那本关于中国服装史的大书，一方面为老友新的成就感到兴奋，一方面又痛惜自己浪费掉的几十年的光阴。"②

表面上，沈从文躲进旧物堆，采取了一种避世的态度。今天看来，这种看似消极的态度里，暗含着强烈的进取精神。萧离用"宠辱不惊，守分尽职"③ 八个字来形容他。沈从文自己则将此解释为："安于寂寞是一种美德。寂寞的人是充实的。"还说："寂寞是一种境界，一种很美的境界。"他通过默默无闻的工作，将现代学术的光芒，重新投射到博物院中。他也像一个孤独的水手，在挣扎与坚持中，体验了生命的壮阔。

而曾被光环笼罩的作家老舍，却没能躲过惊涛骇浪，在10年后的1966年，溺水而亡。

① 黄永玉：《太阳下的风景——沈从文和我》，原载《花城》1980年第5期。

② 巴金：《怀念从文》，载《巴金文选》，第284页，文汇出版社，2010年。

③ 谷林：《寂寞的生涯和美的境界》，载《觉有情——谷林文萃》，第82页，海豚出版社，2014年。

朱家溍与清代宫廷戏曲研究

陶晓姗

内容提要：朱家溍是新时期以来清代宫廷戏曲研究的先行者，他综合运用多种史料对清代宫廷戏曲进行研究，考证清代宫廷戏曲的剧目、声腔、服饰、戏台等方面的源流变迁。本文试从学术史的角度，将朱家溍生前关于清代宫廷戏曲研究的成果作系统整理与分析，总结其学术研究的特点与风格，揭示其相关研究成果对戏曲史研究的意义与价值。

关键词：朱家溍　清代宫廷戏曲　戏曲史

朱家溍先生（1914—2003），字季黄，浙江萧山人。他于1943年在重庆粮食部工作，当时故宫博物院院长马衡曾借调他为故宫书画展览担任临时工作；于1946年回到北平，正式进入故宫博物院工作，后成为故宫博物院著名的文物鉴定专家。朱家溍兴趣广泛，而戏曲是终其一生的爱好，不仅爱看戏还擅长戏曲表演。因此他对与戏曲相关的文物有着特别的兴趣，从20世纪60年代起陆续撰写了大量有关戏曲方面的文章，其中，不乏清代宫廷戏曲方面的文章，其成果对今天人们进行相关研究有着借鉴意义。但是目前学术界尚未有人对朱老相关论著进行总体研究，甚至有人在清代升平署戏曲文献研究上忽视朱老的相关论述①，这于清代戏曲研究来说，显然不太合适。笔者不揣浅陋，试从学术史的角度总结朱先生在清代宫廷戏曲方面的研究成果，以期抛砖引玉，推进相关

① 按：李占鹏《清代升平署戏曲文献研究述评》（《长春师范学院学报》2012年8月）一文中，历数中日研究者约90年来关于升平署文献方面的研究成果，但是文中未见一篇朱老生前的相关论述，这从学术史角度来说，不免有所缺憾，而其所论述之升平署研究之状况种种立论也因此失于片面。

研究的深入。

今人所见朱家溍生前有关清代宫廷戏曲的学术论著，主要有：《清代内廷演戏情况杂谈》（《故宫博物院院刊》1979 年第 2 期）、《清代的戏曲服饰史料》（《故宫博物院院刊》1979 年第 4 期）、《清代乱弹戏在宫中发展的史料》（《京剧史研究》、学林出版社 1985 年 12 月）、《升平署时代“昆腔”“弋腔”与“乱弹”的盛衰考》（《故宫博物院院刊》1995 年第 1 期）、《升平署的最后一次承应戏》（《紫禁城》1995 年第 1 期）、《南府时代的戏曲承应》（《紫禁城》1998 年第 3 期），以及《〈万寿图〉中戏曲表演写实》。这些作品后都收录在《故宫退食录》里。此外，朱家溍在一些关于故宫建筑原状陈列、清代宫廷史、清代宫廷文献，以及有关杨小楼、梅兰芳回忆等文章中也或多或少的涉及清代宫廷戏曲描述。总的来看，朱家溍对清代宫廷戏曲的研究，呈现出立足于故宫博物院藏档案与文献，注重挖掘清代宫廷戏曲演员的口述史料，佐之以书画，系统考证清代宫廷戏曲在剧本、舞美等方面变迁的特点，因而可以视为新时期以来在清代宫廷戏曲研究领域的领军人物。

一　新时期以来清代升平署研究的先行者

朱家溍从小爱好戏曲，四五岁看戏，八岁开始学戏。所看所学，皆为当世名角。他对戏曲之爱，达到痴迷的地步。朱家溍对戏曲由爱好进而研究，当始于少年时期[①]；由对唱腔等表演细节的研究再进一步对戏曲史进行自觉的学术研究，当与其在故宫博物院的文献整理工作分不开。1947 年，朱家溍入职故宫博物院后，就参加院里各处文物、档案、文献的提点，在这个时期他可能就见到了关于戏曲服饰方面的档册。到了 1978 年秋，朱先生在故宫博物院图书馆鉴定善本图书，主编故宫所藏善本书目，得以遍览院藏图书，其中就有外界所未见过的大量的戏曲文献。1979 年春天，朱先生接连发表两篇关于清代宫廷戏曲的文章，即《清代内廷演戏情况杂谈》与《清代的戏曲服饰史料》，都是基于他所见故宫旧藏戏曲文献资料而写就的。

《清代内廷演戏情况杂谈》发表于《故宫博物院院刊》1979 年第二期。全文分为四个部分，一是述及清代对内廷演戏与奏乐管理机构之沿革、历朝演戏之概况，二是侧重

① 朱家溍在《忆偶虹兄》中叙其与翁偶虹认识时是十几岁的高中生，两人“自相识以来，一直是研究戏的朋友”。朱家溍：《故宫退食录》（下），第 665 页，紫禁城出版社。

介绍清代宫廷演出剧本，三是讲清代内廷供演出的戏台，四评清代宫廷演戏与宫廷戏台之间或相辅相成或矛盾的关系。文章所用文献既有学界鲜见的一手档案文献，如《懋勤殿旧藏“圣祖谕旨”》档、《南府花名册》、《升平署日记档》、《升平署外学花名册》、《乾隆谕旨》，又有细致入微的史料钩稽，如《翁同龢日记》、朝鲜使臣柳得恭的诗集《滦阳集》。朱家溍扎实文献整理工作，使其关于清代宫廷戏曲“以乾隆、光绪两朝为极盛，而管理内廷演戏与奏乐机构及演出的戏目，则随时代有所变化”的观点更让人信服。

《清代的戏曲服饰史料》发表于《故宫博物院院刊》1979 年第 4 期。文章主要介绍了院藏《穿戴题纲》与《戏曲人物画》两种关于戏曲人物扮相与服饰的文献资料。清代宫廷戏曲扮像谱，早在 20 世纪初就已外流出宫，由梅兰芳等人就有收藏，傅惜华等人就有一些研究文章问世。而朱家溍所见的《穿戴题纲》与《戏曲人物画》是世人难得一见的原始档册，《穿戴题纲》中载有数百出戏的穿戴，甚至于乾隆年间弋腔、昆腔两个剧种在舞台上每一出戏、每一个角色的明确扮相。《戏曲人物画》由清宫如意馆画师所作，画有 44 出戏中的主要角色，以直观的图画形式记载了清宫戏曲演剧中的人物扮相。朱家溍以其敏锐的研究眼光，注意到这两种档册对研究清代戏曲表演中人物扮相及其沿革变化有着重要的意义，并从表演美学的角度探讨清代戏曲人物扮相、服饰是否适宜，大大丰富了人们在相关方面的认识。

以上两篇文章是我们所见朱家溍关于清代宫廷戏曲研究方面的早期成果，其所具有的论从史出的特点自是明显。值得注意的是，这两篇文章的研究角度已明显异于同时代其他关于清宫戏曲研究的论述。自 20 世纪五六十年代以来，学术界对清朝统治者批判态度也影响着人们对清代宫廷戏曲的看法，逢帝后必言奢华、遇宫廷必说腐朽的批判论调成为一时风尚。戏曲史中关于宫廷戏曲的研究日见冷落，在 20 世纪 50 年代至 70 年代末出版的文学史、戏曲史方面的著述中，对清代宫廷戏曲采取了或回避或贬低的态度①。朱家溍《清代内廷演戏情况杂谈》与《清代的戏曲服饰史料》二文，是同时期少见的关于清代宫廷戏曲方面的学术论文。朱著两篇，语言平实，冷静客观，历史地看待研究对象，并给予公允的评价。如在《清代内廷演戏情况杂谈》一文中评述清宫演剧与内廷戏台之间的关系，既指出三层大戏台与承应大戏相得益彰，又说明三层戏台并不适合

① 李占鹏：《清代升平署戏曲文献研究述评》，《长春师范学院学报》2012 年 8 月。

《劝善金科》类的剧目：

> 为三层大戏台编演的几十出所谓“九九大庆”一类承应大戏中，数以百计的神佛角色出现在福、禄、寿三层台上，等于大幅立体的，活动的，有声的“朝元图”“群仙祝福寿图”“极乐世界图”。……这类承应大戏，在三层大戏台上表演，当然相得益彰，因为这类戏不过几场，摆摆样子就结束，剧情没有发展，戏和台不致产生矛盾。但是《劝善金科》、《昇平宝筏》一类的戏就不同了，它的故事情节曲折，有发展，每出都是很长，在三层台演出时，不仅使用天井、地井有很大的不便，而且剧情在上下三层台上不断变换，也使人觉得画蛇添足。因为中国戏曲的剧本结构和舞台调度都要求集中，有些传统的表现手法非常紧凑，有时甚至在一个舞台面上表现出同一时间不同地点的剧情，而三层大戏台在表演上却不易收到紧凑的效果。①

朱家溍从中国戏曲不同剧目的表演特点来评述三层大戏台的优劣作用，合情合理。再如，他在《清代的戏曲服饰史料》中评述《戏曲人物画》中孙悟空的穿戴，说：

> 孙悟空的戏如果是以猴王齐天大圣的身份出现，如“安天会”“水帘洞”第一场，当然要表现他锦绣的蟒袍，黄金锁子甲，无论怎样的加工细绣也不为过了但“红梅山”（即金钱豹）的悟空，在民间戏班里照例是黄色素衣、大红彩裤，都是素地，这样既合行脚僧的身份，也突出了孙悟空腰间的虎皮裙这一特点，而图版三：六的孙悟空（指《戏曲人物画》—笔者注），却是全身绣花，既不合身份，也把虎皮裙这一特点弄得不鲜明了。这个时期在应该是素地的衣服上不适当地加绣花，纯粹是“苏州织造”为了表现自己不惜工本、精益求精，就把这种加绣花的要求下达到“匠户”，于是设计上就出现了这样的问题②。

朱家溍这番评论，从孙悟空这一角色的阶段特点来着手，以民间扮相为对比，其针

---

① 朱家溍：《清代内廷演戏情况杂谈》，《故宫博物院院刊》1979 年第 2 期。

② 朱家溍：《清代的戏曲服饰史料》，《故宫博物院院刊》1979 年第 4 期。

对清代宫廷演剧中不合场景的服装运用所提出的批评，切中肯綮。朱家溍进一步说："如上一部分戏衣在织绣工艺技术的成就是很高的，无疑是工艺美术品中宝贵的遗产，但在舞台效果上并不是成功的。"此种对清代宫廷戏服的评论，确有其辩证认识的地方，这也是朱家溍关于清代宫廷戏曲研究的另一特点。

从上述两篇文章来看，朱先生对清代戏曲的研究，更多的是紧扣其自身发展变化之脉络，勾勒其整体廓型，与当时盛行的以阶级立场评判高下的做法截然不同，呈现出理性客观的学术研究特质，这在当时是非常难得的。之后，学术界对清代宫廷戏曲评价也逐渐转向客观与全面，回归到正常的学术研究的轨道上来。而朱家溍的这两篇文章似可以视为新中国以来关于清代宫廷戏曲研究之路上转折点，是新时期以来清代宫廷戏曲研究方面颇具时代意义的重要成果，可以视朱家溍为新时期以来清代宫廷戏曲特别是升平署研究方面的领军人物。

朱家溍先生对故宫博物院所藏的戏曲文献一直颇为关注，在从 20 世纪 90 年代开始启动的为期十年的《故宫珍本丛刊》编纂项目。在这个过程中，由他亲自选定了约 1700 种清代南府与升平署剧本与档案，于 2001 年刊载于世。这不仅是中国出版界的一件大事，对中国戏曲史来说也具有重要意义。在对相关文献的整理过程中，朱家溍对清代戏曲的发展的脉络更是了然于胸，尤其是对乱弹在清代以来的发展更有他深刻的理解。

二　考辨清代乱弹的发展

乱弹，是指清代乾隆、嘉庆年间对昆腔、弋阳腔以外的戏曲腔调的统称。以皮黄为主的京剧就是从乱弹发展出来的。而清宫对乱弹的态度深刻地影响着京剧的形成。那么，清宫乱弹戏演出是何时出现的？发展有何特点？朱家溍以故宫博物院、中国第一历史档案馆、北京图书馆现存的道光五年（1825）以后的档案为依据，对清宫乱弹相关问题做了史料汇集与探讨，其成果即为《清代乱弹戏在宫中发展的史料》，全文约四万字，于 1985 年在《京剧史研究》中发表。该文分为六个部分，将清宫乱弹戏的发展分为四个阶段。一是道光至咸丰时期，道光五年的档案中出现了确实可考的乱弹的记载，但是在道光初年至咸丰初年的这个时期，乱弹戏在宫中出现的次数很少，弋腔昆腔是内廷演出的主力；到了咸丰十一年，咸丰逃往避暑山庄，内廷演剧 320 余出，其中乱弹的比重突然增长，占当时演出剧目的三分之一强。二是同治时期，自同治二开禁后，乱弹戏的比重增大，而宫中对乱弹戏也颇感兴趣。值得关注的是在同治十年七月立“乱弹戏人名次序档”，这是专为乱弹西皮二黄戏建立的专档。三是光绪时期，这是皮黄戏的大发展时期，宫中与外面戏班，都表现着西皮二黄戏繁荣的景象，但一直以昆乱不挡为衡量演员技艺的标准，宫中演戏还是昆乱并重。四为宣统时期，西皮二黄戏大大超出了昆弋。以上分期，是朱家溍对清宫留存档案中剧目、演员、演出场次等记录细细考索而来，由此，他在文末说：

> 道光时期，乱弹的西皮二黄戏在宫中出现，此后至宣统时期七十年的时间，西皮二黄戏的演出逐渐由少而多；光绪九年以后，西皮二黄戏进入成熟阶段，人才辈出，在宫中和社会上的演出显示了繁荣昌盛的景象。①

这样的立论显然是有充分的史料依据的。这篇文章在当时对中国戏曲的研究尤其是京剧的研究是很重要的一篇文章，因为文中所采用的档案与之前学者所采用的流出清宫的升平署档案不同，都是原保留在故宫内的档案。据朱家溍先生的助手于富春女士回忆说，当她协助朱老去抄录这些档案时，它们的外面都还裹着清宫原用的黄色包袱皮，上覆尘埃，打开来里面的档案还是原始的折页形态。这些当时或无人问津或无缘查阅的档案，却是今人研究清代道光至宣统时期内廷演剧的极其珍贵的第一手资料。被朱老的文章首次系统披露之后，其文献价值立即引起学界的高度重视。而朱老这篇文章因史料充足，立论充分，自然具有其不可忽视的学术价值，因而被视为继 1937 年王芷章《清升平署志略》之后研究清代升平署的又一力作。同时，文中所载大量史料，为相关研究人员提供了重要的文献信息，使沉寂多年的升平署档案研究再次成为戏曲史研究者关注的对象。

20 世纪 80 年代之后，戏曲史研究开始勃兴，出现了不少论著，但也有少数文章对清代宫廷演剧情况、升平署对戏班管理的作用在中国戏曲史的影响重视不够，出现一些不符合实际情况的观点。如《中国大百科全书》戏曲卷中：“乾隆末年，昆剧在南方虽仍占优势，今天北方却不得不让位给后来的其他声腔剧种。”“嘉庆末年，北京已无纯演昆腔的戏班。”这种观点认为乾隆以后昆腔就末落了，又过早估计乱弹完全成熟的年代。

① 朱家溍：《清代乱弹戏在宫中发展的史料》，《故宫退食录》（下），第 481 页，紫禁城出版社，2009 年。

这种误传，引起朱家溍的注意，1995 年他发表《升平署时代“昆腔”“弋腔”与“乱弹的盛衰考》一文，爬梳整理升平署档案的相关记载，如在同治二年至五年，由升平署批准成立的 17 个戏班中，有 8 个纯昆腔；而至光绪三年，13 戏班中有 5 个纯昆腔，并进而分析清宫演剧内容和北京各大戏班状况，将清代京城地区昆腔、弋腔与乱弹消长的基本情况叙述分明，得出“昆腔让位的年代不是乾嘉年代，确切的时代是在光绪末年，北京才没有纯昆腔戏班存在的”① 的结论。此文在清代戏曲史研究方面有着纠偏与补正的作用，同时，作者严谨的治学态度也是可见一斑。

戏曲是一门综合的艺术，涉及到方方面面。朱家溍由于其学养淳厚，兴趣广泛，眼界开阔，尤其重视口述史料与书画作品在研究中的作用，这在同时期的戏曲研究者来说，是很少见的。

三　重视口述史料与书画作品在戏曲研究中的作用

朱家溍可能是当时国内见过清代宫廷戏曲资料最全的研究者，他曾翻阅过升平署现存的全部档案②。因工作之便利，他能够见到故宫博物院所藏升平署的档册、剧本、戏服；又因他与梅兰芳、齐如山、傅惜华等人的交谊，又能见到他们所藏的升平署资料。因此他对清代宫廷戏曲的研究自有他人无法企及的优势。而他在清代宫廷戏曲研究方面屡出成果的主要原因，除了他对戏曲表演方面的经验积累之外，更是其自身在目录学、文献学等方面深厚学养以及严谨的治学态度。朱家溍研究戏曲，所使用的史料并非仅就前文所述的升平署档案，我们观其研究论著，他对史料有着广览博搜的特点，其中，既有今天归类为口述史料的，又有像参照书画等在戏曲史研究方面独特的运用。

关于口述史料。对于清宫演剧，虽然现在还有大量的物质遗存，如剧本、戏台、戏服等，宫廷戏曲表演由于时代原因没有留下任何影像资料，它到底是什么情况，一直是朱家溍想要探寻的。朱家溍因为从小听戏学戏的缘故，与杨小楼、梅兰芳、余叔岩等曾在清宫表演过的名角相当熟悉。朱家溍就请他们回忆并加以记录，这种保留下来关于内廷演戏的资料自然是珍贵的史料。如他在 1950 年请梅兰芳回忆 1923 年在清宫承应戏时

---

① 朱家溍：《升平署时代“昆腔”“弋腔”与“乱弹”的盛衰考》，《故宫博物院院刊》1995 年第 1 期。

② 按：朱家溍曾分工编写过《中国京剧史》的专题，“为此我翻阅了升平署现存的全部档案，顺便纠正了一些大大小小的误传”。参见朱家溍《故宫退食录》(下)，第 657 页，紫禁城出版社，2009 年。

的所见所闻[1]，这是有关清宫外班入宫演戏、清宫演剧之仪程、清帝逊位后内廷生活的特别珍贵的资料，是今天我们研究清代戏曲史与清代宫廷史的重要史料。再如，清宫内有三层大戏台和它的天井、地井，它在演剧时究竟是如何使用的，一直有着各种猜测。对此朱家溍也向一些曾在宫中表演过或看过宫中演剧的人求证过。如 1934 年请教过杨小楼，杨说，他在宫中演戏是正常上下场，使用的是寿台，并不使用天井、地井，但是他见过《地涌金莲》是使用五口地井，从井口升上五朵莲花座，上坐五尊菩萨。再如 1950 年时借全国戏曲工作者会议的机会，朱家溍向载涛、耿进喜、王瑶卿等询问过类似问题，证实像《罗汉渡海》的演出，就使用了天井和三层戏台。从这些珍贵口述史料中，人们对清代三层戏台的理解就不再是仅是建筑设计方面的成就，而对它在承应大戏中营造立体舞美效果有了一定的了解。这与朱家溍注重挖掘口述史料，并予以充分利用有很大的关系。

关于运用图画资料进行戏曲史研究。故宫博物院内藏有大量的书画作品。其中有一些是实景性质的，既为对清代宫廷生活真实描绘的作品。朱家溍家学深厚，从小就受到书画鉴赏方面的熏陶，在故宫博物院开院时以参观者的身份关注书画展览，而他参与故宫工作也是从书画开始的，如果说朱家溍对历代书画作品寓目千计，应该是不夸张的。朱家溍对书画研究自有其独到的见解，这毋庸赘述，但他以书画参照戏曲史研究，却也是他独特之处。以朱家溍生前发表的文章来看，我们能见到的他最早一篇运用书画来研究清代宫廷戏曲，是 1979 年《清代内廷演戏情况杂谈》，此文后附有《避暑山庄演戏图》（局部），时间是乾隆己酉年（1789）年。从图上演戏场景来看可能是避暑山庄清音阁三层大戏台。虽然朱家溍并未对此幅画作考辨，但联系到文中关于清宫戏台的述论，读者一看即知这是内廷上演宫廷承应大戏的场景。如果前文中朱家溍挖掘的口述史料使人们对三层戏台的作用有着初步理解的话，寻么这幅节选的《避暑山庄演戏图》，就让这一认识有了直观的比照，印象更加深刻。朱家溍以图证史的文章还有《〈万寿图〉中的戏曲表演写实》，此文以故宫博物院珍藏的《康熙万寿图》和《崇庆太后万寿图》对研究对象，将画卷中戏台上所演的戏剧的戏目、角色、服饰和戏台摆设的今昔变迁都做了细致的述评，体现了朱家溍在戏曲方面深厚的功力，文章最后说：

---

① 朱家溍：《升平署的最后一次承应戏》，《紫禁城》1995 年第 1 期。

> 自明代戏曲昆山腔、弋阳腔两个最大的剧种盛行以来，到清代康熙、雍正、乾隆期间上演的剧目浩如烟海。这两个剧种受观众欢迎的剧本和曲谱大部分流传至今。“串头”、“排场”也有一部分保存下来，惟有这两分画卷中戏台上的表演，则是最珍贵罕见的图像史料。

这种结论，将对绘画内容与清代康乾时期北京地区的昆弋发展相联系，在内容上，丰富了清代戏曲史的研究，在方法上，作者以戏曲研究的视角关注清宫旧藏书画，又给后学以新的启示，如章宏伟《故宫博物院清朝宫廷戏剧文献收藏现状》中就专辟有“相关书画”一节①。

总之，朱家溍是新时期以来在清代宫廷戏曲研究方面颇有成就的一位研究者，他以开阔学术视野，综合运用多种史料，既立足传统的文献资料，又注重口述史料的价值，还关注清代书画在记录宫廷演剧中的独特作用，因而在清代升平署研究、清代宫廷演剧研究、清代北京地区声腔演变研究方面，都有独到之处，其影响与价值应当引人们重视。而他在论著中体现出的严谨治学的态度，也是值得人们学习与敬仰的。

① 章宏伟：《故宫博物院清朝宫廷戏剧文献收藏现状》，《中国戏曲学院学报》2011 年 8 月。

情缘深长：朱家溍与故宫博物院

陶晓姗

内容提要：朱家溍是中国著名的文博专家，也是故宫博物院最为知名的文物鉴定家之一。他与故宫博物院情缘深长，从故宫博物院开院时第一批小观众，至南迁文物蓉展时的临时助手，以及1946年正式入院工作逐渐成为在多个领域皆有精深研究的学者，他的一生与故宫博物院的历史有着太多的交集。

关键词：朱家溍　故宫博物院　原状陈列　学术研究

一　故宫博物院开院展览的第一批观众

朱家溍（1914—2003），字季黄，浙江萧山人。出生于书香世家，其父朱文钧是近代著名的收藏家与鉴赏家①，其母张宪祗，精于工笔花鸟。朱家溍幼时习诵经书；初中时点读《资治通鉴》，同时在父兄的指点下，每日接触金石书画，对“卷、轴、册怎样打开收起；铜、瓷、玉如何拿起放下，都和生活中其他事情一样熟悉”②。朱家溍与故宫博物院渊源颇深。其父朱文钧，在故宫博物院成立专门委员会即为委员，负责鉴定故宫所藏古代法书、绘画、碑帖及其他古器物。而其长兄朱家济，承继家学最优，从其父参加故宫工作。因而朱家溍与故宫博物院的渊源，是从其成立之初就开始的。1925年10

---

① 关于朱文钧的鉴藏可从秦明：《朱翼盦先生的〈兰亭〉鉴藏》（《东方博物》，第四十七辑）一文中窥见一斑。

② 朱家溍：《故宫退食录》，第1页，紫禁城出版社，2009年。

月 10 日，故宫博物院正式开院，十二岁朱家溍就随家人一起去参观“逛故宫”①，而当时原状陈列深深地吸引住了他，并在这位小小少年脑海中留下了深刻印象，乃至几十之后他晚年撰写回忆文章，仍对当时的原状陈列记忆犹新：

> 当时我还只是个十二岁的孩子，随着父母、哥哥、姐姐去逛故宫，票价银圆一元，是按照和园票价先例定的。当时的宫内保持着溥仪出宫时的原状：寝宫里，桌上有咬过一口的苹果和掀着盖的饼干匣子；墙上挂的月份牌，仍然是屋主人走的那一天；床上的被褥、枕头也像随手抓乱还没整理的样子；条案两头陈设的瓷果盘里满满地堆着干皱的木瓜、佛手；瓶花和盆花仍摆在原处，都已枯萎；廊檐上，层层叠叠的花盆里都是垂着头的干菊花。许多屋宇都只能隔着玻璃往里看。窗台上摆满了外国玩具，一尺多高的瓷人，有高贵的妇人，有拿着望远镜、带着指挥刀的军官，还有猎人等等。桌上有各式大座钟，和金枝、翠叶、宝石果的盆景。洋式木器和中式古代木器掺杂在一起，洋式铁床在前窗下，落地罩木炕靠着后檐墙。古铜器的旁边摆着大喇叭式的留声机，宝座左右放着男女自行车，还有一间屋内摆着一只和床差不多高的大靴子。②

这里，从朱家溍所述，我们可知故宫博物院开院之时的原状陈列是以溥仪出宫时的宫廷生活面貌为主题的。溥仪是三岁入宫，年号为宣统。而辛亥革命之后，即 1912 年 2 月 12 日，隆裕太后分布最后的懿旨，宣布溥仪退位，但根据“清室优待条件”，溥仪仍居宫禁，在小天地里仍过着他的皇帝生活，正朔不变。至出宫之时，紫禁城中的年牌上还是“宣统十六年”，对此，作为故宫博物院的第一批工作人员的傅振伦回忆：

> 末代皇帝溥仪“逊位”后，故宫仍用其正朔。至民国十三年，宫内仍悬宣统十六年牌示。储秀宫曾为宣统皇后所居中，1925 年 10 月 10 日初次对外开放时，仅稍加整理，以保持原来面貌。溥仪夫妇走出紫禁城时的月份牌仍悬挂柱上，其时为民国十三年十一月五日。③

---

① 前揭《故宫退食录》，第 573 页。

② 朱家溍口述，朱传荣整理：《朱家溍》，第 68—69 页，文物出版社，2003 年。

③ 傅振伦编著：《七十年所见所闻》，第 1 页，华东师范大学出版社，1997 年。

朱家溍回忆里“墙上挂的月份牌，仍然是屋主人走的那一天”就是傅振伦回忆里的“民国十三年十一月五日”，即1924年11月24日。是日，在冯玉祥的授意下，鹿钟麟、李石曾等人前往紫禁城驱逐末代皇帝溥仪出宫，溥仪虽不情愿但迫于情势只能仓促离宫，此事对溥仪的影响巨大，因此他也记忆深刻：

> 那天上午，大约九点多钟，我正在储秀宫和婉容吃着水果聊天，内务府大臣们突然踉踉跄跄地跑了进来，为首的绍英手里拿着一件公文，气喘吁吁地说：“皇上、皇上……冯玉祥派了军队来了，还有李鸿藻的后人李石曾，说民国要废止优待每件，拿了这个叫、叫签字……”我一下子跳了起来，刚咬一口的苹果就滚落到了地上了。……①

如果溥仪对这一历史时刻的回忆会让人们有这样的感受，即这滚落的剩苹果足以体现了他当时的惊慌失措，傅振伦的回忆补充了当时月份牌日期的细节，使人们对溥仪关起门做皇帝的生活略知一二，而朱家溍的回忆则加强了前两者给人的印象：养尊处优、在生活中不时增加点洋派时髦因素来取乐的小皇帝，突然被迫出宫，慌乱不已。朱家溍对玩具、留声机、自行车等当时为新奇时髦物品的留意，体现了他作为少年观众的独特关注点。即便如此，对于故宫博物院的开院所具有的划时代意义，他也有初步的体会：

> 小孩子不懂什么，但也知道这里原来是皇宫，过去老百姓是不能进来的，今天不但进来而且每个院落都走遍了，实在是件了不起的事。②

这位少年或许也没有想到，他与故宫博物院的缘分就此展开，并且逐渐加深。因其父朱文钧为院专门委员会委员，其兄朱家济也在院内工作，可以得到院内优待赠券。是时，故宫博物院展览分为东、中、西三路，有书画陈列室、青铜器陈列室等。对朱家溍而言，去故宫钟粹宫书画陈列室看书画是最吸引他的事情。当时，书画展品每半个月更换一次，专门委员会每周开鉴定会，每周一故宫博物院会派人将审查书画碑帖的目录给朱文钧先生，而先生总是在会后返家对着目录告诉朱家溍这些展品的审查意见。朱家溍

① 溥仪：《我的前半生》，群众出版社，第166—167页，1964年。

② 前揭《朱家溍》，第70页。

曾经回忆，对于每次展品中“某件真，某件假，某件真而不精，某件假但笔墨还好，某件题跋真而本幅假；某件本幅真而某人题跋假”① 等审查意见，父亲都会一一道来。这种精到的鉴赏观点，这样悉心的传授，使得喜好书法的朱家溍不仅在参观前先做足了功课，更重要的是，像这样鉴赏心得与实物能够紧密结合的参观，是每一个醉心古代书画者绝佳的学习机会，这使得朱家溍的参观不会像门外汉那样走马观花，而是有的放矢的去学着用鉴赏大家的眼睛，来观察每幅展品的精妙之处可取之处，揣摩体会那些精当的鉴常之语，如何在每幅展品中如风散入却又扑面而来的自然妥当。像这样的学习与参观，累以数年，像当时故宫博物院所展出的《石渠宝笈》著录的精品，他都观赏过。可以说是家学熏陶与故宫博物院早年的书画展览系统的开启了朱家溍对古代书画的鉴赏之路，并且他成长的步伐迅速，早在青年时代就在书画鉴赏方面崭露头角。1949 年，正式进入故宫博物院工作两年之后，35 岁的朱家溍将《听琴图》与《层叠冰绡图》时从一堆已经鉴定过为假古董中找出来，赢得时任院长马衡的赞许。

二　工作与研究并重：多途发展的文博专家

1941 年，朱家溍在日伪占领北平之后，像很多热血青年一样离开北平潜往抗战的大后方，后在重庆时供职粮食部。1943 年冬，故宫博物院趁着重庆多雾，决定将南迁文物中参加过伦敦“中国艺术品展览”的 83 箱精品，在重庆中央图书馆做一次临时展览。朱家溍作为故宫子弟得以应召，参加了当时的临时工作。他曾回忆道：“首先是从南岸海棠溪故宫博物把装箱的文物装车，运到两路口中央图书馆，再一车一车的卸。卸下来穿上绳杠，两人一箱，走上若干级台阶，抬进临时的库房安顿下来。然后打扫陈列室，抬陈列柜，擦玻璃，一系列卖力气的事情做完，才能坐下来，照着目录写陈列品名卡片。打开箱子，搬出卷、册、轴陈列起来，一边工作，一边欣赏，这种享受真是无法形容。”② 这样语句，使人不难发现，朱家溍是一位工作上不畏苦累的人，他更看重的是像这样的一种文博工作给他带来的精神享受。这种积极的态度在他 1946 正式入院工作后表现的更加明显，他对工作由衷地喜爱，认真地钻研，在书画、碑帖、工艺美术品、文献古籍、清宫史等诸多领域都有突出的成就，更是开拓了故宫博物院的原状陈列研究，

① 朱家溍：《故宫退食录》，第 72 页，紫禁城出版社，2009 年。

② 朱家溍：《故宫退食录》，第 64 页，紫禁城出版社，2009 年。

可以视为故宫博物院成立以后自己培养的首批文博专家之一。

朱家溍正式入院，是在1946年从重庆返回北平后，他担任是故宫博物院古物馆的编纂。当时主要的工作就是“提集”“编目”“陈列”“库房整理”等工作。朱家溍对这样的工作并不排斥，他发现的是自已未曾见过的文物很多，他想的是将它们从生疏变成熟悉。他在工作中学习，对问题不轻易放过，向人求教，查阅图书与档案，自然也就使其工作带有强烈的学术研究的特点。这在寻找太和殿的“金銮宝座”上体现的很明显。

朱家溍1946年12月，当时的国民政府行政院决定，复员后的故宫博物院，仍由行政院直辖，同时决定将古物陈列所合并到故宫博物院。古物陈列所是1913年12月由北洋政府下令筹办的，于1914年2月正式宣告成立，所址设在紫禁城外朝部分，其范围包括保和殿、中和殿、太和殿、午门、东华门、西华门以内及其周边地区，隶属北洋政府的内务部。对于合并过来的新区域如何使用，时任的故宫博物院院长马衡都有新的计划，特别是对太和殿，他提出要将其恢复历史面貌。太和殿，明代初建时称奉天殿，嘉靖间改为皇极殿，清改今名。俗称金銮殿。太和殿是明清两朝举行盛大典礼的地方，平时并不轻易使用。每逢皇帝即位、大婚、册立皇后、命将出征以及每年的元旦、冬至、皇帝生日在三大节日，皇帝都在这里接受文武百官的朝贺并赐宴等。殿内正中设弥宝座，屏风，匾额，左右联。1914年古物陈列所将太和殿用作陈列展览室。1915年袁世凯准备称帝时，将太和殿原有的匾额、对联、宝座一应撤除，而设置了新的大椅、国徽等物。这些东西在袁世凯死后还一直留在太和殿。马衡所说将太和殿恢复历史面貌，是指将其恢复到清代时的面貌。但是没想到是，此事实施起来并不容易，工作人员对几十年前的太和殿并不熟悉，尤其是殿内居中心位置的宝座，更不知道是什么样子。虽经查找却一直不见影踪。拿别的宝座试陈，却一直与后面雕龙髹金屏风不协调，而且与高大的太和殿也不相称。而宝座的模样如何，位于何处，就像一个个谜，还待解开。后因时局等原因，太和殿的原状陈列在新中国成立之前，没有继续推进，即使在新中国成立之初，包括太和殿在内的三大殿仍旧是空荡荡的。而寻找太和殿的宝座一事，朱家溍却一直没有忘记，他开始留心紫禁城中大小宫殿的椅凳形式与陈设方法以及有关椅凳设计制作的档案，在这个过程中朱家溍对清代室内陈设的理解与领会更加深刻，他猜测太和殿宝座应该与其他大型宫殿中的宝座一样，是须弥座形式。

1954年，吴仲超任故宫博物院院长，开展工作。1956年，经过“三反”运动的朱家溍回到故宫博物院陈列部工作。吴仲超将养心殿与西六宫等区域的室内陈设交给朱家溍。而这把龙椅，朱家溍却没有忘记。1959 年，在查看相关档案文献中，朱家溍发现了一张太和殿的旧照片，拍摄时间是在 1900 年。这引起了朱家溍的高度重视，认为它是推进太和殿原状陈列的极有价值的资料。而一直不知其面目的御座也在照片中露出了真容，并且果然是须弥座形式。这验证了朱家溍之前对这尊宝座样式的猜测是正确的。1959 年《文物》第 6 期刊载了朱家溍的一篇专文，即《漫谈椅凳及其陈设格式》，在文中他对人们生活中常用但鲜有注意的椅具历史做了考辨，并按类对其用途及其陈设特点做了述评，而他付出努力想要找到的太和殿龙椅在文中也有提及。值得关注的是在文末，他说：

> 大凡室内陈设，有如建筑格局，既要合乎生活需要，也要美观。家具的陈设虽没什么公式但需审度其造型和室内环境进行布置，有主宾，有疏密，有高下，有对称不对称等。古代家具的造型和陈设方法，给我们提供了很宝贵的经验。①

可见，历 12 载，在朱家溍的心中由模糊至清晰的不仅是这一尊太和殿宝座的样子，也不仅是对像这样的一件家具如何在室内陈设，更多是，如何根据建筑格局、生活需求与审美来运用史料和档案进行清代宫廷原状陈列，以再现历史。这种以学术探索的精神来对待工作，是朱家溍在文博工作上的特点。这尊宝座最终还是让朱家溍在一间原为清代内务库仓库里，在凌乱堆放着旧家具、配件、房梁料房间中找到了：

> 它有一个圈椅式的椅背，四根圆柱上承三龙作弧形，正面高，而两扶手渐低，正面两柱各蟠一龙。椅的背板平雕阳纹云龙，座面与底座相连。底座是一个宽约五尺、深约二尺余的须弥座。这个龙椅没有椅腿的形式，通背高约四尺。②

朱家溍从髹漆的方法和雕龙的造型判断，此椅是明代制作，在清康熙时经过修理后继续使用他的这个推断在后来发现的康熙朝服像中所绘太和殿龙椅形象得到了印证。此

① 朱家溍：《漫谈椅凳及其陈设格式》，《文物》1959 年第 6 期。

② 朱家溍：《故宫退食录》，第 305 页，紫禁城出版社，2009 年。

椅发现时已经残破，1964 年 9 月经能工巧匠耗时一年的修复，终于重获新生，再度陈列于太和殿中。太和殿的原状陈列的进展也极大的向前推进。

朱家溍对这尊太和殿宝座的寻觅在日后为人津津乐道，并在口口传说上附上了一些神奇色彩。但作为研究者，不能忽视的却是朱家溍历经十二载的不断研究的学术探索，他对中式家具与中式室内陈设历史与变化的梳理与总结。

值得注意的是，在这次对太和殿原状陈列的推进中，朱家溍认识到故宫博物院的原状陈列，既要根据《陈设档》《点查报告》等文献档案，也要重视老照片、绘画作品中丰富的历史信息。在完成养心殿与西六宫的原状陈列任务的过程中，朱家溍对原状陈列进行了深入的研究，并提出一些具有方法论的观点①。

然而，对史料档案的辨择难度要远甚于收集。要具备对材料档案的辨别力，需要人们掌握一定的清史知识与清代宫廷史知识。世人皆知，朱家溍是一位清代历史尤其是清代宫廷史专家。他自觉的学习清代历史与清代宫廷史，《清史稿》《大清会典》《大清会典事例》《大清会典图》《国朝宫史》《国朝宫史续编》等相关典籍熟烂于心。这些典章书籍他屡次向青年同志推荐，在他看来，这些就是在故宫博物院从事文博工作的同志所需要掌握的知识背景，是必要的参考书，他说："了解这些就可以由清史又具体到官史，就有了一个知识框架，有了这个框架，再接下去就是档案了，如果没有这个框架，拿了档案也会熟视无睹。档案与官书、则例也有不尽符合的地方，如《清史稿》和实录以及国史馆底本有时也不尽相同。举一个例子来说明，殿本书中，聚珍本的书是活字版，修这书是为嘉惠士林，是件好事。在此以前，修《古今图书集成》和《数理精蕴》是铸了一批铜活字，聚珍本为什么用木活字而不用铜活字呢？在聚珍本书的卷首有乾隆皇帝的一首记事诗，这首记事诗作为序言，他在序言中说，……是因为铜活字已经用来铸铜钱了。在版本学领域里，这个说法已经是定论。但无意中我在档案中发现了乾隆的弟弟和亲王掌管修书处的时候，把铜活字为自己府中铸了铜陈设、铜炉、铜狮等，当然也先给宫中陈设了，所有乾隆有口说不出，但和亲王为此处了处分。这就从档案中可以纠正聚珍版序言的说法。"② 像这样的例子还有很多。可见，相关学术知识的储备为朱家溍在工作中辨择各种材料提供了必要的学术支持，在处理工作时的游刃有余中更带有越来越

① 参见拙文：《朱家溍与故宫博物院原状陈列》，载《故宫学刊》第 12 辑，故宫出版社。

② 朱家溍：《关于清代宫史研究及原状陈列的几个问题》，载《故宫退食录》，第 286 页，紫禁城出版社，2009 年。

浓重的学术研究色彩。朱家溍曾经对《我的前半生》《瀛台泣血记》《御香缥缈录》《清宫二年记》等以及《倾国倾城》《火烧圆明园》《垂帘听政》《谭嗣同》等反映清宫史、清史的各种书籍与电影，都曾撰文指出其中失实之处，文中引经据典自不用说，而字里行间反映出的朱家溍对清史清宫史的熟悉程度颇令人瞩目。更有朱家溍撰有《〈红楼梦〉作者对建筑物描写中的真事与假语》一文，将《红楼梦》在建筑的形制与内部陈设中虚虚实实的地方，条分缕析，使人印象深刻。

故宫博物院这座百科全书式的博物馆，使朱家溍如入宝山，他从一位故宫博物院的少年参观者，逐渐成长为在书画碑帖研究、古籍善本研究、工艺美术品研究、清代宫廷史研究及原状陈列研究都有很深的造诣的研究者；他用他的工作与学术研究为故宫发展效力近六十载，对故宫博物院特别是进入新中国时期以来的发展都有着重要的作用，时值朱家溍一百周年诞辰，让人更加缅怀这位对故宫博物院情缘深长的学者。

故宫学在高校

浙江大学故宫学研究生培养的回顾与前瞻

黄一揆

“故宫学”作为一门学科概念，最早在2003年由北京故宫博物院老院长郑欣淼先生提出。2009年，郑先生出版《故宫与故宫学》专著，从文化史和学术史的角度系统阐释了“故宫学”的概念、内涵与价值，并讨论了“故宫学”作为一门学科建设的可能性及其目标愿景。该书出版后，在学术界、文化界和教育界皆产生广泛影响。受此鼓舞与鞭策，2010年12月，在浙江大学原党委书记张曦研究员和副校长罗卫东教授的大力推动下，浙江大学与北京故宫博物院签订战略合作协议，双方就“故宫学”研究人才培养展开全方位的合作。2011年5月9日，浙江大学与北京故宫博物院联合共建的浙江大学故宫学研究中心正式成立。中心聘请了北京故宫博物院郑欣淼、李季、李文儒、王连起、余辉、章宏伟等六位研究员作为故宫学硕士研究生校外导师，从此揭开了中国高等学府培养故宫学硕士研究生的序幕。五年过去了，作为全国首家故宫学研究中心和高校人才培养单位，回顾过去展望未来，虽然不免有一些遗憾，但更多的是一份感动与欣慰。故宫博物院故宫学研究所成立五周年之际，作为这份事业的一位参与者和见证人，我愿意与大家分享浙江大学在故宫学人才培养过程中的一些思考和体会。

从2012年9月到2016年4月，浙江大学目前已经招生了12名故宫学方向硕士研究生。这些学生入学后实施双导师制人才培养模式，即浙江大学和故宫博物院各设一位导师联合指导。第一位入学的研究生范长霞同学是从浙江大学古籍研究所上线考生中调剂过来的，由故宫博物院故宫学研究所章宏伟所长和我共同担任指导老师。宏伟和我有着不同的研究领域，如何在研究生培养环节中充分发挥各自的作用并形成合力，是我们不得不思考的一个现实问题。宏伟兄是古文献方面的专家，长于明清宫廷档案文献的研究，尤其对宫廷戏曲史领域有很深的造诣；而我的作业对象，主要集中在中国早期美术与考古研究领域。就我的立场和态度而言，有两个基本的考量：一是希望长霞同学能够充分利用故宫博物院得天独厚的实物图像与文献资源；二是希望充分发挥宏伟兄的学术专长，避免让校外导师游离于浙江大学研究生培养环节之外。鉴于这些方面的考虑，我建议长霞同学将清代宫廷戏曲史作为自己硕士期间的主要研究方向。在此基础上，我也适时亮出自己的学术诉求，希望长霞同学能够结合宫廷戏曲人物图像进行相关问题的研究。之所以提出这样的建议，是我基于学术研究的一个基本信念，即将文献、实物和图像资料熔于一炉，以求得对宫廷戏曲史的多维认知。初步确定研究课题后，长霞同学在宏伟老师的具体指导和帮助下，开始接触和查看升平署（清代掌管宫廷戏曲演出的机构）相关档案文献和实物资料（诸如戏曲文献档案、戏曲剧本、戏衣、道具、剧照及戏曲人物图谱等）。长霞同学本科就读于山东一所普通本科院校，问学的基础算不上好，但她好学上进，于学术上有一股拼命三郎的精神。在蹒跚学步的过程中，长霞同学不断奔波于杭州、北京两地，专业认知和研究能力有了明显的改善和提高。为了尽可能给长霞营建一个良好的问学环境，2013 年 5 月宏伟老师还有意识地组织了“清代宫廷戏曲研讨会”，邀请了国内外戏曲研究专家就清代故宫戏曲相关问题进行集中研讨。通过这次会议的全程学习，长霞同学不仅了解到清代故宫戏曲研究领域的若干前沿成果，而且结识了这个领域的诸多知名专家。不过，也正是因为这次会议，她察觉到自己原先预设研究内容的宽泛与平庸，开始有意识地收束研究内容和聚焦问题。长霞同学在这个过程中设想了很多研究主题，诸如宫廷戏曲的地方化问题、宫廷戏曲人物画与戏曲表演关系问题，但由于这些课题的深入展开需要较长时间的知识积累，长霞本人和我们两位导师经过反复权衡，最后决定以乾隆《八旬万寿盛典图》作为硕士学位论文研究课题。万寿盛典图是纪实清代皇帝、皇后寿辰庆典盛况的图像文本，目前存留的同类图像共有四幅绘本，除了乾隆《八旬万寿盛典图》外，尚有康熙《万寿盛典图》、崇庆皇太后《六旬万寿盛典图》，以及慈禧太后《六旬庆典点景设计图样》等。这类纪实性图像作为一种王室仪轨活动的“实录”，对于理解清代宫廷以礼仪制度具有重要的历史价值。值得一提的是，乾隆《八旬万寿盛典图》设色绘本并没有公开出版，且鲜有公开展览的机会。不过，尚有文渊阁《四库全书》版画刻本和武英殿版画覆刻本可资研究。长霞同学通过两种版画刻本的内容研究并结合大量一手历史文献的考证，对乾隆《八旬万寿盛典图》设色绘本的绘画群体、万寿庆典的仪轨制度、万寿庆典活动中的戏曲表演、宫廷与地方的互动、外邦内附仪轨、耕织图、西洋建筑与中西文化交流等若干问题进行了专题分析研究，其中不乏真知灼见。比如，在讨论图像绘本的制作者时，她一方面通过多方考证推翻了对此前学界认为系冷牧创制的观点，另一方面利用《清宫内务府造办处档案总汇》，并参以《国朝院画录》《石渠宝笈》《清实录》等资料，对供职于乾隆朝尤其是乾隆末期的宫廷画家进行仔细爬梳，通过排除法推演出杨大章、贾全、庄豫德、黎明、贺清泰等九位宫廷画家最有可能参与了绘本的创作。论文对纪实图像志的关联分析也有可举之处，如她根据绘本中浙商祝寿处（“浙江商民恭祝万寿于此迎驾”）的仪轨空间分布、太湖石造景等内容，讨论乾隆朝江浙为代表的江南与宫廷互动的复杂情况。2015 年初，长霞同学论文答辩得到专家的好评，她也因此获得了浙江大学优秀硕士学位论文和优秀毕业生称号。值得一提的是，2015 年 10 月，宏伟老师举办了“故宫博物院 90 周年暨普天同庆——万寿盛典展学术研讨会”，借此学术研讨及展览机遇，长霞同学不仅目睹了乾隆《八旬万寿盛典图》设色绘本，而且也借此向与会同行汇报了其研究成果。

2013 年 9 月，第二批故宫学研究生入学，计有李子儒、范桢、刘含之、沈方圆、韩梦茜等五名同学，分别由余辉和池长庆、章宏伟和黄厚明、王连起和金晓明、李文儒和严建强、李季和项隆元担任他们的双导师。按照当初浙江大学故宫学研究生人才培养计划，这些同学分属故宫学四个不同的研究方向。1. 古代书画研究：以故宫博物院的藏品和散佚在世界各地的清宫旧藏等各类古代书画艺术品为中心，通过广泛的合作交流和研究，深入地认知中华民族传统书画艺术的精髓，不断培养学术新秀。2. 美术考古研究：以地下考古发掘和地面现存的美术遗迹和遗物为主要研究对象，从考古学、历史学和美术史学的多学科立场出发，深入发掘文物艺术品的审美观念和精神内涵。3. 文物修复与科技保护：运用新技术、新工艺、新方法对文物古迹进行修复和保护，其中包括文物科技保护技术的研究与应用、修复的前期诊断研究、文物鉴定与加固研究、新型保护材料和数字化保护研究、艺术品材料的研究、古代制作技术与工序的研究、文物损坏降级的原因研究等方面。4. 故宫文献档案与明清史研究：以故宫文献档案（不限于北京故宫文献档案）为中心，结合故宫实物遗存，开展明清宫廷史、文物制度、文书制度等方面的研究。因为有了之前的一些联合培养经验，加之此次招生人数有了一定的规模，我们开始主动邀请校外的几位导师来浙江大学开设学术讲座或短期授课，其后的几年中，章宏伟老师、余辉老师包括后来加盟浙江大学故宫学导师组的故宫博物院单霁翔院长等，都曾先后来校为同学们传授学业。在对待同学们的学业问题上，故宫方导师都非常认真负责：他们为同学们制订学习计划、开列研习书单、确定研究方向的同时，还常常要求同学们来故宫博物院驻院学习，其中包括观摩展览藏品、随堂听课、参加学术会议、实地考察等诸多活动。也正是在这个过程中，我们的同学们不知不觉开阔了视野、增长了才干。这批入学的五位同学，沈方圆与韩梦茜同学已于2015年3月分别以浙江省级优秀毕业生和浙江大学优秀毕业生的身份毕业离校，走向文博管理和研究工作岗位。刘含之同学则跟随王连起老师和金晓明老师研习中国书法史，因为硕士期间表现突出，于2015年3月被保送陈振濂教授门下攻读博士研究生，目前拟以乾嘉吴中地区谢希曾《契兰堂书画录》与《契兰堂法帖》作为专题作业内容。课题研究拟从鉴藏史的角度，通过谢希曾《契兰堂书画录》中记录的具体史料入手，考察吴中地区书画收藏特点，并对这一地区的重要鉴藏人物进行考述，据此管窥乾嘉年间吴中地区的私家书画鉴藏面向和观念。在研究进展方面，已经完成《从〈契兰堂书画录〉看乾嘉年间吴中地区书画收藏特点兼鉴藏家人物考述》和《谢希曾〈契兰堂书画录〉研究——兼及清乾嘉年间吴中地区书画鉴藏情况的考察》两份研究报告。

除此之外，李子儒和范桢同学也即将参加答辩。从提交的学位论文看，两位同学都非常出色地完成了学位论文设定的课题研究。李子儒同学以元代鞍马画家任仁发为研究对象，试图通过文献与实物考古复原任仁发及其家族成员的生活世界。论文依据新出土的墓志材料并结合不同时期地方志文献的分析比较，详细梳理了任仁发及任氏家族的谱系情况，纠正了徐邦达、黄莎莉等前辈学者对任仁发家族谱系的一些错误判断，并以此为凭藉重新检讨了归于任仁发及其家族成员名下的传世作品的断代和真伪问题。论文以翔实的史料考证和可信的逻辑推演，梳理了任仁发子辈与孙辈的成员构成及其生平，并出色地重构出任氏家族成员在元代的社会地位、生平事迹及其社会关系脉络。与此同时，论文在全面收集、鉴别任仁发鞍马画作的基础上，对其绘画风格类型和创作心态进行分析讨论，并试图从宋元画史之变、个人社会经历、社会角色定位、画家身份认同等维度讨论任仁发与赵孟頫面对“社会变革”和“画史革命”中的同与异。论文对文献材料和实物图像分析有很好的学术敏感力，颇见其导师余辉教授严谨务实的治学作风。范桢同学以宋代徽宗朝礼制改革中扮演了重要角色的翟汝文为研究对象，试图通过翟汝文的生活世界和心路历程剖析两宋之际宫廷礼制改革的文化面向、政治诉求、宗教信仰、路径选择及其观念成因。范桢同学通过《忠惠集》《孙繁重刊翟氏公巽重埋铭》《宋史》《京口耆旧传》《皇宋通鉴长编纪事本末》《宋会要辑稿》《建炎以来系年要录》

等诸多文献史料考证并结合考古实物资料，力图建构翟汝文的生活世界和心路历程。论文着重分析了翟汝文个人和家族的家学渊源和政治主张、政治派别，在徽宗朝礼制改革、南宋初年礼制重建中扮演的角色，以及他的个人行为对民间家礼和民间宗教祭祀形成的影响。翟汝文在经历宦海沉浮中于艺术和佛道中寻找慰藉，同时不忘儒生使命，强调内省，规训本族子弟。在他那里，佛道、金石都成为翟汝文规训乡民的工具，他不再试图通过辅佐君王来完成他的政治理想，而是通过地方建设来达到他的儒家的理想。论文将理论关怀寓于个案研究之中，体现了良好的学术训练和个人素养。

2014 年 9 月，袁恩东、梁伍敌、孙淼三位故宫学研究生入学；2015 年 9 月，又有范小曼、谭频璇和龚美娟三位同学入学。因为有了师兄师姐做出的榜样，后入学的同学们都很快进入了比较好的读书学习状态。袁恩东、梁伍敌、孙淼三位同学目前也确定了自己的学位研究课题，其中，袁恩东（导师余辉和池长庆）以金末元初北方画家群体为研究课题，梁伍敌（导师章宏伟和林如）以元代邓文原书法艺术为研究课题，孙淼（导师章宏伟和陈谷香）则以马和之《诗经图》中的器物图像为研究课题，目前进展良好。让人欣慰的是，这些年来，我们的故宫学研究生在校期间表现都非常活跃，他们转益多师、孜孜以求，始终保持着饱满的精神状态。其中有两点特别值得肯定：首先的一点，我们的研究生都积极参加各种学术会议并敢于报告自己的研究成果。像范长霞同学，曾先后参加出席了 2012 年 11 月故宫博物院主办的“宫廷与江南学术研讨会”、2013 年 05 月故宫博物院主办的“清代宫廷戏曲研讨会”、2013 年 10 月故宫博物院主办的“故宫学十年学术研讨会”、2014 年 06 月故宫博物院主办的“故宫博物院学术史研讨会”、2014 年 11 月故宫博物院主办的“第二届宫廷典籍与东亚文化交流学术研讨会”、2015 年 10 月故宫博物院主办的“故宫博物院 90 周年暨普天同庆—万寿盛典展学术研讨会”。2014 年 03 月，她还以会议论文入选者身份参加了北京大学主办“北京大学两岸三地美术史硕士研究生论坛”。范桢同学同样参加了多次学术研讨会并作主题发言，如 2014 年 6 月参加故宫博物院主办的“故宫博物院学术史研讨会”，提交会议论文《读徐邦达青绿山水轴——兼谈徐邦达先生的绘画艺术》；2015 年 9 月参加中国社科院新闻传播研究所主办的“抗日战争与新闻传播：第一届新闻史青年学术论坛”，提交会议论文《大东亚理想的视觉呈现：战时期刊〈北支〉研究》，2015 年 10 月参加故宫博物院主办的“故宫博物院 90 周年暨普天同庆—万寿盛典展学术研讨会”，提交会议论文《广场、废墟、公园和都市地标：清宫建筑的现代影像——以沦陷时期日本画报〈北支〉为中心》，

2015 年 12 月参加中国美术学院主办的“战争时期的中国摄影国际学术研讨会”等。此外，2014 年 8 月，他先后参加了台湾师范大学主办的“东亚青年儒学论坛”、何香凝美术馆艺术史工作坊并提交论文《赤壁与潇湘：读上博藏元代张远潇湘八景图》。2015 年 12 月，他还参加了由美国盖蒂基金会、海德堡大学、四川大学、中央美术学院等单位共同主办的“民族志之眼：抗战时期中国艺术”国际艺术史培训计划。李子儒同学 2014 年 3 月凭论文《唐代仕女图中的眉妆分析》，参加北京大学举办的“图像的神圣性与世俗性”两岸三地美术史研究生研讨会。2014 年 9 月，又凭论文《宋元绘画鉴定二则》，受邀参加何香凝美术馆美术史工作坊第二期。2014 年 7 月，李子儒参加浙江大学、中国美术学院、绍兴文理学院以及四所台湾高校 2014 两岸大学生汉字书法艺术交流夏令营，并代表大陆学生致辞。刘含之同学 2015 年 4 月作为与会青年学者受邀参加第五届中国书法兰亭奖“兰亭论坛·王羲之的真相”国际研讨会，她还先后参加 2014 年 9 月韩国圆光大学主办的“瀚苑交游”——韩国圆光大学书法文化学科与浙江大学中国艺术研究所师生书画交流展、2014 年“两岸大学生汉字交流夏令营”活动。同学们的这些学术活动，成为他们成长中弥足珍贵的经验。还有一点也值得充分肯定，即我们故宫学研究生在校期间都公开发表了学术论文。比如，范桢同学先后在《福州大学厦门工艺美院学报》《徐邦达艺术馆馆刊》《天津美术学院学报》等刊物发表《北宋吕大临〈考古图〉的版本研究》《读徐邦达青绿山水轴——兼谈徐邦达先生的绘画艺术》《汪振寰——早期中国现代主义艺术收藏》等学术论文。李子儒同学也在《美育学刊》《乡音》等刊物发表《〈菊蝶图〉小考》《元氏龙山汉碑碑址在何处》等学术论文。此外，他还公开出版了《元氏封龙山汉碑研究》（河北人民出版社，2015 年）。

同学们的成绩和成果，凡事种种，这里实在无法一一举例。同学们的成长，凝聚了全体故宫学导师的心血和智慧。我和宏伟、余辉等同道交往交流过程中，也总是以同学们的学术表现作为主要话题，每每看到同学们的进步，作为导师的我们也同样欢欣鼓舞。我也从宏伟、余辉等老师肯定和赞许的话语中，更加坚定了浙江大学张曦老书记、罗卫东副校长当初决意成立浙江大学故宫学研究中心的前瞻性举措。这些年来，两位决策者对于中心的运转和故宫学研究生人才培养也非常关心，并且在学术资源的配置方面给予更多的支持。张曦书记为了让我们的同学有锻炼和发挥才干的机会，还主动接纳同学们参与到其主持的“中国历代绘画大系”项目，李子儒、袁恩东等参与其中的同学，不仅获得了相应的助学津贴，而且也在其中增长了自己的才学。罗卫东副校长在百忙之中，曾多次出席宏伟兄在故宫博物院举办的各种学术会议，其昭昭之心令人感动。

当然，在四年不到的时间内，我们也有一些遗憾，尤其在人才培养体制的设计上也存在诸多不足。比较明显的一点，就是我们目前故宫学四个研究方向的人才培养分散于不同的研究所，这对于内部资源的配置、学位课程的设计、导师间的协同合作、同学们的交流与学习等都产生各种意想不到的困难。反映在现实的人才培养中，往往表现为内外联动不平衡，在招生的规模上也无法得到体制内的保障。如何科学地规划和设计故宫学硕士和博士研究生的学位课程培养体系，形成四个研究方向联动的培养格局，以便建构起一个统一的人才培养机构，是未来浙江大学故宫学人才培养需要着力推行的一个任务。

南开大学故宫学与明清宫廷研究中心介绍

何孝荣

南开大学故宫学与明清宫廷研究中心成立于2012年1月，几年间，通过与故宫博物院的合作，在全球首招故宫学方向博士生，开设故宫学课程，举办故宫学讲座，陆续开展了一系列活动，取得突出成绩。

一　成立

故宫学为时任故宫博物院院长郑欣淼先生于2003年提出，并逐步建立起初步的学科体系，获得学术界的广泛响应。南开大学明清史尤其是明清皇帝、宫廷研究和教学力量雄厚，成果突出，而明清宫廷史是故宫学的重要组成部分。故宫学研究和教学蓬勃兴起后，南开大学历史学科的老师积极参加故宫博物院的各项相关学术活动，与故宫博物院有良好的合作关系。这些，为在南开大学成立故宫学研究中心，开展故宫学与明清宫廷史的教学与研究奠定了坚实的学术和组织基础。

2010年5月，为了落实南开大学第八次党代会制定的强势学科、教育质量提升、科研创新等新时期奋斗目标和《南开大学“十二五”事业发展规划纲要》，发展和提高我校明清史研究水平，为历史学科发掘出新的故宫学学科增长点，提升我校科研、教学水平，我们适时向故宫博物院方面提出在南开大学设立故宫学研究中心的设想。这是全国高校中最早倡议者，得到郑欣淼先生的积极响应。2011年8月、9月，我们与故宫博物院进一步接触商谈，就在南开大学设立故宫学与明清宫廷研究中心等合作事宜达成诸多共识。2011年11月9日，我校聘请郑欣淼先生为南开大学兼职教授，并邀请郑欣淼先生做客“南开名人”讲座，发表“故宫学与明清宫廷研究”的精彩演讲。校领导薛进文书记、龚克校长先后与郑欣淼先生一行举行会谈，一致同意加强南开大学与故宫博物院的合作，在南开大学建立故宫学与明清宫廷研究中心。

2012 年 1 月，经南开大学校长办公会议审议并原则同意，决定成立南开大学故宫学与明清宫廷研究中心，为非实体研究机构，挂靠历史学院。12 月 22 日，南开大学举行故宫学与明清宫廷研究中心揭牌暨单霁翔等兼职教授致聘仪式，文化部党组成员、故宫博物院院长单霁翔及文化部原副部长、故宫博物院前院长郑欣淼一行光临南开大学，与南开大学校长龚克一起为故宫学与明清宫廷研究中心揭牌。故宫博物院前副院长李文儒代表故宫博物院向研究中心赠送第一批图书，并宣布在南开大学设立故宫学书库。

二　组织与规划

南开大学故宫学与明清宫廷研究中心整合了全校历史学院、周恩来政府管理学院、《南开学报》等单位明清史、博物馆、世界史等领域的研究力量，并吸纳故宫博物院相关学者为兼职研究人员，设名誉中心主任二人，由南开大学薛进文教授、故宫博物院郑欣淼教授分别担任；学术委员会主任二人，分别是南开大学历史学院南炳文教授、杜家骥研究员；中心主任二人，为南开大学何孝荣研究员、故宫博物院章宏伟副编审。专职研究人员十二人，包括王薇研究员、刘毅教授、杜家骥研究员、李小林研究员、何孝荣研究员、庞乃明副研究员、杨栋梁研究员、陈志强教授、柏华教授、南炳文教授、姜胜利教授、高艳林副研究员、薛进文教授。兼职研究人员五名，包括李文儒教授、余辉教授、赵中男教授、郑欣淼教授、单霁翔教授、章宏伟教授，都是故宫博物院各相关领域及故宫学研究的佼佼者。这样一支科研队伍，实力超群，在故宫学研究领域独占鳌头。

南开大学故宫学与明清宫廷研究中心成立之初，就制定了教学与科研等方面的详细规划。首先，教学方面，进行故宫学与明清宫廷研究领域的教学工作：（1）招收故宫学与明清宫廷研究方向博士生，博士生培养将采取南开大学与故宫博物院各出一位导师的双导师制度；（2）举办故宫学讲座和故宫文物展览，普及故宫学和中国传统文化知识，提高我校学生素质；（3）在故宫博物院协助下，在我校设立故宫学书库；（4）联系故宫博物院，为我校本科、研究生实习和就业提供方便。其次，科研方面，加强故宫学与明清宫廷史研究：（1）完成故宫博物院委托研究课题“明清宫廷与政治活动研究”，帮助其他成员向故宫申请委托研究课题，参与故宫学研究所课题研究；（2）出版和发表一批包括明代皇帝崇奉佛教、清朝皇室与满蒙联姻、明清来华传教士与明清宫廷等故宫学与明清宫廷研究方面的专著和论文；（3）在我校举办故宫学与明清宫廷研究学术讨论会；（4）协助中心成员申请进入故宫博物院访问学者、博士后流动站，从事相关研究等。另外，以故宫学与明清宫廷研究中心的成立为契机，利用南开大学丰厚的科研教学资源，主动适应故宫博物院的建设和发展需要，进一步探索与故宫博物院在人才培养、进修培训、合作研究、学科发展、开放展览等全方位的合作，为故宫博物院的发展和建设提供力所能及的服务。总之，力争用三五年的时间，把南开大学故宫学与明清宫廷研究中心建设成为科研教学成果丰硕、在国内外有相当知名度的研究机构，为实现我校建校百年跻身世界知名高水平大学目标，把故宫博物院建成国内领先、世界一流的博物馆，作出更大的贡献。

三 活动

南开大学故宫学与明清宫廷研究中心成立四年来，我们按照规划，开展各项活动，取得了突出的成绩。

（一）教学方面

1. 聘请故宫博物院专家担任南开大学教职教授。早在研究中心成立前，我们已经聘请郑欣淼先生担任南开大学兼职教授。研究中心成立时，我们又聘请单霁翔先生、李文儒先生、余辉先生、赵中男先生等人担任南开大学兼职教授。近期，我们还将聘请章宏伟先生担任兼职教授。这些兼职教授的加入，使南开大学故宫学与明清宫廷研究中心教学、科研实力大增。

2. 在全球首招故宫学方向博士研究生。聘请故宫博物院专家担任兼职教授以后，招收故宫学与明清宫廷研究方向博士生于 2013 年立即列入了南开大学 2014 年博士生招生计划。这一招生方向获得考生积极响应，报名八人。最终，2014 年 4 月，二名考生通过考试，成为全球首招的故宫学方向博士生，由郑欣淼教授、李文儒教授分别担任指导老师，何孝荣教授、王薇教授合作指导。2015 年，赵中男教授又招收故宫学与明清宫廷研究方向博士生，报考者五人，最终录取一名，由何孝荣担任合作指导教授。平时，这些博士生在校的学习、指导主要由我们中心在校成员负责协助指导。

3. 开设故宫学与明清宫廷研究课程。故宫学方向博士生招生后，针对他们及全校同学，我们开设了故宫学与明清宫廷研究课程。这门课程采取专题讲座的形式，由南开大学与故宫博物院的专家共同讲授。两年来，故宫博物院的专家郑欣淼教授、李文儒教授、章宏伟教授、赵中男教授先后多次前来授课，每次都有全校各院系的同学前来听讲，大大普及了故宫学。

4. 举办故宫学讲座。与此同时，我们先后邀请郑欣淼教授、单霁翔教授来南开大学，作为“南开名人”讲座的主讲人，为广大同学举办故宫学讲座。每次听讲同学都是挤满礼堂会场，盛况空前。

5. 设立故宫学书库。在南开大学故宫学与明清宫廷研究中心成立之时，故宫博物院向我们赠送了第一批图书 135 册，设立了南开大学故宫学书库。这批图书在历史学院图书资料室单独摆列，供师生阅览。

6. 组织教师参加故宫博物院故宫学讲习班，推荐同学参加故宫博物院故宫学会议。每年故宫博物院故宫学研究所都要组织故宫学高校教师讲习班，在全国高校系统传播和推广故宫学。南开大学故宫学与明清宫廷研究中心先后推荐历史学院李晶老师、何孝荣老师参加故宫学高校教师讲习班的学习和研讨。故宫学博物院多次召开故宫学、明清宫廷史的学术研讨会，我们也积极与主办者联系，为南开大学的硕士生、博士生争取参加会议发表论文，或者旁听会议。几年间，南开同学参加故宫学会议者不下 15 人次，他们得到了解、学习故宫学的宝贵机会，对我校故宫学的教学有很大的促进作用。

（二）科研方面

1. 完成了故宫博物院委托研究课题“明清宫廷与政治活动研究”。结项书稿包括五部分内容，即明代宗教政策和宗教研究、明代皇帝与佛教个案研究、明代宦官与政治佛教研究、明清皇帝与政治文化研究，以及几部有关明清宫廷史、故宫学的书评，计 32 篇专题论文，其中绝大部分为 CSSCI 来源期刊发表论文，对相关课题的研究全面而深入，圆满地完成了研究任务，获得结项。

2. 出版和发表了多篇故宫学与明清宫廷研究的论文。几年间，不计故宫博物院兼职教授的成果，本中心的本校成员王薇研究员、刘毅教授、杜家骥研究员、何孝荣研究员、庞乃明副研究员、柏华教授、南炳文教授、姜胜利教授等各自出版和发表了多部

（篇）故宫学与明清宫廷研究的专著、论文。如何孝荣教授出版的《明代南京寺院研究》（故宫出版社2013年版），在作者简介里，就注明“南开大学故宫学与明清宫廷研究中心主任”字样；何孝荣还出版了《明朝宗教》（南京出版社2013年版），在《社会科学战线》《西南大学学报》《南开学报》《江西社会科学》《福建论坛》《学海》《历史教学》《史学集刊》等发表论文近20篇，其中CSSCI来源期刊论文12篇。只是由于没有硬性要求，所以各位成员在发表论著时基本没有标注南开大学故宫学与明清宫廷研究中心字样。加上时间紧促，我们也没有去详细统计其他成员的出版和发表的相关论著的具体部篇、数。

3. 成员多次出席故宫博物院故宫学研讨会，发表论文。其中，何孝荣出席了2012年明代宫廷生活史研讨会，2013年故宫学十年学术研讨会、明清宫廷对比研讨会，2014年文化名人与故宫博物院研讨会、明代宫廷史研讨会，2015年故宫博物院90年暨普天同庆——万寿盛典展学术研讨会等。其他成员，不一一列举。

4. 筹备召开南开大学故宫学与明清宫廷史学术研讨会。2016年初，经过协商，本中心与故宫博物院故宫学研究所将于2016年9月在天津联合举办故宫学与明清宫廷史学术研讨会。目前，邀请函已经发出，各项筹备工作正在有条不紊的进行。届时，将有来自中国（含台湾、香港、澳门）、美国、法国等国家和地区的50余位学者确定出席会议，发表论文，交流故宫学研究心得，必将对故宫学研究的深入发展起到很大的推动作用。

（三）其他活动

另外，我们还组织了其他一些相关活动。如，2013年10月，故宫博物院成立故宫研究院，我们及时与学校联系，请南开大学发去贺电，加强了我校与故宫博物院之间的友谊和交流。再如，2014年11月，我们组织了南开大学历史学院教师40人，赴故宫博物院学习考察，使大家了解故宫，了解故宫学，对故宫学在南开大学的传播和推广产生了积极影响。

四　媒体报道

对南开大学故宫学与明清宫廷研究中心的各项活动，中央及地方媒体纷纷予以报道。如，郑欣淼先生、单霁翔先生的几次讲座，均有中央、地方各级媒体的广泛报道和转载。

尤其是我们在全球首招故宫学博士生及首届博士生面试，各级媒体报道掀起了一个高潮。如南开大学在全球首招故宫学方向博士生，2013 年 10 月 21 日，先后由中国新闻网、人民网、新华网等首发报道，北方网、凤凰网文化频道、网易、腾讯、人民网、新华报业网、新浪读书频道、北方网、中国日报网转载；《光明日报》于 20 日头版刊发报道，天津《城市快报》《渤海早报》《每日新报》，北京《北京晨报》《京华时报》等报纸也陆续发表报道，上海东方卫视、辽宁辽宁卫视等读报节目播出，央视新闻新浪微博转发已超过 700 条，在海内外引起很大反响。

再如南开大学首招故宫学方向博士生面试，2014 年 4 月 23 日《中国日报》首先以“全国首届故宫学博士生南开面试”为题进行了报道，接着中国新闻网以“中国首届故宫学博士生进行面试”为题加以报道。5 月 2 日上海《东方早报》以整版的篇幅，刊发了记者的深度采访报道“故宫学招收首届博士”。其后，这些报道又先后为国内外数百家各种类型的媒体所转载，扩大了故宫学的影响。

综上所述，自成立以来，南开大学故宫学与明清宫廷研究中心加强了与故宫博物院的合作，积极开展各项活动，出色地完成中心成立之初制订的教学、科研等方面的规划，初步实现了中心建立的目标。可以说，如今故宫学教学与研究在南开大学蓬勃兴起，而且独树一帜，堪称在故宫博物院以外推广故宫学的成功范例。

中国社会科学院研究生院文博中心故宫学专业方向教学五年记

吴十洲

一 故宫学提出的前提条件与背景

2010 年底，恰逢中国社会科学院研究生院文物与博物馆专业硕士教育中心成立之际，我院与故宫博物院签署了两院战略合作意向书。根据此战略合作意向，社科院研究生院决定在我教育中心的课程中开设故宫学教学的专业方向，主要涉及中国近代历史、明清宫廷史、考古学和故宫博物院史等学科，具体专业理论包括：儒家文化与皇权、礼制与皇宫建筑、典章制度与卤簿仪仗、故宫博物院院史、世界范围内的故宫文物等，并开设若干专业课和专业选修课。率先将故宫学课程引入到研究生教育。

故宫学是 2003 年 10 月故宫博物院前院长郑欣淼在庆祝南京博物院成立 70 周年举办的馆长论坛上提出来的一门学科。2009 年初郑欣淼先生将探索故宫的价值和故宫学内涵的 20 多篇文章结集成《故宫与故宫学》出版。由此奠定了故宫学的理论框架，业已成为故宫人与故宫研究者的自我意识觉醒的重要标志。至此，故宫学的学术途径已转向对相关知识发展模式的构建。

郑欣淼先生提出，故宫学的研究范围大致有六个方面：故宫古建筑（紫禁城）、院藏百万件文物、宫廷历史文化遗存、明清档案、清宫典籍、近 80 年的故宫博物院的历程等。

这一研究范围反映了以中国皇家文化的特点来划分故宫学的基本思路，且有狭、广两义。狭义的“故宫学”是人文科学的一门独立学科，广义的“故宫学”则是一门知识和学问的集合。

可以肯定地说，故宫学在如下方面具备了学理创新的可能，也为相关教学提供学术源泉。

（一）观念的变革。故宫实体是故宫学的认知对象。故宫的实体是现实背后的基础性、本原性的东西，是独立不变的实在，而其他的数量、性质、关系等范畴都是对于实体的表述，都是实体这一主词的谓项。这就是约翰·洛克（John Locke，1632—1704）等人主张的性质观或"第一性质观"。故宫学包括认识故宫的实体和性质，故宫的"物体的第一性质——不论在什么情况下，都是物体完全不能分离的；物体不论经了什么变化，外面加于它的力量不论多大，它仍然永远保有这些性质"。由此排除了许多主观臆断的因素。

（二）思维方式的转换。人们是如何理解故宫和故宫的自身行为，就是所谓的针对故宫的思维方式问题。传统的思维模式只是以还原外在特征为主导。一度片面地将故宫博物院解读为艺术类博物馆，这样的思维方式就倾向于把对象还原为最简单、最基础的表象形式，把各种复杂的社会历史质还原为最基本的外在性质，对于故宫学的各种创新性活动而言，正是皇权与宫廷的独特性，为故宫学提供了认知故宫的理论的依据和出发点。

（三）学理性的拓展，即故宫知识性认识向学理性认知深入。按照故宫学的观点，科学陈述是对于事实的认识，它追求按事物的本来面目去认识客体，其最高目标是真理，因而是与涉及人的主观情感表达的价值无关。认知故宫的科学活动、理论建构及其评价中所诉诸的学理性，包括了逻辑、实验、数学等认知理性形式，而无关乎其价值取向和伦理负荷，这显然是一种比较纯粹的知识论理想。故宫学体现了对于学理发展的人性化要求，体现了科学与人文、纯粹理性与实践理性相统一的趋势。

（四）故宫学将促进故宫社会角色的演进，提升故宫认识的总体水平。如果说研究对象、思维方式和科学理性等方面的观念变革不限于科学共同体内部，不仅限于理论层面的话，那么这一学科的社会形象在人们的社会生活实践中所起的作用则无疑有着更为巨大的影响。在即将来临的知识社会中，知识正成为最为紧俏的资源，创新能力正成为最为关键的生存和竞争能力，基于科技的文明将成为人们的基本生活方式。

可以说，故宫学无论就学科自身的进展，还是其带来的哲学观念的变革而言，故宫学的科学批判品格都体现了科学实践的精髓，体现了开拓创新的精神，因而表现为一种与时俱进的品格。"故宫学"将提升故宫在创新能力日益成为最为关键的学术地位。

二　故宫学的教学框架与课程模块

研究生院文物与博物馆专业硕士教育中心的课程设置分为"文物鉴定与修复""博

物馆学”“故宫学”三个大方向。虽然专业方向各有侧重、学费也有不同，但是中心的教学秉承“有教无类”的教育思想，在教育资源的配备上是平等的，主要体现在由社科院和故宫博物院等相关领域的学者、专家组成了相应的导师组，就此提供给学员们以基础课和专业基础课为主体的同质化教学；在专业课上根据专业不同，提供以专业课、专业选修课、专题讲座课及专业实习与考察为主体的差异化教学。

我们提出，四个学期的学习大概是可以总结如下。

第一学期，“打基础，开眼界”。打专业知识的基础；开以社科院、故宫博物院为主体的眼界。很多学部委员、研究室主任走上这个讲台为同学们讲专业基础课。

第二学期，“拜师门，学专业”。接受导师指导，学习专业知识。

第三学期，“走出去，找感觉”。进行专业实习与专业考察。

第四学期，“写论文，创事业”。完成学位论文写作，接受论文答辩，获取硕士学位与学历，并实现就业。

其中，故宫学的专业课程内容的总学分需要完成不少于 28 学分。大致来说，课程设置体现理论与实践相结合的原则，分为学位基础课程、专业基础课程、专业程、选修课程、专业选修课、考察与实践课、专题讲座课六个模块，其课程结构大致见表一。

表一　故宫学专业课程

课程类型	课时	学分	课程	课程名称
（一）学位基础课	30	4	2	1. 专业外国语（全部外教开课）；2. 政治素养
（二）专业基础课	45	8	4	1. 考古学通论；2. 博物馆概论；3. 中国古代史；4. 古器物学（文物学）
（三）专业课	45	6	3	1. 明清宫廷历史文化与宫廷建筑；2. 故宫学概论；3. 故宫学专题讲座
（四）专业选修课	45	4	2	1. 故宫博物院史；2. 古文字与文献概论；3. 中国书法史；4. 中国史专题
（五）实践课	60	4	2	
（六）专题讲座课	20	2	1	1. 新国学思潮与文化产业；2. 世界艺术史；3. 古代文献档案的体系与利用；4. 西洋及其他外国文物；5. 流散于世界各地的中国文物，等等。
合计	200	28	14	

(一)基础课与专业基础课

其中专业基础课程主要是：中国通史、考古学概论、博物馆学、古器物学（文物学）。故宫学主要特征是对以往常规学科的覆盖，而非越庖代厨，这些常规学科包括考古学、历史学、古器物学、建筑史、政治史、博物馆学等。因此专业基础课为故宫学专业课学习奠定学科基础。

(二)专业课

故宫学专业课具有库恩（托马斯·塞缪尔·库恩，Thomas Sammual Kuhn，1922—1996）的范式理论中的一个重要原则是“不可通约性”的品性，它意味着构成一种理论的要素不能被穷尽地还原到另一种理论中去，同时，又不意味着这些理论之间没有任何的垂叠，要不然作为科学“主体”的范式或共同体将会封闭自己，堵绝了一切可供出入和交往的可能途径。具体课程如下：

1.“故宫学”概论（章宏伟研究馆员主讲）：故宫学的概念、范围与特征，故宫学的学术积累（百年故宫学历程），故宫学与相关学科的关系，明清宫廷建筑，故宫珍宝（文物），清宫档案，明清宫廷典籍，明清宫廷历史，故宫博物院建院史，故宫博物院的博物馆建设，清宫戏曲，故宫学研究资料检索，故宫学研究方法及其学术规范等。

2. 明清宫廷历史文化与宫廷建筑（王子林研究馆员主讲）：紫禁城的历史与文化（上）、紫禁城的历史与文化（下），乾隆花园的秘密，钦安殿（上）、钦安殿（下），浴德堂，乾清宫的二十七张床，平安春信图中的长者，乾隆时期室内书法作品与乾隆的追求，乐寿堂的三件大玉雕，乾隆皇帝的精神境界，明清宫廷历史文化，故宫相关问题讨论等。

3. 故宫学专题讲座课（李文儒研究馆员、苑洪琪研究馆员、陈丽华研究馆员、张荣研究馆员主讲）：故宫文化中的价值观问题、大历史视野下的故宫学、紫禁城的三种文化形态、紫禁城的图像学意义、紫禁城——中国古代建筑的典范、紫禁城宫殿的功能与使用、紫禁城的寝宫、从故宫到博物院、故宫博物院收藏的绘画、故宫博物院藏品中的“苏工”工艺、清代皇帝一日、珐琅器漆器概论、清代吉祥图案等。

（三）专业选修课

专业选修课主要为故宫博物院史（吴十洲教授主讲），该课以《紫禁城的黎明》为底本，讲授故宫博物院产生的历史背景、历史过程，故宫博物院与卢浮宫、艾尔米塔什开发比较，故宫博物院的学术建设，两岸故宫博物院的比较等。

（四）实习与考察

近几年来，教育部对专业硕士学位的实习与考察在总课程中的时间与学分的要求有越来越高的趋势。故宫博物院当然是故宫学专业学员实习与考察的主要场所。五年来，这些实习得到了故宫博物院的协助。

（五）论文与论文答辩

硕士论文是由硕士研究生完成的终极论文，却不是能由硕士研究生独立完成的，硕士研究生导师将与硕士研究生结成论文共同体，共同完成。硕士论文的读者是少数的特殊读者：研究生生导师、硕士论文答辩委员会委员、硕士论文审查教授。因此硕士论文不是面向大众读者群的科普读本，更要避免一般意义上的趣味性。硕士论文将具备：专业性——学术领域的前端，避免普及性问题。论文的创新性在解决未完成的课题，避免一般性问题；国际性——对国际上相关问题的把握，引入国际上的最新研究成果。

（六）导师的配备

故宫学专业方向的教学有 4 个学科方向，配备有 13 位导师。

1. 中国近代史

故宫学与中国近现代史研究有着密切的关系性，故宫学与中国博物馆事业发展的关系，故宫学与故宫专家、学者及中国现代学术研究史的关系，故宫学与无形文化遗产保护传承的关系；故宫学与文物科技保护的关系。

张海鹏（中国社会科学院近代史研究所研究员），学术专长为中国近代史研究，编著有《中国近代史稿地图集》《追求集：近代中国历史进程的探索》《中国近代史研究》《东厂论史录：中国近代史研究的评论与思考》《张海鹏集》，主编《中国近代史 1840—

1949》《中葡关系史资料集》《中国近代史论著目录1979—2000》《中国近代通史》等论著和资料集。

左玉河（中国社会科学院近代史研究所研究员），主要从事中国近现代学术思想史及社会文化史研究，已出版《张东荪文化思想研究》《张东荪传》《张东荪学术思想评传》《失去的机遇——中国现代化历程的再认识》《从四部之学到七科之学》《民国大众婚丧嫁娶》《中国近代学术体制之创建》等10余部著作。

2. 故宫博物院史

李文儒（故宫博物院研究馆员），主要从事中国现代文学教学与研究、鲁迅研究和中国博物馆研究。出版有《走进鲁迅世界》《鲁迅文献图传》等专著。主编出版《中国博物馆陈列精品图解》（一、二卷）、《中国十年百大考古新发现》（1990—1999）、《全球化下的中国博物馆》、《中华文明遗迹通览》、《中华人民共和国文物保护法·以案说法》等。

章宏伟（故宫博物院研究馆员），研究涉及中国出版史、故宫学等多个领域。出版专著或合著有《中国编辑出版史》《出版文化史论》等，发表论文《雕版印刷术起源问题》《海关造册处初步研究》等上百篇。

吴卫国（吴十洲，中国社会科学院研究生院教授），在先秦史、清代宫廷史、民国史及博物馆学等方面均有研究。代表作有：《两周礼器制度研究》《紫禁城的黎明》《乾隆一日》《帝国之雩——18世纪中国的干旱与祈雨》等。

3. 明清宫廷史

故宫学与明清典章制度研究的关系，故宫学与明清宗教政策及宫廷宗教活动研究的关系，故宫学与明清重大政治、军事事件研究的关系，故宫学与明清皇帝、后妃子嗣、太监生活研究的关系，故宫学与明清朝臣疆吏研究的关系，故宫学与明清档案管理、利用研究的关系。

杨珍（中国社会科学院历史研究所研究员），研究方向为清代政治史、清代宫廷史。著有《康熙皇帝一家》、《清朝皇位继承制度》、《中国政治制度通史清代卷》（合著）、《康熙帝本传》（合著），另有论文数十篇。

万明（中国社会科学院历史研究所研究员），以明史、中外关系史为研究方向。代表作《中国融入世界的步履——明与清前期海外政策比较研究》获2001年中国社会科学院历史研究所优秀成果二等奖，《中葡早期关系史》。

王子林（故宫博物院研究馆员），代表作有：《皇城风水——北京王不得不为王之地》《皇家风水——帝王文化的成功演绎》《紫禁城原状与原创》等。

陈丽华（故宫博物院研究馆员），代表作有：《古漆器鉴赏与收藏》《漆器鉴识》专著两部，《中国文物鉴赏大系：中国工艺品鉴赏图典——漆器篇》《文物名家大讲堂——中国工艺. 漆器》。并先后在《文物》、《故宫博物院院刊》、台北《故宫文物月刊》等专业刊物上发表过专业论文和文章50余篇。

4. 考古学

紫禁城与皇家收藏是故宫学最核心的层次，紫禁城是世界上现存规模最大、保存最完整的古代宫廷建筑群，皇家收藏集中体现了中国古代建筑技术和艺术的最高水平和优秀传统。其中蕴含有丰富的考古学知识。同时，故宫学与80年来中国文物保护有着密切相关。

刘庆柱（中国社会科学院考古研究所研究员），主要从事中国古代都城与帝陵考古研究，尤其是秦汉都城和汉唐帝陵方面的考古调查、勘探、发掘和研究。出版专著、论文集多部。代表论著有：《前汉皇帝陵的研究》《古代都城与帝陵考古学研究》和考古发掘报告《汉杜陵陵园遗址》《汉长安城未央宫》等多部。

白云翔（中国社会科学院考古研究所研究员），以秦汉考古、生产工具考古和中外文化交流的考古学研究为主要研究方向。代表论著：《新石器时代墓葬中随葬劳动工具的考察》《战国秦汉和日本弥生时代的锻銎铁器》《山东省临淄齐国故城汉代镜范的考古学研究》等。

刘国祥（中国社会科学院考古研究所研究员），研究领域为东北地区新石器时代考古学研究、北方草原青铜文化研究、中国古代玉器研究。代表论著有《中国玉文化的特征》《红山文化东拐棒沟C形玉龙的工艺试析》《“中华第一龙”C形玉龙文化血脉揭秘》《辽西古玉研究综述》《牛河梁玉器初步研究》《黑龙江史前玉器研究》等。

李化元（故宫博物院研究馆员），长期从事文物保护工作，擅长青铜器修复。获全国科学大会奖和湖北省科技进步二等奖各1项。曾主持北京古钟博物馆永乐大钟的保护等金属文物保护工程4项，发表论文10余篇。

三 “故宫学”的教学成果

故宫学是以故宫及其丰富的收藏为研究对象的一门学科，把问题置于一个包含传统在内的特定情境中来讨论，但是同时又要求超越这种境况。故宫博物院现有文物藏品180万件左右，其中85%以上为清宫旧藏，大部分是清宫的各类艺术品收藏。故宫学昭示了皇家在历史学认识层面上的显著的排他性。因此，“故宫学”在研究生教学方面也就具有了广阔前景。

（一）入学考试

在考生的入学考试时，我中心就有意在考题上侧重故宫学的考点，诸如，名词解释方面：故宫博物院（2012年）、古物陈列所（2013年）、《清明上河图》（2016年）；简答题方面：简述紫禁城中轴线上的宫殿建筑（2013年），宁寿宫的建筑布局（2014年），陈述《清明上河图》的主要画面（2014年），抗战时期故宫文物的南迁与西迁（2016年）、宁寿宫的建筑布局，等等。这使促使考生在备考期间就开始熟悉、掌握故宫学的相关知识。

（二）结课作业

故宫学之所以在较短的时间里为研究生教育所认同，在于其本质的认知关系是对已有的多门类学科关系的整合。由于旧的常规学科在指导故宫博物院的业务工作实践时存在有某些偏差，因此，故宫学的理论要素将不再被还原到另一种理论中去，在新理论覆盖下的以往的常规学科之间所存在着的垂叠的东西，将形成一种新的理论要素，其优势将获得彰显。

（三）实习

故宫学注重有关故宫知识的内在性质，即把这一专业领域首先理解为一种实践性的参与和投入，而不是仅仅把故宫作为实习和考察的对象。外在的知识的文化实践和文化群系之间的交往才是科学调查研究的对象。同样，故宫博物院的历史具有深刻的社会历史学意义。故宫实地实习在这里使得观念价值转化为实用价值。

(四) 硕士论文

在故宫学的课程体系中，故宫将被视为是一个文化群系，要理解这些群系，就必须详细审查故宫的表达所凭借的文化资源、故宫作为博物院对这些文化资源作出反应的境况，以及故宫本体转化这些境况的文化方式和对其他境况有影响的文化方式。最终体现为硕士学位论文。目前2012届11名与2013届11名毕业生的硕士论文全部获得了答辩委会的通过，这在近似严酷的“淘汰制”的形势下是十分不易的。

(五) 优秀论文

在已完成的第12届、13届硕士论文，其中被评为优秀论文的有8篇，占27.5%。具体如下。

1. 李占阳:《圆明园十二生肖铜兽首中西方18世纪的浪漫撞击》，导师姓名及职称：吴卫国教授。该文指出，圆明园海晏堂的十二生肖铜兽首水法最为精美——集审美与实用性于一体。而在这背后包含的却是中西两种文化相互吸引，最后撞击而来的结果。圆明园十二生肖不仅是一种文化载体，更成为了中西文化艺术交流的碰撞与延续。

2. 赵赢赢:《三位帝王与画珐琅艺术——康熙、路易十四与彼得一世画珐琅渊源初探》，导师姓名及职称：陈丽华研究馆员。17、18世纪，中、法、俄三国的统治者：康熙皇帝、路易十四与彼得一世，均为画珐琅艺术发展做出过重要贡献。三位帝王不约而同地都为画珐琅艺术发展做出过积极的贡献。

3. 张建华:《〈石渠宝笈〉中的徐渭》，导师姓名及职称：李文儒研究馆员。论文指出，《石渠宝笈》中的徐渭，恰恰就是彰显乾隆帝帝王趣味与徐渭文人情怀二者如何互动融通的一个典型案例。体现了清代的帝王与明代的文人实现了跨时空相遇，异世同轨。通过《石渠宝笈》著录徐渭书画作品，以题诗、钤印、存放的方式乾隆帝与徐渭进行了一场跨时空的精神对话，其中所蕴含的丰富内涵值得玩味。

4. 关尔佳:《民国时期故宫博物院财务收支初探》，导师姓名及职称：章宏伟研究馆员。论文从故宫博物院的经费收入和经费支出两方面分析其财务情况。经费来源主要有政府拨款、中华教育文化基金董事会补助、本院收入、其他收入，其中政府拨款是金额最大、最为稳定的方式。

5. 宋文：《从坤宁宫的变化看清代统治者的满族坚守与多元文化认同》，导师姓名及职称：李文儒研究馆员。该文将清代对坤宁宫的改造、内部陈设以及在其中举行的萨满祭祀和大婚仪式作为具体的研究对象，通过对坤宁宫的建筑与功用的变化进行分析，以期对清代统治者的民族坚守与文化认同问题进行一定程度的探析。

6. 王爽：《略论清代公主》，导师姓名及职称：杨珍研究员。该文把清代公主作为一个整体进行研究，主要以其人生阶段为依据，将研究内容分为宫中生活、册封、下嫁、离世等几个部分进行详细论述，同时在其中加入清代公主基本情况介绍、宫中抚养、玉牒未收入等内容。

7. 杜平：《青铜器病害科学认知与保护修复技术操控初探——以张家坡西周墓地出土青铜器保护修复研究为例》，导师姓名及职称：李化元研究馆员。该文以西周张家坡墓地出土的四件不同典型病害类型的青铜器保护修复研究为案例，探索了青铜器病害的类型、腐蚀产物成分，形貌特征、腐蚀程度，从而达到科学认知病害的目的。

8. 罗蓁蓁：《明代宫廷饮食研究》，导师姓名及职称：商传教授。该文指出，明代宫廷饮食所含内容十分丰富，是一个完整的体系。从宫廷饮食机构、饮食关系、饮食观念和饮食的吸收和传承四个方面来分析和讨论明代宫廷饮食的形成机制，以及在特定历史背景下，宫廷饮食在社会文化上带给人们的影响。

（六）"校园之星"优秀学子

从故宫学的视野来看故宫，是人们对于故宫价值认识进入新的更高阶段的表现。古建筑、文物藏品、历史遗存以及在此发生过的人和事，是一个不可分割的文化整体[①]。

2014 年入学的班晓悦参加了由故宫博物院主办的"故宫学与西学"学术研讨会，参会论文题目为《西风东渐与晚清宫廷的外事活动》，收录于研讨会论文集。2015 年 8 月，在《紫禁城》八月刊上发表了《胤禛与木兰秋狝》专业文章。因此，在最新一届

① 郑欣淼：《清宫旧藏的国宝意义（故宫的价值与地位）——故宫的国宝地位（之一）》，《人民日报海外版》2009 年 02 月 06 日。

研究生院“校园之星”优秀学子评选中成为学术科研之星的候选人，也是作为文史教学系统唯一入围候选人（目前最终评选结果还未出来）。

（七）参加故宫学研讨会

自2012年以来，我中心师生，尤其是故宫学专业方向的同学们参加了几乎所有故宫博物院举办的相关学术研讨会，并提交了多篇论文。

（八）发表的故宫学论文

吴十洲：《故宫博物院早期权力制衡关系》，《故宫博物院院刊》2011年05期。论文指出，辛亥革命最终并不是以暴力革命，而是以妥协的方式完成的。“南北和议”的一项重大妥协的结果就是“优待清室条件”。冯玉祥驱逐溥仪，民国政府与逊清和平交涉，做出溥仪自愿出宫之象，这些都是故宫博物院早期权力制衡关系的政治背景。以李石曾为委员长的“清室善后委员会”聘请社会人士和知名学者，另有清室代表。故宫博物院成立之初通过董事会的形式来取得社会上的支持。理事会的管理形式体现了故宫博物院早期的权力制衡关系。

黄金：《沦陷前后张庭济与“奉命维持”的北平故宫博物院事业》，《故宫博物院院刊》2011年05期。论文指出，1933年之后，故宫博物院的工作重心和领导的精力主要集中在文物的南迁和西迁方面。在日寇肆虐的艰难形势下，张庭济自愿出任故宫组织工作。实际上，当时留守北平故宫的文物仍有许多精品，留守文物与故宫古建筑的安全就面临着极大考验。在艰难的沦陷时期故宫博物院仍然能够组织测绘、陈列开放、工程维修、图书编辑出版、文物点查与保管等工作。

吴十洲：《1925年前古物陈列所的属性与专职人员构成——纪念古物陈列所成立100周年》，《故宫博物院院刊》2014年05期。论文指出，民国成立后，恰逢国内有《清室优待条件》为法律依据，外国列强退还庚子赔款，在前朝武英殿、文华殿辟为古物陈列所。1914年2月，古物陈列所正式宣告成立。内务部作为《清室优待条件》的重要执行机构，与清室保持有特殊关系，它又是古物陈列所的管理者，由内务部管理古物陈列所本身就削弱了其教育与文化传播的功能。

这些较高水平的论文厘清了一些相关学术难点，对促进故宫学的进步有一定意义。

四 故宫学教学的意义

高层次的、纳入国家研究生教育体系的故宫学教学，体现了学术界、高等教育界对故宫博物院传承弘扬中华文明的责任、使命的认同。这种新的方式是故宫博物院的现实所需要的，因此故宫学课程的价值必将会转化为学理价值，再转化为逻辑价值，进而构成高校中的高层次的、持续不断的教学课程。

郑欣淼前院长提出的故宫学概念，使故宫研究由自发阶段进入了自觉阶段。在这面大旗下，具体来说，这几年里，我中心在构建故宫学教学体系，整合教育资源，规划教育方向和重点，加强薄弱环节，不断提高教育水平方面做了大量工作，取得了明显的进展。

故宫学课程把人文与科技结合起来。由于故宫文化的特殊性，文物藏品一般都有相当丰厚的内涵，需要不断地探求。故宫学的现实意义在于传承，把学术研究与业务工作结合起来。例如陈列展览、科技修复、宫廷原状陈列等，既是实际工作，又需要通过研究成果来体现和提高。教学中的故宫学与现实中的故宫学都需要把研究与传承结合起来。古建筑的维修技术、文物修复技术、书画器物的鉴定方法等，都需要在研究的基础上更好地传承、弘扬。

故宫学教学立足现实面向未来，为故宫博物院当前的现实和未来的发展提供历史智慧和有价值的思想资源。“在创建新国学的过程中出现认识分歧和‘百家争鸣’的情况也是很正常的，但它作为中国特色社会主义文化重要组成部分的地位不会改变。”① 故宫学的教育者不再是科学活动的外在的旁观者，而是参与者。另外，所介入的活动甚至也可以是可能的活动，“可能的世界”。

故宫学课程注重的是有关故宫知识的“内在的”性质，即把这一专业领域首先理解为一种实践性的参与和投入的教学。故宫学课程终将以教学的新的方式反哺乳故宫博物院的伟大事业。

故宫学课程开设以来，已经毕业有两届研究生（2012 年，11 名；2013 年，11 名），

① 方克立：《创建适应时代需要的新国学》，在中国社科院首次“国学研究论坛”上的发言摘要，《光明日报》2008 年 8 月 21 日。

目前在学有两届研究生（2014 年，10 名；2015 年，7 名），另有一届新的研究生（2016 年，7 名）已经通过考试即将入学。他们通过故宫学的研究生课程学习，终将会形成合力，获得时代的智慧，以日趋完善的社会文化技术和更加发达的科学来减小和防止有关弊端，最终将故宫学的教育价值转化为实用价值，实现故宫学社会效益的最大化。

后记

一直想编一本故宫学的刊物，现在总算成型了。考虑到集刊不同于期刊，《故宫学研究》要编出特色，就要在编上下功夫。准备以专题的方式来出版，第一本选择做“故宫学研究所五年”，将研究所成立五年来的学术活动情况作了一个简要的汇总，也是研究所的一个纪念，保存学术档案的同时，也可用于对外学术交流。“故宫学研究报告”“乾隆皇帝的艺术品位”“燕行使进紫禁城”等专题已经在编辑中。

故宫学作为一个学科刚刚兴起，故宫学研究所从无到有，同人们在原来不同学术背景下因为故宫学走到一起，一切从头学起，并且开始建设故宫学这片园地，取得了一些成绩。本书主要是故宫学研究所同人学术文章选刊，所选不拘是否发表过，要求是选故宫学与他们专长领域中的代表作，因而能比较全面地反映研究所的学术水平。赵中男、左远波、陈瑞和田艺珉曾在研究所共事，先后调到院内其他部门工作，这次也请他们各提供论文一篇，以为纪念。陈瑞在研究所秘书任上做了大量工作，译有《建筑保护历史》，她个人意见本辑不收她的论文，虽然遗憾，我们还是尊重她。研究所每年有一位访问学者来所从事研究，他们也曾是研究所的一分子。这次除了法国滨海大学的马骊由于时间关系未能提交论文外，李媛、吴映玟（韩国）、张振国都提交了他们的力作。本来还拟选入浙江大学、中国社会科学院研究生院、东北师范大学故宫学方向硕士研究生的论文习作，这是故宫学术的新生力量，是故宫学发展的起步基石，本辑因为篇幅限制，只能留待下一辑再来展示。任何学问都有自己的疆界，故宫学自然也不例外。本辑有论文与故宫学稍显有些距离，犹豫再三，还是留了下来。

本辑同时对研究所五年来的学术活动作了汇总，有故宫学与高等院校的合作，分别邀请浙江大学、中国社会科学院研究生院、南开大学合作方负责人撰写相关专论，这些内容自然不能反映五年来故宫学研究所的全部工作。故宫学高校教师讲习班 4 年下来共有 84 位老师参加，因为准备单独编辑出版，本辑就不再选入。

本辑的编辑，得到单霁翔、郑欣淼、宋纪蓉等领导和王素先生的关心和支持，得到浙江大学黄厚明先生、中国社会科学院研究生院吴十洲先生、刘强先生、南开大学何孝荣先生的大力支持，得到李文君、徐婉玲、周乾三位博士的鼎力相助，在此致以衷心的感谢。

最后要感谢责编、美编为本书出版付出的努力。美编为封面设计，特从清光绪刻本《增补汇海字汇》中集书名“故宫学研究”五字，颇为用心。

章宏伟

图书在版编目（CIP）数据

故宫学研究．第一辑／故宫博物院编．—北京：故宫出版社，2021.12

ISBN 978-7-5134-1456-2

Ⅰ．①故… Ⅱ．①故… Ⅲ．①故宫－文集 Ⅳ．①K928.74-53

中国版本图书馆CIP数据核字（2021）第254383号

故宫学研究 第一辑

故宫博物院◎编 章宏伟◎主编

出 版 人：王亚民
责任编辑：伍容萱
封面设计：王 梓
出版发行：故宫出版社
地址：北京市东城区景山前街4号 邮编：100009
电话：010-85007800 010-85007817
邮箱：ggcb@culturefc.cn
制 版：保定市万方数据处理有限公司
印 刷：保定市中画美凯印刷有限公司
开 本：787毫米×1092毫米 1/16
印 张：29
字 数：510千字
版 次：2021年12月第1版
2021年12月第1次印刷
书 号：ISBN 978-7-5134-1456-2
定 价：116.00元